Harro Segeberg / Frank Schätzlein (Hg.)
Sound

Schriftenreihe der Gesellschaft für Medienwissenschaft (GfM) 12

Harro Segeberg/Frank Schätzlein (Hg.)

Sound

Zur Technologie und Ästhetik des Akustischen in den Medien

SCHÜREN

Die Deutsche Bibliothek – CIP-Einheitsaufnahme

Ein Titeldatensatz für diese Publikation
ist bei Der Deutschen Bibliothek erhältlich

Schüren Verlag GmbH
Universitätsstr. 55 · 35037 Marburg
www.schueren-verlag.de
© Schüren 2005
Alle Rechte vorbehalten
Gestaltung: Erik Schüßler
Coverabbildungen: Filmstill aus Liebelei: Archiv Schaudig; Phonograph,
Archiv Lechleitner
Druck: TZ Verlag und Print GmbH, Roßdorf
Printed in Germany
ISSN 1619-960X
ISBN 3-89472-405-6

Inhalt

Harro Segeberg

Der *Sound* und die Medien

Oder: Warum sich die Medienwissenschaft für den Ton interessieren sollte

Ich höre also bin ich

Immer wenn im öffentlichen Diskurs über die Befindlichkeit unserer Gesellschaft das Stichwort Mediengesellschaft fällt, dann darf das Stichwort von der Vorherrschaft der Bilder nicht fehlen. Sie sind dann dafür verantwortlich, dass wir – so zum Beispiel Susan Sontag in ihrem gleichnamigen Essay – im Medium der Fotografie *das Leiden anderer betrachten* (2003) und dabei selber schmerzfrei bleiben können. Oder es ist zu denken an die nahezu sprichwörtlich gewordene kulturkritische Klage über die Flut der Bilder, die paradoxerweise dazu führe, dass wir im *iconic turn* unserer Moderne überhaupt nichts mehr ‚wirklich' wahrnehmen. Der Übergang vom *Ich denke also bin ich* des Philosophen Descartes zum massenmedial verheißenen *Ich sehe also bin ich* verheißt in dieser Perspektive nichts wirklich Gutes.

Wie immer dem nun auch sei, stets wird dabei übersehen, dass sich das Zeitalter der Moderne für viele ihrer Befürworter wie Verächter keineswegs nur als Moderne der Bilder, sondern durchaus auch als Moderne der Töne und Geräusche darstellt; man könnte daher mit mindestens eben so viel Recht von einem *acoustic turn* der Moderne sprechen. Dieser *acoustic turn* meldet sich bereits dort zu Wort, wo um 1900 das Motor-Gebrüll eines „aufheulenden Autos, das auf Kartätschen zu laufen scheint," als Hör-Bild einer ebenso aggressiven wie lärmenden Zerstreuungs-Kultur die Muße-Kultur einer klassizistischen Nike von Samothrake zerstören sollte – so die Manifeste der Futuristen im Zeitalter der Jahrhundertwende.[1] Polemisch widersprochen wird dem dort, wo der Autor Hermann Hesse in seinem zum Kultbuch der siebziger Jahre avancierten Roman *Der Steppenwolf* (1927) mindestens ebenso aggressiv gegen den Einbruch der Grammophone mit ihren „amerikanischen Tänzen" und „Onestep"-Einlagen wettert; dies alles zerstöre die „asketische Geistigkeit" einer auf „Dichtung, Musik und Philosophie" gegründeten Muße-Kultur.[2]

---

1   Vgl. F. T. Marinetti: „Manifest des Futurismus". Zit. nach Hansgeorg Schmidt-Bergmann: *Futurismus. Geschichte, Ästhetik, Dokumente*. Reinbek bei Hamburg 1993, S. 75–80, hier: S. 77.
2   Hermann Hesse: *Der Steppenwolf* (1927). Frankfurt a. M. 1955, S. 141.

Solche Auseinandersetzungen um das Pro und Contra des Akustischen werden dann verständlich, wenn man bedenkt, dass Töne und Geräusche sehr viel direkter und präziser als Bilder in die für die Erregung von Gefühlen zuständigen Hirnregionen hineinzielen (*Die Mathematik der Gefühle* nannte daher der *Spiegel* die *Musik*-Titelstory seiner Nr. 31 im Jahrgang 2003). Und Töne und Geräusche können – so Barbara Flückiger in ihrem Buch *Sound Design* (2002) – im aufnehmenden Gehör einen zehnmal größeren Wahrnehmungsbereich als den des Auges entfalten, ja dort – so immer noch Flückiger – auf eine „Empfindlichkeit des Gehörs" treffen, die vom kleinsten hörbaren bis zum größten noch auszuhaltenden Schalldruck eine Reichweite umfasse, die – quantifiziert – auf ein „Verhältnis von eins zu einer Million" hinauslaufe. [3] Die Macht der Töne kann so gesehen die Macht der Bilder bei weitem übertreffen; oder vorsichtiger ausgedrückt: diese kann ohne jene kaum auskommen.

Dies sollte eigentlich den letzten Zweifel daran ausräumen, dass es für die *Medienwissenschaft* schon längst an der Zeit ist, die Medien des 20. und 21. Jahrhunderts nicht länger nur von ihren Bildobjekten, sondern mindestens ebenso sehr von ihren *Klang*objekten her aufzuschlüsseln. Neben das *Ich sehe also bin ich* hätte damit das *Ich höre also bin ich* zu treten.

Der Sound in den Medien

Will man mit dieser Maxime Ernst machen, dann ist es allerdings nicht damit getan, einer um Bilder herum zentrierten Film- und Fernsehwissenschaft die Konzepte einer neuen Radio- und Audiowissenschaft an die Seite zu stellen. Vielmehr muss es darauf ankommen, auch der auditiven Gestaltung in den *audio*visuellen Medien Film und Fernsehen die gebührende Aufmerksamkeit zuzuwenden. Nur dann kann man hoffen, jener umfassenden Welt der Geräusche und Töne auf die Spur zu kommen, die vom kaum spürbaren Klangteppich eines Tonfilms über das akustische Gesamtkonzept eines Film-Genres und Fernsehformats bis hin zu den Soundtechniken digitaler Medien Akustisches nicht nur aufzeichnet und reproduziert, sondern an der konstruktiven Gestaltung dieses Akustischen aktiv mitwirkt. Mit anderen Worten: Wir brauchen beides, die auf die Erforschung akustischer Medien spezialisierte Radio- und Audiowissenschaft und die ums Auditive erweiterten Film- und Netzwissenschaften, sowie – im Angesicht jetzt digitaler ‚Neuer Medien' – die Utopie einer diese Einzeldisziplinen zusammenführenden allgemeinen Medienwissenschaft mit theoretisch-integrativem Anspruch.

Um hier ein wenig voranzukommen, hat die *Gesellschaft für Medienwissenschaft* ihre Jahrestagung 2003 dem Thema *Sound. Zur Technologie und Ästhetik*

---

3   Vgl. Barbara Flückiger: *Sound Design. Die virtuelle Klangwelt des Films*. Marburg 2001, S. 193.

des Akustischen in den Medien gewidmet, und der äußerst zahlreiche Zuspruch von Mitgliedern und Freunden der Gesellschaft hat gezeigt, wie viel Aufmerksamkeit diesem Thema gegenwärtig von der *scientific community* der Medienwissenschaftler entgegengebracht wird. Schon dies rechtfertigt die Herausgabe eines Bandes, der nahezu alle auf dieser Jahrestagung gehaltenen Vorträge in einer zum Teil stark überarbeiteten Form präsentiert. Sinn und Zweck dieser Überarbeitungen ist es, die auch auf dieser Jahrestagung äußerst lebhaften Diskussionen der Mitglieder, Gäste und Freunde der Gesellschaft in die Ausarbeitung der Vorträge mit einzubeziehen.

In diesem Sinne beginnt dieser Band mit einer erweiterten Version des Beitrags, mit dem Frank Schätzlein im Heft 2003 der *Mitteilungen der Gesellschaft für Medienwissenschaft* den Horizont der Tagung skizziert hat; darin sollte deutlich werden, welche umfassende Bedeutung das Thema *Sound und Sounddesign in Medien und Forschung* in den letzten Jahrzehnten annehmen konnte. Denn auch wenn man, wie von Frank Schätzlein vorgeschlagen, *Sound* und Sound-Design als den „charakteristischen (zumeist gestalteten) Klang" (S. 27) aus der Welt alles auditiv Wahrnehmbaren ausgrenzt, dann kann dies immer noch meinen: den ‚Sound' einer Musik und/oder musikalischen Grundstimmung; das akustische Produktdesign einer Ware oder eines Industrieprodukts; den Klang eines Hörfunkprogramms oder Hörfunksenders, eines Fernsehformats oder Fernsehsenders (= *Corporate Sound*); oder, die letzte Bedeutung durchaus mit umfassend: *Sounddesign* als „die gezielte (künstlerische) Gestaltung des Akustischen in den Medien (Tonspur bei Film und Fernsehen, Hörfunk, Tonträger, Internet, Software/Computerspiel/ Multimediaanwendung)" (S. 28).

Die überwiegende Mehrzahl der Beiträge dieses Bandes ist mit dieser letzten Bedeutungsebene von ‚Sound' befasst, und in die damit verbundenen prinzipiellen Probleme einer wechselseitigen Ergänzung bis Ersetzung von Akustischem und Visuellem soll ein weiterer einleitender Beitrag zur *Audiovision* in Musikdrama, Stummfilm und Tonfilm einführen. Dabei wird es gehen um Richard Wagners Versuch, in seinem Musikdrama das Konzept eines *Gesamtkunstwerks am Leitfaden des Akustischen* zu entwerfen; um die Geschichte des bis 1929 noch *stummen Films*, aus dem sich ebenso korrespondierend wie kontrastierend das Konzept eines *Gesamtkunstwerks am Leitfaden des Visuellen* herausentwickelt, sowie schließlich um die Konzeption eines *Tonfilms*, der beide Ausprägungen so zusammenführt, dass für sich genommen selbständig bleibende Künste in eine sich wechselseitig verstärkende Gesamtwirkung überführt werden können. Ein Befund aus dem Beitrag zur *Bildtonmusik im Film* wird dafür einen weiteren Beleg geben (s. u. S. 137ff.).

a) Sound und Film

Vor diesem Hintergrund geht es in den Beiträgen der Sektion zum Film zunächst einmal darum, daran zu erinnern, wie vielfältig sich bereits die Aufführungskultur des stummen Films auf die für ihn akzidentielle Kunst der Musik- und Geräuschbegleitung einlässt. Denn auch wenn dies den von Dolby-Sound und Klangteppichen genervten Filmzuschauer von heute überraschen mag, die Diskussionen darüber, wie viel an Geräuschen und Musik der visuellen Kunst des Films zuträglich sei, beginnen keineswegs mit dem Tonfilm, sondern setzen bereits dort ein, wo um das Für und Wider von Klavier-, Orgel- oder Orchesterbegleitungen für die selber noch ohne Tonspur agierenden ‚stummen' Filme der Jahre bis 1929 gestritten wurde. Auch der *Ton vor dem Tonfilm* gehört insofern in die Geschichte einer akustisch gestützten und erweiterten Film-Kunst.

So gesehen können die Darlegungen von Karl Heinz Göttert zur Technik und *Geschichte der Kinoorgel* ein weiteres Mal veranschaulichen, wie sehr die Idee, dass der Ton das Bild nicht einfach nur illustrieren, sondern um neue Bedeutungsdimensionen anreichern solle, vom Tonfilm keineswegs erfunden, sondern in neuer Form aufgegriffen und abermals forciert wurde. Aber auch die *vergleichende europäische Studie* von Joseph Garncarz zur keineswegs reibungslosen *Etablierung der Synchronisation fremdsprachiger Filme* legt klar, dass der mit den ersten Synchronisationen sehr erfolgreich konkurrierende sogenannte Versionen-Film sich deshalb lange behaupten konnte, weil der in mehreren Sprachversionen gedrehte frühe Tonfilm mit großem Publikumszuspruch an der Autonomie der jeweils von sichtbaren Schauspielern gesprochenen Sprache festhielt. In dieser Perspektive ist der noch heute keineswegs überall, sondern vor allem in Deutschland zur Selbstverständlichkeit gewordene synchronisierte Tonfilm das Resultat einer von der Überlegenheit der eigenen Sprache überzeugten Filmpolitik im Nationalsozialismus.

Die damit angesprochenen Diskussionslinien zur Autonomie und/oder Wechselwirkung von Akustischem und Visuellem werden in den darauf folgenden drei Beiträgen wieder aufgenommen, weitergeführt und erweitert, wobei jetzt die Formen und Funktionen von Kino- und Filmmusik in den Focus der Darlegungen gelangen. Dazu entwirft als erstes Corinna Dästner eine Problemübersicht zum medienkritischen bis medienwissenschaftlichen *Sprechen über Filmmusik*. Der von ihm gestiftete ‚Diskurs' laboriere, so die Autorin, daran, dass er von der Kino-Musik im Stummfilm-Kino der zwanziger Jahre bis hin zur auf der Tonspur gespeicherten Filmmusik der vierziger Jahre immer wieder um das Für und Wider von Ton- und Bild-Synchronismus und/oder Kontrapunkt streite, an der daraus abgeleiteten Dichotomie von „Einklang und Gegensatz" (S. 88) bis in die Musiktheorien der neunziger Jahre festhalte und sich erst mit dem Soundtrack des Pop-Films von der ontologischen Verbissenheit dieser

Diskussion verabschiede. Erst danach werde es möglich, „Ton oder Musik als ganz selbstverständlichen Teil einer Filminterpretation, einer Genrediskussion, einer Diskussion über die Narration" zu begreifen (S. 95).

Von der dadurch geförderten Produktivität einer visuell wie akustisch ausgerichteten Filmanalyse kann man sich darauf leicht anhand der Darlegungen von Michael Schaudig zur *musikalischen Kommunikation* im *Max Ophüls-Stil* der dreißiger Jahre überzeugen. Diese Überlegungen können zeigen, wie sehr der dramaturgisch exakt geplante Einsatz intra- wie extradiegetischer Filmmusik das emotionale *mood setting* figuren- und situationsspezifischer Affektsetzungen äußerst wirkungsvoll handhabt, sich aber keineswegs darauf einschränkt, sondern auf affektive *wie* kognitive Impulse hinaus will; dadurch kann sich für den Filmzuschauer das intellektuelle Lernprogramm einer musikalisch gestützten mehrdimensionalen Filminterpretation eröffnen. Dass an dieser kognitiven Anreicherung die von vielen Musik-Kritikern der Filmmusik als ebenso einfallslos wie öde geschmähte Technik des Leitmotivs bedeutenden Anteil hat, verdient besondere Beachtung.

Vergleichbar differenzierte Ergebnisse werden dort erzielt, wo Christian Maintz in seinem Beitrag zur *Bildtonmusik im Film* auf die verschiedenen Verwendungsmöglichkeiten dieser auf ‚sichtbaren Instrumenten' produzierten intradiegetischen Filmmusik eingeht und sie von der in aller Regel mit Filmmusik gleichgesetzten extradiegetischen Fremdtonmusik idealtypisch abgrenzt. Damit wird die Grundlage dazu gelegt, aus der filmpraktischen Überschneidung beider Musikformen Möglichkeiten zur unterschiedlichen Charakterisierung von Figuren und Schauplätzen abzuleiten, und dies alles kann dann abschließend in die sehr reichhaltige Typologie einer performativen, bedeutungstragenden, handlungsstützenden und funktional-autonomen Ausgestaltung dieser Bildtonmusik überführt werden. Dies gipfelt mit einem weiteren Beispiel dafür, dass filmische *Audiovision* ihre künstlerische Perfektion dort findet, wo jeweils selbständig bleibende Künste in der wechselseitigen Durchdringung ihrer Autonomie ein Höchstmaß an funktionaler Entsprechung und gegenseitiger Anreicherung ihrer Leistungsmöglichkeiten erreichen (S. 137ff.).

Eine solche stärker systematisch ausgerichtete Diskussion findet ihre resümierende Ausweitung dort, wo Barbara Flückiger im *Sound* als der – so wie erinnerlich Frank Schätzlein – „gezielten (künstlerischen) Gestaltung des Akustischen" (s. o. S. 11) die geographische, kulturelle und soziale *Szenographie* filmischer Räume vorstellt. Damit wird im Rahmen von Überlegungen zu *Narrativen Funktionen des Filmsounddesigns* abschließend noch einmal die Perspektive des Sounds über die der Filmmusik hinaus in die Welt der Geräusche erweitert. Hier können zum Beispiel filmisch konventionalisierte Sets von Orientierungslauten zur szenographischen Charakterisierung von Orten dienen, und um dies zu erleichtern, werden – so Flückiger – im Film Lautsphären selektiv verdichtet oder Aufmerksamkeitsrichtungen des Zuschauers akustisch voreingestellt, wobei an diesen Strategien der Verdichtung und des *Priming* auffalle, wie variabel die dazu angewandten Klassifizierungsraster in historischer Hinsicht ausfallen. Vergleichbares gilt von der Relationierung zwischen der Befindlichkeit einer Figur und ihrer Umwelt, mit der über den Hinweis auf einen Schauplatz die psychologische Charakterisierung von Filmfiguren gestützt wird. Ähnliche Absichten verfolgen Strategien zur semantischen und sonorischen Desorientierung von Figuren in nicht sichtbaren, weil ausschließlich akustisch wahrnehmbaren Räumen.

Anhand dieser und anderer Beispiele wird deutlich, wie sehr der Film gerade mit seinem Rückgriff auf historisch gewachsene Routinen der Alltagswahrnehmung einen Beitrag dazu leistet, die Umwelt einer seit 1900 zunehmend akustisch geprägten Moderne aufzugreifen und konstruktiv umzuformen. Und da dies – so sogar der bei Flückiger zitierte Anwalt des visuellen Stummfilms Béla Balázs – „vom Brausen der Brandung, vom Getöse der Fabrik bis zur monotonen Melodie des Herbstregens an den dunklen Fensterscheiben" nahezu alles erfasst, was die „akustische Umwelt" (S. 140f.) des modernen Menschen ausmacht, so ist zu vermuten, dass seitens des Films und der mit ihr befassten Filmwissenschaft die mit dem Sound gegebenen Möglichkeiten zur aktiven Rekonstruktion und Mitgestaltung dieser Umwelt noch längst nicht ausgeschöpft sind.

b) Fernsehen

Vor dem Hintergrund dieser ebenso reichhaltigen wie vielfältigen Befunde können die Beiträge zum Fernsehen sich darauf konzentrieren, darzulegen, wie das Live- und Programm-Medium Fernsehen bestimmte Gestaltungsmöglichkeiten seines Vorläufermediums Film aufnimmt und umformt. Und da einer der beiden ersten Beiträge auf die gegenwärtige Fernsehsituation, der andere dagegen auf die noch relativ frühe Programmgeschichte des Fernsehens in den fünfziger und frühen sechziger Jahren Bezug nimmt, wird sich daraus die für den Leser durchaus reizvolle Gegenüberstellung von zwei Fernsehepochen ergeben, die gegensätzlicher nicht sein könnten. Diese Gegenüberstellung wird ergänzt und erweitert durch die auf historische Basisdaten und begriffliche Differenzierungen bedachte Überblicksdarstellung von Frank Schätzlein zur Geschichte von *Ton und Sounddesign beim Fernsehen.*

Die dadurch mögliche Kontrastwirkung wird vorbereitet durch die Intensität, mit der der Beitrag von Peter Hoff auf die Rolle des *Akustischen im deutschen Fernsehspiel der fünfziger und frühen sechziger Jahre* eingeht. Dabei macht vor allem die Akzentuierung der historischen Differenz deutlich, wie sehr sich das heute nur noch als Vorläufer zum Fernsehfilm bekannte Fernsehspiel als Genre *vor der Filmisierung der „dramatischen Kunst" im Fernsehen* konstituiert hat und sich dazu mit schnell in Vergessenheit geratenen Erfolgs-stücken auf einige der für die weitere Programmgeschichte des Mediums weg-weisenden Strategien konzentrierte. In ihnen ging es vor allem darum, die für das Fernsehen der Frühzeit geltenden realtechnischen Rahmenbedingungen ei-ner Einwegkommunikation fiktional zu überwinden; in ihr führte, da noch ohne die technischen Möglichkeiten von Live-Schaltung oder telephonischer TED-Umfrage, der Weg allein vom Sender zum Hörer.

Dem wurde vor allem dort entgegen gearbeitet, wo Spielleiter, die bereits wie Moderatoren auftraten, in einen fiktiven Fernsehdialog mit ihrem realtechnisch von der Aufführungssituation getrennten Fernseh-Publikum eintraten, darin szenisch möglichst effektvoll die Illusion einer Teilhabe an der Inszenierung des Fernsehspiels zu verankern suchten und eben dazu „von den über die technische Begrenzung einer Einwegkommunikation hinausgehenden kommunikativen Möglichkeiten des gesprochenen Wortes Gebrauch machten" (S. 163f.). Daraus entsteht, so Peter Hoff weiter, eine nicht an den Affekt, sondern an den Verstand appellierende „medienspezifische Poesie des Fernsehens" (S. 162) und sie könne sich bemerkenswert lange noch dort behaupten, wo die mediale Gefräßigkeit der „Erzählmaschine Fernsehen" (S. 165) auf Fernsehadaptionen von Hörspie-len oder die Transformation des vor allem affektgesteuerten Kinofilms zugreift. Mit der gerade an solchen Um- und Neuformierungen erkennbaren fernseh-spielspezifischen Strategie der emotional behutsamen, weil vor allem intellektu-ell akzentuierten Zuschauerlenkung habe erst der den Affektfilm des Kinos nicht länger transformierende, sondern adaptierende Fernsehfilm der Gegen-wart Schluss gemacht.

In seine Gestaltungsprinzipien führt ein der *Zwischenbericht* über das Pro-jekt *Musik im Fernsehen*, den Werner Klüppelholz vorgelegt hat. Er ergänzt die Beiträge zur Tagung und zum Tagungsband nicht zuletzt dadurch, dass in ihm mit Komponisten, Sounddesignern, Musikberatern, Regisseuren und Cutterin-nen die Praktiker der akustischen Fernsehgestaltung zu Wort kommen. Ihre ausführlich dokumentierten Einlassungen und Auskünfte beleuchten eine in den neunziger Jahren stark ansteigende Extension der Hintergrundmusik, für deren Anwachsen die äußerst expansiven Genres der *Daily Soaps*, der *Trailer* und *Station-IDs* sowie die stetig zunehmende Gattungsvermengung zwischen nicht-fiktionalen und fiktionalen Gestaltungsprinzipien verantwortlich zeich-nen. Die dadurch ermöglichte quantitative Zunahme von Musikanteilen führt, so der Beitrag von Klüppelholz weiter, zu einer von visuell orientierten Fern-sehwissenschaftlern nicht wirklich bemerkten qualitativen Veränderung des Fernsehens.

Die drei Kernthesen des Zwischenberichts laufen darauf hinaus, dass diese Veränderung in Zukunft noch mehr auf die musikalische Kompensation von dramaturgischen und/oder schauspielerischen Defiziten setzen werde, schon jetzt sehr extensiv mit Hilfe der Musik in die nicht-fiktionalen Genres von Dokumentation, Feature oder Reportage das fiktionale Gestaltungsmuster affektgestützter Zuschauerreaktionen einführe sowie die Vorgaben für die in die Erfüllung dieser Aufgaben verwickelten Filmkomponisten stetig mehr standardisiere und damit auch einenge. Denn Komposition werde dadurch zur allenfalls kommerziell noch ertragreichen, in künstlerischer Hinsicht aber immer riskanteren Imitation vorab eingeschliffener Klang-Welten. Aber dass Musik und Bild nur als jeweils eigenständige Künste dem Film-Bild eine eigenständige dritte Dimension hinzufügen könnten, diese Idee lasse sich als Utopie einer – so auch Klüppelholz – irgendwie seit jeher über ihre eigenen Standardisierungen hinauszielenden Film- und Fernsehmusik nicht zum Verschwinden bringen.

c) Akustische Medien

Die, was angesichts des Tagungsthemas nicht anders zu erwarten war, sehr aufschlußreiche Sektion zu den akustischen Medien beginnt mit einer *Medienkulturgeschichte der Tonträger*, in der Heinz Hiebler mit wünschenswerter Deutlichkeit ausführt, dass sich die *technischen Möglichkeiten und kulturellen Ansprüche* der hier zu behandelnden Medien keineswegs auf das lange die allgemeine Aufmerksamkeit beanspruchende Radio eingrenzen lassen. Dagegen setzt der bereits mit mehreren einschlägigen Arbeiten hervorgetretene Autor die Skizze einer Geschichte akustischer Aufzeichnungs- und Speichermedien und behandelt damit eine Geschichte, die mit den Memoriertechniken oraler Kulturen einsetzt, sich mit der Erfindung phonetischer Alphabetschriften und musikalischer Notationssysteme am Problem einer lautlich korrekten Sprach- und Musikaufzeichnung bis ins 19. und 20. Jahrhundert hinein abarbeitet und bereits seit Mittelalter und früher Neuzeit binäre Steuerungselemente für mechanische Musikinstrumente sowie automatisierte Apparaturen zur technischen Generierung von Sprache und Musik erprobt und entwickelt. Angesichts dieser langen Geschichte kann es nicht verwundern, dass die endgültige Durchsetzung eines „Internationalen Phonetischen Alphabets" und die Erfindung und serienreife Weiterentwicklung der ersten Phonographen und Grammophone in den – *cum grano salis* – gleichen Zeitraum eines Zeitalters der Jahrhundertwende um 1900 fallen.

Seitdem dynamisiert sich die Geschichte einer nunmehr endgültig technisch gewordenen Speicherung und Reproduktion von Stimme, Geräusch und Musik, in deren Verlauf Phonograph und Grammophon als *mechanische Aufnahmesysteme* und Radio und Hörfunk als *elektrische Aufnahmesysteme* sich zu dem entwickeln, was man heute als die ‚Soundculture' technischer Unterhaltungs- und Wissensmedien und der mit ihnen verknüpften Lebensstile und Lebenswelten bezeichnet; in die technischen, kulturellen und wissenschaftlichen Problemstellungen eines ersten umfassend angelegten Schallarchivs der Jahrhundertwende geben die Beiträge von Gerda und Franz Lechleitner zur *Ideengeschichte des Wiener Phonogrammarchivs* sowie zur *Technik der wissenschaftlichen Schallaufnahme* ebenso ergänzende wie anschauliche Einblicke.

Es ist die hier überall wirksame Verknüpfung aus technischer Struktur und kultureller Nutzung, die dazu führt, dass Erster Weltkrieg und Weimarer Republik den „militärischen Missbrauch von Unterhaltungsmedien" im sogenannten ‚Großen Krieg' um den „Missbrauch von Heeresgerät" (S. ð ð ð) im Hörfunk der Republik erweitern, mit Folgen bis in Nationalsozialismus und Zweiten Weltkrieg. Danach komplettieren – so Hieblers umfassende Bestandsaufnahme weiter – Tonband, UKW-Funk, Vinyl- und Langspielplatte, Stereoton und Cassetten-Recorder sowie akustische Postproduction und Mehrspuraufzeichnung die Entgrenzung einer technisch-reproduktiven Audiowelt, ohne die Musikentwicklungen wie Jazz, Rock'n Roll oder Pop mit ihren von Vertretern ‚auratischer' Musikkulturen erbittert bekämpften reproduktiven Klangkulturen nicht möglich gewesen wären. Und schließlich verhelfen die auf der digitalen Umwandlung akustischer Schwingungen beruhenden Sound-Welten moderner Digital-Formate allen diesen Speicher- und Reproduktionstechniken zum Universal-Code einer poly-medialen Medienwelt, von deren Zukunftsaussichten die ersten beiden Beiträge aus der Sektion *Multimedia und Computer* handeln werden.

Zuvor geht es darum, in das für akustische Medien generell kennzeichnende Merkmal einer keineswegs nur reproduktiven, sondern produktiv-reproduktiven Generierung von Sprache, Geräusch und Musik einzuführen. Dies geschieht in den nächsten beiden Beiträgen des Bandes zunächst anhand einer Problemübersicht zum *Sprechen am Mikrophon im frühen Rundfunk*, an dem Daniel Gethmann die konstruktive Überwindung einer *Technologie der Vereinzelung* herausstellt. Daran schließen sich an stimmarchäologische Erkundungen von Hans Ulrich Wagner zum *Sound der Fifties* im Nachkriegsdeutschland nach 1945.

Zuerst zeigt Daniel Gethmann, wie die Hörfunksprecher der zwanziger Jahre mit Hilfe einer über den „individuellen stimmlichen Ausdruck ‚des Sprechenden' hinausgehenden normierten Sprechweise" (S. 249) ihr Sprechen vor dem Mikrophon in die Ausbildung einer neuen radiophonen Rundfunk-Stimme umzubilden hatten. Dadurch sollte es möglich werden, die für die direkte orale Kommunikation charakteristische Sprechgemeinschaft zwischen einem real anwesenden Sprecher und einem real anwesenden Hörer in die technische Simulation eines Radioraumes zu verwandeln, in dem der einsame Sprecher vor dem Mikrophon und der einsame Hörer vor seinem Empfangsgerät in die wechselseitige Simulation einer technisch (gleich-)geschalteten ‚virtuellen' Sozialbeziehung überwechseln. Exakt dies führt zur technisch simulierten Klang-Präsenz einer radikal standardisierten Radio-Stimme, die – so ein Zeitgenosse – alle gleichermaßen unbekannten Hörer gleichermaßen „persönlich, einfach, fast familiär" (S. 257) anspricht; wollte man deren akustische Physiognomie überhaupt noch ermitteln, dann lag es für eine empirische Hörerforschung nahe, sich an die Methoden einer radikal typisierenden Physiognomik anzulehnen.

Es sind die darin wirksamen technischen und kulturellen Standardisierungen, die es für Hans Ulrich Wagner erforderlich machen, im Rahmen einer „kulturwissenschaftlich und technikgeschichtlich umfassenden ‚Semiotik des Radios'" (S. 267) die Klanggestalt einer Epoche mit Hilfe einer den technischen Konstruktcharakter ihrer Medienprodukte im Auge oder besser noch: im Ohr behaltenden ‚Klangarchäologie' zu ermitteln. Welche Ergebnisse dann möglich werden, zeigen Ermittlungen zur *Klangarchäologie der Stimme im westdeutschen Rundfunk*, mit deren Hilfe Wagner den *Sound der Fifties* vernehmbar machen möchte. Unter der damit gemeinten *akustischen Textur einer Epoche* versteht der Beitrag die durch sendetechnische Standards gesetzten Übertragungs- und Empfangstechniken einer Epoche; hinzu komme aber auch der kulturelle Bereich einer „gesellschaftlich geprägten Codierung von Artikulation und Perzeption, von Sprechen und Hören" (S. 268).

Im Rahmen eines solchen gleichermaßen technik- wie kulturgeschichtlich ausgerichteten Untersuchungsansatzes wird sodann deutlich, wie schwierig es war, den affektorientierten Sound des NS-Hörfunks in den sachlich aufgelockerten demokratischen Sound des Nachkriegs-Rundfunks zu verwandeln. Ähnliches gilt vom Überleben einer vom NS-Funk übernommenen volkspädagogisch motivierten Spracherziehung, vor deren Hintergrund es der betont flapsige Tonfall des bereits wie ein DJ auftretenden Magazinmoderators Chris Howland nicht leicht hatte, mit dem unverwechselbaren ‚Sound' seiner Stimme den Zuhörer in den ‚Sound' einer in Deutschland bis dahin verpönten anglo-amerikanischen musikalischen Popularkultur hineinzuholen. Und dies alles traf auf Hörer, die gegen alle bildungspädagogische Rundfunk-Didaktik dazu übergingen, als Dauerhörer oder ‚Wellenbummler' das Medium Hörfunk in ein unterhaltungsorientiertes Begleitmedium zu verwandeln. Insofern liefert gerade die hier vertretene Form einer Klangarchäologie einen schlagenden Beleg dafür, wie sehr sich die Epoche der Fünfziger keineswegs als die Epoche einer mehr oder weniger einheitlichen ideologischen Restauration, sondern als die Epoche eines Übergangs mit retardierenden wie vorwärtsgewandten Zügen darstellt.

Die in den letzten beiden Beiträgen eingeschlossene Hypothese von der Autonomie eines über seine Inhalte hinaus wirksamen eigenständigen Sprach-Klangs legt Überlegungen nahe, inwiefern ein solcher Sound der Sprache zusammen mit dem Sound der Geräusche und Musik eigenständige Erzähleinheiten ausbildet; eine darauf gerichtete *Narratologie der akustischen Kunst* könnte, so Elke Huwiler, zeigen: *Sound erzählt.* Dazu skizziert die Autorin die Dichotomie einer zuerst am literarischen Wort und dann am bedeutungsfreien Sprach-Material ausgerichteten Hörkunst und fordert statt dessen eine Hörspielanalyse, die nach Gemeinsamkeiten und Überschneidungen zwischen Hörspielen, die eine Geschichte erzählen, und Hörspielen, die in Verbindung mit Musik und Geräuschen Sprache als Klangmaterial rhythmisieren, suchen sollte. Nur dann werde es möglich, die Perspektive einer Hörspiel-Narratologie zu entfalten, die neben sprachlichen auch auf nicht-sprachliche Elemente wie Blende, Schnitt oder Mischung Bezug nimmt; narrative Zusammenhänge können sich auf diese Weise in erzählten Räumen wie auch in stereophon aufgeteilten Räumen entfalten oder mediale Erzählinstanzen mit Hilfe akustisch perspektivierter Ein- oder Ausblendungen ‚fokalisiert‘ werden. Hier werden *Perspektiven einer Narratologie der akustischen Kunst* skizziert, die ohne Zweifel in der Medienwissenschaft mehr als bisher beachtet werden sollten.

d) Digitale Medien

Die ersten beiden Beiträge der abschließenden Sektion erörtern Wandlungen in den Konzeptionen von akustischen und anderen Medien, so wie sie sich im Übergang von analogen zu digitalen Aufzeichnungs- und Speichertechniken erkennen lassen. Dazu fragt Rolf Grossmann in seinem *Streifzug durch (medien-)materialbezogene ästhetische Strategien* danach, warum und wie sich die Strategien von *Collage, Montage, Sampling* in diesem Übergang radikalisieren bis neu formieren; Sören Ingwersen stellt die Frage nach der Möglichkeit einer Theorie der *Sonification*, die analoge wie digitale Medien ins Spannungsfeld *zwischen Information und Rauschen* zu stellen hätte. Dabei ist es sicherlich kein Zufall, dass sich solche Erprobungen eines analoge wie digitale Medien umgreifenden medienwissenschaftlichen Ansatzes in der kritischen Auseinandersetzung mit den medienintegrativen Ansprüchen digitaler Computer- und Netzmedien entwickeln.

Vor diesem Hintergrund geht der Beitrag von Rolf Grossmann aus von einer kritisch differenzierenden Bestandsaufnahme dessen, was seit etwa 1900 als ästhetische Strategie der *Collage* und *Montage* die Merkmale einer nicht auf Originalität und Neuheit, sondern auf reproduktive Produktion setzenden ‚modernen‘ Kunstauffassung kennzeichnen sollte. Dazu entfaltet der Beitrag das Spektrum einer Diskussion, die von den Abstraktionstendenzen der modernen Malerei über die Collagen und Montagen der klassischen Avantgarde bis in die Welt zeitgenössischer DJ-Cultures perspektiviert ist. Dadurch wird deutlich, wie sich immer wieder aus neu kombinierten Medienmaterialien neue Materialbegriffe, neue Montagetechniken und neue Strukturierungen von Medienarchiven herausbilden, weshalb sich der Übergang zum Sampling digitaler Materialien als Radikalisierung *und* Transformation vorgängig entwickelter ‚avantgardistischer‘ Verfahren bezeichnen ließe. Denn: Sampling als Simulation musikalischer Instrumente und Stimmen, als Entwicklung programmgesteuerter Montageverfahren sowie als experimentelle Erforschung und Erprobung digital generierter Materialwelten befreit sich mit seinen jetzt automatisch ablaufenden Programm-Algorithmen von den bisher geltenden Wahrnehmungs- und Gestaltungsgrenzen künstlerisch agierender ‚Menschmaschinen‘ und eröffnet damit ganz neue Perspektiven auf die das 20. und 21. Jahrhundert kennzeichnende Emanzipation eines generativ-reproduktiven Kunst- und Medienverständnisses.

Vor diesem Hintergrund macht sich der Beitrag von Sören Ingwersen stark für die Erweiterung der bisher vorwiegend visuell und textuell agierenden Computer-Welten um auditive Modalitäten. Dabei soll der Begriff der *Sonification* alles das umfassen, was sich im Kontext rechnergestützter Informations- und Kommunikationssysteme als Verfahren zur Umwandlung numerischer Daten in wahrnehmbare akustische Daten herausbildet, und zwar mit der Absicht, die Verarbeitung und Interpretation von Daten zu ermöglichen, die sich für sich genommen der menschlichen Sinneswahrnehmung nur schwer erschließen oder gar entziehen. Solche Entwicklungen begegnen in wahrnehmungsüberlasteten Alltagswelten ebenso wie in speziellen Leistungswelten (wie etwa des Sports), wobei für die Benutzung von Klängen ganz generell spreche, dass sie (wie schon die akustische Stützung von Film-Bildern wusste) weitaus intensiver als Bilder auf den jetzt zum ‚User‘ gewordenen Nutzer einwirken. Auf diese Weise können Informationen übermittelt werden, die als nicht codifizierbares *Rauschen* die Irritation eines Informationssystems und damit die Notwendigkeit seiner Erweiterung um neue Informationscodes anzeigen, wozu digitale Medien aus Gründen der besseren Verständlichkeit durchaus auch analoge Repräsentationsformen emulieren können oder aber mit Hilfe kulturabhängiger symbolischer Repräsentationen agieren. Dazu referiert der Beitrag neue und neueste Entwicklungen und schließt mit einem beherzten Plädoyer für den Ausbau sonifizierter Computer-Interfaces und die weitere Mobilisierung auditiver Modalitäten.

Dies leitet über zur Frage danach, welche *Rolle* die Angebote von *Musik, Ton und Sound* in der zunehmend komplexer werdenden technischen Vernetzung *im Internet* spielen können. Dazu legt Joan Bleicher eine überblicksartige Darstellung dazu vor, was sich hier, ergänzend zur bisher überwiegend beachteten visuellen Präsentation, als *Sound* im Sinne einer Gesamtheit von digital produzierten und elektronisch gespeicherten Stimmen, Tönen und Geräuschen Gehör verschaffen konnte. Dabei beginnt (was in einer betont avancierten Betrachtungsweise häufig unterschätzt werde) die Entwicklung innovativer Angebote mit der ebenso extensiven wie intensiven Nutzung von akustischen Vermittlungs- und Gestaltungsangeboten, so wie sie sich (von Hörfunk über Telekommunikation bis hin zur Fernseh-Werbung und Computerspielen) bereits in anderen Medien etablieren konnten.

Sound im Netz entfaltet sich so als „paratextuelles Gestaltungselement der Netzästhetik" (S. 369), stiftet neue Formen von „Mediensymbiosen" (S. 370), simuliert in Chat-Gruppen mit „gesprochener Schrift" orale Face-to-Face-Kommunikationen (S. 371), erleichtert die Vermarktung und Vermittlung von Musik und Filmen in eigenen Foren, entwickelt neue Verfahren zur Verknüpfung von visuellen und akustischen Angeboten und fungiert zugleich als Medienarchiv und Materialquelle für neue Formen von Netzkunst, Netzradio und Netzliteraturen. Besonders diese Entwicklungen, in denen es darum geht, aus der produktiven Dekonstruktion aktueller Medienangebote Möglichkeiten für „eine befreite Nutzung des Internets" (S. 377) zu schaffen, verdienen – so die Autorin mit Nachdruck – stärkere Beachtung.

Diesem multimedialen Ansatz entspricht auf disziplinärer wie interdisziplinärer Ebene der Versuch der Braunschweiger Forschergruppe CRIMP, die bisherigen medienwissenschaftlichen Verfahren zur Erforschung von Sound und Soundgestaltung um Verfahren aus ‚Fremddisziplinen' wie Pädagogik, Neurokognitionsforschung, Marketingpsychologie oder Designwissenschaft zu ergänzen; nur so sei es, so die Autoren Steffen Lepa und Christian Floto, möglich, jenseits eingefahrener Dominanzansprüche die *Grundzüge einer funktionalistischen Audioanalyse von Film und Multimedia* abzuleiten. Um dies zu erreichen, müsse man davon ausgehen, dass die Verfahren zur Integration akustischer und visueller Wahrnehmungen nicht auf kulturell erlernte semantische Verarbeitungsprozeduren allein zurückgehen, sondern mindestens ebenso sehr von den diesen vorgelagerten ‚intersensorischen' Arealen des Gehirns gesteuert werden.

Erst in einer solchen wirklich multimodalen Perspektive werde deutlich, dass – so die Autoren weiter – die Integration mehrerer Sinnesreize ganz generell aus dem Zusammenspiel von kulturell erlerntem Wissen und neuronal gesteuerten Perzeptionsvorgängen entstehe, woraus strikt funktionale Fragen nach jeweils neu zu bestimmenden wahrnehmungshierarchischen Dominanzregeln, nach den Evaluationskriterien für die Wirkung von Audioeinsätzen in Multimedia oder nach der Wirksamkeit audiogestützter Lernprogramme möglich werden. Hierzu werden medienpädagogische Lernmodelle, kohärenzbildende Integrationsüberlegungen und Neubestimmungen zum Verhältnis von Klang und Bild kritisch gemustert, wobei sich zeigt, dass bereits Arbeiten zum Sound im Film in gewisser Weise die Notwendigkeit zur Berücksichtigung neurokognitiver Befunde vorweggenommen haben. Und nimmt man die Ergebnisse der neueren Narrationsforschung hinzu, dann zeige sich klar: Audio ist für Film wie Multimedia keineswegs als eine mehr oder weniger zufällige Beigabe, sondern als „ein wichtiges, vielleicht *das* bedeutende Werkzeug bei der Erzeugung narrativer Wissensstrukturen" (S. 363) zu betrachten.

Darin zeigt sich noch einmal abschließend, wie produktiv und ertragreich es ist, in einer analoge wie digitale Medien gleichermaßen berücksichtigenden Medienforschung nach medienspezifischen Differenzen wie Gemeinsamkeiten zu suchen. Insofern bleibt es für die Arbeit unserer Gesellschaft, die sich seit dem Jahr 2000 nicht mehr *Gesellschaft für Film- und Fernsehwissenschaft*, sondern *Gesellschaft für Medienwissenschaft* nennt, maßstabsetzend, dass in ihr die Erforschung klassischer wie neuer Medien gleichermaßen ihren Platz hat. Auch in diesem Sinn ist dieser Band dem während der Tagung verstorbenen Mitglied Peter Hoff im Gedenken an seine Leistungen auf allen Feldern einer solchen Medienforschung gewidmet.

Harro Segeberg
Hamburg, im März 2005

Einleitung

Frank Schätzlein

Sound und Sounddesign in Medien und Forschung[1]

Die Rede vom ‚Sound‘ ist heute alltäglich. Jugendliche sprechen begeistert vom Sound des neuesten Charthits ihres Popidols, der Abspann des TATORT-Fernsehkrimis gibt – wie beim großen Kinofilm – Auskunft über den an der Produktion beteiligten ‚Sounddesigner‘ und Marketingexperten basteln gemeinsam mit Ingenieuren, Tontechnikern oder Komponisten am charakteristischen Sound einer Ware, eines Logos oder eines Rundfunkprogramms. So widmete das deutsch-französische Fernsehprogramm ARTE dem Phänomen Sound bereits Mitte der neunziger Jahre einen ganzen Themenabend, der zahlreiche Aspekte des hier vorhandenen großen Bedeutungsspielraums behandelte.[2] Allerdings: Ein wichtiger (selbstreferentieller) Aspekt blieb bemerkenswerterweise unberücksichtigt – der Sound und die Arbeit am Sound in den elektronischen Medien selbst.

Was aber meint eigentlich das Wort ‚Sound‘? Die meisten medienwissenschaftlichen Publikationen zum Akustischen in den Medien vermeiden eine explizite Definition des Begriffs. Oft werden innerhalb eines Textes unterschiedliche Begriffsbestimmungen nebeneinander verwendet – ohne die Definitionsproblematik und das vorhandene Bedeutungsspektrum zu thematisieren. Hier lassen sich zum einen historisch unterschiedliche Ansätze beschreiben, zum anderen haben sich in den einzelnen Fachbereichen auch unterschiedliche Perspektiven auf das Thema Sound entwickelt.

Der folgende Beitrag zeichnet zunächst die Begriffsgeschichte und Verwendung des Wortes ‚Sound‘ in der Musik, der Alltagssprache und in verschiedenen wissenschaftlichen Disziplinen nach; ergänzend gibt er einen Einblick in ausgewählte Diskussionszusammenhänge (Hören als Thema, Stellenwert der akustischen Wahrnehmung, Sound und Audiotechnik). Im Weiteren wird das Arbeitsfeld Sounddesign umrissen und die Bedeutung des Sounddesigns für den Rundfunk erläutert. Im letzten Abschnitt möchte ich schließlich in knapper

---

1 Bei dem vorliegenden Beitrag handelt es sich um eine überarbeitete und erweiterte Fassung von „Sound-Variationen: Vom ‚typischen Klang‘ zum ‚Sound-Design‘“. In: *Medienwissenschaft. Mitteilungen der Gesellschaft für Medienwissenschaft* (2003). H. 1. S. 4–11.

2 SOUNDS. DIE WELT IM OHR (ARTE/ZDF – Das kleine Fernsehspiel 1996), zusammengestellt von Sabine Bubeck und Christoph Potting; darin: Theo Roos: SOUND. ESSAY (ZDF 1993), Gerd Conradt: GANZ OHR (ZDF/ARTE 1996), Manfred Waffender: DIE OHRENZEUGEN (ZDF 1996), Karin Malwitz: SINN LOS (HfG Offenbach 1993) und Nicolas Humbert/Werner Penzel: STEP ACROSS THE BORDER (Deutschland/Schweiz 1990).

Form die Perspektiven für die medienwissenschaftliche Forschung aufzeigen und Ressourcen für eine weiterführende Auseinandersetzung mit dem Themenbereich vorstellen.

Definitionen des Sound-Begriffs

Im deutschsprachigen Raum hat die Verwendung des Wortes ‚Sound‘ ihren Ursprung in der Fachsprache des Jazz. Zunächst wurde damit (ausgehend vom *Stil* des ‚Swing‘) der „typische *Klang*" einer Band oder eines Solisten bezeichnet, im engeren Sinne die charakteristischen Klangeigenschaften des Arrangements, der Instrumentation und der Tonbildung: „Duke-Ellington-Sound", „Count-Basie-Sound" oder der „Four-Brothers-Sound" der Tenorsaxophone in der Band Woody Hermans. Der individuelle Sound galt damit als musikalisches Ziel und Qualitätsmerkmal eines Musikers, eines Komponisten oder einer ganzen Band. Eine frühe Quelle für diese Verwendung des Begriffs ist *Das Jazzbuch* von Joachim Ernst Berendt, der ihn 1953 in sein kurzes Glossar „Die Sprache des Jazz" aufnahm.[3]

Eine weitreichendere Bedeutung bekam der Sound dann seit den sechziger Jahren in der Rock- und später in der elektronischen Popmusik.[4] Durch die Möglichkeiten der neuen elektronischen Musikinstrumente, der tontechnischen Geräte und Verfahren im Studio steht der Sound nun im Zentrum der Musikproduktion und -rezeption. Der Stellenwert von Interpretation, Komposition und Notation (im konventionellen Sinne) rückt gegenüber der Technik in den Hintergrund – der durch den Umgang mit der Tonstudiotechnik erzeugte charakteristische Klang wird zum musikalischen Markenzeichen. Und es geht nicht mehr nur um den Sound des Musikers oder der Band, sondern auch um den des Produzenten und des Labels/Studios.[5] „Dabei bedeutet das Wort allerdings längst nicht mehr nur Klang oder – im akustischen wie psychologischen Sinne – Klangfarbe. Sound meint die Totalität aller den Gesamteindruck der Musik bestimmender oder vermeintlich bestimmender Elemente [...]."[6]

---

3   Joachim Ernst Berendt: *Das Jazzbuch. Entwicklung und Bedeutung der Jazzmusik*. Frankfurt am Main 1953. S. 210, vgl. auch S. 193. In der Neubearbeitung dieser Publikation (unter dem Titel *Das neue Jazzbuch. Entwicklung und Bedeutung der Jazzmusik*. Frankfurt am Main 1959) gehört die Vokabel „Sound" zu den zentralen Begriffen und wird mit dem Wort „Klangbildung" übersetzt.

4   Im Bereich der elektronischen und elektroakustischen Musik beginnt die Auseinandersetzung mit der Sound-Gestaltung bereits in den fünfziger Jahren.

5   Vgl. Helmut Rösing: „Klangfarbe und Sound in der ‚westlichen‘ Musik". In: Ludwig Finscher (Hg.): *MGG. Die Musik in Geschichte und Gegenwart*. Sachteil. Bd. 5: Kas–Mein. 2, neubearb. Ausg. Kassel/Stuttgart 1996. S. 156–159, hier: S. 158. Zum Verhältnis des Sounds zur Tonstudiotechnik und der Arbeit der Produzenten siehe Alfred Smudits: „A Journey into Sound. Zur Geschichte der Musikproduktion, der Produzenten und des Sounds „. In: Thomas Phleps/Ralf von Appen (Hg.): *Pop Sounds. Klangtexturen in der Pop- und Rockmusik. Basics – Stories – Tracks*. Bielefeld 2003 (= Texte zur Populären Musik. Bd. 1). S. 65–94.

1973 findet sich das Wort Sound zum ersten Mal im DUDEN und wird dort als „Klang(wirkung, -richtung)" verstanden.[7] Seit den siebziger Jahren bekommt das Phänomen Sound von mancher Seite jedoch auch eine kritische Bewertung als „relativ kurzlebige Tonbildungs- oder Instrumentationstricks" und „Warenzeichen"[8], als fetischhaft verehrte[s] Markenzeichen" und „wichtigste[s] Element der Werbemusik"[9] mit einer „Schlüsselfunktion in der kommerziellen Verbreitung"[10] – „ein Sound nutzt sich ab, und dann muss eine neuer her!"[11]

In Wörterbüchern, Lexika und Enzyklopädien hält sich die Definition als „Klangfarbe", „Klangqualität" oder „charakteristischer Klang" in der Jazz-, Rock und Popmusik bis heute. Dennoch hat sich die Bandbreite dessen, was in der Alltags- und Fachsprache heute unter Sound verstanden wird, stark vergrößert: Neben seiner musikalischen Definition als „typischer Klang" wird Sound auch definiert als

- Schall allgemein (alles auditiv Wahrnehmbare),
- Tonebene der elektronischen Medien (beispielsweise die Gesamtheit aller Schallereignisse auf der Film-Tonspur oder die auditive Ebene eines Fernsehprogramms oder Computerspiels),
- Geräusch oder Klangeffekt (Sounds als zumeist unidentifizierbare und nicht konkret benennbare Geräusche oder Schallereignisse: ‚Sound Effects' bzw. ‚SFX'),
- charakteristischer Klang einer Ware/eines Industrieprodukts (Sounddesign als akustisches Produktdesign, z. B. für Fahrzeuge, Haushaltsgeräte, Telefone oder sogar Lebensmittel[12]),
- charakteristischer Klang einer Marke oder eines Unternehmens (Corporate Sound als akustischer Teil des Corporate Design-Gesamtkonzepts, z. B. bei Großunternehmen und Fernsehprogrammen wie ‚Das Erste'[13] oder ‚ProSieben'[14]),

---

6   Wolfgang Sandner: „Sound & Equipment". In: Wolfgang Sandner (Hg.): *Rockmusik. Aspekte zur Geschichte, Ästhetik, Produktion.* Mainz 1977. S. 81–99, hier: S. 83.

7   *DUDEN Rechtschreibung.* 17., neubearb. und erw. Aufl. Mannheim 1973, S. 639.

8   *Meyers Neues Lexikon.* Bd. 12. 2., völlig neu erarb. Aufl. Leipzig 1975, S. 631.

9   *Brockhaus Riemann Musiklexikon.* Bd. 4. 2., überarb. und erw. Aufl. Mainz/München 1995. S. 176.

10   *Das neue Lexikon der Musik.* Bd. 4. Stuttgart 1996.

11   *Das große Lexikon der Unterhaltungsmusik.* Berlin 2000, S. 498.

12   Vgl. Joseph Scheppach: „Akustik-Design & Marktstrategie. Cornflakes müssen fröhlich klingen". In: *PM* (1997). H. 12. S. 70–75.

13   Vgl. Regina Tamm: „ARD Corporate Design und Markenstrategie. Haltung und Image". In: *ARD-Jahrbuch 03.* 35. Jg. (2003). S. 82–87, hier: S. 83.

14   Vgl. Andi Gleichmann: „Sounddesign beim Fernsehen am Beispiel des Senders ProSieben". In: Jan Neubauer/Silke Wenzel (Hg.): *Nebensache Musik. Beiträge zur Musik in Film und Fernsehen.* Hamburg 2001. S. 61–82.

- „Erläuterung technischer Verfahrensweisen" der Musikproduktion (Röhren-Sound oder Moog-Sound),
- „Umschreibung musikalischer Grundstimmungen (softer, knackiger Sound)",
- „Mittel der qualitativen Bewertung (origineller, abgestandener Sound)."[15]

In diesem Beitrag wird Sound im Folgenden als charakteristischer (zumeist gestalteter) Klang definiert – hingegen nicht als Schall jeglicher Art, als Geräusch oder Klangeffekt.

Sound in der Wissenschaft

Nicht nur in der Umgangssprache ist die Zahl der Sound-Definitionen groß, auch in den unterschiedlichen wissenschaftlichen Fachrichtungen, die sich mit dem Thema beschäftigen, findet sich eine Vielzahl von Beschreibungsansätzen.

So wird Sound in musikwissenschaftlichen Publikationen als Klang bzw. Klangfarbe verstanden (der Klang als physikalisch-akustisches und psychologisches Phänomen), aber eben auch als Synonym für einen musikalischen Stil oder Stilelemente und als spezifisch gestalteter Klang eines Musikers, einer Band, eines Labels, eines tontechnischen Geräts (z. B. Effekt-Gerät) u. ä. in der populären Musik (siehe oben). Insgesamt besteht die Tendenz zu einer weiten Sound-Definition, die längst über das rein Musikalische hinausreicht. Der Sound kann dabei als „neue Ära" oder „neues Paradigma" (von der Musik zum Sound bzw. vom Ton zum Sound) der musikwissenschaftlichen Forschung verstanden werden.[16] Und: Die zentrale Bedeutung des Sounds für die Produktion und Rezeption von Rock- und Popmusik zeigt die Notwendigkeit einer Erweiterung des traditionellen Instrumentariums musikalischer Analyse um die Verfahren einer musikwissenschaftlichen Soundforschung.

---

15 Helmut Rösing: „Klangfarbe und Sound in der ‚westlichen' Musik" (siehe oben), S. 158. Ergänzend zu diesem Kapitel sei auf einige Erläuterungen des ‚Sound'-Begriffs aus musikwissenschaftlicher Perspektive verwiesen: Harald Schwarz: *Sound und Lautsprechermusik. Ein Beitrag zu den unterrichtlichen Möglichkeiten musikalischen Hörens.* Saarbrücken 2002, hier: S. 10–20; Martin Pfleiderer: „Sound. Anmerkungen zu einem populären Begriff". In: Thomas Phleps/Ralf von Appen (Hg.): *Pop Sounds. Klangtexturen in der Pop- und Rockmusik. Basics – Stories – Tracks.* Bielefeld 2003 (= Texte zur Populären Musik. Bd. 1). S. 19–29; Dietrich Helms: „Aus der Suche nach einem neuen Paradigma: Vom System Ton zum System Sound". In: ebd. S. 197–228.

16 Vgl. hierzu den Beitrag von Matthias Rieger „Musik im Zeitalter von Sound. Wie Hermann von Helmholtz eine neue Ära begründete" und von Dietrich Helms „Aus der Suche nach einem neuen Paradigma: Vom System Ton zum System Sound" in Thomas Phleps/Ralf von Appen (Hg.): *Pop Sounds. Klangtexturen in der Pop- und Rockmusik. Basics – Stories – Tracks.* Bielefeld 2003 (= Texte zur Populären Musik. Bd. 1). S. 183–196 und 197–228.

In der Medienwissenschaft (und hier vor allem im filmwissenschaftlichen Bereich), die sich bislang vorwiegend mit Fragen des Visuellen beschäftigt, wird nur selten mit der (Analyse-)Kategorie Sound gearbeitet; der Begriff verweist dann entweder auf

- die gesamte Tonebene (der akustische Anteil) eines Mediums mit allen unterschiedlichen Schallereignissen,
- auf einzelne nicht identifizierbare Klänge oder Geräusche (Sounds, Sound Effects),
- das Sounddesign, also die gezielte (künstlerische) Gestaltung des Akustischen in den Medien (Tonspur bei Film und Fernsehen, Hörfunk, Tonträger, Internet, Software/Computerspiel/Multimediaanwendung),
- den charakteristischen Klang der Produktionen eines Komponisten, Tonmeisters, Sounddesigners und/oder Regisseurs oder
- den charakteristischen Klang bestimmter medientechnischer Geräte und Einrichtungen.

Diese Bedeutungsvielfalt zeigt sich auch in den Beiträgen der vorliegenden Tagungsdokumentation der Gesellschaft für Medienwissenschaft und sie macht eine klare Eingangsdefinition im jeweiligen Untersuchungszusammenhang notwendig, zumindest eine eindeutige Zuordnung zum Bereich ‚Tonebene‘, ‚Geräusch‘/‚Sound Effect‘ oder ‚Sounddesign‘ (charakteristische Klanggestaltung).

In den Ingenieurswissenschaften wird Sound in der Regel als spezifischer Klang eines Produkts/Geräts oder eines Raumes verstanden. Im Rahmen des Klang-Designs soll der Sound hier beispielsweise die Benutzung eines Geräts vereinfachen und unterstützen, zum Kauf bzw. Gebrauch eines Industrieprodukts/Geräts anregen oder beim Akustik-Design die akustischen Eigenschaften eines Raums verbessern oder das Wohlbefinden beim Verweilen in einem Raum erhöhen.[17] Hier finden sich Überschneidungen zur Angewandten Gestaltung bzw. zu den Gestaltungs- oder Designwissenschaften.[18]

In den meisten Standardwerken zur Tontechnik kommt der Begriff Sound überraschenderweise gar nicht oder nur am Rande vor. Ebenso hat die Berufsbezeichnung des Sounddesigners bisher kaum Eingang in die neueren deutschsprachigen Handbücher zur Tonstudiotechnik gefunden. Lediglich in den Ton-

---

17 Vgl. Axel Rudolph: *Akustik-Design. Gestaltung der akustischen Umwelt*. Frankfurt am Main 1993 (= Europäische Hochschulschriften, Reihe V, Bd. 1416).

18 Vgl. beispielsw. Dietrich Hasse: „Akustik im Design". In Birgit Fleischmann (Red.): *Visuelle Sollbruchstelle*. Hrsg. von der Kunsthochschule Berlin-Weißensee/Hochschule für Gestaltung (= Weißenseer Erkundungen IV). S. 77–112.

technik-Einführungen einzelner (amerikanischer) Sounddesigner werden Sound und Sounddesign thematisiert.[19]

Die Psychologie untersucht insbesondere die menschliche Wahrnehmung spezifischer (musikalischer) Sounds/Klangfarben (Psychoakustik) und die Auswirkungen des zeitgenössischen Soundscapes bzw. des Lärms auf den Menschen (Umweltpsychologie).

Als interdisziplinäres bzw. „transdisziplinäres" Forschungsgebiet versteht sich die Soundscape-Forschung und ‚Akustische Ökologie'.[20] In diesen Forschungsfeldern beschäftigen sich Geographen, Historiker, Soziologen, Psychologen, Pädagogen, Musikwissenschaftler, Akustiker, Kulturwissenschaftler, Ethnologen, Architekten, Stadtplaner und andere Fachwissenschaftler mit dem Wandel, der Gestaltung und Analyse der uns umgebenden akustischen Umwelt.

Sound und Hören in der Diskussion

In den vergangenen zehn Jahren ist eine verstärkte (wissenschaftliche) Beschäftigung mit auditiver Wahrnehmung, akustischen Kunstformen, der akustischen Ebene elektronischer Medien und der hörbaren Umwelt (Klanglandschaft bzw. Soundscape) zu beobachten. Zahlreiche Tagungen und Kongresse behandelten den Themenbereich Hören/Zuhören, Sound/Klang und Sounddesign: *Welt auf tönernen Füßen – Die Töne und das Hören*[21], Bonn 1993; *Filmmusik und Sounddesign*, Wien 1994; *Der Verlust der Stille*[22], Bad Herrenalb 1994; *Klangumwelten*, Berlin 1995; *Hören – eine vernachlässigte Kunst*[23], Herne 1995; *Ganz Ohr*[24], Kassel 1997; *HEAR.ing*, Köln 1997 bis 1999; *Internationale Hörspieltage*, Berlin 1997; *Tonmeistertagungen*[25], Karlsruhe 1998, Hannover 2000

19 Vgl. Tomlinson Holman: *Sound for Film and Television*. Boston 1997. S. 172 ff. (inzwischen ist eine Neuauflage erschienen: Boston ²2002).

20 Zur Einführung in Fragen der Klanglandschaftsforschung vgl. Forum Klanglandschaft (Hg.): *Klanglandschaft wörtlich. Akustische Umwelt in transdisziplinärer Perspektive*. Onlinepublikation, Basel 1999. URL: http://www.klanglandschaft.org/docs/fklbrosch.pdf (Zugriff am 7.12.2004).

21 Kunst- und Ausstellungshalle der Bundesrepublik Deutschland (Hg.): *Welt auf tönernen Füßen. Die Töne und das Hören*. Red.: Uta Brandes. Göttingen 1994 (= Schriftenreihe Forum. Bd. 2).

22 Evangelische Akademie Baden (Hg.): *Der Verlust der Stille. Ansätze zu einer akustischen Ökologie*. Karlsruhe 1995 (= Herrenalber Forum. Bd. 13).

23 Karl-Heinz Blomann/Frank Sielecki (Hg.): *Hören – Eine vernachlässigte Kunst?* Hofheim 1997.

24 Zuhören e.V. (Hg.): *Ganz Ohr. Interdisziplinäre Aspekte des Zuhörens*. Göttingen 2002 (= Edition Zuhören. Bd. 1).

25 Bildungswerk des Verbandes Deutscher Tonmeister (Hg.): *20. Tonmeistertagung. Karlsruhe 1998. Bericht*. Red.: Michael Dickreiter. München 1999; *21. Tonmeistertagung. Hannover 2000. Bericht*. Red.: Michael Dickreiter. München 2001; *22. Tonmeistertagung. Hannover 2002* [Vorträge als Videostream]. URL: http://www.tonmeister.de/tmt/2002/ (Zugriff am 7.12.2004).

und 2002; *Hörfestival BLIND DATE*, Köln 1998; *Nordkolleg Rendsburg*, 1998; *StadtStimmen – Klanglandschaft*, Wiesbaden 1999; *Zuhören im Medienzeitalter*, Weilburg 2001; *Ganz Ohr sein – Die Kunst des Zuhörens lehren und lernen*, München 2001; *Hörwoche*, Wiesbaden 2001; *Ökologie des Hörens – von der Lärmumwelt zum Klangdesign*, Tutzing 2001; *The Look of the Sound*, Bremen 2002; *16. Woche des Hörspiels, Projekttag: Sounddesign*, Berlin 2002; *Klang und Raum – Hörkunst als Konzept raumorientierter Hörerfahrung*, Erlangen 2003; *Initiative Hören*, Leipzig 2003; *Symposion Sound Studies*, Berlin 2003; *Megaphon und Mikrophon – Der Sound der Politik*, Hattingen 2004; *Audiovisionen*, Köln 2004; *Macht Hören blind? Macht Sehen taub?* Erlangen 2005; *Hörfest/Labyrinth des Hörens*, Wiesbaden 2005, sowie viele weitere Tagungen und Workshops unterschiedlicher Akademien in ganz Deutschland.

Im gleichen Zeitraum entspann sich im deutschsprachigen Feuilleton[26] eine weitreichende Diskussion zum Thema und es entstanden Organisationen und Vereine, die es sich zum Ziel gemacht haben, die Auseinandersetzung mit unterschiedlichen Aspekten des Hörens zu fördern und zu intensivieren: *Schule des Hörens*, Köln; *Stiftung Zuhören*, Frankfurt am Main/München, *Forum Klanglandschaft*, Basel, und *Initiative Hören*, Köln.[27]

Im Rahmen der verstärkten Auseinandersetzung mit der akustischen (Raum-)Gestaltung, den Klanglandschaften und dem Hören/Zuhören wuchs auch die Kritik an der visuellen Orientierung der (Wissenschafts-)Kultur.[28] Einige der populärsten Kritiker der „Augenmenschen" des text- und bildorientierten Wissenschaftsbetriebs sehen das Hören dabei in einem eher esoterischen und ganzheitlichen Lebenszusammenhang, der stark von den Vorstellungen nichteuropäischer Kulturen (z. B. Indien oder China) und von ‚New Age' bzw. ‚Weltmusik' geprägt ist.[29] Viele ihrer Thesen bleiben unter Musikwissenschaftlern, Medienpraktikern, Philosophen und Psychologen bis heute umstritten.[30]

---

26 Vgl. auch Peter Niklas Wilson: „Die Wiederentdeckung des Ohrs. Krise und Neubewertung des Hörens". In: *NZZ* (11.10.1997). Nr. 236–45.

27 Weiterführende Informationen finden sich im Internet unter den folgenden Adressen: URL: http://www.schule-des-hoerens.de/, http://www.hr-online.de/website/extern/zuhoeren/, http://www.klanglandschaft.org/ und http://www.initiative-hoeren.de/ (Zugriff am 2.11.2004).

28 Vgl. Wolfgang Welsch: „Auf dem Weg zu einer Kultur des Hörens?" In: Arnica-Verena Langenmaier (Hg.): *Der Klang der Dinge. Akustik – eine Aufgabe des Design*. München 1993. S. 86–111.

29 Vgl. Joachim-Ernst Berendt: *Nada Brahma. Die Welt ist Klang*. Überarb. Neuausg. Reinbek 1985 (= rororo 17949); ders.: *Das Dritte Ohr. Vom Hören der Welt*. Überarb. Fassung. Reinbek 1988 (= rororo 18414) und ders.: „Ich höre, also bin ich". In: Thomas Vogel (Hg.): *Über das Hören. Einem Phänomen auf der Spur*. Tübingen 1996 (= Attempto Studium generale). S. 69–90.

30 Vgl. Peter Sloterdijk: *Kopernikanische Mobilmachung und ptolemäische Abrüstung. Ästhetischer Versuch*. Frankfurt am Main 1987 (= es 1375). S. 84–120 und Peter Niklas Wilson: „Verordnete Harmonie. Musik und Musikphilosophie im Zeichen des ‚New Age'". In: *NZfM* 147 (September 1986). S. 5–8, hier: S. 6 f.

Manche Hörforscher und Propheten einer auditiven Wende des Denkens und der Wahrnehmung verlangen eine Reduktion des uns umgebenden Schalls: Eine – zumindest auf den ersten Blick – verständliche, tatsächlich jedoch illusionäre und in mancher Hinsicht durchaus auch problematische Forderung. Sinnvoller und realistischer erscheint es,

a) die bereits vorhanden Klänge und Geräusche gezielt zu gestalten,

b) keinen zusätzlichen, unnötigen Schall zu produzieren und

c) die Lautstärke des uns umgebenden Schalls zu reduzieren.

Im Zentrum der Bemühungen sollte also nicht in erster Linie die *Schall-*, sondern zunächst vor allem die *Lärm*vermeidung/*Lärm*reduktion und eine differenziertere akustische Gestaltung der bereits vorhandenen Umwelt- und Medienklänge (Sounddesign von Medienprodukten) stehen.

Hören im Alltag – Hören des Alltags

Die Bedeutung der auditiven Wahrnehmung für den Menschen kann kaum überbewertet werden. Das Hören ist als Raum- und Orientierungssinn in unserem Alltag permanent gefordert. Aus kulturkritischer Sicht wird festgestellt: Das konzentrierte Zuhören gelingt insbesondere jungen Menschen nur noch für eine kurze Zeitspanne, Stille ist für sie kaum noch zu ertragen (der Verdacht liegt nahe, dass die Massenmedien mit ihren kurzen Sendeformen und ihrer akustischen Allgegenwart diese Tendenz verstärkt haben könnten).

Einerseits wird das Hören in ein (a) wertvolles Hören (Zuhören bei Sprache und Musik) und (b) nicht-wertvolles und erzwungenes Hören der Umwelt (bis hin zum Weghören) geteilt. Andererseits geht – hinsichtlich des eher wertvollen Hörens von Musik – mit der ständigen Verfügbarkeit musikalischer Unterhaltung (‚Musikteppich') auch eine Verringerung des aufmerksamen Zuhörens einher.[31] Man hört zwar immer und überall Musik, aber eben nur nebenbei und nicht konzentriert, es bleibt bestenfalls beim ‚Hören', das ‚Zuhören', ‚Horchen' und ‚Lauschen' verliert hingegen an Bedeutung. Unter den Hörweisen, die bei der Musikrezeption zu beobachten sind, tritt das ‚kompensatorische' und ‚diffuse' Hören in den Vordergrund, ‚assoziatives' oder ‚distanzierendes' Hören ist hingegen selten.[32]

---

31 Vgl. Kurt Blaukopf: „Tonträger". In: Herbert Bruhn/Rolf Oerter/Helmut Rösing (Hg.): *Musikpsychologie. Ein Handbuch.* Reinbek 1993 (= rowohlts enzyklopädie 526). S. 175–181, hier: S. 178.

32 Zu den „Varianten auditiver Aufmerksamkeit" siehe Jutta Wermke: „Hören – Horchen – Lauschen. Zur Hörästhetik als Aufgabenbereich des Deutschunterrichts unter besonderer Beachtung der Umweltwahrnehmung". In: Kaspar H. Spinner (Hg.): *Imaginative und emotionale Lernprozesse im Deutschunterricht.* Frankfurt am Main 1995 (= Beiträge zur Geschichte des Deutschunterrichts. Bd. 20). S. 193–215. Die intensive Auseinandersetzung mit Aspekten des Zuhörens initiierte in der Bundesrepublik u. a. die Stiftung des Hessischen Rundfunks, vgl. Zuhören e.V.: *Ganz Ohr. Interdisziplinäre Aspekte des Zuhörens.* Göttingen 2002; Hessischer

Durch die beständige Zunahme der künstlichen Musikreproduktion mittels elektronischer Übertragungsmedien und Tonträger (sogenannte Übertragungs- oder Lautsprechermusik) sowie durch die permanente Verfügbarkeit der Tonträger und Abspielgeräte (Hi-Fi-Anlage, Radiogerät, Computer/Notebook, Autoradio, Walkman, MP3-Player, Handy mit Radio-/Audiowiedergabe) besteht im Alltag jederzeit die Möglichkeit, Musik zu hören; die Lautsprechermusik ist als ein gewissermaßen zwangsläufiger und zu jeder Zeit verfügbarer Teil des Lebens in den Alltag der Rezipienten integriert. Musikhören ist dann einerseits nichts Besonderes mehr, sondern gleichsam ,natürlicher' Bestandteil des Alltags und des gewöhnlichen Tagesablaufs, andererseits aber kann insbesondere die Musik oder das mit Musik verbundene Rezeptions-Ritual zum Mittel einer Flucht aus dem Alltag werden.[33] Während wir früher zur visuellen und akustischen Abschirmung, zum Schutz vor unerwünschtem Schall vor allem Wände bzw. Räume genutzt haben, verwenden wir heute auch den Schall selbst (hier vor allem Musik), um in einer fremden oder lärmenden Umgebung unseren eigenen privaten (akustischen) Raum entstehen zu lassen, z. B. bei der mobilen Nutzung von Walkman, MP3-Player oder Autoradio.[34]

Sound und Audiotechnik

Lange Zeit waren die Standards der Audiowiedergabe bei den Rundfunkmedien klar aufgeteilt: Die meisten Hörfunkprogramme sendeten seit August 1963 im Stereomodus, die Mehrzahl der Fernsehsendungen hingegen wurde noch monophon ausgestrahlt und nur ein Teil der Fernsehgeräte hatte eine qualitativ hochwertige technischen Ausstattung zur Audiowiedergabe in Stereo. Heute sieht die Situation jedoch anders aus: Viele TV-Sendungen werden zwar noch in Mono präsentiert, wie auch beim Hörfunk sind dies hauptsächlich Nachrichten und Reportagen; insgesamt aber hat das Fernsehen auf der *Empfänger*seite inzwischen einen höheren Audio-Wiedergabestandard (Lautsprecher- und Übertragungsqualität, Stereo, Dolby-Surround, Dolby Digital und DVD-Technik) mit besserer technischer Ausstattung erreicht als der Hörfunk – das bietet neue Perspektiven für die Arbeit am Sound und Sounddesign. Die umfangreiche tontechnische Ausstattung der Kinos und die dort vielfach vorliegende Referenz-Situation für eine optimale Audio-Wiedergabe und -Rezep-

Rundfunk (Hg.): *Projekt: Stiftung Zuhören.* Frankfurt am Main 1997. Eine Darstellung aller Hörweisen nach Klaus-Ernst Behne findet sich in: ders.: *Hörertypologien. Zur Psychologie jugendlichen Musikgeschmacks.* Regensburg 1986. S. 126 ff.

33 Vgl. Helmut Rösing: „Musik im Alltag". In: Herbert Bruhn/Rolf Oerter/Helmut Rösing (Hg.): *Musikpsychologie. Ein Handbuch.* Reinbek 1993. S. 113–130, hier: S. 114.

34 Vgl. Frank Schätzlein: „Mobile Klangkunst. Über den Walkman als Wahrnehmungsmaschine". In: Andreas Stuhlmann (Hg.): *Radio-Kultur und Hör-Kunst. Zwischen Avantgarde und Populärkultur 1923–2001.* Würzburg 2001. S. 176–195; hier S. 191–195.

tion sind schon fast sprichwörtlich geworden. Bei den Rezipienten haben Gerätehersteller und Unterhaltungsindustrie den Wunsch geweckt, diese Qualität der Mediennutzung auch im eigenen Wohnzimmer zu realisieren ('Home Cinema').

Bis Mitte der neunziger Jahre verfügten Redakteure und Mitarbeiter vieler Radiosender oft nur über eingeschränkte Erfahrungen im Umgang mit der jeweils neuesten digitalen Audiotechnik und konnten deshalb die mit einer kreativen und künstlerischen Nutzung der Technik verbundenen Potentiale kaum ausnutzen. Dies stand im Gegensatz zur freien und radiounabhängigen (Musik-)Produktion: Dort waren die Künstler, Mitarbeiter und Produzenten stets gezwungen, auch technisch auf dem neuesten Stand zu sein. So waren Musik- und Filmschaffende nicht nur in Bezug auf die Tonstudiotechnik lange Zeit besser ausgerüstet als die Radiostationen, auch in künstlerischer und ästhetischer Hinsicht wagten sie manches Mal mehr als die festangestellten Radiomacher – auch deshalb verweisen viele junge Hörspielproduzenten auf ihre Vorgänger und Vorbilder im Musikbereich. Dies ist – neben künstlerischen Überlegungen – wohl auch einer der Gründe dafür, dass einzelne Hörspielredaktionen immer häufiger Musiker, Medienkünstler und Produzenten engagierten, die in ihren eigenen Studios außerhalb der Rundfunkanstalten arbeiteten. Allerdings ist heute nach Meinung kritischer Stimmen – zumindest aus traditioneller Perspektive – auch zu beobachten, dass der Hinweis auf „Multimedialität" und „Intermedialität" sowie der massierte, aber unreflektierte Einsatz von „Technik zunehmend dazu dient, dem Mangel an [künstlerischen] Ideen rechtfertigende Motive vorzuschieben."[35]

Die (am Surround-Maßstab gemessen) schlechtere tontechnische Ausstattung des Hörfunks gilt zumindest für die Sendetechnik und die Empfängerseite, denn auf der Produktionsebene sind inzwischen die meisten größeren Tonstudios der öffentlich-rechtlichen Hörfunkanstalten (große Produktionsstudios für 'kulturelles Wort' wie Hörspiel und Feature) mit den für Surround-Produktionen notwendigen technischen Einrichtungen ausgestattet worden. In den letzten Jahren wurden einzelne Hörspiele und Radiokunst-Arbeiten im Surround-Modus produziert – so konnten auch in dieser Kunstform erste Erfahrungen mit dem neuen Produktionsverfahren gesammelt werden: Jules Verne: 20.000 Meilen unter den Meeren (MDR/RB 2003), Eoin Colfer: Artemis Fowl (SWR/NDR 2004), Alfred Döblin/Thomas Gerwin: Der Ausbruch des Vesuvs und andere „Unverständliche Geschichten" (SWR 2004), Thomas Gerwin: Fünf Radio-Installationen (SWR 2004) und Jules Verne: In 80 Tagen um die Welt (MDR 2005).

---

35 Konrad Boehmer: „Phantasie über Technologie". In: *NZfM* (1996). Nr. 5. S. 38–43, hier: S. 39.

Seit Herbst 2003 wurden vom Bayerischen Rundfunk erste Probesendungen (ARD-NACHTKONZERT) im Surround-Format Dolby Digital (AC-3) ausgestrahlt. Die Übertragung erfolgte dabei über digitale Satellitentechnik (DVB-S/ Digital Video Broadcast – Satellite) oder Kabelanschluss (DVB-C/ Digital Video Broadcasting – Cable) und einen entsprechenden Surround-Empfänger auf der Seite des Hörers.

Arbeitsfeld Sounddesign

Anlässlich der Verleihung des Adolf-Grimme-Preises ‚Special' war noch im Jahr 1997 (!) zu lesen: „Das zweiteilige Fernsehspiel ‚Der letzte Kurier' von Adolf Winkelmann [ist] das bilderträchtigste, spannungsgeladenste Werk – der einzige Grimme-Preis in Gold gilt ihm zu Recht. Wenn auch ein zusätzlicher Spezial-Preis für das ‚Sound Design' von Dirk Jacob höchst überflüssig erscheint: Was bloß ist ‚Sound Design'?"[36] Der Produktionsbereich Sounddesign und die Berufsbezeichnung Sounddesigner waren immerhin bereits Ende der siebziger Jahre im (New) Hollywood-Kino entstanden.[37]

Ausgehend von der Arbeit am Sound in der Rock- und Popmusik und später bei der US-amerikanischen Kinofilmproduktion hat sich das Arbeitsfeld Sounddesign längst auch in der Bundesrepublik auf die Rundfunkmedien Hörfunk und Fernsehen sowie auf die Gestaltung von Multimedia-Anwendungen, Internet-Angeboten und Computerspielen ausgedehnt. Spätestens seit Anfang der neunziger Jahre müssten auch den deutschen Kritikern akustischer oder audio-visueller Medienprodukte die Verfahren der klanglichen Gestaltung von Filmen, Musikproduktionen, Hörfunk- und Fernsehsendungen bekannt sein, dazu gehören auch Verfahren und Aufgaben der Ton- und Soundbearbeitung und die Einführung der damit verbundenen neuen Berufe im Bereich der Medienproduktion.

Mit der Etablierung des dualen Rundfunksystems in der zweiten Hälfte der achtziger Jahre wurde es für die einzelnen Programmveranstalter – zuerst für viele privatwirtschaftliche Radioprogramme, die das gleiche Format abdeckten – notwendig, sich von anderen Programmangeboten (akustisch) abzugrenzen: Es begann der gezielte Einsatz des Sounddesigns in den Bereichen Hörfunk, Fernsehen und Werbung; die Gestaltung der akustischen Ebene verschiedener Sendeformen und Programmelemente (Trailer, Jingle, Spot, Logo usw.) gewinnt seither immer stärker an Bedeutung.

---

36 Mechthild Zschau: „Tief versunken in der Unterhaltung. Grimme-Preisträger für 1996 benannt". In: *Berliner Zeitung* (14.3.1997).
37 Vgl. Barbara Flückiger: *Sound Design. Die virtuelle Klangwelt des Films*. Marburg 2001. S. 13 ff.

Noch bis vor wenigen Jahren konnte man sich in Deutschland nicht zum Sounddesigner ausbilden lassen oder ein Sounddesign-Studium aufnehmen. Inzwischen gibt es aber entsprechende neue Studiengänge, beispielsweise an der Universität der Künste Berlin (‚SoundXchange'/‚Sound Studies – Akustische Kommunikation'[38]), an der Filmakademie Baden-Württemberg in Ludwigsburg (‚Filmmusik/Sounddesign'[39]) und an der Internationalen Filmschule Köln (‚Sound Design/Film'[40]).

Beim Film ist der Sounddesigner für das akustische Gesamtkonzept der Produktion verantwortlich, er begleitet alle Schritte von der Aufnahme und Geräusch-/Musik-Produktion über die Nachsynchronisation, Tonbearbeitung und Montage bis zur Endabmischung. Sounddesigner beim Hörfunk (z. B. ‚Studio für Klangdesign', WDR) und Fernsehen (z. B. ‚Musikredaktion', Pro Sieben) gestalten alle auditiven Elemente eines Programms, deren Klang nicht schon von den Autoren, Moderatoren oder Regisseuren der einzelnen Sendungen festgelegt wurde; dazu gehören Vorspann, Abspann, Jingles, Trailer, Collagen, Montagen, Kurzfeature, akustische Senderkennungen, Zeitzeichen, Pausenzeichen und Programmhinweise. Das umfassende Ziel ist es, einen spezifischen zum Corporate Design passenden Sound eines Programms oder einer Sendung zu entwickeln.[41]

Zu den weiteren Aufgaben zählen unter anderem die Geräusch- und Musikberatung, die Produktion funktioneller Musik, das Anfertigen von Digitalkopien und das Restaurieren von historischen Magnetband- oder Schallplattenaufzeichnungen sowie die Bearbeitung von Originaltonaufnahmen (das Entrauschen, Entknacken und Verbessern der Klangqualität/Verständlichkeit) für spezielle Sendungen und Sendereihen, die auf historische Mediendokumente zurückgreifen.

In der Öffentlichkeit wird Sounddesign heute noch vorwiegend als von Ingenieuren gestaltetes Produktdesign (Autos, Haushaltsgeräte, Telefon, Computer/Multimedia) verstanden.[42] Allerdings treten auch die anderen Arbeitsbereiche wie die Klangproduktion, -bearbeitung und -gestaltung für die elektronischen Medien und die Gestaltung der akustischen Umwelt in Haus, Stadt und Natur immer mehr in den Vordergrund.

---

38 Informationen zum Studiengang, URL: http://www.udk-sound.de/ (Zugriff am 2.11.2004).

39 URL: http://www.filmakademie.de/studium/aufbaustudium/sound/ (Zugriff am 2.11.2004).

40 URL: http://www.filmschule.de/ (Zugriff am 2.11.2004).

41 Vgl. Uwe Bork: „Hört, hört! Vom Corporate Design zum Corporate Sound". In: *NZZ* (09.02.1996). Nr. 33 und Günter Müchler: „Akustisches Design im Deutschlandfunk. Die Kompaßnadel im Radio-Dschungel". In: *DeutschlandRadio. Die zwei Programme* (1996). Nr. 8. S. 3.

42 Vgl. Arnica-Verena Langenmaier (Hg.): *Der Klang der Dinge. Akustik – eine Aufgabe des Design*. München 1993.

Sounddesign bei Hörfunk und Fernsehen

Wer über die mediale ‚Klang-Kultur' einer Gesellschaft nachdenkt, der richtet seinen Blick zunächst auf das Medium Radio. Der Hörfunk gilt als *das* Medium der Hör-Kultur – vermittelt er doch „ein akustisches Weltbild"[43]. Vor allem der Hörfunk könnte demnach in der Lage sein, die Hör-Kultur einer Gesellschaft zu prägen und zu verändern.[44] Das Radio müsste unseren Ohren ein qualitativ hochwertiges „Media-Soundscape" (Thomas Gerwin) liefern und unsere Hörfähigkeiten mit dem technisch und künstlerisch Bestmöglichen beständig fordern und fördern. Innerhalb des Radioprogramms sind es in erster Linie die künstlerischen Formen Hörspiel, Feature und akustische Kunst, aber eben auch der Sound, das Sounddesign des Programms und der Programmverbindungen (Jingle, Trailer, Logo u. ä.), die einen Einfluss auf das Hören, die Hör-Haltung, die Hör-Kultur haben. Das bedeutet: Die Radiomacher müssten formal und inhaltlich über das bisher im Programm präsentierte hinausdenken – weg von der ‚Durchhörbarkeit' der verwechselbaren Einheits- und Formatradioprogramme. Denn bei einer Beschäftigung mit dem Sounddesign der unterschiedlichen Medien kann man heute oft den Eindruck gewinnen, dass Film, Fernsehen und (Tonträger-)Musik den Hörfunk in der Qualität seiner akustischen Gestaltung überholt haben – zugespitzt formuliert: die Tonspuren der Filme als „die besseren Hörspiele".[45]

In diesem Sinne geht es hier also nicht um eine Kritik der ‚kulturellen Leistung' des Hörfunks bzw. der Kultur im Hörfunk, sondern um eine Kritik der Hör-Kultur des Radios. Der Schwerpunkt liegt dabei auf den technischen, klangästhetischen und künstlerischen Aspekten der Programme und Produktionen. Das hätte auch Folgen für die Methodik und die Kriterien medienwissenschaftlicher Radioanalyse – mit den Worten des Soundscape-Forschers Murray Schafer: „Die Radioprogrammgestaltung muss nach genauso vielen Einzelheiten analysiert werden wie ein episches Gedicht oder eine musikalische Komposition".[46]

Nicht nur in der Praxis des Sounddesigners gilt: Das Mikrofon im Hörfunkstudio oder in der Hand des Radiokünstlers ist kein ‚Ohr', kein reines Übertra-

---

43 Dieter Schnebel: „Gedanken zur Radiokunst". In: NZfM (1994). Nr. 1. S. 4–5, hier: S. 4. Zum Aspekt der „Auditivität" des Radios aus medientheoretischer Sicht vgl. Werner Faulstich: *Radiotheorie. Eine Studie zum Hörspiel ‚The War of the Worlds' (1938) von Orson Welles.* Tübingen 1981 (= Medienbibliothek. Serie B: Studien, Bd. 1). S. 40–58.

44 Vgl. Gerhard Paproth: „Radiodesign. Gedanken zu einer neuen Rundfunkkultur". In: Detlev Ipsen u. a. (Hg.): *KlangWege.* Kassel 1995 (Nachdruck 1997). S. 11–12.

45 Heiner Goebbels: „Tonspur Radioraum. Rede zur Eröffnung der Woche des Hörspiels, Akademie der Künste Berlin, 9. November 1997". In: S 2 Kultur, SDR und SWF (Hg.): *Hörspiel. Januar bis August 1998* [Programmheft]. Stuttgart 1998. S. 3 und 94–95, hier: S. 94.

46 R. Murray Schafer: *Klang und Krach. Eine Kulturgeschichte des Hörens.* Frankfurt am Main 1988. S. 127.

gungsgerät, sondern ein elektroakustisches Werkzeug der Soundgestaltung.[47] Die Apparate, Programme und Verfahren der Tonstudiotechnik können als Klang-Instrumente verstanden werden – wie auch das Medium selbst als „wohltemperierte[s] Radio" mit den „digitalen Möglichkeiten eines neu zu stimmenden Instruments."[48]

Neben dem Sounddesign *im* Radio spielen auch Veränderungen in der akustischen Umwelt *durch* das Radio eine wichtige Rolle. Der Hörfunk ist einer der bedeutenden Faktoren der „elektroakustischen Klanglandschaft" (Hans U. Werner) bzw. des „Media-Soundscapes" (Thomas Gerwin) – er ist ein Element der von vielen Medien geprägten medialen Klanglandschaft, gleichzeitig repräsentiert er aber auch Formen der Sound- und Hör-Kultur innerhalb der Medienbranche. Durch seinen Einfluss auf diese verschiedenen Bereiche besitzt das Radio eine entscheidende Bedeutung für die Gestaltung der gegenwärtigen und zukünftigen ‚auditiven Kultur' unserer Gesellschaft in klangökologischer, klang- und medienästhetischer Hinsicht.

Der Hörfunk ist in seiner Geschichte immer mehr zu einem ‚Nebenbei-Medium' mit ‚Begleitfunktion' geworden, das ist bekannt. Die Rezipienten hören einer Radiosendung (wenn man überhaupt von einzelnen Sendungen sprechen kann, denn bei den meistgehörten Programmen findet sich seit den siebziger Jahren – zumindest tagsüber – eher ein kontinuierlicher Programmfluss mit Sendestrecken ohne gegeneinander abgrenzbare Einzelsendungen) in der Regel nicht konzentriert zu, sondern gehen gleichzeitig noch einer anderen Tätigkeit nach.[49] Dieses bisher charakteristische Merkmal der Rezeption akustischer Medien hat sich in der Bundesrepublik in den neunziger Jahren auch auf die Fernsehnutzung ausgeweitet. Das Phänomen des Nebenbei-Sehens oder sogar Nur-Hörens von Fernsehsendungen, das zunächst bei der Musik-TV-Rezeption zu erwarten war, findet sich längst auch bei anderen Programmangeboten und Altersgruppen.[50] Der Zuschauer wird deshalb nicht nur visuell, sondern insbesondere an den Übergangsstellen der aufeinanderfolgenden Pro-

---

47 Thomas Gerwin: *Über akustische Ökologie und integrale Kunst. Zum Entwurf einer zeitgemäßen Musik.* Auf der Homepage des Autors, URL: http://www.swo.de/gerwin7.html (Zugriff am 2.11.2004). S. 2.

48 Uwe Kamman (Mod.): „Das wohltemperierte Radio. Die digitalen Möglichkeiten eines neu zu stimmenden Instruments. Abschlussdiskussion". In: Axel Schwanebeck und Max Ackermann (Hg.): *Radio auf Abruf. Der Hörfunk im Umbruch. Eine Dokumentation der Nürnberger Radiotage vom 29. September bis 1. Oktober 1995.* München 1996. S. 115–133, hier: S. 115.

49 Vgl. Thomas Münch und Helmut Rösing: „Hörfunk". In: Herbert Bruhn/Rolf Oerter/Helmut Rösing (Hg.): *Musikpsychologie. Ein Handbuch.* Reinbek 1993. S. 187–195, hier: S. 188 f; vgl. auch Birgit van Eimeren/Christa-Maria Ridder: „Trends in der Nutzung und Bewertung der Medien 1970 bis 2000. Ergebnisse der ARD/ZDF-Langzeitstudie Massenkommunikation". In: *Media Perspektiven* (2001). H. 11, S. 538–553.

50 Vgl. Barbara Sichtermann: „Vom Medienerlebnis zum Tagesbegleitmedium". In: Stefan Münker/Alexander Roesler (Hg.): *Televisionen.* Frankfurt am Main 1999. S. 113–126.

grammelemente zusätzlich akustisch durch das Programm geführt. Wie bei der akustischen Gestaltung von Fernsehfilmen (Film-Sounddesign nach dem Vorbild der Kinoproduktion), kommt es auch bei den Programmverbindungen zu einer Aufwertung der akustischen Ebene.

Auch beim Fernsehen besteht aufgrund der Vielzahl von Programmen die Notwendigkeit einer (akustischen) Abgrenzung von den Konkurrenzsendern; die einzelnen Sender bzw. Programme sind gezwungen, zusätzlich zum visuellen Design (Logo, Typografie, Farben, Bildgestaltung, Set-Design) einen charakteristischen Sound zu etablieren und ein spezifisches Sound-Image aufbauen. Der Corporate Sound muss sich nahtlos in die übergreifende Corporate Design-Konzeption des Senders einfügen. Programme und Programminhalte werden als Produkte bzw. Marken verstanden, die „durch ein gezielt aufgebautes Image von den anderen Anbietern" abgegrenzt werden sollen. „Diese Abgrenzung gilt auch für den Audiobereich. Hier wird [unter anderem] mit akustischen Logos gearbeitet, um den Zuhörern schnell zu vermitteln, bei welchem Sender sie sich gerade befinden" – auch wenn sie gerade nicht auf den Bildschirm sehen. Eine hohe Qualität des Sounddesigns im Fernsehprogramm soll „unterschwellig zur positiven Gesamtmeinung über eine Produktion", das Programm und den Sender selbst beitragen.[51]

Sound in der Medienwissenschaft

In vielen Bereichen der elektronischen Medien (Moderation, Trailer, Werbung, einzelne Sendungen und Beiträge, Programmverbindungen, Corporate Sound von Rundfunkprogrammen, Audioelemente von Software und Online-Angeboten usw.) gehört die Arbeit am Sound zu den zentralen Aspekten von Technik und Dramaturgie. Die Medienwissenschaft, Medienpädagogik und Medienkritik sollten sich darauf einlassen. So könnte das übergreifende Ziel medienpädagogischer Bemühungen die Verbesserung der Hörkultur bzw. der ‚auditiven Medienrezeptionskompetenz' der Zuschauer/Zuhörer sein: „Die Förderung einer ‚Hörkultur' (im Sinne von kompetenter Nutzung) ist [...] ebenso notwendig wie die Förderung von Lesekultur bzw. allgemeiner Medienkultur."[52]

Abschließend seien einige Forderungen formuliert: Medienwissenschaftliche Forschung sollte

---

51 Alle Zitate aus Maximilian Kock/Andi Gleichmann: *Audiodesign beim Fernsehen*. Onlinepublikation, URL: http://www.schule-des-hoerens.de/bibliothek/artikel.htm (Zugriff am 2.11.2004).

52 Uli Gleich: „Hörfunkforschung in der Bundesrepublik. Methodischer Überblick, Defizite und Perspektiven". In: *Media Perspektiven* (1995). H. 2. S. 554–561, hier: S. 560.

- die tontechnische, akustische und klangästhetische Ebene der Medien nicht weiter vernachlässigen, sondern ganz selbstverständlich in zukünftige Untersuchungen mit einbeziehen (dies gilt nicht nur für die akustischen Medien Hörfunk und Tonträger, sondern ebenso für Film, Fernsehen, Computer, Multimedia-Produkte und Netzmedien);
- sich nicht nur ausschließlich auf die Beschäftigung mit Sprache (Figurendialoge) und Musik in den Medien einlassen, sondern auch auf die Analyse von Atmo, Geräusch, O-Ton und Stille sowie auf die Auseinandersetzung mit Arbeitsprozessen der Tongestaltung (Mikrofonierung, Aufzeichnung, Speicherung, Schnitt, Sampling, Montage, Signalbearbeitung, Mischung);
- eindeutige Definitionen des der jeweiligen Untersuchung zugrundeliegenden Sound-Begriffs liefern;
- an die Ergebnisse bestehender Sound-Forschung in anderen Disziplinen anschließen und den transdisziplinären Austausch suchen;
- Fragen der Sound-Gestaltung als neue Kategorien in die Medienproduktanalyse integrieren;
- das offenbar zum Teil verschüttete Wissen um das narrative Potential der akustischen Gestaltung/Gestaltungselemente wiederentdecken und nutzen (der narrative Aspekt visueller Kategorien wie Kameraarbeit, Schnitt, Montage und Bildmischung ist in der Film- und Fernsehanalyse dagegen präsent);
- die Historizität sowie die technischen, gesellschaftlichen und kulturellen Bezüge von Sound untersuchen;
- dazu beitragen, Sound und Sounddesign (z. B. einerseits Strategien der Aufmerksamkeitssteuerung und andererseits Formen der künstlerischen Arbeit mit Sound) als wichtige Elemente der Medien (öffentlich) bewusst zu machen und
- die von den Medien geforderte und erzeugte Hör(un)kultur analysieren und kritisch hinterfragen.

Wie dieser Beitrag zeigen sollte, ist die Variationsbreite der Definition und Anwendung des Sound-Begriffs groß. Die medienübergreifende Konzeption der Tagung der Gesellschaft für Medienwissenschaft setzte deshalb zunächst bei einem weiten Verständnis von Sound als der akustischen Ebene unterschiedlicher Medien (Film, Fernsehen, Hörfunk, Tonträger und Computer/Internet) an. Mit den einzelnen Vorträgen wurden dann in den verschiedenen Sektionen Ausflüge in Richtung ganz unterschiedlicher Sound-Definitionen und -Themen unternommen:

Die Erforschung vergangener Medien-Sounds; historische Entwicklung der Sound-Technik und des medienspezifischen Sounds; Sound-Übertragung und

-Archivierung; Funktion und Gestaltung von Sound in verschiedenen Medien; Sound-Techniken wie Aufzeichnung, Schnitt, Sampling, Montage, Collage, Effekte/Signalbearbeitung, Raumgestaltung/Akustik, Blende und Mischung; Fragen der Sound-Analyse.

Ein weites Feld für zukünftige medienwissenschaftliche Forschung.

Weiterführende Literatur:

Martin Büsser/Jochen Kleinhenz/Johannes Ullmaier (Hg.): *Sound.* 2. Aufl. Mainz 2002 (= Testcard – Beiträge zur Popgeschichte. Bd. 3).

Barbara Flückiger: *Sound Design. Die virtuelle Klangwelt des Films.* Marburg 2001.

Tomlinson Holman: *Sound for film and television.* 2. Ed. Boston 2002.

Marcus S. Kleiner/Achim Szepanski (Hg.): *Soundcultures. Über elektronische und digitale Musik.* Frankfurt am Main 2003 (= Edition Suhrkamp. Bd. 2303).

Josef Kloppenburg (Hg.): *Musik multimedial. Filmmusik, Videoclip, Fernsehen.* Laaber 2000 (= Handbuch der Musik im 20. Jahrhundert. Bd. 11).

Kunst- und Ausstellungshalle der Bundesrepublik Deutschland (Hg.): *Welt auf tönernen Füßen. Die Töne und das Hören.* Red.: Uta Brandes. Göttingen 1994 (= Schriftenreihe Forum. Bd. 2).

Arnica-Verena Langenmaier (Hg.): *Der Klang der Dinge. Akustik – eine Aufgabe des Design.* München 1993 (= Schriftenreihe des Design Zentrums München. Bd. 1).

Thomas Phleps/Ralf von Appen (Hg.): *Pop Sounds. Klangtexturen in der Pop- und Rockmusik. Basics – Stories – Tracks.* Bielefeld 2003 (= Texte zur Populären Musik. Bd. 1).

Harald Schwarz: *Sound und Lautsprechermusik. Ein Beitrag zu den unterrichtlichen Möglichkeiten musikalischen Hörens.* Saarbrücken 2002.

Hans U. Werner (Hg.): *SoundScapeDesign. KlangWelten. HörZeichen.* Basel 1997.

Internetressourcen (Stand: 14.12.2004):

Sven E. Carlsson: *FilmSound.org. Film Sound Design – Film Sound Theory*
http://www.filmsound.org/

Jörg Lensing: *Film-Sound-Design*
http://www.film-sound-design.de/

Rainer Hirt: *Audio-Branding.de – Das Corporate Sound-Portal*
http://audio-branding.de/

Soundsite. The Online Journal of Sound Theory, Philosophy of Sound and Sound Art
http://www.sysx.org/soundsite/

World Forum for Acoustic Ecology (WFAE)
http://interact.uoregon.edu/medialit/wfae/home/

Forum Klanglandschaft (FKL): Interdisziplinäre Bibliographie „Klanglandschaft"
http://www.klanglandschaft.org/html_d/biblio.htm

Acoustic Ecology Research Group (AERG)
http://webapps1.ucalgary.ca/~acoustic/

Verband Deutscher Tonmeister (VDT)
http://www.tonmeister.de/

Audio Engineering Society (AES)
http://www.aes.org/

Harro Segeberg

Audiovision
Von Richard Wagner zu Stanley Kubrick

Vorbemerkung

Im folgenden soll es nicht darum gehen, am Beispiel von Theater und Film in einer Art von Parforce-Ritt die Geschichte des Zusammenwirkens akustischer und visueller Effekte zu durcheilen, und ich werde auch nicht den Versuch unternehmen, eine systematische Zusammenfassung dazu zu präsentieren, wie dieses Zusammenwirken im einzelnen aussehen könnte oder sollte. Bemerkungen über illustrative, imitierende oder kontrastive Möglichkeiten zur akustischen Erweiterung von Visuellem werden daher im folgenden zwar durchaus eine gewisse Rolle spielen, zielen aber nicht auf den Entwurf einer Systematik des Akustisch-Visuellen. Dies bleibt anderen Beiträgen dieses Bandes (wie etwa denen von Barbara Flückiger oder Christian Maintz) vorbehalten.

Statt dessen soll es darum gehen, aus der Gesamtheit des Audiovisuellen drei besonders aufschlussreiche Konstellationen herauszulösen und genauer zu betrachten. In diesen Konstellationen wird Audiovision – *erstens* – als *Audio*vision auf die Erregung bis Ersetzung des Visuellen durch das Akustische hinauslaufen; – *zweitens* – als Audio*vision* auf die Erregung bis Ersetzung des Akustischen durch das Visuelle abzielen und schließlich – *drittens* – als *Audiovision* auf das Zusammenwirken von für sich genommen autonomen akustischen und visuellen Künsten abzielen. Auf diese Weise soll es möglich werden, einige grundsätzliche Probleme im Zusammenwirken von visuellen und akustischen Elementen anzusprechen – Probleme, die in historischen wie systematischen Untersuchungen zur synästhetischen Wirkung von Ton und Bild allzu leicht als gelöst vorausgesetzt werden.

Mit dieser Blickrichtung wird es im einzelnen gehen um:

– Richard Wagners Versuch, in seinem Musikdrama das Konzept eines *Gesamtkunstwerks am Leitfaden des Akustischen* zu entwerfen; Akustisches fordert hier Visuelles und kann es zugleich als Veräußerlichung des Akustischen verwerfen und ersetzen.
– Die Geschichte des bis 1929 noch *stummen Films*, aus dem sich ebenso korrespondierend wie kontrastierend das Konzept eines *Gesamtkunstwerks am Leitfaden des Visuellen* herausentwickelt; in ihm fordert Visuel-

les Akustisches und kann es zugleich als Schwächung des Visuellen zu-
rückweisen.

– Die Idee des Science-Fiction-Films 2001: A SPACE ODYSSEY (1968), von dem
man sagen könnte, er führe als *Tonfilm* beide Ausprägungen so zusammen,
dass für sich genommen selbständig bleibende Künste in eine sich wechselseitig verstärkende Gesamtwirkung überführt werden.

Richard Wagner

Immer wieder ist in der Wagner-Literatur die Perfektion einer ‚schwebenden
Tonalität‘ (A. Schönberg) gerühmt worden. Sie sei zum Beispiel dort zu hören,
wo sich in Richard Wagners *Vorspiel* zu *Rheingold,* dem *Vorabend zu dem
Bühnenfestspiel Der Ring des Nibelungen*, aus der allmählichen Entfaltung eines Es-Dur-Akkordes „systematisch alle musikalischen Parameter der *Ring*-
Partitur" entwickeln (Dieter Borchmeyer). Begründet wird diese Ansicht damit, dass dieser Es-Dur-Akkord, „welcher" – so Wagner selber – „unaufhalt-
sam in figurierter Brechung dahin wogte,"[1] mit einem von einem Kontrabass
gespielten, extrem tiefen und daher kaum hörbaren Es beginnt; dadurch könne
dieses Es wie ein „wahrhaft abgrundtiefer geräuschloser Ton" (D. Borchmeyer)
den ‚Urton‘ einer danach über vier Opern hinweg zu entfaltenden ‚unendlichen
Melodie‘ und damit das „gründende Wesen" des Mythos „zum Ausdruck"
bringen.[2] Wo nicht nach Analogien im Mythischen, sondern nach Entspre-
chungen in der modernen Naturwissenschaft gesucht wird, kann man lesen, in
diesem Urton sei, wie im Schwarzen Loch moderner kosmologischer Ur-
sprungstheorien, bereits alles enthalten, aber noch nichts entwickelt.[3]

Es ist die hier wirksame sonore Intensität eines in Brust und Bauch vibrieren-
den, weil in tiefen Bässen vorgetragenen Leitmotivs, dessen weitere Entfaltung
„das Hören suggestiv zum Sehen drängt" (D. Borchmeyer) und damit Wirkungen auslöst, die später auch von der Filmmusik angestrebt werden. Man könnte
auch sagen: Akustisches wird schon bei Wagner derart intensiv perfektioniert,
dass es wie von selber ins Visuelle hineinzielt. Oder auch: Wagners Musik wird
die Qualität einer ästhetischen Reizwirkung zugeschrieben, die es fertig bringt,
in der Intensität einer Sinneswirkung weitere Sinneswirkungen anzuregen.

---

1   Richard Wagner: *Mein Leben*, zit. nach Wulf Konold: „Brausender Klang. Notizen zur
     »Rheingold«-Musik". In: *Richard Wagner: Der Ring des Nibelungen. Das Rheingold.* Pro-
     grammheft der Staatsoper Hamburg. Hamburg 1997, S. 25 ff., hier: S. 27.

2   Vgl. Dieter Borchmeyer: „Wagners Mythos vom Anfang und Ende der Welt". In: Udo Berm-
     bach, D. Borchmeyer (Hg.): *Richard Wagner. Der Ring des Nibelungen. Ansichten eines My-
     thos.* Stuttgart, Weimar 1995, S. 1–25.

3   Zu diesen und anderen Analogien zwischen Wagners Musik und der modernen Naturwissen-
     schaft vgl. ausführlich Hans Melderis: *Raum – Zeit – Mythos. Richard Wagner und die moder-
     nen Naturwissenschaften.* Hamburg 2001.

Abb. 1.1: Das Rheingold, *Berlin 1930*

Dies führt auf der einen Seite dazu, dass eine Opern-Musik, die gerade aufgrund ihrer akustischen Perfektion ins Mimetisch-Szenische zielt, immer wieder zu sehr eigenständigen Bühnenbildern und Figurengestaltungen angeregt hat. In ihnen werden die aus der Weltmelodie der *Ring*-Tetralogie stetig neu herausgehörten Götter-, Welt- oder Kosmosgeschichten in weiterführende eigene visuelle Schöpfungen umgestaltet. Dies geschieht in der Geschichte der *Ring-Inszenierungen* besonders dort, wo abseits des in Bayreuth lange gepflegten Konservativismus bereits in den zehner und zwanziger Jahren des 20. Jahrhunderts das vorweggenommen wird, was wir heute Regietheater nennen. Denn in diesen Bühnenexperimenten wurde nicht in Szene gesetzt, was der Meister mit seinen eigenen, betont naturalistischen Szenenanweisungen vorgab, sondern das, was die von ihm überlieferte Intention fort-, aber auch um- oder gar neu schrieb.[4] Schon daraus lässt sich in aller Klarheit erkennen, dass keineswegs alle Wege von Wagners Bayreuth in Hitlers Bayreuth hineinführen.

Vielmehr gilt: da sich für die Anhänger eines betont modernen Regietheaters der Zeitgenosse Wagner nur mit Hilfe einer produktiven musikalischen *und* szenischen Adaption für die eigene Zeit aneignen lässt, begegnen hier Visualisierungen, die den szenischen Materialismus Wagners psychologisierend verfrem-

---

4   Zur Geschichte der *Ring*-Inszenierungen stütze ich mich auf das famose Buch von Nora
    Eckert: *Der Ring des Nibelungen und seine Inszenierungen von 1876-2001.* Hamburg 2001.

Abb. 1.2: Die Walküre, *Stuttgart 1920. Nach Eckert:* Ring *(wie Anm. 4), S. 112*

den oder in expressionistische Gefühlsabstraktionen auflösen (Abb. 1). Heute führt dies zu Inszenierungen, die ins Kontra-Es des *Rheingold-Vorspiels* den *Big-Bang* eines kosmologischen Urknalls hineinhören. Oder es wird versucht, ins Fließen der vom Kontra-Es entgrenzten Rhein-Musik das Wasser oder, naturwissenschaftlich gesprochen, den Wasserstoff als Urstoff jedweden organischen Lebens hineinzudenken.

Wieder andere schlagen vor, die musikalische ‚creatio ex nihilo' des Urtons mit dem in gleicher Weise keineswegs leeren physikalischen Vakuum in Beziehung zu setzen oder die Abfolge von Ordnung und Unordnung in der *Nibelungen*-Tetralogie mit den Annahmen moderner Entropie-Vorstellungen zu vergleichen, wozu dann ein Bühnenbild entworfen wird, in das Visualisierungen moderner Chaos-Theorien hineingedacht werden dürfen (vgl. Abb. 2). Man kann aber auch denken an Ruth Berghaus' Hamburger *Tristan*-Inszenierung, die Blicke ins Weltall eröffnet, die an Stanley Kubricks Space Odyssey erinnern (vgl. Abb. 3), oder an *Ring*-Inszenierungen, die – so der dafür verantwortliche Gerd Albrecht[5] – die Nähe zur „zeitgenössischen, aktuellen Bildsprache" des Comic oder des Films Barbarella suchen.

---

5   Vgl. „Rheingold-Aspekte. Wulf Konold im Gespräch mit Gerd Albrecht". In: *Das Rheingold. Programmheft* (wie Anm. 1), S. 9 ff., hier: S. 9.

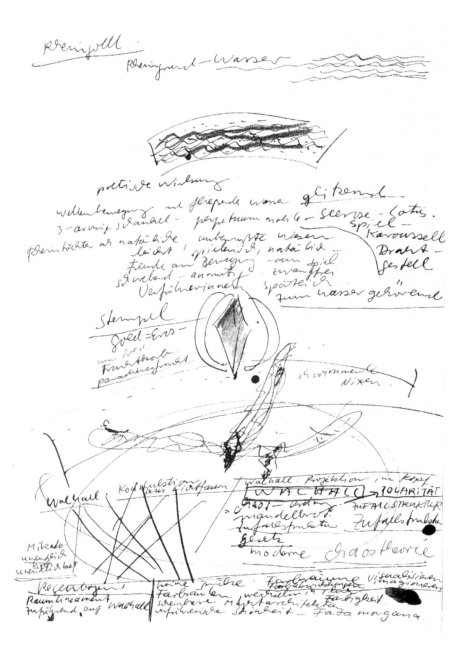

Abb. 2: Rosalie: Skizze zum Bayreuther „Ring" 1994/95. Nach Bermbach/ Borchmeyer: Wagner (wie Anm. 2), nach S. 195

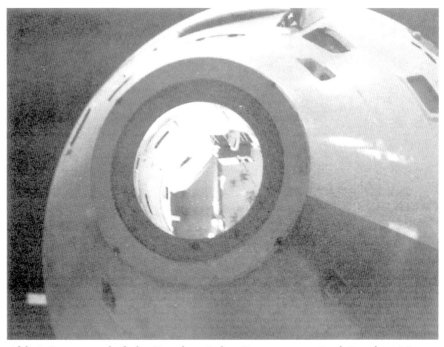

Abb. 3: Programmheft der Hamburgischen Staatsoper zu Ruth Berghaus' Inszenierung von Tristan und Isolde 1995, S. 54.

Schon in solchen Inszenierungen wird also Filmisches ins Theatrale aufgenommen, und dies erhärtet die Auffassung derer, die da meinen, dass Wagners
Musikdrama schon für sich genommen der modernen filmischen *Audio*vision
ganz entschieden zuarbeitet. Dies geschehe zum Beispiel dort, wo das von Wagner in den Orchestergraben versenkte Orchester wie die im Film unsichtbare extradiegetische Off-Musik in die szenische Gestaltung seiner Musikdramen hin-
einspielt. Oder es wird daran erinnert, dass der Meister selbst als *Ring*-Regisseur
mit Hilfe von Dreh-, Wagen- und Doppelstockbühnen rasche Bildwechsel innerhalb einer Szenen-Kulisse herstellen wollte, worin man eine theatrale Vor-
wegnahme schneller filmischer Einstellungswechsel erblicken möchte.

Vor allem die dem Film abgeschaute Lichtregie, mit deren Hilfe Wag-
ner-Regisseure wie Robert Wilson einzig vom Licht geschaffene immaterielle
Räume erschaffen, bedeutet in dieser Perspektive keinen Traditionsbruch, sondern führt die Linie eines immer schon das Filmische vorwegnehmenden thea-
tralen Inszenierungsstils weiter. Diese Entwicklung gipfelt in gewisser Weise
dort, wo Filmkomponisten sich auf das Wagner-Diktum berufen, das Ohr müsse zum Auge werden, oder der Filmregisseur Lars von Trier den Auftrag erhält,

die für 2005 vorgesehene Bayreuther *Ring*-Inszenierung zu übernehmen. Wenn er diesen Auftrag in der Zwischenzeit jedoch wieder zurückgegeben hat, dann könnte dies nicht nur auf Neu-Bayreuther Querelen, sondern auch auf eine in Wagners Werk ebenso wirksame antivisuelle Tendenz hinweisen.

Denn, und darauf hat vor allem Carl Dahlhaus in seinem Buch über *Wagners Konzeption des musikalischen Dramas* hingewiesen[6], so sehr Wagner auf der einen Seite selber davon überzeugt war, dass die Inszenierung seiner Musikdramen nach dem „wirklich vor unseren Augen sich bewegenden Drama" verlange,[7] so entschieden konnte er auf der anderen Seite darauf beharren, dass die metaphysische Substanz seiner Musik, ihr eigentliches Wesen, „das innerste Wesen der Gebärde mit solch unmittelbarer Verständlichkeit ausspricht, dass sie, sobald wir ganz von der Musik erfüllt sind, sogar unser Gesicht für die intensive Wahrnehmung der Gebärde depotenziert, so dass wir sie endlich verstehen, ohne sie selbst zu sehen."[8] Jede tatsächliche Visualisierung dieser Gebärde könnte so gesehen den intensivierenden Eindruck des Akustischen veräußerlichen und müsste damit als entbehrlich gelten.

Man könnte auch sagen, dass in dieser Perspektive die ganz nach innen gerichtete nicht-gegenständliche Sinneseinwirkung des Akustischen von der nach außen gerichteten Wirkung einer vergegenständlichenden visuellen Wahrnehmung nicht intensiviert, sondern irritiert bis blockiert wird. Vergleichbare Ambivalenzen werden uns im folgenden Abschnitt dort begegnen, wo es darum geht, ob und wenn ja wie der selber bis 1929 stumme Film Akustisches mit ansprechen könnte. Auch hier sind nicht nur Akustisches integrierende Aufführungskulturen, sondern auch metaphysische Exklusionen, die vom Wesen des Films her argumentieren, zu bemerken.

Wie stumm war der Stummfilm?

Um diese Konstellationen zu sehen, versetzen wir uns in das Jahr 1896 und begeben uns mit dem russischen Autor Maxim Gorki in eine der vielen Projektionen lebender Schatten-Bilder, in denen einfahrende Züge ihr Publikum von der Illusionsmacht des neuen Mediums Film zu überzeugen versuchten. Gorki schreibt dazu in der wohl ersten literarischen Filmkritik überhaupt:

> Gestern war ich im Königreich der Schatten.
> Wenn sie nur wüssten, wie merkwürdig es ist, dort zu sein. Eine
> Welt ohne Klang, ohne Farbe. Alles dort – die Erde, die Bäume, die
> Menschen, das Wasser und die Luft – sind in eintöniges Grau ge-

---

6 Carl Dahlhaus: *Wagners Konzeption des musikalischen Dramas* (1971). München 1990.
7 Vgl. Wagner:, zit. nach Dahlhaus, S. 114.
8 Vgl. Wagner, zit. nach ebd.

taucht. Graue Sonnenstrahlen an einem grauen Himmel, graue Augen in grauen Gesichtern, und die Blätter der Bäume sind aschgrau. Es ist kein Leben, nur sein Schatten, es ist keine Bewegung, nur deren lautloses Gespenst. [...]

Plötzlich klickt etwas, alles verschwindet, und ein Zug erscheint auf der Leinwand. Er rast direkt auf Sie zu – Vorsicht! Es scheint, als werde er sich in die Dunkelheit hineinstürzen, in der Sie sitzen, Sie in einen aufgeschlitzten Sack voll zerrissenen Fleisches und zersplitterter Knochen verwandeln und diesen Saal und dieses Haus, so voll von Frauen, Wein, Musik und Laster, zu Staub und zerbrochenen Resten zerquetschen.

Aber das ist auch nur ein Zug von Schatten.

Geräuschlos verschwindet die Lokomotive jenseits des Randes der Leinwand. Der Zug kommt zum Halten, und graue Figuren kommen schweigend aus den Wagen, lautlos begrüßen sie ihre Freunde, lachen, gehen, laufen, hasten umher, und ... sind verschwunden.[9]

Wir wissen heute oder könnten doch wissen, dass das bei Gorki noch zutiefst erschrockene Publikum die Projektionsstätten dieser Schatten-Bilder keineswegs fluchtartig verlassen hat, sondern verblüffend schnell gelernt hat, mit der Faszinationskraft dieser Bewegungs-Bilder umzugehen; sie konnten zwar nur für die Dauer ihrer Projektion als ‚wahr‘ gelten, wurden aber gerade deshalb als besonders intensiv empfunden.[10] Um zu verstehen, wie diese auf den ersten Blick paradoxe Wirkung erzielt wurde, ist daran zu erinnern, dass die Basis-Fähigkeit des Kinematographen darauf beruht, Bewegungsabläufe jeglicher Art zuerst in Momentaufnahmen von 16 bis 24 Bildern pro Sekunde zu zersplittern und dann in der Projektion zur Illusion einer in sich geschlossenen Bewegung zusammenzufügen; dies lässt – so Gilles Deleuze – in den Sehnerven unseres Gehirns bis heute die Illusion entstehen, dass der „Film uns kein Bild [gibt], das er dann zusätzlich in Bewegung brächte – er gibt uns unmittelbar ein Bewegungs-Bild".[11] Oder, so schon der Wahrnehmungspsychologe Hugo Münsterberg im Jahr 1916: Für den Filmzuschauer „scheint die Bewegung, die er sieht, eine tatsächliche Bewegung zu sein, und dennoch wird sie von seinem

9 Maxim Gorki in: *Nishe gorodski Listok,* Nr. 182. Nishnij-Nóvogord 4.7.1896. Hier zit. nach Martina Müller (Hg.): *Cinématographe Lumière*, WDR III. Programm. Begleitheft 1995, S. 51ff.

10 Zu den Einzelheiten vgl. H. Segeberg: „Von der proto-kinematographischen zur kinematographischen (Stadt-) Wahrnehmung – Texte und Filme der Jahrhundertwende." In: H. S. (Hg.): *Die Mobilisierung des Sehens. Zur Vor- und Frühgeschichte des Films in Literatur und Kunst.* München/Paderborn 1996, S. 325–358, hier: S. 344–352.

11 Gilles Deleuze: *Das Bewegungs-Bild.* Frankfurt a. M. 1991, S. 15.

eigenen Bewusstsein erzeugt."[12] Und da die filmische Bewegung schon in der Geschichte des frühen Kinos mit Hilfe von Stoptrick, ‚jump cut‘, Vor- und Rücklauf, Zeitraffer oder Zeitdehnung nahezu beliebig manipuliert werden konnte, wirkte bereits die illusionistisch gesteigerte Bewegung der ersten Einminutenfilme intensiver als jedwede ‚real‘ erlebte Bewegung.

Dies ist es, was man, um jedwede abbildungsrealistische Zuschreibung auszuschließen, die neue Überwirklichkeit des neuen Mediums Stummfilm nennen könnte, und sie wird bereits in den Projektionen der Einminutenfilme der Jahre 1895–1897 mit einer Perfektion entwickelt, die im Zuschauer die Illusion entstehen lässt, nicht nur zu sehen, sondern auch schon zu hören. Oder besser noch: sehend zu hören. So fällt ja schon an den Ausführungen Maxim Gorkis auf, wie sehr er inmitten lebloser Bilder „Freunde *lachen*" sehen wollte, und in anderen zeitgenössischen Quellen zur Rezeption der ersten Lumière-Projektionen in Paris und Brüssel heißt es noch emphatischer, sogar „der Tod [werde] aufhören, absolut zu sein". Denn: „In einem fast übernatürlichen Lichtstrahl erscheinen plötzlich Personen, bewegen sich, *leben*! Wesen, die wir kannten, liebten und die nach gewöhnlichem bürgerlichen Stand nicht mehr von dieser Welt sind, handeln dennoch, sehen uns an, *sprechen* zu uns."[13]

Oder: „Das Transparent wird erleuchtet, und wir sehen viele Menschen auf der Straße. Genau das ist es: die Personen *leben*, gehen, bewegen sich, *plaudern*". Dies verleitet den Autor dieser Besprechung dazu, angesichts des selber noch stummen Kinematographen aus der alsbald zu erwartenden „Übereinstimmung von Cinématographe, Phonograph, Kathodenstrahlen, Kinetoscope, Teleskop, Telegraph und all den Graphen, die noch kommen" werden, die Utopie einer Telekommunikation zu entfalten, bei der „wir *sprechen* und uns dabei von Paris bis zum Mond *sehen*".[14] Mit anderen Worten: So wie bei Wagner Akustisches Visuelles erzeugte, so wird jetzt in der Intensität des Visuellen Akustisches vernommen, und aus der Illusion, man höre bereits, kann der Wunsch nach einem jetzt sogar interplanetarischen, *audio*visuellen Tele-Kino entstehen – eine sehr utopische Wunschphantasie zum *Ton vor dem Tonfilm* also.

Es ist die dazu anregende akustische Qualität des Visuellen, die in der Aufführungskultur der bis 1929 noch stummen Filme dem Auftritt von Kinoerklärern, den von Schauspielern eingesprochenen Zwischentexten sowie der Kinomusik der Kino-Pianisten, Kino-Organisten und Kino-Orchester zuarbeitet. Dabei fällt allerdings auch auf, wie sehr gerade die Befürworter des frühen

---

12 Hugo Münsterberg: *Das Lichtspiel. Eine psychologische Studie* (1916). Hg. v. Jörg Schweinitz. Wien 1996, S. 49 (im Original hervorgehoben).

13 Théo Hannon in: *La Chronique*, Brüssel 13.11.1895, zit. nach Müller: Begleitheft, S. 18 f. (Hervorhebungen von mir).

14 Louis de Meurville in: *Le Gaulois*, Paris 12.2.1896, zit. nach Müller: Begleitheft, S. 30 f. (Hervorhebungen von mir).

Films, die in ihm das Leitmodell für andere Künste erblicken wollten, darauf bestanden haben, dass der Film die – so Alfred Polgar – „Befruchtung aller übrigen Sinne durch die Reizung des einen optischen Sinnes"[15] nur dann erreichen könne, wenn die dazu erforderliche Kino-Musik den Illusionscharakter stummer Bilder nicht durch naturalistisch reproduzierte Töne und Geräusche zerstöre.[16] Man könnte auch sagen: dass die Bilder selber (noch) nicht ‚sprechen', darf nicht in Zweifel geraten, und wie sehr diese Fiktionalität des Akustischen den stummen Film vom Tonfilm unterscheidet, darüber hat uns Corinna Müller in ihrem Buch zum *Übergang vom Stummfilm zum Tonfilm* mit Nachdruck unterrichtet.[17]

Vor diesem Hintergrund ist es nicht erstaunlich, wie intensiv der heute so gut wie vergessene Unterhaltungsautor und Filmanhänger Theodor Heinrich Mayer gegen „die Verbindung von Kinematograph und Grammophon" im zu seiner Zeit äußerst erfolgreichen Tonbild der zehner Jahre protestierte und statt dessen nach einer Musik im Kino verlangte, die „nicht das Bild musikalisch [...] illustrieren" dürfe.[18] Damit dies vermieden wird, kann sich der expressionistische Avantgardist Hardekopf mit einer „Klavierbegleitung", die „bei einer wilden Fahrt durch die Rocky Mountains das nervenpeitschende Stampfen der Pazifik-Lokomotive" akustisch zu Gehör bringt, nur unter der Bedingung anfreunden, dass sich diese akustische Intensivierung darauf beschränke, „akzidentielle Reize, gefühlsmäßige akustische Erregungen, die die Illusion nur steigern," hervorzurufen.[19] Nur dann bleibe es, so Alfred Polgar, möglich „im Traum und im Kinematographen [...] eine Wirklichkeit ohne Schlacken" zu erleben, von der immer dann, „wenn es wieder hell wird im Saal", offenbar wird, dass „all dieses graue oder kolorierte Leben nicht die geringste Spur auf der Leinwand zurückgelassen hat".[20]

Es ist dieses Umfeld einer ‚Kultur des Fiktionalen' (C. Müller), in dem der Stummfilm der zwanziger Jahre eine Reihe von bemerkenswert illusionistischen Versuchen entfaltet hat, den *Sound* der Moderne in den *Sound* einer den

15 Alfred Polgar: „Das Drama im Kinematographen". In: Jörg Schweinitz (Hg.): *Prolog vor dem Film. Nachdenken über ein neues Medium 1909-1914*. Leipzig 1992, S. 159–164, hier: S. 163.

16 Zu diesen und den folgenden Belegen vgl. ausführlicher H. Segeberg: „Literarische Kinoästhetik. Ansichten der Kinodebatte". In: Corinna Müller, H.S. (Hg.): *Die Modellierung des Kinofilms. Zur Geschichte des Kinoprogramms zwischen Kurzfilm und Langfilm 1905/06-1918*. München 1998, S. 193–220, hier: S. 201 ff.

17 Vgl. Corinna Müller: *Vom Stummfilm zum Tonfilm*. München 2003.

18 Theodor Heinrich Mayer: „Lebende Photographien" (1912). In: Fritz Güttinger (Hg.): *Kein Tag ohne Kino. Schriftsteller über den Stummfilm*. Frankfurt a. M. 1984, S. 119–129, hier: S. 122.

19 Ferdinand Hardekopf: „Der Kinematograph". In: Schweinitz: *Prolog* (wie Anm. 15), S. 155-159, hier: S. 156 f.

20 Polgar: Drama (wie Anm. 15), S. 159 f.

stummen Film begleitenden Musik *im* Kino umzuwandeln. Hier ist zu denken an die Originalkompositionen eines Edmund Meisel, der es – so der Filmkomponist Meisel selber – unternommen hat, „den Rhythmus und die Melodie des […] schon an sich musikalisch aufgebauten (Walter Ruttmann-)Films Berlin. Die Sinfonie der Grossstadt (1927) im Rhythmus seiner Kinomusik aufzunehmen und ins akustisch Fühlbare zu steigern.[21] Oder es ist zu nennen die berühmte Eingangssequenz des Films Metropolis (1927), in der rotierende Räder, elektrische Isolatoren, auf und ab stoßende Gestänge, Nockenwellen und Zahnräder mit dem vorwärts stürmenden Rhythmus einer futuristisch anmutenden Musik des Komponisten Gottfried Huppertz unterlegt wurden. Es ist niemand anders als der surrealistische Maler und Filmemacher Luis Buñuel gewesen, der angesichts einer solchen Synthese aus optischer und akustischer Bewegung ausgerufen hat: „Was für eine begeisternde Symphonie von Bewegung! Wie *singen* die Maschinen, wunderbar durchsichtig im Zentrum, durch die elektrischen Entladungen Triumphbögen gleich."[22] Und nimmt man die beachtliche Fülle moderner Neuvertonungen dieses und anderer Stummfilme hinzu, dann lässt sich hier eine mit den genannten Wagner-Visualisierungen durchaus vergleichbare Adaptions- und Umformungsgeschichte von Stummfilm-Klassikern erkennen – mitsamt den dagegen möglichen Einwänden.[23]

Denn, schon gegen die Praxis der musikalischen Ergänzung eines selber akustische Empfindungen hervorrufenden stummen Films wurde in der zeitgenössischen Diskussion der Einwand erhoben, dass exakt dadurch das autonome Phantasiepotential eines rein visuell argumentierenden Films gefährdet werden könnte. Dazu bemerkt eine der ersten Filmbesprechungen des Jahres 1895, das Begleit-Piano sei zwar aus den Laterna magica-Projektionen der Zeit bestens bekannt, habe aber gerade deshalb in der Vorführung der neuen „Lebenden Photographien" nichts zu suchen.[24] Und der Kultur- und Filmkritiker Siegfried Kracauer muss angesichts der Pantomimisches, Musikalisches und Filmisches präsentierenden Bühnenschauen der zwanziger Jahre einerseits konzedieren, dass in deren Genuss alle „vom Bankdirektor bis zum Handlungsgehilfen, von der Diva bis zur Stenotypistin *eines* Sinnes" seien, äußert dann aber anderseits auch die Befürchtung, im Rahmen eines solchen „*Gesamtkunstwerks der Effek-*

---

21 Vgl. Edmund Meisel in: „Spielplan des Tauentzien-Palastes, vom 23.-29. September 1927", auch in: *Film-Kurier* Nr. 222, Berlin, 20.9.1927. Hier zit. nach Jeanpaul Goergen: *Walter Ruttmann. Eine Dokumentation.* Berlin o. J. (1989), S. 116.

22 Zit. nach Michael Töteberg: *Fritz Lang mit Selbstzeugnissen und Bilddokumenten.* Reinbek bei Hamburg 1985, S. 55 (Hervorhebung von mir).

23 Vgl. Thomas Elsaesser: „Endlosschleife Metropolis". In: Irmbert Schenk (Hg.): *Dschungel Großstadt. Kino und Modernisierung.* Marburg 1999, S. 29–56, hier: S. 30 ff.

24 So ein Zeitzeuge G. L. in: *Le Siècle de Lyon*, 9.1.1896, zit. bei Jacques Rittaud-Hutinet: *Auguste et Louis Lumière. Les 1000 premiers films.* Pari 1990, S. 19.

te" aus Ballet, Orchestermusik und musikalisch gestütztem stummem Film könne der Film „an sich selbst" nicht mehr zur Geltung kommen.[25]

Diese sehr deutlich auf das ‚Wesen' des stummen Filmbilds zielende Metaphysik des Stummfilms radikalisiert sich in den Arbeiten des Filmkritikers und Film-Theoretikers Béla Balázs zu der These, dass im Spiel der Gebärden und Mienen die Intensität einer Körper-‚Sprache' erreicht werde, die einen Grad an Unmittelbarkeit erreiche, in dem sich der ‚ganze' Mensch am eindringlichsten als *Sichtbarer Mensch* mitteilt. Woraus Balázs folgern kann: schon wenn uns „Akustisches einfällt […], ist es mit der mimischen Wirkung aus".[26] Kritiker der Filmmusik ziehen heute aus vergleichbaren Erwägungen „wider den Schwulst, der die Bilder tötet", zu Felde und verlangen nach DVDs, auf denen man die Tonspur ausblenden könne.[27]

Freilich, gegen das Eindringen der – so Balázs – „akustischen Umwelt"[28] der Moderne in den Film haben solche Einsprüche nichts ausrichten können. Allein dies sollte schon Grund genug dazu sein, abschließend danach zu fragen, ob und wenn ja wie sich im Tonfilm das zum Visuellen drängende Akustische und das Akustisches miterregende Visuelle zur Synthese eines Gesamtkunstwerk zusammenfinden können, in dem (mit Richard Wagner) „ jede Kunstart in ihrer höchsten Fülle vorhanden ist." In ihr dürfte das „ästhetische Eigenleben" der Musik „die bloße Kraft der Bilder" nicht (wie von den Kritikern des Akustischen im Visuellen befürchtet) zersetzen,[29] sondern beides müsste einander wechselseitig stützen und anreichern.

2001: A SPACE ODYSSEY

Wie dies erreicht werden kann, zeigt sich in Stanley Kubricks Film 2001: A SPACE ODYSSEY (1968) bereits dort, wo in einem der berühmtesten Match-Cuts der Filmgeschichte der zuvor von einem Primaten als tödliche Schlagwaffe benutzte Knochen in ein Raumschiff verwandelt wird. Dies gleitet daraufhin durch den Weltraum, wozu wir auf der Tonspur Passagen aus dem Johann Strauß-Walzer *An der schönen blauen Donau* hören.

---

25 Siegfried Kracauer: „Kult der Zerstreuung. Über die Berliner Lichtspielhäuser". In: *Frankfurter Zeitung* v. 4.3.1936, Nr. 167. Zit. nach Anton Kaes (Hg.): *Weimarer Republik. Manifeste und Dokumente zur deutschen Literatur 1918-1933.* Stuttgart 1983, S. 248–252, hier: S. 249, 251 (Hervorhebungen im Text).

26 Vgl. Béla Balázs: *Schriften zum Film, Bd. 1: ‚Der sichtbare Mensch'. Kritiken und Aufsätze 1922-1926.* München, Berlin 1984, S. 68 f.

27 Vgl. Andreas Platthaus in einem gleichnamigen Artikel in: *Frankfurter Allgemeine Zeitung* v. 22.1.2004.

28 Béla Balázs: *Schriften zum Film, Bd. 2: >Der Geist des Films<. Artikel und Aufsätze 1926-1931.* München, Berlin 1984, S. 152.

29 Wagner, zit. nach Dahlhaus (Anm. 6) S. 14; sowie Platthaus (Anm. 27).

Diese Musik gehört zum *Soundtrack* eines Film, zu dem, wie man heute weiß, eine bereits fertig komponierte Filmmusik des Komponisten Alex North vorlag.[30] Kubrick hat sie gleichsam in letzter Minute durch musikalische Adaptionen aus Werken von Johann Strauß, Richard Strauss, Aram Chatschaturjan und György Ligeti ersetzt,[31] und dies hat dem Film seitens vieler Musikexperten den Vorwurf eingebracht, autonome Musik zur Unterstützung visueller Effekte zu missbrauchen, wodurch Musik um ihren eigentlichen Aussagewert gebracht werde. Ein kurzer Blick auf die Anfangssequenzen des Films soll jedoch zeigen, dass die Autonomie des Akustischen hier nicht nur gewahrt bleibt, sondern im Zusammenwirken mit einem gleichfalls autonom bleibenden Visuellen unerwartet neue Bedeutungsdimensionen entfaltet.

Um dies zu *sehen* und zu *hören*, ist zunächst einmal daran zu erinnern, dass *2001* nach Kubrick den weitgehend nonverbalen Versuch darstellen sollte, auf visuellem Wege direkt ins Unterbewusstsein des Zuschauers hineinzuzielen; deshalb hatte der Film, darin dem auf vergleichbar traumhafte Wirkungen zielenden stummen Film nicht unähnlich (vgl. o. S. 49), ganz auf die Intensität des Visuellen zu setzen.[32] Es kann daher nicht verwundern, dass Kubricks Film einen Oscar für visuelle Effekte gewann, den einzigen Oscar, den sein Regisseur je erringen sollte, und dass die Wirkung dieser visuellen Effekte noch dadurch verstärkt wurde, dass der Film in seiner Anfangssequenz *Aufbruch der Menschheit* mit dem Stille-Effekt vollkommen lautlos gewordener Bilder arbeitet. Um zu begreifen, wie dies möglich ist, ist zu bedenken, dass es zu der nur auf den ersten Blick paradoxen sinnesästhetischen Wirkungsmöglichkeit des Tonfilms gehört, mit Hilfe künstlich erzeugter akustischer Vakua den Eindruck einer Stille zu erzeugen, von der eine sehr viel bedrohlichere Wirkung als vom heutzutage längst zur Gewohnheit gewordenen und daher gar nicht mehr recht wahrgenommenen Lärm ausgeht. Die Wirkung der in diese Stille hineintönenden musikalischen Effekte lässt sich dadurch ganz erheblich steigern.

Eine derart perfekt vorbereitete Begegnung von Bild und Musik vollzieht sich in Kubricks Film dort, wo in die vollkommen lautlos gespielte Begegnung von Primaten mit einem rätselhaften schwarzen Monolithen ein Klangteppich aus György Ligetis *Requiem* eingespielt wird; er steigt gleichsam aus der äu-

---

30 Zu den Einzelheiten vgl. Bernd Schultheis: „Möglichkeitsräume. Notizen zur musikalischen Rede bei Stanley Kubrick". In: *Kinematograph 19/2004: Stanley Kubrick*. Frankfurt a. M. 2004, S. 266–279, hier: S. 270 f.

31 Vgl. zum Beispiel Ligeti vor allem Elisabeth Schwind: „Mit dem Raumschiff durch »Atmospheres«. Ligetis Musik in Kubricks »2001 – A Space Odyssey«". In: *Neue Zürcher Zeitung* v. 24./25.5.2001.

32 Zu den Einzelheiten vgl. Volker Fischer: „Designing the Future. Zur pragmatischen Prognostik in 2001: A Space Odyssey". In: *Kinematograph 19/2004: Stanley Kubrick* (wie Anm. 30), S. 102–119.

Abb. 4: Stanley Kubrick: 2001: A SPACE ODYS-SEY

Abb. 5: Stanley Kubrick: 2001: A SPACE ODYS-SEY

ßersten Stille an und verströmt sich dann stetig mehr ins Unendliche. Auch diese Musik beginnt – wie bei Wagner – mit dem Erklingen einer noch kaum vernehmbaren Tonschwingung, erweitert diese dann ganz allmählich um jeweils exakt auskomponierte Einzelstimmen und verdichtet dies alles zum Crescendo einer Klang-Textur mit einer verführerisch unheimlichen Gesamtwirkung. Aus ihr lassen sich zwar keine klar erkennbaren Rhythmen und Intervalle heraushören, aber gerade dadurch kann der Eindruck eines unauflöslich ineinander verwobenen Klang-Clusters entstehen. Der Film nutzt auf diese Weise die Wirkung einer Musik, deren Komponist von sich gesagt hat, dass seine Musik – was

Abb. 6: Stanley Kubrick: 2001: A SPACE ODYS-SEY

ein weiteres Mal an Wagner erinnert – schon für sich genommen „auf das unwillkürliche Umsetzen optischer [...] Empfindungen in Akustisches" aus sei.[33]

Es ist diese Verbindung zwischen einem autonom agierenden Visuellen und einem ebenso autonom komponierten Akustischen, aus der eine Synthese aus Musik und Filmbild entsteht, bei der man nicht weiß, ob das Bild die Musik oder die Musik das Bild hervorbringt. Da dies so ist, liegt es nahe, sich ein letztes Mal an das Beispiel der eingangs genannten Wagner-Inszenierungen zu erinnern und dementsprechend auch in dieser unauflöslich ineinander verwobenen Musik/Bild-Synästhesie den Urton eines Weltraums zu vernehmen. Ähnlich Assoziatives wird dort freigesetzt, wo der Film mit einem Blick auf die von einer Mondfinsternis verdunkelte Erde beginnt, daran einen Sonnenaufgang anschließt und zu diesem schon für sich genommen triumphalen Bild die Anfangstakte aus Richard Strauss' heroisch-triumphaler Tondichtung *Also sprach Zarathustra* einspielt, was zugleich auf Nietzsches gleichnamige Aphorismen-Sammlung hinweist. Hinzu kommt die Intensität, mit der nach dem bereits erwähnten Matchcut der *Donauwalzer* von Johann Strauß zitiert wird.

Aus diesem Nebeneinander sehr gegensätzlicher Tondichtungen kann man das Nebeneinander sehr kontroverser Urton-Arten heraushören und darin die Unergründlichkeit eines akustisch verrätselten Kosmos symbolisiert finden. Und diese Rätselhaftigkeit erhält im Verlauf des Films eine physisch fühlbare Bedrohung dort, wo sich die Besatzung einer kugelförmigen Landefähre zu den Klängen des *Donauwalzers* einem Landeplatz auf dem Mond annähert; hier

---

33 Vgl. Gerhard R. Koch: „Wo Uhren treiben und Wolken ticken. Chaosordnung: Laudatio auf den ungarischen Komponisten György Ligeti anlässlich der Verleihung des Frankfurter Adorno-Preises". In: *Frankfurter Allgemeine Zeitung* v. 20.9.2003.

wird der jetzt vier Millionen Jahre alt gewordene Monolith der Anfangs-Sequenz gleich nach der Landung die ihn neugierig erkundenden Passagiere der Landefähre verstrahlen. Dass der *Donauwalzer* zu einer derart tödlichen Klangfalle werden könnte, davon ist in seiner ersten akustischen Zitation nun wirklich nichts zu spüren.

Dies liegt daran, dass der Film hier zum Klang des noch sehr ruhigen *Donauwalzer*-Vorspiels den Blick auf den schönen blauen Planeten Erde zu den Klängen einer nicht minder *schönen blauen* Johann Strauß-*Donau* freigibt. Danach nimmt der Film mit dem ersten Walzer-Thema des Donauwalzers das unaufhörliche Drehen der Doppelrad-Raumstation *Space Station Five* (vgl. Abb. 4) in die ebenso endlose Drehbewegung eines Walzer-Rhythmus hinein, woraus sich, denkt man an die Drehbewegung der Erde um die Sonne und die Drehbewegung des Sonnensystems insgesamt, die akustische Versinnlichung einer ohne Ende um sich selber kreisenden kosmischen Drehbewegung entwickeln könnte. Die dies mit verursachende akustische Drehbewegung der Filmmusik ist anfangs leicht bis schwerelos und wirkt damit wie von selber gesteuert, gewinnt dann aber mit dem Blick in die kalte Funktionalität des auf die Raumstation zuschwebenden Raum-Shuttles eine ironisch-kontrastiv verfremdende Bedeutung.

Solche gegenläufigen Effekte zwischen Akustischem und Visuellem sind in dem Augenblick unübersehbar, als wir in das Innere des Raum-Shuttles *Orion* blicken, das im Dienste der Fluggesellschaft *Pan American* zwischen der Erde und der Raumstation im Orbit verkehrt (vgl. Abb. 5). In der Passagierkabine dieses Raumgleiters sehen wir eine futuristisch gewandete Raumschiffstewardess, die an alles andere als an Donauseligkeiten erinnert und gleichwohl zu den Klängen des Donaunixen-Motivs einem Raumpassagier, der vor seinem Monitor eingeschlafen ist (vgl. Abb. 6), den aus seiner Jackentasche herausschwebenden Lese- und Schreibstift wieder zusteckt. Oder man kann darauf achten, wie sich das Raumschiff in den letzten Ton/Bild-Folgen der Sequenz zu den Klängen des jetzt furios gesteigerten Donauwalzers wie ein verlorener Lichtpunkt der Raumstation annähert und nach zweimaligem Blick auf das noch heute hypermodern anmutende Display im Raum-Shuttle in der Raumstation andockt.

Bezieht man diese Effekte auf den Donauwalzer selber, dann verliert dieser in unendlich viel Wunschkonzerten und Volksmusikabenden verschlissene Walzer in einer solchen Bildkomposition jedwede Bezugsmöglichkeit auf die ihm dort nahezu unvermeidlich unterlegten regressiv-nostalgischen Sentimentalitäten; statt dessen wird er zur ebenso autonomen wie kongenialen akustischen Versinnbildlichung einer Raum- und Zeitgrenzen aufsprengenden kosmischen Universalansicht. Oder, wenn dies etwas enthusiastisch geratene Schluss-Statement erlaubt ist: Im Sound des Walzers wird der Sound des

Weltalls vernehmbar, und von da an möchte man den bis zur Unkenntlichkeit verkitschten Strauß-Walzer (mit oder ohne Weltraum) am liebsten nur noch so hören.

Oder anders: Akustisches kann Visuelles intensivieren und Visuelles Akustisches neu interpretieren. In diesem Sinne wäre hier nach der *Audio*vision eines Richard Wagner und der Audio*vision* des Stummfilms jetzt tatsächlich von der *Audiovision* eines in akustischer wie visueller Hinsicht autonom gestalteten Tonfilms zu sprechen.

Sektion I:
Film

Karl-Heinz Göttert

Der Ton vor dem Tonfilm

Zur Geschichte der Kinoorgel

Ein Missverständnis

In Theodor W. Adornos *Versuch über Wagner*, 1937/38 im Londoner und New Yorker Exil entstanden, findet sich neben vielen anderen kritischen Bemerkungen auch eine über das Leitmotiv. Der Verfall sei „diesem immanent", heißt es und weiter: „Er führt über die geschmeidige Illustrationstechnik von Richard Strauss geradeswegs zur Kinomusik, wo das Leitmotiv einzig noch Helden oder Situationen anmeldet, damit sich der Zuschauer rascher zurechtfindet."[1] Eine falsche Ästhetik – so ist die Bemerkung zu verstehen – zeige sich daran, dass sie von einer noch falscheren fortgesetzt werde, eine für künstlerische Innovation gar nicht infrage kommende Filmmusik beerbe den größten ‚Dilettanten' der Musikgeschichte.

Man wird dieses Urteil heute in den Zusammenhang der damaligen Zeit stellen, muss aber auch festhalten, dass die Volte gegen die Filmmusik wohl auf Unkenntnis beruht. Nicht nur, dass der Hinweis auf das Leitmotiv in die Irre führt. Die Filmmusik beerbt in ganz anderer und durchaus interessanter Weise die Musiktraditionen des 19. Jahrhunderts. Darauf hat Adorno selbst an einer anderen Stelle seines *Versuchs* einen impliziten Hinweis gegeben. Das einzige Lob Wagners bezieht sich auf dessen Instrumentationskunst, ja vor Wagner habe es Instrumentationskunst eigentlich gar nicht gegeben.[2] Instrumentation kann man ja durchaus mit (der Herstellung von) Sound wiedergeben, wodurch Wagner zum Wegbereiter des Sounds als für Innovationen nun freien Parameters musikalischen Schaffens würde. Genau darin aber liegt eine Verbindung zur Filmmusik, die sich sehr viel besser belegen lässt.

---

1 Theodor W. Adorno: *Die musikalischen Monographien.* In: Ders.: *Gesammelte Schriften.* Hg. von Gretel Adorno und Rolf Tiedemann, Frankfurt/Main 1971, Bd. 13, S. 44.

2 „Während die Wagnersche Harmonik zwischen Gewesenem und Zukünftigem schwankt, ist die koloristische Dimension recht eigentlich von ihm entdeckt worden. Instrumentationskunst im prägnanten Sinne, als produktiven Anteil der Farbe am musikalischen Geschehnis ‚in der Art, daß jene Farbe selbst zur Aktion wurde', hat es vor ihm nicht gegeben". Ebd., S. 68.

Wozu Musik? Ein historischer Rückblick

Beschäftigen wir uns zunächst mit Fakten, die nur scheinbar weit vom Thema entfernt liegen. Sie beziehen sich auf das Theater des späten 18. und dann des 19. Jahrhunderts, das sich in einem wesentlichen Punkt vom heutigen Theater unterschied. Es gab nicht die Spartentrennung in Sprechtheater, Oper und Konzert, sondern eher gleitende Übergänge. Insbesondere war kein Schauspiel ohne Schauspielmusik, was sich ebenso auf instrumentale Darbietung wie auf Gesang bezieht. Weil in diesen Kompositionen später ‚funktionale' Musik gesehen wurde, die an den neuen Wertmaßstäben der ‚Autonomie' gemessen als minderwertig galt, gingen sie jedoch verloren. Nur was die ‚großen' Komponisten geschrieben hatten, existierte weiter – aber nun ohne die einstige Anbindung. Das berühmteste Beispiel ist Beethovens *Egmont*-Ouvertüre, die einmal zu einer vollständigen Schauspielmusik mit vier Zwischenaktsmusiken sowie zur Siegessymphonie am Schluss gehörte und nicht im Konzertsaal, sondern im Theater erklang.[3]

Um bei Goethe zu bleiben, kann man sich weitere Folgen der heutigen Spartentrennung am einfachsten an *Faust I* klarmachen. Zwischen 750 und 850 der insgesamt 4512 Verse hat sich Goethe als gesungen bzw. von Musik begleitet vorgestellt, was zwischen 15 und 20 Prozent des Textes ausmacht. Berücksichtigt man Ouvertüre und Zwischenaktsmusiken, entfallen 40–50 Prozent der Aufführungsdauer auf Musik.[4] Diese Musik ist nicht nur tatsächlich aufgeführt worden, sondern liegt bis heute als Partitur vor: Es handelt sich um das Werk von Fürst Anton Heinrich von Radziwill, weil Goethes Favorit, Carl Friedrich Zelter, abgesagt hatte. Übrigens stellte sich Goethe *Faust II* weitgehend als Oper vor, wobei er an eine Komposition im Mozart-Stil dachte.

Runden wir den Gedankengang ab mit dem Hinweis darauf, dass es bei Schiller genauso war, dass etwa den *Wilhelm Tell* Musik und Gesang vom Beginn bis zum Ende durchziehen. Und fügen wir hinzu, dass Goethe und Schiller zwar nicht die bedeutendsten Komponisten der Zeit fanden, dass aber die bedeutendsten Komponisten der Zeit durchaus Schauspielmusik komponierten. Erinnert sei lediglich an Mendelssohn-Bartholdy mit seinem *Sommernachtstraum* für das gleichnamige Shakespeare-Drama. Dass es sich bei all dem keines-

---

3 Ich beziehe mich im Folgenden auf einen Aufsatz von Detlev Altenburg, der in einem Kolloquium vorgetragen wurde, das sich mit der Hinterfragung der heutigen Spartentrennung im Theater beschäftigte: „Das Phantom des Theaters. Zur Schauspielmusik im späten 18. und frühen 19. Jahrhundert". In: Hans-Peter Bayerdörfer (Hg.), *Stimmen – Klänge – Töne. Synergien im szenischen Spiel*. Tübingen 2002, S. 183–208, hier bes. S. 192 f. Zur Vertiefung vgl. die „Unvorgreiflichen Gedanken zur Einstimmung" von Hans-Peter Bayerdörfer im gleichen Band, S. 3–18. Breite Ausführungen zum Thema bietet Ulrich Kühn: *Sprech-Ton-Kunst. Musikalisches Sprechen und Formen des Melodrams im Schauspiel- und Musiktheater (1770–1933)*. Tübingen 2001.

4 So Altenburg, S. 194 f.

wegs um ein Nebenwerk der Komponisten oder gar um Abfallprodukte handelte, sondern dass diese Musik zum Beispiel hinsichtlich der Instrumentation äußerst innovativ sein konnte, belegen etwa Johann Friedrich Reichhardts *Hexenszenen* aus Shakespeares *Macbeth* von 1787, in denen zur üblichen Besetzung Querpfeifen, Triangel, Becken, Trommeln und Pauken gehören[5] – solchen Instrumenten werden wir im Film wieder begegnen.

Warum jedoch überhaupt so viel Musik? Die Antwort lautet: Weil Wort und Klang viel stärker aufeinander bezogen waren, als dies heute – jedenfalls im Theater – der Fall ist. Emotionen galten als musikalisch mindestens ebenso gut darstell- bzw. erregbar wie durch das Wort. Besonders beim Wechsel von Handlungen aus der realen in irgendeine überirdische Welt schien musikalische Untermalung unverzichtbar. Die Musik steigerte Empfindungen, diente psychologischer Vertiefung, untermalte oder kommentierte äußere und innere Handlungen.[6] Musik und Schauspiel war schlicht eine Ganzheit, die Trennung ist erst um 1900 erfolgt.

Und nun die entscheidende These. Diese Trennung ist eben nur in der ‚hohen‘ Kultur erfolgt. Der Film, zuerst der Stummfilm, dann der Tonfilm, setzt lediglich das Gewohnte fort. Im Film – um es zuzuspitzen – leben wir heute noch im 19. Jahrhundert. Deshalb aber lohnt der Blick gerade auf die Anfänge, in denen die Entscheidung sozusagen für immer fiel. Genau dabei spielt ein Zufall eine Rolle. Ein neues oder jedenfalls neuartiges Instrument wird entwickelt, das den Bedürfnissen perfekt entgegenkommt:

Die Kinoorgel

Der Start dieser Orgel lag jedoch keineswegs im Kino. Der englische Ingenieur Robert Hope-Jones suchte um 1900 die neuesten Erkenntnisse aus der damals jungen Welt der Elektrizität auf sein Lieblingsinstrument anzuwenden.[7] Statt die Elektrizität nur als Ersetzung der Mechanik zu benutzen, sollte in die Orgel eine prinzipiell neue ‚Regeltechnik‘ einziehen. Bislang lagen der Orgel die einzelnen Register zugrunde, die der Organist auf den zur Verfügung stehenden Manualen jeweils entweder einzeln oder kombiniert benutzen kann. Ein Register enthält in der Regel so viele Pfeifen wie das Manual Tasten hat, bei den übli-

---

5   Vgl. Altenburg, S. 184 f.
6   Beispiele bei Altenburg, S. 194.
7   Das Folgende nach Willi Wiesinger: „Eine Lanze brechen für die Kinoorgel". In: *Orgel international* 1999/4, S. 283–292; dort Hinweise auf folgende Literatur: David H. Fox: *Robert Hope-Jones*, Richmond 1992; David L. Junchen: *Encyclopedia of the American Theatre Organ*, Vol. 1, Pasadena 1986; Preston J. Kaufmann: *Encyclopedia of the American Theatre Organ*, Vol. 3, Pasadena 1995. Vielleicht darf man nebenbei erwähnen, dass die Kinoorgel in den Fachenzyklopädien und Handbüchern bis heute so gut wie nicht vertreten ist. Auch die neue Ausgabe von *Die Musik in Geschichte und Gegenwart* (Kassel 1994 ff.) enthält in Band 7 lediglich eine einzige Spalte plus Literaturangaben (Kassel 1997, Sp. 1019–1020, 1046).

chen viereinhalb Oktaven 52 Pfeifen. Besitzt die Orgel etwa ein Flötenregister in tiefer und ein weiteres in einer um eine Oktave höheren Lage, werden 104 Pfeifen benötigt. Hope-Jones baute stattdessen Pfeifenreihen (*ranks*), aus denen sich einzelne ‚Register' gewissermaßen als Auszüge zusammenstellen ließen: ein tiefes Register, das mit dem tiefsten Ton beginnt, ein nächstes mit tiefstem Ton eine Oktave höher usf. Aus einer Pfeifenreihe von 97 Pfeifen ergeben sich auf diese Weise fünf klassische Register, was eine Ersparnis von mehr als 80 Prozent ausmacht oder anders ausgedrückt: Der Orgel von Hope-Jones genügen ein gutes Fünftel der Pfeifen, die bei gleicher Größe eine Kirchenorgel benötigt. Am Klangspektrum der verschiedenen Registergattungen fehlte es also nicht, nur ist das System viel sparsamer.

Um einmal weit vorzugreifen: Die *Mighty Wurlitzer* von Siemens aus dem Jahre 1928 holt aus 16 Pfeifenreihen mit insgesamt 1228 Pfeifen 130 Register, worüber in Deutschland keine Domorgel außer der noch viel größeren Passauer verfügt. Im Übrigen arbeitete Hope-Jones mit erhöhtem Winddruck, gab den Stimmen also einen kräftigeren Klang und vermied alles Scharfe oder Grelle durch eine besondere Pfeifengestaltung, zum Beispiel durch Wände aus wesentlich dickerem Material. Heraus kam die Unit- oder (wie es in Deutschland meist heißt) Multiplexorgel, ein technisches Wunderwerk voller Relais und sonstiger Steuerungsapparate. Die verblüffte Zunft in England diskutierte eifrig – und lehnte ab. 1903 wanderte der frustrierte Erfinder in die USA aus.

Tatsächlich errang Hope-Jones dort 1908 einen entscheidenden Erfolg mit einem 13-Pfeifenreihen-Instrument auf 4 Manualen, mit dem er den 10 000 Besucher fassenden Saal des Ocean Grove/New Jersey füllte – bei einem Winddruck bis zum Zehnfachen einer traditionellen Orgel. Anerkennung und Aufträge kamen, aber der geniale Erfinder muss ein miserabler Geschäftsmann gewesen sein. 1910 verkaufte er seine Firma an die Rudolph Wurlitzer Company, 1914 nahm er sich gar das Leben.

1914 aber war das Jahr des Durchbruchs im Stummfilm. Nach ersten Experimenten, die bis 1895/6 (Lumières Cinématograph) oder gar bis 1891 (Edisons Kinetoskop) zurückreichten, gab es seit 1908 abendfüllende Programme, für die große Theatersäle gebaut wurden – 1914 sind es weltweit 60 000. In den meisten standen zunächst Geräuschmaschinen oder auch schon Musikautomaten, die außer Donner und Regen, Klingeln und Hupen kleine Konzertstücke erklingen lassen konnten. Einer der erfolgreichsten Lieferanten für diese Apparate war die amerikanische Wurlitzer Company, deren Gründer übrigens Mitte des 19. Jahrhunderts aus Sachsen eingewandert war. Die Firma hatte dank Hope-Jones seit 1912 eine Neuigkeit im Angebot: eine von einem Organisten zu spielende Pfeifenorgel, die teilweise eine Selbstspieleinrichtung als Ergänzung besaß. 1914 waren davon die ersten 50 Stück verkauft, bis zum Beginn des Tonfilms 1927 (in Deutschland: 1929) sollten es 2 238 sein. Viele Anbieter kamen hinzu, die Gesamtzahl an Kinoorgeln wird auf 7 000 geschätzt (30 % von Wurlitzer). Aber binnen nicht einmal zwei Jahrzehnten war das Schicksal besiegelt, der Shooting Star der Stummfilmzeit verkümmerte in Varietés und Tanzsälen.

Doch kehren wir zu den Anfängen zurück. Bei Wurlitzer, wo man zunächst lediglich an eine Verwendung der Unit-Orgel in Varietés gedacht hatte und fürs Kino zu dieser Zeit noch reine Automaten baute, machte man sich zusammen mit Hope-Jones, der bis zu seinem Tod die Entwicklung leitete, an die Umstellung der Unit-Orgel für Kinozwecke. In industrieller Produktionsweise wurden zwei Versionen angeboten: eine Kombination von Klavier und Kleinorgel (3 bis 8 Pfeifenreihen, mit Selbstspieleinrichtung) und die eigentliche Kinoorgel (in Amerika spricht man von der *Theatre Organ*) in rasch wachsender Typenvielfalt. Natürlich war die jeweilige Wahl eine reine Preisfrage. Umso cleverer die Idee, den Spieltisch so attraktiv zu gestalten, dass die Orgel auch äußerlich zum Schmuckstück in den immer prunkvolleren Lichtspieltheatern wurde. Tatsächlich vermittelt auch heute noch jede Wurlitzer mit ihrer Konsole in schwungvoller Hufeisenform, womöglich aus dem Boden herausgefahren und mit Spot angestrahlt, einen umwerfenden Eindruck. Ohne eine einzige Pfeife oder sonstigen Klangkörper zu zeigen, erzeugte der Organist wie mit Geisterhand alle erdenklichen Klänge und Geräusche, die der Film verlangte.

Standardmodelle

Man muss einmal ein Standardmodell der Wurlitzer etwas näher in den Blick nehmen, um die Konzeption zu verstehen. Die als *Style H* bezeichnete Ausführung[8] verfügte über 10 Pfeifenreihen, was zehnmal jeweils 61 bis 97 Pfeifen bedeutet, die die unterschiedlichen Klangfarben bieten:

Harmonic Tuba (85 Pfeifen)
Open Diapason (85 Pfeifen)
Tibia Clausa (73 Pfeifen)
Clarinet (61 Pfeifen)
Kinura (61 Pfeifen)
Orchestral Oboe (61 Pfeifen)
Viol d'Orchestre (85 Pfeifen)
Viol Celeste (73 Pfeifen)
Concert Flute (97 Pfeifen)
Vox Humana (61 Pfeifen)

---

8   In Deutschland hat sich ein Exemplar erhalten, das heute im privaten Orgelmuseum der Orgelbaufirma von Friedhelm Fleiter in Münster-Nienberge steht.

Auf zwei Manualen und Pedal lassen sich daraus die passenden ‚Auszüge' in ihren unterschiedlichen Tonhöhen zusammenstellen. Die *Concert Flute* etwa erklingt auf dem I. Manual in ‚normaler' Stimmtonhöhe (wie beim Klavier), auf dem II. Manual in der ersten und zweiten Oktav, im Pedal in der tieferen Oktav. Auch die in der Kirchenorgel typischen Quint- und Terzregister waren in reduzierter Form als Auszug realisiert, bei der noch zu besprechenden *Tibia Clausa* als tiefe Quint (im Fachjargon, wo die Register nach der Länge ihrer tiefsten Pfeife in Fuß angegeben werden: 5 1/3'), tiefe Terz (2 2/3'), hohe Quint (1 3/5'), hohe Terz (1 1/3'). Das Entscheidende aber liegt in der Änderung des Klangs. Während Hope-Jones anfangs die Kirchenorgel als Vorbild vor Augen hatte und lediglich eine zweckmäßigere Technik anstrebte, entsteht nun ein Instrument für Unterhaltungszwecke. Wenn hier ein Vorbild existierte, dann war es das Unterhaltungsorchester der damaligen Zeit.[9] Tatsächlich entstand ein Sound, der diese Klänge perfekt kopierte. Versuchen wir diesen Klang zu beschreiben.

Während die kleinste Kirchenorgel als Klangfundament die Registerfamilie der ‚herben' Prinzipale benutzt, dominieren in der Wurlitzer die ‚weichen' Flöten- und Streicherstimmen (der *Open Diapason* ist ein ‚romantischer', flötenartiger Prinzipal). Schon damit unterscheidet sich die Wurlitzer vom gewohnten Kirchenorgelklang enorm. Noch stärker aber wirkt sich der Verzicht auf Mixturen aus, also auf jene besonders hohen und damit ‚grellen' Pfeifen, die man als Klangkronen bezeichnet hat und den kirchenorgeltypischen Glanz bewirken. Überhaupt ist der pyramidenförmige Klangaufbau der Kirchenorgel, bei dem tiefen Registern mittlere und hohe zu etwa gleichen Anteilen folgen, zugunsten einer Betonung der tiefen aufgegeben – der Klang der Kinoorgel ist also ‚grundtönig', was dem Orchester nahe steht.

Orchestral aber sind eben auch die wichtigsten Klang*farben*. Es ist schon gesagt worden: statt Prinzipalen Flöten und Streicherstimmen. Im Bereich der Zungenstimmen (die ihren Ton nicht durch Luftbrechung am Labium wie bei der Blockflöte – daher Labialstimmen – bilden, sondern mithilfe einer Zunge wie bei der Klarinette) dominieren statt schmetternder Trompeten in der Manier der Kirchenorgel nun Oboen, Klarinetten, sehr bald auch Saxophone. Das wichtigste Soloregister aber ist eine Stimme, die in der Kirchenorgel eine völlig

---

9   Mit aller Vorsicht sei hier auf ein bislang wohl noch nicht erwogenes Vorbild hingewiesen: die Straßenorgel, die sich seit dem späten 19. Jahrhundert entwickelt. Wenn man etwa eine Gasparini-Orgel von 1900 (Firmengründung 1865 in Paris) betrachtet, fallen mindestens drei Parallelen auf: hoher Winddruck, Bestimmtheit des Klangbilds von Flöten, Gedeckten und Streichern (also nicht Prinzipalen) und Einbeziehung von Schlagwerken; vgl. *Musical automata. Catalogue of automatic musical instruments in the National Museum 'From Musical Clock to Street Organ'*, Text: Jan Jaap Haspels, Utrecht 1994 (englische Version), S. 201 f.; kurzer Überblick bei Karl-Heinz Göttert und Eckhard Isenberg: *Orgeln! Orgeln! Konzepte, Kuriositäten, Kontinente*. Kassel u. a. 2002, S. 60 ff. (ebd. auch ein Überblick zur Kinoorgel: S. 30 ff.).

andere Aufgabe hatte: die gedeckte/gedackte Flöte, die *Tibia clausa*, das Para-destück jeder Wurlitzer – *a tibia to die for* war ein verbreiteter Slogan. Wie dank des hohen Winddrucks ohnehin alle Register in der Wurlitzer anders klingen als in einer Kirchenorgel, so klingt besonders diese gedeckte Flöte anders – sie erin-nert beinahe an einen elektronisch erzeugten Ton.

Das Entscheidende aber kommt noch. Und zwar handelt es sich um das Tre-molo. Während in der Kirchenorgel ein Tremulant immer nur bei Soloregistern eingesetzt wird, wirkt nun das Tremolieren auf das gesamte (akkordische) Spiel, und zwar in intensiverer Weise als bei Kirchenorgeln üblich. Dazu diente eine ausgeklügelte Technik, an der immer wieder gearbeitet wurde. Gerade damit entsteht ein Sound, der dem Unterhaltungsorchester vor allem mit seinen tre-molierenden Geigen ähnelt.[10] Aus diesem Unterhaltungsorchester stammen schließlich die Klangfarben, die der Kirchenorgel völlig fremd sind. Es gibt in der Kinoorgel die verschiedenen Glockenspiele bzw. Perkussionen, in der *Style H: Röhrenglocken, Glockenspiel, Chrysoglott, Marimba* (Harfe). Hinzukom-men noch reine Geräuscheffekte: *Vogelstimme, Autohupe, Castagnetten, Klin-gel, Schiffssirene, Hufegetrappel, Trommel, Schlittengeläut, Trillerpfeife*. Ne-benbei bemerkt, dürften gerade diese Geräusche das Filmschaffen direkt beein-flusst haben. Jeder Regisseur dachte wohl bei seiner Arbeit auch an die geräusch-technische Begleitung.

Der Siegeszug der Wurlitzer und ihrer Nachahmer rund um den Globus er-reichte auch Deutschland. Allerdings lagen in keinem vergleichbaren Land die Voraussetzungen schlechter. In den wirtschaftlich schweren Zeiten nach dem Ersten Weltkrieg fasste das Kino hier mühsam Fuß. Und nicht nur die teure An-schaffung der Kinoorgel, sondern auch noch die Vorbehalte gegen ein Instru-ment, das als ‚Verfall' der Orgel angesehen wurde, spielten eine Rolle. Zwischen 1921 und 1924 erwarben achtzehn Kinos ein Instrument, erst nach 1927 – als be-reits der Tonfilm einsetzte – wurden es mehr. Mit insgesamt ca. 145 Exemplaren blieb Deutschland hinsichtlich der Kinoorgel ein Entwicklungsland. Die Wur-litzer Company verkaufte um 1930 neun Mal mehr Instrumente nach England, wobei in England selbst rasch eine eigene Industrie entstand, die dreistellige Zahlen produzierte. An mangelndem Können hat die schleppende Entwicklung in Deutschland nicht gelegen. Die großen Orgelbaufirmen der damaligen Zeit, Walcker ebenso wie Steinmeyer, boten akzeptable eigene Modelle (allerdings nicht im Unit-System), mit der Firma Welte trat ein Spezialist auf, der die aus-ländischen Vorbilder perfekt nachahmte und ihnen an Qualität kaum nach-stand. Auch an fähigen Organisten fehlte es nicht – am Berliner Ufa-Palast

---

10 Dass man mit Schwellern (über einen Fußhebel zu öffnende bzw. zu schließende Jalousien) den Ton ab- und anschwellen lassen konnte, hatte die Kinoorgel mit den neueren Kirchenorgeln gemeinsam.

brachte es Horst Schimmelpfennig zu Ruhm. Der Zweite Weltkrieg hat hier jedoch mehr als in jedem andern Land den ohnehin verhältnismäßig geringen Bestand vernichtet.

Wurlitzer-Orgeln heute

Unter den wenigen Überlebenden steht nur eine einzige an ihrem alten Stamm-
platz: die Philipps-Orgel aus dem Jahre 1928 im Filmkunsttheater *Babylon* in
Berlin (Rosa-Luxemburg-Platz 30), die 1996 restauriert wurde und seither wieder Vorführungen dient.[11] Das schon recht stattliche Instrument besitzt 13 Pfeifenreihen auf 2 Manualen, woraus jedoch nach dem Unit-System 67 Auszüge
bzw. ‚Register' gewonnen werden. Um eine Vorstellung von den Klangmöglichkeiten zu vermitteln, soll lediglich die Charakter istik der einzelnen Pfeifenreihen sowie die Anzahl der Auszüge angegeben werden:

Gedackt (13 Auszüge)
Prinzipal (6 Auszüge)
Flöte (6 Auszüge)
Tibia (5 Auszüge)
Lotosflöte (2 Auszüge)
Streicher I (9 Auszüge)
Streicher II (6 Auszüge)
Aeoline (2 Auszüge)
Vox celeste (2 Auszüge)
Klarinette (3 Auszüge)
Saxophon (4 Auszüge)
Trompete (5 Auszüge)
Vox humana (4 Auszüge)

Aus der Pfeifenreihe *Gedackt*, um für einen Fall etwas genauere Angaben zu machen, sind im I. Manual 6 Auszüge genommen, im II. Manual 4, im Pedal 3. Keine
andere Pfeifenreihe bietet mehr Auszüge, womit der Klang entsprechend ‚geprägt'
ist. Ansonsten dominieren die Flöten- und Streicherstimmen, die Zungen (von der
Aeoline bis zur *Vox humana*) sind mit weniger Auszügen, dafür jedoch in reichli-
cherer Charakteristik vertreten. Unter den Klangeffekten gibt es die chromatisch
spielbaren Schlageffekte: *Harfe*, *Glocken* (metallene Klangplatten), *Xylophon* (höl-
zerne Klangplatten), *Röhrenglocken*. Weiter reine Schlag- bzw. Rhythmusinstru-
mente: *Pauke*, *große Trommel*, *kleine Trommel*, *Becken*, *Türkisches Becken*, *Gong*

---

11 Das Folgende nach der derzeit ausführlichsten Darstellung zum Thema: Karl Heinz Dettke:
Kinoorgeln, Theatre Organs, Cinema Organs. Installationen der Gegenwart in Deutschland.
Frankfurt/Main 1998), S. 15 ff. (Beitrag von Dagobert Liers).

stark, Gong schwach, Tom-Tom, Holztrommel Kastagnetten, Triangel, Tamburin.
Schließlich die Imitatoren: *Vogelgezwitscher, Telefon, Bootspfeife, Sirene, Feuerglocke, Kuhglocke, Regen, Brandung, Boschhorn, Eisenbahngeräusch, Pferdegetrappel, Sturm, Glockengeläute, Donner.*

Zwei weitere Orgeln sind nicht als Kinoorgeln gebaut worden, sondern stellen Abwandlungen dar, die jedoch das Konzept weitestgehend bewahren. Dies gilt zunächst für die Wurlitzer-Orgel, die Werner Ferdinand von Siemens 1929 für seine private Villa in Berlin erworben hatte: ein Modell mit 16 Pfeifenreihen auf 4 Manualen, wobei das III. Manual ein Klavier darstellt (die *Mighty Wurlitzer*).[12] Der Enkel des Firmengründers Werner von Siemens spielte selbst Orgel, hatte zunächst ein kleineres Modell von Wurlitzer gekauft, das er bei Ankunft des größeren noch im gleichen Jahr an den Berliner Ufa-Palast weitergab, wo es im Krieg vernichtet wurde. Das Prachtmodell aber überstand die Bomben und gehört heute nicht nur zu den Schmuckstücken des Berliner Instrumentenmuseums, sondern wird (nach der Restaurierung durch die Firma Walcker) mit wachsendem Erfolg dem Publikum vorgeführt. Was aus den 1 228 Pfeifen dank der Auszugs-Technik herauszuholen ist, lässt sich im Überblick kaum schildern, doch soll wenigstens ein Grobeindruck vermittelt werden:

Main Chamber (I. Manual):

Diaphonic Diapason
Bourdon – Flute
Viol d'Orchestre
Viol Celeste
Ophicleide
Clarinet
Vox Humana
Chrysoglott (Metallstäbe)

Orchestral Chamber (IV. Manual):

Gamba
Lieblich Gedackt
Quintadena
Oboe – Horn
Marimba (Holzstäbe)

---

12 Nach Dettke: *Kinoorgeln*, S. 39 ff. (Beitrag von Konstantin Restle).

Solo Chamber (II. Manual):

Tibia Clausa
String
String Celeste
Trumpet
Orchestral Oboe
Tomtom
Bells / Glockenspiel
Xylophone
Cathedral Chimes
Sleigh Bells
Tympani
Sand Block
Bass Drum
Snare Drum
Crash Cymbal
Tambourine
Chinese Block
Bird Whistle
Castanets
Triangle
Chored Cymbal
Wind Howl / Surf

Jedes Manual verfügt über einen Tremulanten, wobei die *Tibia Clausa*, die *Vox Humana* und das *Tuba Horn* darüber hinaus jeweils noch einen eigenen besitzen. Um die Spielbarkeit eines solchen Instruments zu verbessern, gibt es nicht nur die üblichen Möglichkeiten von Registerzusammenstellungen und deren Abrufung auf Knopfdruck, sondern den bei Wurlitzer entwickelten berühmten *second touch*, durch den über einen zweiten Druckpunkt innerhalb der Taste zusätzliche Register aktiviert werden können.

Die zweite heute noch vorhandene Orgel, die als Abwandlung einer Kinoorgel zu verstehen ist, verdankt sich (nach der Erfindung der bewegten Bilder) der nächsten großen Medienrevolution: dem Rundfunk, der in Deutschland seit 1923 existierte.[13] Im Jahre 1930 erwarb der Norddeutsche Rundfunk (damals: NORAG) in Hamburg für seinen großen Sendesaal ein Instrument der Firma Welte, das alle Vorzüge der Wurlitzer besaß. Mit Gerhard Gregor aber war der

13 Nach Dettke: *Kinoorgeln*, S. 69 ff. (Beitrag von Jürgen Lamke).

Glücksfall verbunden, dass ein begabter Musiker mit ausgesprochenem Faible für die technischen Möglichkeiten seines Instruments das musikalische Geschehen von der ersten Stunde an prägte. Gregor hatte als Stummfilmorganist an einem Kino in Hannover begonnen und war dann nach Hamburg berufen worden, wo er auf der Welte-Orgel Unterhaltungsmusik vorführte – mit festen Programmplätzen, die allerdings mit den Jahren mehr und mehr schrumpften. Nach Gregors Tod 1981 hat sein Nachfolger Jürgen Lamke viel dafür getan, die Tradition fortzusetzen. Es gibt also wieder öffentliche Vorführungen, und das Interesse daran scheint zuzunehmen.

Auch die Funkorgel ist aus einer Kinoorgel im Unit-System abgeleitet. Sie umfasst 24 Pfeifenreihen und 5 chromatisch spielbare Schlagzeuginstrumente auf drei Manualen (2014 Pfeifen, insgesamt 128 Auszüge bzw. ‚Register'), dazu 14 Schlagzeugeffekte (auf die typischen Kinoeffekte wie *Lokomotive* oder *Schiffssirene* wurde verzichtet). Um auch hier die Klangmöglichkeiten wenigstens anzudeuten, sind im Folgenden die Pfeifenreihen aufgeführt, die sich auf die Hauptorgel (im Hauptschrank) und die Soloorgel (im Rücken des Orchesters) verteilen:

Hauptorgel
Vox humana (6 Auszüge)
Clarinette (2 Auszüge)
Saxophon (5 Auszüge)
French Horn / Oboe (4 Auszüge)
Feldtrompete (5 Auszüge)
Traversflöte (11 Auszüge)
Quintatön (4 Auszüge)
Quinte und Terz (6 Auszüge)
Terz allein (2 Auszüge)
Prinzipal (10 Auszüge)
Bordun-Horn(3 Auszüge)
Gamba (5 Auszüge)
Mixtur (4 Auszüge)
Vox coelestis (4 Auszüge)
Aeoline (in Viol d'orchestre enthalten)
Viol d'orchestre (10 Auszüge)

Soloorgel
Viol d'amour (8 Auszüge)
Unda maris (2 Auszüge)
Wiener Flöte (9 Auszüge)
Tibia clausa (8 Auszüge)

Cor anglais (4 Auszüge)
Trompete (3 Auszüge)
Kinura (4 Auszüge)

Man sieht, dass die Funkorgel (mit *Prinzipalen* und sogar *Mixturen*) Elemente der Kirchenorgel enthält, und tatsächlich hat Gregor anfangs auch klassische Orgelliteratur (z. B. Max Reger) aufgeführt. Aber diese Orgel ist mit ihren fünf Tremulanten und all den anderen typischen Klängen eben ein Kind der Kinoorgel, sicherlich eines der eindrucksvollsten Zeugnisse wenigstens in Deutschland überhaupt.[14]

Die Wurlitzer-Orgel im Kino

Wie wurden diese Orgeln nun in der Praxis eingesetzt? Gerhard Gregor hat in zwei Interviews seine Erfahrungen wiedergegeben.[15] Dazu gehört zunächst der Hinweis darauf, dass die Kinoorgel nicht die einzige Möglichkeit musikalischer Begleitung darstellte. In den USA gab es vom Klavier in kleineren Filmtheatern über Kapellen bis zum kompletten Orchester alles, was möglich war. Damit erledigt sich auch ein Mythos, der offenbar unausrottbar ist. Es wurde keineswegs immer improvisiert, was bei Orchestern ohnehin ausscheidet. Es existierte vielmehr eine breite Literatur für Kinomusik, die heute praktisch untergegangen ist. Ein Dirigent hatte die Aufgabe, bei einem neuen Film das entsprechende Material zusammenzustellen, wobei es sich oft um Kürzungen von vorhandenen Kompositionen handelte. Die Musiker fanden diese Noten auf ihrem Pult vor und mussten auf Grün- bzw. Rotlicht bereit sein zu spielen oder zu unterbrechen.

Dies aber galt auch für die Orgelbegleitung. Gregor berichtet, dass er es mit Improvisation versucht, darin aber bald eine Überforderung gesehen habe – man ist schließlich nicht immer aufgelegt, spontan zu improvisieren. Auch Gregor stellte sich also Stücke zusammen, normalerweise nach einmaliger Probevorführung am Vormittag, um dann am Abend sofort die Begleitung zu übernehmen. Es existierte Literatur für Stimmungen, für bestimmte immer wiederkehrende Handlungselemente, für Naturschilderungen. Als Beispiel ist eine *Wasserfallmusik* genannt, die Gregor einsetzte, wenn auf der Leinwand ein Lie-

---

14 Weitere in Deutschland erhaltene und restaurierte Instrumente (bis 1999):
    Dortmund: Link (II/4, 1928) – DASA
    Düsseldorf: Welte (II/8, 1929) – Filminstitut
    Frankfurt/M.: Wurlitzer (II/6, 1928) – Deutsches Filmmuseum
    Heidelberg: Walcker (II/19, 1927) – Heidelberger Schloss
    Mannheim: Welte (II/8, 1928) – Landesmuseum
    Potsdam: Welte (II/11, 1929) – Filmmuseum
15 Festgehalten auf der Doppel-CD: *Gerhard Gregor und die große Welte-Funkorgel des NDR.*
    Hg. vom Norddeutschen Rundfunk. Öffentlichkeitsarbeit.

bespaar agierte. Am Fall eines Nebenbuhlers, der in die Szene einbricht, mit dem Liebhaber kämpft, bis jemand am Boden liegt, erläutert Gregor die Auswahl von Stücken für Liebesszenen, geheimnisvolle Situationen, Katastrophen und düstere Szenen. Zeigte der Film eine Szene aus einem arabischen Land, griff Gregor auf den arabischen Tanz in der *Nussknackersuite* von Tschaikowsky zurück, die mit einem veritablen Gong endet, den Gregor in seiner Orgel durchaus zur Verfügung hatte. Übrigens brachten es einzelne Stücke zu großer Beliebtheit und wurden entsprechend vom Publikum verlangt. Fast immer stößt man dabei auf heute völlig in Vergessenheit geratene Komponisten wie etwa beim *Persischen Markt* von Albert Ketèlbey. In Amerika wurde es in der letzten Phase der Stummfilmzeit offenbar üblich, dass die Filmproduzenten selbst bei der Übergabe ihrer Filme die passende Literatur mitlieferten, womit in dieser Hinsicht praktisch der Zustand der Tonfilmzeit erreicht ist.

Gregor hat 1979, wohl zur Dokumentation, auch selbst Filmmusik komponiert, und zwar für den Stummfilm BLINDE EHEMÄNNER von Erich von Stroheim (USA, 1918).[16] Liest man einmal die Szenen, wird gut deutlich, was an Stimmungen und Handlungselementen musikalisch umsetzbar war bzw. auch als umsetzungsnotwendig galt:

1 Im Hotel – Der langweilige Ehemann – Die einsame Ehefrau –
  Der eitle Verführer
2 Dorffest – Annäherungsversuche
3 Verunglückte Bergsteiger
4 Hotelnacht – Wilde Träume
5 Der Berg ruft – In der Hütte
6 Beschwerlicher Aufstieg zum Gipfel
7 Gefährliches Spiel am Abgrund – Der Rivale stürzt zu Tode
8 Versöhnung der Eheleute

Die Gesamtzeit beträgt dabei exakt 45 Minuten. Die Filmlänge liegt bei etwas mehr als 70 Minuten – Gregor hat den Rest vom Klavier aus begleitet, zu dem er auch sonst immer gewechselt ist. Dabei fragt man sich, ob die Bezeichnung Stummfilm jemals wirklich angemessen war. Lautlos ging es jedenfalls nicht zu. Und die Musik diente wohl auch nicht, wie gelegentlich zu lesen ist, der anfänglichen Notwendigkeit, die Vorführgeräusche zu übertönen. Die Musik war vielmehr ein integraler Teil der ,Aufführung', der nur das Sprechen der Akteure fehlte. Selbstverständlich hat der Tonfilm die Filmmusik übernommen, wenn es dafür auch nicht mehr der Orgel bedurfte.

16 Auf der Doppel-CD enthalten.

Resümee

Und noch etwas wird angesichts der Titel klar: Es erübrigt sich der Gedanke, den Adorno geäußert hat. Niemals ging es um irgendeine Art von Leitmotivtechnik. Vielmehr bezweckte die Musik etwas ganz anderes: nämlich Stimmungen zu vertiefen, Handlungen zu verdeutlichen, kurz: die Emotionalität der Abläufe zu steigern. Man möchte hinzufügen: wie im 19. Jahrhundert. Aber etwas weiteres ist ebenso wichtig. Musikalisch war dies die große Herausforderung für den Sound. Es wurde das geboten, was ankam, und das heißt: Man musste immer Neues bieten.

Dem entsprach die Kinoorgel zu Anfang der Entwicklung perfekt, sofern sie das Salonorchester perfekt imitierte. Aber es entstand auch ein eigener Sound, der von den Möglichkeiten dieses Instruments ausging – die *Tibia clausa* ist das beste Beispiel. Damit beginnt eine für die Unterhaltungsmusik äußerst kennzeichnende Entwicklung: Die Unterhaltungsmusik entwickelte sich weniger mit musikalischen Mitteln im engeren Sinne, mit Melodik und Harmonik – darin hat Adorno natürlich recht –, aber sie entwickelte in immer schnelleren Abständen einen neuen, einen ‚eigenen‘ Sound. Während das Orchester des 18. Jahrhunderts kontinuierlich angewachsen war, aber die damit verbundene Änderung seines Klangs sich gewissermaßen schleichend vollzog, überstürzen sich seit Wagner die Neuerungen – darin hat Adorno eben auch Recht. Jeder Komponist will bald der Erfinder eines eigenen Sounds sein. Nicht zufällig tauchen immer neue Instrumente auf bzw. verlieren alte ihre Stellung – man denke nur an die Revolution, die mit der E-Gitarre verbunden war.

Der Kinoorgel blieb die Krise erspart, weil eine viel größere Krise ihr die Existenzgrundlage nahm. Nach dem Zweiten Weltkrieg begann der Siegeszug ganz anderer Orgeln: zuerst der elektromagnetischen Hammondorgel, schließlich der elektronischen Weiterentwicklungen, besonders des Synthesizers. Als Gregor in den fünfziger Jahren die Hammondorgel kennen lernte, war er nicht nur begeistert, sondern fügte sie ‚seiner‘ Orgel ein, indem er am Spieltisch ein viertes Manual anbauen ließ, von dem aus er diesen Klang abrufen konnte. Es war zeitweilig entfernt, ist bei der Restaurierung von 2002 aber wieder hinzugefügt worden. Nur war die Entwicklung längst weiter gegangen. Ein minimal veränderter Sound hat mit all den anderen Neuerungen nicht mehr mithalten können – die Kinoorgel war rettungslos historisch geworden.

Joseph Garncarz

Die Etablierung der Synchronisation fremdsprachiger Filme

Eine vergleichende europäische Studie

Um Stummfilme in anderssprachigen Ländern verständlich zu machen, wurden die Zwischentitel in die jeweilige Landessprache übersetzt. Mit der Einführung des Tonfilms ab 1929 wurde die Übersetzung der Filme zu einem Problem. Wurde die Synchronisation um 1930 noch in den meisten europäischen Filmländern strikt abgelehnt, so wurde sie im Verlauf der dreißiger Jahre zu einem akzeptierten Verfahren, fremdsprachige Tonfilme zu übersetzen. Während jedoch einige Länder so gut wie keine Filme synchronisierten, ließen andere Länder fremdsprachige Filme nur in Synchronfassungen zu. Der folgende Artikel zeichnet die Etablierung der Synchronisation im Europa der dreißiger Jahre nach und erklärt, warum Synchronisation zunächst beinahe einheitlich abgelehnt wurde, um dann in einigen wenigen Ländern zu *dem* Standardverfahren der Übersetzung fremdsprachiger Filme zu werden.[1]

Die Ausgangsfrage

Warum hat sich die Synchronisation fremdsprachiger Filme in einigen europäischen Ländern im Lauf einiger Jahre durchgesetzt, in anderen aber nicht? Diese Frage wird so kaum gestellt, da sie im Kontext der Literatur- und Sprachwissenschaften, die sich vor allem mit dem Thema Synchronisation beschäftigen, kaum beantwortet werden kann. Wird diese Frage überhaupt gestellt, so nähert man sich ihr in der Regel teleologisch und technikorientiert: Die Synchronisati-

---

[1]   In mehreren Beiträgen zu Sprachversionen habe ich auch die Frage der Synchronisation fremdsprachiger Filme bereits behandelt. Der vorliegende Beitrag erweitert die Perspektive, indem die Etablierung der Synchronisation in den europäischen Kontext gestellt wird. Aus Gründen der Lesbarkeit verweise ich im Weiteren nur bei wörtlichen Zitaten oder unmittelbaren Verweisen im Text auf Forschungsliteratur bzw. Quellen, es sei denn ich habe Literatur oder Quellen in den bereits vorliegenden Veröffentlichungen noch nicht erwähnt. Weitere Nachweise finden sich in meinen Texten: „Made in Germany: Multiple-Language Versions and the Early German Sound Cinema". In: Andrew Higson/Richard Maltby (Hg.): *„Film Europe" and „Film America". Cinema, Commerce and Cultural Exchange, 1920-1939.* Exeter 1999, S. 249–273; „Making Films Comprehensible and Popular Abroad: The Innovative Strategy of Multiple-Language Versions". In: *Cinema & Cie. International Film Studies Journal.* No.4, Spring 2004, S. 72-79.

on gilt als optimales Verfahren, um Filme zu übersetzen, und es wurde eingesetzt, als es technisch ausgereift war. Länder, die nicht synchronisieren, sondern untertiteln, gelten gemeinhin hierbei nicht als Gegenbeispiel: Da es sich um kleine Länder handelt, wird argumentiert, mangele es einfach an Geld, um das optimale Verfahren der Synchronisation einzusetzen.

Diese Sicht ist problematisch, da sie nicht mit den beobachtbaren Tatsachen übereinstimmt. Um die Überprüfung der traditionellen Sicht auf die Synchronisation vorzunehmen, muss man zunächst das Problem, für das die Synchronisation eine Lösung ist, benennen. Im Kern geht es darum, Filme für anderssprachige Publika verständlich zu machen. Sodann ist es notwendig, empirisch und historisch zu analysieren, welche Verfahren bzw. Techniken entwickelt wurden, die dies leisten konnten. Zudem sind die Fragen zu beantworten, wann die jeweiligen Techniken zur Verfügung standen und welche dieser Techniken das Problem der Verständlichkeit in wirtschaftlicher Hinsicht optimal gelöst hat. Da eine technikgeschichtliche Verengung der Untersuchung eine Antwort auf die Ausgangsfrage nicht zulässt, ist es sinnvoll, nicht nur nach der ‚Erfindung‘ einer Technik zu fragen, sondern zugleich nach ihrer Akzeptanz bei Filmfirmen bzw. beim Publikum. Rekonstruiert man derart historisch-genealogisch die Verfahren, um Filme für anderssprachige Publika verständlich zu machen, und untersucht, unter welchen Bedingungen welche Techniken ihren Zweck optimal erfüllt haben, so wird man eine Antwort auf die Ausgangsfrage erhalten, die die Chance hat, international konsensfähig zu werden.

Das Problem und seine Lösungsmöglichkeiten

War für Stummfilme das Übersetzungsproblem gelöst, so musste mit der Einführung des Tonfilms ab 1929 neu darüber nachgedacht werden, wie Filme für anderssprachige Publika verständlich gemacht werden sollten. Eine Umfrage vom Mai 1930 unter europäischen Verbänden der Kinobesitzer stellte sich diesem Problem.[2] An ihr nahmen die Verbände aus Belgien, Dänemark, Deutschland, England, Finnland, Jugoslawien, den Niederlanden, Schweden, der Steiermark (ein Teil Österreich-Ungarns) und der Tschechoslowakei teil. Alle Verbände der Kinobesitzer betonten, dass fremdsprachige Filme vom großen Publikum abgelehnt werden. Tonfilme in einer anderen als der eigenen Sprache wurden nur unter bestimmten Umständen akzeptiert. Hierzu zählt die Mehrsprachigkeit einer Bevölkerung wie die der Schweiz, Belgiens oder Luxemburgs. Hierzu zählt aber auch die größere Fremdsprachenkompetenz, die insbesondere in weniger bevölkerungsstarken Ländern anzutreffen ist. So akzeptierten Deutschland, England und die Steiermark nur Filme in ihrer eigenen

---

2   „Antworten auf 10 Fragen über die Tonfilmlage Europas“. In: *Film-Kurier*, 31. Mai 1930.

Sprache. Das bilinguale Belgien akzeptierte neben Französisch auch Flämisch. In Dänemark wurde neben Dänisch auch Deutsch und Englisch akzeptiert. Die Finnen akzeptierten auch Deutsch und Schwedisch, die Jugoslawen und die Niederländer Deutsch und die Tschechen vorwiegend Deutsch und in den Großstädten etwas Französisch. Die deutschen Filmwirtschaftler hatten demnach in den frühen dreißiger Jahren gegenüber ihren europäischen Kollegen einen strategischen Vorteil, da die deutsche Sprache relativ weit verbreitet war.

Da jedoch fremdsprachige Filme mehrheitlich vom großen Publikum in Europa abgelehnt wurden, mussten sie in die Sprache des Zielpublikums übersetzt werden. Hierzu gab es verschiedene Verfahren bzw. Techniken. Unterscheiden lassen sich Verfahren, die auf der Schriftsprache beruhen, von solchen, die die gesprochene Sprache verwenden. Folgende beiden Verfahren nutzen die Schriftsprache, um Filme zu übersetzen:

- Ein Tonfilm konnte mit Zwischentiteln versehen werden, so dass Partien aus den Dialogen herausgeschnitten und durch Zwischentitel ersetzt wurden, während der Dialog weiterlief.
- Ein Film konnte untertitelt werden, so dass alle Dialoge in Schriftform auf dem Bild zu sehen waren.

Die drei Verfahren, die ich im Folgenden nenne, setzen dagegen auf die gesprochene Sprache:

- Ein Film konnte noch einmal in der Sprache des Exportlandes realisiert werden, was zeitgenössisch als Sprachversion bezeichnet wurde. Das zentrale Charakteristikum der Sprachversion ist, dass die Schauspieler die Sprache des Exportlandes selbst sprechen.
- Ein Erzähler konnte die Dialoge so übersprechen, dass die Handlung des Films verständlich wurde.
- Ein Film konnte sprachdubliert, also in der Sprache des Exportlandes synchronisiert werden. Hier sind zumindest zwei Basistechniken zu unterscheiden, und zwar hinsichtlich der Vorlage, die synchronisiert wurde. Im ersten Fall wurde die Fassung synchronisiert, die auch im Ursprungsland gezeigt wurde, was zeitgenössisch als akustische Version bezeichnet wurde. Im zweiten Fall war eine so genannte optische Version die Grundlage für die Synchronisation, d. h. es wurde eine spezielle Fassung des Films zum Zweck der Synchronisation produziert: Der Schauspieler formte den fremdsprachigen Text lautlich, ohne die Aussprache perfekt zu beherrschen und ohne den Sinn des Gesagten verstehen zu müssen, und wurde anschließend von einem *Native speaker* synchronisiert. Nur dieses Verfahren garantierte Lippensynchronität.

Die in der frühen Tonfilmzeit quantitativ am meisten genutzten Verfahren waren die Sprachversion, die Untertitelung und die Synchronisation.

Das Verfahren der Synchronisation

Die Synchronisation eines fremdsprachigen Films mit Sprechern des jeweiligen Exportlandes war zunächst keine Lösung des Problems der Sprachenvielfalt Europas. Anders als oft angenommen wird, lag das nicht daran, dass sie technisch nicht möglich gewesen wäre. Tatsächlich gab es seit 1929 synchronisierte Filme, so z. B. eine englische und eine französische Fassung der Preußen-Ballade DIE LETZTE KOMPAGNIE. Techniken der Synchronisation mussten nicht ‚erfunden‘ werden; es mussten nur Techniken der synchronen musikalischen Begleitung von Stummfilmen wie das rhythmographische Verfahren des Musik-Chronometers von Carl Robert Blum für die Synchronisation von Sprache modifiziert werden.[3] 1927 erstmals für mit O-Ton aufgenommene Filme verwendet, wurde dieses Verfahren 1930 für die Synchronisation amerikanischer Filme der Universal genutzt. Die akustische Qualität der frühen Synchronfassungen war akzeptabel, auch wenn teilweise noch „ein gewisser metallischer Hall“[4] beklagt wurde.

Obwohl die Synchronisation also technisch durchaus bereits möglich war, hat sie sich nicht unmittelbar durchgesetzt, weil sie kulturell nicht akzeptiert wurde. Die bereits genannte Umfrage bei den Verbänden europäischer Kinobesitzer kam zu dem Ergebnis, dass „synchronisierte Filme [beim großen Publikum beinahe aller befragten Länder] erfolglos oder unmöglich seien.“[5] Einzig der niederländische und der jugoslawische Verband hielten Synchronfassungen für denkbar. Interessanterweise lehnten gerade die Länder, in denen die Synchronisation zum Standardverfahren wurde, dieses Verfahren zunächst als aussichtslos ab, während Länder, in denen die Synchronisation nicht zur Standardpraxis der Übersetzung fremdsprachiger Filme wurde, sie zu diesem frühen Zeitpunkt für möglich hielten. Wahrscheinlich hängt dies damit zusammen, dass Verbände, die die Synchronisation ablehnten, bereits Erfahrungen mit dem Phänomen gesammelt hatten, während die Befürworter die Sache noch nicht aus der Praxis kannten.

Die breite Ablehnung der Synchronisation fremdsprachiger Filme geht auf das kulturelle Problem zurück, dass es für das zeitgenössische Publikum nicht akzeptabel war, die Stimme eines Menschen (des Synchronsprechers) mit dem Körper eines anderen (des Schauspielers) zu identifizieren. Diese Erfahrung war mediengeschichtlich neu: Trennte das Grammophon die Stimme vom Körper

---

3   Michael Wedel: „Okkupation der Zeit“. In: *Schnitt*. 2003, H. 29, S. 10–15.
4   *Pour Vous*. Nr. 129, 7.5.1931.
5   „Antworten auf 10 Fragen über die Tonfilmlage Europas“. In: *Film-Kurier*, 31. Mai 1930.

und trennte der Stummfilm den Körper von der Stimme, so verschmolz erstmals die Synchronisation fremdsprachiger Filme Stimme und Körper von zwei Menschen. Dass ein Körperbild mit der Stimme eines anderen Menschen verschmolzen wurde, zu dem diese Stimme nicht gehörte, hat zeitgenössisch ein Befremden ausgelöst, das in Deutschland und Frankreich sowohl von Schauspielern als auch von Journalisten beschrieben wurde. Für die Zeitgenossen entstand durch die Sprachdublierung, wie Claire Rommer dies 1932 formuliert hat, ein „merkwürdiges, homunkulusartiges Gebilde."[6] Und Siegfried Kracauer hielt den „Versuch, amerikanische Sprecher für deutsche auszugeben, [deshalb für] ein Unding."[7]

Durch eine Veränderung der Technik der Synchronisation war dieses Akzeptanzproblem nicht zu lösen. Da dies zeitgenössisch nicht allen Beteiligten hinreichend klar war, hat man eine größere Akzeptanz zu erreichen versucht, indem man Filme mit Hilfe der optischen Version lippensynchron synchronisierte. Aber auch in diesem Fall blieb das Verfahren der Synchronisation fremdsprachiger Filme für den zeitgenössischen Kinobesucher erkennbar: Allein das Wissen etwa des deutschen Kinopublikums, dass ausländische Schauspieler in einer deutsch synchronisierten Filmfassung nicht selbst gesprochen haben können, weil sie akzentfrei sprechen, verwies auf das Verfahren der Synchronisation.

Sprachversionen als Alternative

Tatsächlich bestand die Lösung des Tonfilmproblems zunächst darin, „jeden Film von vornherein in allen Hauptsprachen [zu] drehen"[8], wie Kracauer dies formulierte. Anders als bei der Synchronisation eines fremdsprachigen Films blieb bei einer Sprachversion die Einheit von Stimme und Körper des Schauspielers gewahrt: Das Publikum hörte die Stimme des Schauspielers, den es sprechen sah. Auf Grund der mangelnden Mehrsprachenkompetenz der Schauspieler wurden dabei in der Regel so gut wie alle Schauspieler für die Sprachversionen ausgewechselt. Nur wenn Schauspieler mehrsprachig waren, was selten der Fall war, traten sie wie Lilian Harvey in mehreren Versionen auf.

Sprachversionen wurden zu Beginn der Tonfilmzeit schnell zum Standardverfahren, Filme für anderssprachige Publika verständlich zu machen. In Deutschland entstanden in den Jahren 1929 bis 1931 von etwa 90 % aller für den Export bestimmten Tonfilm-Produktionen Sprachversionen.

---

6 Claire Rommer: „Stimmenwanderung". In: *Die Filmwoche*. Nr. 48, 30.11.1932.
7 Siegfried Kracauer: „Im Westen nichts Neues". In: *Frankfurter Zeitung*, 6.12.1930, zit. n.: ders.: *Von Caligari zu Hitler. Eine psychologische Studie des deutschen Films*. Frankfurt/M. 1984, S. 456–459, hier: S. 459.
8 Ebd.

Auch wenn viele Länder Sprachversionen produzierten, so wurden nicht alle Länder mit Sprachversionen bedient. Sprachversionen aus deutscher Produktion zum Beispiel wurden vor allem für den französischen und den britischen Markt realisiert: Mehr als 90 % aller in Deutschland realisierten Sprachversionen der frühen Tonfilmzeit entfielen auf diese Märkte. Darüber hinaus wurden auch Sprachversionen in Italienisch, Spanisch, Tschechisch, Rumänisch, Ungarisch und Polnisch produziert. Sprachversionen wurden vor allem für die großen Märkte gedreht, weil nur sie die enormen Kosten, die je Version etwa Zweidrittel der jeweiligen Originalproduktion betrugen, wieder einspielen konnten. Die Sprachversion war also ein Verfahren, das sich nur für Länder mit einem großen Zuschaueraufkommen eignete.

Sprachversionen waren nicht nur das optimale Verfahren, weil die Einheit von Körper und Stimme gewahrt blieb. Sie waren es auch, weil sie zugleich eine neue und viel versprechende Antwort auf die kulturelle Verschiedenartigkeit der europäischen Länder boten. Wie Studien zu Deutschland, Frankreich und Schweden belegen, bevorzugten die nationalen Publika die eigenen Schauspieler und kulturellen Traditionen gegenüber den Stars und den Filmen Hollywoods.[9] Indem französischsprachige Versionen aus deutscher Produktion mit in Frankreich beliebten Schauspielern wie Henri Garat besetzt wurden (wie zum Beispiel LE CHEMIN DU PARADIS) und deutschsprachige Versionen aus tschechischer Produktion mit beliebten deutschen Schauspielern wie Claire Rommer (wie zum Beispiel TAUSEND FÜR EINE NACHT), entstand durch solche ‚Heimspiele‘ ein Wettbewerbsvorteil. Sprachversionen waren also auch deshalb so beliebt, weil sie die eigenen Filmlieblinge präsentierten – ein Vorteil, den keine Synchronfassung bieten konnte.

Durchsetzung der Synchronisation

Wenn man die Ablehnung der Synchronisation auf die Nicht-Identität von Körper und Stimme zurückführt, dann muss man die Akzeptanz der Synchronisation als kulturellen Lernprozess verstehen, in dem das Wissen um die Nicht-Identität zwischen dem Sprecher, der zu sehen ist, und dem Ursprung des gesprochenen Wortes, das zu hören ist, im Bewusstsein des Zuschauers ausgeblendet wird. Und genau dieser Lernprozess hat sich um 1933 in den Ländern vollzogen, in denen das Verfahren der Synchronisation erprobt wurde. Für Deutschland und Frankreich finden sich in der zeitgenössischen Presse Belege dafür. So berichtete etwa ein amerikanischer Journalist, dass sich das deutsche

---

9   Colin Crisp: *The Classic French Cinema*. Bloomington 1997, S. 12; Leif Furhammar: *Filmen i Sverige*. Stockholm 1991, S. 133, 134; Joseph Garncarz: „Hollywood in Germany: The Role of American Films in Germany, 1925-1990". In: David W. Ellwood/Rob Kroes (Hg.): *Hollywood in Europe: Experiences of a Cultural Hegemony*. Amsterdam 1994, S. 94–135.

Publikum daran gewöhnt habe, dass zu amerikanischen Lippenbewegungen deutsch gesprochen wird.[10] Trotz der Kampagne gegen die Synchronisation, die in der deutschen Presse geführt wurde, als die ersten synchronisierten Filme herauskamen, bestünde nun kein Zweifel mehr daran, dass das große Publikum die Synchronisation mittlerweile akzeptiere, ohne sich darüber zu wundern, wem die Stimme gehört, die aus dem Lautsprecher kommt. Dieser Prozess der allmählichen Akzeptanz von Synchronfassungen wurde zeitgenössisch in Deutschland wie in Frankreich theoretisch reflektiert: Nachdem zunächst heftig gegen die Möglichkeit polemisiert wurde, sollten nun Bedenken gegen die Synchronisation geschlichtet und ihre Möglichkeit bewiesen werden.[11]

Dieser kulturelle Lernprozess in Ländern wie Frankreich und Deutschland ist die Bedingung dafür, dass der Filmindustrie ab etwa 1933 ein im Vergleich zur Sprachversion kostengünstigeres Verfahren zur Verfügung stand, um Filme für anderssprachige Publika verständlich zu machen. Obwohl die Synchronisation fremdsprachiger Filme als preiswerteres Verfahren nun einsetzbar war, war dieses Verfahren dennoch nicht immer das Mittel der Wahl. Das schlagende Argument dafür ist, dass noch bis in die fünfziger Jahre hinein unter bestimmten Bedingungen Sprachversionen realisiert wurden (wie z. B. eine französische Version des deutschen Remakes von DIE DREI VON DER TANKSTELLE). Auch als synchronisierte fremdsprachige Filme längst akzeptiert waren, konnte bei einem großen Absatzgebiet und einer entsprechenden Nachfrage die Produktion einer Sprachversion rentabel sein, da sie den Erwartungen des Publikums insbesondere durch die Besetzung mit beliebten Schauspielern des Exportlandes kulturell besser angepasst werden konnte.

Für weniger aufwendige Produktionen, für die sich keine Sprachversionen lohnten, war die Synchronisation das Mittel der Wahl, jedoch keineswegs in allen Ländern. Eine Studie der amerikanischen Filmindustrie aus dem Jahre 1950, die im *Journal of the Society of Motion Picture and Television Engineers* veröffentlicht wurde, ist hier sehr hilfreich.[12] Die Studie berücksichtigt 60 Länder aus allen Kontinenten, darunter 16 europäische Staaten. Sie kommt zu dem Ergebnis, dass nur in Italien, Spanien und Deutschland fremdsprachige Filme ausschließlich in Synchronfassungen akzeptiert wurden. Zudem galt Frankreich als das Land, das Synchronfassungen gegenüber untertitelten Fassungen bevorzugt, wenn gleich auch nicht ausschließlich verlangt. Um Filme zu übersetzen,

---

10 C. Hooper Trask: „On Berlin's Screens". In: *New York Times.* 5.2.1933, S. 4, zit. n. Kristin Thompson: *Exporting Entertainment: America in the World Market, 1907-1934.* London 1985.

11 Andor Kraszna-Krausz: „Warum synchronisieren". In: *Filmtechnik-Filmkunst.* 28.11.1931, S. 3; René Lehmann: „A propos du ‚dubbing'". In: *Pour Vous.* Nr. 133, 4.6.1931.

12 Victor Volmar: „Foreign Versions". In: *Journal of the Society of Motion Picture and Television Engineers.* Bd. 55. (1950), S. 536–546.

nutzten also 56 der untersuchten 60 Länder das Verfahren der Untertitelung fremdsprachiger Filme.

Der Grund dafür, dass Italien, Spanien und Deutschland Synchronisationen derart favorisierten, ist nicht, dass sich Synchronfassungen nur die Länder mit dem größten Kinopublikum leisten können, weil sie teurer als untertitelte Fassungen sind. Die Zahl der verkauften Eintrittskarten war in Deutschland (1955: 1076 Mill. in West und Ost), Italien (819 Mill.) und Spanien (310 Mill.) geringer als in Großbritannien (1181 Mill.), und doch wurden hier laut der zitierten Studie Filme nicht synchronisiert.[13] Gewiss müssen sich Synchronisationen amortisieren, weshalb sie auf ein größeres Publikum als untertitelte Fassungen angewiesen sind. Allein die Möglichkeit zur Amortisation erklärt jedoch nicht, dass sie auch genutzt wird.

Tatsächlich konnten sich Synchronfassungen nicht nur die europäischen Länder mit dem größten Kinopublikum leisten. Dies zeigt sich daran, dass in Ländern wie den Niederlanden (66 Mill. Zuschauer im Jahr 1955) oder Finnland (34 Mill.), in denen Filme in aller Regel untertitelt wurden, Filme für Kinder im Vorschulalter, die noch nicht lesen können, synchronisiert wurden. Wie das Beispiel der Kinderfilme zeigt, war es also durchaus wirtschaftlich möglich, dass Filme auch für kleinere Sprachgemeinschaften synchronisiert wurden. Tatsächlich hängt die Durchsetzung der Untertitelung auch damit zusammen, dass gerade die hinsichtlich ihrer Bevölkerungsstärke kleineren Länder wie die Niederlande oder die skandinavischen Länder oft weltoffener und daher auch sprachkompetenter als die Mitglieder der großen Sprachgemeinschaften sind.

Ob die Möglichkeit zu synchronisieren, die von der Größe des erreichbaren Publikums abhängt, auch genutzt wird, geht auf kulturelle Gründe zurück. Synchronisiert wird vor allem in den Ländern, in denen die Bevölkerung nur eine Sprache spricht, aber dies reicht als Grund nicht aus, wie etwa das Beispiel Großbritannien zeigt. In einsprachigen Ländern wird nur synchronisiert, wenn sie einen besonderen Wert auf ihre kulturelle Spezifik legen. Genau dies trifft auf Italien, Spanien und Deutschland in den dreißiger Jahren in einem besonderen Maß zu. Diese Länder haben sich genau in dieser Zeit zu faschistischen Diktaturen entwickelt. Da sie den Kult der Überlegenheit der eigenen Sprache und Kultur zum Programm erhoben, forcierten die faschistischen Systeme die Etablierung der Synchronisation als Standardverfahren.[14] Wer die eigene Kultur über alles stellt, möchte die fremde Kultur so vollständig wie möglich assimilieren. Die Synchronisation wurde deshalb in den dreißiger Jahren gerade von die-

---

13 Publikumszahlen finden sich bei: Ginette Vincendeau (Hg.): *Encyclopedia of European Cinema*. London 1995, S. 466.

14 Es lohnt sich der Frage nachzugehen, ob dies auf eine Regierungsdirektive, vorauseilenden Gehorsam der Filmwirtschaft oder die Nachfrage des Publikums zurückgeht.

sen Ländern favorisiert, weil sie auf eine einfache Art erlaubte, die Fremdheit eines ausländischen Tonfilms zu kaschieren und ihn der eigenen Kultur einzuverleiben. Das Verfahren der Synchronisation ist gewiss deshalb nicht faschistisch; weder ist es eine Erfindung der Faschisten noch ist seine Verwendung auf faschistische Diktaturen beschränkt.

Ausblick

In Italien, Spanien und Deutschland hat sich die Synchronisation als Verfahren der Übersetzung fremdsprachiger Filme für das große Publikum bis heute erhalten. Dies hängt gewiss nicht mehr mit einem Kult der Überlegenheit der eigenen Sprache und Kultur zusammen; im Gegenteil ist gerade in einem Land wie Deutschland die Offenheit etwa für amerikanische Filme auch gerade im Vergleich zu anderen Ländern stark gestiegen. Hier spielt vielmehr der Gewöhnungsprozess eine Rolle: Ein Publikum wie das deutsche, das mit der Synchronisation als Selbstverständlichkeit aufgewachsen ist, wird auf die Bequemlichkeit nur schwer verzichten.

Unter welchen Bedingungen löst sich ein Publikum aus dieser Bequemlichkeit? Seit den achtziger Jahren ist in Deutschland die Akzeptanz von Originalfassungen bei gesellschaftlichen Minderheiten gestiegen. Nicht nur in Städten mit einem hohen ausländischen Bevölkerungsanteil wie Frankfurt oder Berlin werden oft Originalfassungen von aktuellen Kinofilmen gezeigt. Das neue Medium DVD bietet beinahe alle ausländischen Filme auch in der jeweiligen Originalsprache an. Auch Programmkinos in Universitätsstädten sind dazu übergegangen, Filme in Originalfassungen zu zeigen. Die Bereitschaft eines studentischen Publikums, Filme im Original zu sehen, hängt mit der im Verhältnis zu früheren Generationen größeren Fremdsprachenkompetenz, einer größeren Weltoffenheit und dem Wunsch zusammen, Werke der Filmkunst in authentischer Gestalt zu sehen.

Corinna Dästner

Sprechen über Filmmusik

Der Überschuss von Bild und Musik

Kein Kinogänger, kein Kritiker, kein Filmtheoretiker wird den Einfluss der Musik auf die Rezeption eines Films in Frage stellen. Filmmusik und Filmton sind lange kein theoretisches Brachland mehr. Die Zeiten, in denen extradiegetische Filmmusik als „unrealistisch" oder als manipulierend prinzipiell verdammt wurde, gehören in die dreißiger Jahre des letzten Jahrhunderts. Eine gewollte künstlerische Beschränkung wie etwa bei den „Dogma-Filmern" bleibt da eine interessante Ausnahme. Es scheint also längst nicht weiter notwendig, den essentiellen Beitrag der Musik zum Film zu untermauern. Warum aber ist das Sprechen über Musik immer noch das Metier einiger weniger und hält erst in den letzten Jahren vermehrt Einzug in den allgemeinwissenschaftlichen Diskurs über den Film?

Filmtheoretiker begründen ihre wissenschaftlich häufig ‚tauben Ohren' meist mit fehlender musikalischer Bildung. Als musikalisch gebildet gilt hier, wer Noten lesen und musikalische Strukturen erkennen kann, wer über ein systematisches Wissen musikalischer Epochen und das Werk bedeutender Komponisten verfügt. Vielleicht ist es also die Angst, sich durch allzu intuitive Äußerungen bloßzustellen? Meines Erachtens hat die Theorie zur Filmmusik wenig getan, um der allgemeinen Filmtheorie eine Brücke zu schlagen. Ich möchte einen Erklärungsversuch wagen, warum die Debatte über Filmmusik von sich aus lange in die wissenschaftliche Isolation trieb.

Rhythmus, Kontrapunkt und Synchronismus – zur Diskussion der zwanziger bis vierziger Jahre

Mit der Einführung des Tonfilms lautete die Kardinalfrage, inwiefern Bild und Musik übereinstimmen sollten. In einer ästhetischen Debatte ging es darum, das Feld ideologisch und künstlerisch abzustecken. In diesem Spannungsfeld war es sicher kein Zufall, dass viele Begriffe der Musiktheorie entlehnt wurden, galt es doch, die eigenen Urteile über die Verwendung von Filmmusik zu legitimieren und die eigene Kompetenz zu belegen. Im Mittelpunkt standen Begriffe wie Bewegung, Illustration oder Rhythmus. Als zugespitzte und heftig umstrittene Leitgedanken der Diskussion der zwanziger bis vierziger Jahre können der Kontrapunkt und seine Gegenposition, der Synchronismus, gelten.

Beginnen wir mit dem Begriff des Rhythmus, so ist ihm allenfalls mangelnde Präzision vorzuwerfen. Erdmann/Becce etwa suchen in ihrem *Allgemeinen Handbuch der Film-Musik* 1927 die Einheit von Bild und Ton in einem Groß-rhythmus, der beiden Elementen übergeordnet sein soll. Während der elementare Rhythmus des Films in der Synchronisation von Ton und Körperbewegungen zu finden sei, erfordere die Dramaturgie einer szenischen Handlung einen lockeren Bezug zwischen Bild und Ton. Selbst wenn sich eine „natürliche" Entsprechung von Visuellem und Auditivem finden ließe, fragen dagegen Adorno/Eisler in *Komposition für den Film*, „warum ein Medium nochmals das geben soll, was ein anderes gerade jener Auffassung zufolge ebenso gibt und was durch die identische Wiederholung nichts gewinnt, sondern allenfalls verlieren könnte".[1] Ihr Fazit lautet: „Wenn in der Praxis nach Übereinstimmungen zwischen dem ‚höheren' musikalischen und dem ‚höheren' filmischen Rhythmus gesucht wird, so kommt in Wahrheit etwas wie Verwandtschaft der ‚Stimmungen' heraus, also etwas verdächtig Banales, das gerade der Konzeption des Filmgerechten widerspricht, um deretwillen man um jenen ‚Rhythmus', jene ‚innere Bewegung' sich bemüht".[2]

In der Praxis der Filmproduktion ist der Begriff Rhythmus fester Bestandteil des Vokabulars, der aber selten ohne präzisierenden Kontext verwendet wird: als Rhythmus einer Schnittfolge, Rhythmus der Szenen (kurzer und langer, stummer oder dialoglastiger etc.).

Als wesentlich hartnäckiger und problematischer haben sich Kontrapunkt und Synchronisation erwiesen. Zunächst einmal schien es Pflicht sich zu entscheiden, welches ästhetische Ziel anzustreben sei: Eisenstein beschäftigte die schon alte Suche nach bestimmten Farben, die sich physiologisch durch ihren Vibrationsrhythmus unterscheiden, und den ihnen entsprechenden Tonarten. Auch in der Zusammenarbeit mit Sergej Prokofjew suchte er nach Übereinstimmung, indem die Musik ebenso wie das Bild Ausgangspunkt für die Montage einer Szene bilden konnte. Eine Szene wurde beispielsweise nach dem Rhythmus einer Musik geschnitten, wodurch das Visuelle seinen bestimmenden Charakter verliert (ALEKSANDER NEWSKI 1938 und Iwan DER SCHRECKLICHE, Teil 1 und 2 1945/1946).[3] Das Ergebnis der durchaus revolutionären Produktionsweise, Musik und Bild als gleichberechtigte Medien im Film zu behandeln, ähnelt jedoch verblüffend der Illustration, die zur selben Zeit in der klassischen Hollywood-Praxis angewandt wurde, beispielsweise in Hitchcocks erstem amerika-

---

1   Theodor W. Adorno, Hanns Eisler (München 1969) *Komposition für den Film*. Europäische Verlagsanstalt, Neuauflage Hamburg 1996, S. 99.
2   Ebd., S. 103
3   Vgl. Royal S. Brown: *Overtones and Undertones. Reading Film Music.* Berkeley und Los Angeles 1994, S. 134 ff.

nischen Film REBECCA (1940), den Franz Waxmann vertonte: Die Hauptdarstellerin Mrs. De Winter steigt von einer Tonleiter begleitet die Treppe herab.

Dies erklärt vielleicht, warum die visuelle Montage der russischen Filmer Vorbild für Adorno/Eislers Konzept von Filmmusik ist, während die Ton/Bild-Ästhetik, die aus der konkreten Zusammenarbeit von Eisenstein und Prokofjew erwächst, in *Komposition für den Film* eine deutliche Kritik erfährt. Adorno/Eisler kritisieren, Verdopplung finde sich hier im belanglosen Detail. Eisler führt zudem an, dass sich die Entsprechung eher auf die graphische Notation der Musik beziehe als auf ein musikalisches Phänomen. Zwar finden sich viele der Eisensteinschen Anwendungen auch in der Praxis Hollywoods wieder, Eisensteins Theorie der Filmmusik grenzt sich in einem entscheidenden Punkt aber von der Praxis in Hollywood ab: Die Verdopplung bezieht sich bei ihm nicht auf eine direkt narrative Ebene. Musik versucht nicht, ein Inneres der Protagonisten auszudrücken. Sie vermittelt semantisch zu verstehende Inhalte in der Musik nicht über eingeschliffene musikalische Formeln und Klischees. Hierin überschneidet sich Eisensteins Ansatz mit dem von Adorno/Eisler.

Auch bei Erdmann/Becce findet sich der Wunsch nach Synchronisation wieder. Wie viele der frühen Filmkritiker – unter ihnen wiederum Eisenstein – lobt Erdmann die frühen Mickey-Maus-Filme für ihr Verhältnis von Bild und Ton, das über die Groteske hinausgehe.[4] Sie stellen „ihre gesamte Bildfolge auf musikalischen Boden"[5], so Erdmann. Er schränkt diese Sichtweise jedoch ein: Während „der hochstilisierte Film sich auf einen ästhetischen Synchronismus beschränken könne […], [spräche] man bei einem realistischen Film möglicherweise schon von ‚Kunstfehler'".[6] Im Tonfilm kritisiert Erdmann später den „Synchrongötzen". Er wendet sich gegen eine Ästhetik der Natürlichkeit und setzt einer natürlichen eine dichterische Wirklichkeit entgegen. Weil Erdmann Ton und Musik in eins setzt, bleibt unklar, inwieweit er damit einen kontrapunktischen Einsatz von Filmmusik propagiert. Bei Rudolf Arnheim bildet die Verdopplung oder Illustration den heftigsten Angriffspunkt. Arnheim schreibt dazu in *Film als Kunst*:

> Dies: Doppelt hält besser! Ist ja das beliebteste Argument für den Tonfilm. Und doch ist es sicherlich falsch. […] Denn dem Prinzip des Tonfilms entspricht es, daß nicht Ton und Musik gleichzeitig dieselbe Aufgabe erfüllen, sondern daß sie sich in die Arbeit teilen:

---

4   Hans Erdmann, Giuseppe Becce: *Allgemeines Handbuch der Film-Musik*. Berlin-Lichterfelde 1927.

5   Erdmann z. n. Siebert, Ulrich Eberhardt: *Filmmusik in Theorie und Praxis. Eine Untersuchung der 20er und frühen 30er anhand des Werkes von Hans Erdmann*. Frankfurt a. M. 1990, S. 189.

6   Erdmann z. n. Siebert ebd., S. 180.

der Ton bringt etwas anderes als das Bild, und beides zusammen ergibt einen einheitlichen Eindruck. Das ist das Prinzip der tonfilmischen Kontrapunktik.[7]

Als Beispiel für einen kontrapunktischen Einsatz von Musik nennt Arnheim etwa bildliche Monotonie versus akustische Bewegung. Béla Balázs beschreibt den Kontrapunkt als eine dem Bild hinzugefügte Assoziation. Die konsequenteste Anwendung sieht er in einer asynchronen Verwendung von Ton und Bild, etwa, wenn die Quelle des Tons nicht im Bild sichtbar wird.[8]

In diesem Sinne kann auch Arnheim für die Filmmusik fordern, sie solle von der unmittelbaren Handlung abgekoppelt sein, mit anderen Worten kontrapunktisch verwandt werden; sie solle also aus einer streng abgetrennten Sphäre von außen an den Film herangetragen werden. Ganz im Gegensatz zu Adorno/Eisler plädiert Arnheim gleichzeitig aber für eine unauffällige Musik, die den Fluss der Bilder nicht unterbricht und den Regeln des „underscoring" genügt. Auch Balázs Definition des Kontrapunkts ist in dieser Hinsicht unbestimmt. Eine Tonquelle, die im Bild nicht sichtbar ist, kann dennoch in der Diegese des Films anwesend sein und führt somit nicht unbedingt zu einem Bruch mit der Narration.

Der Begriff des Kontrapunkts erweist sich somit als äußerst dehnbar, weshalb er von verschiedensten Seiten vereinnahmt werden kann. Er kann als rein ästhetische Figur betrachtet werden, die überholte und abgenutzte Konventionen aufbricht, oder er kann als Statthalter eines radikalen Bruchs mit den illusionistischen Mechanismen des Spielfilms operationalisiert werden, wie in dem 1928 von Eisenstein, Pudovkin und Alexandrov veröffentlichten *Manifest zum Tonfilm*, in dem sie ihre Besorgnis darüber äußern, der Tonfilm könne die politische radikale Montage erschweren. Die russischen Filmer propagierten den kontrapunktischen Einsatz von Ton und Musik. Sie beschwören einen orchestralen Kontrapunkt der visuellen und akustischen Formen. Sie befürchteten, dass Musik und Ton dazu missbraucht würden, die Automatisierung der Reaktion in der Massenkultur weiter zu stabilisieren.[9] Der Begriff Kontrapunkt wird hier zum reinen politischen Schlagwort. Brecht beschreibt die in diesem Sinne verurteilte Position der Musik im illusionistischen Spielfilm. Er vergleicht die Funktion der Musik im Film mit der eines Kapellmeisters, der dem Publikum Emotionen und Reaktionen vorspielt:

---

7 Rudolf Arnheim: *Film als Kunst.* Hanser Verlag München, 1974, S. 281, 282.
8 Vgl. Béla Balázs: *Der Film. Werden und Wesen einer neuen Kunst.* Wien 1972, S. 166.
9 Vgl.: Sergej Eisenstein, V. Pudovkin, G. Aleksandrov: „Manifest zum Tonfilm". In: Franz-Josef Albersmeier (Hg.): *Texte zur Theorie des Films*, Stuttgart 1990, S. 42–45.

Wenn der Ballettrattenkönig, Kapellmeister genannt, die süße Trauer gestisch zum Ausdruck bringt, die das Spielen der Partitur nach seiner Meinung erzeugen soll, scheint er nur damit beschäftigt, seine Musiker mit seiner eigenen Trauer anzustecken. In Wirklichkeit versucht er, das Publikum damit anzustecken, direkt, über die Musik hinweg. Die Filmmusik nimmt ebenfalls das voraus, was die Vorgänge auf der Leinwand erzeugen sollen. Sie genießt vor.[10]

Adorno/Eisler kritisieren ebenso wie Brecht diesen Gebrauch der Musik, der die Mechanismen der Manipulation unsichtbar mache. Die Frage nach der Art der Rezeption wird zentral. In Brechts *Schriften zum Theater* ist der Appell, den er am häufigsten wiederholt, jener, das Theater zu einer „geistigen Angelegenheit" zu machen, für das „keine genießenden Zuschauer in Betracht kommen können".[11] Einer gefühlsmäßigen Identifikation mit den Protagonisten setzt er eine bewusste Auseinandersetzung mit den Figuren und der Thematik der Handlung entgegen. Die Verfremdung soll auch im Medium Film das Publikum über sein Verhältnis zum Dargestellten aufklären. Der Illusionscharakter des Films soll gebrochen werden und eine politische Wirksamkeit ermöglichen, in der der Zuschauer selbst zu Kritik und Aktion aufgerufen wird.

Problematisch wird der Begriff Kontrapunkt gleich auf zwei Ebenen. Ein Grund dafür, dass sich der Begriff des Kontrapunktes so hervorragend für eine Vereinnahmung eignet, ist sicherlich, dass es sich eben um eine der Musiktheorie entlehnte Metapher handelt. In der Musiktheorie bedeutet der Kontrapunkt sowohl ein Gegen- wie ein Nebeneinander der Stimmen. Im Kontrapunkt wird eine Melodie nicht homophon harmonisiert, sondern mit einer oder mehreren anderen Melodien komplementiert. So entsteht eine Polyphonie der Stimmen, die zwar harmonieren, jedoch eher horizontal als in einem vertikalen Fortschreiten der Akkorde gehört werden.

Im filmischen Mix der Medien erklärt der filmische Kontrapunkt die Filmbilder zu einer Oberstimmenmelodie. Gleichzeitig bezieht sich die Beschreibung des Kontrapunkts ebenso wie sein Gegenteil Synchronismus oder Verdopplung aber auf zahlreiche Ebenen des Films. Filmmusik wird mittels desselben Begriffs ins Verhältnis zu visuellen Bildinhalten gesetzt, ebenso wie zu narrativen Einzelheiten, zu Filmschnitt oder zu einer übergeordneten Dramaturgie. Meist bleibt ungeklärt, zu welcher filmischen Ebene die Musik einen Gegensatz bilden soll. Hier gibt es in jeder Filmszene zahlreiche Möglichkei-

---

10 Bertolt Brecht: *Gesammelte Werke. Schriften zum Theater.* Bd. 1–3, Frankfurt a. Main 1967, S. 489.
11 Ebd., S. 140.

ten: die Gefühle der Protagonisten, das Wetter, die Schnittfolge, der Dialog, die Geräusche, die Bewegung der Kamera oder etwa die Bewegung der Bildinhalte, um nur einige wenige Vergleichsmomente zu nennen. Obwohl der musikalische Kontrapunkt keinen inhaltlichen Gegensatz anstrebt, sondern einen strukturellen, wird mit der kontrapunktischen Gegenüberstellung von Musik und Bild im Film meist ein inhaltlicher Gegensatz beschrieben. Damit begibt sich die Metapher des Kontrapunkts in ein Feld unendlicher Bezüge zwischen Bild und Musik.

Problematisch ist der Begriff des Kontrapunktes aber auch, weil er den Anschein einer wissenschaftlichen Kategorisierung mit sich bringt. Zofia Lissa beispielsweise kritisiert „Rhythmus" als eine musikalische Metapher, verwendet aber weiter Kontrapunkt und Synchronismus.[12]

Der Kontrapunkt in neuem Gewand – neue Systematisierungen bis in die neunziger Jahre

Einklang und Gegensatz bleibt auf Jahrzehnte auch in neueren Systematisierungen der Filmmusik das zentrale Merkmal der Beschreibung. Hans-Jörg Pauli bietet folgende Kategorisierungen zu den Funktionen von Filmmusik an. Er nennt dazu im einzelnen: (1) paraphrasierende, (2) polarisierende und (3) kontrapunktierende Musik, d.h.:

(1) Musik, die sich „aus den Bildinhalten ableitet".
(2) Musik, „die kraft ihres eindeutigen Charakters inhaltlich neutrale oder ambivalente Bilder in eine eindeutige Ausdrucksrichtung schiebt."
(3) „Eindeutige" Musik, die „eindeutigen" Bildern widerspricht.[13]

Die dabei vorausgesetzte Eindeutigkeit einer Musik oder eines Bildes macht die Kategorien in den allermeisten Fällen unbrauchbar. Sie wurden daher häufig kritisiert (z. B. von Claudia Bullerjahn[14]) als einerseits nicht abgrenzbar, andererseits nicht allumfassend. Pauli selbst hat sie inzwischen zurückgenommen.

Royal S. Brown schließlich strapaziert den Begriff des Kontrapunktes fast bis zur Unkenntlichkeit. In einer Analyse der Filme von Eisenstein mit Prokofjew führt er an, dass das Prinzip der Verdopplung, wenn es nicht allzu buchstäblich verstanden werde, eine Synthese beinhalte, in der eine „vertikale" Montage

---

12 Zofia Lissa: *Ästhetik der Filmmusik*. Berlin 1965.

13 So referiert Hans-Christian Schmidt Paulis Kategorisierung in: „Musik als Einflußgröße bei der filmischen Wahrnehmung". In: H.-Chr. Schmidt (Hg.): *Musik in den Massenmedien Rundfunk und Fernsehen*. Mainz 1976, S. 126–169, hier S. 104.

14 Claudia Bullerjahn: „Ein begriffliches Babylon. Von den Schwierigkeiten einer einheitlichen Filmmusik-Nomenklatur. Teil 1: Filmmusik als funktionale Musik". In: ZMMnews, Hamburg (Sommer 1999). S. 26–34.

entwickelt wird. In ihr korrespondieren verschiedene Sinne, ohne jedoch immer gleich zu reagieren, so Brown.[15] Brown bemüht hier wiederum den musikalischen Kontrapunkt als Metapher und erinnert daran, dass eines seiner Strukturelemente die Imitation sei. Eine Aufwärtsbewegung in der Musik und eine Abwärtsbewegung im Bild bezeichnet er als „oppositionalen Kontrapunkt". Das Wesen des musikalischen Kontrapunkts verlangt aber, dass sich Imitation entweder nicht simultan oder in ihrer Bewegung nicht identisch vollzieht, denn dies würde Homophonie erzeugen, also das Gegenteil eines Kontrapunkts. Browns „oppositionaler Kontrapunkt" ist musikalisch gesehen eine Tautologie und bewirkt eine unnötige Überdeterminierung des ohnehin strapazierten Begriffs. Stets bleibt unklar, auf welcher musikalischen wie bildlichen Ebene der Kontrapunkt zwischen Musik und Film zu suchen sei.

Michel Chion kritisiert, dass gerade das Prinzip des Kontrapunkts einer vorgegebenen Relation von Bild und Ton (oder Musik) verhaftet bleibt:

> Counterpoint or dissonance implies a prereading of the relation between sound and image. By this I mean that it forces us to attribute simple, one-way meanings, since it is based on an opposition of rhetorical nature (‚I should hear X, but I hear Y'). In effect it imposes the model of language and its abstract categories, handled in yes-no, redundant-contradictory oppositions.[16]

Ein Film, der nach den Maßgaben des Kontrapunkts im Verhältnis von Musik und Bild konzipiert wird, entwirft gleichzeitig ein den Konventionen oder vorgegebenen Erwartungen des Rezipienten entsprechendes „Positiv". Schon in der Produktion der Beziehung von Bild und Ton (oder Musik) nimmt das Konzept die Rezeption vorweg. Chion kritisiert damit den Versuch, die Rezeption von Ton und Musik auf eindeutige, logisch oder realistisch vorhersehbare Zuordnungen festzulegen. Der Synchronismus und der Kontrapunkt bedienen sich so desselben Mechanismus, nur dass der Kontrapunkt die Erwartung des Zuschauers nicht erfüllt. Die Negation der Konvention im Kontrapunkt wird allein von der Konvention selbst bestimmt. Gerade der Wunsch mit dem Konzept des Kontrapunkts dem filmmusikalischen Stereotyp zu entkommen, erfüllt sich in der einfachen Umkehrung nicht. Gleichwohl werden die Versuche, Filmmusik in Kategorien des Einklangs oder des Gegensatzes zum Bild zu interpretieren, nicht aufgegeben. Abgeleitet aus der Konvention der klassischen Hollywoodproduktion, wird dem Bild Priorität zugesprochen. Hiernach beeinflusst die Musik die Wahrnehmung des Bildes.

---

15 Brown: *Overtones and Undertones*, S. 136.
16 Michel Chion: *Audio-Vision. Sound on Screen*. New York, NY 1994, S. 38.

Auch Chion selbst fällt mit seinem Konzept der „added value" wiederum in dieses Schema zurück.[17] Er nennt zwei Arten, eine spezifische Emotion zu den Bildern zu bringen. Einmal ein empathetisches Mitfühlen, einmal eine musikalische Indifferenz zu einer Szene. Musik wird wiederum in Einklang und Gegensatz zum Bild kategorisiert. Chion argumentiert theoretisch, der Ton sei immer Supplement des Bildes. Gleichzeitig aber widersprechen seine eigenen filmischen Beobachtungen häufig seinen ontologischen Überlegungen zum Soundtrack[18] – etwa wenn er beobachtet, dass der Ton das Bild in seiner Bedeutung variiert.

Schon Adorno/Eisler betonen in *Komposition für den Film*, dass das Prinzip des Kontrapunkts immer nur in Bezug auf einen klaren historischen Zeitpunkt und Kontext funktionieren kann. Indem sie eine antithetische Verwendung der Musik im Film anstreben, fordern sie dazu auf, die Konventionen, den Apparat, das Film-Dispositiv, immer neu in Frage zu stellen. Jean-Luc Godard folgte etwa in UNE FEMME EST UNE FEMME 1960 oder PIERROT LE FOU 1965 dieser Forderung. Er verwendete Musik als Geräusch, variierte unverhofft die Lautstärke von Musik. Er unterließ es, ein Gespräch der Hauptpersonen in einem Café aus dem Tumult hervorzuheben, oder brach eine Tonspur unvermittelt ab, ohne sie auszublenden. Damit folgte er der Logik von Brechts Verfremdungseffekt, dem Prinzip der enttäuschten Erwartungen.

Auch im Bemühen, den Einfluss der Musik theoretisch zu isolieren und empirisch nachzuweisen, findet sich diese binäre Logik wieder. Häufig klären so genannte Pretests den musikalischen Inhalt eines Musikstückes, um dann festzustellen, wie diese Musik ein Bild in seiner Bedeutung verschiebt. Eine Falle ist sicherlich, dass sich so nur stereotype Phänomene, (etwa Moll/Dur), die adäquat isoliert werden können, untersuchen lassen. Sicher veranschaulichen Commutation Tests immer wieder, wie sehr die Wahrnehmung einer Filmszene von Ton und Musik abhängt. Gültig sind die Erkenntnisse dieser Untersuchungen jedoch häufig nur für klischeehafte Situationen. Als Ergebnis wird etwa formuliert, mit schneller Musik wirke eine Szene freundlicher – ein Ergebnis, das vermutlich Erwartetes bestätigt und dennoch nicht zwangläufig allgemeine Gültigkeit beanspruchen kann.

Die Debatte um den Kontrapunkt und die Versuche einer filmhistorischen Systematisierung dienten mir hier als Beispiel, um das Grundthema einer jeden Diskussion um Filmmusik zu veranschaulichen: die Frage nach dem Verhältnis von Musik und Bild. Die Diskussion, die Anfang des Jahrhunderts mit dem Streit um ästhetische Positionen und dem Ringen um allgemeingültige Regeln

---

17 Vgl. ebd. S. 8.
18 Vgl. auch James Buhler: „Analytical and Interpretive Approaches to Film Music II". In: K. J. Donelly: *Film Music.* Edinburgh 2001, S. 39–61, hier: S. 54/55.

begann, verfiel immer wieder dem Wunsch, die Bedeutung von Filmmusik in quasi ontologischen Kategorien fassbar zu machen. Die Frage, wie Musik als bedeutungstragende Einheit im Film beschreibbar ist, stellt sich damals wie heute, doch die Antworten darauf sind vielfältiger und differenzierter geworden. Neben musiktheoretischen Arbeiten über das Werk einzelner Filmkomponisten gilt den narrativen und strukturellen Funktionen der Filmmusik ein Großteil der Aufmerksamkeit. Die Aufarbeitung der Apparatusdebatte der Siebziger, die sich zunächst auf das Visuelle konzentrierte, lenkte die Fragestellung auf die Konstruktion des Tons.[19] Psychoanalytische Modelle ordneten die Musik in das Kino-Dispositiv ein. Davon, wie durch diese und andere Entwicklungen die Verhältnisse und Prioritäten zwischen Bild und Ton neu bestimmt werden, ist als nächstes zu sprechen.

Pop im Soundtrack – ein Neubeginn für die Filmmusiktheorie

Die größte Veränderung in der Debatte um die Filmmusik brachten die grundsätzlichen Umwälzungen in der Filmproduktion und der Einzug des Pop in den Soundtrack. Der Kollaps des klassischen Studiosystems zog eine neue Form der Filmproduktion außerhalb des traditionellen Hollywood-Establishments nach sich. Hollywood ließ seine ‚reale‘ Existenz in den Gebäuden der Studios hinter sich und wurde zum imaginären Ort. Mit als erstes wurden die Musik-Departments aufgelöst. Langjährige Hollywood-Komponisten wie Max Steiner, Franz Waxman, Alfred Newman und Dimitrij Tiomkin begaben sich in den Ruhestand oder starben.[20] Orchestermusiken wurden seltener, ohne jedoch völlig zu verschwinden. Stärker als jemals zuvor existierte ein Nebeneinander völlig unterschiedlicher Modelle der Filmmusik.

Schon in den Fünfzigern hatte der Jazz die Leinwände erobert, in den Siebzigern wurde der Pop selbst zum Vehikel. Musik war wieder stärker in der Diege-

---

19 Ich möchte hier nicht den ganzen Weg von den Fragen nach der Ursprünglichkeit und Manipulation bis zur Frage nach der Konstruktion von Ton und Musik im Filmapparat oder Dispositiv aufzeigen. Von Béla Balázs, Metz und Baudry (Präsenz, Unmittelbarkeit) zu Altman, Levin, Lastra (Filmton ist demnach nicht die Manipulation eines Originals, sondern ist das Produkt einer bestimmten Anordnung und Räumlichkeit, eines bestimmten Apparats, wie auch das Opernhaus ein solcher Apparat ist: „[A]ll practices of audition are equally constructed, […] even the ‚original‘ event is hopelessly multiple and differentiated in its ‚singular‘ occurrence." Vgl. James Lastra: „Reading, Writing and Representing Sound". In: Rick Altman (Hg.): *Sound Theory, Sound Practice*. New York 1992, S. 65–86, hier S. 70). Wichtig war die Diskussion in Bezug auf die Filmmusik insbesondere, weil sie zurück in den Fokus rückte, dass Film ein sich aus unterschiedlichen Medien konstituierendes Konstrukt ist, die sich mitunter schlechter voneinander abgrenzen lassen, als zunächst angenommen (z. B. wenn Special Effects und musikalische Klangcollagen virtuelle Welten erschaffen).

20 Vgl. William Darby and Jacques du Bois: *American Film Music: Major Composers, Techniques, Trends, 1915–1990*. Jefferson NC 1990, S. 485 f.

Abb. 1: Where do you go when the night is over ...: *Das Plakat zu* Saturday Night Fever

se des Films verankert. Blockbuster wie Saturday Night Fever (1977) setzten Musik auf der Leinwand in Szene.

Die Körperlichkeit von Musik wird in die Narration mit einbezogen, die Musik mit dem Leben der Protagonisten verknüpft. So wird sie auch zum Zeichen eines Lebensstils für die Zuschauer. Musik repräsentiert sich hier selbst: Sie übernimmt nicht nur ihr zugeordnete Funktionen wie die Repräsentation bestimmter Gefühlsskalen, sondern bietet in ihrem intertextuellen Netz einen konkreten Identifikationspunkt. Oft sind es die neuesten Popsongs, die den Zuschauer unmittelbar an persönliche Erfahrungen erinnern. Eine zur Schau gestellte Lust der Protagonisten an der Musik überträgt sich auf den Zuschauer und wird damit als kollektives Erlebnis inszeniert.[21] In diesem Kontext erfordert Filmmusik auch eine andere Rezeptionshaltung als die der klassischen Filme der Studioära, denn in den Musikfilmen der Siebziger wird ein bewusstes Erinnern, ein wissentliches Assoziieren eingefordert.

Unter diesen veränderten Bedingungen wurde Popmusik im Produktionsschema des „High Concept"[22] zu einem wichtigen Teil eines Filmentwurfes und schien damit eine kapitalistisch perfektionierte Version des *Gesamtkunstwerks* vorzuführen. Das Postulat der „Unhörbarkeit" bröckelte, in dem die Filmmusik Garant für die Kontinuität und die Gefühlsebene eines Filmes war. Nachdem die Konvention der neo-romantischen Scores der Musik die Rückbindung

---

21 Vgl. Russel Lack: *Twenty Four Frames Under. A Buried History of Film Music.* London 1997, S. 206.

22 Der Begriff „High Concept" beschreibt das neue Produktionsschema der Blockbuster. Sie sollen in einem Satz beschreibbar sein, vereinigen möglichst eine Starbesetzung mit einem Skript, das auf einem Bestseller, einer bekannten Comicserie oder einem Vorgängerfilm beruht; sie müssen die Vermarktung verschiedener „tie-ins" ermöglichen, wie etwa die Dinospielzeugserie nach Jurassic Parc 1993, und sollen die Möglichkeit zu einem stilisierten visuellen Code beinhalten. Justin Wyatts Buch *High Concept. Movies and Marketing in Hollywood* (Austin 1994) widmet sich unter anderem der Musik und dem Musikvideo in der Marketingstrategie des „High Concept".

an ein soziales und kulturelles Ereignis entrissen hatte, wurde die Musik jetzt zur alltagsnahen Referenz. Auch die Geräusche, die, bis auf die Filme einiger experimentierfreudiger Pioniere, auf die Aufgabe reduziert geblieben waren, den Bildern die fehlende Präsenz und Glaubhaftigkeit zu vermitteln, wurden zu Aufmerksamkeit erheischenden Effekten oder komponierten Klangcollagen.[23]

Was schon Adorno/Eisler äußerten, wird spätestens in den neunziger Jahren zum auf sich selbst bezogenen Spiel: Auch die Funktion und Bedeutung von Musik ist immer ‚nur' eine historische. Mit diesen Veränderungen formten sich auch neue Fragestellungen an die Musik im Film. Die neuen Themen der Filmmusikanalyse waren Selbstreflexivität der Medien, Produktionsbedingungen, Vermarktung und nicht zuletzt die Rolle der Musik als sozio-kulturelles Zitat. Auch rückwirkend wurde der „cultural code", wie Claudia Gorbman ihn nennt,[24] für die Produktionen des klassischen Hollywood etwa in Carol Flinns *Strains of Utopia*[25] oder für den Jazz im Film in Krin Gabbards *Jammin' at the Margins* neu hinterfragt.[26]

Neben strukturellen, narrativen, räumlichen und zeitlichen Funktionen der Filmmusik erinnerte der Pop mit einiger Direktheit an denotative und konnotative Aspekte der Musik. In diesem Zusammenhang bekommt auch die ursprüngliche Frage nach dem Verhältnis von Musik und Bild, nach Einklang und Gegensatz der Medien im Film eine weniger formalistische Note. Im Unterschied zur Montage von Bildern macht gerade die Simultanität von Ton und Bild es unmöglich, zu entscheiden, welches Element das andere in seiner *Bedeutung* verschiebt. Ein Medium ist das Supplement des anderen. Dabei können Prioritäten zwischen Musik und Bild sehr unterschiedlich gewichtet sein, worauf etwa die Überschrift des Plakats zu SATURDAY NIGHT FEVER hinweist („Where do you go, when the record is over").

Michel Chions Begriff „added value" (in der englischen Übersetzung) suggeriert demgegenüber einen visuellen Ursprung: Musik und Ton werden dem Bild hinzugefügt. Wie James Buhler bevorzuge ich deshalb den Begriff Überschuss, weil er keines der Medien als Ursprung festlegt. Mein Bestreben ist es, diesen Überschuss, der sich aus der Montage von Bild und Musik bildet, inhaltlich zu hinterfragen. Es ist der umgekehrte Weg zur Kategorien-Diskussion, die in der ersten Hälfte des Jahrhunderts geführt wurde. Die Fragen ergeben sich jetzt nicht länger aus mehr oder weniger normativ gesetzten oder gar ontologischen Vorgaben, sondern aus inhaltlichen, narrativen oder bildhaften Zusam-

---

23 Die rasante technische Entwicklung unterstreicht diese Tendenz. In Hollywood wird Ton heute auf bis zu 32 Spuren aufgenommen.

24 Claudia Gorbman: *Unheard Melodies. Narrative Film Music.* Bloomington Indiana 1987.

25 Carol Flinn: *Strains of Utopia* . Princeton, NY 1992.

26 Krin Gabbard: *Jammin' at the Margins.* Chicago 1996.

menhängen und wollen als kulturelle Zuschreibungen gesellschaftlich und historisch eingeordnet werden. Darin überschreiten sie die Grenzen von Mainstream oder Arthouse, von Pop-Soundtrack oder klassischem Score.

Kulturelle Transgressionen

Nehmen wir beispielsweise das Phänomen „Frau mit Waffe". Wie wird die Frau mit der Waffe in einem bestimmten Zeit- und Kulturraum musikalisch dargestellt? Hier wird es auch jenseits eingefahrener Klischees musikalisch interessant. Der Frauenfilm der neunziger Jahre hat Rollenklischees aufgebrochen. Wir dürfen Sarah Connors Muskeln in TERMINATOR 2 bewundern, wir sehen THELMA & LOUISE 1991 Tankstellen überfallen und Clarice Starling (Jodie Foster) ist als FBI-Agentin in SCHWEIGEN DER LÄMMER 1991 hinter einem Serienkiller her (Abb. 2)

Hören wir beispielsweise DAS SCHWEIGEN DER LÄMMER, ist Clarice Starling, obwohl FBI-Agentin, musikalisch gesehen das Opfer von der ersten Szene an durch den ganzen Film hindurch. So trägt die Musik, wenn auch nicht als einziges Element, aber als vielleicht konstantestes, dazu bei, die autoritäre Funktion ihrer Stellung zu untergraben. Um Clarice Starling musikalisch als Opfer zu erkennen, ist keine musiktheoretische Vorbildung vonnöten, es reicht eine Vertrautheit mit den Konventionen des Horror-Genres (die Charakterisierung funktioniert beispielsweise über ein treibendes Ostinato). Fehlt diese Medienkompetenz, würde womöglich auch die Filmmusik ihren Zweck verfehlen (einige rein physische Reaktionen ausgenommen). Diese Konvention ist musikalisch gesehen eine sehr alte und kann deswegen auch weit in die Musikgeschichte zurückverfolgt werden.[27]

Gibt es ein musikalisches Stereotyp der Frau mit Waffe im *Western*, im *Film Noir*, im *Blaxploitation*film? Wie hört sich die Frau mit Waffe beispielsweise in japanischen *Action Filmen* an (HEROIC TRIO 1993)? Was macht die Musik in diesem Zusammenhang spezifisch, arbeiten unterschiedliche Musik- oder Filmgenres mit denselben musikalischen Figuren? Findet sich hier das Ostinato im „walking bass" der Jazz-Soundtracks wieder? Wie werden hier Erwartungen gebrochen? Was verbinden die Rezipienten mit einer bestimmten Musik?[28]

27 Ostinato (vom lateinischen ‚ostinatus': hartnäckig, eigensinnig) beschreibt die unablässige Wiederholung eines musikalischen Motivs. Häufig übernimmt der Bass diese Funktion, weshalb vom Basso ostinato gesprochen wird. Einige musikalischen Strukturen wie die Passacaglia, die Chaconne und die Folia gehen bis ins 13. Jahrhundert auf die ‚Ars antiqua' zurück.

28 Von den wenigen Filmmusik-Büchern, die sich explizit an kulturell-gesellschaftlichen Fragestellungen entlang entwickeln, möchte ich auf Anahid Kassabian (2000) hinweisen, die musikalische Filmbilder nach Wünschen, Sexualität, Gender, Rassimus, Ethnizität sowohl in Darstellung als auch in der Rezeption hinterfragt. Dabei zieht sie vollkommen unterschiedliche Modelle wie feministische Filmtheorie, systematische Musikanalyse und empirische Untersuchungen zu Rate.

Vielleicht helfen solche inhaltlichen Fragen dem Anliegen weiter, das Gehörte, sei es Ton oder Musik, als ganz selbstverständlichen Teil einer Filminterpretation, einer Genrediskussion, einer Diskussion über die Narration oder die Formsprache in den Filmen des klassischen Hollywood zu etablieren. Komponisten, Filmkomponisten und auch Laien sprechen oft mit einer Selbstverständlichkeit von Musik als inhaltlichem Bedeutungsträger, die immer wieder verblüfft: Instrumente, Rhythmen, Stimmen haben für sie explizite Bedeutungen, die als teils subjektiv, teils kollektiv verstanden werden. In der Konsequenz gilt mein Plädoyer dem Mut, auch in der Wissenschaft häufiger mit inhaltlichen Fragen an die musikalische Gestaltung im Film heranzutreten, es verlangt nach dem Vertrauen in die über jahrelangen Konsum erlernte eigene Medienkompetenz und dem Willen, diese zu hinterfragen.

Abb. 2: Clarice Starling (Jodie Foster) als Frau mit Waffe in Das Schweigen der Lämmer

Michael Schaudig

Der Ophüls-Stil

Zur musikalischen Kommunikation in Max Ophüls' Melodram LIEBELEI (1933)

Auf den ersten Blick scheint es verwegen, auch bei Filmwerken aus der Zeit des frühen Tonfilms mit seinem qualitativ noch bescheidenen monophonen Filmton von „Sound-Design" zu sprechen.[1] Gleichwohl bringt dieser Begriff auch retrospektiv das Phänomen der künstlerisch-kreativen Zuordnung von optischem und akustischem Ausdruckspotential idealtypisch auf den Punkt. Denn die kognitiv und affektiv wirksamen Synergien von Bild und Ton waren den Filmkünstlern bestens bekannt: auch bei filmhistorisch weit vor den *sound effects* der Dolby- oder THX-Ära entstandenen Tonfilmen und deren in der *post production* virtuos zugemischten Tönen. In seiner Grundbedeutung verweist ‚Sound' ohnehin auf das qualitative Differenzkriterium einer typischen Klangfarbe und eines individuell zuschreibbaren Musikstils, sei er Personen-, Zeit- oder Genre-gebunden.

Man muss sich zunächst von der Annahme befreien, dass mit der Bereitstellung der Tonfilm-Technik um 1930 eine zweite filmästhetische ‚Stunde Null' stattfand. Sicherlich, es gab eine medientechnologische Zäsur; doch die frühen Sprech- und Musikfilme zeigten bereits, dass Filmästhetik und -dramaturgie auf den akustischen Kanal vorbereitet waren. So benötigten die Filmemacher nach der Befreiung von der medientechnologischen Limitierung des in seinen Vorführkonventionen ohnehin nie vollends ‚stummen' Films nur eine kurze ‚Experimentierphase', in der die Grundlagen der *audio*-visuellen Komplexität von Filmkunst elaboriert werden konnten.

Der vorliegende Beitrag widmet sich vorzugsweise am Beispiel von LIEBELEI zum einen den Wechselbeziehungen von Bild und Ton im frühen Tonfilm, zum anderen dem spezifischen Stil der musikalischen Kommunikation[2], den Max

---

1 Barbara Flückiger (B. F.: *Sound Design: Die virtuelle Klangwelt des Films.* Marburg 2001, S. 17) setzt die Entstehung des Begriffs ‚Sound-Design' in den 1970er Jahren an, als im Consumer-Bereich die Unterhaltungsindustrie von der Musikbranche dominiert wurde und die Klangqualitäten der Endgeräte stetig verbessert wurden. Die Filmindustrie und die Kinobetreiber hatten hier also starken qualitativen Nachholbedarf.

2 Der Begriff lehnt sich an Hans-Peter Reinecke an (siehe H.-P. R.: „‚Musikalisches Verstehen' als Aspekt komplementärer Kommunikation." In: Peter Faltin u. H.-P. R. (Hgg.): *Musik und Verstehen. Aufsätze zur semiotischen Theorie, Ästhetik und Soziologie der musikalischen Rezeption.* Köln 1973, S. 258–275; hier: S. 264).

Ophüls (1902–1957) bereits 1933 in seiner Schnitzler-Adaption so vervollkommnete, dass er auch in späteren Filmen immer wieder auf dessen ästhetische Muster zurückgriff.

1. Die experimentelle Phase

Der heute vorzugsweise als Filmregisseur erinnerte Max Ophüls begann seine berufliche Laufbahn 1921 auf der Bühne, zunächst als Schauspieler, wechselte dann ins Regiefach; seine Stationen waren u. a. Stuttgart, Wien, Frankfurt am Main, Breslau und ab 1931 Berlin. Auch für das seit 1925 neu verfügbare Medium Hörfunk hatte Ophüls gearbeitet: als Sprecher und Redakteur für das literarische Programm, als Rezitator und Autor von „Hörbildern". Entgegen den Karrieren anderer deutscher Filmregisseure jener Zeit hatte Ophüls also keine eigenkreativen Stummfilm-Erfahrungen, sondern konnte seinen auf akustische und szenische Medien gegründeten Erfahrungshorizont in die neue Medientechnologie einbringen. Seine ersten Tonfilm-Erfahrungen sammelte er 1931 als Dialogregisseur für Anatole Litvaks NIE WIEDER LIEBE.

Für das Vorverständnis der Tonfilm-Ästhetik der LIEBELEI ist es unabdingbar, die von Max Ophüls zuvor realisierten Filme unter dem Aspekt ihrer musikalischen Kommunikation zu betrachten:

In DIE VERLIEBTE FIRMA (UA: 22.02.1932), seinem ersten Langspielfilm[3], inszeniert Ophüls eine arg klamaukhafte Komödie, die das neue Tonfilm-Medium selbstreferentiell thematisiert.

Obwohl Film und Film-im-Film das Gegenteil beweisen, behauptet der fiktionale Regisseur: „Das Publikum will gar nicht mehr soviel Musik" (TC 0:07:47), der fiktionale Dramaturg hält dagegen: „Optisch muss es sein ... und akustisch muss es sein!" (TC 0:08:39). Für Letzteres sorgt u. a. der vom fiktionalen Autorenteam mühsam erarbeitete Schlager: „Ich wär' so gern mal richtig verliebt. Ich weiß vom Tonfilm, dass es das gibt" (TC 0:13:31), dessen Text aus dem winterlich alpinen Drehort per Telegramm an den Filmproduzenten in Berlin gesendet wird. Das ‚Fräulein vom Amt' notiert dieses Lied als Sprechgesang zum Rhythmus der aus dem Off dazu eingespielten Musik. In der visuellen Auflösung dieser Szene entsteht ein Wechselgesang mit dem fiktionalen Autorenteam, das vor der blickdichten Schalterwand des Postamts steht und nicht erkennen kann, dass die Telegraphistin zugleich die vom Filmteam als Schauspielerin angeworbene neue „Entdeckung" ist. Anfangs träumt das ‚Fräulein vom Amt' noch von einer steilen Filmkarriere, wird am Ende dann aber ‚nur'

---

3   Die erste Filmregie, der Kurzfilm DANN SCHON LIEBER LEBERTRAN (1931; 22 min.) gilt als verschollen. Auch DIE VERLIEBTE FIRMA ist nur in einer um rund zehn Minuten kürzeren, korrupten Fassung überliefert. Der nachfolgend zitierte Time Code (›TC‹ mit Angabe von h:min:sec) bezieht sich auf die vom Bayerischen Fernsehen am 01.09.2004 ausgestrahlte Fassung (ca. 63 min.).

die zukünftige Frau des Filmproduzenten, der ihre ‚Natürlichkeit' mehr schätzt als die Exaltiertheit seiner Vertragsdiven und sie folglich als „kleine, liebe Hausfrau" (TC 0:41:04) domestiziert. Auf der Film-im-Film-Ebene wird ein zweiter Schlager eingeführt, der vom kapriziös streitenden fiktionalen Schauspielerpaar im Duett geschmettert wird: „Ist dein Herz noch ledig, schick es nach Venedig" (erstmals bei TC 0:00:12). Auch dieses Lied zieht sich als Gesang oder Melodie durch den Film und wird am Schluss dann aus der Film-im-Film-Ebene thematisch in das übergeordnete Handlungsmodell gehoben, wenn der Filmproduzent seiner geliebten Telegraphistin ein Bahnticket nach Venedig präsentiert.

Im Stil der frühen Filmoperette bleiben die instrumentalen Musikquellen unvisualisiert[4]: Intradiegetischer Gesang und extradiegetische Orchestermusik korrespondieren und vereinigen sich in der Rezeption zu einer synchronen Bild/Ton-Wahrnehmung, wobei zudem noch virtuos mit gesanglichen Konjunktionen (siehe Telegraphistin und Autorenteam im Postamt) gespielt wird. Der bereits früh eingeführte Liedtext des Verliebtsein-Wunsches gibt die Erwartungshaltung an das Handlungsmodell vor (auch wenn sich dieses in selbstreferentieller Brechung anders realisiert, als von der Telegraphistin ursprünglich gedacht); danach wird die Melodie des Schlagers mehrmals noch rekurrent als musikalisches Thema zur Unterstützung des auf Telegraphistin und Filmproduzent fokussierten erotischen Diskurses zitiert. Mit dem ‚Venedig'-Lied wird ein konkurrierendes Liebeslied eingeführt; beide Lieder werden am Ende ‚semantisch vereinigt' und erfüllen sich in der Auflösung des Handlungsmodells.[5]

In DIE VERKAUFTE BRAUT (UA: 18.08.1932), seinem nächsten Film[6], wagt sich Ophüls direkt an einen Musikfilm, die freie filmische Adaption der gleichnamigen „Komischen Oper" von Bedřich Smetana und Karel Sabina. In seinen Memoiren bekannte sich Ophüls zur „Experimentierfreude", die durch dieses Filmprojekt „aufs äußerste angeregt"[7] worden sei.

Die gesamte Exposition des Films ist als ‚stummer Film' zur musikalischen Ouvertüre konzipiert und wird ohne O-Ton bis zum ersten Dialogkontakt (TC 0:04:56) des nachmaligen Liebespaars geführt, der dadurch zeichenhaft eine starke Affektwirkung erhält. Dass „[Theo] Mackebens Musikbearbeitung [...] nur die Highlights, die Ohrwürmer von Smetana übrig"[8] lässt, ist aus filmästhetischer

---

4 Nur auf der Film-im-Film-Ebene sieht man im Filmstudio am Rande einmal kurz das Filmorchester.

5 Die Einspielung von Liedern im Tonfilm der 1930er-Jahre entsprach in Wechselwirkung mit der neu errungenen ‚akustischen Kompetenz' des Films auch der durch Revue und Varieté vorgegebenen Erwartungshaltung des Publikums.

6 Die TC-Angaben beziehen sich auf die am 02.09.1990 im Westdeutschen Fernsehen ausgestrahlte Fassung (ca. 74 min.).

7 Max Ophüls: *Spiel im Dasein. Eine Rückblende.* Stuttgart 1959, S. 149.

Perspektive unerheblich. Entscheidend ist vielmehr, dass DIE VERKAUFTE BRAUT in der Montage ein präzise aufeinander abgestimmtes Timing zeigt: Die Sukzession von Gesangs- und Dialogpartien (sowie der replikenfreien Pausenstruktur) ist im Hinblick auf die inszenatorische Bild/Ton-Synchronisierung und deren eingebundene musikalische Parameter von Instrumentierung, Tempo, Dynamik und Lautheitspegel perfekt durchkomponiert.[9] Neben dieser dramaturgischen Herausforderung im filmsyntagmatischen Bereich testet Ophüls auch die paradigmatische, also einstellungsinterne Synchronisierung und rhythmische Interaktion von Musik, Gesang, Figurenführung und Mise-en-Scène aus. Besonders einprägsam ist das berühmte Duett „Ohne Dukaten bist du verraten" (TC 0:46:44), das Brautwerber Kezal und Postillon Hans singen, während beide synchron zum Takt der Musik im Sattel ihrer leicht trabenden Pferde auf und ab hüpfen.[10] Weitere Effekte werden durch die tonale Unterstützung von gezeigtem Geschehen erreicht, wenn z. B. der Radbruch an einer Pferdekutsche akkurat mit einem Paukenschlag (TC 0:02:43) der Partitur korrespondiert. Auch in dieser „erste[n] Filmoper der Welt"[11] ist die Musik – analog zum unsichtbaren Orchester von Musiktheater-Aufführungen – stets extradiegetisch eingesetzt.

LACHENDE ERBEN (UA: 06.03.1933), der dritte abendfüllende Spielfilm[12], ist wiederum eine Komödie und zudem der erste ‚Starfilm' mit Heinz Rühmann, dem hier zum ersten Mal ein *main credit* zuteil wird, den er sich mit keinem anderen berühmten Schauspielerkollegen teilen muss: „Die Ufa zeigt / Heinz Rühmann in / LACHENDE ERBEN." Auch wenn Ophüls sich später despektierlich über diese Regiearbeit äußerte und seine „Anteilnahme" mit „reiner Routine"[13] kennzeichnete, so zeigt der Film doch, wie die Möglichkeiten der Tonspur in Ophüls' Filmen erneut um weitere Komponenten erweitert werden. Da das Handlungsmodell der rheinhessischen Weinseligkeit huldigt,[14] wird

---

8   Peter W. Jansen: Kommentierte Filmographie. In: Helmut G. Asper et alii (Hgg.): *Max Ophüls*. München u. Wien 1989 (= Hanser Reihe Film 42); zur VERKAUFTEN BRAUT siehe S. 114–123; hier: S. 116. – Siehe hierzu präziser Klaus Kanzog: „Wir machen Musik, da geht euch der Hut hoch!' Zur Definition, zum Spektrum und zur Geschichte des deutschen Musikfilms." In: Michael Schaudig (Hg.): *Positionen deutscher Filmgeschichte. 100 Jahre Kinematographie: Strukturen, Diskurse, Kontexte*. München 1996 (= diskurs film, 8), S. 197–240; hier: S. 203–206.

9   Dies zeigt auch das Drehbuch, in dem an bestimmten Stellen bereits die Taktfolgen notiert sind; siehe den Abdruck vom „92. Bild" in Helmut G. Asper: *Max Ophüls. Eine Biographie*. Berlin 1998, S. 251 f.

10 Vgl. ebd.

11 Ophüls 1959, S. 149.

12 Die TC-Angaben beziehen sich auf die am 08.05.1986 im Österreichischen Fernsehen (ORF.1) ausgestrahlte Fassung (ca. 72 min.).

13 Ophüls 1959, S. 158.

14 LACHENDE ERBEN zeigt, wie ein völlig harmloser „Bildstreifen" zum Spielball der Zensur wird: Angebliche Alkoholismus-Propaganda und Abstinenzler-Denunziation veranlassten die Berliner Filmprüfstelle (Nr. 33406) zunächst zum Jugendverbot, das dann in der Revision bei der Film-Oberprüfstelle (Nr. 6443) – übrigens mit dem Filmpionier Oskar Messter als Beisitzer –

Musik hier erstmals direkt – vorzugsweise über Trinklied-Melodien – als *mood setting* eingesetzt, also als affektive Lenkung bzw. als das Geschehen stützende Stimmung.

Neu ist zudem, wie die intradiegetische musikalische Kommunikation in ihrem Wechsel von *off scene* und *on scene* inszeniert wird: Als Peter Frank, Sektvertreter und „Propagandachef" der Fa. Bockelmann, von einer Verkaufsreise wieder zur Fabrik zurückkommt, erfährt er vom Tod seines Chefs, der zugleich sein Onkel ist. Aus dem (noch unvisualisierten) Weinkeller ertönen Trinklieder (TC 0:07:40); der Notar erklärt, es sei der ausdrückliche Wunsch des Verblichenen gewesen, dass seine Belegschaft fröhlich von ihm Abschied nehme. Die Gesänge bleiben auch dann weiterhin unvisualisiert im Hintergrund hörbar, wenn im Weiteren zunächst die erbgierige (und zudem ausgerechnet alkoholabstinente) Verwandtschaft in der Bel Etage des Anwesens gezeigt wird. Erst bei TC 0:12:00 erfolgt ein Umschnitt zu den singenden Arbeitern im Weinkeller, zu denen sich auch Peter Frank gesellt hatte. Die Tonquelle wird also zunächst auditiv präsentiert, bevor sie später visualisiert wird. Die *off scene* permanent hörbaren Trinklieder verstärken die Karikatur der ältlichen Hinterbliebenen und führen den Neffen Peter Frank zugleich als ‚einzig würdigen' Erbnehmer ein (was das Handlungsmodell bestätigen wird). Die auditive Ebene übernimmt hier also eine semantisch dominante Funktion in der Figurencharakteristik.

Ophüls führt dann einen weiteren kreativen Impuls im Hinblick auf die Tonspur ein, wenn er das Testament des verstorbenen Sektproduzenten via Schallplatte (TC 0:16:05) verkünden lässt, die der Verstorbene zu Lebzeiten besprochen hatte. Im technisch reproduzierenden Medium Tonfilm wird somit eine technisch reproduzierende Tonquelle dazu benutzt, die auditive Aufmerksamkeit der versammelten Figuren so zu binden, dass die visuelle Konzentration auf *reaction shots* allein aus dem dramaturgischen Arrangement und der Mise-en-Scène heraus gewährleistet ist.

Eine spätere Sequenz zeigt eine Dampferfahrt auf dem Rhein, die von Peter Frank als Wein- und Sekt-Verkaufsfahrt organisiert ist. Zu einem beschwingten Trinklied (mit dem augenzwinkernd kompilierten Refrain „O du wunderschöner deutscher Rhein / Ich weiß nicht, was soll es bedeuten") werden ‚Postkarten'-Ansichten der Rheinlandschaft gezeigt. Im Gegensatz zur VERKAUFTEN BRAUT, bei der die Bild/Ton-Kombinatorik bereits vor Drehbeginn weitgehend feststehen musste, führt Ophüls hier vor, wie man in der *post production* genau auf Takt schneidet: Jeder der insgesamt zwölf Zwischenschnitte (TC 0:57:30–0:58:15) ist ex-

aufgehoben wurde. 1937 ließ eine Weisung aus dem Reichsministerium für Volksaufklärung und Propaganda an die Film-Oberprüfstelle den Film dann endgültig verbieten, da er – so die neue Standardformulierung – „geeignet" sei, „die öffentliche Ordnung zu gefährden und das nationalsozialistische Empfinden zu verletzen". (Die Schriftsätze finden sich unter www.deutsches-filminstitut.de/filme/f000043; Teilabdruck auch bei Asper 1998, S. 259 f.)

akt zwei Takte (acht Schläge) lang; die Einstellungswechsel korrespondieren jeweils mit dem ersten Taktschlag der Melodie. Dieses Verfahren mag man zwar als ‚mechanistisch' bezeichnen, muss es aber nicht als „stereotyp, um nicht zu sagen stumpfsinnig"[15] brandmarken; denn die Rhythmus-orientierte Schnittfolge gilt auch heute noch als ein filmästhetisches Grundprinzip in der Montagepraxis: zudem als ein äußerst effektives Verfahren bei der Konjunktion von zuvor in beliebiger Auswahl gedrehten Zwischenschnitten. Darüber hinaus ist diese Sequenz in den LACHENDEN ERBEN auch dem *mood setting* der für Ophüls typischen ‚Leichtigkeit' und ‚Beschwingtheit' in der Bilderfolge verpflichtet.

2. LIEBELEI als Vollendung

Mit LIEBELEI (UA: 24.02.1933, Wien) vollzieht Ophüls den Genrewechsel zur Liebestragödie, zum Melodram. Gegenüber der dramatischen Vorlage Arthur Schnitzlers legt die filmische Interpretation das Geschehen chronologisch an und befreit das im Kern invariant übernommene Handlungs- und Figurenmodell nicht nur von den szenographischen Zwängen der bühnenmäßigen Einrichtung, sondern nimmt Modifikationen vor, die die Visualisierungsmöglichkeiten (und -notwendigkeiten) einer filmischen Inszenierung berücksichtigen. Dabei greift das Drehbuch (Hans Wilhelm, Curt Alexander, Max Ophüls; Mitarbeit: Felix Salten) auf das filmdramaturgische Grundprinzip zurück, literarisch vorgeprägte *telling*-Elemente in die *showing*-Ebene einzubinden.[16]

Rekapitulierende Handlungsabstraktion: Wien, Ende der 1890er Jahre. Die beiden Freunde Fritz Lobheimer (Wolfgang Liebeneiner) und Theo Kaiser (Willi Eichberger), Leutnant und Oberleutnant bei den Dragonern, lernen die beiden ‚süßen Mädels' Christine Weyring (Magda Schneider) und Mizzi Schlager (Luise Ullrich) kennen und lieben. Während Theo und Mizzi ihre Beziehung zunächst eher als Amüsement ohne wechselseitige Verpflichtung verstehen, entflammt Christine in unbedingter Liebe zu Fritz, der sich offenbar ebenfalls zum ersten Mal ernsthaft verliebt. Zwischen beiden steht aber Fritz' inzwischen erkaltete *liaison dangereuse* zur Baronin von Eggersdorff (Olga Tschechowa); deren Mann (Gustaf Gründgens) entdeckt die außereheliche Liebschaft seiner Frau und fordert von Fritz Satisfaktion. Theo versucht noch vergeblich, das Duell von seinem Vorgesetzten verbieten zu lassen; schließlich muss er sogar aufgrund dieser seiner ‚unehrenhaften' Bitte den

---

15 Jansen 1989, S. 125.

16 Auf eine medienkomparatistische Darstellung von dramatischer Vorlage und filmischer Adaption muss hier verzichtet werden. Ein Beispiel soll genügen: Die bei Schnitzler nur gesprächsweise erwähnte „Dame mit dem schwarzen Samtkleid" (A. S.: *Liebelei* [Erstdruck: 1896; UA: 09.10.1895, Wien]. In: A. S.: Ges. Werke in Einzelausgaben. Das dramatische Werk, Bd. 1. Frankfurt/M. 1977, S. 215–264; hier: S. 222,35 u. 224,27), die verheiratete Geliebte Fritz Lobheimers, ist im Film dramaturgisch in das beigeordnete Figurenmodell integriert und namentlich als „Baronin von Eggersdorff" in Szene gesetzt.

Militärdienst quittieren. Fritz fügt sich in sein Schicksal: Zum einen ist er zu schwach, sich seiner Christine zu offenbaren; zum anderen ist die Duellforderung nun zu öffentlich geworden, als dass er sich ihr zu entziehen vermag. Fritz wird mit des Barons erstem Schuss getötet. Auf die Nachricht von Fritz' Duelltod hin stürzt sich die fassungslose Christine aus dem Fenster in den Tod.

Die nachfolgenden Ausführungen zur musikalischen Kommunikation in der LIEBELEI konzentrieren sich auf fünf privilegierte Sequenzen, die zugleich phänomenologisch jeweils einen Hauptaspekt des musikdramaturgischen Ophüls-Stils repräsentieren.

2.1. *Das Opern-Opening:* Die Entführung aus dem Serail

Ein mit zwei Sopran- und zwei Tenorstimmen besetztes Quartett setzt bereits mit dem Titel ein und ist den ganzen Vorspann[17] über zu hören. Dieser scheinbar extradiegetische musikalische Einstieg löst sich mit der ersten Bildeinstellung auf: Wir befinden uns im Bereich der Hinterbühne der „K.K. Hofoper" während einer „Fest-Vorstellung" von Mozarts *Die Entführung aus dem Serail*, wie ein Plakat informiert; die musikalische Kommunikation erweist sich nun als performativ intradiegetisch. Der Inspizient notiert in seinen „Abendbericht" akkurat die Uhrzeiten des Ablaufs: Wir befinden uns am Ende des 2. Aufzugs; das Aktende ist mit 9:45 Uhr notiert. Dies alles zeigt eine verdichtende Kamerafahrt sowie ein separater *close-up* auf das aufgeschlagene Berichtsbuch. Mit diesem Zwischenschnitt enden auch Gesang und Orchestermusik (TC 0:02:12); der anschließende Beifall aus dem Publikum signalisiert das faktische Ende des 2. Aktes.

Die Visualisierungsstrategie dieser Eingangsszene etabliert zum einen also den historischen Rahmen (K.u.K. Monarchie Österreich-Ungarn), die exakte Geschehenszeit (9:45 Uhr abends) sowie die räumliche Situierung (Opernhaus) der Eingangssequenz. Zum anderen konzentriert sich die Szene zentral auf die

---

17 Eine vollständige Kopie der Uraufführungsfassungen ist offenbar nicht überliefert. Die ursprüngliche Filmlänge in Österreich war 2.560 m (ca. 94 min.), die im Filmarchiv Austria überlieferte Filmkopie misst nur noch 2.180 m (ca. 78 min.) [freundliche Nachricht des Kurators Prof. Dr. Josef Schuchnig an den Verf.]; die deutsche UA-Fassung hatte gemäß Zensurkarte B.33269 eine Länge von 2.412 m (ca. 87 min.; dies entspräche einer TV-Sendedauer von knapp 84 min.). In der bundesdeutschen Fernsehauswertung kommen drei verschiedene Kopien bzw. Fassungen mit ca. 83 min. zur Ausstrahlung, die jenseits der Dauer des Vorspanns aber – bis auf einige wenige verschleißbedingte Bild/Tonsprünge – offenbar dieser deutschen UA-Fassung entsprechen. Nach der deutschen Premiere gingen insgesamt neun im Vorspann creditierte Mitarbeiter ins Exil, deren Namen daraufhin aus dem Vorspann getilgt wurden; augenscheinlich ist im Original nur noch dieser ‚arisierte' gekürzte Vorspann (77 sec.) erhalten, der nicht einmal den Namen des Regisseurs aufführt. Zwei weitere Fassungen enthalten einen zum Teil nachträglich erstellten Vorspann (97 sec.), der die vollständige Namensliste enthält. Die TC-Angaben beziehen sich auf eine am 02.03.1999 in der ARD ausgestrahlte Fassung. – Beim Wechsel vom Vorspann auf die erste Bildeinstellung laufen die drei TV-Fassungen wieder synchron, d. h. man hat bei der kürzeren Version den originalen Gesangseinstieg zu Filmbeginn etwas geschnitten und das Quartett an einer im Librettotext etwas späteren Stelle beginnen lassen.

Abb. 1.1: Explizite Informationsver-
gabe zur Opernvorstellung: Theater-
zettel der Entführung aus dem Serail
(TC 0:02:03) und ...

Abb. 1.2: ... die Partitur in der Hand
des Inspizienten mit dem deutlich prä-
sentierten Namen des Komponisten
(TC 0:07:08).

Information des aufgeführten Opernwerks, die dem Gesang eine Zuschreibung verleiht (siehe Abb. 1). Unterstützt wird diese Fokussierung dadurch, dass es nicht um das ‚kulinarische Erlebnis' einer musiktheatralen Aufführung geht, da weder Sänger noch Orchester gezeigt werden; vielmehr bleibt der visualisierte Interaktionsraum hier noch auf die Hinterbühne beschränkt. Wie schon bei der VERLIEBTEN FIRMA nutzt Ophüls also auch hier ein Medium-im-Medium-Opening für ein semantisches Setting; im pragmatischen Textbezug ist die De-kodierung allerdings ‚gestaffelt' und stark von der kognitiven Leistung und kulturellen Kompetenz des Rezipienten abhängig:

(1) Die visuelle Ebene liefert die Basis-Information (wie oben geschildert): Film-titel „Liebelei", Vorlagenverweis auf Schnitzler, Mitwirkende; Opernhaus-Hin-terbühne, aus dem *Off-scene* mitgehörter Ausschnitt aus einer Opernaufführung *(Die Entführung aus dem Serail),* geschehenszeitliche Orientierung.

(2) Die auditive Ebene des Filmeingangs liefert darüber hinaus eine sehr spezifi-zierte Information. Zu hören ist der Schluss des den 2. Aufzug der *Entführung* beendenden 8. Auftritts. Die Liebespaare Konstanze/Belmonte und Blonde/Pedrillo singen im Quartett:

> *Konstanze:* [Belmont, wie?]* Du könntest glauben,
> Dass man dir dies Herz könnt' rauben,
> Das nur dir geschlagen hat?
> *Pedrillo:* [Liebstes Blondchen,]* ach, verzeihe!
> *Belmonte:* Ach, verzeihe!
> *Pedrillo:* Ach, verzeihe!

Belmonte: Ich bereue!
Pedrillo: Ich *> bereue!
Konstanze, Blonde: Ich verzeihe deiner Reue!
Alle vier: Wohl, es sei nun abgetan!
    Es lebe die Liebe!
    Nur sie sei uns teuer,
    Nichts fache das Feuer
    Der Eifersucht an.[18]

Entscheidend ist hier in jedem Fall, ob man die gesungenen Partien aufgrund der technisch bedingten qualitativen Limitierung auch akustisch versteht; dabei kann dieses Verstehen auch davon abhängen, ob des Rezipienten Gehör an Operngesang ‚geschult‘ ist.[19]

Gerade die mehrfach und im Wechselgesang vorgetragenen letzten vier Verse[20] des Librettos geben die kognitiv und vor allem affektiv wirksame Leitlinie für das Handlungsmodell der Liebelei vor: und zwar noch *vor* der Exposition, die erst danach mit dem Kennenlernen von wiederum (siehe *Entführung*!) zwei Liebespaaren einsetzt. Diese auf Reizworte gestützte *insinuatio* thematisiert somit nicht nur die ‚Liebe‘ als hohes Gut, sondern auch gleich, dass die ‚Eifersucht‘ als Verstoß gegen das der Liebe inhärente Vertrauensverhältnis über ‚Reue‘ und ‚Verzeihen‘ geheilt werden kann.[21] Demgegenüber muss der Wunsch der letzten beiden Verse zugleich als Warnung oder Vorausdeutung für das Handlungsmodell der Liebelei gedeutet werden.

---

18   Zitiert wird die Reclam-Ausgabe: Wolfgang Amadeus Mozart: *Die Entführung aus dem Serail. Oper in drei Aufzügen. Dichtung nach Bretzner von Stephanie d. J.* [UA: 1782]. Stuttgart 1969 (= RUB 2667), S. 42 f. – Aufgrund der nur fragmentarischen Überlieferung des Vorspanns (siehe Anm. 17) ist der exakte Texteinstieg nicht mehr klar. – Siglen im Zitat: [ ]* jeweils Tilgung des Namens im Gesang; *> musikalischer Einstieg von Zensurfassung und einer im Vorspann rekonstruierten Fassung.

19   Hier manifestieren sich auch die Änderungen im Bereich der Mediennutzungskonventionen. Die Oper gilt heute als eher randständiges und elitäres mediales Phänomen; in der fiktionalen Geschehenszeit (ca. 1900) und zur UA-Zeit des Films (1933) gab es eine völlig andere mediale Konkurrenzsituation. Die Differenz der Rezeptionsbedingungen von 1933 zu heute muss berücksichtigt werden.

20   Zumindest diese Verse werden von den meisten Rezipienten akustisch verstanden, wie empirische Versuche ergeben haben.

21   Aufgrund des überwältigenden Erfolgs, den die Aufführung der Liebelei auch in Frankreich hatte, drehte Ophüls nach seiner Emigration aus Deutschland im Sommer 1933 eine französische Version, z. T. mit neuen, frankophonen Schauspielern, z. T. unter Rückgriff auf bereits in der deutschen Fassung bewährte Kräfte (u. a. Schneider und Liebeneiner). Interessanterweise variiert der Eingangsgesang in Une Histoire d'amour (UA: 26.02.1934, Paris) das deutsch gesungene Quartett aus *L'Enlèvement du Sérail* dahingehend, dass die positive Stimmung noch weiter verstärkt wird: „Alle vier: Endlich scheint die Hoffnung / Hell durchs trübe Firmament! / Voll Entzücken, Freud' und Wonne / Sehn wir unsrer Leiden End'!" (Mozart 1969, S. 40). Nach einem Sprung im Libretto wird danach sofort der Schlusschor „Es lebe die Liebe! [...]" (wie oben zitiert) gesungen.

(3) Die Mozart-Oper wird visuell und auditiv als privilegierter kontextueller Interpretationsimpuls eingeführt. Es hängt nun von der Kompetenz des Rezipienten ab, ob und inwieweit er über dieses filmseitig ‚abgefragte‘ kulturelle Wissen hinsichtlich Opernwerken verfügt. Die bloße Identifizierung der Mozartschen *Entführung* als eines ‚klassischen‘ Werkes der Musiktheater-Geschichte gibt jenseits des grundsätzlichen Settings, wie in (1) notiert, keinen Erkenntnisgewinn (allerdings ‚funktioniert‘ der Film auch auf dieser Ebene der eingeschränkten Rezipientenkompetenz – wenn auch nicht den ‚vollständigen‘ informationsästhetischen Vorgaben entsprechend). Kann der Rezipient allerdings das Handlungsmodell der Oper (bzw. wenigstens dessen Kern) abrufen, dann wird ihm zugleich an privilegierter Stelle ein wesentlicher Interpretationsimpuls für die LIEBELEI geliefert: *Die Entführung aus dem Serail* bietet in der Konfliktlösung nämlich ein Happy-End, das durch die Vergebung einer sanktionsmächtigen figuralen Entscheidungsinstanz (Bassa Selim) ermöglicht wird.

Das im gesungenen Quartett des Filmeingangs zitierte ‚Verzeihen-Können‘ aus der *Entführung* ist die zur LIEBELEI kontrapunktisch gesetzte positive Variante des gesellschaftlichen Wertes der ‚Ehre‘ (Schlusschor in der Oper: „Bassa Selim lebe lange, / Ehre sei sein Eigentum“[22]); das Handlungsmodell der LIEBELEI enttäuscht in seinem Ausgang freilich diese im Opern-Opening gesetzte Erwartungshaltung und bietet die negativ bewertete Variante einer Wiederherstellung von ‚Ehre‘ an: das Duell auf Leben und Tod.

In dem Maße, wie der Rezipient also das Handlungsmodell der *Entführung* bei der Erstrezeption der LIEBELEI abrufen kann, wird ihn der Interpretationsimpuls einer ins Positive deutenden varianten Konfliktentwicklung beim weiteren Verständnis des Films begleiten. Das hieraus resultierende zusätzliche Spannungspotential, das erst spät durch die finale filmische Konfliktentwicklung (mit Fritz’ und Christines Tod) aufgelöst wird, entgeht dem Rezipienten, wenn er nicht die entsprechende Textkompetenz der Mozart-Oper einbringen kann. Dies gilt auch für denjenigen Rezipienten, der bereits die *Liebelei* Schnitzlers kennt und um den tragischen Konfliktausgang weiß; denn immerhin könnte ja auch eine filmische Adaption, die – das wusste man bereits auch 1933 – ohnehin freier gestaltet als ihre literarische Vorlage, eine variante Konfliktlösung bieten; dies ist zwar hypothetisch, doch eine gewisse Ambivalenz oder zumindest Irritation wäre dann auch hier gegeben. In jedem Fall wird mit der *Entführung* ein alternatives Konfliktlösungsmodell der LIEBELEI komparativ gegenübergestellt und fließt notwendig in die interpretative Gesamtwertung des filmischen Handlungsmodells ein.

---

22 Mozart 1969, S. 57, 3. Aufzug, Nr. 21: „Finale“.

Das Libretto der Oper wird auch im weiteren Verlauf noch als Kommentar bzw. Kontrapunkt eingesetzt. In der Aktpause wechselt der visualisierte Interaktionsraum ins Publikum, das zentrale Figurenmodell wird eingeführt: zunächst paarweise Theo und Fritz (Parkett), dann Christine und Mizzi (oberer Rang); auch der sich alsbald als *Opposant* etablierende Baron von Eggersdorff (Seitenloge) wird gezeigt. Nach Beginn des 3. Aufzugs verlässt Fritz – wie zuvor gegenüber Theo angekündigt – das Opernhaus, um zur Geliebten, der Baronin von Eggersdorff, zu eilen. Synchron zum Einstellungswechsel, der Fritz nun vor dem Zuschauerraum beim Verlassen der Oper zeigt (TC 0:05:49), hebt Belmonte zu Beginn des 3. Aufzugs *off scene* seine Arie an:

> Wenn der Freude Tränen fließen,
> Lächelt Liebe dem Geliebten hold.

Während Belmonte fortfährt ...

> Von den Wangen sie zu küssen,

... zeigt ein Umschnitt (TC 0:06:02) nun den Baron in seiner Loge, wie er (Zwischenschnitt:) Fritz' leeren Sitzplatz im Parkett bemerkt hat. Zu Belmontes weiterem Gesang ...

> Ist der Liebe schönster, größter Sold.[23]

... steht der Baron dann auf, nimmt seine Garderobe und verlässt ebenfalls das Opernhaus, um sich nach Hause kutschieren zu lassen.

Die intradiegetische Bild/Ton-Montage dieser Szene legt interpretativ nahe, dass der Baron bereits einen Verdacht gegen Fritz hegt (zumal aus einem zuvor zwischen Fritz und Theo geführten Dialog hervorgeht, dass der Baron vor Vorstellungsbeginn „so komisch gegrüßt" [TC 0:03:33] habe). Entscheidend ist aber wiederum die auditive Informationsvergabe, die über Belmontes Arie aus der *Entführung* einen differenten semantischen Kontext ‚entlehnt' und hier dazu nutzt, des Barons ‚Gedankengang' und seine Reaktion nachvollziehbar zu machen.

2.2. *Der Walzer als* mood setting

Ein Opernglas, das Christine aus der Hand gleitet und vom Rang aus den beiden Offizieren vor die Füße fällt, lässt Theo nach dem Ende der Vorstellung die Bekanntschaft mit Mizzi und Christine machen. Später sieht man die Drei in ei-

---

23 Mozart 1969, S. 39, Nr. 15, Arie.

nem Lokal beieinander sitzen. Theos ‚Anbahnungskonversation' mit Mizzi
wird von typischer, unaufdringlicher Kaffeehaus-Musik begleitet. Als Fritz
sich nach seinem Rendezvouz mit der Baronin ebenfalls im Lokal einfindet
(TC 0:16:52), intonieren die Streicher gerade den Walzer *Wiener Blut* (Komponist: Johann Strauß Sohn), später dann den Walzer *Mein Lebenslauf ist Lieb'
und Lust* (Josef Strauß)[24]. Die synakustische Wahrnehmung von Kaffeehaus-
Atmosphäre, musikalischer Potpourri- und Pausenstruktur sowie an- und ab-
schwellender Lautheit impliziert, dass die Musik intradiegetisch ans Kaffeehaus gebunden ist, das Orchester bleibt aber unvisualisiert. Als die beiden Paare
das Lokal verlassen, verstummt die Musik.

Am nächsten Tag treffen sich die Vier auf Theos Initiative hin wieder in einem „Beisl" (TC 0:36:26); diesmal sind die beiden Offiziere in Zivil. Aus dem
Hintergrund ertönt zunächst eine Polka. Fritz fragt Christine, ob sie gerne tanzen würde; als sie explizit einen Walzer wünscht, setzt Fritz einen schrankgro-
ßen Musikautomaten in Gang, der mit leicht metallischem Klang *Wein, Weib
und Gesang* (Johann Strauß Sohn) wiedergibt (TC 0:37:25). Als der Automat
nach Beendigung des Walzers verstummt, sieht man in einem Spiegel, dass sich
das Tanzpaar weiterhin selbstvergessen im Takt dreht; Theo wirft noch einmal
eine Münze ein, derselbe Walzer erklingt erneut; Theo und Mizzi stehlen sich
grußlos – und unbemerkt von den beiden anderen – weg. Beim Tanzen kommen
sich Fritz und Christine näher; ihre wechselseitig wachsende Verliebtheit ist
deutlich erkennbar. Während einer kurzen Tanzpause, in der sie in der Walzer-
Position verharren, verspricht Fritz: „Wir wollen jetzt jeden Tag hierhergehen,
[...] bloß Samstag, [...] da muss ich auf eine Soirée" (TC 0:40:46). Die von Fritz
anschließend abgezählten Wochentage belegen, dass es Sonntag ist, sie sich folglich die ganze Woche über treffen werden. Im Anschluss wird diese Zeitausspa-
rung auch visualisiert: Das Paar tanzt nach links aus dem Bild; es bleibt ca. 15 sec.
lang nur der Musikautomat zu sehen, bevor nach einer Ab- und Aufblende dann
ein sechsköpfiges Streicherensemble gezeigt wird (TC 0:41:39), das gerade denselben Walzer spielt. Auf der zuvor von ihm angekündigten Soirée kommt nun
von rechts Fritz ins Bild, wie er – diesmal wieder in Uniform – mit der Baronin
von Eggersdorff tanzt (siehe Abb. 2); diese bestätigt in ihrem gegenüber dem ab-
trünnigen Geliebten geäußerten Vorwurf implizit die szenisch ausgesparten
mehrmaligen Rendezvous von Fritz und Christine: „Warum hast du die ganze
Woche nichts von dir hören lassen?" (TC 0:41:53).

---

24 In der Bearbeitung des Komponisten Werner Richard Heymann ist dieser Walzer zeitgenös-
    sisch bereits aus dem Erfolgsfilm Der Kongress tanzt (1931) bekannt gewesen; Paul Hörbi-
    ger singt das von Robert Gilbert getextete Lied „Das muss ein Stück vom Himmel sein: / Wien
    und der Wein [...]".

*Abb. 2.1: Musikalische Bildverknüp-
fungsstrategie: In einer Einstellungs-
konjunktion tanzt Fritz im Beisl mit
Christine vor dem Musikautomaten
nach links aus dem Bild (TC 0:41:20)...*

*Abb. 2.2: ... und mit der Baronin auf
der Soirée vor dem Streicherensemble
von rechts wieder ins Bild hinein (TC
0:41:51).*

Anders als bei der *Entführung aus dem Serail* geben uns Max Ophüls und der Filmmusik-Arrangeur Theo Mackeben[25] bei den Musikstücken, die im Kaffeehaus, im Beisl und auf der Soirée gespielt werden, keinerlei ‚Hilfe' bei der Identifizierung der einzelnen Titel. Es ist in diesem Falle auch völlig unerheblich, ob der Rezipient die Walzer überhaupt schon einmal gehört hat und wiedererkennt, geschweige denn namentlich zuordnen kann. Der Walzer dient hier ausschließlich dem dramaturgisch intendierten *mood setting*:

(1) Wien, zumal im 19. Jahrhundert, ist ohne Walzerseligkeit nicht zu denken. Als musikalische Leitlinie gibt das ‚hm-ta-ta' des Dreivierteltakts die räumliche und zeitliche Situierung vor.

(2) Gerade die intradiegetische Verankerung der Musik stützt die ‚Beschwingtheit' der Visualisierung; das *mouvement* des Walzertaktes ermöglicht eine korrespondierende Kamerahandlung, die die Inszenierung in Bewegung hält (ein Ophüls-Topos).

(3) Als geschlossener Paartanz gewährt der Walzer eine Nähe,[26] in der das proxemische und mimische Verhalten der Tänzer auch Aufschluss über die Intimität ihrer Bekanntschaft und die Stimmung in ihrer Beziehung gibt.

---

25 Bedauerlicherweise ist der Nachlass Theo Mackebens z. Zt. nicht einsehbar.

26 Dass der Walzer einmal als Skandalon und bis ins beginnende 19. Jahrhundert hinein als eine moralisch zweifelhafte Tanzform galt, ist heute nicht mehr nachvollziehbar. Siehe hierzu kenntnisreich Remi Hess: *Der Walzer. Geschichte eines Skandals* [franz. Orig. u. d. T. *La Valse. Révolution du couple en Europe.* Paris 1989]. Hamburg 1996.

Abb. 3.1: Der Walzertanz als Indikator im erotischen Diskurs: Fritz in engem Kontakt zur neuen Liebe Christine (TC 0:39:16) ...

Abb. 3.2: ... und bald darauf distanziert gegenüber der Baronin, der ehemaligen liaison dangereuse (TC 0:42:17).

Figurenführung, Mise-en-Scène und Montage sind in der zuletzt geschilderten Sequenz dominant über die auditive Ebene gesteuert. Gerade der doppelt eingespielte Walzer *Wein, Weib und Gesang* diskursiviert das fiktionale Wiener Sozialgefüge und die erotischen Zuordnungen. So kennzeichnen die intradiegetisch unterschiedlich inszenierten Musikquellen die spezifischen sozialen Zuschreibungen im Figurenmodell: Im volkstümlichen Wirtshaus tanzen Fritz und Christine zu einem Musikautomaten (wieder ein technisch reproduzierendes Tonwiedergabegerät, wie in den Lachenden Erben), auf der Soirée ist es ein Salon-Streichorchester. Im Beisl tanzen Fritz und Christine ungestört und allein, auf des Barons Ball bewegen sich Fritz und seine vormalige Geliebte inmitten einer illustren Gesellschaft unter strenger Beobachtung des gehörnten Gatten und u. a. zweier Herren, die schon einen „sehr interessanten Scheidungsprozess" (TC 0:44:03) zu erkennen glauben. Über die musikalische Konjunktion der beiden Szenen wird auch Fritz' erotischer Konflikt deutlich: Während Fritz und Christine im Beisl eng umschlungen tanzen, lächelnd und mit den leuchtenden Augen feuriger Verliebtheit, gibt sich Fritz im Tanz mit der Baronin betont offiziell und steif, meidet offensichtlich den Augenkontakt und wirkt abwesend (siehe Abb. 3).

2.3. Ein Liedvortrag als Kommentar und Vorausdeutung: Schwesterlein Christine ist durch Vermittlung ihres Vaters zu einem Probesingen in die Oper eingeladen. In der Eröffnung dieser Szene wird sie in der Totalen vom Parkett aus gezeigt, wie sie in der Bühnenmitte stehend singt (TC 1:10:52), am rechten Bildrand der sie begleitende Pianist, am linken Bildrand und in der ersten Reihe drei mit der Aufnahmeprüfung befasste ältere Herren. Diese Einstellung wird 40 sec. lang gehalten und vermittelt gerade in der distanzierten Abbildung eine gewisse Verlorenheit Christines. Zu spärlicher Klavierbegleitung singt sie:

(1) Wie nahte mir der Schlummer,
   Bevor ich ihn gesehn?
   Ja, Liebe pflegt mit Kummer
   Stets Hand in Hand zu gehn!
   Ob Mond auf seinem Pfad wohl lacht?
   Welch schöne Nacht!

Die Prüfer unterbrechen Christines Gesang und fragen nach einem anderen Lied. Christine, nun auf der Bühne neben dem Klavier, nah im Profil gezeigt, kündigt das Lied *Schwesterlein* an (TC 1:11:56). Während der ersten Strophe wiegt sie sich und den Pianisten mit den Armen in den Takt; sie trägt mit offenem, lächelndem Gesicht vor:

(2) Schwesterlein, Schwesterlein,
   Wann geh'n wir nach Haus?
   Morgen wenn die Hahnen krähn,
   Woll'n wir nach Hause gehn,
   Brüderlein, Brüderlein,
   Dann geh'n wir nach Haus.

Zur zweiten gesungenen Strophe wendet sich Christine nun dem Zuschauerraum zu (TC 1:12:20); das Bild verdichtet fast auf eine Großeinstellung und zeigt Christine in leichtem Halbprofil; in ihrem Gesicht ist die Fröhlichkeit der Konzentration gewichen:

   Schwesterlein, Schwesterlein,
   Was bist du [so] blaß?

[An dieser Stelle stockt Christine, sie verliert ihren festen Blick, schluckt, nestelt an ihrer Bluse herum, setzt dann zunächst mit brüchiger Stimme wieder an, bevor sie sich fasst und in die Melodie zurückfindet.]

   Das macht der Morgenschein
   Auf meinen Wängelein,
   Brüderlein, Brüderlein,
   Die vom Thaue naß.

Die dritte Strophe singt Christine wieder mit Festigkeit in Blick und Stimme:

   Schwesterlein, Schwesterlein,
   Du wankest so matt?

Suche die Kammerthür,
Suche mein Bettlein mir,
Brüderlein, es wird fein
Unter'm Rasen seyn.

Christines Liedvortrag ist gut verständlich; sie singt mit klarer, leicht tremolierender Stimme. Während der letzten beiden Strophen verharrt die Kamera auf Christines Gesicht 68 sec. lang. Die ausdrucksstarke Mimik, die zurückhaltende Klavierbegleitung, die lange Verweildauer und die anschließende Abblende mit ausklingenden Klavierakkorden geben dem Liedvortrag einen signifikanten Aufmerksamkeitswert im Filmsyntagma.

Auch bei Christines Liedervortrag muss man nicht erkennen, dass sie zunächst aus Carl Maria von Webers „Romantischer Oper" *Der Freischütz* vorträgt oder dass das Lied *Schwesterlein* aus einer Volkslied-Sammlung stammt.[27] Allerdings gilt auch hier: Kann der Rezipient die Oper identifizieren und deren Handlungsmodell abrufen, so erhält er wiederum einen kontextuellen Interpretationsimpuls: *Der Freischütz* thematisiert ebenfalls einen Wettstreit zweier Männer um eine Frau, an dessen Ende einer der beiden Brautwerber den anderen erschießt; allerdings überlebt hier – mit ‚poetischer Gerechtigkeit' – die positiv bewertete Figur.

Das Vorsingen ist dramaturgisch zum einen als ein konzentrierter Ruhepol konzipiert, zum anderen markiert es den entscheidenden Wendepunkt im Handlungsmodell. Der Sequenz des Liedervortrags ging nämlich Fritz' als Abschiedsnahme intendierter Besuch bei Christine voraus; von deren Vater empfangen, konnte Fritz allerdings nur stellvertretend ihr Zimmer ‚besichtigen', da Christine ja zeitgleich beim Vorsingen weilt. Im Anschluss an den Liedervortrag und eine Schwarzblende folgt dann unmittelbar das Duell.

An diesem aktionslogischen Extrempunkt wird die semantische Dimension der von Christine vorgetragenen Lieder deutlich: Während der erste Gesangsvortrag die Gefährdung der jungen Liebe von Fritz und Christine artikuliert („Liebe pflegt mit Kummer / Stets Hand in Hand zu gehn!")[28], deutet das zweite

---

27 Zu (1) siehe Carl Maria von Weber: *Der Freischütz. Romantische Oper in drei Aufzügen. Dichtung von Friedrich Kind* [UA: 1821]. Stuttgart 2002 (= RUB 2530), S. 37, Szene vor Beginn der Arie der Agathe (II,2, Nr. 8).
Zu (2) siehe Anton Wilhelm von Zuccalmaglio (Hg.): *Deutsche Volkslieder mit ihren Original-Weisen*, 2. Theil. Berlin 1840, S. 123, Nr. 68; aus dem fünfstrophigen Lied singt Christine die Strophen 1, 4 und 5. (Das Lied wird später auch von Brahms aufgegriffen; siehe: *Brahms-Texte. Sämtliche von Johannes Brahms vertonten und bearbeiteten Texte*. Die Sammlung von Gustav Ophüls, vervollständigt und neu hg. von Kristian Wachinger. Ebenhausen b. München 1983, S. 308 f. u. 347.)

28 Zudem lässt sich eine weitere situative Analogie zwischen LIEBELEI und *Freischütz* beobachten: Die von Christine vorgetragene Stelle aus dem *Freischütz* II,2 geht genau der Szene voraus, in der sich Agathes Geliebter Max in die verrufene Wolfsschlucht verabschiedet, vor der gewarnt wird: „Der wilde Jäger soll dort hetzen" (Ebd., S. 41, II,3, Nr. 9, Terzett).

Lied bereits den finalen Suizid Christines voraus („Brüderlein, es wird fein /
Unter'm Rasen seyn"); Christines aufmerksamkeitslenkendes Stocken während
ihres Vortrags markiert exakt, dass ihr die Bedeutung des Liedtextes bewusst
wird. Mit seiner dialogischen Anlage impliziert das Volkslied *Schwesterlein* zudem in Analogiesetzung zu „Brüderlein"/„Schwesterlein" ein imaginäres Zwie-
gespräch zwischen Fritz und Christine: Der erotische Diskurs ist auf die (See-
len-)Verwandtschaft zwischen beiden beschränkt, es kam noch nicht zum Voll-
zug des Liebesaktes.

Wiederum ist eine intradiegetische musikalische Kommunikation dramaturgisch dazu benutzt, den Geschehensverlauf auf der auditiven Ebene zu kommentieren und beim Rezipienten Affektwerte freizusetzen, welche ihn in diesem Fall auf die Katastrophe vorbereiten.

2.4. *,So pocht das Schicksal an die Pforte': Beethovens* Fünfte[29]

Die Visualisierungsstrategie des Duells ist genial.[30] Gezeigt werden auf einer
winterlich-verschneiten Waldlichtung nur die Vorbereitungen am Duellplatz;
dann sieht man Mizzi und Theo, wie sie aus der Ferne gespannt dem Ablauf des
Duells lauschen. Aus dem Off hört man einen Schuss; nach einer 12 sec. dauern-
den, als unerträglich lang empfundenen Pause artikuliert Theo ungläubig die
Gewissheit des Duellausgangs: „Wo bleibt denn der ... zweite Schuss?"
(TC 1:15:30). Mizzi wiederholt die Frage, zunächst murmelnd, dann offen los-
schreiend. Theo reißt sich von Mizzi los und rennt querfeldein in den Wald, in
Richtung Duellplatz. Aus dem Off setzen nun die vier berühmten Schläge des
c-moll-Dreiklangs ein (TC 1:15:46), die als ,Schicksalsmotiv' den 1. Satz von
Ludwig van Beethovens 5. Sinfonie (UA: 1808) eröffnen. Nach einer Ab- und
Aufblende sieht man dann das Opernorchester, das im Orchestergraben eben-
dieses Musikstück probt (TC 1:15:55).[31] Die Probe wird alsbald von Theo und

---

29 Siehe zum Gesamtkomplex Mechtild Fuchs: „So pocht das Schicksal an die Pforte." Untersu-
     chungen und Vorschläge zur Rezeption sinfonischer Musik des 19. Jahrhunderts. München u.
     Salzburg 1986 (= Diss. Dortmund 1984; Freiburger Schriften zur Musikwissenschaft, 18), ins-
     bes. S. 117–155 zum „Schicksalsgedanken".

30 Das ,Duell' ist ein zentrales Ophüls-Motiv. Denn in der Folge der LIEBELEI wird es auch bei
     zwei seiner weiteren Fin-de-Siècle-Melodramen als Konfliktlösungsstrategie eingebaut, ob-
     wohl es in den literarischen Vorlagen nicht vorgeprägt ist; siehe: LETTER FROM AN UNKNOWN
     WOMAN (BRIEF EINER UNBEKANNTEN; USA/1948; nach der gleichnamigen Novelle Stefan
     Zweigs [1922]) sowie MADAME DE ... (MADAME DE ...; F-I/1953; nach der gleichnamigen Erzäh-
     lung von Louise de Vilmorin [1951]). Im letztgenannten Film ,kopiert' Ophüls zudem seine ei-
     gene Duell-Inszenierung aus der LIEBELEI. – Auch in CHRISTINE (CHRISTINE; F-I-BRD/1958;
     R: Pierre Gaspard-Huit), der Neuverfilmung von Schnitzlers Schauspiel *Liebelei*, greift die Vi-
     sualisierungsstrategie der Konfliktausgangs stark imitativ auf das dramaturgische Arrange-
     ment von Ophüls' LIEBELEI (bzw. auf das von Hans Wilhelm maßgeblich verantwortete Dreh-
     buch, wie ein Vorspann-*credit* zudem belegt) zurück.

31 Musikkenner müssen hier wohl ihre Irritationen unterdrücken, dass die Besetzung des fiktio-
     nalen Opernorchesters gegenüber dem eines in der Instrumentierung üblicherweise größeren

Mizzi gestört; aufgeregt fordern sie Christines Vater, der als Cellist mitspielt, auf, ihnen unverzüglich bei der Suche nach seiner Tochter zu helfen. Es sei „etwas passiert ... schnell, schnell, schnell ... der Fritz!" (TC 1:16:55), vermag Mizzi nur fragmentarisch zu artikulieren. Obwohl das Orchester von nun an *off scene* und im weiteren *off space* situiert ist, dominiert das Allegro con brio des 1. Satzes der Sinfonie mit unverminderter Lautstärke die Tonspur. Gezeigt werden währenddessen einerseits Christine, wie sie – freudig erregt von ihrem offenbar positiv verlaufenen Vorsingen kommend – Fritz' Wohnung betritt und dort mit dem Abhängen der Girlanden-Dekoration vom Vorabend beginnt, andererseits Christines Vater, Theo und Mizzi auf der Suche nach Christine. Als die Drei endlich in der Wohnung ankommen und dort Christine antreffen, klingt gerade die Reprise mit den markanten vier Schlägen des Schicksalsmotivs aus (TC 1:18:40). Die Musik verstummt; in die bedrückende Stille hinein wird Theo dann Christine über Fritz' Duelltod informieren.

Auffallend ist der Diegese-Wechsel. Beethovens ‚Schicksalssinfonie' wird extradiegetisch – als filmmusikalische ‚Kommentierung' – eingeführt, dann als intradiegetische Performanz dramaturgisch verankert und wird daraufhin erneut extradiegetisch weitergeführt. (Das Verfahren erinnert an die Sequenz der singend trauernden Angestellten in Ophüls' LACHENDEN ERBEN; auch die mit Zwischenschnitten ‚illustrierte' Fortführung des 1. Satzes sowie der exakt auf den Ausklang des Schicksalsmotivs montierte Auftritt in Fritz' Wohnung ist von Ophüls zuvor schon inszeniert worden.) Affektiv bedeutsam ist, dass die Lautheit bei den Diegese-Wechseln nicht zurückgenommen wird, so dass die musikalische ‚Wucht' der Sinfonie auditiv dominiert und eine atmosphärisch dichte Einstimmung auf den finalen Dialog, die Überbringung der Todesnachricht, gewährt.

2.5. Die Liebesmelodie als affektstützendes ‚Lernprogramm'

Der bisher in 2.1 bis 2.4 dargestellten musikalischen Kommunikation gemeinsam ist die intradiegetische Perspektivierung sowie die Verwendung vorbestehender Kompositionen. Insofern ragt die ‚Liebesmelodie' mit ihrem insgesamt viermaligen Einsatz bedeutsam heraus: eine musikalische Neuschöpfung Theo Mackebens, die das Liebespaar Fritz/Christine als extradiegetisch kommentie-

---

Sinfonieorchesters unterdimensioniert erscheint. Darüber hinaus mag man ebenfalls nur verwundert zur Kenntnis nehmen, dass ein sinfonisches Werk ausgerechnet von einem Opernorchester im Orchestergraben der Oper gespielt wird. – Solche kognitiven Interventionen können die Rezeption durchaus stören; doch hat man als Mediennutzer ja gelernt, erfahrungsbasiertes Erkennen scheinbarer Widersprüche und dramaturgisch bedingter Inkompatibilitäten zugunsten der affektiven Rezeption zu unterdrücken. So gilt hier: Die Logik des Geschehensablaufs und der Geschichte muss zwingend und immer stärker sein als die rezipientenseitigen ‚Einspruchsmöglichkeiten'!

Abb. 4.1: Die Liebesmelodie (1): erstmaliger Einsatz des Liebesmotivs bei Christines erster dialogischer Kontaktaufname zu Fritz (TC 0:25:17); ...

Abb. 4.2:... zweiter Einsatz bei der gemeinsamen Schlittenfahrt; Christine: „dass ich dich ewig liebe" (TC 0:44:21).

rende, also spezifische Filmmusik durch das Handlungsmodell begleitet und den erotischen Diskurs affektiv wirksam lenkt.

(1) TC 0:23:35–0:26:47:
Nach dem ersten Kaffeehaus-Besuch am Opernabend begleitet Fritz Christine durch Wiens Gassen nach Hause. Fritz wirkt abwesend-bedrückt, da sein zuvor mit der Baronin geführtes Trennungsgespräch ineffektiv war. Fritz scheint den Spaziergang nur widerwillig und den gesellschaftlichen Usancen der Herrenbegleitung gehorchend zu absolvieren: Mal geht er neben Christine, mal ihr voraus. Beide schweigen. Fritz vermeidet die von Christine durch Blickkontakte intendierte Aufnahme einer Konversation. Erst als Fritz die offenbar schmerzende Stirn in Falten wirft, sich mit der Hand an die Stirn fasst und Christine ihm ein Fläschchen „Kölnisch Wasser" zur Linderung der Kopfschmerzen anbietet (TC 0:25:17), halten beide inne, und es ergibt sich erstmals eine dialogische Kontaktaufnahme (siehe Abb. 4.1). Zunächst lehnt Fritz die Hilfe ab; als Christine jedoch fürsorglich insistiert, lockern sich auch Fritz' verkrampfte Gesichtszüge. Christine hält ihm ein mit dem Kölnisch Wasser getränktes Taschentuch an die Stirn. Erst jetzt scheint Fritz Christine zum ersten Mal ernsthaft wahrzunehmen: „Das ist sehr lieb von Ihnen!" (TC 0:25:58). Während des weiteren Spaziergangs kehrt sich das Blickverhalten um: Fritz fixiert Christine, nun schaut diese eher verschämt weg. Bald sind beide auch an Christines Wohnhaus angelangt; sie verabschieden sich eher förmlich; Fritz verharrt noch vor der geschlossenen Haustüre, als Christine diese bereits längst hinter sich geschlossen hat.

Die figurenspezifische Zuordnung der Liebesmelodie wird kontinuierlich aufgebaut: Während der ersten Phase wird zunächst über eher Tiefen-betonte

Streicher-Akkorde eine feste Rhythmus-Struktur im 4/4-Takt aufgebaut, dann setzen nacheinander Oboe, Klarinette, eine hohe Solo-Violine und schließlich ein Cello ein, die über Variationen des Grundthemas die Melodie konstituieren, während Fritz und Christine schweigend durch die Gassen spazieren. Nach Coda und Ritardando klingt die Einleitung aus; die Überleitung zum zentralen ‚Liebesmotiv' leistet eine Klarinette. Das Liebesmotiv setzt exakt mit der dialogischen Kontaktaufnahme ein; die starke Rhythmus-Orientierung wird in dieser zweiten Phase aufgelöst, eine betont ‚weiche', langsamere Streicher-Dominanz ohne Gegenstimmen und Takt-Struktur markiert nun die Liebesmelodie. Erst gegen Ende der Szene ist wieder ein Takt vernehmbar; in einem Ritardando klingt die Melodie mit langen Streicherakkorden aus.[32]

(2) TC 0:44:21–0:46:39:
Wie wir über die Vorhaltungen der Baronin gegenüber Fritz implizit wissen, haben sich Fritz und Christine zwischenzeitlich eine Woche lang täglich getroffen; ihre Liebesbeziehung hat sich also verfestigt. Unmittelbar nach der für Fritz unangenehmen Soirée bei den Eggersdorffs, durch eine Schwarzblende distanziert, sieht man nun Fritz und Christine, wie sie in einem Pferdeschlitten durch eine verschneite Waldlandschaft fahren (siehe Abb. 4.2). Beginnend noch im Schwarzfilm, entfaltet sich folgender Dialog:

> *Fritz:* Ich schwöre, …
> *Christine:* Ich schwöre, …
> *Fritz: [Aufblende]* … dass ich dich liebe!
> *Christine:* … dass ich dich ewig liebe!
> *Fritz:* ‚Ewig'! … Was ist das überhaupt: ‚ewig'?
> *Christine:* ‚Ewig'? Ach … was ‚ewig' …? Das … das ist sogar noch
> länger, als man lebt!

Das zuvor bereits in (1) anlässlich der erstmaligen dialogischen Kontaktaufnahme eingeführte, nur von Streichern getragene Liebesmotiv setzt exakt bei Christines Liebesschwur ein und dominiert nun die Liebesmelodie, die die ganze Schlittenfahrt begleitet und wieder in gedehnten Akkorden ausklingt.

(3) TC 1:10:30–1:10:49:
Nach Fritz' missglücktem Abschiedsbesuch, bei dem er nur Christines Vater und ihr Zimmer kennenlernt, sieht man Fritz im Treppenhaus, wie er ebenso versonnen wie enttäuscht herunterkommt. Gerade als Fritz auf dem Treppen-

---

32 Der Verf. dankt Herrn Dr. Sören Meyer-Eller für so manchen musikwissenschaftlich fundierten Rat.

Abb. 5.1: Die Liebesmelodie (2): Das musikalische ‚Lernprogramm' erfüllt sich in der Schlusseinstellung: Zum vierten Einsatz der Liebesmelodie ertönt aus dem Off noch einmal Fritz' und Christines Liebesschwur (TC 1:22:33) und ...

Abb. 5.2: ... manifestiert in ikonischer Rekurrenz auf die gemeinsame Schlittenfahrt (TC 0:46:30) die Vereinigung der beiden Liebenden in der Ewigkeit.

absatz sich seine Offizierskappe wieder aufsetzt, kurz innehält und sich mit der Hand vors Gesicht fasst, erklingt erneut das Liebesmotiv, diesmal aber in geänderter Tonart, in den Bässen stärker betont und stark harmonisiert sowie mit einem größeren Klangvolumen angelegt. (Unmittelbar danach folgt die Szene mit Christines Liedervortrag in der Oper.)

(4) TC 1:22:13–1:23:03:
Nach Christines Suizid wechselt der visualisierte Interaktionsraum wieder in die Wohnung; man sieht gerade noch, dass Theo und Mizzi diese eilig verlassen. Als das Zimmer leer ist, setzt erneut das von Streichern getragene Liebesmotiv in der aus (2) bekannten Tonlage und Melodieführung ein; dann schwenkt die Kamera langsam von der offenen Zimmertür zur Fensterfront, aus dem Off hört man erneut den aus (2) bekannten Liebesschwur, der nach einer sich anschließenden Überblendung in einen gleichgerichteten Schwenk über die ebenfalls aus (2) bekannte winterliche Waldlandschaft weitergeführt wird. Nachdem Christine ihr Liebesbekenntnis mit „dass ich dich ewig liebe" beendet hat, wird die Liebesmelodie – mit Oberstimmen und Bässen vollvolumig auf Harmonie gestellt – deutlich lauter ausgepegelt. Mit dem abschließenden „Ende"-Signet verklingt die Melodie.

Der auf Fritz und Christine fokussierte erotische Diskurs ist exemplarisch inszeniert. Dabei wird der musikalischen Kommunikation der LIEBELEI ein semantischer Eigenwert zubemessen, ohne den das Handlungsmodell nicht seine Vollendung findet.

Beim ersten Auftreten könnte das Liebesmotiv noch als extradiegetisches *mood setting* interpretiert werden (Höhen-orientierte Violinenklänge sind qua Konvention stets mit ‚Liebe‘ korreliert); doch mit dem zweiten Einsatz bei der Schlittenfahrt verfestigt sich die semantische Zuschreibung der Liebesmelodie zum Liebespaar Fritz/Christine. Und bei Fritz’ Abschiedsbesuch genügt bereits eine nur kurze Passage mit dem Liebesmotiv, um das nun gestörte Liebesverhältnis zu kennzeichnen (zudem stützt Fritz’ Geste, sich an die Stirn zu fassen, die Erinnerung an die erste haptische Kontaktaufnahme Christines und verdeutlicht auf diese Weise zusätzlich das Fehlen der Geliebten).

Die musikalisch indizierten Affektsetzungen senden Reizsignale, die die kognitive Verarbeitung des Liebesverhältnisses verstärken. So ist der dreimalige Einsatz der Liebesmelodie wie ein ‚Lernprogramm‘ aufgebaut. Denn beim vierten und letzten Musikeinsatz wird nicht nur das affektive und kognitive Gedächtnis des Rezipienten bezüglich der *melodramatischen Erkennungsmelodie* abgerufen, sondern auch eine ikonische und auditive Rekurrenz eingesetzt: Zur menschenleeren Winterlandschaft ertönt aus dem Off der bereits zuvor gehörte Liebesschwur von Fritz und Christine und bringt die vormals gemeinsame Schlittenfahrt der beiden in Erinnerung (siehe Abb. 5). Es bedarf hier nicht mehr der wiederholten Einspielung von Christines expliziter Anweisung: „‚Ewig‘? [...] Das [...] ist sogar noch länger, als man lebt!“, um den Schluss dahingehend zu interpretieren, dass sich die finale Vereinigung der beiden toten Liebenden in der Ewigkeit vollendet: Die Liebeleien der L I E B E L E I haben zwar ein Ende, wie das entfiktionalisierende Signet am Schluss des Films uns bedeutet – nicht aber die Liebe von Fritz und Christine, für die in der ‚ehrenwerten‘ Gesellschaft des Wiener Fin de Siècle kein Platz war. Der dick verschneite Wald im gleißenden Sonnenlicht liefert dafür die prägnante ikonische Äquivalenz.

3. Fiktion und Fakten, Text und Kontext: die Nationalhymne(n)

Wie jedes Kunstwerk (gleich welcher medientechnologischen Provenienz) sind auch Filme diskrete Texte mit textimmanenter Bedeutungsschöpfung; gleichwohl sind daneben auch pragmatische Faktoren im kommunikativen Außenverhältnis zu bedenken, die gerade bei nicht-aktuellen künstlerischen Texten zum Tragen kommen, weil auf Seiten des Rezipienten historisches Bewusstsein und kulturelles Wissen fehlen können und erst rekonstruiert werden müssen. So gilt es, für die adäquate Bewertung eines Kunstwerks nicht nur die immanente Textästhetik analytisch zu fokussieren, sondern auch die kulturhistorischen und zeitgeschichtlichen Phänomene der Entstehungs- und Veröffentlichungs- bzw. Uraufführungszeit zu bedenken und in einen erweiterten Interpretationsrahmen mit einzubeziehen.

Im Opern-Opening der L I E B E L E I erscheint in der Aktpause „der Kaiser“, wie Christine erstaunt bemerkt (TC 0:04:30). Das gesamte Publikum der

Entführung aus dem Serail erhebt sich von den Sitzen und richtet sich auf die Kaiserloge aus; die Offiziere stehen stramm. Der Kaiser bleibt jedoch unvisualisiert *off scene*; zuvor wurde nur gezeigt, wie in der Mittelloge gewisse Vorbereitungen für die Ankunft einer offenbar hochrangigen Persönlichkeit getroffen wurden. Es ertönt eine Hymne. Doch welche Hymne hören wir?

Die eindeutige räumliche und zeitliche Situierung des Handlungsmodells der LIEBELEI – Wien um die Jahrhundertwende 1900 – bedeutet uns unzweifelhaft, dass das Opernorchester das von Joseph Haydn 1797 komponierte *Volck's Lied* intoniert, zu dem Lorenz Leopold Haschka ursprünglich den Text „Gott erhalte Franz den Kaiser / Unsern guten Kaiser Franz! [...]" verfasste und das dann bis zum Ende der Donaumonarchie 1918 mit dem von Gabriel Seidl 1854 neu gedichteten, namensneutralen Text „Gott erhalte, Gott beschütze / Unsern Kaiser, unser Land! [...]" gesungen wurde.[33]

Christines Replik über die Ankunft des Kaisers wäre also eigentlich verzichtbar;[34] dennoch ist die Replik nicht nur als eine redundante Information zu betrachten, sondern wendet sich an den (insbesondere: deutschen) Rezipienten, der die österreichische *Kaiserhymne* zeitgenössisch vorzugsweise nur als *Deutschlandlied* kennt, da die Haydn-Melodie seit 1922 nur noch mit der reichs- und später bundesdeutschen Nationalhymne korreliert ist.[35] Christines Information über die Ankunft des Kaisers steuert also explizit einem semantischen Störimpuls entgegen. Dies erweist sich bei einer aktuellen Rezeption, mehr als siebzig Jahre nach der Uraufführung, sogar noch wichtiger als damals.[36] Dennoch wird Haydns Hymne in der LIEBELEI wohl auch bereits 1933 für Irritationen gesorgt haben, die das ganze zeitgeschichtliche Setting der LIEBELEI an den Rand der Absurdität geführt hat. Denn die realpolitischen

33 Zu den deutschen und österreichischen Nationalhymnen siehe u. a. Hermann Kurzke: *Hymnen und Lieder der Deutschen.* Mainz 1990 (= excerpta classica, V); ebenso Guido Knopp u. Ekkehard Kuhn: *Das Lied der Deutschen. Schicksal einer Hymne.* Berlin u. Frankfurt/M. 1988; zudem Uwe Greve: *Einigkeit und Recht und Freiheit. Kleine Geschichte des Deutschlandlieds.* Hamburg 1982 (= Kleine swg-Reihe, 31). – Daneben ist folgende CD zu empfehlen: *Hymnen der Deutschen,* hg. vom Deutschen Historischen Museum u. Deutschen Rundfunkarchiv. Berlin u. Frankfurt/M. 1998 (in der Reihe „Stimmen des 20. Jahrhunderts"); hier: CD 1, Nr. 2–4.

34 Mittellogen der Theater in Monarchien fungierten stets als ‚Königslogen' bzw. ‚Kaiserlogen'.

35 Im 19. Jahrhundert, der Entstehungszeit von Nationalhymnen, waren die Hymnen nicht genuin an diskrete, eindeutig zugeschriebene Melodien gebunden, sondern stifteten nur über den Liedtext Identität; siehe das Beispiel der Melodie von Henry Carey, zu der sowohl die Deutschen ihr „Heil dir im Siegerkranz" sangen als auch die Briten ihr „God save our glorious King" (vgl. die CD *Hymnen der Deutschen* 1998, CD 1, Nr. 5 u. 7). Vgl. auch die studentenschaftliche Liedersammlung *Allgemeines Deutsches Commersbuch,* unter musikalischer Redaktion hg. von Friedrich Silcher u. Friedrich Erck. Lahr 1858 (Repr.: München 1975 [in der Reihe ‚Heyne Ex Libris']); dort ist „Das Lied der Deutschen" untertitelt mit „Mel[odie].: Gott erhalte Franz, den Kaiser" (S. 38, Nr. 18).

36 Dennoch manifestieren sich, wie empirisch überprüft, auch bei aktuellen Filmvorführungen in Deutschland zumeist Irritationen, da die vormalige Zuordnung der Haydn-Melodie zur *Kaiserhymne* ‚vergessen' ist; die Rezeption als *Deutschlandlied* ist eben – gerade heutzutage – allzu dominant.

Verhältnisse müssen als starker kontextueller Interpretationsimpuls auf die damalige Rezeption im Deutschen Reich eingewirkt haben; die Uraufführungszeit der LIEBELEI fällt genau in die Zeit der nationalsozialistischen Prägungsphase umfassender Lebensbereiche:[37]

30.01.1933: „Machtübernahme" durch die NSDAP

28.02.1933: *Reichstagsbrandverordnung* (nach dem Reichstagsbrand vom Vortag)

05.03.1933: Reichstagswahl (NSDAP: 43,9%)

21.03.1933: „Tag von Potsdam" (erste Reichstagssitzung nach der „Machtübernahme")

23.03.1933: „Ermächtigungsgesetz" (*Gesetz zur Behebung der Not von Volk und Reich*, das der Regierung erlaubte, ohne Zustimmung von Reichstag und Reichsrat sowie ohne Unterzeichnungspflicht durch den Reichspräsidenten Gesetze zu erlassen)

07.04.1933: *Gesetz zur Wiederherstellung des Berufsbeamtentums* (Ermöglichung der Entlassung ‚politisch unzuverlässiger' und jüdischer Beamter)

10.05.1933: öffentliche Verbrennung von Büchern „wider den undeutschen Geist" (u. a. auch die Werke Arthur Schnitzlers)

Die in München am Dienstag, 21. März, stattfindende „süddeutsche Erstaufführung"[38] findet genau am sog. „Tag von Potsdam" statt und verdeutlicht den ‚Zusammenprall' von fiktionalem Melodram und realer Geschichtserfahrung: Noch vor der ersten Vorstellung um 16:00 Uhr findet mittags auf dem Münchner Oberwiesenfeld eine Militärparade statt, die zeitgleich zum feierlichen Staatsakt in der Potsdamer Garnisonkirche terminiert ist. Die Zeitung berichtet am folgenden Tag:

> [...] General Ritter v. Leeb [gedachte] in markigen Worten dieser weihevollen, historischen Stunde. „[...] Wir fühlen uns eins mit allen vaterländischen und aufbauwilligen Kräften im gesamten Volke, und dieses Einssein findet heute einen sichtbaren Ausdruck in der gemeinsamen Veranstaltung dieser Feier durch Reichswehr, Landespolizei und vaterländische Verbände und durch die außer-

---

37 Auch in Österreich gab es zur UA-Zeit der LIEBELEI eine staatsstreichartige Parallelentwicklung, als in der Regierung Dollfuß am 04.03.1933 der Nationalrat als verfassungsmäßiges Organ ausgeschaltet wurde.

38 Siehe die Annonce in: *Münchner Neueste Nachrichten* [*MNN*] Nr. 79, 21.03.1933, S. 16 (übrigens ohne Nennung des Regisseurs!).

ordentlich starke Beteiligung der Bevölkerung Münchens. Wir
wollen dieses Einssein bekräftigen durch gemeinsames Singen von
‚Deutschland über alles‘.
In die Klänge des Liedes mischte sich donnernd der 21fache Eh-
rensalut, den die [...] 5. Batterie des 7. (bayer.) Artillerie-Regiments
abfeuerte.[39]

Und während in den „Luitpold-Lichtspielen" in der Münchner Briennerstraße
8 um 18:15 Uhr die zweite Vorstellung beginnt, findet um die Ecke in der Feld-
herrnhalle eines der „Standmusik-Konzerte der vier in München liegenden
Reichswehr-Kapellen" statt.[40] Auch der dritte Vorführtermin um 20:30 Uhr
wird von nationalsozialistischem Pathos begleitet:

> Aber Tausende / nehmen an der Feier auf dem Königsplatz teil.
> Münchens klassisch schöner Königsplatz, der schon so vielen denk-
> würdigen Veranstaltungen den Rahmen gab, erlebte gestern nach
> Einbruch der Dunkelheit eine Kundgebung von kaum noch gesehe-
> nem Ausmaße. Der Bedeutung der Stunde entsprechend, war das
> ganze nationale München aufmarschiert. [...] Die S.A.-, S.A.R.- und
> S.S.-Formationen marschierten unter klingendem Spiel auf.[41]

Das Münchner Erstaufführungskino im „Luitpoldblock" liegt direkt an der Auf-
marschroute zum Königsplatz. Während also *im* Kino die Haydn-Melodie die
österreichische *Kaiserhymne* bezeichnen soll, hat ‚die Straße‘ *vor* dem Kino laut-
hals nur die deutschnationale Version in Kehle und Ohr. In Kenntnis der Abläufe
nationalsozialistischer Veranstaltungen, bei denen die Intonierung des *Deutschlandlieds* stets konstitutiver Teil der propagandistischen Inszenierung war, wird
klar, dass die fiktional präsentierte Haydn-Melodie[42] der LIEBELEI schon längst –
zumindest im Deutschen Reich – einer Bedeutungsverschiebung ausgesetzt war,

---

39 *MNN* Nr 80, 22.03.1933, S. 9.
40 Ebd.
41 Ebd.
42 In der französischen Version ist die *Kaiserhymne* übrigens durch eine andere Melodie ersetzt
    worden. Drei Erklärungsmöglichkeiten bieten sich an: (1) Man wollte der französischen Öf-
    fentlichkeit auf französischem Boden auch 15 Jahre nach Ende des Ersten Weltkriegs nicht den
    Klang der aktuellen Nationalhymne des ‚Erbfeindes‘ zumuten, auch weil sich die national-
    sozialistische Propaganda stets gegen den in Frankreich als deutsche Frankophobie gewerteten
    ‚Versailler Schandvertrag‘ wendete; (2) das Verbot des *Deutschlandlieds* in den französisch be-
    setzten Rheinischen Gebieten, das bis 1930 galt (siehe Greve 1982, S. 12), wirkte noch nach;
    (3) im Exil mochte sich Ophüls nicht mehr dem Klang der mittlerweile nationalsozialistisch
    vereinnahmten deutschen Nationalhymne aussetzen, die im Dritten Reich vorzugsweise nur
    noch zackig von (para-)militärischen Blaskapellen intoniert wurde.

die eine nostalgische Deko-
dierung als *Kaiserhymne*
stark erschwerte, wenn nicht
gar obsolet gemacht hatte.[43]

Doch Filme überdauern
– in diesem Fall: Gott sei
Dank – den Rezeptionszu-
sammenhang ihrer Urauf-
führungszeit. So ist die film-
ästhetisch feinsinnig komponierte musikalische Kommunikation in der melodramatischen Konzeption der
LIEBELEI heutzutage besser
zu erkennen und wertzu-
schätzen als damals, als der
Wiener Schmäh, der walzer-
selige Charme und die in-
strumentale Melancholie
des Wiener Fin de Siècle so
unendlich weit von den
„Deutschland, Deutschland
über alles" grölenden Braun-

Abb. 6: Kino-Annonce vom 22.3.1933.

hemden entfernt war. Im Duktus der Zeit bestätigt diese ‚Zeitverschiebung' der
Rezensent des *Völkischen Beobachters*:

> Eine richtige preußische Soldatenliebe ist etwas Herzerfrischen-
> des, Gesundes, Normales. Die Schnitzlersche Wiener Liebelei mit
> der starken Einstellung gegen die Gesellschaftsformen der Vor-
> kriegszeit interessiert uns nicht mehr.[44]

---

43 Das Vorprogramm wird ein Übriges an interpretativer Vorgabe dazu beigetragen haben: Bereits am zweiten Spieltag wird die Kino-Annonce – Schlagzeile: „Großer Erfolg! Ein stim-
mungsschwerer Film" – um die Information erweitert, dass die „Fox Tönende Wochenschau"
die „Reichstags-Eröffnung" bringt (*MNN* Nr. 80, 22.03.1933, S. 12; siehe Abb. 6). Zehn Tage
später, am 31. März, ist bereits die neue Sprachregelung aufgegriffen: Die „Fox Tönende Wochenschau" zeigt „im Sonderdienst: Der Tag von Potsdam" (*MNN* Nr. 89, 31.03.1933, S. 16.).

44 er.: „LIEBELEI [Filmkritik]." In: *Völkischer Beobachter*, Berliner Ausg. Nr. 77, 18.03.1933, Ru-
brik ‚Berliner Kunst-Beobachter'. – Dass Musik auch eine starke politische Dimension besitzt,
bestätigt der Rezensent durch seine weiteren Ausführungen zur festlichen Berliner Erstaufführung mit Rahmenprogramm: „Ein Genuß war Marcel Wittrich mit Liedern von Richard
Strauß und Opernarien. Edith Lorand hat ihr Orchester schnell und geschickt unserer neuen
Zeitströmung angepaßt. Es geht also auch so, und man konnte mit Freude merken, daß die
deutschen Tänze sehr starken Anklang bei den Zuhörern fanden."

‚Film-Sound'

Sprache (Repliken u. Gesang), **Geräusche** und
Musik (instrumental u. vokal)

a u d i t i v e   W a h r n e h m u n g

technisch-qualitativ
(akustische Variable)

- Lautheit/Tonstärke
- Frequenzbereich
- Räumlichkeit

- Charakteristik der Klangquelle(n)
- Intonation/Modulation
- Klangmischung/Synakustik

affektiv

- implizite auditiv-visuelle Zuordnung
- rhetorisch-sensitive Verarbeitung situativer u. durativer Emotionalität
- Dechiffrierungsprozess synästhetischer Empfindungsebenen:
  textintern/kotextuell:
  – atmosphärische Einstimmung
  – Empathielenkung (Sympathie/Antipathie)
  – Verständnisleitung oder Störimpuls
  textextern/kontextuell:
  – konventionalisierte Affektwert-Setzungen
- pragmatische Phänomene:
  – erfahrungsbasierte Intervention subjektiv verankerter Affekte
  – aktuelle Stimmung(en)

wechselseitige
Interpretations-impulse,
bezogen auf:

- Figuren
- Situationen
- Geschehen
- Handlung

- historische u. kulturelle Kontexte

kognitiv

- explizite auditiv-visuelle Zuordnung
- informationale Verarbeitung situativen u. kumulativen Textwissens
- Dekodierungsprozess hierarchischer Verständnisebenen:
  textintern/kotextuell:
  – akustisches Verstehen
  – Erkennen (+ fakultativ: Wiedererkennen)
  textextern/kontextuell:
  – Identifizierung von textseitig ‚abgefragtem' kulturellen Wissen
- pragmatische Phänomene:
  – erfahrungsbasierte selektive Wahrnehmung
  – explizit oder implizit vorformuliertes subjektiv verankertes Erkenntnisinteresse

interpretativer Abgleich der affektiven und kognitiven auditiven Wahrnehmung

4. Resümee

Die einzelnen Positionen der an den vier Ophüls-Filmen dargelegten musikalischen Kommunikation lassen sich in ein allgemeines, selbsterklärendes Modell zum ‚Film-Sound' fassen, das die kognitiven und affektiven Aspekte der auditiven Wahrnehmung in den Mittelpunkt stellt (siehe Schema, S. 122).

Die Untersuchung des dramaturgisch motivierten Einsatzes von Musik und Gesang hat gezeigt, wie Ophüls bereits in seinen ersten drei Spielfilmen mit intra- und extradiegetischer Perspektivierung experimentiert, zudem Rhythmus-orientierte Montage und musikalisch geleitete Einstellungskonjunktionen einübt, das *mood setting* figuren- und situationsspezifischer Affektsetzungen ausprobiert sowie räumliche und zeitliche Deixis musikalisch etabliert und den Einsatz technisch reproduzierender Tonquellen inszeniert.

Seine Strategie der musikalischen Kommunikation perfektioniert und erweitert Ophüls dann in der LIEBELEI: Intradiegetisch finden nur wohlüberlegt ausgewählte vorbestehende Kompositionen Verwendung, deren semantischer Gehalt situativ kommentierend bzw. vorausdeutend angelegt ist oder dem *mood setting* dient; hinsichtlich der Inszenierung dieser *source music* zeigt sich eine Tendenz zum performativen Akt. Mit davon deutlich abgegrenzter dramaturgischer Funktion setzt die extradiegetische Perspektivierung dagegen durch Leitmotiv-Technik ein filmmusikalisches ‚Lernprogramm' in Gang, das eine spezifische Figurenkonstellation mit einer Erkennungsmelodie durchs melodramatische Handlungsmodell begleitet und schließlich sogar dessen semantischen Zielraum musikalisch determiniert.

Kennzeichnend für den musikalischen ‚Ophüls-Stil', wie er in der LIEBELEI etabliert wird, ist demnach die dramaturgisch gezielt induzierte Wechselwirkung affektiver *und* kognitiver Impulse. So setzt Ophüls insgesamt auf ein ‚intelligentes Publikum' und lässt dieses auch ‚kulinarisch' nicht im Stich. Die von der Musikverwendung angeregte rezipientenseitige Abrufbarkeit kulturellen Wissens steuert eine erweiterte ‚intellektuelle Interpretationsebene' des Films; das Handlungsmodell ‚funktioniert' daneben aber auch auf einer an der bloßen Präsentation des Geschehens orientierten Verständnisebene. In der Komplexität der musikalischen Kommunikation lässt sich bei Max Ophüls also insgesamt ein individuelles ‚Sound-Design' erkennen, das für die Frühzeit des Tonfilms – und darüber hinaus – beispielgebend ist.

Christian Maintz

Bildtonmusik im Film

Eine basale Affinität zwischen Musik und Film ist oft konstatiert worden. So schreibt schon Robert Musil 1935:

> In der Metaphysik der Musik sagt Schopenhauer, dass es in der Musik die ganze Welt noch einmal gebe. Alles lasse sich durch Musik sagen ... „eine allgemeine Sprache, deren Deutlichkeit sogar die der anschaulichen Welt selbst übertrifft". Nur in dieser Sprache gebe es eine völlige Verständigung unter den Menschen. – Hätte dieser große, ausnahmsweise optimistische Pessimist doch noch das Kino erlebt! Wie fesselnd wäre es, ihn darüber zu vernehmen, dass seine Argumente versehentlich auch auf dieses zugetroffen sind![1]

Die hier betonte Analogie der beiden Medien beruht auf elementaren strukturellen Gemeinsamkeiten: Film wie Musik sind primär unbegrifflich und zielen direkter als jede andere Kunstgattung auf die Emotion des Rezipienten (insofern sprechen Schopenhauer bzw. Musil von einer universellen, „allgemeinen Sprache"); beide sind Zeitkünste (der Film als synthetisches Medium ist natürlich außerdem wesentlich Raumkunst), beide lassen sich als strukturierte, rhythmisierte Zeitabläufe auffassen, beide geben somit auch ein festes Perzeptionstempo vor. Schon aufgrund solcher Korrespondenzen liegt die Verknüpfung beider Medien nahe, und bekanntlich ist sie ja auch seit frühen Stummfilmtagen fester Bestandteil der allgemeinen Produktions- bzw. Aufführungspraxis.

Ungeachtet dieser strukturellen Gemeinsamkeiten kommt der Musik im Ensemble der verschiedenen Gestaltungskomponenten des Films insofern eine Sonderrolle zu, als ihre funktionale Verbindung mit dem Bild nicht zwingend notwendig ist und insofern auch wieder gelöst werden kann, was ja etwa bei der Vermarktung von Soundtracks auf Tonträgern oder der konzertanten Aufführung von Filmmusik auch laufend geschieht. Die daraus folgende Spannung zwischen ästhetischer Autonomie und Funktionalität der Filmmusik ist häufig Gegenstand kontroverser Debatten gewesen; als prominenteste Kritiker einer bloß illustrativen, mehr oder minder tautologischen filmmusikalischen Praxis

---

1 Robert Musil: „Notizen". In: Ders.: *Prosa und Stücke. Kleine Prosa u. a.* Hg. von Adolf Frisé. Reinbek bei Hamburg 1978. S. 815.

seien Eisler und Adorno[2] genannt. Auch manche Praktiker, meist europäische Autorenfilmer, haben sich gegen den habituellen Einsatz von Filmmusik gewandt. So schreibt der Kino-Purist Robert Bresson in seinen *Noten zum Kinematographen*: „Wieviele Filme geflickt durch die Musik! Man überschwemmt einen Film mit Musik. Man verhindert zu sehen, dass nichts in diesen Bildern ist."[3] Für seine eigenen Arbeiten zieht er die Konsequenz: „Keine Musik zur Begleitung, zur Unterstützung oder zur Verstärkung. *Überhaupt keine Musik.* Außer, wohlverstanden, die Musik, die gespielt wird von sichtbaren Instrumenten."[4] Eine entsprechende Forderung findet sich auch in dem Manifest der dänischen *Dogma*-Gruppe um Lars von Trier[5].

Musik – gespielt von „sichtbaren Instrumenten". Zur Definition und Typologie von Bildtonmusik

Die damit angesprochene Musik, die von „sichtbaren Instrumenten" gespielt wird, bildet das Thema der vorstehenden Überlegungen. Der Einsatz von Musik im Film erfolgt bekanntlich in zwei kategorial verschiedenen Formen: als Fremdton- und als Bildtonmusik. Die Fremdtonmusik (auch „kommentierende", „außerszenische" oder „Background"-Musik genannt), begleitet, stützt oder (seltener) konterkariert die Filmhandlung, gehört dieser aber selbst nicht an, ist also extradiegetisch. Die Bildtonmusik hingegen ist in der Handlung, der diegetischen Welt des Films, verankert; sie wird vom filmischen Personal produziert bzw. gehört (Bresson wie auch die *Dogma*-Regisseure plädieren für eine Beschränkung auf diese Form). Die meisten medienkundlichen Untersuchungen und ästhetischen Diskussionen zur Rolle der Filmmusik beziehen sich primär oder gar ausschließlich auf Fremdtonmusik, die als „Filmmusik im engeren Sinne"[6] gilt, zumal sie die filmische Praxis weithin dominiert. Dabei zeigt gerade die Bildtonmusik oft besonders eindringliche Formen intermedialer Verknüpfung mit einer breiten Palette an Ausdrucksvaleurs bzw. Funktionen. Im Folgenden soll eine Typologie solcher Funktionen anhand ausgewählter Filmbeispiele skizziert werden.

Zunächst kurz zur Definition bzw. Terminologie: Das Prinzip der Bildtonmusik ist früh beschrieben worden, es hat sich aber bis heute keine einheitliche Benennung etabliert. Siegfried Kracauer spricht von „aktueller Musik"[7], noch

---

2   Theodor W. Adorno/Hanns Eisler: *Komposition für den Film*. In: Th. W. Adorno: *Gesammelte Schriften* Bd. 15. Frankfurt a. M. ²1995.
3   Robert Bresson: *Noten zum Kinematographen*. München/Wien 1980, S. 80.
4   Ebd., S. 17.
5   Wörtlich heißt es in der Erklärung „Dogma 95": „Music must not be used unless it occurs where the scene is being shot." Zit. nach: Achim Forst: *Breaking the Dreams. Das Kino des Lars von Trier.* Marburg 1998. S. 237.
6   Claudia Bullerjahn: *Grundlagen der Wirkung von Filmmusik*. Augsburg 2001, S. 20.

Helga de La Motte-Haber und Hans Emons übernehmen diesen Begriff[8]; in der Literatur finden sich außerdem zahlreiche andere, zum Teil uneindeutige Termini wie z. B. „realistic" und „source music", „szenische", „immanente", „synchrone" und „Inzidenz"-Musik sowie „Musik in ihrer natürlichen Rolle".[9] Claudia Bullerjahn verwendet in ihrem vor zwei Jahren erschienenen grundlegenden Buch über Filmmusik im Rückgriff auf Hansjörg Pauli das Begriffspaar Fremd- und Bildtonmusik, und ich schließe mich ihr im Folgenden an, wenngleich auch der Begriff „Bildtonmusik" Missverständnisse nicht ganz ausschließt: Wörtlich verstanden suggeriert er ja eigentlich, dass die jeweilige Tonquelle tatsächlich im On zu sehen sein müsse, was natürlich nicht der Fall zu sein braucht (eine mögliche, neuerdings auch häufiger verwendete Alternative wäre ansonsten ‚diegetische und nichtdiegetische Musik').

Definitionskriterium der Bildtonmusik ist die Annahme des Kinozuschauers, die Musik sei Bestandteil der filmischen Realität, könne also von den Personen der Handlung gehört werden. Wird sie singend oder musizierend von diesen selbst im On produziert, ist der Fall klar; wird eine technische Tonquelle, etwa ein Grammophon, Radio oder CD-Player, im Bild gezeigt, desgleichen. Ist die Musik dagegen im Off zu verorten, können rezipientenseits Irritationen entstehen. Akustisch sind Bildton- und Fremdtonmusik für den Zuschauer kaum je unterscheidbar, zumal sie, wie Hansjörg Pauli zu Recht anmerkt, produktionstechnisch meist nicht differieren: „Im Spielfilm der Tonfilm-Ära wirken wohl die Bildtöne wie Originaltöne; sie werden aber gleich den Fremdtönen fast ausnahmslos im Studio, synthetisch, hergestellt."[10] Entscheidend für den Rezipienten ist aber nur, dass die Zugehörigkeit der Musik in irgendeiner Form markiert wird, und sei es durch sichtbare Reaktionen des filmischen Personals. In Howard Hawks klassischem Western RIO BRAVO (1958) belagert eine Gangsterbande ein Gefängnis, um einen dort inhaftierten Kumpan zu befreien. Um ihre bedrohliche Präsenz zu signalisieren, lässt deren Anführer von einem nahegelegenen Saloon aus periodisch eine mexikanische „Todesmelodie" spielen. Wenn diese Musik einsetzt, kann sie der Zuschauer gelegentlich nicht zuordnen, daher zeigt Hawks hier jeweils prompt eine mimische oder verbale Reaktion von John Wayne und den Seinen, die den Gefangenen bewachen.

Ein zweites Abgrenzungsproblem kann entstehen, wenn Bild- und Fremdtonmusik ineinander übergehen, was bereits im klassischen Hollywood-Kino

---

7   Siegfried Kracauer: *Theorie des Films. Die Errettung der äußeren Wirklichkeit.* Frankfurt a. M. 1985, S. 199 f.

8   Helga de la Motte-Haber/Hans Emons: *Filmmusik. Eine systematische Beschreibung.* München/Wien 1980.

9   Vgl. Bullerjahn: *Grundlagen der Wirkung von Filmmusik*, S. 19.

10 *Funkkolleg Filmmusik*, hier zit. nach: Helga de la Motte-Haber/Hans Emons: *Filmmusik. Eine systematische Beschreibung.* S. 161.

durchaus häufig geschieht; Helga de la Motte-Haber und Hans Emons sprechen von einer „tendenziellen Austauschbarkeit von aktueller und begleitender Musik"[11] im Film. Vielfach bilden solche Übergänge jedoch eine konventionalisierte Praxis und führen insofern nicht zu Publikumsirritationen, etwa wenn im Western ein einsamer Cowboy am Lagerfeuer ein Lied zur Gitarre anstimmt, um dann in der nächsten Strophe von einem kompletten Streichorchester begleitet zu werden. Naheliegenderweise wird kein Zuschauer hier annehmen, das Orchester sei in der Prärie anwesend. In anderen Fällen verschränken sich Bild- und Fremdtonmusik auf komplexere Weise; meist wird im On gespielte oder gesungene Musik phasenweise in die Fremdtonmusik integriert. Auch hier wird die jeweilige Zuordnung jedoch in der Regel für den Rezipienten klar ersichtlich. An anderer Stelle wird von solchen Verfahren noch die Rede sein.

Bevor ich nachfolgend auf einige Beispiele grundsätzlicher eingehen werde, seien die gängigsten Funktionen von Bildtonmusik zunächst summarisch genannt; Musikfilme im engeren Sinn, also Opern-, Operetten-, Musical- oder Konzertfilme, klammere ich dabei weitgehend aus. Am häufigsten wird Bildtonmusik im Spielfilm wie ein zusätzliches Requisit eingesetzt. Sie dient dann dazu, Handlungsräume, Situationen, soziale Milieus oder historische Epochen zu evozieren bzw. zu authentifizieren: Im Western-Saloon klimpert das obligate Klavier, auf Beerdigungen wird ein Trauermarsch gespielt, der Schulchor probt ein Volkslied etc.; entsprechend werden z. B. höfische Musik, Kirchenmusik, diverse Formen von Tanzmusik, Fanfaren, Militärmärsche oder ethnische Musik eingesetzt. Schon Adorno und Eisler haben die vielfach klischeehafte, standardisierte Verwendung musikalischer Milieuschilderungen kritisiert, beziehen sich dabei jedoch implizit fast ausschließlich auf Fremdtonmusik.[12] Für die erzählerische Logik ist es aber ein fundamentaler Unterschied, ob etwa der Mendelssohnsche *Hochzeitsmarsch* als Off-Kommentar zu einer Eheschließung erklingt oder ob das gleiche Stück innerhalb der filmischen Realität beispielsweise auf einem Standesamt vom Band abgespielt wird (im letzteren Fall wird der habituelle Gebrauch des Stücks mitthematisiert). Kracauer bezeichnet die requisitenhafte Verwendung von Filmmusik etwas problematisch als „Zufallsmusik", um zu betonen, dass sie „ein beiläufiges Erzeugnis fließenden Lebens" sei: „Keineswegs lenkt sie die Aufmerksamkeit um ihrer selbst willen auf sich, sie ist vielmehr ein nebensächlicher Bestandteil irgendeiner totalen Situation, die unser Interesse beansprucht."[13]

Spezifischer und exponierter als die bloße musikalische Schauplatzmarkierung ist vielfach das Verfahren, einzelne Filmfiguren über ihre musikalischen

---

11 Ebd. S. 161.
12 Theodor W. Adorno/Hanns Eisler: *Komposition für den Film*. Bes. S. 22 ff.
13 Siegfried Kracauer: *Theorie des Films*. S. 199.

Neigungen oder Praxen zu charakterisieren. Dr. Hannibal Lecter (Anthony Hopkins), der kannibalische Killer in Jonathan Demmes SILENCE OF THE LAMBS/DAS SCHWEIGEN DER LÄMMER (1991), hört, unmittelbar bevor er auf brutalste Weise zwei Polizisten tötet und aus der Haft entflieht, mit meditativer Hingabe Bachs *Goldberg-Variationen*. Effektvoll unterstreicht diese Sequenz Lecters Status als kultivierte Bestie; Anette Kaufman beschreibt ihn als „eine Variante des ‚mad scientist': genial, mörderisch, mit Sinn für das (und die) Schöne".[14] (Die Verbindung von Hochkultur und Barbarei, die hier mitkonnotiert wird, bildet spätestens seit den Berichten über Geige spielende Nazi-Schergen einen auch im Film des öfteren verwendeten Topos – man denke beispielsweise an Roberto Rosselinis ROMA CITTÀ APERTA/ROM, OFFENE STADT (1945), in dem sich die Gestapoleute zwischen den Folterungen gefangener Partisanen bei romantischer Klaviermusik entspannen.)

Ein zweites Beispiel: In Woody Allens HANNAH AND HER SISTERS/HANNAH UND IHRE SCHWESTERN von 1986 werden verschiede Protagonisten und ihre Beziehungen, wie oft bei diesem Regisseur, über ihre kulturellen Vorlieben und Passionen definiert. Das Paar Mickey (Allen) und Holly (Diane Wiest) beispielsweise harmoniert während seiner ersten Rendezvous überhaupt noch nicht; dies äußert sich besonders deutlich in ihrem völlig divergierenden Musikgeschmack. Als Mickey Holly in ein traditionelles Jazzkonzert einlädt (jeder erfahrene Allen-Zuschauer weiß, dass dessen filmische personae fast sämtlich Jazzliebhaber sind), reagiert sie hochgradig gelangweilt. Bei einem von ihr initiierten Clubbesuch hingegen zeigt Holly enthusiastische Teilnahme am Auftritt einer Punkrockband, während Mickey sichtlich enerviert ist. Auf ihre Frage, ob er nicht die „Energie" und die „positiven Vibrations" der Musik spüre, antwortet er: „Ich hab Angst! Wenn die mit dem Singen fertig sind, nehmen sie Geiseln!"[15]

In den genannten Fällen treten die Filmfiguren als Musikrezipienten auf, die Musik selbst ist vorwiegend akustisches Zitat, auch Allusion auf die jeweiligen kulturellen Kontexte, Rezeptionsgewohnheiten etc. Direkter, auch gestisch vielfältiger sind die Einsatzmöglichkeiten der Musik, wenn diese von den Protagonisten selbst produziert wird. Auch hier geht es aber häufig wesentlich um die Vermittlung eines sozialen Gestus. Wenn die Sängerin Kay (Marilyn Monroe) in Otto Premingers RIVER OF NO RETURN/FLUSS OHNE WIEDERKEHR (1954) bei ihren Saloon-Auftritten in Netzstrümpfen und mit bloßen Schultern den Titelsong haucht, stellt sie vor allem ihre sexuelle Verführungskraft aus; wenn sie aber dem zehnjährigen Sohn ihres

14 Anette Kaufmann: „Das Schweigen der Lämmer". In: Thomas Koebner (Hg.): *Filmklassiker. Beschreibungen und Kommentare*. Bd. 4. Stuttgart 1995. S. 350 f.
15 Woody Allen: *Hannah und ihre Schwestern*. Drehbuch. Zürich 1986. S. 164.

zukünftigen Gefährten Matt (Robert Mitchum) das Schlaflied *Down in the Meadow* zur Gitarre vorsingt, demonstriert sie ihre mütterlichen Kompetenzen.

Wenn Filmprotagonisten in persona als Musiker – meist als Sänger – auftreten, kann natürlich auch ihr spezifischer Interpretationsstil als bedeutungstragendes Prinzip eingesetzt werden. In John Hustons KEY LARGO/GANGSTER IN KEY LARGO (1948) nötigt der Gangsterboss Johnny Rocco (Edward G. Robinson) seine frühere Geliebte Gaye (Claire Trevor), eine alternde Alkoholikerin, ihm und einer versammelten Zufallsrunde ein Lied vorzusingen. Gegen das Versprechen, ihr ein Glas Schnaps zu gewähren (das er nicht halten wird), gibt Gaye seinem rüden Drängen schließlich widerwillig nach. Die Gedemütigte singt *Moanin' Low* unbegleitet, mit brüchiger, ein wenig an die späte Billie Holiday erinnernder Stimme; ihr Vortrag, der in einem Tränenausbruch endet, spiegelt ihren Zustand eindringlicher, als jeder Dialog es vermöchte.

Die bereits angesprochene Verbindung von Bildton- und Fremdtonmusik dient – jenseits des erwähnten Standardfalls einer ins Off erweiterten Musikbegleitung – vielfach dazu, strukturelle Funktionen der Filmmusik insgesamt zu verstärken. In Michael Curtiz' Erzklassiker CASABLANCA (1942) wird die Wiederbegegnung der Liebenden bekanntlich musikalisch eingeleitet: Ilsa (Ingrid Bergman), die ihren früheren Geliebten Rick (Humphrey Bogart) seit Jahren nicht gesehen hat, betritt unwissentlich dessen Lokal und bittet den dort tätigen Pianisten Sam, das Lied *As Time Goes By* zu spielen. Der daraufhin herbeieilende Rick herrscht den Musiker an: „Ich hatte dir doch gesagt, du sollst das nie wieder spielen" – erst dann fällt sein Blick auf Ilsa. Der Song *As Time Goes By*, textlich passend eine wehmütige Liebesreminiszenz, wird also mit dramatischem Akzent als Bildtonmusik eingeführt und auch für den Zuschauer affektiv aufgeladen, um im weiteren Verlauf des Films als leitmotivische, orchestrierte Fremdtonmusik eingesetzt zu werden – immer dann, wenn auf die vergangene Pariser Liebesgeschichte zwischen Elsa und Rick bzw. ihre Empfindungen füreinander angespielt wird. Die nachdrückliche Präsenz der Bildtonmusik steigert und intensiviert somit die Wirkung der späteren, ansonsten konventionellen Verwendung der Fremdtonmusik. Die Funktion ist hierbei wesentlich auch eine dramaturgische bzw. narrative: Sie dient der Verknüpfung verschiedener Sequenzen.

In anderen Fällen integriert die Fremdtonmusik – unter Umständen nur scheinbar – Elemente der Bildtonmusik bzw. verschränkt sich mit dieser. Erich Wolfgang Korngold, der wohl profilierteste Filmkomponist der ‚goldenen Ära' Hollywoods, arbeitet besonders gern und effektvoll mit diesem Prinzip. So bindet er beispielsweise in THE ADVENTURES OF ROBIN HOOD/ROBIN HOOD, KÖNIG DER VAGABUNDEN (1938, R: Michael Curtiz) mehrfach Hofmusikanten oder Fanfarenbläser der Handlung in seine Fremdtonmusik ein, bzw. er passt deren Instrumentation, wenn die genannten Musiker im Bild erscheinen, mo-

129

mentweise entsprechend an, so dass sie als Bildtonmusik erscheint.[16] Eine solche Durchdringung von Bild- und Fremdtonmusik steigert natürlich die Nähe des musikalischen Kommentars zum Handlungsgeschehen und somit die Direktheit bzw. Authentiziät seiner Wirkung. In dem genannten Beispiel wie im klassischen Kino fast durchweg werden die jeweiligen Übergänge zwischen Bildton- und Fremdtonmusik durch das Bild deutlich markiert, so dass der Zuschauer sie nachvollziehen kann. Sehr viel seltener, meist in Autoren- oder ‚Kunst‘-Filmen, werden solche Übergänge absichtsvoll verschleiert, Publikumsirritationen mithin bewusst intendiert. Häufig geht es dabei um die subjektive Darstellung verschiedener Wahrnehmungsebenen der Protagonisten – etwa Realität, Traum oder Erinnerung; die Betrachtung solcher komplexeren Fälle muss hier jedoch entfallen.

Im Folgenden sollen nun drei zentrale Funktionen von Bildtonmusik ausführlicher erörtert werden, ich nenne sie übersichtlichkeitshalber vorab: 1. Bildtonmusik als Performance, 2. Bildtonmusik als Bedeutungsträger, 3. Bildmusik als Handlungsmedium. Es geht dabei nicht um Alternativen, die Funktionen können vielmehr in wechselnden Kombinationen auftreten.

Funktionen der Bildtonmusik I: Bildtonmusik als Performance

Zu den festen Konstanten eines Marx-Brothers-Films gehören die solistischen Musikeinlagen von Chico (Klavier) und Harpo Marx (Harfe). Irgendwann im Verlauf der Handlung stößt jeder der beiden Komiker wie zufällig auf sein Instrument und beginnt ‚spontan‘ zu spielen. So auch in GO WEST/DIE MARX BROTHERS IM WILDEN WESTEN von 1940 (R.: Edward Buzzell): Während eines Aufenthalts in einem Saloon bittet Chico den dort agierenden Pianisten, ihm kurz sein Klavier zu überlassen; diverse Zuschauer scharen sich um ihn, und schon ist ein paradigmatischer Auftritt etabliert. Im Gegensatz zu Harpos eher kontemplativ-ernstem Harfenspiel sind Chicos Klaviersoli durchweg komödiantische Bravournummern, wirkliche ‚musical comedys‘. Ihre Komik beruht zum einen auf immanent musikalischen Strukturen, im genannten Fall besonders auf dem Kontrast zwischen der Introduktion des von Chico gespielten Stücks, die mit ihren Tremoli, rasanten Oktavgängen und Läufen einen hochdramatisches Fortgang anzukündigen scheint, und dem folgenden, betont naiv-simplen Hauptthema. Komisch ist aber vor allem Chicos durchaus artistische, gleichwohl höchst unorthodoxe pianistische Technik. So spielt er hier exponierte Melodietöne mit einem Finger, gestaltet perkussive Breaks durch Klopfen gegen den Klavierdeckel, „schießt“ einzelne Tasten, eine Pistole imitierend, mit dem Zeigefinger ab, erzeugt Glissandi durch das Hin- und Herrol-

---

16 Vgl. hierzu Helmut Pöllmann: *Erich Wolfgang Korngold. Aspekte seines Schaffens.* Mainz/London u. a. 1998. Bes. S. 111 ff.

len eines Apfels auf der Tastatur, nachdem er die Frucht blitzschnell seinem Bruder Harpo entrissen hat, der just hineinbeißen wollte, u. ä. Dies alles gleicht einem komischen Ausdruckstanz der Hände auf der Klaviatur; Harpo unterstützt die Wirkung noch pantomimisch.

Chicos Auftritt stellt eine musikalische Performance in Reinform dar. Das pianistische Intermezzo, das bezeichnenderweise auch innerhalb der filmischen Diegese vor Publikum stattfindet, ist Präsentation, Vorführung, artistisch-komisches Ereignis – und nichts sonst. Die Narration wird hier unterbrochen, die zentrale Regel gerade des Hollywood-Kinos, jedes Handlungsdetail müsse den Plot vorantreiben, ignoriert (Musikdarbietungen gehören zu den wenigen Ausnahmen, die sich der Mainstreamfilm in dieser Hinsicht gestattet). Knut Hickethier hat in diesem Sinne den Begriff einer schauspielerischen *Performance* vom *acting*, das im Dienst der Narration steht, abgegrenzt; auch er bezieht sich dabei auf musikalische, nämlich gesangliche Formen: „Die Dramaturgie der Narration [...] hält plötzlich inne und gibt einer Dramaturgie des Präsentativen Raum: Die Figuren treten vor die Kamera und geben ihren Gefühlen dadurch Ausdruck, dass sie plötzlich eine Arie, ein Couplet, einen Song vortragen."[17] Im Fall von Chico Marxens Pianistik ist dieses Heraustreten aus der Filmhandlung besonders ausgeprägt: Der Kinozuschauer erlebt einen unterhaltsamen, musikalisch-komödiantischen Akt, der vollkommen für sich steht. Er hat keine dramaturgische noch psychologische Funktion, weist nicht über sich hinaus, ist weder mit Chicos Rolle in Go West noch überhaupt nennenswert mit der übrigen Filmhandlung verknüpft; eingeleitet und legitimiert wird er einzig durch den vor seinem Auftritt geäußerten entwaffnenden Satz des Musikanten: „Ich bin so glücklich, ich will Klavier spielen!"

Die Sequenz ist im übrigen auch geeignet, einen medienhistorischen Zusammenhang zu illustrieren. Sie entspricht ganz dem Revueauftritt eines Musikclowns und verweist damit auf ein wichtiges Vorläufermedium des Films, das Unterhaltungstheater des späten 19. und frühen 20. Jahrhunderts, speziell das Vaudeville bzw. die Music Hall. Gerade die Genese der Marx Brothers ist eng mit der Music Hall verbunden; ihre ersten beiden Kinofilme THE COCONUTS (1929, Regie: Robert Florey/Joseph Stanley) und ANIMAL CRACKERS (1930, Regie: Victor Heerman), basierten noch gänzlich auf Bühnenrevuen bzw. *Musical Comedies*, die zuvor erfolgreich am Broadway gelaufen waren. Die Music Hall bot Mischprogramme aus Schauspiel, Artistik, Komik und natürlich Musik, die teils episodisch gereiht, teils in unterschiedlichen Verbindungen präsentiert wurden. Der Film, vor allem die frühe Slapstick-Komödie, aber auch diverse andere Genres, haben verschiedene Strukturprinzipien der Music-Hall adaptiert –

---

17 Knut Hickethier: „Acting und Performance". In: Susanne Marschall/Norbert Grob (Hg.): *Ladies, Vamps, Companions – Schauspielerinnen im Kino*. St. Augustin 2000. S. 254 f.

unter anderem eben auch die unterhaltsame Musikeinlage, die häufig nur höchst locker in die Narration eingebunden ist. Genres mit hohem Musikanteil wie die Musical Comedy, der Revuefilm und ähnliche machen bezeichnenderweise gerade in der frühen Tonfilmzeit einen erheblichen Teil der Produktion aus.

Die musikalische Performance im Film, sei sie nun komisch, virtuos, eingängig oder avanciert, lebt von einem Reiz, der natürlich ungleich älter ist als das Medium. Das Musizieren vor Publikum ist ein fester Bestandteil der kulturellen Praxis wohl fast aller Länder, Völker und Zeiten. Die Faszination, die es auf den Zuhörer und Zuschauer auszuüben vermag, beruht zum Teil sicherlich auf seinem Schauwert, der Verblüffungswirkung musikalischer Technik und Artistik – und der gleichzeitigen Erzeugung starker Affekte und Emotionen. Das Erlebnis des Musikhörens kann bekanntlich so intensive Formen annehmen, dass es immer wieder mit Metaphern des Mirakulösen und Numinosen beschrieben worden ist. Die Forderung der klassischen Ästhetik, Kunst solle Staunen und Bewunderung, *admiratio*, erregen, kommt hier geradezu idealtypisch zur Geltung; Niklas Luhman hebt hervor, in diesem Begriff flössen *Ver*wunderung und *Be*wunderung zusammen.[18] Von solcher Wirkung des Musizierens lebt bis heute der gesamte Konzertbetrieb aller Sparten, ein konstitutiver Teil der Musikindustrie.

Die modernen technischen Medien haben dieses Prinzip in erheblichem Umfang adaptiert; zudem steigern sie den Nimbus einzelner Musiker und Musikensembles zusätzlich (bzw. stellen ihn überhaupt erst her), wodurch wiederum die Wirkung ihrer physischer Präsenz auf Bühnen, Leinwänden und TV-Schirmen enorm verstärkt wird. Es wundert insofern nicht, dass der Anteil konzertähnlicher Musiksendungen etwa am Fernsehprogramm beträchtlich ist; das Spektrum reicht hier beispielsweise von VORSICHT KLASSIK! über den MUSIKANTENSTADEL bis zu MTV UNPLUGGED (wobei natürlich der Livecharakter der Musik in den meisten Formaten nur fingiert wird). Bereits im Stummfilm begegnet uns aber durchaus schon „Bildtonmusik"; wenngleich diese noch nicht auf einer Tonspur fixiert, sondern während der Vorführung von einem Kinopianisten oder -orchester ergänzt werden musste. Im frühen Tonfilm spielt Bildtonmusik, wie schon erwähnt, eine besonders exponierte Rolle, man denke nur an den JAZZSINGER (1927, Regie: Alan Crosland).

Die filmische Darstellung einer musikalischen Performance kann im Gegensatz zur traditionellen Bühnenpräsentation natürlich nicht mit der Unmittelbarkeit des Live-Erlebnisses aufwarten, sie hat aber andere, medienspezifische Vorzüge zu bieten, vor allem den der intimen Nähe zum Geschehen sowie die Multiperspektivität. Die visuelle Auflösung der beschriebenen Chico-Marx-

---

18 Niklas Luhmann: *Die Kunst der Gesellschaft*. Frankfurt a. M. 1995. S. 234.

Sequenz ist paradigmatisch: Meist wird die Klaviatur in Nah- und leichter Aufsicht gezeigt, so dass man die Pianistenhände in ungewohnter Deutlichkeit verfolgen kann; einzelne technische Kabinettstückchen Chicos werden durch Detailaufnahmen seiner Hände hervorgehoben. Eine in diesem Fall nicht eingesetzte, bei der filmischen Darstellung virtuoser Pianistik aber sonst häufiger verwendete Einstellung ist die senkrechte Aufsicht auf die Tastatur, die Stil und Technik eines Spielers besonders transparent werden lassen; ebenso fehlen hier – da es sich um einen komischen Auftritt handelt – die typischen Großaufnahmen des Musikers, die sein Mienenspiel, seine Konzentration, seine emotionalen Reaktionen exponieren. Das Medium Film (bzw. Fernsehen) ermöglicht mithin eine außerordentlich intime sowie demonstrative und analytische Präsentation von Musik.

Funktionen der Bildtonmusik II: Bildtonmusik als Bedeutungsträger

Eine musikalische Performance im Film kann, wie das Chico Marxsche Klavierspiel zeigt, innerhalb der Handlung quasi autonom für sich stehen, ohne weitere dramaturgische oder sonstige Funktionen zu übernehmen. Sie kann aber auch, und dies ist der ungleich häufigere Fall, mit einer Fülle von Konnotationen aufgeladen bzw. vielfältig funktionalisiert werden. Ich möchte dies an einem besonders bekannten Beispiel demonstrieren, nämlich an der Gesangssequenz aus Howard Hawks' bereits erwähntem Westernklassiker RIO BRAVO (1958). Die Grundsituation dieses Films sei noch einmal kurz in Erinnerung gerufen: John T. Chance (John Wayne), Sheriff des Westernstädchens Rio Bravo, hat einen Mörder verhaftet, dessen Kumpane ihn nun befreien wollen, bevor er dem zuständigen US-Marshall übergeben werden kann. Chance verschanzt sich mit drei Kombattanten, gespielt von Dean Martin, Walter Brennan und Ricky Nelson, im Gefängnis, um eben dies zu verhindern. Etwa in der Mitte des Films, während einer kurzen Ruhephase zwischen den Kämpfen, die vier Männer sind im Sheriffsbüro versammelt, beginnt Dude (Dean Martin), auf einer Pritsche liegend, unvermittelt und zunächst a cappella, das Lied *My Pony, My Rifle and Me* anzustimmen. Colorado (Ricky Nelson) begleitet ihn ab der zweiten Strophe auf der Gitarre, singt ebenfalls und übernimmt in einem zweiten Song (*Get Along Home, Cindy, Cindy*) die erste Stimme, Stumpy (Walter Brennan) spielt dazu Mundharmonika und singt die Refrains mit. Nur Chance/John Wayne, der beim besten Willen nicht singend gedacht werden kann,[19] beschränkt sich auf die Zuhörerrolle; in Zwischenschnitten zeigt er aber ein ungewohnt sonniges Lächeln als Reaktion auf die Musik.

---

19 Dies gilt für die persona des späten John Wayne; zu Beginn seiner Karriere absolvierte Wayne durchaus auch Gesangsauftritte.

Natürlich ist dieses Gesangsintermezzo zunächst einmal ganz wesentlich auch eine Performance, ein unterhaltsamer, professioneller Auftritt der beiden Sänger Dean Martin und Ricky Nelson (letzterer war in den fünfziger Jahren ein Teenie-Star, der als „Soft-Rock-Alternative zu Elvis Presley"[20] gesehen wurde). Howard Hawks soll denn auch auf die Frage, warum in RIO BRAVO soviel gesungen werde, lakonisch geantwortet haben, das sei nur natürlich: Die Helden säßen gefangen, außerdem seien zwei der Hauptdarsteller Sänger.[21] Hier spricht also ganz der gewitzte Hollywood-Entertainer, der seinem Publikum eine Show-Attraktion bietet, wenn er die Gelegenheit dazu hat, wobei ihm die Frage nach der psychologischen Glaubwürdigkeit von Revolvermännern, die ganz nebenbei Gesangsnummern in geschulter Manier und Studioqualität zum Besten geben, offenbar als nachrangig erscheint.

Über ihren unmittelbaren Unterhaltungswert hinaus weist diese Gesangseinlage aber noch verschiedene weitere Funktionen und Konnotationen auf. Wie schon erwähnt, drücken sich auch die Gangster in diesem Film musikalisch aus, indem sie als Einschüchterungstaktik ihr Todeslied *Deguello* spielen lassen. Der Gesang der Gesetzeshüter kann also als eine medial adäquate Antwort auf diese Herausforderung gelesen werden, darüber hinaus natürlich ganz generell als ein Trutz- und Verteidigungsgesang der Belagerten gegen die äußere Bedrohung – und somit als ein integraler Bestandteil der Dramaturgie von RIO BRAVO.

Zum Zweiten stellt das gemeinsame Singen der Protagonisten natürlich einen eminent sozialen und emotionalen Akt dar – zumal es sich um habituell einzelgängerische, wortkarge Westerner handelt; es ist eine vertrauensbildende Maßnahme der Männer untereinander, deren interne Querelen hier zurücktreten, sowie auch dem Zuschauer gegenüber. Die entschieden positive, Friedlichkeit und Gemeinschaftlichkeit evozierende Konnotation des kollektiven Singens unterstreicht die moralische Überlegenheit der Guten, ganz im Sinne des Lutherwortes:

Hie kann nicht sein ein böser Mut,
Wo da singen Gesellen gut.[22]

bzw. der späteren, zum Sprichwort verkürzten Variante nach Johann Gottfried Seume:

20 Zit. nach Siegfried Schmidt-Joos/Barry Graves: *Rock-Lexikon*. Reinbek bei Hamburg 1973. S. 200.
21 Zit. nach Joe Hembus: *Das Westernlexikon*. Erweiterte Neuausgabe von Benjamin Hembus. München 1995. S. 517.
22 Die Verse stammen aus Martin Luthers Lied *Frau Musica*.

Wo man singt, da lass dich ruhig nieder,
Böse Menschen haben keine Lieder.[23]

Die Todesmelodie der Schurken ist denn auch kein Vokal-, sondern ein reines Instrumentalstück. Die angesprochene soziale Konnotation des Gesangs prägt aber das Musizieren bzw. Musikhören auch ganz generell. So heißt es bei Adorno und Eisler, der akustischen Wahrnehmung als solcher wohne „unvergleichlich mehr als der optischen ein Moment von altertümlicher Kollektivität inne", Mehrstimmigkeit und rhythmische Artikulation der abendländischen Musiktradition verwiesen „unmittelbar auf eine Vielheit nach dem Modell der einstigen kirchlichen Gemeinde als auf ihr allein mögliches Subjekt".[24] In verschiedensten Formen musikalischer Praxis lebt dieses soziale Element weiter – und wird entsprechend in Filmen eingesetzt.

Besonders Dean Martin interpretiert seinen strukturell simplen Westernsong durchaus subtil, mit feinabgestufter Dynamik; sein Gesangsstil evoziert Sanftheit und Sensibilität. Für seine Figur, den anfangs haltlosen, später sich bewährenden und resozialisierenden Trinker Dude, wird die Musik zum Katalysator, legt zuvor Verborgenes frei: Der harte Mann offenbart eine weiche Seele, er zeigt und erzeugt Emotion, gerade auch dies bindet Zuschauersympathien (verletzte Gefühle hatten denn auch zu seinem Niedergang geführt: Er war von einer Frau verlassen worden). Spätestens nach seinem Vortrag von *My Rifle, My Pony and Me* erscheint Dude nicht mehr als der Verlorene, der er war: Wer so singen kann, braucht nicht aufgegeben zu werden, weder von seinen Mitstreitern noch vom Zuschauer: Er ist grundsätzlich läuterbar.

Nicht zuletzt bilden die beiden dargebotenen Songs auch selbstreferentielle Texte im Text; sie explizieren genretypische Motive und Subtexte: die Einsamkeit des Westerners, die Abwesenheit der Frauen, die Sehnsucht nach ihrer Gegenwart. Trotz dieser melancholischen Grundierung ist die Musikeinlage insgesamt geeignet, den Optimismus des Zuschauers im Hinblick auf den weiteren Handlungsverlauf zu stärken; Michael Althen resümiert: „Vorher war die Welt in Stücken, jetzt setzt sich alles wieder zusammen. Fortan weiß man, dass nichts mehr schiefgehen kann. Ein Lied hat dazu gereicht, mehr nicht. Eine schönere Lösung hat das Kino nicht anzubieten."[25]

---

23 Die Originalverse aus Johann Gottfried Seumes Gedicht *Die Gesänge* lauten: „Wo man singet, laß dich ruhig nieder,/ Ohne Furcht, was man im Lande glaubt;/ Wo man singet, wird kein Mensch beraubt;/ Bösewichter haben keine Lieder".

24 Theodor W. Adorno/Hanns Eisler: *Komposition für den Film*. S. 30.

25 Michael Althen: „Rio Bravo". In: Bernd Kiefer/Norbert Grob (Hg.): *Filmgenres: Western*. Stuttgart 2003. S. 232.

Funktionen der Bildtonmusik III: Bildtonmusik als Handlungsmedium

Die wohl exponierteste und genuinste Funktion, die Musik im Film übernehmen kann, liegt dann vor, wenn sie nicht ein retardierendes Moment, eine kontemplative Handlungspause bildet, sondern als musikalischer Akt selbst handlungsrelevant bzw. -bestimmend wird. So können etwa ideologische Konflikte im Kino auch musikalisch ausgetragen werden, wie beispielsweise in CASABLANCA: In Ricks Café findet bekanntlich ein Gesangswettstreit zwischen Nazis und französischen Patrioten statt. Gegen die von deutschen Offizieren angestimmte *Wacht am Rhein* setzen andere Gäste, unterstützt von der Cafékapelle, die *Marseillaise*; letztere, den Widerstand gegen die Besatzer repräsentierend, triumphiert, da sie mehr Mitsänger zu mobilisieren vermag als die deutsche Hymne. Dramaturgisch gesehen antizipiert dieses Quodlibet den Schluss des Films. Eine vergleichbare Sequenz findet sich in Volker Schlöndorffs *Blechtrommel*-Verfilmung (1979), deren Protagonist Oskar Matzerath (David Bennent) während einer Nazi-Propagandaveranstaltung unter der Rednertribüne verborgen so nachdrücklich und konsequent einen Dreivierteltakt gegen den Vierer-Marschtakt der Braunhemden-Kapelle trommelt, dass diese schließlich aufgibt und zu einem Walzerthema übergeht – woraufhin im Publikum ein allgemeines Tanzvergnügen ausbricht. Im Gegensatz zum Kampf der Hymnen in CASABLANCA, der sich wesentlich auch auf die betreffenden Liedtexte und deren Geschichte stützt, findet hier eine genuin musikalische Auseinandersetzung statt.

Den wohl prominentesten Fall einer handlungsbestimmenden Bildtonmusik stellt die Konzertsequenz in Hitchcocks THE MAN WHO KNEW TOO MUCH (1955) dar. Die dort gezeigte Aufführung der Kantate *Storm Cloud* von Arthur Benjamin in der Royal Albert Hall ist doppelt codiert: zum einen als eindrucksvolle musikalische Performance, zum anderen natürlich als tragende Säule des Suspense-Konzepts, der Hitchcockschen Spannungsdramaturgie. Die Kinozuschauer sind zuvor gründlich darüber informiert worden, dass während des Konzerts ein Attentat geplant ist: Ein Diplomat soll erschossen werden, und zwar exakt im Moment des musikalischen Höhepunkts der Kantate: dem einzigen Beckenschlag des Stücks. Hitchcock führt nun eine ausgedehnte synchrone Spannungssteigerung von Musik und Bildmontage vor; der Suspense basiert auf der Frage, ob es der die Zusammenhänge allenfalls ahnenden Heldin Jo (Doris Day) gelingen wird, den Mord in letzter Minute zu verhindern. Hitchcock verlagert somit kommune Funktionen von Fremdtonmusik, nämlich Handlungskommentierung und -stützung, in die Handlung selbst – ein höchst raffiniertes Beispiel für Ökonomie und wechselseitige Steigerung erzählerischer Mittel.

Dass auch eine völlig anders geartete, nämlich psychische Auseinandersetzung musikalisch vermittelt werden kann, demonstriert Ingmar Bergman in

HÖSTSONATEN/HERBSTSONATE (1977). Thema des Films ist ein Mutter-Tochter-Konflikt: Die erfolgreiche Konzertpianistin Charlotte (Ingrid Bergman) besucht ihre erwachsene Tochter Eva (Liv Ullmann), die lebenslang unter der emotionalen Kälte und mangelnden Zuwendung ihrer Mutter gelitten hat. In einer Schlüsselszene spielt Eva der Mutter, um ihre Anerkennung ringend, etwas vage-dilettantisch ein Chopin-Prélude auf dem Klavier vor; Charlotte, um ihre Kritik gebeten, interpretiert das Stück ihrerseits mit professioneller Ausdruckssicherheit – und entsprechend vernichtender Wirkung auf die Tochter.

Wird hier eine Musikinterpretation dramaturgisch eingesetzt, avanciert im folgenden Beispiel das musikalische Material selbst zum handlungstragenden Prinzip: Milos Formans AMADEUS/AMADEUS (1984), eine Adaption des Erfolgsstücks von Peter Shaffer, schildert die Laufbahn Mozarts (Peter Hulce) aus der Sicht seines äußerlich erfolgreicheren, künstlerisch jedoch weit unterlegenen Konkurrenten Salieri (F. Murray Abraham), der die Entstehung des Mozartschen Werks mit neidvoller Empathie verfolgt. In der vielleicht originellsten Sequenz des Films empfängt Salieri den Jüngeren bei Hofe mit einem eigens komponierten Begrüßungsmarsch, den er am Cembalo vorträgt. Mozart dankt, setzt sich seinerseits an das Instrument und improvisiert anmutig-sublime, stupend ‚mozartische‘ Variationen über Salieris gleichförmig-banales Thema. Der zentrale Konflikt des Films zwischen Genie und Mediokrität wird hier also nicht nur verbal behauptet, sondern tatsächlich über das Medium dargestellt und ausgetragen, das dem Film thematisch zugrunde liegt.

Autonomie plus Funktionalität

Abschließend möchte ich noch ein Beispiel aus einem weniger bekannten Film diskutieren, das verschiedene genannte Funktionen von Bildtonmusik auf hohem Niveau verbindet. Gemeint ist das amerikanische Melodram DECEPTION/TRÜGERISCHE LEIDENSCHAFT von 1947. Der Regisseur, Irving Rapper, ein Hollywood-Routinier der vierziger und fünfziger Jahre, hatte schon zuvor sein Interesse an musikalischen Stoffen gezeigt, so in einem Biopic über George Gershwin, RHAPSODIE IN Blue von 1945. DECEPTION erzählt, wie viele Filme seines Genres und seiner Zeit, eine tragische Dreiecksgeschichte; die Konstellation wie auch die Besetzung lassen an CASABLANCA denken: Die Pianistin Christine (Betty Davis) war einst mit dem Cellisten Karel (Paul Henreid) verlobt, hat sich aber, da dieser als verschollen gilt, inzwischen mit dem Komponisten Alexander (Claude Rains) liiert. Als Karel wieder auftaucht, entflammt die alte Liebe neu – und der klassische Konflikt ist etabliert. Den dramatischen Höhepunkt der Handlung bildet nun die Uraufführung eines von Alexander komponierten Cellokonzertes durch Karel – dessen realer Autor ist der bereits erwähnte Erich Wolfgang Korngold. Unmittelbar vor Beginn des Konzerts erschießt Christine Alexander, der Karel aus Eifersucht seine frühere Verbindung zu Christine offenbaren wollte, in dessen Wohnung, um dem von ihr geliebten Musiker unter Verzicht auf eine gemeinsame Zukunft einen neuen Karrierestart zu ermöglichen. Nach dem Mord eilt Christine ins Konzert, das bereits begonnen hat.

Die Konzertsequenz aus DECEPTION demonstriert aus meiner Sicht die Einsatzmöglichkeiten von Bildtonmusik in weithin singulärer Weise. Die ästhetischen Qualitäten des Korngoldschen Cellokonzerts überragen freilich, wie häufig bei den Filmmusiken dieses Komponisten, diejenigen des Films beträchtlich; es wurde übrigens auch bereits mit Blick auf spätere konzertante Aufführungen geschrieben. Gerade dieses Stück ist insofern durchaus als autonome Musik hörbar (und wurde im Zuge der Korngold-Renaissance der letzten Jahre auch mehrfach auf CD eingespielt), andererseits bildet es einen konstitutiven Bestandteil der filmischen Dramaturgie, wobei seine Funktionen komplexer und subtiler sind als etwa diejenigen der Benjamin-Kantate in Hitchcocks THE MAN WHO KNEW TOO MUCH.

Korngolds Cellokonzert ist einsätzig geblieben; eine Komplettierung war geplant, wurde aber nicht mehr ausgeführt. Das Stück zeigt die Struktur eines klassischen Sonatensatzes mit der Exposition zweier kontrastierender Themen, Durchführung, Kadenz und Reprise. Für den Film wurde es auf die Exposition, Teile der Kadenz und die Reprise gekürzt; eine Aufführung des gesamten Konzerts dauert etwa 13 Minuten, im Film sind es nur zwei Minuten; die Kürzung wird durch die Einblendung schnell durchblätterter Partiturseiten signalisiert.

Auch hier ist die Musik zunächst einmal Performance, sie demonstriert eindrücklich die Virtuosität des Solisten (die auch Thema der Handlung ist); diese Funktion erfüllt besonders die Kadenz (Paul Henreid imitiert übrigens die Cellotechnik mit beachtlichem Geschick; die reale Cellistin der Aufnahme ist Eleonor Aller-Slatkin). Die Doppelcodierung der Musik basiert darauf, dass sie einerseits als Teil der Handlung, andererseits als deren Kommentierung angelegt ist; die musikalische Textur ist exakt auf diese Funktion zugeschnitten.

Die Introduktion ist naheliegenderweise nur kurz, sie misst drei Takte; wuchtige, synkopierte Orchesterakkorde leiten über ein Glissando das erste Thema ein. Dieses ausgedehnte Kopfthema – es ist 23 Takte lang – lässt sich als Schilderung des inneren Zustandes Karels lesen, der den Grund für Christines Ausbleiben nicht kennt, die Zusammenhänge aber möglicherweise ahnt. Das Thema evoziert in jeder Hinsicht Unruhe und Nervosität: Es durchmisst in schnellem Tempo (Allegro moderato, ma con fuoco) einen großen Ambitus (vom großen bis zum zweigestrichenen G), zeigt z. T. weite Intervallsprünge, einen synkopischen Rhythmus, vor allem aber ein beständiges Changieren zwischen Dur und Moll. Das zweite Thema, deutlich kontrastierend, eine weiche, rhythmisch beruhigte Cello-Kantilene in hoher Lage, setzt exakt in dem Augenblick ein, als Christine ihre Loge im Konzertsaal betritt. Akzentuiert wird dieser

Moment auch durch einen Blickwechsel der Liebenden, im Schuss-Gegen-schussverfahren aufgenommen; im Anschluss werden beide trotz räumlicher Distanz in einer Einstellung gezeigt. Musik und Bild drücken ein Liebesbekenntnis aus, vielleicht auch das wechselseitige Einverständnis mit dem Geschehen bzw. dem unausweichlichen Verzicht.

Der ästhetisch-autonome Rang der Musik, sonst gelegentlich geradezu als Einschränkung des funktionalen Wertes von Filmmusik betrachtet, bedingt in dieser Sequenz erst die Intensität der dramaturgisch-emotionalen Aussage. Die eingangs angesprochene Affinität der beiden Medien bestätigt sich in einer höchst wirkungsvollen Durchdringung beider, wobei der Musik, die üblicherweise dem Bild funktional untergeordnet wird, hier mindestens paritätische Bedeutung zukommt. Bildtonmusiken von solcher Plausibilität sind in der Filmgeschichte insgesamt selten; insofern trifft eine Aussage, die Wolfgang Thiel für die Filmmusik insgesamt formuliert hat, vielleicht auf die Bildtonmusik in besonderem Maße zu. Thiel schreibt, die filmmusikalische Forschung stehe in der merkwürdigen Situation, „Sinn und Ziel ihrer Arbeit mehr aus den zwar immanenten, aber erst künftig zu entfaltenden Möglichkeiten ihres Untersuchungsobjektes als aus einer Verallgemeinerung bereits vorhandener Resultate gewinnen zu müssen."[26] Noch immer ist ja der Film ein vergleichsweise junges Medium, und insofern darf man vielleicht auch hinsichtlich der Bildtonmusik auf künftige Innovationen hoffen.

---

26 Wolfgang Thiel: *Filmmusik in Geschichte und Gegenwart*. Berlin 1981. S. 12.

Barbara Flückiger

Narrative Funktionen des Filmsounddesigns: Orientierung, Setting, Szenographie[1]

Traditionellerweise ist es eine Kardinalfunktion der Tonspur im Film, Kohärenz zu schaffen und die fragmentierten Ausschnitte aus der vorfilmischen Wirklichkeit in einem übergeordneten Ganzen zu verankern. Damit unterstützt die Tonspur die Orientierung sowohl im raumzeitlichen Geflecht der Handlung als auch in den narrativen Strukturen wie Sequenzen, Szenen, Handlungen, Ereignissen. Die Klangobjekte auf der Tonspur entwerfen in der Interaktion mit dem Bildmaterial, dem Text und der Musik komplette Szenographien.

Die Schauplätze des Films und ihre geografische, kulturelle und soziale Situierung sind nicht nur fiktive Umwelten, in denen die Figuren existieren und handeln, sondern auch Bausteine des Erzählens. Eine endliche, in den allermeisten Fällen kleine Anzahl von Schauplätzen repräsentiert so etwas wie eine Tiefenstruktur. Indem sie sowohl innerhalb der einzelnen Narration als auch innerhalb von Genres und noch größeren Verbänden medialer Repräsentation, in der bildenden Kunst und der Literatur, immer wieder auftauchen, absorbieren sie mythische, archetypische und sinnliche Dimensionen. Wüste, Meer, Dschungel – um einige Beispiele mit besonders reicher Tradition zu nennen – können nicht nur Bühnen der Handlung, sondern auch Akteure mit weit verzweigter Bedeutung sein. Das Ausmaß, in welchem Filme ihren Schauplätzen Bedeutung zuordnen, variiert mit dem Genre und mit der psychischen Befindlichkeit der Protagonisten. Dieses Ausmaß ist – so eine erste Hypothese, die zu belegen sein wird – ein Charakteristikum des Stils und zeitbedingter Modeströmungen.

Die Tonspur wurde seit ihrer Einführung als geeignetes Mittel zur Charakterisierung von Schauplätzen erachtet. Stellvertretend sei eine schöne Beschreibung dieser Funktion bei Balázs zitiert:

> Der Tonfilm wird unsere akustische Umwelt entdecken. Die Stimmen der Dinge, die intime Sprache der Natur. Alles, was außerhalb des menschlichen Dialogs noch mitspricht, noch zu uns spricht in der großen Lebenskonversation und unser Denken und Fühlen ununterbrochen tief beeinflusst. Vom Brausen der Brandung, vom

1 Der vorliegende Text ist eine überarbeitete und gekürzte Fassung des entsprechenden Kapitels aus meinem Buch *Sound Design. Die virtuelle Klangwelt des Films.* Marburg 2001. Mit freundlicher Genehmigung des Schüren-Verlags.

Getöse der Fabrik bis zur monotonen Melodie des Herbstregens an den dunklen Fensterscheiben und dem Knarren des Fußbodens in der einsamen Stube. Sensitive lyrische Dichter haben diese bedeutungsvollen Stimmen, die uns begleiten, oft beschrieben. Der Tonfilm wird sie darstellen, er wird sie wieder ertönen lassen.[2]

Balázs stellt ein Grundcharakter istikum des Hörens ins Zentrum seiner Überlegung: die Präsenz der Umwelt als ununterbrochener akustischer Datenstrom. Über das Ohr stehen wir in einem ständigen Dialog mit dem Raum, der uns umgibt. Seine Größe und Materialität beeinflussen direkt die Klangentfaltung. Die gepolsterte, flüsterleise Ambiance einer Hotelrezeption bewirkt ein anderes Empfinden als die großräumige Halligkeit sakraler Bauten. Gehöreindrücke katapultieren uns – wie Gerüche – noch nach Jahren unvermittelt in frühere Erlebnisse zurück. Sie evozieren innere Bilder, ganze Landschaften tauchen vor dem inneren Auge auf, längst vergessene Empfindungen werden wieder wach. Jeder Ort prägt sich als akustisches Bündel von spezifischen Klangobjekten ein.

Welche Informationen die Tonspur zur Charakterisierung von Schauplätzen und Zeiten zur Verfügung stellt, welche Strategien sie in Abhängigkeit von zeit- und genrebedingten Strömungen dabei einschlägt und nicht zuletzt, wie man diese Parameter analysieren kann, werde ich im Folgenden thematisieren.

Terminologie

Die Geräusche lenken den Blick in die Tiefen des Bildes, die Töne motivieren Kamerabewegungen oder repräsentieren jene Teile des Raums, die nicht zu sehen sind.

Terminologisch war dieser Bereich lange nicht erschlossen, die klassische Terminologie – unter anderem vertreten durch Gorbman[3] und Thompson/Bordwell[4] – geht zunächst vom Begriff *Diegese* aus. Als Diegese wird das raumzeitliche Kontinuum bezeichnet, in dem sich die fiktionale Handlung entwickelt. Als *diegetisch* bezeichnet man einen Ton, wenn seine Quelle – Objekt oder Filmfigur – zur Diegese gehört. *Extra-* oder *nondiegetisch* sind Töne dann, wenn sie von Quellen außerhalb der Diegese stammen. In diese Kategorie fällt ein großer Teil der Filmmusik sowie der gesprochene Kommentar einer Erzählerstimme (*voice over*), während man nur wenige Geräusche dieser Kategorie zuordnen kann. Thompson/Bordwell weisen darauf hin, dass die Grenzen zwischen diesen Unterscheidungen nicht immer eindeutig sind. Zum Beispiel sind Szenen denkbar, in denen Figuren auf nondiegetische Töne reagieren. Diegeti-

2   Béla Balázs: *Schriften zum Film*. München 1926–1931, S. 152.
3   Claudia Gorbman: *Unheard Melodies*. Bloomington, London 1987.
4   Kristin Thompson/David Bordwell: *Film Art. An Introduction*. New York 1993.

sche Töne unterteilen Thompson/Bordwell wiederum in *On-* und *Off-*Töne, in Abhängigkeit davon, ob ihre Quelle im Bild erscheint (*On*) oder außerhalb des Bildrahmens zu vermuten ist (*Off*).

Die Unterscheidung zwischen On und Off wird zu Recht kritisiert, unter anderem von Türschmann[5] und Jullier[6]. Chion selbst, der in seiner vorgängigen Publikation *Le Son au cinéma*[7] in den Grundzügen ein solches Modell vorgestellt hatte, distanziert sich heute von dieser Unterscheidung.

Die Problematik rührt von einer Grundeigenschaft akustischer Ereignisse her: Sie sind invasiv und ubiquitär, sie durchdringen Mauern und gehen um Ecken. In vielen Fällen lässt sich nicht entscheiden, ob die Klangobjekte ihre Quelle im Bild haben oder nicht. Mehr noch, diegetische Klangobjekte befinden sich auch dann im abgebildeten Raum, wenn ihre Quellen außerhalb des Bildes situiert sind, insofern als die Figuren sie ebenfalls hören können. Mit anderen Worten: Der Off-Ton ist ein weites Feld.

Chion schlägt zunächst folgende Unterscheidungen vor:

> Unter aktivem Off-Ton versteht man jene Formen, die Fragen aufwerfen (Was hört man? Was geschieht?), die eine Reaktion im Bild hervorrufen und zum Suchen auffordern. Der Ton schafft also Aufmerksamkeit und Neugierde, die den Film vorantreiben und die Antizipation des Zuschauers nähren [...].[8]

Wichtig am aktiven Off-Ton ist weiter, dass er ein Element der Handlung bildet und dass die Figuren auf ihn reagieren.

> Im Gegensatz dazu nennt man jene Formen passiven Off-Ton, die das Bild in eine Atmosphäre hüllen und es stabilisieren; sie wecken weder das Bedürfnis nachzuschauen noch evozieren sie das Bild seiner Quelle, verändern mit anderen Worten den Blickwinkel nicht. Der passive Off-Ton trägt nicht zur Dynamik der Montage oder der Kameraführung bei, er bietet ganz im Gegenteil dem Ohr einen stabilen Ort [...].[9]

---

5 Jörg Türschmann: Film – Musik – Filmbeschreibung. Zur Grundlage einer Filmsemiotik in der Wahrnehmung von Geräusch und Musik. Münster 1994.

6 Laurent Jullier: Les Sons au cinéma et à la télévision. Précis d'analyse de la bande-son. Paris 1995.

7 Michel Chion: *Le Son au cinéma*. Paris 1985.

8 Michael Chion: L'Audio-vision. Son et image au cinéma. Paris 1990. S. 75.

9 Ebd.

Während es im Fall des aktiven Off-Tons eine wichtige Rolle spielt, dass die Quelle nicht zu sehen ist, weil sie ein Rätsel stellt, das die Phantasie des Zuschauers beflügelt, ist es für den passiven Off-Ton völlig gleichgültig, ob die Quelle zu sehen ist oder nicht. Entscheidend ist vielmehr die Funktion, nämlich die Einbindung disperser optischer Fragmente in ein Raum-Zeit-Kontinuum und ihre Verankerung an einem spezifischen Ort. Von daher scheint es mir widersinnig, hier den Begriff Off überhaupt beizubehalten. Die Problematik der terminologischen Erschließung eines neuen Gebiets liegt darin, dass die Versuchung groß ist, Neologismen zu schaffen, welche die Verwirrung vergrößern, statt sie abzubauen.

Chions Vokabular hält einer genauen Überprüfung nur bedingt stand. Ausgehend von der zutreffenden Beobachtung, dass zwei verschiedenartige Bausteine zur klanglichen Beschreibung von Orten zu unterscheiden sind, schlägt er folgende Begriffe vor: *son ambiant*, wörtlich zu übersetzen als Umgebungston, und *élement de décor sonore*, zu deutsch Element der Geräuschkulisse.

> Ich nenne jene Geräusche Umgebungston, die eine Szene einhüllen und den ganzen Raum erfüllen, ohne dass sich die Frage nach der Position und Beschaffenheit ihrer Quelle stellt: die zwitschernden Vögel oder das Glockenläuten.[10]

> Ich nenne jene Geräusche Element der Geräuschkulisse, deren Quelle mehr oder weniger punktförmig und ab und zu sichtbar ist, die einen filmischen Raum bevölkern und ihm eine spezifische und klar lokalisierbare Färbung verleihen.
> [...] Ein typisches Element der Geräuschkulisse ist das entfernte Hundebellen, das Telefonklingeln aus dem benachbarten Büro oder die Polizeisirene.[11]

Chions Beispiele verdeutlichen, dass die beiden Begriffe zwei Typen von Klangobjekten bezeichnen, die sich lediglich morphologisch voneinander unterscheiden. Das Vogelgezwitscher hat eine große zeitliche Ausdehnung, während das Hundegebell nur vereinzelt zu hören ist. Mit dem Begriff Geräuschkulisse (*décor sonore*) führt Chion außerdem eine weitere Größe ein, die er nicht definiert, die aber aufgrund des Alltagsverständnisses einen Verbund von verschiedenen Geräuschen bezeichnet, welcher an einem bestimmten Ort zu hören ist. Die begriffliche Unschärfe wird noch vergrößert durch den weiteren Vorschlag, anstelle von *son ambiant* den Begriff *sons-territoire* (Territorial-

---

10 Ebd. S. 67.
11 Ebd. S. 47 f.

Ton) zu gebrauchen, „weil sie einen Ort, einen spezifischen Raum mit ihrer kontinuierlichen und ausgedehnten Präsenz bezeichnen".[12]

Aufgrund meiner Untersuchung am Korpus[13] gilt es zwei Sachverhalte zu unterscheiden:

1. Das einzelne Element, das zur Charakterisierung des Ortes dient, zum Beispiel das Hundegebell.
2. Die systemische Organisation dieser Elemente zu spezifischen Bündeln, zum Beispiel „Hundegebell plus Grillen gleich südliche Nacht".

Die beiden Sachverhalte stehen in einer hierarchischen, man könnte auch sagen paradigmatischen Beziehung zueinander.

Um das einzelne Element begrifflich zu fassen, greife ich auf die Terminologie von Schafer[14] zurück, der sich jedoch nicht explizit auf den Film bezieht. Er hat in Analogie zu *land mark* (Wahrzeichen) den Begriff *sound mark* geprägt, der Laute bezeichnet, deren Eigenschaften in besonderer Weise für die Menschen einer Gemeinschaft erkennbar und beachtenswert sind, wie zum Beispiel einheimische Handwerksgeräusche oder die Laute des Mah-Jongg-Spiels in China. Diese Klangobjekte sind jedoch so spezifisch, dass sie im Film nur dann eine Gegend charakterisieren, wenn sie explizit eingeführt werden. In der deutschen Übersetzung (1988), die leider in vielen Bereichen sachlich ungenau ist, heißt Schafers *sound mark* Orientierungslaut. Die Entwicklungsgeschichte dieses Begriffs habe ich nicht weiter erforscht. In seiner alltagssprachlichen Zusammensetzung meint er jedoch genau das, was mir wichtig erscheint: einen Laut, der die Orientierung ermöglicht.

Der Begriff *Orientierungslaut* bezeichnet nicht ein spezifisches Klangobjekt an sich, sondern dessen Funktion, einen Ort geographisch, zeitlich, kulturell, ethnisch oder sozial zu definieren. Ein Hundegebell – um beim einfachsten Beispiel zu bleiben – kann auch die Quelle, einen bestimmten Hund nämlich, bezeichnen und hat dann eine indexikalische Funktion. Die Unterschiede zwischen den beiden Funktionen werden klanglich markiert. Das Hundegebell mit indexikalischer Funktion befindet sich im Vordergrund, während das Hundegebell mit Orientierungsfunktion via verminderte Lautstärke und zusätzliche Raumparameter – insbesondere Hall – in den Hintergrund verlegt wird. Außerdem hat das Hundegebell mit indexikalischer Funktion einen Bezug zu einem Hund, der gewöhnlich optisch repräsentiert und eventuell sprachlich mit einem

---

12 Ebd. S. 67.
13 Zu seiner Auswahl und Reichweite vgl. die Ausführungen und Angaben in Flückiger: *Sound Design*, S. 21.ff., 461-464.
14 R. Murray Schafer: *The Soundscape.* Rochester NY 1994.

Namen versehen wird. Es handelt sich dabei um ein Token. Der Hund mit Orientierungsfunktion hingegen ist nie zu sehen und wird auch sonst nicht weiter differenziert, bleibt also ein Typ.

Die einzelnen Orientierungslaute sind auf der Tonspur in spezifischen, übergeordneten Strukturen organisiert. Als Begriff für diese Substrukturen schlage ich den bereits bestehenden Terminus *Atmosphäre* vor. Im Technikerjargon und für die Organisation von Geräuscharchiven hat sich der Begriff etabliert, um ganze Lautsphären sprachlich zu fassen, wie zum Beispiel *Hafen*, *Bahnhof*, *Bergwiese*. Auch die alltagssprachliche Bedeutung passt zur Funktion von Atmosphären. Ihre Stimmung ist einerseits an die Raumakustik gebunden, an die Materialien, aus welchen dieser Raum geschaffen wurde, an seine Größe und geographische Situierung, aber auch an die Menschen, die diesen Raum benützen, und ihre Tätigkeiten. Es sind Parameter, die man sofort ganzheitlich erfasst und die sich sehr direkt auf die emotionale Befindlichkeit auswirken. Unter *Atmosphären* werden im folgenden Sets von Orientierungslauten verstanden, welche zur Charakterisierung von Orten dienen.

Eine ähnliche Rolle übernehmen die Atmosphären innerhalb der Tonspur. Sie sind das akustische Setting, das sowohl die raumzeitliche Orientierung ermöglicht als auch den emotionalen Rahmen nicht nur für die Zuschauer, sondern auch für die Filmfiguren abgibt.

Da sie ihren Informationsgehalt sofort entfalten müssen und dem Zuschauer keine besondere Aufmerksamkeit abverlangen dürfen, sind sie wahrscheinlich jener Teil der Tonspur, der am stärksten stereotypisiert und außerdem in hohem Maß abstrahiert und funktionalisiert wurde. Atmosphären werden deshalb auf ein Mindestmaß reduziert und bestehen im Allgemeinen aus distinkten Bündeln von maximal drei Orientierungslauten. Diese starke Kodifizierung ist nicht nur ein Erfordernis des Textes, sondern vor allem auch der Kommunikation mit einem dispersen Publikum, welches auf diese schematisierten Informationen konditioniert wurde. Eine solche Reduktion ist tendenziell charakteristisch für den amerikanischen Mainstreamfilm. In Europa arbeitet man die Raum-Zeit-Indikatoren wesentlich differenzierter aus, was damit zusammenhängt, dass sie sich an ein homogeneres Publikum wenden, das diese Formensprache versteht. Im Besonderen besteht in der amerikanischen Produktion eine Tendenz, die obligatorischen Orientierungslaute zu bevorzugen.

Grundlagen

Neben der Frage, wie diese Strukturen terminologisch gefasst werden können, interessiert mich vor allem auch ihre Funktionsweise, die bisher in der Filmwissenschaft nicht erforscht wurde.

Verschiedene theoretische Ansätze, die sich mit der Informationsverarbeitung und der Wissensrepräsentation auseinandersetzen, gehen davon aus, dass die Integration einzelner Sachverhalte in Verbünde zu den Grundmechanismen kognitiver Tätigkeit gehört. Solche Verbünde von neuen Informationseinheiten aus mehreren, vorher separaten Einheiten werden als *Chunks* bezeichnet.[15] Die Chunks haben im Gedächtnis und in der Aktualisierung von Erinnerungen die Funktion, komplexe Wissensbestände zu vereinfachen, indem sie primär unter einem übergeordneten Aspekt zusammengefasst werden, während sekundäre Aspekte, die zu ihrer jeweils aktuellen Repräsentation gehören, erst in einem späteren Stadium Beachtung finden. Interessant ist das Modell des Chunking für den vorliegenden Sachverhalt insofern, als in diesen Verbünden auch emotionale und pragmatische Aspekte integriert sind. Dies wird sofort deutlich, wenn wir uns einen bestimmten Schauplatz vorstellen, zum Beispiel einen düsteren Keller oder eine leere Fabrikhalle. Selbst wenn in der filmischen Repräsentation fröhlich spielende Kinder solche Schauplätze bevölkern, bleibt ein ungutes Gefühl, welches die Hypothese befördert, dass dieses Glück nur von kurzer Dauer sein könnte.

Das Modell von Minsky[16] geht von einer ähnlich ganzheitlichen Integration von Wissen in Substrukturen aus:

> In einer neuen Situation [...] greift man auf bestimmte Strukturen im Gedächtnis zurück, auf so genannte Frames. [...] Ein Frame ist eine Datenstruktur, die eine stereotype Situation darstellt, wie beispielsweise in einem bestimmten Zimmer zu sein oder zu einem Kindergeburtstag zu gehen. [...] Wir können uns das Frame als ein Netz von Knoten und Beziehungen vorstellen. Seine oberen Niveaus sind fest und stellen Eigenschaften dar, die in der angenommenen Situation immer zutreffen. Die unteren Niveaus haben viele Anschlüsse, so genannte Slots, die mit spezifischen Eigenschaften oder Daten gefüllt werden müssen.[17]

Minskys Begriff *Frame* hat sich in der psychologischen Terminologie nicht durchgesetzt, sondern wurde vom Terminus *Schema* abgelöst, den ich mit Kluwe in folgender Definition verwende: „Schemata sind große Wissenseinheiten. [...] Exemplare eines Schemas lassen sich auf einem Kontinuum bezüglich ihrer Distanz zu einem Prototyp anordnen."[18]

---

15 Rainer H. Kluwe: „Gedächtnis und Wissen." In: Hans Spada (Hg.): *Lehrbuch Allgemeine Psychologie*. Bern 1992. S. 144.

16 Marvin Minsky: „A Framework for Representing Knowledge." In: John Haugeland (Hg.): *Mind Design*. Montgomery 1981.

17 Ebd. S. 93.

18 Kluwe: Gedächtnis und Wissen. S. 155.

Aus der Schilderung von Minsky gehen einige Sachverhalte hervor, die für die weitere Argumentation wichtig sind, zunächst die Stereotypisierung der mentalen Repräsentation von Situationen. Die Integration von pragmatischen Aspekten und Gefühlswerten kann dadurch erklärt werden, dass ähnliche oder gleiche Situationen immer wieder vorkommen, sowohl im täglichen Leben als auch besonders in der medialen Repräsentation, und zwar in Verbindung mit ähnlichen Gefühlswerten und Skripts zur Verhaltensregulation. Die kognitive Organisation von Schauplätzen in Schemata ist eine Folge der lernenden Interaktion des Menschen mit der Umwelt.

Einige Momente – die prototypischen – nehmen einen anderen Stellenwert an, weil sie stärker verfestigt sind als andere. Die prototypischen Elemente sind allerdings nur zu einem geringen Teil obligatorisch. Weitere Elemente, die sogenannten *Slots*, die deutsch als *Leerstellen* zu bezeichnen sind, stellen fakultative Merkmale dar. Sie unterscheiden eine aktuelle Situation vom prototypischen Schema. Die Stereotypisierung von Atmosphären kann man als Komplexitätsreduktion verstehen. Reale Lautsphären sind viel zu dicht, um in die Tonspuren Eingang zu finden.

Schafer und Truax[19] haben im Rahmen des *World Soundscape Projects* mit Wissenschaftlern aus aller Welt die geografisch, saisonal und kulturell bedingte Verteilung von Geräuschen untersucht. Die Forscher haben an vielen Orten 24-Stunden-Protokolle der hörbaren Geräusche aufgezeichnet und ausgewertet. Die punktuellen Datenerfassungen wurden miteinander verglichen und für ganze Landstriche Karten sowie Tages- und Jahresprofile für die einzelnen Orte erstellt. Aus diesen Erhebungen gehen klare Gesetzmäßigkeiten hervor, die auch für die Gestaltung von Atmosphären eine Rolle spielen können, z. B. dass Frösche dann quaken, wenn die Vögel verstummen, dass Heuschrecken nur von Anfang April bis Ende Juli zu hören sind.

Einige Sound-Designer haben ebenfalls aufwendige Recherchen getätigt, um spezielle historische oder geographische Situationen klanglich adäquat zu gestalten. Cecelia Hall beispielsweise hat sich für WITNESS (USA 1985, Peter Weir) genauestens mit der Lebensweise der Amish befasst, um ihre Einstellung zu Umwelt und Technik auf die Tonspur zu übertragen. Mark Mangini betrieb für KAFKA (USA 1991, Steven Soderbergh) ebenfalls ausgedehnte Studien in Prag und befasste sich mit Kafkas Werk.

Häufig setzen sich Sound-Designer jedoch über biologisch fundierte Gegebenheiten hinweg und wählen die Geräusche nur nach klanglichen und emotiven Gesichtspunkten aus: „Wenn man Filme macht, muss man die Emotionen

---

19 Barry Truax: *Acoustic Communication.* Norwood NJ 1984.

des Publikums steuern. Es ist ein Fehler, Filme wie das wirkliche Leben klingen zu lassen."[20]

Nun wäre es irreführend zu glauben, dass die Verwendung von Stereotypen als Orientierungslaute keine Kreativität mehr zulässt. Grillen, einer der weit verbreitetsten Standards, kommen in Myriaden von Variationen vor, von denen einige tatsächlich gar keine Grillen sind, sondern andere Insekten – Heuschrecken oder Zikaden – mit verwandter Geräuscherzeugung.

Die hochartifiziellen Abbildungsmechanismen, die natürliche Klangsphären vereinfachen und nach einer Reihe konventionalisierter Regeln auf ein Lexikon expliziter Bedeutungen übertragen, gehören zum Wissensbestand des Sound-Designers und nur mittelbar zu dem der Zuschauer, die nur intuitiv beurteilen können, ob die akustische Raumdarstellung stimmig ist.

Diese Verdichtung komplexer Lautsphären in einzelne Orientierungslaute nach narrativen Überlegungen kann als Synekdoche verstanden werden. Der einzelne Orientierungslaut aktiviert als Teil eines Ganzen ein fest verankertes Muster mit bildhaften, emotionalen und pragmatischen Assoziationen. Der Informationstransfer wird damit extrem ökonomisch, sowohl für die Gestaltung der Tonspur als auch für die Denktätigkeit der Rezipienten. Wenn die Schreie von Möwen allein den Landschaftskomplex Meer/Strand/Küste aktivieren, wird auf der Tonspur Platz für die differenzierte Ausgestaltung von sekundären Merkmalen frei.

Der ökonomische Aspekt wird in vielen Mainstreamfilmen durch die Strategie des Priming weiter optimiert. Priming bedeutet Voraktivierung der Aufmerksamkeit. Durch das Priming wird ein bestimmtes semantisches Register, ein Bedeutungsfeld geöffnet, an welches nachfolgende Informationen angepasst werden. Bildlich könnte man auch von einer Schiene sprechen, welche eine bestimmte Richtung vorgibt, die später lediglich ausgebaut werden kann. Wenn der Schauplatz das erste Mal zu sehen ist, findet eine breitere Exposition statt. Später im Film, wenn derselbe Schauplatz wieder auftritt, reicht es aus, in den ersten Sekunden einige wenige Orientierungslaute deutlich zu wiederholen und sie danach in den Hintergrund zu blenden.

> Je weniger Geräusche man einsetzt, desto besser wird es. Die wenigen Geräusche sollten jedoch so viel wie möglich ausdrücken. Deshalb muss man genau das eine passende Geräusch finden. Das kostet Zeit. […] Wenn es eine Szene zeichenhaft beschreiben soll, muss es ihrer Essenz genau entsprechen.[21]

20 Richard Beggs: *Tonaufnahme eines Interviews.* San Francisco, Oktober 1997.
21 Ebd.

Für die Unterwasserstation von SPHERE (USA 1998, Barry Levinson) wählte Beggs das Geräusch einer Lüftung als Orientierungslaut, das dieser Anforderung an die Essenz entspricht, weil es hintergründig die ständige Bedrohung mangelnder Luftzufuhr tausend Meter unter der Wasseroberfläche thematisiert. Dieses Lüftungsgeräusch wird dahingehend manipuliert, als entsprechend der Tiefe im Raum – je tiefer, desto bassiger – oder der zwischenmenschlichen Situation – je angespannter desto höher – eine Reihe von fein differenzierten Lüftungsgeräuschen einander ablösen, die unhörbar ineinander überführt werden und damit in ein Perzept – sprachlich gefasst als *Lüftung* – zusammenfallen.

Die Orientierungslaute oder zumindest ein Teil davon bleiben im Allgemeinen für einen spezifischen Ort während des ganzen Films stabil, außer wenn gravierende Veränderungen stattfinden oder wenn ein ganzer Film oder große Teile eines Films nur an einem einzigen Schauplatz angesiedelt sind. Bei außergewöhnlichen Schauplätzen, deren akustische Situierung nicht mit dem Standardrepertoire zu realisieren ist, werden für die einzelnen Schauplätze eigene Sets entworfen, die über Wiederholung unabhängig von der visuellen Repräsentation werden. Ein Beispiel dafür ist das feindliche Empire in der STARWARS-Trilogie, das durch eine bassige Modulation charakterisiert wird. Dieses Klangobjekt hat keine vorgeformte referenzielle Bedeutung, sondern wird in STAR WARS (USA 1977, George Lucas) etabliert. Das Verfahren zeigt deutliche Analogien zur vereinfachten Form der Leitmotivtechnik und baut auf dem Mechanismus des impliziten Lernens auf. Die Rezipienten sind nach einmaliger Visionierung ohne weiteres in der Lage, allein aus Fragmenten der Tonspur auf den Ort zu schließen; sie sind häufig sogar frappiert, wie deutlich die ganze Szenerie vor ihrem inneren Auge auftaucht.

Fallstudien

Der Komplex *Orientierungsfunktion der Tonspur* ist ein dankbares Objekt für die quantitative Analyse des Korpus,[22] das sich im vorliegenden Fall aus verschiedenen Genres zusammensetzt. Noch genauere Daten ließen sich ermitteln, wenn man ein homogenes Korpus untersuchen würde, Science-Fiction-Filme, Gefängnis- oder Kriegsfilme aus sechs Jahrzehnten.

Wie in der Einleitung angesprochen, privilegieren Filme einzelne Schauplätze aus der Masse sämtlicher denkbarer Orte in der Wirklichkeit. Im Korpus sind dies in der Reihenfolge ihres quantitativen Auftretens und ihren häufigsten Orientierungslauten:[23]

---

22 Vgl. dazu Anm. 13.

23 Es versteht sich von selbst, dass sich diese Settings ungleichmäßig auf die einzelnen Filme und Genres verteilen. Die Prozentangaben sind Durchschnittswerte aus der Analyse des gesamten Korpus.

Nacht außen ohne spezifische Ortsangabe 10 %:
  Grillen 70 %, Hundegebell entfernt 25 %, Frösche 14 %
Büro/Polizeibüro 8 %:
  Telefonklingeln 47 %, Schreibmaschinengeklapper 33 %
Schlafzimmer/Wohnzimmer/Wohnung 8 %:
  (keine spezifischen Orientierungslaute)
Stadt/Strasse 7 %:
  Hupe 54 %, Verkehrsrauschen 51 %, Sirene 11 %
Bar/Restaurant/Nachtclub 7 %:
  Stimmen im Hintergrund 64 %, Geschirrklappern 32 %, Gläserklingeln 30 %
Dschungel 6 %:
  Vogelrufe verhallt 75 %, Grillen 35 %, Frösche 14 %
Feld/ländliche Gegend/Land 4 %:
  Vögel 69 %
Gefängnis/Gefangenenlager 4 %:
  Metalltor 59 %, Schlüssel 24 %
Meer/Küste/Strand 3 %:
  Wellen/Brandung 68 %, Möwen 62 %

Die Atmosphäre *Nacht außen* primär als zeitlicher Index kommt nicht nur am häufigsten vor, sondern ist auch extrem stereotypisiert. In 70 % aller Nachtdarstellungen sind Grillen zu hören, allerdings erst ab Mitte der vierziger Jahre, zunächst noch selten, gehäuft ab Mitte der siebziger Jahre. Nachtdarstellungen ohne Grillen sind durchweg negativ als unheimlich oder bedrohlich gekennzeichnet, entweder durch Regen, Wind oder durch unidentifizierbare Klangobjekte. Weitere negative Markierungen von Nacht sind – teilweise im Verbund mit Grillen – Käuzchen oder Zughupen/Zugvorbeifahrten entfernt verhallt. Das Hundegebell mit 25 %, die Frösche mit 14 % sind ebenfalls erst ab Mitte der siebziger Jahre zu hören. Die Kombination *Grillen und Hundegebell entfernt* kommt ausschließlich in Nachtszenen vor, und zwar – unabhängig von der geographischen Situierung – in Afrika, im Orient, im Mittleren Westen, in Vietnam, in Neuseeland, sogar in Russland; vor Mitte der siebziger Jahre jedoch nur in IN THE HEAT OF THE NIGHT (USA 1966, Norman Jewison), wo die Nacht ein zentrales thematisches Motiv darstellt, und in THE GREAT RACE (USA 1964, Blake Edwards). Grillen und Hundegebell entfernt sind demnach kein notwendiges, aber ein hinreichendes und sehr wahrscheinliches Muster zur Darstellung von Nacht.

  Die Zughupe/Zugvorbeifahrt entfernt korreliert deutlich mit negativen Nachtdarstellungen in verlassenen ländlichen Gegenden, insbesondere dort, wo Mord und Totschlag stattfinden, das erste Mal in THE BIG HOUSE (USA 1930,

George Hill), dann erst wieder im bereits erwähnten IN THE HEAT OF THE NIGHT und ab Mitte der siebziger Jahre unter anderem in THE DEER HUNTER (USA 1978, Michael Cimino). Besonders merkwürdig ist seine Verwendung im europäischen CARAVAGGIO (GB 1986, Derek Jarman), wo es mit der inneren Krise des Malers assoziiert wird, obwohl es nicht zur historischen Situierung des Films im 16. Jahrhundert passt. Meine Interviewpartner – Sound-Designer, die selbst mit diesem Klangobjekt arbeiten – konnten mir nichts über den Ursprung dieses eigenartig symbolischen Orientierungslauts sagen, der dennoch weit verbreitet ist. „Viel von der bedrückenden Stimmung in Lises Hotel wird durch das Motiv eines vorbeifahrenden Zuges ausgedrückt", meinen Thompson/Bordwell[24] hinsichtlich Jean Gremillons LA PETITE LISE (Frankreich 1930). Auch der Sound-Designer Gary Rydstrom spricht diese Bedeutungsebene an.[25]

Beschreibung einer Figur-Umwelt-Relation

In der Fallstudie zur Atmosphäre *Nacht außen* werden klare Tendenzen sichtbar, in erster Linie die äußerst spärliche Verwendung von Atmosphären im Hollywood-Film bis Mitte der sechziger Jahre. Erklärungen dafür finden sich in Bordwell/Staiger/Thompson, welche die wichtigsten Strategien des klassischen Hollywoodfilms zur Kennzeichnung von Schauplätzen beschreiben:

> Die klassische aristotelische Einheit von Zeit, Ort und Handlung, die durch standardisierte Verfahren wie Schwarzblende, Überblendung usw. gekennzeichnet wurde; das chronologische Fortschreiten der Zeit sowie die Ankündigung von Abweichungen durch Zwischentitel, Kalenderblätter usw.; die Exposition eines neuen Schauplatzes über eine Totale.[26]

Die von Bordwell et al. geschilderten Verfahren hauptsächlich optischer Natur liefern ein ausreichendes Regelwerk zur Organisation der raumzeitlichen Situierung. Die Struktur an sich ist auf eine einheitliche, eindeutige Lesbarkeit hin organisiert, welche die Tonspur ab Beginn der dreißiger Jahre mehrheitlich von der Orientierungsfunktion befreit.

Eine Ausnahme bildet die Filmmusik, die – ausgehend von der Technik der *couleur locale* der *Grand Opéra* des 19. Jahrhunderts – ein eigenes System von Orientierungshinweisen auf Orte und Zeiten entwickelt hat. Teile einer ethnisch verankerten Musik – zum Beispiel *Dixie* oder spanische Gitarrenmusik –

24 Thompson/Bordwell: *Film Art.* S. 225.
25 Vincent LoBrutto: *Sound-on-Film.* London 1994. S. 240 f.
26 David Bordwell/Janet Staiger/Kristin Thompson: *The Classical Hollywood Cinema.* London 1985. S. 61 ff.

können einen Schauplatz charakterisieren; Hymnen wie das *Star Spangled Banner*, die *Marseillaise* oder die *Internationale* können – wie Brown[27] bemerkt – ganze politische Mythologien vertreten; Kirchenorgel, Trommelwirbel, Marschmusik, Wienerwalzer verfügen über jene Bedeutungen höherer Ordnung, die Barthes als Mythen bezeichnet. Seit der Stummfilmzeit haben Filmkomponisten auf diese stereotypisierten Kodierungen höherer Ordnung zurückgegriffen, die sie entweder als Instrumentierungen, als metrische Grundlagen, als harmonische Strukturen – zum Beispiel die parallel geführten Quarten der epischen „Sandalenfilme" wie Quo Vadis? (USA 1951, Mervyn LeRoy) und Ben Hur (USA 1959, William Wyler)[28] – oder als Motive und Themen in ihre Kompositionen integriert haben.

Die formalen Strategien der Bildgestaltung, die Bordwell/Staiger/Thompson auflisten, decken sich im Wesentlichen mit meinen Analysen des Korpus. Aufschlussreich sind vor diesem Hintergrund aber die Beispiele, die von diesem Regelwerk abweichen und in denen die nichtmusikalischen Elemente der Tonspur als aktiver Bestandteil in die Beschreibung von Orten und Zeiten einbezogen werden. Es sind dies im Korpus bis Mitte der 1960er Jahre The Big House (USA 1930, George Hill), King Kong (USA 1933, Cooper/Schoedsack), The Hurricane (USA 1937, John Ford), This Land is Mine (USA 1943, Jean Renoir), The Snake Pit (USA 1948, Anatole Litvak), Twelve O'Clock High (USA 1949, Henry King), From Here to Eternity (USA 1953, Fred Zinnemann), Lawrence of Arabia (GB/USA 1962, David Lean) und In the Heat of the Night (USA 1966, Norman Jewison). Mit Ausnahme von King Kong haben diese Filme bei aller Unterschiedlichkeit eines gemeinsam: Sie zeigen Figuren in psychischen Grenzsituationen, Charaktere, die sich von der Norm unterscheiden und in einer konflikthaften Beziehung zu ihrer Umwelt stehen.

Die gehäuft auftretenden Orientierungslaute charakterisieren in diesen Filmen in erster Linie nicht einen geographischen Ort, sondern eine Relation zwischen der Befindlichkeit einer Figur und ihrer Umwelt. Sie werden damit über den Hinweis auf einen Schauplatz hinaus Teil der psychologischen Zeichnung von Filmfiguren. Die Orientierungslaute können als Elemente einer latenten Subjektivierungstendenz interpretiert werden, welche die Umwelt aus der Perspektive des dünnhäutigen Individuums schildert. Damit simuliert die Tonspur

---

27 Royal S. Brown: *Overtones and Undertones.* Los Angeles 1994. S. 52.

28 Dieses Beispiel ist besonders aufschlussreich, weil von der römischen Musik keine Überlieferungen bekannt sind. Miklós Rózsa gründete seine Kompositionen auf antiken griechischen Quellen, weil er davon ausging, dass die römische Kultur hauptsächlich von griechischen Einflüssen geprägt war. Mit Quo Vadis? hat Rózsa die formalen Charakteristika „römischer" Musik im Film ein für alle Mal geprägt. Alex North hat sich dann allerdings bei der Komposition zu Spartacus (USA 1960, Stanley Kubrick) bewusst von diesem Vorbild distanziert: „Ich wollte Musik komponieren, welche die Vergangenheit im Licht der Gegenwart interpretiert". Fred Karlin: *Listening to Movies.* New York 1994. S. 20

einen Mechanismus, der auch in der Alltagswahrnehmung vorkommt. Jeder kennt diese gereizte Empfindlichkeit, wenn alle Geräusche übermäßig stören. Psychologen, die sich mit den Auswirkungen von Geräuschen auf die Gesundheit auseinandersetzen (u. a. in Schick 1980, 1986, 1997), berücksichtigen, dass die Wertung und Wahrnehmung von Geräuschen nicht nur mit ihrer physikalischen Beschaffenheit, sondern signifikant mit der psychischen Disposition des Hörers und der emotionalen Einstellung gegenüber dem Geräuschverursacher zusammenhängt. Subjektive Wertung und psychische Disposition haben einen Einfluss auf die Aufmerksamkeit und Selektion. In stressigen Situationen gelingt es dem System nicht mehr, irrelevante Informationen auszufiltern und die Aufmerksamkeit auf jene Inhalte zu konzentrieren, die aktiv gesucht werden. Insgesamt wird die Aufmerksamkeit zu weiten Teilen von Einstellungen, Motivationen, Hypothesen und Antizipationen beeinflusst.

Im Mainstreamfilm seit Mitte der siebziger Jahre werden subjektiv gefärbte Schilderungen der Umwelt mehr und mehr zur Strategie, besonders dort, wo es die psychologische Tiefe der handelnden Personen zulässt. Reine Aktanten, welche hauptsächlich der narrativen Konstruktion der Handlung dienen, wie zum Beispiel die Figuren in der INDIANA-JONES- oder der STAR-WARS-Trilogie, unterscheiden sich diesbezüglich von Figuren mit komplexem Innenleben wie selbst ein Chief Brody in JAWS (USA 1975, Steven Spielberg) oder ein Captain Willard in APOCALYPSE NOW (USA 1979, Francis Ford Coppola), noch mehr die unbestimmt vor sich hin treibenden Brüder Rusty James und Motorcycle Boy in RUMBLE FISH (USA 1979, Francis Ford Coppola) oder die vielschichtige Figur des Boxers Jake La Motta in RAGING BULL (USA 1980, Martin Scorsese). Es geht also um den Unterschied zwischen einer faktisch ausgelegten, primär dem Informationstransfer dienenden Zeichnung von Orten und Zeiten auf der einen und einer an der Befindlichkeit der Figuren orientierten Ausdifferenzierung unter subjektiven Gesichtspunkten auf der anderen Seite.

Bereits die differenziert negative Gestaltung der Psychiatrie in THE SNAKE PIT – die mit dem gewaltsamen Happy End unvereinbar erscheint – oder der Gefängnisse in THE BIG HOUSE und THE HURRICANE benützt nicht nur die standardisierten Sets, sondern auch weitere Hinweise auf den Ort, die man mit Minsky als *Slots* oder *Leerstellen* bezeichnen könnte, womit sekundäre oder auch fakultative Merkmale gemeint sind, die deutlich mit der Perspektive der Protagonisten korrespondieren.

Eine signifikante Häufung von fakultativen Orientierungslauten, häufig gepaart mit einer exzessiven Verwendung, findet sich auch in einzelnen Werken, die vorwiegend das stereotype Repertoire aufbieten, und zwar dann, wenn die psychische Anspannung der Figuren deutlich zunimmt. Das sind Situationen der Fremdheit oder Desorientierung, Showdowns und Dunkelheit, wobei Showdowns, Desorientierung und Dunkelheit sehr häufig kombiniert werden.

Fremdheit

Es macht Sinn, dass Fremdheit mit gesteigerter Sensitivität der Wahrnehmung korreliert, weil unbekannte Situationen schwieriger zu verstehen sind und die Aufmerksamkeit des gesamten Systems beanspruchen. Dazu Schafer:

> Das Ohr ist auf Reisen in unbekannte Gegenden immer wachsamer, wie die reichhaltige Reiseliteratur von vielen Schriftstellern beweist, deren Schilderungen der Klangwelt normalerweise weit weniger detailliert sind – wie Thoreau, Heinrich Heine und Robert Louis Stevenson. Ein amerikanischer Student, der 1969 von einer Reise nach Rio de Janeiro zurückkehrte, konnte die brasilianische Klangwelt wesentlich lebendiger beschreiben als diejenige seiner Heimatstadt New York. [...] Wenn man reist, dringen neue Geräusche ins Bewusstsein und werden deshalb in den Rang von Figuren gehoben.[29]

Fremdheit ist ein Leitthema unter anderem in OUT OF AFRICA (USA 1985, Sydney Pollack), in THE PIANO (Neuseeland 1992, Jane Campion) und in allen Vietnamfilmen von THE DEER HUNTER (USA 1978, Michael Cimino), APOCALYPSE NOW (USA 1979, Francis Ford Coppola) bis PLATOON (USA 1986, Oliver Stone).

Desorientierung, Showdown, Dunkelheit

Raum kann nicht nur definiert, sondern auch bewusst unbestimmt, schwebend gelassen werden. Der Orientierung im Raum steht die bewusste Desorientierung entgegen. Bildseitig sind es Gestaltungsmittel wie die Negierung des Raums durch eine begrenzte Schärfentiefe, durch diffuse Objekte und unscharfe Texturen oder durch die extrem ausschnitthafte Darbietung des Raums durch Detailaufnahmen. Undefinierbare Geräusche und die diffuse Atmosphäre des Surround-Klangs, der nirgends im Bild verankert scheint, bewirken oder unterstützen diese Verunsicherung auf der Tonseite. Wenn es einen Orientierungslaut gibt, welcher – so paradox das klingt – die Desorientierung markiert, so ist es das *Tröpfeln entfernt verhallt.*

Ein Grenzfall der bewussten Desorientierung scheinen die großen Räume mit sehr langer Nachhallzeit zu sein, ein Raumtypus, der bereits in CITIZEN KANE ein Gefühl des grenzenlosen Unbehaustseins ausdrückt. Diese Art von kalten, leeren Räumen hat sich in aggressiven, spannungsgeladenen Szenen etabliert, die sehr häufig in Parkhäusern, Bauruinen, Fabrikhallen oder in langen

---

29 Schafer: *The Soundscape.* S. 211.

unmöblierten Korridoren stattfinden. Der Showdown an großen, halligen, dunklen Orten, die womöglich unübersichtlich sind und in denen nur noch vereinzelte Geräusche von der Anwesenheit des unsichtbaren Gegners zeugen, ist ein Topos, der im Korpus 1966 das erste Mal in Jewisons IN THE HEAT OF THE NIGHT vorkommt.

Dunkelheit ist eine entscheidende Grundlage für die vermehrte Verlagerung der Informationen auf die Tonspur, weil das Bild nur mehr Schatten und Umrisse zeichnet, der Raum selbst jedoch versinkt. Generell nimmt die Aufmerksamkeit in den verbleibenden Sinnesmodalitäten zu, wenn eine Wahrnehmungsform versagt.

Desorientierung, in vielen Fällen ebenfalls gekoppelt an Dunkelheit, ist ein wiederkehrendes Motiv im Krieg. Das Bild des entwurzelten Soldaten, der nicht mehr weiß, wohin er schießt und woher geschossen wird, taucht zwar in FROM HERE TO ETERNITY (USA 1953, Fred Zinnemann) bereits auf, allerdings ohne von der Tonspur unterstützt zu werden. Ab Mitte der sechziger Jahre seit THE DIRTY DOZEN (USA 1967, Robert Aldrich) gehört es zu den Standards der Kriegsschilderungen, besonders in Vietnamfilmen, wo es durch die bereits geschilderte Fremdheit potenziert wird. Hingegen ist das Setting in den Kriegsszenen in THE ALAMO (USA 1960, John Wayne) und in PATTON (USA 1969, Franklin J. Schaffner) so eindeutig ausgelegt, dass sowohl die Zuschauer als auch die Soldaten sich jederzeit orientieren können. In diesen beiden Werken sind die Protagonisten *bigger than life*, Helden, die zwar in den Niederungen des Alltags straucheln können, im Krieg aber zu Höchstform auflaufen.

Erwähnenswert als Beispiel für gezielte Desorientierung ist beispielsweise eine Szene aus THE NAME OF THE ROSE (Frankreich/Italien/BRD 1985, Jean-Jacques Annaud, 1.43.17–1.56.54), ein Showdown, in welchem der detektivische Franziskaner William von Baskerville und sein Adlatus sich im brennenden Labyrinth verirren. Laut Aussagen von Milan Bor, dem Mischtonmeister dieses Films, wurden die sich wandelnden Raumeigenschaften primär über ein Echo erzeugt, dessen veränderliche Verzögerungszeit man bereits am Schneidetisch festgelegt hatte.

Generalisierung versus Dichotomisierung

Die formelhafte Beschreibung von Schauplätzen über stereotype Orientierungslaute kann als *Generalisierung* verstanden werden. Darunter versteht man die Überbetonung von Ähnlichkeiten. Wenn *Grillen* und *Hundegebell entfernt* wie beschrieben unabhängig von der geographischen Situierung Nacht bedeuten, wird diese Strategie hörbar. Gleichzeitig bedeutet Generalisierung das Ausblenden von Unterschieden.

Dichotomisierung auf der anderen Seite meint die Überbetonung von Differenzen. Auch sie dient der Orientierung, indem verschiedene Sachverhalte durch Kontraste deutlich voneinander unterschieden werden. Eine solche Strategie lässt sich beispielsweise in RAGING BULL (USA 1980, Martin Scorsese) beobachten, in dem der soziale Aufstieg Jake La Mottas durch Dichotomisierung überbetont wird: Das Milieu in der Bronx zu Beginn des Films erscheint besonders eng und aggressiv, aus allen Ecken klingen Kindergeschrei, Hundegebell und die Geräusche wenig kultivierter proletarischer Nachbarn; später – bei 1.10.22–1.14.59 – wirkt in einer feineren Wohnung alles gedämpft, die Schritte auf dem Teppichboden, das leise Rascheln von Papier, dezente Türen, nur ganz entfernt ist eine Sirene zu hören, die subtil der angespannten Stimmung entspricht.

Jede Anordnung von Atmosphären auf der Tonspur kann als Zusammenspiel von Dichotomisierung und Generalisierung verstanden werden, wobei die Generalisierung im Allgemeinen überwiegen dürfte. Dichotomisierung herrscht beispielsweise vor, wenn in WITNESS (USA 1985, Peter Weir) zwischen der ländlichen, nicht technisierten Sphäre der Amish und der urbanen Atmosphäre der Harrison-Ford-Figur unterschieden wird.

Besonders aussagekräftig ist eine Analyse der beiden komplementären Verfahrensweisen in Strukturen, die per se spezielle Anforderungen an die Orientierung stellen. Das sind Parallelmontagen, Szenenübergänge und ähnliche Schauplätze mit unterschiedlicher narrativer Bedeutung, zum Beispiel die Raumstation der Guten versus diejenige der Bösen.

In Parallelmontagen werden in der Mehrzahl aller Fälle die Unterschiede besonders herausgearbeitet, so dass die Orientierung immer gewährleistet ist. Die kontrastreiche Aufbereitung der Atmosphären hat außerdem den Zweck, die Hektik zu befördern, indem sie die Schnitte perzeptiv betont.

Es zeigt sich also bei der Untersuchung der narrativen Orientierungsfunktionen der Tonspur, dass sich semantische und sensorische Strategien überlagern. Beide greifen sowohl auf filmhistorisch gewachsene Muster als auch auf Routinen der Alltagswahrnehmung zurück. Während jedoch im klassischen Hollywood viele dieser Funktionen an die Musik delegiert wurden, hat sich seit Mitte der sechziger Jahre ein zeichenhaft zugespitztes Vokabular von Geräuschen entwickelt, dessen automatisierte Orientierungsfunktion immer dann um subtilere Nuancen erweitert wird, wenn es die psychische Disposition der Figuren oder komplexe narrative Verflechtungen erfordern.

Sektion II:

Fernsehen

Peter Hoff

Das Akustische im deutschen Fernsehspiel der fünfziger und frühen sechziger Jahre

Zum Verhältnis von Konzentration und Zerstreuung vor der Filmisierung der „dramatischen Kunst" im Fernsehen*

Vorspruch

Wer heute den waghalsigen Versuch unternimmt, Studenten im Rahmen der Lehre an das Fernsehspiel der fünfziger und frühen sechziger Jahre heranzuführen, trifft auf ernsthafte Verständnisschwierigkeiten. Die ‚Filmisierung' des Fernsehspiels zum ‚Fernsehfilm', die schon etwa zehn Jahre nach der Ausstrahlung der ersten deutschen Fernsehspiele, also Mitte der sechziger Jahre, einsetzte, hat die ästhetischen Erwartungen entscheidend geprägt und damit nicht nur die Ästhetik des künstlerisch-fiktionalen Fernsehens (in der ehemaligen DDR sprach man von „dramatischer Kunst"), sondern auch die Ästhetik des Spielfilms nachhaltig verändert. So ist zum Beispiel die inflationäre Verwendung der Großaufnahme im Kinofilm, die nicht mehr, wie im frühen Film, Akzente betont und Höhepunkte bezeichnet, sondern zur Normalität in der filmischen Bildsprache geworden ist, als eine Folge der allgegenwärtigen ‚talking heads' der laufenden Fernsehprogramme anzusehen. In die fiktionalen Fernsehproduktionen sind gleichsam im Gegenzug Action und schnelle Schnittfolgen eingezogen, während die verlangsamte Reflexion oder die Adresse ans Publikum, früher Eigentümlichkeiten des Fernsehspiels, nun auch im Kinofilm zu Hause sind. Vergleichbares findet sich ebenso in der akustischen Gestalt, zu der sich der Fernsehfilm gegenüber dem Fernsehspiel gewandelt hat.

Dem Fernsehspiel war, so scheint es zumindest, eine nur kurze Karriere beschieden. Vor rund siebzig Jahren in Großbritannien erstmals experimentell realisiert, vor fünfzig Jahren – nach Versuchen im Fernsehen der Reichsrundfunkgesellschaft – zum Flaggschiff des deutschen Nachkriegsfernsehens in West- wie Ostdeutschland avanciert, existiert es heute außer in kaum einmal wiederholten Aufzeichnungen aus den Archiven der Rundfunkanstalten nur noch in der Erinnerung bejahrter Enthusiasten und Spezialisten. Als Gattung

---

* Da Peter Hoff während der Tagung verstarb, können wir seinen Vortrag hier nur in einer von den Herausgebern behutsam überarbeiteten Fassung vorstellen – auf den Beitrag verzichten wollten wir nicht.

der darstellenden Kunst kann es in den aktuellen Medienprogrammen als ausgestorben gelten. Nur noch in rudimentärer Gestalt sind Elemente dieser einst erfolgreichen Gattung im gegenwärtigen Programmbetrieb zu finden, zum Beispiel in den Daily Soaps oder in den Gerichtsshows vor allem der privaten, aber auch der öffentlich-rechtlichen Anbieter. Hier haben sich einzelne technische Elemente des alten Fernsehspiels wie die Mehrkameratechnik oder das Durchspiel ganzer Szenen als kostengünstige Produktionstechnologie erhalten. Von der Ästhetik des Fernsehspiels sind in diesen Medienprodukten dagegen kaum noch Spuren festzustellen.

Mit dem Fernsehspiel – und dies zu vermitteln, ist heute wohl am schwersten – war eine neue, bis dahin gänzlich unvertraute Weise der ästhetischen Wahrnehmung ins bürgerliche Wohnzimmer eingedrungen, das dadurch urplötzlich zum künstlerischen Ereignisraum avancierte: Darstellende Kunst war jetzt in der vertrauten Alltagsumgebung zu Hause. Sie teilte sich hier den Rahmen des für heutige Verhältnisse winzigen Bildschirms mit den Ereignissen des Tages wie mit den Bildern des Zeitalters und den Stars der Populärkultur. Das ‚Werk‘, bis dato Inbegriff der Kunst, ging in ein ‚Programm‘ ein, das in schneller Folge das eigentlich Unvereinbare aneinanderreihte.

Das Fernsehprogramm bot im Wortsinn ‚Zerstreuung‘ – nach landläufiger ästhetischer Tradition unvereinbar mit dem Kunstgenuss, der im Sinne der ‚aufklärerischen‘ bürgerlichen Ästhetik allein durch Sammlung und durch Konzentration auf den Gegenstand der künstlerischen Anschauung zu gewinnen sein sollte. Die Zerstreuung gehörte nicht zur Welt des ‚Schönen‘, zur Ästhetik im traditionellen Verständnis; sie war dem ‚Angenehmen‘ zuzurechnen, das nicht Sinn und Zweck der Kunst sein durfte. Das Angenehme, Entspannende und eben auch Zerstreuende waren Angelegenheit der Unterhaltung, und von der Position, dass das Fernsehen als künstlerische Institution sich auch um die Unterhaltung seines quantitativ sich stetig vermehrenden Publikums zu kümmern habe, waren selbst kühnste Denker noch weit entfernt. Als Beispiel sei hier auf Theodor W. Adornos äußerst fernsehkritischen *Prolog zum Fernsehen* von 1953 verwiesen.[1]

Das Fernsehen sollte, wie der Rundfunk, worauf Adolf Grimme schon 1948 hingewiesen hatte, gerade der Sammlung gewidmet sein, und ideeller Sammlung und gedanklicher Konzentration sollte sich auch das Fernsehspiel, die neue Gattung der darstellenden Kunst, widmen. Sammlung aber geht vom Begrifflichen aus, und dieses ist an das Wort gebunden. Anders als das Bild, das zu seinem Verständnis erst der begrifflichen Decodierung bedarf, findet das Wort den direkten Weg zum Verstand und zum Verständnis des Zuschauers. Ein solcher Weg

---

1 Vgl. Theodor W. Adorno: „Prolog zum Fernsehen“. In: *Rundfunk und Fernsehen* (1953). H. 2, S. 1–8.

wurde in der heimischen Sphäre des Zuschauers, die bis dahin von ihrer beengten Beschaffenheit her nur selten Freiräume für Geistiges bot, möglich. Zur Erinnerung: es war der soziale Wohnungsbau, der in Deutschland (und zwar in West wie Ost) das Fernsehen als Massenmedium deshalb möglich machte, weil jetzt erstmals das proletarische oder kleinbürgerliche Wohnzimmer als Raum häuslichen Kunstgenusses etabliert wurde. Aber dieser Raum musste erst einmal neu geschaffen und dann immer wieder zurückgewonnen werden.

1. Drama im Entstehen und der Erzähler

Der Zuschauer seinerseits, und auch dies war neu, saß dem ihm verheißenen künstlerischen Erlebnis als Einzelner oder in familiären Kleingruppen gegenüber. Das Fernsehspiel, wie jede dramatische Handlung, etablierte sich aus der Co-Aktion kooperierender Akteure. Auf dem Bildschirm also ereignete sich eine Kollektivaktion, der der Zuschauer als Einzelner oder als Glied einer eng begrenzten Familiengruppe beiwohnte. Der Fernsehkontakt der frühen Jahre war daher schon als Ansprache an den vereinzelten Zuschauer als spezifische Einwegkommunikation angelegt. Den ‚Rückkanal‘ zumindest fiktiv zu öffnen, den Zuschauer vor dem Bildschirm nicht allein zu lassen, sondern ihn, wie in den anderen Darbietungsformen der darstellenden Kunst, in die dramatischen Vorgänge durch intellektuelles Mitfabulieren mit einzubeziehen, war das Ziel der dramaturgietheoretischen Überlegungen der frühen Fernsehjahre.

Günter Kaltofen, ostdeutscher Fernsehautor, -dramaturg und -theoretiker der fünfziger und sechziger Jahre, postulierte in seinen Darlegungen zur Dramaturgie des Fernsehspiels (so in den erst jetzt wieder aufgefundenen Vorlesungen, die er 1959 an der deutschen Hochschule für Filmkunst, der heutigen *Hochschule für Film und Fernsehen* Potsdam-Babelsberg hielt) das fiktive Gespräch zwischen dem Menschen auf dem Bildschirm und dem Menschen vor dem Bildschirm als spezifischen Fernsehkontakt. Er bezog sich dabei – sich gleichzeitig davon abgrenzend – auf frühe Arbeiten zum Fernsehen aus der Bundesrepublik wie Gerhard Eckerts *Die Kunst des Fernsehens*[2] oder Aufsätze von Fernsehpraktikern, zum Beispiel des Regisseurs Rolf Hädrich.

Nach Kaltofen ist es Ziel und Zweck, den Zuschauer in eine dramatische Handlung auf dem Bildschirm hineinzuholen, der er - anders als im Kino oder Theater - unbeeinflusst von einer großen Zuschauergruppe und getrennt durch die lediglich technisch überbrückte Distanz zum künstlerischen Geschehen beiwohnt; in diesen technischen Rahmenbedingungen sah der Praktiker des Fernsehens gleichwohl die Möglichkeit angelegt, den Zuschauer zum mitfabulierenden Mitproduzenten der Sendung zu machen.

---

2 Vgl. Gerhard Eckert: *Die Kunst des Fernsehens. Umrisse einer Dramaturgie.* Emsdetten (Westf.) 1953.

Das überzeugendste Beispiel für ein diesem Ziel verpflichtetes Vorgehen bietet allerdings kein ostdeutsches, sondern ein westdeutsches Fernsehspiel, nämlich Harald Brauns Inszenierung von Thornton Wilders Stück UNSERE KLEINE STADT im neu erbauten Studio des Südwestfunks Baden-Baden vom 2.12.1954. Braun weitet den vom Autor Wilder vorgegebenen Text des „Spielleiters" (im Fernsehspiel gespielt von Mathias Wieman) zur gattungspoetologischen Reflexion über das Fernsehspiel aus. Dazu muss man bedenken: Wilders Stück ist im weitesten Sinne ein „Familiendrama", wie der Autorenkollege Arthur Miller 1956 feststellte,[3] und auch das Fernsehen wird in (West-)Deutschland als Familienmedium aufgebaut; es versammelt zu diesem Zeitpunkt noch die Familie oder im weiteren Sinne eine Familiargemeinschaft vor dem Bildschirm. Auch danach werden Familiengeschichten über DIE SCHÖLERMANNS und die Hesselbachs (DIE FIRMA HESSELBACH) bis zu den UNVERBESSERLICHEN und denen IM SECHSTEN STOCK das bundesdeutsche Fernsehpublikum begeistern, und in der DDR war die Situation nicht wesentlich anders.

Dennoch unterscheidet sich UNSERE KLEINE STADT dramaturgisch-strukturell von anderen Werken dieser auch in den USA in den dreißiger und vierziger Jahren sehr beliebten Genregruppe der Familiendramen: Die dramatischen Vorgänge entwickeln sich nicht ausschließlich aus den Figurenbeziehungen wie im traditionellen Drama. Sie werden den Zuschauern über das literarische Medium eines Erzählers vermittelt, der die Vorgänge in größere Zusammenhänge stellt, sie ordnet, ja in sie eingreift. Die Handlung des Fernsehspiels wird vor allem wortsprachlich vermittelt; das akustisch vernehmbare Wort gibt den eher stilisierten Vorgängen den Sinn und stiftet das ‚Drama'.

Dieses dramaturgische Verfahren, ein Stück gleichsam ‚im Entstehen' zu zeigen, ist nicht neu, weder im Drama noch im Theater. In der deutschen Romantik wurde es verwandt, der Italiener Pirandello hat es zum dramaturgischen Prinzip vieler seiner Stücke erweitert, ebenso später der bundesdeutsche Dramatiker Erwin Sylvanus, der in seinen „tachistischen" Stücken wie KORCZAK UND DIE KINDER oder DER FÜNFZIGSTE GEBURTSTAG (beide im Fernsehen gezeigt) das ‚Drama im Entstehen' zum Prinzip seiner individuellen Dramaturgie gemacht hat. Erwin Piscator versuchte ähnliches in seiner Bühnenbearbeitung (gemeinsam mit Alfred Neumann) von Tolstois Roman KRIEG UND FRIEDEN. Ist letzteres Beispiel jedoch eher den ‚großen Gegenständen' des Theaters zuzurechnen, so handelt es sich bei UNSERE KLEINE STADT um einen kleinen, vom Sujet her sogar traditionellen dramatischen Gegenstand. Arthur Miller vergleicht ihn folglich auch mit der Dramaturgie von Henrik Ibsen.

---

3   Vgl. Arthur Miller: *Broadway von O'Neill bis heute. Essays zum Theater.* Hrsg. von Klaus Köhler. Leipzig 1986. S. 73 ff.

Im Gegensatz zu Ibsen liegt bei Wilder jedoch das Hauptgewicht weniger auf einer sentimentalen individuellen Geschichte wie der des Paares George und Emily, sondern auf dem „steten Rhythmus des Gemeinschaftslebens", in den die Geschichten von Alltag, Liebe und Heirat und schließlich Sterben und Tod eingebunden sind.[4] Der „Spielleiter" als erzählerisches Subjekt, das hier entgegen der traditionellen Dramenästhetik in die Szenen eingreifen und das Spiel lenken darf, knüpft diese epischen Fäden zur Handlung. Das Drama befindet sich während der Aufführung in statu nascendi. Es entsteht vor den Augen des Zuschauers. Er wird, vom Erzähler wortsprachlich und akustisch in das Geschehen einbezogen, zu seinem Mitgestalter.

Thornton Wilder führt in seinem Versuch zur *Rettung des Dramas* die theatralische Gattung auf ihren Ursprung zurück, auf das Prinzip des „Als-Ob", das Theater überhaupt erst möglich machte. Erst wenn Zuschauer und Schauspieler die – im traditionellen Drama unausgesprochene – Vereinbarung eingegangen sind, alles, was auf der Bühne geschieht, sei für die Dauer des Spielverlaufes als Realität anzunehmen, findet Theater statt. Wilders dramaturgische Technik, der Einsatz des „Spielleiters" als Vermittlers zwischen Szene und Auditorium, rückt dieses theatralische „Als-Ob" ins Bewusstsein der Zuschauer, indem der „Spielleiter" alle szenische Zutat und allen Hintergrund der Handlung referiert oder reflektiert bzw. referieren lässt.

Die Zuschauer werden vom „Spielleiter" aufgefordert bzw. durch die Bühnendekoration dazu provoziert, bewusst in das Spiel einzubringen, was das „Als-Ob"-Prinzip des Theaters ihnen ohnehin abverlangt: Phantasie. Der „Spielleiter" macht den Zuschauern die theatralische Situation als eine Performance bewusst, an der sie mitwirken: Durch das kollektive Mitfabulieren der Zuschauergemeinde der theatralischen Veranstaltung entsteht das Drama, die Aufführung, alle emotionale Bewegung und Erschütterung.

Der Regisseur der Fernsehinszenierung Harald Braun will diese Poesie auch bei der Übertragung in das neue und in den fünfziger Jahren noch wenig verbreitete Medium erhalten. Er muss also die spezifisch theatralische Poesie in eine medienspezifische Poesie des Fernsehens (was hier heißt: des Fernsehspiels) übersetzen. Um dies zu erreichen, wird die Studiosituation im neuen Fernsehatelier des SWF von Braun in die Inszenierung integriert.

Die Sendung beginnt mit der Großaufnahme einer Kamera (Super-Orthikon mit Objektiv-Revolverkopf), die aus einer Abdeckung herausgeholt, ‚enthüllt' wird. Damit ist das wichtigste technische Instrument des neuen Mediums auf repräsentative Weise exponiert. Der Spielleiter betritt den Studioraum und räsoniert über herumliegende Kabel: Das technische ‚Machen' wird hervorgehoben.

---

4   Vgl. ebd. S. 76.

Während des Ganges des Spielleiters durch das Studio werden weitere technische Details vorgestellt: Kameras und Scheinwerfer, ein Orchester in der Studioecke (die Musiker werden später vom Spielleiter in das Spiel einbezogen), Mikrophone und Mikrophonanlagen. Zwei Bühnenarbeiter, die während der Introduktion des Spielleiters eine Szene einrichten, werden zur Ruhe ermahnt. Damit wird klar herausgestellt: Was im Folgenden geschehen wird, ist technisch hergestellt, ist Ergebnis einer Gemeinschaftsarbeit, an der die unterschiedlichen Gewerke ihren Anteil haben.

Den Bühnenarbeitern, Beleuchtern, Assistenten werden in der Fernsehinszenierung auch die Publikumseinwürfe aus dem Theaterpublikum der Bühnenfassung übertragen. Das Publikum, das vor dem Fernsehen sitzt, ist dagegen, anders als das Publikum im Theater, vom Spiel ausgeschlossen. Rein technisch gesehen bleibt also das Fernsehen auch hier an die Bedingungen einer Einwegkommunikation gebunden, aber der Spielleiter wirkt dem entgegen, indem er das Fernseh-Publikum anspricht und darin wie der Moderator einer publizistischen Sendung oder wie ein Ansager und Nachrichtensprecher agiert. Die Bühnenkonvention der Zuschaueradresse wird durch die Fernsehkonvention der Moderation ersetzt, und dadurch entsteht jetzt auch im Fernsehspiel so etwas wie die Illusion einer Gemeinschaft zwischen Spielleiter und Zuschauer.

Die Funktion des Spielleiters veränderte sich, verglichen mit jener, die er im Rahmen der Theaterkonvention im Bühnenstück innehatte. Hatte er im Bühnenstück die Aufgabe, in diesem „Familienstück" den „Realismus (zu) überwinden und (es) zu einem symbolischen Stil gelangen" zu lassen,[5] so relativiert er in der Fernsehfassung eben diesen „symbolischen Stil" und ließ durch seine Präsentation und Interpretation die Liebesgeschichte poetisch-„realistisch" werden. Die Liebesgeschichte ihrerseits ist „zeitlos"; Braun hebt sie aus dem „Rhythmus des Gemeinschaftslebens" heraus und bringt sie seinem (Fernseh-)Publikum nahe. So verschieben sich die Gewichtungen in Wilders Spiel: von den Familienbeziehungen hin zur vorrangig dargestellten Liebesbeziehung; vom sozial relevanten zum privat intimen. Braun ist in seiner Fernsehinszenierung der Gefahr einer Übersentimentalisierung nicht entgangen, aber es ist ihm auch gelungen, mit dieser Sendung die Möglichkeit, ja Notwendigkeit zu demonstrieren, für das Fernsehspiel andere Konventionen als für das Bühnenstück zu entwickeln. UNSERE KLEINE STADT in der Inszenierung von Harald Braun ist in diesem Sinne ein erstes Beispiel für die poetischen Möglichkeiten des Fernsehspiels, das über die lineare Übersetzung einer Bühneninszenierung in das neue Medium hinausgeht, wenn es

---

5 Ebd. S. 75/76.

von den über die technische Begrenzung einer Einwegkommunikation hinausgehenden kommunikativen Möglichkeiten des gesprochenen Wortes Gebrauch macht.

Um die Bedeutung dieses spezifisch medienpoetologischen Verfahrens zu unterstreichen, muss noch daran erinnert werden, dass diese Inszenierung erfolgte, noch bevor mit der programmflächendeckenden Einführung von Magazinsendungen der Moderator, also der „Spielleiter" im oben erläuterten Sinne, und das von ihm als Zuschaueradresse gesprochene Wort zur gewohnten Erscheinung auf den Bildschirmen wurden. Seit Mitte der fünfziger Jahre finden wir immer öfter einen „Sprecher" in der Personage von Fernsehspielen, insbesondere in den seinerzeit beliebten Dokumentarspielen. Der Sprecher knüpft die Fäden des zu referierenden Geschehens, er übermittelt (wir bewegen uns im deutschen Fernsehspiel, gleich ob es in West- oder Ostdeutschland produziert wurde, zu dieser Zeit noch auf dem trockenen Pflaster der aufklärerischen Dramatik) auch die Moral, er kommentiert die Vorgänge, verweist verbal auf Zusammenhänge und Folgen. Und er knüpft auch, zumeist als Off-Sprecher, die zum Verständnis notwendigen Handlungsfäden zwischen den einzelnen Folgen der damals aufkommenden Mehrteiler, die noch nicht ‚großer Fernsehroman' hießen. Im Zuge der Ausprägung der medieneigenen journalistischen Züge des Fernsehens wird der Sprecher, der ‚Moderator', auch zur wichtigen Figur des Fernsehspiels.

Dieses Thema ist durchaus von weiterführendem Interesse, berührt es doch die wichtigen Fragen nach der Telegenität, nach der individuellen Bildschirmausstrahlung bestimmter Persönlichkeiten, die in diese Moderatorenrolle im Fernsehspiel schlüpfen konnten wie z. B. der Schauspieler Alexander Hegarth, der in den historischen Dokumentarspielen des ZDF aus den sechziger Jahren diesen Part innehatte. Hier zählte einzig das intellektuelle Profil, denn auch Persönlichkeiten, denen im damaligen Verständnis fotogenes Aussehen vollkommen fehlte, wie der Historiker Sebastian Haffner im Westen oder der Jurist Friedrich Karl Kaul im Osten, waren erfolgreiche ‚Sprecher', zumeist in Dokumentarspielen aus eigener Feder. Das gesprochene Wort und die dahinter stehende Geistesleistung waren wichtiger als die vordergründig attraktive Bildschirmerscheinung.

Das akustisch vernehmbare Wort, im frühen Fernsehspiel das wichtigste Element der spezifischen Medienkommunikation, verlor diese Funktion auch nicht, als das Fernsehspiel aus der Enge des Studios herausdrängte und sich des Films als Produktionsverfahren bediente. Originäre Filme waren diese Produktionen um die Jahrzehntwende von den fünfziger zu den sechziger Jahren nämlich noch nicht. Das ist nicht zuletzt auch an der Bedeutung des gesprochenen Wortes für die Konstituierung und den Fortgang der dramatischen Handlung abzulesen.

2. Hörerlebnis und Seelenzustand

Sicher war es zunächst der unstillbare Hunger der ,Erzählmaschine Fernsehen' nach dramatischer Kost, der dazu führte, neben Bühnendramen auch Hörspiele als Vorlagen für Fernsehspiele zu wählen. Schließlich mussten beispielsweise im Programm des *Deutschen Fernsehfunks* der DDR wöchentlich drei Abende mit „dramatischer Kunst" gefüllt werden, wobei zwei Abende Originalwerken, der dritte einer Theaterübernahme vorbehalten waren. Dennoch ist nicht zu bestreiten, dass die Adaptionen von Hörspielen, also von Originalwerken mit primärer „Worthandlung", auch zu einer Bereicherung des frühen Fernsehspiels und -films führten.

Die Rezeptionssituationen von Hörfunk und Fernsehen waren einander anfangs nicht unähnlich. Hier wie dort erfolgte die Rezeption im heimischen Milieu des Zuhörers bzw. Zuschauers in der Einzel- bzw. Familiarrezeption. Der kommunikative Effekt der Massenkommunikation – der massenhafte Austausch über das, was man gesehen hatte – stellte sich erst später her.

Das DDR-Fernsehen feierte 1959 seinen ersten internationalen Triumph auf dem Festival von Alexandria mit der Fernseh-Filmadaption eines vorher erfolgreichen Hörspiels, DIE DAME UND DER BLINDE (ES.: 22.12.1959) von Joachim Witte. Hörspieladaptionen waren nichts Ungewöhnliches, wenn es nur um die Übersetzung der Dialoge in szenische Handlung ging. Friedrich Dürrenmatt hat einige seiner dialogischen Hörspiele als Fernsehspiele zur Verfügung gestellt. Das Fernsehspiel gab den Dialogen den szenischen Rahmen, die Gestalten des Hörspiels erhielten durch die Darsteller eine physische Gestalt. Die Handlungsarmut der Hörspiele störte seinerzeit nicht. Auch Fernsehspiele waren in der Regel handlungsarm.

Wittes Hörspiel aber war auf besondere Weise dem ausschließlichen Hörerlebnis angepasst. Die Handlung reduziert sich auf wenige Rudimente: Ein blinder Straßenbettler erkennt in einer Dame, die ihm ein Almosen gibt, jene Frau wieder, der er in den letzten Kriegstagen in Berlin geholfen hat. Bei dieser Hilfsaktion hat er sein Augenlicht verloren. Wegen des Verdachtes auf Fahnenflucht wurde ihm die Kriegsopferrente verweigert. Kann er nachweisen, wie er damals verunglückte, könnte er seinen Anspruch einklagen. Die Dame aber sieht sich in der Wirtschaftswunder-Bundesrepublik Zwängen ausgesetzt, die sie veranlassen, sich dem Blinden gegenüber zu verleugnen. Die Personen sprechen, von wenigen Szenenfragmenten abgesehen, innere Monologe – für ein Hörspiel legitim, für ein Fernsehspiel zunächst befremdlich.

Der Regisseur des Films Hans-Erich Korbschmitt kam vom Theater zum Fernsehen. Er vertraut seinen Darstellern Albert Hetterle und Inge Keller und nimmt die filmgestalterischen Momente bis auf das Nötigste zurück. DIE

DAME UND DER BLINDE bleibt dadurch in allen Elementen ein Fernsehspiel. Es beachtet die dafür seinerzeit geltenden Regeln des ‚Kammerspiels‘:

- Nähe zum Zuschauer durch direkte Ansprache,
- wenige Figuren,
- wenige Schauplätze,
- gedankliche Konzentration und
- darstellerische Zurücknahme im Sinne des ‚Kammertons‘.

Korbschmitt lässt die Schauspieler ihre Texte in deutlichem Understatement mechanisch monoton sprechen. Die szenischen Handlungen sind auf ein Minimum reduziert. Jede Geste bekommt damit ihre spezielle Bedeutsamkeit. Obgleich die beiden Hauptgestalten – der Blinde und die Dame – in unterschiedlichen Welten agieren, werden sie auf diese Weise doch zusammengeführt. Der Handlungsort verzichtet auf die vordergründige Milieuzeichnung. Die (gebauten) Dekorationen sind streng stilisiert. Die Dekoration und die visuelle Gestaltung (Licht und Kameraführung) erinnern an den deutschen Kammerspielfilm der zwanziger Jahre.

Keine Frage, das Hörspiel ist einerseits Film geworden, freilich ein Film, der aus dem Zeitstil der späten fünfziger Jahre herausfällt. Der Film aber verleugnet das Hörspiel andererseits auch nicht. Der Monolog trägt und prägt weiterhin die Handlung, ohne dass diese sich ausschließlich auf den Monolog reduzieren ließe. Die Kontrapunktik von veräußerlichter Körpersprache und verbaler Äußerung im inneren Monolog bewirkt die gegenseitige Steigerung des Ausdrucks.

Wichtig ist in diesem Zusammenhang auch die Musik, die von illustrativer szenischer Ausgestaltung beispielsweise durch zeitgenössische Schlager etc. ebenso weit entfernt ist wie von der Seelenmontage zur Affektsteigerung, wie sie in der heutigen Filmmusik begegnet. Die Musik des Fernsehspiels gibt auch Seelenzustände wieder, allerdings auf ihre Weise. Das monotone Motiv des Harmoniums, ein melancholischer Marsch, charakterisiert die psychische Befindlichkeit des Blinden, der resigniert, obwohl er noch nicht alle Hoffnung aufgegeben hat. Die Musik ändert sich während des gesamten Films nicht, ebenso wenig wie sich die psychische Gestimmtheit des Blinden verändert. Seine innere Stimme bleibt – wie die der Dame - in ihrer Ausdrucksqualität durchgehend unverändert, die spontane Hoffnung findet lediglich in einer kurzzeitigen Veränderung des Sprachrhythmus statt, der Atem hat sich für kurze Zeit beschleunigt. Schnell fällt der Mann in seinen ursprünglichen Gemütszustand zurück. Hätte die Dame ihn erkennen wollen und hätte sich damit seine Situation geändert, so wäre dies ein Zufall gewesen, der zu unwahrscheinlich gewesen wäre, als dass man ihn hätte erwarten können. Die akustische Inszenierung der Sprache zeigt in diesem Fernseh-Kammerspielfilm die innere Befindlichkeit der Figuren an.

DIE DAME UND DER BLINDE war seinerzeit, vor über vierzig Jahren, mit Sicherheit keiner der üblichen Fernsehfilme. Er galt als künstlerisches Experiment und darf auch heute noch als solches gelten. Es war dies eine Zeit der Suche nach ungewöhnlichen Gestaltungs- und Ausdrucksmöglichkeiten für die junge Gattung Fernsehspiel. Aber als noch gewagter als DIE DAME UND DER BLINDE durfte ein anderer Fernsehfilm gelten, der drei Jahre später entstand und der ebenfalls vor allem mit den auditiven Gestaltungsmitteln des Dialogs und der Musik experimentierte. Dass er aus dem Rahmen fiel, unterstreicht der Umstand, dass an diesen Film der erste politische Skandal des DDR-Fernsehens geknüpft war. Es handelt sich um den MONOLOG FÜR EINEN TAXIFAHRER, einen fiktionalen Kurzfilm von Günter Kunert und Günter Stahnke, im Dezember 1962 zur Erstsendung vorgesehen, aber noch vor der Ausstrahlung verboten und erst nach dem Zusammenbruch der DDR aufgeführt.

Schien in DIE DAME UND DER BLINDE unter der individuellen Geschichte und der an sie geknüpften moralischen Fragestellung – wie viel ist ein Mensch bereit einzusetzen, wenn es gilt, einem anderen Menschen zu helfen – die politische Problematik der Wirtschaftswunder-Zeit in der Bundesrepublik durch, so problematisierte MONOLOG FÜR EINEN TAXIFAHRER die innere Befindlichkeit der sozialistischen Gesellschaft in der DDR. Es ging auch hier um die individuelle Hilfsbereitschaft, um Solidarität, aber auch um die soziale Befindlichkeit der Menschen in einer Gesellschaft, die sich „sozialistisch" nennt, aber in ihren Gliedern, eben diesen Menschen, die sie gestalten müssen, noch fest am Überkommenen hängt.

Der hilfsbereite (anonyme) Taxifahrer ist von der widersprüchlichen deutschen Geschichte geprägt, wie alle anderen auch, die Jungen ausgenommen. Ohne die Umstände, in denen der Lyriker Günter Kunert die Geschichte angesiedelt hat – am Weihnachtsabend erwartet eine junge Frau ihr erstes Kind – in der Ausdeutung der möglichen symbolischen Bezüge überzustrapazieren, so geht es doch um nicht mehr und nicht weniger, als dass hier ein neuer Mensch geboren werden soll, in eine Welt hinein, die anscheinend nicht sehr gastlich ist. Der Taxifahrer jedenfalls bewegt sich in ihr mit größtem Misstrauen, mürrisch und verbittert. Seine sozialen Erfahrungen waren zumeist negativ. Er hat sich, um neuen Enttäuschungen zu begegnen, eine spezielle Taktik zugelegt: Er spricht mit zwei Zungen.

Wir hören den „Monolog" dieses Mannes von zwei Stimmen gesprochen. Der Darsteller des Taxifahrers, Fred Düren, spricht die Alltagsdialoge. Was er denkt, was er meint, was er aber lieber nicht öffentlich äußert, offenbar weil ihm dies schon viele Nackenschläge eingebracht hat, spricht sein „Alter Ego", das in ihm wohnt, mit der Stimme des Schauspielers Armin Mueller-Stahl aus. Das gesprochene Wort leitet diesen Fernsehfilm, nicht die mit dokumentaristischer Grundhaltung geführte Handkamera, die ein authentisches Bild von Ost-Berlin ein Jahr nach dem Mauerbau gibt (einige wenige Einstellungen entstanden in Leipzig).

Die Aufteilung eines Figurentextes auf zwei Stimmen ist ein durchaus ungewohntes, wenn auch sicherlich im Prinzip sehr simples dramaturgisches Verfahren, um die Spaltung einer Persönlichkeit darzustellen. Der Film musste deshalb fast zwangsläufig auf den politischen Index geraten in einer Gesellschaft wie in der DDR zu Beginn der sechziger Jahre, in die die Diskussion um die Fortdauer der sozialen Entfremdung auch unter realsozialistischen Gesellschaftsverhältnissen gerade erst begonnen hatte. Nur drei Jahre später, auf dem 11. ZK-Plenum der SED im Dezember 1965, wird dieser Diskurs, nachdem er sich auf der Prager Kafka-Konferenz vom Sommer 1964 ins Internationale ausgeweitet hatte, wieder unterdrückt. Unterschwellig jedoch wird er bis zum Ende der DDR weitergeführt werden, ohne jedoch sozialethisch wirksam werden zu können.

Die Gestaltungsweise, die der Autor Kunert und der Regisseur Stahnke dieser politisch-sozialen Persönlichkeitsspaltung in ihrem nur wenig mehr als dreißig Minuten langen Film angedeihen ließen, sei simpel, wurde behauptet. Das ist unbezweifelbar so, aber ebenso wenig lässt sich leugnen, dass sie doch sehr wirksam ist. Auch hier erfolgt die Darstellung über einen der primären Kommunikationskanäle, über das gesprochene Wort, das hier wie bei Lewis Carroll aufgespalten wird in das, was gesagt, und in das, was gemeint ist. Der gesprochene Dialog wird einerseits durch die Off-Stimme des Alter Ego kommentiert, andererseits wird dieser Kommentar durch den dramatischen Dialog auch umgekehrt in die oberflächliche Unverbindlichkeit der gewöhnlichen Alltagssprache zurück verwandelt. So entsteht eine intellektuelle Spannung zwischen Gesagtem und Gemeintem, die zudem von der Musik gestützt wird. Auch in diesem Fall wird also die Musik als narratives Mittel eingesetzt. Die jazzige Untermalung der Szenen gibt die innere Spannung wieder, die den Taxifahrer treibt, der sich seines Hilfe-Versprechens, das er der jungen werdenden Mutter gegeben hat, möglichst schnell entledigen will, dabei aber einer immer unausweichlicher werdenden Selbstprüfung ausgeliefert ist.

Als der Film 1990 erstgesendet wurde, waren die seelischen Nöte der Figuren der realsozialistischen Gesellschaft der beginnenden sechziger Jahre längst den sich neu entwickelnden materiellen Sorgen im Übergang in den Realkapitalismus der BRD gewichen.

3. Die leisen Töne

Noch einmal: Das Fernsehspiel war in den fünfziger und frühen sechziger Jahren sehr viel stärker, als dies heute noch vorstellbar ist, auf die leisen, argumentativen Töne gestellt. Das unterschied diese Gattung vom Kinofilm. Das Fernsehspiel wandte sich an das einzelne Individuum bzw. an die kleine Gruppe im heimischen Milieu, der Kinofilm an die ‚Situationsmasse‘ im gemeinsamen Erlebnis des künstlerischen Werkes innerhalb eines ausschließlich dafür vorgesehenen Ereignisraumes. Der Kinofilm will die Affekte dieser heterogenen Rezipientengruppe aktivieren, das Fernsehspiel will seine Zuschauer emotional *und* intellektuell ansprechen. Im Kinofilm hat das Wort in der Regel eine eher dienende Funktion, während die Musik ein unentbehrliches Mittel der Narration ist. Im Fernsehspiel unterstützt die Musik das gesprochene Wort, auf das als Mittel der Kommunikation zwischen Bildschirm und Zuschauer nicht verzichtet werden kann. Das zu illustrieren, ist Ziel und Zweck des letzten Abschnittes dieses Beitrages.

1962 verzeichnete der damals sehr junge Regisseur Frank Beyer seinen ersten internationalen Erfolg mit dem Kinofilm Nackt unter Wölfen. Die Werkgeschichte dieses Films wurde seinerzeit nicht publiziert, inzwischen darf sie als allgemein bekannt gelten. Geschichten aus der Zeit des Faschismus galten nach landläufiger Auffassung seit etwa Mitte der fünfziger Jahre in der DDR nur dann als kunstwürdig, wenn sie den antifaschistischen Kampf gestalteten, nicht das Leiden unter dem Faschismus. So war der Entwurf des Dramaturgen Bruno Apitz zu einem DEFA-Film, der von der Rettung eines Kindes im KZ Buchenwald erzählte, zunächst immer wieder aufgeschoben worden, bis der Autor diese Geschichte, die er selbst als Häftling des Konzentrationslagers erlebt hatte, als Buch veröffentlichte. Das DDR-Fernsehen, damals noch nicht so intensiv wie das heutige Fernsehen wahrgenommen (erst eine Million Haushalte verfügten 1960 über ein Fernsehgerät), nahm sich dieses Werkes an und produzierte eine Fernsehspielfassung nach dem gleichen Szenarium, das später auch Beyer seinem Film zugrunde legte. Die Fernsehregie lag in den Händen von Georg Leopold, die Erstsendung fand anlässlich des 15. Jahrestages der Selbstbefreiung der Häftlinge von Buchenwald am 10. April 1960 statt.

Das gleiche Buch, zum Teil auch dieselben Darsteller – und doch entstanden zwei sehr unterschiedliche Werke, wie ein Vergleich der Expositionen belegen soll. So zeigt der DEFA-Film Nackt unter Wölfen von 1962 in seiner Exposition im großen Tableau den Dienstbeginn in dem thüringischen ‚Konzentrationslager‘. Unter dem Vorspann des Films liegt das zynische Ritual des Aufmarsches der Gefangenen zur Musik einer Lagerkapelle. Beyer arbeitet mit der Masse. Da sind die Massen der Häftlinge, die in Blöcken auf dem Appellplatz antreten, und die Hunde, die auf diese Häftlinge dressiert sind. Die Dimension des Lagers wird direkt sinnlich anschaulich dargestellt, ohne künstlerische Codierung. Anders im zwei Jahre zuvor entstandenen gleichnamigen Fernsehfilm (DFF 1960).

Die Exposition des Kinofilms ist affektgerichtet. Die Massenbilder der Gefangenen, die Rituale, die vor der Kamera zelebriert werden, wenden sich primär an das Gefühl der Zuschauer, erwecken Angst, in jedem Fall Abscheu gegen das System, das diese menschenverachtenden Verhaltensweisen hervorbrachte und sich auf sie stützte.

Den gleichen Effekt erreicht das Fernsehspiel auf andere Weise. Hier fehlt das Massenspektakel. Nur relativ wenige Darsteller stellen den schrecklichen Lageralltag dar (ähnlich wie bei Egon Monk in seinem später entstandenen Fernsehspiel EIN TAG – BERICHT AUS EINEM KONZENTRATIONSLAGER 1939, NDR 1965). Es gibt keine Musik in diesem Fernsehspiel, stattdessen wird das Geräusch, hier: das Hundegebell, stärker herausgestellt. Ein zynischer Satz eines SS-Offiziers entlarvt den Zynismus in diesem System. Kompilierte Dokumentarfilmfragmente wie jene eines Eisenbahnzuges, der immer neue Gefangene – so assoziiert es zumindest der Zuschauer – in das Lager befördert, wo sie durch Arbeit, nicht in der Gaskammer, ermordet werden, stellen auf der Grundlage des Vorwissens über den Charakter dieser Lager den gedanklichen Zusammenhang in der intellektuellen Montage des Zuschauers her. Wo im Kinofilm die direkte Anschauung verbunden mit dem entsprechenden auditiven Erlebnis den Schrecken stiftet, erfasst der Zuschauer im Fernsehspiel die Situation primär intellektuell durch das genauestens abgewogene Verhältnis von Visuellem und Auditivem. Das Begreifen im kommunikativen Prozess zwischen Bildschirm und Zuschauer, im ‚fiktiven Gespräch', stiftet die Emotion im frühen Fernsehspiel/Fernsehfilm.

Diese intellektuelle Seite des Fernseherlebens ist im gegenwärtigen Fernsehfilm in den Hintergrund gerückt. Der Zuschauer wird im Fernsehfilm wie im Kinofilm gleichermaßen primär affektiv angesprochen. Das drückt sich vor allem in der Behandlung des Auditiven aus.

Ein Fazit

Der Fernsehfilm der Gegenwart ist ohne einen Musikteppich und ohne affektgeladene verbale Dialoge kaum noch vorstellbar. Das hat seinen Grund in den jetzt vorherrschenden dramatischen Genres Krimi, Thriller, Melodram oder Komödie, die eines rasch funktionierenden Transportmittels für die zu vermittelnden Emotionen und Stimmungen bedürfen. Dem hat sich auch die Musik unterzuordnen.

Aber auch der Charakter der dramatischen Kunst (Spiel und Film) im Fernsehen hat sich verändert. Vor allem der kommerzielle Fernsehfilm läuft Gefahr, zum unverbindlichen Puschenkino zu geraten, das uns weder Konzentration abnötigt noch unsere stete Aufmerksamkeit verlangt.

In der Frühzeit des Fernsehens und des Fernsehspiels war diese Gattung noch streng strukturiert, bestimmte das Wort, der Dialog – auch der fiktive mit dem Zuschauer, in dessen gewohnte Lebenswelt das Fernsehspiel als Handlung zwischen fremden Menschen, die dem Betrachter im Zuge des Spiels vertraut wurden, eindrang – den Charakter dieses dramatischen Spiels. Das Wort war sinnstiftend, die Musik unablöslich an die dramatische Handlung gebunden, sie war bewusst wahrnehmbar, Teil dieser Handlung.

Das Fernsehen hat sich verändert. Aus der personal adressierenden Bühne für darstellende Kunst, von der aus der Zuschauer wie ein Kunde im Tante-Emma-Laden noch beraten wurde, ist der Supermarkt für Abendunterhaltung zu jeder Stunde des Tages geworden, aus dessen übervollen Regalen sich jedermann selbst bedienen kann. Das Wort wird dadurch zum bloßen Gerede entwertet und auch die Musik verschafft sich lediglich in seltenen Ausnahmesituationen wie etwa in den Stoever-Brockmöller-Duetten des Hamburger TATORT für Augenblicke noch Gehör. Doch auch diese Gesänge aus rauen Männerkehlen sind mittlerweile Fernsehgeschichte.

Werner Klüppelholz

Musik im Fernsehen

Ein Zwischenbericht

Musik – nach Nietzsches nicht stets zutreffendem Wort – ist eine verspätete Kunst. Was ebenfalls für das Forschungsprojekt „Musik im Fernsehen" gilt, das bereits 1987 Bestandteil des Siegener Sonderforschungsbereichs „Bildschirmmedien" werden sollte, doch wegen anderer Projekte des Autors erst 13 Jahre später begonnen wurde, als der sfb 240 schon seinem seligen Ende entgegen ging. Musik – wie fast jeder Fernsehkomponist sofort bekräftigen würde – ist eine brotlose Kunst, weshalb das Projekt „Musik im Fernsehen" seither sich in der Fertigkeit übt, auch ohne materielle Gaben zu einem Abschluss zu gelangen.

Da der Forschungsstand zum Thema bis heute vollkommen defizitär ist,[1] hielt ich es für sinnvoll, zunächst einmal eine Expertenbefragung durchzuführen. So sind 18 Interviews mit Praktikern durchgeführt worden, die im Produktionsprozess mit Musik befasst sind, mit Komponisten, Sounddesignern, Musikberatern, Regisseuren und Cutterinnen nämlich.[2] Daraus möchte ich eine Reihe von Zitaten anführen, kommentieren und illustrieren, mit dem Ziel, den Problembereich der Musik im Fernsehen zu skizzieren und forschungsleitende Thesen daraus abzuleiten. Über dem Ganzen steht als Motto das Wort eines lange Verfemten, der freilich jüngst seit seinem 100. Geburtstag offenbar wieder als persona grata gilt: „Woher der Laut tönt, die Quelle der Musik, darauf reagiert das Vorbewusste: dort ist etwas los, dort ist das Leben. So tönt das Orchestrion im leeren Lokal, um Grünhörner anzulocken durch die Vorspiegelung eines bereits in vollem Schwung befindlichen Betriebs."[3]

Ein fester Terminus für unser Phänomen existiert bislang nicht. Man spricht von Hintergrundmusik, Begleitmusik, non-diegetischer, untermalender Musik,

---

1 Monographien wie Rolf Wehmeier: *Handbuch Musik im Fernsehen. Praxis und Praktiken bei deutschsprachigen Sendern*, Regensburg 1995, oder Norbert Jürgen Schneider: *Komponieren für Film und Fernsehen. Ein Handbuch*, Mainz 1997, enthalten nützliche Hinweise auf die Tätigkeit von Komponisten, mehr – etwa Programmanalysen – freilich nicht.

2 Werner Klüppelholz (Hg.): *Musik im Fernsehen. Originalton aus der Praxis*. Siegen 2003 (MUK 145/146), 159 S. Zu beziehen über den Universitätsverlag Siegen.

3 Theodor W. Adorno: *Einleitung in die Musiksoziologie*, Frankfurt [3]1980, S. 61 (stw 142). Geschrieben, als es noch keine Pegel von + 2 dB in den Programmen der Privaten, zwischenzeitlich aber auch in den Trailern der Öffentlich-Rechtlichen gab. Anders gesagt: Dort ist Fernsehen besonders laut.

Musik im Off und anderen Verlegenheitsvokabeln. Mir ist Hintergrundmusik die liebste, weil dieses Wort den Mangel an Aufmerksamkeit in Rezeption wie Produktion und ebenfalls in den Wissenschaften gut charakterisiert. Diese Musik hat in den neunziger Jahren quantitativ stark zugenommen. Die GEMA-Jahrbücher weisen im Zeitraum 1992–2000 einen Anstieg von drei auf 12 Mill. Minuten bei Eigenproduktionen der deutschen Sender auf. Wo ist diese Musik geblieben?

Ich sehe vor allem drei Genres, die seitdem verstärkt hinzugekommen sind und unglaubliche Mengen an Musik verbrauchen:

1. Die *Daily Soaps* mit bis zu 97 prozentiger Musikunterlegung (MARIENHOF);
2. die Programm- und Eigenwerbung der Sender (*Trailer*, *Station-ID* etc.), die oft vollständig musikunterlegt sind und immerhin bis zu einer Stunde Sendezeit täglich ausmachen, und schließlich
3. eine enorme Zunahme des Musikanteils in nicht-fiktionalen Genres.

Es ist evident, dass eine solch quantitative Ausweitung der Musikunterlegung zu einer qualitativen Änderung des Fernsehens führen muss. Dazu drei Thesen, die auf identischen oder vergleichbaren Aussagen der Expertenbefragung beruhen.

1. Musik im Fernsehen dient der habituellen Kompensation von Defiziten bei Produktion und Rezeption

Mischa Fickel und Hans Wiedemann, Musikberater des Bayerischen Rundfunks:

> Ich höre manchmal (von meinen Kunden), und das erschreckt mich, da gehört doch Musik hin. Weil es immer schon so war, weil die Bilder durchhängen, weil der O-Ton schlecht ist, weil man keine Idee hat, weil man das Material irgendwie aufmotzen muss.[4]

Der Regisseur Michael Gramberg (ARD):

> Ich bin überredet worden, Musik einzusetzen von den Cutterinnen, die den Eindruck haben, dass die O-Töne oft nicht gut sind, zumal unsere Tonleute nicht sehr akkurat und intensiv arbeiten.[5]

---

4   Klüppelholz (Hg.): *Musik im Fernsehen*, S. 138 f.
5   Ebd., S. 21

Wie schwierig allerdings zuweilen ein authentischer O-Ton zu erzeugen ist, mag ein Beispiel des Regisseurs Felix Kuballa (WDR) demonstrieren:

> Ich war in der Wüste. Ich bin fünf Wochen durch die Sahara ge-
> wandert und wir haben vergeblich versucht, den Wind richtig ein-
> zufangen mit unserem Mikrofon. Wir haben eine Flasche in den
> Wind gehalten, damit man so das Geräusch kriegt, vergebens. Wir
> haben es mit Fliegen versucht. Die waren laut, aber wir haben es
> nicht geschafft. Wir haben Honig auf den Sandboden geträufelt.
> Ich habe mir Honig auf die Haut geschmiert und darauf gewartet,
> dass sich dort eine Fliege niederlässt. Nichts. Sie merken an meiner
> konkreten Beschreibung, wie wichtig mir das ist. Denn wenn es
> gelingt, einen authentischen Ton hinzukriegen, ist das oft un-
> schlagbar.[6]

Jörg Klaußner (Sounddesigner einer freien Produktionsfirma):

> Zum anderen gibt es auch Szenen, die sehr lang sind und ohne Mu-
> sik zu langweilig wären, weil da zu wenig passiert und mit einer
> Atmo, die auch über fünf Minuten irgendwann langweilig wird.
> Da setzt man dann gerne auf der halben Szene die Musik ein, um
> ein bisschen Abwechslung reinzubringen.[7]

Nigel Watson (Komponist der *Soap* UNTER UNS):

> Eine Szene ist relativ uninteressant oder wird nicht so doll gespielt,
> dann kommt ein bisschen Musik schon sehr gut. [...] Das dient
> dazu, alles ein wenig appetitlicher zu machen. Einer der ältesten
> Leute aus der Produktionsfirma hat mir gesagt: „Eine Soap ist wie
> ein Hamburger und die Musik ist die Mayonnaise oder der Ket-
> chup." [...] Es ist interessant, die deutschen Dailys mit den engli-
> schen zu vergleichen. Die englischen Dailys haben keine
> dramatische Musik. Das ist fast dokumentarartig gedreht. Drama-
> tische Szenen gibt es schon, aber es gibt fast nur professionelle
> Schauspieler, und das macht sehr viel aus.[8]

---

6 Ebd., S. 72 f.
7 Ebd., S. 45.
8 Ebd., S. 124 f.

Lassen wir unentschieden, ob Langeweile ein Effekt der Produktion oder der Rezeption ist. Eine Veränderung des Klangkontinuums aus Sprache und Geräuschen durch einen Musikeinsatz wirkt stets zumindest kurzzeitig zur Steigerung der Aufmerksamkeit, die ja häufig beim Fernsehkonsum geteilt ist und sich gleichzeitig auf verschiedene Tätigkeiten richtet. Musik benötigt – im Gegensatz zum Bild – keine Wahrnehmungsfokussierung und ist daher auch ein Mittel, die zerstreute Rezeption zu konzentrieren. Das Ohr kann nicht wegschauen.

Jörg Klaußner:

> Wenn irgendjemand etwas mitnimmt oder klaut, dann möchte man dem Zuschauer klar machen: Hallo, pass auf! Es gibt einen starken Akzent um zu betonen, dass das ein wichtiges Bild ist.

Und er fährt fort mit einem schönen Beispiel dafür, dass die Verstehens-Strategien im gemischten Zeichensystem Film nicht nur wortgestützt sind:

> Vieles kann nicht im Dialog geklärt werden, weil der Dieb natürlich nicht sagt: „Hallo, ich klau jetzt das und das", sondern man sieht im Bild nur, der sitzt vor einem Computer, lädt sich eine Datei runter, nimmt diese mit und verliert sein Portemonnaie. Das Portemonnaie fällt auf den Boden. Das Ganze untermalt mit einem Akzent, dass einem klar wird: Hallo, bing, bong, da liegt irgendetwas, das ist nachher wichtig![9]

Nigel Watson:

> Die Musik bringt einen Absatz, sie bringt wieder ein Interesse, weil immer wenn Musik einsetzt, denkt der Zuschauer: Jetzt passiert etwas." „Ich denke, das hilft auch dem Zuschauer, wenn er zum Beispiel bedrohliche Musik hört und weiß, aha, diese Figur hat schon wieder etwas vor.[10]

Schließlich soll Musik bei negativ besetzten Bildinhalten die Abwendung der Aufmerksamkeit verhindern. Michael Gramberg (über TOD IM TUNNEL, eine Dokumentation über die Brandkatastrophe im Montblanc-Tunnel): „Die Musik, die wir verwandt haben, zieht einen emotional in den Tunnel rein. Sie

---

9 Ebd., S. 45.
10 Ebd., S. 127 und S. 125.

macht das Bild erträglicher, konsumierbarer. Wenn das Bild still gewesen wäre, wäre es sicher bedrohlicher und beängstigender gewesen."[11]

Ulrich Harbecke (WDR, über seinen Film REQUIEM FÜR RUANDA, der schwer erträgliche Bilder über die dortigen Bürgerkriegsgreuel mit Mozarts Requiem unterlegt):

> Die Musik öffnet den Zuhörer für ein Geschehen, dem er sicht nicht entziehen darf, wenn er sich nicht eskapistisch wegstehlen will aus der Realität. Da baut Musik eine Brücke hinüber in eine unerträgliche Realität, vor der ich mich normalerweise scheuen würde, vor der ich mich reflexartig verschließen und davon laufen möchte.[12]

Felix Kuballa (über seinen Film REIZ DER HAUT, wo eine Episode eine nackte alte Frau zeigt):

> Es könnte ja sein, dass Zuschauer wegschauen, weil sie eine alte Haut nicht sehen wollen. Durch die Musik entsteht eine andere Stimmung, eine Stimmung, die nicht unbedingt schönt, es aber erträglicher macht.[13]

Ein weiterer, von den Experten nicht angesprochener Bereich der Musikunterlegung besteht in Spielsequenzen, die dann im dokumentarischen Kontext erscheinen, wenn ein Thema visuelle Defizite hat, weil es zu abstrakt zur bildlichen Umsetzung ist – etwa Themen in Wirtschafts- oder Wissenschaftsmagazinen. Auch die reduzierte Bewegung im Bild beispielsweise bei Standfotos ist in aller Regel musikunterlegt.

Hintergrundmusik im Fernsehen soll nach diesen Aussagen mithin recht unterschiedliche Defizite kompensieren. Den meisten ist freilich gemeinsam, dass sie erhebliche Probleme der Datenbeschaffung, Operationalisierung und Messung aufwerfen. Ob eine Atmo qualitativ unbrauchbar ist und daher durch Musik ersetzt werden muss, ließe sich nur einer schriftlichen Protokollierung der Produktion entnehmen (wo dergleichen gemeinhin nicht verzeichnet wird). Wenn Musik Langeweile vertreiben soll, verursacht durch eine uninteressante Atmo (zum Beispiel sattsam bekanntes Verkehrsrauschen) oder durch mäßige schauspielerische Leistungen namentlich in *Daily Soaps* (und nicht nur dort), stellt sich die Frage, unter welchen Bedingungen Langeweile empfunden wird –

---

11 Ebd., S. 24.
12 Ebd., S. 34.
13 Ebd., S. 67.

eine Frage, die nur differenzierte Rezeptionsstudien beantworten können. Ähnliches gilt für die emotionale Beurteilung von Bildinhalten. Es hängt vom Zuschauer ab, ob er als Vielseher das Programm primär als Quelle entspannender Unterhaltung betrachtet und deshalb zur Vermeidung von Katastrophenberichten neigt oder ob er einen persönlichen Bezug zum Film hat, da er den Montblanc-Tunnel im letzten Urlaub selbst benutzt hat, oder ob ein kritischer Zeitgenosse prinzipiell an investigativen Dokumentationen interessiert ist, weil er Behörden ohnehin Schlamperei und Vertuschung zutraut.

Seit Beginn der Filmgeschichte ist Filmmusik ein in sich verschlungenes Konglomerat von produktions- wie rezeptionsästhetischen Faktoren. Filmmusik sollte einerseits die Rezeption fördern (Angst in der Dunkelheit beschwichtigen etc.), andererseits – ab etwa 1910 – die Dramaturgie auf der Leinwand stützen. Dieser Januscharakter kehrt bei der Hintergrundmusik im Fernsehen wieder und erschwert die Analyse der Defizit-These. Vergleichsweise einfach erscheint hingegen die Erhebung der musikalischen Wahrnehmungsfokussierung. Hier werden erregende Momente der Handlung, deren bewusste Registrierung im Zuschauer zum Verständnis unerlässlich ist, auf das Vorhandensein adäquater Musik untersucht. Keinerlei Analyse-Probleme bietet die Aufhebung des normalen Bildtempos durch Standfotos, ebenfalls durch Zeitlupe oder Zeitraffer, was hier als Defizit des ‚realen‘ Bildtempos betrachtet wird und gleichfalls musikalisch kompensiert werden kann.

2. Das Dokumentarische erfährt im Fernsehen der Gegenwart eine Fiktionalisierung, auch und gerade durch Musik

Jede Musik, deren Quelle im Off bleibt, ist ein Element der Fiktion, gleichviel in welcher Gattung. Exemplarisches Beispiel aus dem fiktionalen Bereich: Ein Cowboy reitet einsam und leise durchs Monument Valley, wo sich ohrenfällig ein ganzes Sinfonieorchester hinter den Felsen versteckt hat. Nach über hundertjähriger Filmgeschichte und fast fünfzigjähriger Fernsehgeschichte in Deutschland hat sich in jedem Genre ein Repertoire an spezifischen Stereotypen der Musik gebildet. Diese Stereotypen stehen im Begriff, ihren angestammten Platz in fiktionalen Genres zu verlassen und in dokumentarischen Genres – Dokumentation, Feature, Reportage – gleichsam einzuwandern.

Oliver Kranz (Komponist):

> Da wird Herr Schneider aus K. gezeigt, der hat angeblich die Katze des Nachbarn vergiftet. Ein tiefer ‚Brummer‘ reicht, um dem Zuschauer klarzumachen: Dieser Mann ist schuldig oder – was noch schlimmer ist – er scheint ein böser Mensch zu sein. Da Musik direkt ins Herz geht, eignet sie sich natürlich hervorragend, in jede

Richtung zu manipulieren. Ein Effekt, der im Unterhaltungsfilm unersetzlich ist. In der Berichterstattung sollte man darauf verzichten. Aus bitterer Realität wird sonst ein Drama oder eine Komödie. Das führt meiner Ansicht nach zu Realitätsverlust.[14]

Ein „Brummer" ist ein tiefer, dissonanter Synthesizer-Klang, der seit den sechziger Jahren zum musikalischen Topos im Thriller wurde. Er erfreut sich nicht nur im Fernsehfilm bei der Erscheinung des Bösen, sondern auch in Magazinen (und längeren nicht-fiktionalen Formaten) großer Beliebtheit. Unser Bericht über die Wirklichkeit ist ein Thriller, sagt diese Musik, und so finden sich solche Brummer, wo in einem Zoo angeblich ein Eisbär getötet wurde, wo eine Verbraucherorganisation (verbotenes) Hirn in der Wurst entdeckt hat oder wo die Kamera durch Wohnräume voller Müll fährt, weil deren Bewohner ihren Abfall nicht wegwerfen mochten.

Häufig, so scheint es, ist der Musikeinsatz sprachlich motiviert. Der Brummer erscheint beispielsweise beim Stichwort „dramatisch" (beim Abschmelzen von Gletschern in den Alpen, der Zunahme des Rauschgifthandels am Frankfurter Flughafen, der Abnahme der Bevölkerung in Deutschland). Ein besonders aparter Fall fand sich in einer Dokumentation über Lebensmittelkontrolleure, die der Autor zu KAKERLAKENCOPS ernannte, um dann die ekelerregenden Bilder aus Restaurantküchen mit der gefälligen Musik einer amerikanischen Polizei-Serie zu unterlegen. Originalton, der in guter Qualität technisch noch nie in der Film- und Fernsehgeschichte so leicht zu beschaffen wäre wie heute, ist also einer Verdrängung durch Musik ausgesetzt. Die offenkundige Intention, mit Musik im Allgemeinen und mit Stereotypen aus fiktionalen Genres die Attraktivität einer Sendung zu erhöhen, ist mittlerweile zur Gewohnheit geworden.

Michael Gramberg:

Ich habe vor kurzem einen Film gemacht über einen politischen Kriminalfall, wo ich vor Jahren nicht auf den Gedanken gekommen wäre, Musik einzusetzen. Das war eine koordinierte ARD-Produktion, wo die Chefredaktion angeboten hat, dass aus München, von der Zentrale aus, Musik komponiert würde für die Serie (*Die großen Kriminalfälle*: Vera Brühne, Alfred Lecki etc.) Es war von vornherein so angesetzt, dass zu einer politischen Dokumentation im Kriminalbereich Musik dazu gehört. [...] Wir

---

14 Ebd., S. 60.

glauben, dass das Fernsehen keine Stille erträgt, dass die Wirklichkeit selbst nicht mehr aussagekräftig genug ist und alles mit Musik untermalt werden muss.[15]

An der Verwischung der Grenze zwischen Realität und Fiktion, die seit Jahren im Fernsehen konstatiert wird, dürfte die Musik keinen geringen Anteil haben. Befragt, wo sie auf keinen Fall Musik unterlegen würden, antworteten zumindest die ARD-Mitarbeiter in unseren Gesprächen: Bei aktuellen Berichten von Kriegen und Katastrophen. Was den Umkehrschluss nahe legt: Wo Musik ertönt, kann es so schlimm nicht sein.

Die Analyse der Fiktionalisierungs-These an einer Stichprobe mit nicht-fiktionalen Sendungen arbeitet mit einem Katalog musikalischer Topoi, die Spielfilm-Genres entstammen. Inwieweit die Musikunterlegung die Glaubwürdigkeit einer Sendung beeinträchtigt, könnten wiederum nicht Programmanalysen, sondern allein Rezeptionsstudien erforschen. Lohnend wäre das vermutlich allemal, denn wenn bei allen Rankings zur Glaubwürdigkeit von Nachrichtensendungen die TAGESSCHAU an der Spitze steht, heißt das ja auch, dass der weitgehende Verzicht auf ästhetische Inszenierung (die deutlich karger ausfällt als bei HEUTE, zu schweigen von musikunterlegten Nachrichten) eine Ursache von Glaubwürdigkeit ist. Und Musik ist – vor Setting, Farben, Licht – ein starkes Mittel ästhetischer Inszenierung.

3. Das dominante Prinzip musikalischer Erfindung von Musik im Fernsehen ist die Imitation

Klaus Doldinger (Komponist): „Natürlich will jeder Sender seine Quoten machen. Sie wünschen sich eine Erfolgsmusik, was auch immer das sein mag."[16]

Christian Schneider (Komponist): „Die Musik soll sein wie ‚...' nur ganz anders. Die Charakteristika der jeweiligen Musik übernehmen, aber so nebenher zu komponieren, dass rechtlich keine Probleme zu erwarten sind."[17]

Manfred Schoof (Komponist):

> Ich habe oft erlebt: Schreib mal so was, so wie das, aber nicht genau das. Das soll nur die Assoziationen beim Hörer wecken. Da muss man dann an den Originalthemen trittbrettfahrermäßig entlang komponieren, und das ist häufig sehr schwierig und oft so genau dran, dass dann die Plagiatsprozesse kommen, und dann die Regis-

---

15 Ebd., S. 22.
16 Ebd., S. 14.
17 Ebd., S. 90.

seure von all dem nichts mehr wissen wollen und sagen: Das hast
Du doch gemacht, damit haben wir nichts zu tun.[18]

So entwickelt sich auch in der Hintergrundmusik des Fernsehens ein geschlossenes System von Selbstreferenzen, das kaum noch Lücken für musikalische
Kreativität lässt. Manfred Schoof, einst einer der Pioniere des Free Jazz in
Deutschland, verweist auf die SENDUNG MIT DER MAUS, wo er sich – vor Kin-
dern – noch gelegentliche Abweichungen von Stereotypen gestatten könne.

Zum Quotendruck kommt der Zeitdruck, denn die Nachvertonung ist die
letzte Phase der Postproduktion.

Mischa Fickel und Hans Wiedemann:

> Die aktuelle Vertonung geschieht bei uns, wenn es unbedingt sein
> muss, innerhalb von 10 bis 15 Minuten, mitsamt Auftragsannahme,
> GEMA-Meldung und Kopieren. Es muss schnell gehen, denn die Au-
> toren sind vom Drehen zurück und warten bereits im Schneideraum.[19]

Für einen Film von 90 Minuten hat der Komponist in der Regel zwei bis vier
Wochen Zeit. Die Kommunikation zwischen Komponist und Regisseur beschränkt sich daher oft auf ein Minimum.

Klaus Doldinger:

> Es gibt heute sehr viele Fälle, wo der Regisseur in Sachen Musik-
> produktion außen vorgelassen wird, weil die Regisseure zum Teil
> so beschäftigt sind, dass sie für das Thema Musik gar keine Zeit ha-
> ben. Ich habe oft mit Regisseuren zusammengearbeitet, die mir
> freie Hand gelassen haben oder mich mit einer Strichliste versehen
> haben, Angaben, von wo bis wo sie sich Musik vorstellen können,
> möglicherweise mit kleinen Anmerkungen wie ,lieblich' oder
> ,Spannungsmusik', das sind beliebte Begriffe.[20]

Manfred Schoof:

> Man muss dem Regisseur ein paar Adjektive aus dem Mund lo-
> cken: Zart, fröhlich, depressiv, all diese Dinge muss man sich auf-

---

18 Ebd., S. 107.
19 Ebd., S. 133.
20 Ebd., S. 10.

schreiben. Wenn der Regisseur dann sagt, er hätte es gern anders gehabt, kann ich immer sagen: Aber Sie haben es doch so gewollt.[21]

Christian Schneider:

> Ein Redakteur brachte die Vokabel mit: Es muss schon kribbeln zu Hause auf dem Sofa, wenn man das hört. Damit konnte ich überhaupt nichts anfangen.[22]

Das schwierige Problem der verbalen Verständigung über eine noch nicht existierende Musik wird zunehmend durch Demos der Komponisten gelöst, die dann oft unverändert benutzt werden. Oder durch „Temp-Tracks", fremde Musik, die einem Film zur Orientierung für den Komponisten vorläufig angelegt wird. Das befördert seine Vorstellungskraft gewiss ungleich stärker als eine verbale Beschreibung und schränkt sie gleichzeitig ein:

Oliver Kranz:

> Der Nachteil von Temp-Tracks ist jedoch, dass sie im Komponisten-Gehirn sehr unerwünschte, ausgeprägte Spuren hinterlassen.[23]

Christian Schneider:

> Was wir oft machen ist, dass wir Musikbeispiele von sehr bekannten Musiken nehmen und sagen: Hey, so könnte es doch sein, so in die Richtung könnte es doch gehen. Deshalb haben wir alle so viele CDs im Schrank und sagen: Hier, vom neuen Hans-Zimmer-Film die ersten dreißig Sekunden von Lied 5, das könnte es doch ungefähr sein.[24]

Hier greift die Topos-Forschung vollends auf den Spielfilm über. Sie hat zu beschreiben, welche musikalischen Gestalten aus zeitgenössischen Erfolgsfilmen, aber auch aus Klassikern eines Genres seit etwa 1950 in die Hintergrundmusik des Fernsehens eingegangen sind. Charts-Musik außerhalb filmischer Kontexte dürfte dabei – mit Ausnahme der *Daily Soap* – vermutlich eine geringere Rolle

---

21 Ebd., S. 106.
22 Ebd., S. 97.
23 Ebd., S. 54.
24 Ebd., S. 94.

spielen. Die genannten Thesen könnten anhand einer Programmwoche von ARD, ZDF, SAT 1 und RTL genauer untersucht werden.

Im übrigen beschreiben die Komponisten eine deutliche Verschlechterung der ökonomischen Bedingungen im letzten Jahrzehnt.

Klaus Doldinger:

> Die wirtschaftlichen Voraussetzungen zum Produzieren von Musik für Fernsehfilme sind leider Gottes in Deutschland nicht besonders. Das liegt zum einen daran, dass es viele junge Talente gibt, die versuchen, um jeden Preis ins Geschäft zu kommen. Und da es nun jede Menge Produzenten gibt, denen Musik nicht so wichtig ist, Hauptsache sie ist billig, reguliert sich der Preis im Allgemeinen sehr nach unten. [...] Das ist ein trauriges Thema, denn bei einem Gesamtetat von einer Million Euro [für einen TATORT] sind Fünftausend Euro für die Musik ein Klacks [...]. Bei gewissen Stunts, von denen man sich etwas verspricht, ist das Geld überhaupt kein Thema.[25]

Manfred Schoof:

> In den letzten 15 Jahren hat sich die Situation für Musik erheblich verschlechtert. Es wird immer weniger Geld bereitgestellt und von der Qualität immer weniger verlangt, weil eine bestimmte Art von Filmen im Fernsehen das Gros der geleisteten Sendeminuten ausmacht, und da geht es dann um eine möglichst schnell produzierte Musik, die einen typischen Seriencharakter hat.[26]

Horst Sczerba (Regisseur):

> Es ist auf alle Fälle immer zu wenig. Und zwar liegt das daran, dass Musik in den Bereich der Postproduktion gehört. Der reale Ansatz ist sowieso schon zu niedrig kalkuliert, und wenn das Budget überzogen ist, versucht der Produzent in der Postproduktion herauszuholen, was herauszuholen ist. Die am Ende kommen, bluten immer am meisten. Und es ist sehr oft schon fast Selbstausbeutung, es grenzt an eine unglaubliche Ausbeutung, was von Musikern verlangt wird.[27]

25 Ebd., S. 15.
26 Ebd., S. 109.

Eine direkte Honorierung der kompositorischen Arbeit findet mittlerweile immer seltener statt. Stattdessen wird der Komponist auf die zu erwartenden GEMA-Tantiemen verwiesen, was höchstens bei *Dailys* ein einträgliches Auskommen ermöglicht. Solche ökonomischen Verhältnisse, unter denen die Ware Fernsehmusik immer weniger wert ist, führen selbstredend zur weiteren Rationalisierung der kompositorischen Arbeit durch digitale Produktion, über deren Mittel – Stichwort Samples – die Komponisten mittlerweile verfügen. Live-Musiker oder gar ein Ensemble sind kaum noch finanzierbar.

So schließt sich der Kreis der Stereotypen zwischen Quotendruck, also der Anpassung an Hörgewohnheiten, Zeitmangel, Geldmangel, uniformen Klangresultaten und allgemeiner Geringschätzung der Hintergrundmusik im Fernsehen. Dabei könnte – ein Mehr an Aufmerksamkeit, Zeit und Geld vorausgesetzt – doch alles ganz anders sein: „Musik kann eine dritte Dimension erschließen, die Bilder können anders hervortreten durch Musik, sie kann ein Passepartout sein, der ein Bild leuchten lässt."[28]

---

27   Ebd., S. 83.
28   Ebd., S. 138 f.

Frank Schätzlein

Ton und Sounddesign beim Fernsehen

1. Fernsehton und Medienwissenschaft

In der Fernsehtechnik finden wir einen interessanten Begriff: den Fernseh-*Begleitton*. Der Terminus ist sicher wohlbegründet und hat auch seine spezifische medientechnische Entstehungsgeschichte, aber: Möglicherweise drückt sich darin (neben der rein technischen Seite) auch etwas von der Hierarchie zwischen Fernsehbild und Fernsehton aus – von der Präferenz des Visuellen gegenüber dem akustischen Teil des Mediums, die sich über Jahrzehnte in Praxis und Forschung niederschlug.[1]

Das gilt auch für die Medienwissenschaft. Denn während der Ton und das Sounddesign beim Kinofilm inzwischen stärkere Berücksichtigung in der Forschung findet, gibt es bis heute nur sehr wenige medienwissenschaftliche Untersuchungen zur Technik, Ästhetik, Funktion und Entwicklung von Ton und Sounddesign im Medium Fernsehen (eine kleine Ausnahme bildet hier lediglich der angrenzende Themenbereich ‚Musik im Fernsehen‘).[2] Die vorliegenden Arbeiten zur Geschichte, Technikgeschichte und Medienästhetik des Fernsehens beschäftigen sich entweder überhaupt nicht oder nur ganz am Rande mit der Entwicklung des Fernsehtons;[3] die wenigen deutschsprachigen Publikationen zum Themenbereich Ton und Sounddesign beim Fernsehen stammen fast ausschließlich von Toningenieuren oder den Fernsehpraktikern und Sounddesignern selbst.[4]

---

1   Dieser Gedanke findet sich auch bei Karl-Günther von Hase: „Das ZDF beginnt mit Stereoton im Fernsehen". In: Georg Drechsler/Bernhard v. Watzdorf (Red.): *Mehrkanaltontechnik im Fernsehen. Entwicklung – Technische Grundlagen – Produktions-, Übertragungs- und Wiedergabeprobleme.* Hg. vom Zweiten Deutschen Fernsehen. Mainz 1981 (= ZDF-Schriftenreihe. H. 27: Technik), S. 5–6, hier: S. 5 und Georg Drechsler: „Kleine Geschichte der Stereofonie". In: ebd., S. 7–25, hier: S. 22 f.

2   Vgl. Rick Altman: „Television Sound". In: Horace Newcomb (Hg.): *Television. The Critical View.* 4. Ed. New York 1987. S. 566–584. Zur Musik siehe: Werner Klüppelholz (Hg.): *Musik im Fernsehen. Originalton aus der Praxis.* Siegen 2003 (= Massenmedien und Kommunikation. Bd. 145/146); Rolf Wehmeier: *Handbuch Musik im Fernsehen. Praxis und Praktiken bei deutschsprachigen Sendern.* Regensburg 1995 (= ConBrio-Fachbuch. Bd. 4); Josef Kloppenburg (Hg.): *Musik multimedial. Filmmusik, Videoclip, Fernsehen.* Laaber 2000 (= Handbuch der Musik im 20. Jahrhundert. Bd. 11).

3   Vgl. beispielsw. Siegfried Zielinski: „Zur Technikgeschichte des BRD-Fernsehens". In: Knut Hickethier (Hg.): *Institution, Technik und Programm. Rahmenaspekte der Programmgeschichte des Fernsehens.* München 1993 (= Geschichte des Fernsehens in der Bundesrepublik Deutschland. Bd. 1). S. 135–170.

184

So fehlt bis heute eine Darstellung der historischen Entwicklung des Fernsehtons auf der Ebene der Technik und der Gestaltung. In zukünftiger Forschung könnte es darum gehen, das Spezifische des Tons bzw. Sounddesigns im Fernsehprogramm herauszuarbeiten. Wo unterscheidet sich der ‚Fernsehsound‘ beispielsweise vom ‚Kinosound‘? Welche Formen der Tondramaturgie, des Sounddesigns sind charakteristisch für die unterschiedlichen Phasen der Fernsehgeschichte oder der Geschichte einzelner Sendeformen? Welche neuen Kategorien brauchen Fernsehwissenschaft und Medienproduktanalyse (in Bezug auf Ton, Tontechnik und -gestaltung)?

Der vorliegende Beitrag soll hierzu einen kleinen Einstieg bieten. Er gibt zunächst einen Überblick über die historische Entwicklung des Fernsehtons von der Monophonie in den fünfziger Jahren bis zum Surround-Verfahren in den Neunzigern, die Darstellung bezieht sich dabei auf die Entwicklung in der Bundesrepublik. Im Weiteren werden einige Fragen der Tongestaltung sowie Beispiele aus dem Fernsehprogramm vorgestellt.

Vorab noch einige Worte zu den beiden zentralen Begriffen: ‚Ton‘ definiere ich in einem eher technischen Sinne als die gesamte akustische Ebene des Mediums Fernsehen mit allen Schallereignissen, die vom Fernsehen übertragen werden (‚Fernsehton‘). Ton wird an dieser Stelle also nicht (a) aus der musikalischen bzw. musikwissenschaftlichen Perspektive als ‚Gehörempfindung‘, ‚musikalische Einheit‘ bzw. Grundelement des ‚Klangs‘[5] oder (b) als eine der Fernsehmusik gegenübergestellte Kategorie für Geräusche und Sprache[6] verstanden, sondern als Gesamtheit aller Schallereignisse im Fernsehen. Sounddesign wird hier definiert als die zielgerichtete funktionale und/oder künstlerische Gestaltung des Fernsehtons (die Gesamtkonzeption der Tonebene eines Programms oder einer Sendung/Produktion).

2. Historische Entwicklung der Tontechnik beim bundesdeutschen Fernsehen

Die unterschiedlichen seit den fünfziger Jahren beim Fernsehen eingesetzten tontechnischen Standards lassen sich in ihrer Bedeutung und historischen Zu-

---

4   Zum Beispiel Hans U. Werner (Hg.): *SoundScapeDesign. KlangWelten. HörZeichen.* Basel 1997. S. 373–396; Hans U. Werner/Wilfried Reichart u. a.: *Filmsoundscapes – TV-Soundscapes. Klangspuren für einen Film und eine Stadt.* Siegen 1999 (= Massenmedien und Kommunikation. Bd. 129/30).

5   Zur musikwissenschaftlichen Definition vgl. beispielsweise Herbert Bruhn: „Klang, Ton und Akkord“. In: Herbert Bruhn/Rolf Oerter/Helmut Rösing (Hg.): *Musikpsychologie. Ein Handbuch.* Reinbek 1993 (= Rowohlts Enzyklopädie. Bd. 526). S. 452–459; Lemma „Ton“ in Carl Dahlhaus/Hans Heinrich Eggebrecht: *Brockhaus Riemann Musiklexikon. Vierter Band: R-Z.* Erw. Taschenbuchausg. Mainz 1992. S. 247–248.

6   So bei Lothar Mikos in Bezug auf Ton in den Medien Film und Fernsehen, vgl. Lothar Mikos: *Film- und Fernsehanalyse.* Konstanz 2003 (= UTB. Bd. 2415). S. 228–231.

ordnung nicht aus wissenschaftlichen Darstellungen zu den bekannten Audioformaten des Kinofilms[7] ableiten. Im Folgenden werden deshalb zum einen die Entwicklungsstufen der Fernsehtontechnik nachgezeichnet, zum anderen zeitgenössische Diskussionen zur Einführung neuer Standards vorgestellt. Die einzelnen Kapitel stellen die Entwicklung der Audiostandards und Wiedergabeverfahren in den Mittelpunkt der Ausführungen, die technische Entwicklung auf der Seite der Produktion (von den Anfängen und der Einführung der Pilottontechnik über die Diskussionen zur Bedeutung des Tons für die Fernsehproduktion bis zur Arbeit mit digitalen Audioworkstations) wird nicht im Einzelnen dargestellt.

2.1 Anfänge der Fernsehproduktion

In den fünfziger Jahren griff man beim Aufbau der audiotechnischen Einrichtungen in den Fernsehstudios vorwiegend auf die technische Ausrüstung des Hörfunks zurück. Ein Mischpult für die Tonregie in einem Fernsehstudio entsprach also im Wesentlichen solchen Regietischen, wie sie zu dieser Zeit auch im Hörfunkbetrieb bei der Hörspiel- und Musikproduktion Verwendung fanden. Aufgrund der wesentlich höheren Temperatur im Fernsehstudio gab es allerdings Probleme mit den Radio-Mikrofonen, so dass spezielle neue Fernsehmikrofone entwickelt wurden, bei denen die Membranen auch bei hoher Temperatur frei schwingen konnten und nicht zusammenklebten. Seit Mitte der sechziger Jahre wurden dann auch drahtlose Mikrofone und Richtmikrofone (mit einer speziellen keulenförmigen Richtcharakter istik) eingesetzt. Von der Filmproduktion und den bereits bestehenden Filmstudios übernahm man, damit die Aufnahmetechnik nicht im Bild zu sehen war, den sogenannten Mikrofongalgen (Mikrofonangel); der Einsatz von fest installierten Mikrofonen in den Fernsehstudios des NWDR war offenbar eine Ausnahme.[8] Als Tonträger für die Tonaufzeichnung und die Zuspielung von „Begleitmusik", „Geräuschkulissen" und „Tonkonserven" diente auch in der Fernsehproduktion das Magnetophonband mit den entsprechenden Aufnahme- und Wiedergabegeräten aus der Hörfunktechnik.[9]

---

7   Vgl. Barbara Flückiger: *Sound Design. Die virtuelle Klangwelt des Films.* Marburg 2001, S. 44–56.

8   Vgl. Heinrich Kösters: „Raumakustische Fragen im Fernsehstudio". In: *Technische Hausmitteilungen des Nordwestdeutschen Rundfunks.* 6. Jg. (1954). S. 172.

9   Vgl. Hans Rindfleisch: *Technik im Rundfunk. Ein Stück deutscher Rundfunkgeschichte von den Anfängen bis zum Beginn der achtziger Jahre.* Norderstedt 1985, S. 202 f., 205 ff. und G. Schadwinkel/F. Naupert: „Die elektroakustischen Einrichtungen des Fernsehhauses Hamburg-Lokstedt". In: *Technische Hausmitteilungen des Nordwestdeutschen Rundfunks.* 6. Jg. (1954). S. 67–70.

2.2 Monophonie

Das Ziel der frühen Fernsehproduktion war es, den Zuschauern die gleiche Tonqualität zu bieten, wie sie sie bereits aus dem Hörfunk kannten. Die Aufnahme, Übertragung und Wiedergabe des Fernsehtons erfolgte dabei monophon; das heißt, das Audiosignal wird mittels eines einzigen Kanals übertragen. Bei der Aufnahme kann ein Einzelmikrofon oder die Abmischung mehrerer Mikrofone (Multimikrofonie) verwendet werden und auch auf der Hörerseite können (im oder am Fernsehgerät) zwei Lautsprecher angeschlossen sein – der Ton bleibt aufgrund der einkanaligen Übertragung jedoch stets monophon.

Die Monotechnik ermöglicht nur einen sehr eingeschränkten Raumeindruck, da lediglich eine grobe Einschätzung der Raumgröße (über den Hallanteil) und der Entfernung der Schallquelle(n) vom Mikrofon möglich ist. Durch die Schallreflexionen, die – je nach Ausstattung des Abhörraumes – evtl. im Zimmer des Zuschauers entstehen, kann der dort entstehende Raumeindruck auch noch einmal deutlich von der Raumakustik des übertragenen Originalsignals abweichen und dieses verfälschen und/oder die Verständlichkeit von Sprache verringern. Auch bei der Verwendung von zwei Lautsprechern, die in einiger Entfernung voneinander aufgestellt bzw. im Fernseher eingebaut sind oder in unterschiedliche Richtungen abstrahlen, entsteht unter Umständen aus diesem Grunde der sogenannte pseudostereophone Effekt.

2.3 Mehrkanalton

Beim Fernsehton gab es über lange Zeit keine technischen und qualitativen Veränderungen. Während auf der Bildebene verbesserte Übertragungsverfahren entwickelt wurden, ab 1967 das Farbfernsehen und ab 1980 der Videotext hinzukam, debattierte man mehrere Jahre darüber, ob Mehrkanalton im Medium Fernsehen nützlich sei und ob er von den Zuschauern überhaupt benötigt bzw. gewünscht würde. Dies führte mit der Zeit zu einer Diskrepanz zwischen den inzwischen weiterentwickelten tontechnischen Standards im Fernsehstudio bzw. in der Fernsehproduktion und der Audio-Wiedergabequalität beim Fernsehempfang.[10]

Mehrkanalton beim Fernsehen wurde vor allem in Ländern mit mehrsprachiger Bevölkerung diskutiert und erforscht, beispielsweise in Nordafrika. In der Bundesrepublik führte das Institut für Rundfunktechnik (IRT) seit Mitte der sechziger Jahre Forschungen in diesem Bereich durch.[11] Mit dem Begriff

---

10 Vgl. Karl-Günther von Hase: „Das ZDF beginnt mit Stereoton im Fernsehen". 1981, S. 5–6, hier: S. 5 und Klaus Schneider: „Einführung der Mehrkanaltontechnik". In: *ZDF-Jahrbuch* 1981. Mainz 1982, S. 123–125, hier: S. 123.
11 Vgl. Georg Drechsler: „Kleine Geschichte der Stereofonie". 1981, S. 7–25, hier: S. 23 ff. und Hans Rindfleisch: *Technik im Rundfunk*. 1985, S. 243 f.

Mehrkanalton werden analoge und digitale Verfahren der Tonübertragung bezeichnet, die mit mehr als einem Kanal arbeiten; dies gilt für alle im Folgenden vorgestellten Fernsehton-Formate: Zweikanalton, Stereo, Dolby Surround, Dolby Surround Pro Logic (II), Dolby Digital. Wenn in den Debatten der sechziger Jahre vom Mehrkanalton die Rede war, so war damit zunächst vor allem der Zweikanalton gemeint (gelegentlich auch als Zweitonwiedergabe bezeichnet). Die stereophone Wiedergabe, wie sie den Rezipienten bereits von der Tonträgerwiedergabe und inzwischen auch aus dem Hörfunk bekannt war, wurde in der Diskussion über das neue Fernsehtonformat anfänglich als zweitrangig eingestuft. Heute wird unter Mehrkanalton oft nur noch die Surround-Technik verstanden.

Auch hier spielt das Mono-Format noch eine Rolle, denn ein zentraler Punkt für die Entwicklung der Mehrkanaltontechnik war ihre Abwärtskompatibilität. Das heißt in diesem Fall: Ältere für monophonen Ton ausgelegte Fernsehempfangsgeräte mussten weiterhin benutzbar bleiben und es durfte beim Empfang nicht zu einer durch die neue Zweikanal-Technik hervorgerufenen Verschlechterung bzw. Verfälschung der Bild- oder Tonqualität kommen.

2.3.1 Zweikanalton

Fernsehen mit Zweikanalton-Technik bietet eine Tonübertragung über zwei ‚diskrete' – das heißt voneinander unabhängige – Mono-Kanäle (M 1 und M 2). Auf diese Weise kann bei ausländischen Film- und Fernsehproduktion über M 1 die synchronisierte deutschsprachige Fassung und über M 2 der Originalton in der Fremdsprache ausgestrahlt werden.

Der Zweikanalton ermöglicht auch die ‚Audio-Description' (Hörfilm), ein Verfahren für Blinde und Sehbehinderte zur akustischen Beschreibung des Fernsehbildes in den Dialogpausen. Dabei wird auf Kanal M 1 der konventionelle Filmton, auf M 2 der Filmton plus Bildbeschreibung gesendet. Das ZDF sendete 1993 den ersten Film mit Audio-Description im deutschen Fernsehen, 1997 begann dann das Bayerische Fernsehen mit der regelmäßigen Ausstrahlung von Hörfilmen, weitere öffentlich-rechtliche Programme folgten Ende der neunziger Jahre.[12]

Bei der Wiedergabe ohne die Surround-Formate kann heute zwischen drei Betriebsarten des Fernsehtons unterschieden werden (welche Modi ausgewählt werden können, hängt von den für die jeweilige Sendung angebotenen Audio-

---

12 Weiterführende Informationen finden sich im Internet: *Deutsche Hörfilm gGmbH*. URL: http://www.hoerfilm.de (Zugriff am 9.12.2004); ADI – Audio Description International http://www.adinternational.org/ (Zugriff am 9.12.2004); Bayerischer Rundfunk: *TV für Blinde – Audio-Description*. URL: http://www.br-online.de/br-intern/integration/index_blinde.shtml (Zugriff am 9.12.2004).

formaten ab; aufgrund der Abwärtskompatibilität ist in jedem Fall eine monophone Wiedergabe möglich):

Modus:	Kanal/Kanäle:
1. Monophonie bzw. monophone Wiedergabe	M
2. Zweikanalton bzw. Zweitonwiedergabe	M 1 und M 2
a) Synchron- und Originalfassung oder	
b) Filmton mit und Filmton ohne Audio-Description	
3. Stereophonie bzw. stereophone Wiedergabe	L (M) und R

Da die Ausstrahlung von Fernsehsendungen im Zweikanalton-Format für die Wiedergabe der Originalsprache oder der Audio-Description im zweifachen monophonen Ton erfolgt, können besondere raumakustische Effekte und ein aufwendiges Sounddesign nicht wiedergegeben werden. Eine stereophone Wiedergabe ist aufgrund der unabhängigen Kanäle mit unterschiedlichem Tonsignal nicht möglich, Kinosound-Puristen kommen bei Sendungen, die im Zweikanalton ausgestrahlt werden, also nicht auf ihre Kosten. Das Verfahren bietet sich deshalb besonders für ältere monophone Kinofilme, Wiederholungen von Stereo- oder Surround-Produktionen und mehrsprachige Programme bzw. mehrsprachige journalistische Sendeformen (Nachrichten, Diskussionsrunden u. ä.) an.

2.3.2 Stereophonie

Für stereophonen Fernsehton sind zwei aufeinander bezogene Kanäle notwendig; die Stereophonie bietet dem Zuschauer bei relativ geringem technischem Aufwand räumliche Höreindrücke.[13] Die Schallquellen können dabei auf der ‚Stereobasis' (der gedachten Linie zwischen den beiden Lautsprechern) verteilt und dort vom Rezipienten lokalisiert werden (Phantomschallquellen auf der Stereobasis), wenn er sich auf der optimalen Abhörposition in einem gleichseitigen Dreieck mit den beiden Lautsprechern befindet. Genaugenommen sind Fernsehapparate mit eingebauten Lautsprechern aus diesem Grund für eine korrekte stereophone Wiedergabe ungeeignet. Die Geringschätzung des Fernsehtons zeigte sich lange Zeit auch an der Bauweise von Empfangsgeräten, die mit qualitativ eher minderwertigen Lautsprechern ausgestattet waren und an einem Geräteaufbau, bei dem die Lautsprecher so installiert waren, dass sie den Schall lediglich zur Seite oder sogar nach hinten abstrahlten. Heute besitzen die Apparate in der Regel Frontlautsprecher und eine Funktion zur Simulation ei-

---

13 Dazu ausführlich: Georg Drechsler: „Kleine Geschichte der Stereofonie". In: ders./Bernhard v. Watzdorf (Red.): *Mehrkanaltontechnik im Fernsehen.* 1981, S. 7–25 und Georg Plenge: „Entwicklung der Stereofonie im Rundfunk". In: ebd. S. 26–34.

ner größeren Stereobasis-Breite, auch ‚Raumklang'- oder ‚Ambience'-Funktion genannt.

Erste Experimente mit stereophonem Fernsehton wurden 1970 vom Norddeutschen Rundfunk durchgeführt. Am stärksten wurde die Entwicklung und Einführung des Zweikanaltons bzw. der Stereophonie jedoch vom ZDF vorangetrieben; die folgenden Punkte zeigen die Aktivitäten des ZDF, die auch in einer entsprechenden Publikation des Senders dokumentiert sind:[14]

- 1971 beschließt der zuständige Ausschuss des ZDF-Fernsehrats eine Initiative für Mehrkanalton bzw. Stereophonie im Fernsehen.
- Am 30. April 1972 überträgt das ZDF gemeinsam mit dem Bayerischen Rundfunk die stereophone Fassung der Tschaikowsky-Oper EUGEN ONEGIN. Dabei sendet das ZDF das Bildsignal mit monophonem Ton, der BR strahlt über UKW-Radio synchron den zur Sendung gehörenden Stereoton aus, es folgten vergleichbare Projekte des ZDF mit anderen Rundfunkanstalten und ihren Hörfunkprogrammen.
- Ab 1972 sammelt der ‚Arbeitskreis für Informationen über neue Entwicklungen auf dem Rundfunkgebiet' (ANE) für ARD und ZDF Material zum Thema, das den Gremien als Entscheidungshilfe dienen soll.
- ZDF und Deutsche Bundespost setzen ab 1972 bei Ersatzbeschaffungen auf Anlagen mit Mehrkanal-Option.
- 1977 wird eine Expertengruppe der gemeinsamen technischen Kommission von ARD und ZDF zur Mehrkanalton-Übertragung eingesetzt, ihr Bericht wird 1979 vorgelegt.
- Ab 1979 erfolgen die ersten technischen Festlegungen und Normierungen durch ZDF und IRT, im Mai 1979 beginnt das ZDF dann mit ersten Versuchssendungen.
- Mit dem FESTKONZERT IN STEREO beginnt das ZDF im September 1981 während der Internationalen Funkausstellung (IFA) in Berlin schließlich mit der regelmäßigen Ausstrahlung von Sendungen mit Mehrkanalton.

Die ARD hatte zunächst eine abwartende Haltung eingenommen, vor allem aufgrund der schwer kalkulierbaren finanziellen Folgen für die Umrüstung von Sendetechnik, Produktion und Programmbetrieb. Der Mehrkanalton wird zwar als Zukunftstechnik des Fernsehens gesehen, die sich auch dauerhaft etablieren würde – die Bedenken, mit den ersten Sendungen während der IFA Tatsachen zu schaffen, die sich später nicht mehr zurücknehmen ließen, waren je-

---

14 Vgl. Rudolf Kaiser: „Die Aktivitäten des ZDF zur Einführung des Stereo- bzw. Mehrkanaltons". In: Georg Drechsler/Bernhard v. Watzdorf (Red.): *Mehrkanaltontechnik im Fernsehen*. 1981, S. 50–52.

doch groß. Vor der Funkausstellung kam es dann zu Uneinigkeiten mit dem ZDF, als der Mainzer Sender 1979 ohne eine – aus der Sicht der ARD – vorausgehend notwendige Einigung die Deutsche Bundespost mit der Umrüstung von Sendern und Leitungen beauftragte.[15] Zur IFA bot die ARD dann zwar Versuchssendungen an, stieg aber erst gegen Mitte der achtziger Jahre tatsächlich in die Arbeit mit der neuen Technik ein.

Als das ZDF 1981 mit der regelmäßigen Mehrkanalton-Ausstrahlung begann, konnten Ende des Jahres ca. 65 Prozent der Bevölkerung – wenn Sie denn über einen entsprechenden neuen Fernsehapparat verfügten – den Fernsehton im Stereo- oder Zweikanalonmodus empfangen. 1981 wurden 300.000 mehrkanaltonfähige Geräte verkauft, 1982 bereits 880.000 und im Jahr 1983 bereits 1.680.000. Solche Empfangsgeräte kosteten Anfang der achtziger Jahre zwischen 200 und 500 DM mehr als die konventionellen Fernseher mit monophoner Technik; ein entsprechendes Zusatzgerät zum Nachrüsten kostete zu dieser Zeit ca. 500 DM.[16]

Interessant sind in diesem Zusammenhang die „Leitlinien" des ZDF zur Einführung und zum Ausbau des Mehrkanaltons.[17] Aus dem ersten Punkt der Leitlinien geht hervor, dass zumindest beim ZDF zu diesem Zeitpunkt nicht der Zweikanalton im Vordergrund stand. Es geht vielmehr vornehmlich um die stereophone Wiedergabe und ein qualitativ hochwertiges Klangbild von Musiksendungen (U und E-Musik), bei deren Produktion (unabhängig von der Verwertung für das Fernsehprogramm) sowieso bereits im Stereo-Modus aufgenommen wurde.

Neben den Musiksendungen war der Einsatz der Mehrkanaltechnik gedacht für Übertragungen von großen Sportereignissen (im Zentrum steht hier die Wiedergabe der ‚Atmo' unter dem Motto „vom distanzierten Betrachter zum engagierten Teilnehmer"[18]), die Übertragung von fremdsprachigen Diskussionen und Interviews mit Simultanübersetzung im Zweikanalton und – erst an letzter Stelle genannt – für Stereophonie im Film.

Der zweite Punkt der Leitlinien betraf den finanziellen Aspekt: Es gab keine zusätzlichen Investitionen; Mehrkanaltontechnik wurde somit nur als Teil laufender Ersatzbeschaffungen erworben, ausgenommen waren lediglich die unbe-

---

15 Vgl. Arbeitsgemeinschaft der öffentlich-rechtlichen Rundfunkanstalten der Bundesrepublik Deutschland (Hg.): *ARD-Jahrbuch 81*. 13. Jg. S. 99–101.

16 Vgl. Dietrich Ratzke: *Handbuch der Neuen Medien. Information und Kommunikation, Fernsehen und Hörfunk, Presse und Audiovision, heute und morgen*. 2. erw. und aktual. Aufl. Stuttgart 1984. S. 256–258.

17 Vgl. im Folgenden Karl-Günter von Hase: „Das ZDF beginnt mit Stereoton im Fernsehen". S. 6.

18 Joachim Augustin: „Tonregie in Stereofonie". In: Georg Drechsler/Bernhard v. Watzdorf (Red.): *Mehrkanaltontechnik im Fernsehen*. 1981, S. 53–55, hier S. 53.

dingt notwendigen Investitionen in der ZDF-Sendezentrale. Dieses Konzept führte zu einer sehr langen Übergangsphase vom monophonen zum stereophonen Fernsehton.

Im dritten Punkt der ZDF-Leitlinien wurde schließlich darauf hingewiesen, dass Stereo-Effekte, nachträgliche Stereobearbeitungen und Stereologik-Programme nicht vorgesehen waren. Als Begründung werden fehlende Finanzmittel und Produktionskapazitäten angeführt.

2.3.3 Surround

Surround-Verfahren ermöglichen durch die Aufstellung von mindestens vier Lautsprechern im Raum des Zuhörers (der Center-Kanal wird über den Fernseher wiedergeben) einen Rundum-Klang. Die Möglichkeiten des Fernsehtons nähern sich hier also dem Hör-Erlebnis im modernen Kinosaal an; das gilt natürlich nicht nur für die Wiedergabe von Kinofilmen, sondern auch für die Ausstrahlung von ‚reinen‘ Fernsehfilmen, Fernsehshows und anderen Sendeformen. Für den Fernsehbereich stand das Thema Surround-Sound bereits in den achtziger Jahren im Rahmen der Diskussion über die Einführung der HDTV-Technologie (zu dieser Zeit noch auf Basis analoger Technik) auf der Tagesordnung. In der Öffentlichkeit wurde in diesem Zusammenhang vor allem über die höhere Bild-Auflösung gesprochen, beim HDTV-System war jedoch auch ein Surround-Ton mit bis zu 8 Kanälen möglich.[19]

In den neunziger Jahren entwickelte sich das ‚Home Theatre‘-Konzept des ‚Heimkinos‘ zum umfassenderen ‚Home Entertainment Center‘ mit der zusätzlichen Wiedergabe-Möglichkeit von Tonträgern und Spielen. Hier spielte auch der Surround-Sound eine wichtige Rolle. Zum einen wurde die Decoder-Technik für die Surround-Wiedergabe immer kostengünstiger, zum anderen benötigte sie immer weniger Platz und konnte so direkt in den Fernseher oder andere Geräte eingebaut werden. Die Stand-alone-Decoder wurden durch Hi-Fi-Verstärker (oft mit eingebautem Radioempfänger) mit integrierten Decoder-Schaltungen ersetzt.[20] In den vergangenen Jahren bekam die Surround-Technik noch einmal einen Schub durch die immer weiter steigenden Verkaufszahlen der DVD-Tonträger, -Player und Recorder.

19 Ulrich Messerschmid: „Einführung in die technisch-physikalischen Grundlagen von HDTV". In: Kurt Lüscher,/Joachim Paech/Albrecht Ziemer (Hg.): *HDTV – ein neues Medium? Interdisziplinäre Tagung an der Universität Konstanz 1990.* Mainz 1991 (= ZDF-Schriftenreihe. H. 41: Technik). S. 7–18, hier: S. 12. Mehrere Beiträge zum Thema finden sich in einem anderen Tagungsband aus demselben Jahr: Bildungswerk des Verbandes Deutscher Tonmeister (Hg.): *16. Tonmeistertagung. Karlsruhe 1990. Bericht.* Red.: Michael Dickreiter. München 1991. hier: S. 161–218.

20 Vgl. Elmar Stetter: „Mehrkanaliger Ton bei Film, Video und Fernsehen". In: Bildungswerk des Verbandes Deutscher Tonmeister (Hg.): *17. Tonmeistertagung. Karlsruhe 1992. Bericht.* Red.: Michael Dickreiter. München 1993. S. 270–282, hier: S. 278.

Am weitesten verbreitet sind zur Zeit das analoge Dolby-Surround- und das Dolby-Digital-Verfahren:

- Dolby Surround (4.0): vier Kanäle (Front links/Front rechts, Center, Surround); matrixcodiert; der Surround-Kanal wird in der Regel auf zwei rückwärtige Lautsprecher verteilt, bleibt aber monophon; später als Dolby Surround Pro Logic[21] und
- Dolby Digital (5.1): ursprünglich für das Kino entwickeltes Format mit fünf Kanälen (Front links/Front rechts, Center, Surround links/Surround rechts) und einem optionalen LFE-Kanal (Low Frequency Effects) bzw. Subwoofer mit eingeschränktem Frequenzumfang; nach dem verwendeten Datenreduktionsverfahren früher auch als AC-3 (Audio Coding 3) bezeichnet; ohne den Tiefton- bzw. Effektkanal liegt das Fünfkanal-Format auch als 3/2-Standard vor.[22]

Die beiden Formate lassen sich beim Fernsehempfang nur mit Hilfe des entsprechenden Decoders wiedergeben. Der Dolby-Surround-Ton kann aufgrund der Matrix-Codierung (auf zwei Kanäle) auch mit einem konventionellen HiFi-Stereo-Videorecorder aufgezeichnet werden, moderne Festplatten- oder DVD-Recorder unterstützen dagegen auch Dolby Digital und das Kino-Format DTS.

Ab 1993/94 wurden im deutschen Fernsehen Sendungen in Dolby-Surround-Technik ausgestrahlt und in den Programmübersichten gekennzeichnet.[23] Am 17. September 1994 übertrug das ZDF mit WETTEN, DASS ...? die erste Fernsehshow unter Verwendung des Dolby-Surround-Verfahrens. Nach sendereigenen Angaben bot ProSieben 1999 als erstes Free-TV-Programm Europas Sendungen im Dolby-Digital-Format an.[24] Im Internet präsentiert der pri-

---

21 Die Firma bietet für den ‚Home Entertainment'- und Spiele-Bereich auch Pro Logic-Varianten mit fünf, sechs oder sieben Kanälen an: Dolby Pro Logic II (5.1): fünf Kanäle (Front links/Front rechts, Center, Surround links/Surround rechts) und optionalem LFE-Kanal; matrixcodiert und Dolby Pro Logic IIx (6.1/7.1): neues Verfahren mit sechs bzw. sieben Kanälen (Front links/Front rechts, Center, Surround links/Surround rechts, hinten rechts/hinten links) und einem optionalen LFE-Kanal; matrixcodiert; erweitert nicht nur Zweikanal- (Stereo mit Matrixcodierung), sondern auch 5.1-Tonquellen.

22 Vgl. hierzu die ausführliche Darstellung bei Gerhard Steinke: „Surround-Sound: Wieviel Kanäle/Signale braucht der Mensch? – Plädoyer für die Standard-3/2-Stereo-Hierarchie und ihre Optimierung im Heim". In: Bildungswerk des Verbandes deutscher Tonmeister (Hg.): *21. Tonmeistertagung. Hannover 2000. Bericht.* Red.: Michael Dickreiter. München 2001. S. 283–328, hier: S. 309 ff.

23 Vgl. SC: „Raumklang fürs Wohnzimmer. Fast wie im richtigen Kino". In: *Funkschau* (1993). H. 21. S. 8–14; MK/SC: „Das neue Fernseherlebnis. Kino aus dem All". In: *Funkschau* (1994). H. 16. S. 22–28.

24 Vgl. ProSieben: *Zuschauer-Info.* URL: http://www.prosieben.de/service/info/00789/002/ (Zugriff am 13.12.2004).

vate Sender heute eine programmbegleitende Internetseite, die über alle Filme, die in diesem Audioformat ausgestrahlt werden, informiert.[25] Und im Bereich der Fernsehshows war es wiederum das ZDF, das am 4. Oktober 2003 mit der Ausstrahlung von WETTEN, DASS ...? in Dolby-Digital-Technik begann. Insgesamt werden bislang nur relativ wenige Eigenproduktionen der Sendeanstalten im Surround-Format abgemischt, hier handelt es sich vor allem um aufwendige Fernsehfilme, große Sportübertragungen und Fernsehshows.

3. Aspekte der Gestaltung von Fernsehton

3.1 Tontechnik und Tongestaltung

Aus der Darstellung der historischen Entwicklung der Fernsehtontechnik ergeben sich Fragen zur Gestaltung des Fernsehtons bzw. zum dramaturgischen Umgang mit den neuen tontechnischen Verfahren. Denn der Zweikanalton (als Wiedergabe des fremdsprachigen Originaltons auf dem zweiten Kanal) wurde zwar prinzipiell begrüßt, in Bezug auf ‚echte' Stereophonie im Fernsehen war man sich jedoch nicht ganz einig: Bei Musiksendungen wurde die Stereo-Wiedergabe als wichtige Verbesserung und Bereicherung der Übertragung bewertet, im Fernsehfilm dagegen spielte die dramaturgische Nutzung der Stereophonie, das Spiel mit den neuen raumakustischen Möglichkeiten zunächst eine untergeordnete Rolle, es ging hier anfangs vor allem um die Verbesserung der Sprachverständlichkeit. Als Vorteil der Stereophonie im Fernsehen wurde nicht die Lokalisierbarkeit der Schallquellen im akustischen Raum bzw. auf der Stereo-Basis gesehen, sondern die allgemeine Verbesserung der Raumakustik bzw. Rauminformation einer Fernsehsendung im Sinne einer größeren Transparenz des Klangbildes – in Verbindung mit einer verbesserten Textverständlichkeit. Abgelehnt wurden Stereo-Effekte, vor allem sogenannte Ping-Pong-Effekte.[26]

Beim Einsatz der Stereophonie und der Gestaltung des stereophonen Klangraums stießen die Tonmeister auf grundsätzliche Probleme der neuen Möglichkeiten der Fernsehtongestaltung. So wurde die unterschiedliche Breite des Fernsehbildes im Gegensatz zur akustischen Breite bzw. Basisbreite als ein zentrales Problem gesehen: Verträgt sich die stereophone Basisbreite mit den relativ kleinen Bildschirmabmessungen? Eine weitere Frage war: Muss die Position der Schallquelle auf der Stereobasis immer mit der (sichtbaren) Position der Schallquelle auf dem Bildschirm übereinstimmen? Die Frage wurde in Bezug auf Wiedergabe von Sprache zunächst mit Ja beantwortet; später, nach der Auswertung

25 Vgl. ProSieben: *Filme in Dolby Digital*. URL: http://www.prosieben.de/spielfilm_serie/spielfilme/dolbydigital/ (Zugriff am 13.12.2004).
26 Vgl. Georg Drechsler: „Kleine Geschichte der Stereofonie". 1981, S. 25 und Joachim Augustin: „Tonregie in Stereofonie". 1981, S. 54–55.

empirischer bzw. experimenteller Forschung, dann mit Jein. Das Ergebnis war eine Tondramaturgie, bei der Sprache bzw. Dialoge grundsätzlich nahe der Mitte positioniert wurden, Atmo, Geräusche und Musik dagegen auch am Rand des Stereospektrums.[27] Aus dieser frühen Diskussion über die Mehrkanaltontechnik entwickelten sich mehrere normative Forderungen:

1. Die Positionierung einzelner, deutlich wahrnehmbarer Schallquellen auf den Außenpositionen muss vermieden werden.
2. Die raumakustische Dramaturgie muss dem Bild bzw. dem Bildwechsel entsprechen.
3. Der Bildausschnitt darf nicht im Widerspruch zu dem durch die Mikrofone eingefangenen raumakustischen Ausschnitt stehen.
4. Virtuelle Schallquellen müssen unbedingt vermieden werden.

Aber es gab auch differenziertere Positionen. So war nach Meinung des Akustikers Georg Plenge ein „Neubeginn der Abstimmung von Ton- *und* Bildregie" notwendig, wenn sich der Nutzen des stereophonen Fernsehtons nicht nur auf die Verbesserung der Sprachverständlichkeit und die Übertragung zusätzlicher raumakustische Informationen beschränken soll. Bei der Auswertung empirischer Forschung zur intermodalen Wahrnehmung und Lokalisation kommt Plenge zu dem Ergebnis, dass die gestalterische Freiheit bei der Ton-Bild-Gestaltung größer sei, als in der Diskussion um die Stereophonie im Fernsehen oft behauptet wurde.[28]

Ein Statement des Tonmeisters Hans-Joachim Haas (Südwestfunk) auf der Tonmeistertagung 1986 wirft ein bezeichnendes Schlaglicht auf die Situation in den achtziger Jahren:

> Auf der Suche nach den beiden Kreisen, die in den Programmzeitschriften auf die Ausstrahlung einer Stereosendung hinweisen, stößt der suchende Finger des audiophilen Fernseh-Zuschauers weitgehend ins Leere. Obwohl der Verkauf von Stereogeräten den von Mono-Fernsehgeräten bei weitem übersteigt, der Zuschauer also Interesse signalisiert, ist die Innovationsfreude von Redakteuren und Regisseuren – was Stereo-Produktionen angeht – weitgehend gelähmt.

---

27 Vgl. Hans-Joachim Haas: „Die Kongruenz zwischen Bild und Ton bei Stereophonie im Fernsehen". In: Bildungswerk des Verbandes Deutscher Tonmeister (Hg.): *14. Tonmeistertagung München 1986. Internationaler Kongress mit Fachausstellung im Kongressbau des Deutschen Museums vom 19.–22. Nov. 1986. Bericht.* Red.: Michael Dickreiter. München 1987. S. 294–300, hier: S. 296 ff.
28 Vgl. Georg Plenge: „Entwicklung der Stereofonie im Rundfunk". 1981, S. 32–34.

Da die technischen Einrichtungen der Fernseh-Anstalten weitestgehend stereotüchtig sind, die Kosten stereophonen Produzierens nachgewiesenermaßen nur unwesentlich über einkanaliger Aufzeichnung liegen, scheint mir die Frage Stereo oder Mono allein noch eine Frage des Bewusstseins bei Redakteuren, Autoren und Regisseuren zu sein.

Sicherlich kann man über die Ignoranz von Regisseuren und Redakteuren reden, die aus Furcht vor fremdem Eingriff in die Regiearbeit durch den Tonmeister die Beschäftigung mit diesem Metier gänzlich ablehnen. Dennoch ist unbestritten, dass stereophoner Ton gerade bei Fernsehspiel und Theaterproduktionen eine wesentliche dramaturgische Bereicherung darstellen würde. Leider haben bei der Einführung der Stereophonie im Fernsehen genügend miserable Beispiele für Abschreckung gesorgt. Besonders heftig war die Ablehnung, ohne Unterschied ob Laie oder Fachmann, immer dann, wenn krasse Beispiele von divergierender akustische und optischer Richtung vorgeführt wurden, Anfängliche Verwirrung über die fehlende Richtungskongruenz steigerte sich bei den Testteilnehmern sehr schnell zur Verärgerung.[29]

Die mit der Einführung des Stereotons entstandene Diskussion zu den Möglichkeiten und Verfahren der raumakustischen Gestaltung sowie zur raumbezogenen Kohärenz von Fernsehton und Fernsehbild ist bis heute aktuell und hat durch die Surround-Technik seit den neunziger Jahren eine neue Grundlage und neue Perspektiven erhalten.[30] Ob sich eine *fernseh*spezifische Surround-Dramaturgie herausbildet, müssten zukünftige Untersuchungen zeigen. Auf jeden Fall sind bei der Produktion bzw. Abmischung für das Fernsehen einige Aspekte zu berücksichtigen, die vom Surround-Sound bei der Kinofilmproduktion (und bei der Rezeption im Kinosaal) abweichen: die relativ geringe Raumgröße (in der Regel das Wohnzimmer des Zuschauers), der geringe Abstand des Hörer von Lautsprechern, der in der Regel geringere Spielraum bei Dynamik und Lautstärke und die spezifische Relation zwischen der Bildschirmgröße des Fernsehgeräts und der Größe des akustischen Raumes.

Insgesamt lassen sich seit den sechziger Jahren folgende Verschiebungen in den Diskussionen über die Dramaturgie des Fernsehtons beobachten:

29 Hans-Joachim Haas: „Die Kongruenz zwischen Bild und Ton bei Stereophonie im Fernsehen". 1987, S. 294.

30 Vgl. Christian Hugonnet: „A new Concept of spatial Coherence between Sound and Picture in Stereophonic (an Surrounding Sound) TV Production". In: Bildungswerk des Verbandes Deutscher Tonmeister (Hg.): *19. Tonmeistertagung. Karlsruhe 1996. Bericht.* Red.: Michael Dickreiter. München 1997. S. 104–116.

1. Zunächst werden – in den sechziger und siebziger Jahren – vor allem die Vorteile und der Einsatz des Zweikanaltons diskutiert und erprobt.

2. In der zweiten Hälfte der siebziger Jahre bis Anfang der achtziger Jahre geht es zusätzlich um Fragen der stereophonen Aufnahme und Wiedergabe von Musiksendungen.

3. In den achtziger Jahren rücken die Probleme der Stereo-Dramaturgie und Stereoton-Bild-Relation in der Fernsehspiel-/Fernsehfilmproduktion in den Mittelpunkt.

4. In den neunziger Jahren weitet sich die Diskussion dann auf Fragen der Wiedergabe von Sendungen mit Surround-Ton aus.

5. Gleichzeitig beginnen auf der sendungsübergreifenden Ebene die ersten Sender mit der zielgerichteten Arbeit am Sounddesign und der Entwicklung eines Corporate Sounds.

6. Im neuen Jahrtausend stehen die Fernsehsender vor neuen Anforderungen an die Tonqualität und -gestaltung ihrer Programme und Sendungen, da sich die Maßstäbe durch die Etablierung der DVD und der Heimkino/Surround-Systeme noch einmal verschoben haben und viele Zuschauer höhere Erwartungen an den Fernsehton stellen.

Parallel zu diesen unterschiedlichen Phasen verlief auch die Entwicklung der Produktionstechnik von den analogen Geräten über die Einführung der MIDI-Schnittstelle[31] bis hin zur digitalen und ‚virtuellen‘ Studiotechnik (bei einem immer größer werdenden Funktionsumfang der entsprechenden Geräte bzw. Software und immer weiter sinkenden Preisen der Digitaltechnik). Heute werden in der Fernsehproduktion und den für das Sounddesign zuständigen Redaktionen und Studios der Sendeanstalten ausschließlich Harddiskrecording-Systeme zur computergestützten Tongestaltung eingesetzt.[32]

3.2 Anwendungsbereiche des Sounddesigns im Fernsehen

Da es sich beim Fernsehen um ein Programmmedium handelt, das sich zum Teil oder vollständig durch Werbung finanziert und im privaten Umfeld des Rezipienten (gegebenenfalls nur nebenbei) gesehen und/oder gehört wird, besitzt die Gestaltung der akustischen Ebene – das Sounddesign – beim Fernsehen andere und zusätzliche Funktionen und Einsatzbereiche als beim Kinofilm: neben

---

31 MIDI steht für Musical Instrument Digital Interface, ein Übertragungsprotokoll für die Vernetzung von digitalen Musikinstrumenten wie zum Beispiel Computer/Soundkarte/Audiosoftware, MIDI-Controller (Keyboard, Drum-Pads u. ä.), Synthesizer, MIDI-Expander, Sequenzer, Drumcomputer, Effektgeräte und Sampler.

32 Einen Einblick in die aktuelle Arbeitsweise gibt Andi Gleichmann: „Sounddesign beim Fernsehen am Beispiel des Senders ProSieben“. In: Jan Neubauer/Silke Wenzel (Hg.): *Nebensache Musik. Beiträge zur Musik in Film und Fernsehen.* Hamburg 2001. S. 61–82.

der Tongestaltung von Fernsehfilmen auch die Image-Bildung (Positionierung) und Eigenwerbung des Programms, das ‚Verpacken' oder Hervorheben einzelner Programmelemente, das Erzeugen und Erhalten des Programmflusses und die Steuerung der Aufmerksamkeit des Zuschauers. Mit den unterschiedlichen Elementen des Fernsehprogramms (Film, Fernsehshow, Serie, Talkshow, dokumentarische und journalistische Sendungen, Trailer, Logos usw.) begegnen sich hier auch unterschiedliche Ansätze des Sounddesigns.

So lassen sich im Wesentlichen vier Felder des Fernseh-Sounddesigns beschreiben:

1. Das Sounddesign fremdproduzierter Sendungen (vor allem Kinofilme, Fernsehfilme, Serien).
2. Das Sounddesign innerhalb von Eigenproduktionen (Fernsehfilme, Magazine, Nachrichten usw.).
3. Das Sounddesign in der Fernsehwerbung (Tonebene der Werbespots, Audiologos der werbetreibenden Firmen – beispielsweise von Audi, Telekom, Intel, Postbank, Fiat, Toyota, Krombacher, Flensburger usw.).
4. Das Sounddesign von Programmverbindungen oder sogenannten ‚Verpackungselementen':[33]
   a) Trailer bzw. Programmankündigungen,
   b) Imagetrailer und Senderkennungen,
   c) Vorspann/Opener und Abspann von Nachrichtensendungen, Shows und Magazinen u. a.,
   d) Werbetrenner (Passage) und
   e) Audiologo (Soundlogo) des Senders/Programms.

Auf das Sounddesign fremdproduzierter Filme und Sendungen haben die Sender in der Regel keinen Einfluss, sie müssen den Sound ihres Programms somit über ihre eigenen Produktionen und vor allem über die Programmverbindungen prägen. Mit Rücksicht auf den Wandel des Fernsehens vom „Ereignismedium" zum „Begleitmedium"[34] wird der Zuschauer an den ‚Nahtstellen' des Programms nicht mehr nur durch Bilder (und Ansagen), sondern zusätzlich mit Hilfe des Sounddesigns durch das Programmangebot geführt. Dem Soundde-

---

33 Zur Terminologie der Programmverbindungen vgl. Jörg Adolph/Christina Scherer: „Begriffe und Funktionen: Programmpräsentation und Fernseh-Design an den Nahtstellen des Programms im deutschen Fernsehen". In: Knut Hickethier/Joan Bleicher (Hg.): *Trailer, Teaser, Appetizer. Zu Ästhetik und Design der Programmverbindungen im Fernsehen.* Hamburg 1997 (= Beiträge zur Medienästhetik und Mediengeschichte. Bd. 3). S. 59–66, hier S. 61–63.

34 Barbara Sichtermann: „Vom Medienerlebnis zum Tagesbegleitmedium". In: Stefan Münker/Alexander Roesler (Hg.): *Televisionen.* Frankfurt am Main 1999, S. 113–126. Eine Entwicklung, die sich in den USA bereits sehr viel früher zeigte; vgl. Rick Altman: „Television Sound". 1987, S. 566–584.

sign der Programmverbindungen kommt somit nicht nur eine zentrale Rolle bei der Eigenwerbung, Imagebildung und Soundgestaltung, sondern auch bei der Rezeptionslenkung und Steuerung der Aufmerksamkeit zu.[35]

Audiologos können als akustisches Pendant zum visuellen Signet definiert werden; sie sind Bestandteil des Corporate Sounds innerhalb der verschiedene Sinne ansprechenden Corporate Design-Konzeption und lassen sich durch die Kriterien Individualität und Identitätskraft, Memorierbarkeit, Anwendbarkeit in unterschiedlichen Medien und Umgebungen, internationale Einsetzbarkeit, Klangqualität (in verschiedenen Medien), Dauer und Kategorien der musikwissenschaftlichen (Sound-)Analyse beschreiben.[36] Im Programm werden die Audiologos der Sender zwischen den Sendungen und Programmelementen eingesetzt, beispielsweise vor und nach dem Werbeblock (als Kombination von ‚Passage' und Senderkennung), als Teil eines Imagetrailers oder als Programmverbindung zwischen zwei direkt aufeinander folgenden Sendungen. Die Audiologos der deutschsprachigen Fernsehprogramme sind in der Regel charakteristische Tonfolgen in jeweils unterschiedlichen Oktaven: RTL mit der c-g-d-Tonfolge, Sat.1 mit c-d-g-e, das ZDF mit c-c-d, ‚Das Erste' mit der Quinte c-g, ProSieben mit f-g-c, Kabel 1 mit c-d-e-d-c-g-c, 3sat mit c-d.[37] Während der laufenden Sendungen werden Einblendungen mit einem charakteristischen Geräusch oder Sound eingesetzt, so zum Beispiel die animierte ProSieben-,Fliege' mit Sendungstitel und ‚Pling', der Handy-Ton (hohes Fis) bei der ‚WinPin'-Aktion von ProSieben oder animierte Einblendungen mit einem typischen Filmgeräusch zur Promotion von Filmevents bei VOX und RTL.

Während viele Sender bereitwillig und ausführlich über ihr visuelles Corporate Design informieren,[38] wird das Sounddesign dagegen bislang eher wie ein

35 Hier könnten weiterführende medienwissenschaftliche Untersuchungen zur Aufmerksamkeit ansetzen, vgl. Knut Hickethier: „Medien – Aufmerksamkeit. Zur Einführung". In: Knut Hickethier/Joan Kristin Bleicher (Hg.): *Aufmerksamkeit, Medien und Ökonomie*. Münster 2002 (= Beiträge zur Medienästhetik und Mediengeschichte. Bd. 13). S. 5–13, hier: S. 9 ff. und Joan Kristin Bleicher: „Medien, Markt und Rezipienten. Aufmerksamkeit als Grundbedingung medialer Kommunikation". In: ebd., S. 125–148, hier: S. 134 ff.

36 Vgl. Rainer Hirdt: *Audiologo/akustische Signatur*. 2004. URL: http://audio-branding.de/d-html/al.html (Zugriff am 13.12.2004).

37 Stand: Januar 2005. Einige akustische Senderlogos sind seit Jahren relativ konstant (ProSieben), andere wurden in den vergangenen Jahren dagegen verändert (‚Das Erste', ZDF). Kabel 1 setzt das Audiologo aus dem Fernsehprogramm auch zur Begrüßung auf der Homepage des Senders ein (http://www.kabel1.de, Zugriff am 22.11.2004), 3sat nutzte es für eine Begrüßungsseite, die der Homepage des Programms anlässlich des zwanzigjährigen Senderjubiläums am 1.12.2004 vorgeschaltet war (http://www.3sat.de, Zugriff am 1.12.2004).

38 Vgl. dazu die ‚Designserver' und Publikationen einzelner Sender: *ARD-Designserver*, URL: http://www.ard-design.de; *ARD-Corporate-Design*, URL: http://www.daserste.de/service/cd/; *WDR – Corporate Design*, URL: http://www.wdrdesign.de (Zugriff am 7.12.2004); SAT.1: *Original und Fälschung . Das SAT.1-Design-Buch*. Mainz 1993; Alex Hefter: „Tradition und Vision eines modernen Medienunternehmens. Das neue Erscheinungsbild des ZDF". In: *ZDF-Jahrbuch 2001*. Mainz 2002. S. 187–189.

Firmengeheimnis behandelt,[39] es lässt sich somit fast nur durch Programmbeobachtung beschreiben. Die im Folgenden angeführten Beispiele beziehen sich auf eine Auswahl aus dem deutschen Fernsehprogramm im Januar 2000:

Die Aufzeichnungen aus dem Programmangebot von 3sat und ‚Das Erste' ermöglichen einen direkten Vergleich zwischen den alten und neuen Audiologos bzw. Senderkennungen (3sat) und der Tongestaltung von Trailern (Das Erste) vor und nach einem Re-Design der Bild- und Tonebene.[40] Bei der alten 3sat-Senderkennung erfolgt die Auswahl der Instrumente – wie auch bei Kulturwellen im Hörfunk – dem Image des seriösen Kulturprogramms entsprechend mit Kontrabass und Perkussionsinstrumenten (Kastagnetten), bei der neuen Kennung mit Klavier, Kontrabass und Orchester-Klängen. Für die akustische Gestaltung eines Trailers mit Off-Sprecher, Kontrabass und Synthesizer wird aus dem Audiologo des Senders das zentrale Bass-Motiv herausgegriffen und als von wechselnden Synthesizer-Akkorden begleitetes Ostinato verwendet (‚Musikbett'). Sowohl auf der Bild- als auch auf der Tonebene finden sich diverse Variationen der 3sat-Senderkennung: Die verschiedenen Bild-Themen (zum Beispiel Kinovorführung oder Bildhauer bei der Arbeit) werden auf der musikalischen und akustischen Ebene mit Variationen der Instrumentation, Dynamik (Lautstärke), des Rhythmus und der Artikulation gestaltet und mit jeweils zu den Bildinhalten passenden Atmo-Einspielungen bzw. Geräuschen unterlegt (Ticken des Filmprojektors im Kino oder Hammerschlag des Bildhauers).

Die Klänge der Trailer und Senderkennungen von ‚Das Erste' kommen aus dem Bereich der ‚typischen' Synthesizer-Sounds und verwenden Musikakzente und fanfarenartige Motive. Passend zur Bildgestaltung – sie orientiert sich an Computergrafik und Screendesign (u. a. mit Hyperlinks, die sich beim Anklicken zu einem eigenen Fenster mit Filmsequenz öffnen) – werden auch auf der akustischen Ebene den charakteristischen Klängen von Multimedia-Anwendungen vergleichbare Musik- und Geräusch-Elemente eingesetzt.

Beim Fernsehsender ARTE orientiert sich die Gestaltung und Auswahl der Klänge für die Senderkennung und die Trailer – wie auch auf der Bildebene – einerseits wiederum an elektronischen Multimedia- bzw. Computer-Geräuschen und verbreiteten Sample-Sounds aktueller Popularmusik, andererseits unter-

---

39 Eine Ausnahme bilden die Statements und Arbeitsberichte aus der Sounddesign-Praxis von Hans U. Werner (WDR), Maximilian Kock und Andi Gleichmann (beide ProSieben) (siehe oben).

40 Beide Programme haben inzwischen wiederum ein neues Design bekommen; bei der ARD hat sich das Corporate Design stark verändert (Einführung im Herbst 2003), vgl. Regina Tamm: „ARD Corporate Design und Markenstrategie. Haltung und Image". In: *ARD-Jahrbuch 03*. 35. Jg. (2003). S. 82–87.

stützt die zusätzliche Instrumentation mit Streichinstrumenten aber auch das seriöse Image als Kulturprogramm.

Die Programmverbindungen aus dem Angebot von ProSieben sind mit verschiedenen Hall-, Stereo-, Instrumental- und Geräusch-Effekten gestaltete musikalische und akustische Variationen des Audiologos (Senderkennung): die f-g-c-Tonfolge (der Sprechmelodie von ‚Pro-Sie-ben‘ folgend). Der Name des Senders bzw. das musikalische Dreitonmotiv wird in den Spots gesprochen, gesungen oder gepfiffen und ist dabei in seiner Grundform als Abfolge der Töne f-g-c, in rhythmisch variierten oder in andere Tonhöhen transponierten Formen zu hören. Weitere Varianten der Stimmung und Intensität der Kennung werden durch unterschiedliche Instrumentation (Gesangsstimme, Klarinette, Cello, Klavier, Akustik-Gitarre, Harfe, E-Gitarre, E-Piano, Saxophon, Orchester, Synthesizer) sowie die Imitation verschiedener Musikstile geschaffen. Im Mittelpunkt der von ProSieben-Moderatoren gesprochenen Senderkennungen steht jeweils der Claim „Gute Unterhaltung“.

Andere Programmverbindungen von ProSieben dienen der Einleitung des Werbeblocks. In Bezug auf ihren Inhalt/Text können sie mit einem Begriff aus der Formatradio-Terminologie als sogenannte ‚Gag-Jingles‘ bezeichnet werden; im Hinblick auf ihre Funktion und Position innerhalb des Programmablaufs (als Übergang zum Werbeblock) handelt es sich bei diesen Elementen um ‚Passagen‘. Die kurzen Sprüche des Off-Sprechers werden hier durch den simultan auf dem Bildschirm erscheinenden Text ergänzt oder die Passage wird durch eine scherzhafte Interviewsequenz eingeleitet, alle Beispiele enden jeweils mit dem gepfiffenen f-g-c-Motiv.

Unter den weiteren Beispielen aus dem ProSieben-Programm finden sich Image-Trailer und Trailer zur Programmpromotion (in Kombination mit einer Kennung und Sendeplatz- bzw. Reiheneröffnung). Diese Trailer stellen nicht nur eine visuelle Werbung für den Sender und sein Programm, sondern auch Demonstrationen der technischen Audiostandards und akustischen Wiedergabequalität dar (Off-Sprecher: „... natürlich in Dolby Surround!“). Die ‚akustische Gewalt‘ der spektakulären Geräusch-Effekte sowie das Sounddesign der Tonspur insgesamt bieten gleichsam die sinnliche Umsetzung der im Trailer genannten Begriffe „Energie“, „elementares Erlebnis“ „Rasanz“ und „ursprüngliche Gefühle“ – als Teil eines Programmangebots, „das auf Ihre Sinne abzielt“. In diesen hinsichtlich des Sounddesigns differenziert gestalteten Spots findet sich als dramaturgisches Gestaltungsmittel auch der kalkulierte Einsatz von Stille und scheinbaren Tonstörungen. Im Eröffnungstrailer des Krimisendeplatzes werden typische Krimi-Geräusche verwendet: Roulettekugel, Telefonsignal, Revolvermagazin und Schüsse – diese Geräusche symbolisieren Handlungselemente der im Programmablauf nachfolgenden Filme: Risiko, Abenteuer, Gefahr/gefährliches Vorhaben, Hoffnung/Ausweg, Bedrohung, Waffen, Gewalt und Tod.

Abschließend seien auch die Audiologos aus der Fernsehwerbung erwähnt: Klänge, mit denen die computeranimierte Bildpräsentation von Firmennamen und -signets am Ende der Werbespots unterlegt wird. Durch die in der Wiederholung aufgebaute Verknüpfung von Firmen-/Produktname und Audiologo eignen sie sich auch für den (gleichzeitigen) Einsatz im Radio und im Internet. Hier finden sich sowohl eher phantasielose und nur schwer memorierbare als auch sehr originelle und charakteristische (und deshalb leicht zu memorierende) Beispiele, die in der Öffentlichkeit bekanntesten akustischen Signets stammen von Firmen wie Intel, Audi oder der Telekom. Einige Logos integrieren zusätzlich den Firmen- oder Produktnamen (Loop- und Yello-Logo) oder sie liegen in zwei unterschiedlichen Versionen vor: als Abschluss eines längeren Werbespots oder als kurzer ‚Reminder' mit Text und modifiziertem Sounddesign (Yello).

4. Fazit

Im Vergleich zum Hörfunk und zu den akustischen Speichermedien wurde die Stereophonie bzw. der Mehrkanalton im Fernsehen erst sehr spät eingeführt. Die Entwicklung und Durchsetzung der entsprechenden technischen Verfahren brauchte sehr viel Zeit und zog sich über viele Jahre hin. Das hat verschiedene Gründe: (a) fehlende Finanzmittel, (b) unterschiedliche technische und institutionelle Voraussetzungen, (c) unterschiedliche Bewertung der Akzeptanz und der Wünsche auf der Zuschauerseite und (d) grundsätzliche dramaturgische Probleme der Stereophonie im Medium Fernsehen.

Die in den achtziger Jahren verhältnismäßig intensiv und – aus der heutigen Sicht des ‚Surround-Zeitalters' – erstaunlich lange geführte Diskussion zeigt in Bezug auf Fragen der Gestaltung und Rezeption stereophoner Fernsehproduktionen Parallelen zur Debatte über die Einführung der Stereophonie im Hörfunk und im Hörspiel. Nach Einführung der Mehrkanalton-Technik bekommt der Ton im Fernsehen erst in den neunziger Jahren durch das veränderte Mediennutzungsverhalten, die gestiegenen Ansprüche der Zuschauer und die Konkurrenzsituation der Fernsehprogramme eine neue Bedeutung und Bewertung.

Diese Veränderungen auf der akustischen Seite des Mediums Fernsehen sind in der medienwissenschaftlichen Fernsehforschung bislang kaum berücksichtigt worden – eine Geschichte der Technik (Ton in Produktion, Übertragung und Wiedergabe) und Gestaltung (monophone, stereophone und Surround-Dramaturgie, Sounddesign, Corporate Design und Corporate Sound) des Fernsehtons müsste noch geschrieben werden. Auch gilt es, die Ton-Ebene stärker als bisher in die Produkt- bzw. Sendungsanalysen der Fernsehforschung zu integrieren.[41]

---

41 Bislang sind – im Gegensatz zur (Kino-)Filmanalyse – Fragen der Fernsehtontechnik und des Sounds/Sounddesigns keine Kategorien der Fernsehanalyse, vgl. Knut Hickethier: *Film- und*

Dies gilt nicht nur für die Analyse des Sounddesigns von Fernsehfilmen und -serien, sondern auch für Programmverbindungen, die den Zuschauer visuell und akustisch durch das Programm führen. Die Arbeit am Corporate Sound – als Teil einer umfassenden Corporate Design-Strategie im Wettstreit der Sender und Programme um die Aufmerksamkeit der Fernsehzuschauer – führt zu einer Bedeutungsaufwertung der akustischen Ebene des Fernsehprogramms, vor allem bei der akustischen Gestaltung der Programmpräsentation. Und an „ihr zeigt sich exemplarisch das, was Fernsehkultur bedeuten kann und was sie gegenwärtig ausmacht."[42] Das Instrumentarium für erste fernsehwissenschaftliche Untersuchungen in diesem Bereich liegt zum Teil bereits vor und könnte von der Filmwissenschaft, der Tontechnik und der Musikwissenschaft beigesteuert werden.

Fernsehanalyse. 3., überarb. Aufl. Stuttgart 2001 (= Sammlung Metzler. Bd. 277), S. 94–109; Nils Borstnar/Eckhard Pabst/Hans Jürgen Wulff: *Einführung in die Film- und Fernsehwissenschaft.* Konstanz 2002 (= UTB. Bd. 2362). S. 122–130; Lothar Mikos: *Film- und Fernsehanalyse.* Konstanz 2003. S. 228–236.

42 Knut Hickethier/Joan Bleicher: „Fernsehdesign oder Die Büchse der Pandora". In: dies. (Hg.): *Trailer, Teaser, Appetizer. Zu Ästhetik und Design der Programmverbindungen im Fernsehen.* Hamburg 1997 (= Beiträge zur Medienästhetik und Mediengeschichte. Bd. 3). S. 7–14, hier: S. 8.

Sektion III:

Akustische Medien

Heinz Hiebler

Der Sound zwischen technischen Möglichkeiten und kulturellen Ansprüchen

Eine Medienkulturgeschichte der Tonträger

1. Der Sound der Schrift

„Am Anfang war der Sound."[1] Mit diesem Satz beginnt Jochen Hörisch seine postmoderne Odyssee durch die Mediengeschichte und definiert damit schon die Urszene unseres Universums, den so genannten „Urknall", als akustisches Medienereignis. Kommerzielle Tonträger gibt es – wie man auf der dazugehörigen CD hören kann – nur von der Behauptung, nicht von dem Ereignis.[2] Betrachtet man die Geschichte des Sounds aus dem Blickwinkel der Kulturgeschichte, so steht der Mensch mit seiner Fähigkeit, Akustisches wahrzunehmen, zu produzieren, zu erinnern und gegebenenfalls auch zu reproduzieren beziehungsweise zu verarbeiten am Anfang. Sprache und Musik in ihren oralen beziehungsweise akustischen Erscheinungsformen verfügen damit zwar über ein sehr leistungsfähiges, aber auch wenig verlässliches „Speichermedium". Als Träger des kulturellen Gedächtnisses stehen Priester, Schamanen oder Sänger, die das Wissen ihrer Kultur auf akustischem Weg in rhythmischer und musikalischer Form memorieren, für ein sehr eigenwilliges und nur schwer greifbares Konzept akustischer Medien (wie es ein Blick auf die Problematiken im Bereich „oraler Kulturen" belegt).

Der erste verlässlichere „Tonträger" für sprachliche Informationen, der mittels digitaler Codierung die Leistungsfähigkeit eines akustischen Mediums simuliert, ist die phonetische Schrift. Ihre Geschichte beginnt – nach dem bisherigen Wissensstand der Schriftgeschichte – bereits im Kontext der rebusartigen Organisation der Hieroglyphen um 2800 v. Chr. und findet einen vorläufigen Höhepunkt in der Übertragung der phönizischen Konsonantenschrift auf das Griechische im 8. Jh. v. Chr. Das phonetische Alphabet der Griechen umfasst den Anforderungen der griechischen Sprache entsprechend zwar erstmals auch

---

1   Jochen Hörisch: *Der Sinn und die Sinne. Eine Geschichte der Medien*. Frankfurt/M. 2001 (= Die andere Bibliothek. Hg. v. Hans Magnus Enzensberger) S. 22.
2   Jochen Hörisch: *Mediengeschichten. Vom Autor gelesen und mit schrillen Spots versetzt*. Redaktion der Hörbuchfassung: Rainer Wieland. Eine Hörfunkproduktion des Hessischen Rundfunks. 2 CDs. Frankfurt/M. 2001 (= Die andere Bibliothek im Ohr. Hg. v. Hans Magnus Enzensberger).

Vokale, ist aber deshalb noch lange nicht in der Lage, alle lautlichen Nuancen des Gesprochenen festzuhalten. Nicht Phonetisierung, sondern Lesbarkeit ist das entscheidende Kriterium der neuen Schrift, deren Buchstaben – wie das Christian Stetter ausführlich dargelegt hat – nicht dazu verwendet werden, „Laute zu bezeichnen, sondern *ausschließlich* dazu, *lesbare Wörter oder Texte* zu schreiben.“[3] Die phonetische Schrift liefert kein unverfälschtes Abbild dessen, was sie aufzeichnet, sie hinterlässt (wie die späteren Tonträgertechnologien übrigens auch) ihre Spuren in dem aufgezeichneten Material. Ihre genuinen Möglichkeiten entwickelt sie erst nach und nach. Durch ihre Assimilationsfähigkeit und ihren Abstraktionsgrad prägt die Alphabetschrift die Sprachauffassung und das Denken[4] einer Kultur, deren Verhältnis zum Akustischen über Jahrtausende vom phonematischen Prinzip der Schrift geblendet ist.

Das Bestreben, jedes beliebige Wort gleich welcher Sprache seinem Lautstand gemäß abzubilden, zu speichern und ohne den Umweg über die Beispielfunktion der gesprochenen Sprache adäquat artikulierbar zu machen, stellt ein Problem dar, das bereits bei der Verschriftung der europäischen Nationalsprachen – also im Vorfeld der Verbreitung des Buchdrucks – artikuliert wird.[5] Eine annähernde Lösung erfährt diese Problematik aber erst durch die Veröffentlichung eines Internationalen Phonetischen Alphabets, dessen Geschichte als Lautschrift für alle bekannten Sprachen der Erde bis ins Jahr 1888 zurückreicht.[6]

Was für die Aufschreibesysteme der gesprochenen Sprache gilt, lässt sich im musikhistorischen Kontext auch für die Aufzeichnung von Vokal- und Instrumentalmusik konstatieren. Von den Tonspektren traditioneller Musikinstrumente bis hin zu den Mikroklängen moderner Synthesizer stellt die Magie von Klängen (und mittlerweile auch Geräuschen) bis heute eine Herausforderung für musikalische Notationssysteme dar. Ihre Anfänge reichen vermutlich bis ins antike Ägypten und Mesopotamien zurück. Gut dokumentiert ist erst die altgriechische Notenschrift, die sich im Kontext der Durchsetzung des ionischen Alphabets entwickelte. Sie „beginnt im 5. Jh. v. Chr. als ein System zur Bezeichnung von Tonhöhen“ und wird ab dem 3. Jh. v. Chr. durch „ein sich langsam verfeinerndes System von rhythmischen Notenzeichen“ ergänzt.[7] Verwendet wird die altgriechische Notation, die nie

---

3 Vgl. dazu Christian Stetter: *Schrift und Sprache.* Frankfurt/M. 1997, S. 59 (Hervorhebungen im Original).

4 Zum Zusammenhang von Orthographie, Logik, Grammatik und Alphabetschrift vgl. ebd.

5 Vgl. dazu das von Stetter gebrachte Beispiel der Verschriftung althochdeutscher Dialekte durch Mittellatein schreibende und sprechende Mönche, ebd., S. 60 f.

6 Vgl. Lieselotte Schiefer/Bernd Pompino-Marschall: „Phonetische Transkription“. In: Hartmut Günther/Otto Ludwig (Hg.): *Schrift und Schriftlichkeit. Writing and Its Use.* 2. *Halbband.* Berlin, New York 1996. (= Handbücher zur Sprach- und Kommunikationswissenschaft. 10.2.) S. 1583–1591; hier: S. 1584–1586.

7 Vgl. Egert Pöhlmann: „[Notation.] II. Antike“. In: Ludwig Finscher (Hg.): *Die Musik in Geschichte und Gegenwart.* Allgemeine Enzyklopädie der Musik begründet von Friedrich Blu-

allgemein in Gebrauch kam und schon in der Spätantike wieder in Vergessenheit geriet, vor allem von Berufsmusikern. Ihr Hauptverwendungszweck ist offenbar die Aufzeichnung der Bühnenmusik der klassischen Tragödie und Komödie.[8]

Neben den Neumen des byzantinischen und lateinischen Mittelalters, die erstmals in Handschriften der 1. Hälfte des 9. Jhs. n. Chr. belegt sind[9] und ab dem 11. Jh. auch auf Notenlinien gesetzt werden, stellen die so genannte Modalnotation und die zwischen 1250 und 1600 entwickelte Mensuralnotation die wesentlichsten Meilensteine in der einzigartigen Geschichte der europäischen Musikschriften dar. Mit der Mensuralnotation vollzieht sich der „Wandel von einer umgebungsabhängigen zu einer umgebungsstiftenden Bedeutung der Notenzeichen", und es entsteht ein Zeichensystem, das „maßgeblich für die Ausprägung der neuzeitlichen Notenschrift im 17. Jh." wird.[10] Kennzeichen der nach 1600 etablierten, noch heute vorherrschenden Standardnotation ist die Umdeutung der „übernommenen Mensur- und Proportionszeichen [...] zu Taktzeichen" und die Einführung von „Ausführungsanweisungen in Form von neuen Zeichen und verbalen Beischriften"[11].

Die Notationsverfahren des 20. Jhs. zeichnen sich durch ganz unterschiedliche Tendenzen aus. Neben der nach wie vor angestrebten „Fixierung aller im Rahmen der Tonbildung zusammenwirkenden Parameter"[12] oder grundsätzlichen Reformen der Notenschrift (etwa durch einige Komponisten der Zwölftonmusik) bieten sich nach 1950 – vor allem im Kontext der seriellen und elektronischen Musik – optische Verfahren der Musikaufzeichnung wie die musikalische Graphik oder technische Daten und Anweisungen im Computerbereich als Alternativen zur traditionellen Notenschrift an.[13] Verschriftlichungsprozesse, wie sie im literarischen Bereich bei der Perfektionierung der Mimesis von Mündlichkeit die Ausdifferenzierung und Literalisierung poetischer Gattungen und Genres begleiten, kennzeichnen auch die Geschichte musikalischer Formen vom mittelalterlichen Choral bis hin zur Oper. Auffallend ist einerseits die medienkulturhistorische Anbindung der Notationssysteme, die ihre Potentiale

---

me. 2., neubearb. Ausgabe. Sachteil 7: Mut–Que. Kassel u. a.: Bärenreiter, Stuttgart, Weimar 1997, Sp. 283–289; hier: Sp. 283.

8   Vgl. ebd., Sp. 284 u. 287 f.

9   Zum Ursprung der Neumen, die trotz ihres starken Bezugs zur Tradition der mündlichen Überlieferung in enger Verbindung mit der Kenntnis von Lesen und Schreiben stehen, vgl. Max Haas: „[Notation.] IV. Neumen". In: Ebd., Sp. 296–317; hier: Sp. 311–315.

10 Zu den Charakteristika und zur Geschichte der Mensuralnotation vgl. Laurenz Lütteken: „[Notation.] VI. Mensuralnotation". In: Ebd., Sp. 323–339; hier: Sp. 323 f.

11 Vgl. Uwe Wolf: „[Notation.] VII. 17. bis 19. Jahrhundert". In: Ebd., Sp. 339–350; hier: Sp. 339.

12 Vgl. Michael Töpel: „[Notation. VIII. 20. Jahrhundert.] 2. Entwicklungen seit 1950". In: Ebd., Sp. 355–358; hier: Sp. 357.

13 Vgl. Rudolf Stephan: „[Notation. VIII. 20. Jahrhundert.] 1. Bis zur Jahrhundertmitte". In: Ebd., Sp. 350–355; hier: Sp. 354.

stets „in Verbindung mit den jeweiligen kulturellen und gesellschaftlichen Rahmenbedingungen" entfalten,[14] und andererseits die tendenzielle Unübersetzbarkeit unterschiedlicher Notationssysteme, die – wie zum Beispiel die Neumen – nicht einfach als Vorläufer späterer Aufzeichnungsweisen zu verstehen sind, sondern jeweils über eine „eigene Dignität" verfügen.[15]

Begleitet wird die Entwicklung der Aufschreibe- und Notationssysteme in unseren Breiten seit dem 13. Jahrhundert von binären Steuerungselementen für mechanische Musikinstrumente und seit dem späten 18. Jahrhundert auch von aufwendigen mechanischen Apparaturen zur Generierung gesprochener Sprache. Die Sprechmaschinen Christian Gottlieb Kratzensteins (1781), Wolfgang von Kempelens (1791), Abbé Micals (um 1791) oder Joseph Fabers (1835) erfordern jedoch wie herkömmliche Musikinstrumente einen Spieler, der sie zum Sprechen bringt. Die Reproduktion einer komplexen Folge gesprochener Wörter ist mit diesen Geräten ebenso wenig möglich wie die Fixierung einer individuellen Stimme. Die im 9. Jahrhundert von den Banû-Mûsâ-Brüdern in Bagdad erfundene Stiftwalze, mit deren Hilfe immerhin die Tonfolge mechanischer Musikinstrumente gesteuert werden kann, findet in Europa als zentraler Bestandteil von Glockenspielen (Straßburger Münster 1352–54), Musikschränken (Hans Schlottheim 1589), mechanischen Virginalen (Samuel Bidermann 1612), Drehorgeln (um 1700) und Spieluhren (Antoine Favre-Salomon 1796) Verwendung.

Die Lochkarte, die Joseph-Marie Jacquard 1805 zur Automatisierung von Webstühlen entwickelt hatte, hält 1842 durch ein Patent von Claude Felix Seytre Einzug als Toninformationsträger. Sie wird in ihren zahlreichen Formen von der leicht auswechselbaren Lochplatte der Lochplattenspieler von Paul Ehrlich (1882) und Paul Lochmann (1885/86) bis zur Papiernotenrolle der Firma Welte (1889) zum tonangebenden Speicherprinzip mechanischer Musikinstrumente, deren Tonspektrum Anfang des 20. Jahrhunderts von den einfachen Stahlkammklängen der Spieldosen bis zu den komplexen Klangszenarien monströser Kino- und Radio-Orgeln reicht. Als Schreibmaschine von Klängen stellt das im Lauf des 19. Jahrhunderts technisch perfektionierte Klavier durch seinen Tonumfang und seinen mechanischen Bezug zur musikalischen Notation den optimalen Klangkörper zur Perfektionierung mechanisch gesteuerter Musikinstrumente dar. Mit dem 1904 vorgestellten „Welte-Mignon-Vorsätzer" ist es erstmals möglich, das Klavierspiel eines Pianisten mit allen rhythmischen und dynamischen Nuancen auf einer Tonrolle zu speichern und auch heute noch authentisch wiederzugeben.[16]

---

14 Vgl. Hartmut Möller: „[Notation.] I. Einleitung". In: Ebd., Sp. 276–282, hier: Sp. 280.
15 Vgl. Haas: „[Notation.] IV. Neumen". In: Ebd., Sp. 297.
16 Zur Geschichte von Sprechmaschinen und mechanischen Musikinstrumenten vgl. Heinz Hiebler: „Akustische Medien". In: Hans H. Hiebel/Heinz Hiebler/Karl Kogler/Herwig Walitsch: *Große Medienchronik*. München 1999, S. 541–782; hier: S. 552–633.

2. Sound-Daguerreotypien: Die mechanische Tonaufnahme

Entwicklungen wie das „Internationale Phonetische Alphabet" (1888) und der Welte Mignon-Vorsätzer (1904) entstehen beide in einer Zeit, in der Sound bereits durch Phonographen und Grammophone auf Tonträgern im engeren Sinne gespeichert und modelliert werden kann. Die Geschichte des Sounds, sofern sie uns auf Tonträgern überliefert ist, wird von zwei Komponenten wesentlich determiniert: Erstens von der Leistungsfähigkeit der Aufnahmetechniken und zweitens von deren kultureller (und das heißt auch ökonomischer) Funktionalisierung. Dass es sich in beiden Fällen um wandelbare Größen handelt, lässt sich anhand eines kurzen Streifzugs durch die Geschichte der Tonträger nicht nur theoretisch, sondern auch akustisch belegen. Eine Medienkulturgeschichte der Tonträger, die beiden Aspekten, dem technischen und dem kulturellen, gerecht werden will, bekommt es dabei nicht nur mit unterschiedlichen Apparaturen und einer Unzahl von teilweise utopischen Funktionszuschreibungen zu tun, sondern auch mit der heute noch hörbaren historischen Bandbreite von Sounds. Erst im Dialog von Medientechnik und Kultur erhalten alle Stationen in der Geschichte der Tonträger – von den Klangwelten mechanischer Musikinstrumente und Sprechapparate bis hin zu den vielfältigen Erscheinungsformen digitaler Soundsysteme – ihre eigene ‚Stimme'.

Tonträger verbreiten von allem Anfang an einen charakteristischen Sound. Auf der Suche nach einem hörbaren Beleg vom eigentlichen Beginn der Tonaufzeichnung stößt man allerdings auf zahlreiche Aufnahmen mit sehr unterschiedlicher Tonqualität, die allesamt als authentische Zeugnisse der „Urszene akustischer Aufnahmetechnik" kolportiert werden. Tatsächlich schreiben wir das Jahr 1927, in dem Thomas Alva Edison – zum 50-jährigen Jubiläum seiner Erfindung – seine legendäre Aufnahme vom 6. Dezember 1877 wiederholt und noch einmal das Kinderlied *Mary had a little lamb* in den Trichter seines Phonographen brüllt.[17]

Edisons Erfindung des Phonographen trifft die Menschheit noch unvorbereiteter als ein halbes Jahrhundert später die des Radios, von dem Bertolt Brecht in seiner Radiotheorie behaupten wird, dass es eine Erfindung sei, „die sich ihren Markt erst erobern, ihre Daseinsberechtigung erst beweisen" müsse.[18] Zwar war 1876 mit Alexander Graham Bells Telephon eine neue Klangqualität des

---

17 Versionen dieser Aufnahme finden sich im Internet (unter: www.tonaufzeichnung.de [12.6. 2004]) sowie auf folgenden Tonträgern: *Thomas A. Edison. A special collectors limited edition (picture) record to Thomas A. Edison's 150th celebrate birthday. Historical Edison Recordings, incl. „Mary Had A Little Lamb", first recordings 1877–1929.* GEMA o. J. (1997). – Lionel van der Meulen: *TonSpuren. Eine Radiogeschichte von 1888 bis heute. Teil 1: 1888 bis 1945. CD 1: Wie aus Wundermaschinen der Rundfunk entstand (1888 bis 1923).* Frankfurt/M. 2000. (= Hörbücher vom Hessischen Rundfunk.)

18 Vgl. Bertolt Brecht: „Der Rundfunk als Kommunikationsapparat". In: Ders.: *Schriften zur Literatur und Kunst I (1920–1932).* Frankfurt/M. 1967, S. 132–140; hier: S. 132.

fernmündlichen Kommunizierens publik geworden, die vor allem in den USA relativ schnell Verbreitung fand, die Speicherung und Reproduktion der eigenen Stimme stößt jedoch vorerst nicht auf das nötige Interesse, um eine rasche Perfektionierung des Zinnfolien-Phonographen zu rechtfertigen.

Wie mächtig die phonozentristische Tradition der Schrift zu dieser Zeit auch auf die Entwicklung akustischer Medientechniken wirkte, lässt sich anhand der anfänglichen Diskussion um den eigentlichen Leistungsbereich des neuen Mediums demonstrieren. Edisons „Talking Machine" versteht sich in der Tradition mechanischer Sprechautomaten und Messgeräte nach dem Vorbild des „Phonautographen" von Édouard Léon Scott de Martinville vorerst in erster Linie als Schreibgerät. Der Einsatz des Apparates als Diktiergerät, ‚phonographische Bücher' für Blinde oder die Verwendung als Schulungsgerät zur Erlernung der Vortragskunst nehmen die ersten drei Plätze in Edisons erstem Anwendungskatalog ein. Die Wiedergabe von Musik folgt bei Edison erst an vierter Stelle. Eine Karriere des Apparats als vorwiegend musikalisches Unterhaltungsmedium der Massen war angesichts der schlechten Klangqualität und geringen Haltbarkeit der Zinnfolien-Aufnahmen, an deren Vervielfältigung vorerst kaum zu denken war, verständlicherweise nicht im Blick. Nachdem sich der erhoffte kommerzielle Erfolg des Phonographen als Diktiergerät nicht einstellt, widmet sich Edison nach einer kurzen schöpferischen Pause der Suche nach einer günstigen und langlebigen elektrischen Lichtquelle für die Massenproduktion.[19]

Zur kommerziellen Umsetzung seiner ehrgeizigen Phonographen-Projekte, zu denen schon 1878 unter anderem Anwendungen wie sprechende Puppen oder die Verbindung mit Telefonen zählten, kommt es jedoch erst nach der Verbesserung des Apparats. Angeregt durch das „Graphophon", einen verbesserten Wachswalzen-Phonographen von Alexander Graham Bell, Chichester Bell und Charles Sumner Tainter, nimmt Edison sich 1887/88 seiner angeblichen Lieblingserfindung wieder an. Sein „Improved Phonograph", der auf der Pariser Weltausstellung 1889 erstmals einer begeisterten Öffentlichkeit vorgestellt wird, bildet die technische Grundlage für die weltweite Vermarktung dieser universell einsetzbaren Audio-Technologie, die Selbstaufnahmen für private Zwecke ermöglicht und zunehmend auch als Musik- und Unterhaltungsmedium „höchsten Kunstgenuß und höchste Unterhaltung"[20] verspricht.

Von Anfang an fordert das Wunder des Phonographen eine Reihe von Vorschlägen heraus, das Leistungspotential des Apparats ins Utopische zu erwei-

---

19 Vgl. dazu Fritz Vögtle: *Thomas Alva Edison. Mit Selbstzeugnissen und Bilddokumenten*. Reinbek bei Hamburg ¹1997. (= rowohlts monographien. 50305.) S. 45 ff.

20 N. N.: „Reclame-Record für den Edison-Phonographen (ca. 1905)". (Vermutlich) Walze 2M Gg. Zit. nach: Heinz Hiebler: *Hugo von Hofmannsthal und die Medienkultur der Moderne*. Würzburg 2003. (= Epistemata Literaturwissenschaft. 416.) S. 409 f.

tern. Die neue akustische Variante der Vergegenwärtigung des Vergangenen lässt immer wieder den Wunsch nach Sprechapparaten laut werden, die entweder die Toten vergangener Epochen zum Sprechen bringen[21] oder die Zukunft voraussagen können[22]. Im Kontext der Visualisierung von Klängen, wie sie schon früh zur Optimierung der Klangeigenschaften bestehender Tonträgersysteme genutzt wird, entsteht auch die Utopie eines Apparats, der Akustisches nicht in die unlesbare Schrift des Phonographen, sondern gleich ins phonetische Alphabet umzusetzen vermag, wie das Bernhard Esmarch bereits 1879 vorschlägt.[23]

Die tatsächlichen Anwendungsbereiche akustischer Aufnahmetechniken, zu denen sich 1889 Emil Berliners Grammophon gesellt, arbeiten sich zunächst an einer anderen Problematik ab: dem Sound des Authentischen. Stimmen berühmter Persönlichkeiten sind schon 1889 ein Fixpunkt in Edisons Werbestra-

21 Schon in einem Stimmporträt vom 8. 1. 1906 spricht Karl Graf Lanckoroński-Brzezie, langjähriges Vorstandsmitglied des Wiener Goethe-Vereins, seine Überzeugung aus, dass es „von Einfluß auf die Entwicklung der Menschheit gewesen [wäre; Erg. Hiebler], wenn die Einwirkung der Vorfahren auf nachfolgende Geschlechter schon früher, statt bloß auf dem geschriebenen und gedruckten, auch auf dem lebendigen gesprochenen Worte beruht hätte". Siehe [Begleitbuch zu:] Dietrich Schüller (Hg.): *Tondokumente aus dem Phonogrammarchiv der Österreichischen Akademie der Wissenschaften. Gesamtausgabe der Historischen Bestände 1899–1950. Serie 2. Stimmporträts.* OEAW PHA CD 8. Umfasst vier Audio-CDs, eine CD-ROM und ein Begleitbuch (Redaktion: Gerda Lechleitner). Wien 1999, S. 75. Die skurrile Idee, das bedeutendste Sprachrohr der deutschen Literatur, Johann Wolfgang Goethe, mit Hilfe einer Rekonstruktion seines Kehlkopfes und eines Phonographen tatsächlich zum Sprechen zu bringen, wird in der folgenden 1916 erschienenen grotesken Liebesgeschichte umgesetzt: Mynona (d. i.: Salomo Friedlaender): „Goethe spricht in den Phonographen". In: Ders.: *Rosa die schöne Schutzmannsfrau und andere Grotesken.* Zürich 1989, S. 63–76.
22 Zum prophetischen Potential des Phonographen finden sich Thematisierungen sowohl unter den Stimmporträts des Wiener Phonogrammarchivs (vgl. dazu u. a. die skeptische Stellungnahme des Universitätsprofessors Dr. Eugen von Böhm-Bawerk vom 20. 12. 1905. In: [Begleitbuch zu:] Schüller (Hg.): *Tondokumente aus dem Phonogrammarchiv. Serie 2. Stimmporträts*, S. 72 f.) als auch auf diversen kommerziellen Tonträgern. In seiner *Festrede zum Sprechmaschinenfest im Jahre 2000* gibt Gustav Schönwald 1908 einen humoristischen Ausblick auf die Ersetzung des Menschen durch die Sprechmaschine (vgl. *Tondokumente zur Kultur- und Zeitgeschichte. 1888–1932.* Zusammengestellt u. bearbeitet v. Walter Roller. Potsdam 1998. [= Veröffentlichungen des Deutschen Rundfunkarchivs. 15.] S. 52). Anfang der 1930er Jahre werden nicht nur Prophezeiungen des berühmten Hellsehers Erik Jan Hanussen wiederholt akustisch festgehalten (vgl. ebd., S. 329 u. 363), Hellseherplatten (mit je sechs Prophezeiungen für Damen und Herren) erfreuen sich auch im Unterhaltungsbereich einiger Beliebtheit (vgl. Literatur, Kunst, Wissenschaft. Tondokumente 1888–1945. Zusammengestellt u. bearbeitet v. Walter Roller. Frankfurt/M. 1982. [= Bild- und Tonträger-Verzeichnisse. 14.] S. 150). Bei der Realisierung von Walter Benjamins Kinder-Hörspiel *Radau um Kasperl* (1932) werden die hellseherischen Antworten des Zauberers Lipsuslapsus eindrucksvoll als Echoeffekt umgesetzt (vgl. *Tondokumente zur Kultur- und Zeitgeschichte. 1888–1932*, S. 397). Vgl. auch Walter Benjamin: „Radau um Kasperl". In: Ders.: *Gesammelte Schriften.* Bd. IV.2. Hg.v. Tillman Rexroth. Frankfurt/M. 1972, S. 674-695.
23 Vgl. Bernhard Esmarch: *Die neuen Wunderdinge der Erfindung: Das Telephon, das Mikrophon und der Phonograph.* Prag 1879. (= Sammlung Gemeinnütziger Vorträge. Hg. v. Deutschen Vereine zur Verbreitung gemeinnütziger Kenntnisse in Prag. 48.) S. 14.

tegie. Auch spätere Unternehmungen wie das 1899 gegründete Wiener Phono-grammarchiv, wo derartige Aufnahmen nur einen Randbereich der musiketh-nographischen Tätigkeit ausmachen, bemühen sich darum, „die Stimmen her-vorragender Persönlichkeiten [...] als historisches Dokument aufbewahrt zu er-halten".[24] Der Arbeit von Edisons Agenten, die bereits seit 1888 auf der Jagd nach sensationellen Aufnahmen waren, verdanken wir frühe Wortmeldungen von Autoren wie Robert Browning, Alfred Tennyson oder Walt Whitman und Komponisten wie Arthur Sullivan. Johannes Brahms spielt im Wien des Jahres 1889 sogar zwei kurze Klavierstücke ein.[25]

Der authentische Sound berühmter Sänger, Virtuosen und Komponisten ist Anfang des 20. Jahrhunderts ein Anliegen aller Tonträgerformate. Bis zum Ein-zug des elektrischen Aufnahmeverfahrens Mitte der 1920er Jahre haben dabei auch mechanische Musikinstrumente noch ein gewichtiges Wort mitzureden. Digitale Einspielungen von Papiernotenrollen, deren Aufzeichnungsverfahren wie jenes der CD auf dem binären Prinzip von Signal beziehungsweise Nicht-Signal basiert, sind als historische Kuriositäten seit kurzem wieder im Handel. Auch wenn ihre Authentizität aufgrund der schon damals möglichen digitalen Nachbearbeitungstechniken der Aufnahmen immer wieder in Frage gestellt wird, werden die Einspielungen nach wie vor als Zeugnisse einzigartiger Inter-pretationskunst von Pianisten und Komponisten wie Ignacy J. Paderewski, Ca-mille Saint-Saens, Richard Strauss, Ferruccio Busoni oder Gustav Mahler ange-priesen.[26] Für einen Sound-Vergleich zwischen dem Grammophon und dem na-hezu in Vergessenheit geratenen Welte-Mignon-Reproduktionsklavier beson-ders geeignet sind CD-Editionen wie jene des Grieg-Forums Troldhaugen, auf der sowohl die neun Pariser Grammophon-Aufnahmen Edvard Griegs aus dem Jahr 1903 als auch drei Leipziger Welte-Mignon-Pianorollen aus dem Jahr 1906 zu hören sind.[27]

---

24 Kaiser Franz Josef I.: „Stimmporträt, aufgenommen am 2. August 1903 in Bad Ischl". In: [Be-gleitbuch zu:] Schüller (Hg.): *Tondokumente aus dem Phonogrammarchiv. Serie 2. Stimmpor-träts*, S. 33 f. – Vgl. dazu auch den Beitrag von Gerda Lechleitner in diesem Band.

25 Vgl. Heinz Hiebler: „Weltbild ‚Hörbild' – Zur Formengeschichte des phonographischen Ge-dächtnisses zwischen 1877 und 1929". In: Harro Segeberg (Hg.): *Die Medien und ihre Technik. Theorien –Modelle – Geschichte*. Marburg 2004, S. 166-182; hier: S. 168 f.

26 Zur umstrittenen Authetizität von Papiernotenrollen vgl. Timothy Day: *A Century of Recor-ded Music. Listening to Musical History*. New Haven, London 2000, S. 13–15. Die Einspielun-gen Gustav Mahlers sind auf folgender CD erschienen: *Mahler Plays Mahler. The Welte Mi-gnon Piano Rolls*. Holland 2003. (= Pickwick. IMP Classics. 790202.) Zu den Aufnahmen der anderen genannten Komponisten vgl.: *Welte-Mignon Piano Rolls. Vol. 1 (1905–1927)*. O. O. 2003. (= Naxos Historical. 8.110677.) – *Welte-Mignon Piano Rolls. Vol. 2 (1905–1915)*. O. O. 2004. (= Naxos Historical. 8.110678.) – *Welte-Mignon Piano Rolls. Vol. 3 (1905–1926)*. O. O. 2004. (= Naxos Historical. 8.110679.)

27 *Grieg spiller Grieg*. Troldhaugen 1995. (= trold07.) Für nähere Angaben zu der CD siehe fol-gende Website: http://www.troldhaugen.com/default.asp?kat=469&sp=1 (Zugriff am 6.7. 2004).

Eine ganz andere Facette des Authentischen steht im Mittelpunkt der wissenschaftlichen Nutzung des Phonographen bei der Erforschung schriftloser Kulturen. Die Schwierigkeiten bei der „phonographischen Erspähung" von Analphabeten machen deutlich, dass es sich bei der empirischen Untersuchung der Differenz zwischen Oralität und Literalität nicht nur um ein technisches, sondern auch um ein kulturelles Problem handelt.[28] Der erste, der diese ethnographische Einsicht unter Zuhilfenahme des Phonographen in einem literaturwissenschaftlichen Kontext reflektiert, ist Milman Parry, der bei seinen Vergleichen zwischen den Epen Homers und den Anfang der 1930er Jahre selbst aufgenommenen Liedern jugoslawischer Sänger ein von lebensphilosophischen Gedankengängen geprägtes Konzept des poetischen Stils oraler Dichtung entwickelt: „Style, as I understand the word and use it, is the form of thought: and thought is shaped by the life of men."[29] Der Zusammenhang von Lebensstil („Mentalität") und Lebenswelt, den Parry vor dem zeitgenössischen Hintergrund des Jazz konstatiert, verweist auf den bis heute immer wieder artikulierten Zusammenhang von Sound und Kultur. Der Begriff der „Soundculture", wie er neuerdings in der Nachfolge von Gilles Deleuze und Félix Guattari als Merkmal elektronischer und digitaler Musik proklamiert wird,[30] lässt sich im Grunde auch auf alle anderen Musikstile des 20. Jahrhunderts vom Rock der 50er bis zum Techno der 90er Jahre anwenden.

Damit Tonträger im engeren Sinn dieses medienkulturhistorische Potential, das schon Marshall McLuhan oder Walter J. Ong zur medientheoretischen Untermalung der Pop-Kultur genutzt haben, überhaupt erst entfalten können, müssen sie durch die sukzessive Erweiterung ihres Geltungsbereichs zu einem konstitutiven Bestandteil kultureller Wahrnehmung werden. Von zentraler Bedeutung dafür ist die Etablierung der Apparate als Unterhaltungsmedien. Als Jahrmarktsattraktion erreichen Phonographen und Grammophone (nicht selten bereits in Kombination mit dem Kinematographen) um 1900 eine immer größere Öffentlichkeit. Nachdem Edison bereits 1912 die Produktion seines Phonographen einstellt, wird die Schellackplatte noch vor dem Ersten Weltkrieg zum bestimmenden Tonträgerformat. Im Vergleich zu den Edison-Walzen, deren Produktion immerhin bis 1929 fortgesetzt wird, zeichnet sich die Schallplatte vor allem durch die einfachere Reproduzierbarkeit und damit den niedrigeren Preis aus.

---

28 Zum Einsatz des Phonographen in der Ethnographie um 1900 vgl. Hiebler: *Hofmannsthal und die Medienkultur der Moderne*, S. 29–39.

29 Milman Parry: „Ćor Huso: A Study of Southslavic Song". In: Adam Parry (Hg.): *The Making of Homeric Verse. The Collected Papers of Milman Parry*. Oxford 1971, S 437–464; hier: S. 441.

30 Vgl. Marcus S. Kleiner, Achim Szepanski (Hg.): *Soundcultures. Über elektronische und digitale Musik*. Frankfurt/M. 2003. (= edition suhrkamp. 2303.) S. 14.

Edison, dessen 1913 auf den Markt gebrachter Schallplatten-Phonograph in einer Reihe von werbewirksamen Vorführungen sogar die Performance von Live-Sängern und -Sängerinnen in den Schatten stellen soll,[31] trägt der offensichtlichen Dominanz der Software über die Hardware nur halbherzig Rechnung. Trotz besserer Tonqualität und größerer Leistungsfähigkeit können sich Edisons High-End-Formate nicht gegen die kostengünstigere und vielseitigere Quantität des Grammophon-Repertoires durchsetzen. 1914 stehen 23 Millionen erzeugten Schallplatten nur 3 Millionen Zylinder gegenüber.[32] Mit der Ablösung des Phonographen durch das Grammophon wird klar, dass die Zukunft der Sound-Geschichte nicht mehr den Geräte-Erfindern und -Herstellern, sondern der Tonträger-Industrie und vor allem ihren gefeierten Interpreten in der Nachfolge Enrico Carusos gehört.

Den heroischen Ton zu dem während des Krieges eskalierenden Handel mit Zeitungen, Photographien und Filmen liefern einfache, auch für den Fronteinsatz geeignete Grammophone, die „zu tief herabgesetzten Preisen" als „Wohltat für die braven Soldaten" angeboten werden.[33] Zu Gehör bringen sie die ganze Palette heroischer Blas-, Marsch- und Schlagermusik, witzige Couplets beliebter Komiker und Varieté-Künstler, aber auch so manche ernstgemeinte Ansprache aus den Reihen der Staatsmänner, Generäle und Monarchen aller beteiligten Nationen. Patriotische Tongemälde von Soldatenabschieden, Feldgottesdiensten und Schlachtenszenen sorgen mit ihren kurzen, meist musikalisch gerahmten Spielszenen, wie man sie schon aus der Anfangszeit akustischer Hörbilder kennt, für gehobene Stimmung und Unterhaltung.[34] Einen besonders authentischen Beitrag zum Sound des Ersten Weltkriegs liefert die britische EMI mit einer Propaganda-Aufnahme vom 9. Oktober 1918, auf der die Bombardierung deutscher Stellungen mit Gasgranaten durch die Royal Garrison Artillery vor Lille dokumentiert ist.[35]

Der militärische Missbrauch von Unterhaltungsmedien ist das Pendant zu Hans Bredows Missbrauch von Heeresgerät, dem es die deutschen Soldaten an der Westfront in Frankreich verdankten, dass sie im Juni 1917 erstmals Musik in ihren Sprechfunkkopfhörern wahrnehmen konnten. Die daran anknüpfende zi-

---

31 Vgl. Mark Coleman: *Playback. From the Victrola to MP3. 100 Years of Music, Machines, and Money*. Cambridge 2003, S. 26.

32 Vgl. ebd., S. 24.

33 Vgl. *Neue Freie Presse*, 6. Juni 1915, o. S.

34 Zum Tonträgerrepertoire während des Ersten Weltkriegs siehe ausführlicher: Hiebler: „Weltbild ‚Hörbild'. In: Segeberg (Hg.): *Die Medien und ihre Technik*, S. 179–181.

35 Die Aufnahme mit der Nummer HMV 0998/9 ist auf folgender CD enthalten: *Centenary Edition. 1897–1997. 100 Years of Great Music. CD 11: Die Geschichte der EMI Classics in Tondokumenten. Erzählt von Dietrich Fischer-Dieskau.* O. O.: EMI Records 1997. (= LC 6646.)

vile Nutzung des Hörfunks in Deutschland ist nur eine von vielen akustischen Medienentwicklungen, die ihren Ursprung auf militärischem Gebiet haben.

Im technischen Bereich der Tonaufzeichnung gibt es in dieser mechanischen Ära der Tonträger nur zwei Parameter, durch deren Modifikation sich der Sound einer Aufnahme beeinflussen lässt: den Schalltrichter und die Aufnahmemembran, die sich in Material und/oder Größe variieren lassen. Um den akustischen Beschränkungen der mechanischen Aufnahme, die nur ein Frequenzspektrum von 168 bis 2000 Hz erfasst, dennoch gerecht werden zu können, sind schon bei der Musikeinspielung eine ganze Reihe von technischen Modifikationen notwendig. Das mechanische Verfahren macht nicht nur eine spezielle Anordnung der Instrumente vor dem Trichter erforderlich, auch Anzahl und Art der Instrumente haben sich den technischen Gegebenheiten anzupassen. Die Musiker haben sich meist ohne den vertrauten Sichtkontakt zu ihren Kollegen auch in Hinblick auf Lautstärke und Dynamik einzuschränken. Manche Instrumente wie die Violine werden für die Tonaufnahme sogar durch neuartige Sonderanfertigungen wie die Strohgeige ersetzt, andere wie das Klavier erfordern zumindest aufwendige Umbauten und spezielle Abnahmesysteme. In der Regel fungiert die Tuba als Bass, Streichquartette ersetzen das Streichorchester.[36] Sänger und Sängerinnen müssen vor dem Trichter oft regelrechte Turnübungen vollführen. Der Bassist Fjodor Iwanowitsch Schaljapin schmettert seine Partien mitunter über neun Meter vom Aufnahmetrichter entfernt. Dramatische Soprane müssen ihre Entfernung vom Trichter sogar je nach Stimmlage der vorgetragenen Liedpassage variieren.[37]

Die instrumentalen Beschränkungen und die Kürze der Aufnahmezeit machen vor allem im Bereich des bestehenden klassischen Repertoires eine Bearbeitung vorhandener Musikstücke nahezu unumgänglich. Einen ersten Wendepunkt in der analogen Soundaufzeichnung stellt die Einführung eines elektro-akustischen Aufnahmeverfahrens dar, das es ermöglicht, die bislang verwendeten Trichter durch Mikrophone und Lautsprecher zu ersetzen und dadurch wenigstens einige der bislang getroffenen Umstellungsmaßnahmen überflüssig zu machen. Aufnahmen wie jene von Giacomo Rossinis LA BOUTIQUE FANTASQUE (dt.: DER ZAUBERLADEN), die Adrian Boult am 2. Juni 1921 und Eugene Goossens am 3. Juli 1925 für EMI einspielen,[38] belegen noch heute den Entwicklungssprung, den die Soundtechnologie bei der Umstellung von mechanischer auf elektrische Aufnahme innerhalb nur weniger Jahre vollzieht.

---

36 Day: *A Century of Recorded Music*, S. 33.
37 Ebd., S. 10.
38 Die Aufnahme mit den Nummern HMV D 572 und HMV D 1018 sind auf folgender EMI-CD enthalten: *Centenary Edition. 1897–1997. CD 11: Die Geschichte der EMI Classics in Tondokumenten.* (= LC 6646.)

3. Die neue Authentizität: Die elektrische Tonaufnahme

Mit der Einführung elektrischer Aufnahmesysteme erweitert sich der reproduzierbare Frequenzbereich auf 100 bis 5000 Hz, bis 1934 erhöht sich die Frequenzreichweite sogar auf bis zu 8000 Hz.[39] Leitmedium dieses Vorstoßes in neue Klangdimensionen ist das Radio, das seinen medientechnikgeschichtlichen Ursprung in der drahtlosen Telegraphie und Telephonie hat. Mit dem Radio, bei dem erstmals die akustischen Verstärkerqualitäten der Elektronenröhre zur Geltung kommen, bricht nicht nur eine neue Ära des Sounds an, es entsteht auch ein neuer Medienverbund, der Ende der 1920er Jahre durch die Einführung des Tonfilms erweitert wird. Der Film mit seinem auf maximale Illusionswirkung berechneten Soundkonzept, wie es etwa im Umfeld der frühen Hollywood-Musicals entwickelt wird, avanciert in den 1930er Jahren zum Experimentierfeld innovativer Tonträgertechniken. Das Tri-Ergon-Lichttonverfahren, das kurzfristig auch beim Hörfunk zum Einsatz kommt, kann sich außerhalb des Tonfilms allerdings nicht etablieren. Die ersten erhaltenen Rundfunksendungen, die in Deutschland erst ab Herbst 1929 mitgeschnitten werden können, liegen in der Regel als Schellackplatten vor.[40]

Das Radio bringt nach dem kurzen Intermezzo einfacher Detektorgeräte mit Kopfhörerempfang das neue raumfüllende Hörgefühl elektro-dynamischer Lautsprecher in die Wohnzimmer. Die immer wieder beschworene Affinität des Radios zur Klangwelt oraler Kulturen ist ein Generalthema der Zeit. Wir finden sie in der frühen Radiotheorie Rudolf Arnheims ebenso wie in der von Arnold Zweig und Alfred Döblin geführten Diskussion um die Rolle der Dichtung im Rundfunk.[41] Noch Marshall McLuhans Charakterisierung des Radios als „Stammestrommel"[42] und die auf McLuhan aufbauenden Arbeiten Walter J. Ongs sind vom Faszinosum des Anderen der Schrift geprägt, das sich seinerseits bis auf Autoren wie Jean-Jacques Rousseau[43] zurückverfolgen lässt. Ongs Begriff der „sekundären Oralität"[44], mit dem er die verschiedenen Formen der nach wie vor schriftgestützten

---

39 Day: *A Century of Recorded Music*, S. 16.

40 Zu den Ausnahmen in Sachen Lichttonaufnahme zählt u. a. das Hörspiel *Weekend* von Walter Ruttmann. Vgl. Roller, Walter: „Einführung". In: *Tondokumente zur Kultur- und Zeitgeschichte. 1888–1932*, S. 9–12, hier: S. 10.

41 Vgl. dazu Heinz Hiebler: „Odysseus im Land der Sirenen – Radio und Mythos in der Moderne: Zur Identitätsproblematik aus medientechnischer Sicht". In: Alice Bolterauer, Dietmar Goltschnigg (Hg.): *Moderne Identitäten*. Wien 1999. (= Studien zur Moderne. 6.) S. 243–259; hier: S. 248–252.

42 Herbert Marshall McLuhan: „Das Radio. Die Stammestrommel". In: Ders.: *Die magischen Kanäle. Understanding Media*. Düsseldorf u. a. 1992, S. 340–351.

43 Vgl. dazu vor allem seine Auseinandersetzung mit der Zeit Homers in: Jean-Jacques Rousseau: „Essay über den Ursprung der Sprachen (1755)". In: Ders.: *Musik und Sprache*. Leipzig 1989. (= Reclams Universal-Bibliothek. 1322.) S. 99–168; hier: S. 115.

44 Vgl. Walter J. Ong: *Oralität und Literalität: die Technologisierung des Wortes*. Übers. v. Wolfgang Schömel. Opladen 1987, S. 10.

Mündlichkeiten literaler Gesellschaften charakterisiert, umschreibt die Vielfalt der neuen Gestaltungsmöglichkeiten nur ungenügend.

Die Kunstfertigkeit der Improvisation, die Arnold Zweig im Gegensatz zu Döblin auch vom literarischen Beitrag im neuen Medium fordert, bleibt – trotz einschlägiger Bemühungen – künstlerisch umstritten. Sendungen wie die von Edlef Köppen moderierten IMPROVISIERTEN ERZÄHLUNGEN bleiben eine Ausnahme.[45] Erfolgreichere Ansätze zur Ausblendung der Schrift finden sich im Bereich der Musik in der Improvisationskultur des Jazz, obwohl auch hier vorerst schriftlich fixierte Ragtime- und Blues-Bearbeitungen und -Kompositionen von Musikern wie Scott Joplin, Irving Berlin und William Christopher Handy auf Schellack erscheinen.[46] Die bereits erwähnten Beschränkungen der akustischen Aufnahme und die limitierte Spielzeit von cirka dreieinhalb Minuten, das von den ersten Jazz-Aufnahmen des Jahres 1917 bis Anfang der 1950er Jahre den zeitlichen Rahmen von Schallplattenaufnahmen vorgibt, machen zumindest eine sorgfältige Vorbereitung der Aufnahmesitzungen erforderlich.[47] Für die Geschichte und die Verbreitung des Jazz, bei dem „‚Komposition' und ‚Interpretation' ineinsfallen", weil Schriftlosigkeit zu seinen genuinen Merkmalen gehört,[48] sind akustische Medientechniken wie die Schallplatte und schließlich auch das Radio[49] von zentraler Bedeutung.

Für die radiophone Live-Berichterstattung von gesellschaftlichen, kulturellen, politischen und sportlichen Ereignissen ist die Improvisationsgabe des Reporters die unumgängliche Voraussetzung für eine lebensnahe und stimmungsvolle Berichterstattung. Missgeschicke wie der frühzeitige Stapellauf des Panzerkreuzers „Deutschland" auf der Deutschen Werft in Kiel vom 19. Mai 1931[50]

---

45 Vgl. *Tondokumente zur Kultur- und Zeitgeschichte. 1888–1932*, S. 208. Im Tondokumente-Verzeichnis des Deutschen Rundfunkarchivs sind neben einem Interview Edlef Köppens mit Carl Zuckmayer vom 17. Januar 1930 nur zwei Aufnahmen solcher Erzählungen, nämlich Bernhard von Brentanos *Aufmarsch der 300 Enterbten* und Martin Raschkes *Wetterbericht* (beide Aufnahmen vom 7. Februar 1930), dokumentiert (vgl. ebd., S. 212).

46 Vgl. Coleman: *Playback*, S. 22–24.

47 Jürgen Hunkemöller: „Die Rolle der Schallplatte im Jazz". In: Klaus Wolbert (Hg.): *That's Jazz. Der Sound des 20. Jahrhunderts*. Darmstadt 1997, S. 547–555; hier: S. 547 f.

48 Vgl. ebd., S. 554–555.

49 Obwohl Schallplatte und Radio „schwarze Musik" prinzipiell anders als das spätere Fernsehen auch ohne das entsprechende Image zu übertragen vermochten, stieß die afroamerikanische Tanzmusik wegen der großen gesellschaftlichen Widerstände bei den von Weißen dominierten Plattenfirmen und Radiostationen auf zögerliche Zustimmung. Zu den Anfängen der vorerst nur von Schwarzen für Schwarze produzierten Musik vgl. William Howland Kenney: „6. African American Blues and the Phonograph. From Race Records to Rhythm and Blues". In: Ders.: *Recorded Music in American Life. The Phonograph and Popular Memory, 1890–1945*. New York 1999, S. 109–134. Zu den anfangs sehr europäischen Erscheinungsformen des Jazz im Berliner, Kölner und Frankfurter Rundfunk vgl. Bernd Hoffmann: „Jazz im Radio der frühen Jahre". In: Ebd., S. 571–588.

50 Vgl. *Tondokumente zur Kultur- und Zeitgeschichte. 1888–1932*, S. 278.

oder unliebsame Niederlagen wie das von Paul Laven dokumentierte 0:2 der Deutschen Fußballelf gegen die Italiener vom 2. März 1930 in Frankfurt/Main[51] stellen eine Herausforderung an die Schlagfertigkeit einer neuen Generation von Journalisten dar. Vor unliebsamen Überraschungen sind sogar totalitäre Regime wie der Nationalsozialismus nicht gefeit.

Um Entgleisungen, wie sie bei der Befragung ausgesuchter Augenzeugen im Kontext der Berichterstattung von der Machtergreifung Adolf Hitlers am 30. Januar 1933 dokumentiert sind,[52] zu vermeiden und die Gefahren subversiver Live-Interviews zu bannen, geraten handliche und manipulierbare Tonträger wie das Magnettonband schon früh in den Blick nationalsozialistischen Medieninteresses. 1935, im selben Jahr, in dem die historische Aufnahme des 30. 1. 1933 in den homöostatisch organisierten Archiven der Nationalsozialisten durch eine gelungenere Version ersetzt wird, präsentiert die Firma AEG auf der Großen Deutschen Rundfunkausstellung in Berlin ihr vielumjubeltes „Magnetophon" in einer mobilen und einer stationären Ausfertigung. Die schrittweise Verbesserung dieser Gerätelinie, deren Produktion auch nach dem Fertigungsverbot aller nicht kriegswichtigen Gegenstände im April 1941 fortgesetzt wird, lässt die Tonbandtechnik nach dem Krieg zur tonangebenden Entwicklung auf dem Tonträgersektor werden. Die 1940 von Walter Weber und Hans Joachim von Braunmühl eingeführte Hochfrequenz-Vormagnetisierung und die Konstruktion eines ersten Stereo-Magnetophons im Jahr 1943 durch Walter Weber bilden die technologische Grundlage für die nach 1945 vor allem von den Amerikanern betriebene Etablierung des Tonbandgeräts als High-End-Medium im professionellen wie auch privaten Bereich.[53]

4. Tonträger-Revolutionen nach 1945

Die Nachkriegsjahre zeichnen sich generell durch die Einführung neuer Tontechnologien und Tonträgerformate aus, die der Soundkultur der nächsten Jahrzehnte langsam aber sicher ganz neue Möglichkeiten eröffnen. Mit dem Einsatz des Tonbandes bei der Plattenproduktion wird es endlich möglich, die Aufnahmezeiten von Einspielungen entscheidend zu verlängern und deren

---

51 Ebd., S. 215. Ausschnitte aus den beiden zuletzt genannten Radioberichten sind auf folgender CD zu finden: Lionel van der Meulen: *TonSpuren. Eine Radiogeschichte von 1888 bis heute. Teil 1: 1888 bis 1945. CD 3: Der Rundfunk als Stiefkind der Weimarer Republik (1928 bis 1933)*. Frankfurt/M. 2000. (= Hörbücher vom Hessischen Rundfunk.)

52 Kostproben aus der missglückten Live-Aufnahme und ihrer nachträglich verbesserten Version enthält folgende CD: Lionel van der Meulen: *TonSpuren. Eine Radiogeschichte von 1888 bis heute. Teil 1: 1888 bis 1945. CD 4: Ein Volk am Empfänger (1933 bis 1937)*. Frankfurt/M. 2000. (= Hörbücher vom Hessischen Rundfunk.)

53 Zur Geschichte der magnetischen Schallaufzeichnung vgl. André Ruschkowski: *Elektronische Klänge und musikalische Entdeckungen*. Stuttgart 1998. (= Universal-Bibliothek. 9663.) S. 186–190.

Qualität sofort nach der Aufnahme zu kontrollieren. Die Notwendigkeit, mehrere Versionen ein und derselben Nummer auf hochempfindliche Wachsplatten zu schneiden, deren Testpressungen erst in zwei bis drei Wochen überprüft werden konnten,[54] gehört nun endgültig der Vergangenheit an. Die Einführung des full frequency-range recordings (FFRR), das während des Krieges zur besseren akustischen Differenzierung von englischen und deutschen U-Booten entwickelt worden war, ermöglicht es der britischen Plattenfirma Decca noch während des Krieges die Frequenzreichweite ihrer FFRR-Schallplatten auf 14.000 Hz auszuweiten.[55]

Mit dem Piccadilly-Modell bringt Decca im Weihnachtsgeschäft 1944 einen Plattenspieler auf den englischen Markt, der sich trotz seines annehmbaren Preises durch besondere Klangqualität und High-Tech-Komponenten wie einen leichtgewichtigen Tonarm, ein magnetisches Abnahmesystem und eine Saphirnadel auszeichnet.[56] 1947 entwickelt Peter Goldmark für Columbia eine Vinylschallplatte mit Mikrorillenaufzeichnung und einer verminderten Abspielgeschwindigkeit von 33 1/3 Umdrehungen pro Minute, wodurch eine Mindestspieldauer von 23 Minuten pro Schallplattenseite erreicht wird. Goldmarks neue Technologie ist ein Paradebeispiel dafür, wie die Änderung eines einzelnen technischen Parameters (die erhöhte Anzahl der Rillen pro Inch) eine ganze Reihe von weiteren Neuerungen nach sich zieht. Neben der Einführung von Vinyl als Plattenmaterial, der Ersetzung von Saphir- durch Diamantnadeln, der Entwicklung neuer Motoren und Antriebssysteme oder der Konstruktion besonders leichter Tonabnehmer mussten zur Optimierung der Klangqualität auch neue Kondensatormikrophone für die Tonaufnahme und neue Lautsprecher für die Wiedergabe entwickelt werden.[57] Um das neue Schallplattenformat möglichst rasch an den Mann zu bringen, werden von der Philco Company preisgünstige Adapter für $ 29,95 auf den Markt gebracht, mit denen jedes bestehende System den neuen Anforderungen angepasst werden kann.[58]

Die zögerliche Einigung auf einheitliche Technologiestandards und der Anfang der 1950er Jahre geführte Formatstreit zwischen Goldmarks LP und der 1949 von RCA-Victor präsentierten Single mit 45 Umdrehungen pro Minute wirken sich negativ auf eine rasche Verbreitung der neuen Musiktechnologie aus. Obwohl die LP durch ihre lange Spielzeit und die bessere Tonqualität vor allem im klassischen Bereich zu einer revolutionären Verbreiterung des erhältli-

---

54 Vgl. Day: *A Century of Recorded Music*, S. 34.
55 Vgl. ebd., S. 19.
56 Vgl. Coleman: *Playback*, S. 56.
57 Vgl. ebd., S. 52–54.
58 Vgl. ebd., S. 60.

chen Repertoires führt,[59] ist die erste Bayreuther Live-Einspielung einer Wagner-Oper, die Anfang der 1950er Jahre durch den Einsatz der Tonbandtechnik möglich wird, vorerst noch in beiden Formaten auf 34 78er-Schallplatten oder 5 LPs erhältlich. Auch die ersten Aufnahmen Elvis Presleys bei Sun-Records erscheinen noch auf dem alten Format[60] und nicht auf Single, dem bevorzugten Format für Unterhaltungsmusik. Auf längere Sicht verhelfen die vernehmbaren Verbesserungen der Mikrorillen-Schallplatten schließlich dennoch einer neuen Dimension authentischen Hörerlebens zum Erfolg. Gegenüber den in die Jahre gekommenen Schellacks, deren Wiedergabeleistung rückblickend über den Status musikalischer Souvenirs nicht hinauskommt, setzt sich die LP nicht nur wegen ihrer längeren Laufzeit als Garant für die Bewahrung echter musikalischer Erfahrungen durch.[61]

Im deutschen Radio bringt die 1949 beginnende Einführung der Ultrakurzwelle (UKW) eine wesentliche Klangverbesserung mit sich, die sich aufgrund der notwendigen Umstellung der Empfangsgeräte erst im Lauf der 1950er Jahre in größerem Ausmaß bemerkbar macht, da jedoch durch die geringeren Bandbreiten auch eine größere Programmvielfalt mit sich bringt. Der Stereoton bleibt dagegen ein Privileg des Tonbands, dessen Einsatz beim Film zur Durchsetzung des Stereoformats im Kontext der aufwendigen Breitwandfilmsysteme der 1950er Jahre führt. Nachdem in den USA schon Ende der 1940er Jahre die ersten Stereotonbandgeräte angeboten wurden, erreichen 1953 die ersten bespielten Stereotonbänder den High-End-Markt.[62] Bis renommierte Plattenfirmen ihre Mitte der 1950er Jahre auf Tonband eingespielten Studioaufnahmen in Stereoqualität präsentieren können, vergehen Jahre. Die ersten Stereoschallplatten kommen in den USA im Dezember 1957 auf den Markt,[63] das Stereoradio kann sogar erst Anfang der 1960er Jahre umgesetzt werden. Voraussetzung dafür ist das sogenannte Pilottonverfahren, ein in den Vereinigten Staaten entwickeltes Übertragungssystem, das die Kompatibilität bestehender Empfangsgeräte berücksichtigt und sowohl Stereo- als auch Monoempfang ermöglicht.[64] Die komplexen Sounds der Kunstkopfstereophonie, die schon bald zur Vermittlung eines dreidimensionalen akustischen Raums entwickelt wird, können sich aufgrund der aufwendigen Aufnahme-, Übertragungs- und Wiedergabetechnologie nicht behaupten.

---

59 Day: *A Century of Recorded Music*, S. 101.
60 Andre Millard: *America on Record. A History of Recorded Sound.* Cambridge 1995, S. 225.
61 Vgl. Day: *A Century of Recorded Music*, S. 95.
62 Vgl. Millard: *America on Record*, S. 211.
63 Vgl. ebd., S. 215 sowie Coleman: *Playback*, S. 98.
64 Vgl. Hiebler: „Akustische Medien". In: Hiebel u. a.: *Große Medienchronik*, S. 739.

Dass nicht immer die optimale Tonqualität über die Durchsetzung eines Mediums entscheidet, wird nicht nur im Kontext des Fernsehens, das Ende der 1950er Jahre das Radio auch in Deutschland als Leitmedium ablöst, deutlich. Der 1963 von der holländischen Firma Philips vorgestellte volltransistorisierte Cassetten-Recorder verfügt zwar anfangs nur über eine sehr bescheidene Tonqualität. Mit seinen wiederbespielbaren Compact-Cassetten (CC) und den seit 1965 produzierten bespielten MusiCassetten (MC) erobert das günstige, handliche und multifunktionale Format aber im Lauf der nächsten Jahre und Jahrzehnte den Weltmarkt. In Kombination mit Radios und Schallplattenspielern verschärft die Einführung des Cassettenrecorders das bereits mit den Tonbandgeräten der 1950er Jahre aufkommende Problem der Tonträgerpiraterie. Die Kopierfreundlichkeit der Cassette verleiht dem Format vor allem in unterentwickelten Ländern wie Indien, wo seine intensive Nutzung sogar zur Ausprägung einer spezifischen Cassettenkultur geführt hat,[65] besondere Attraktivität. Die Einführung eines effizienten Rauschunterdrückungssystems, das Ray Dolby von der Firma Ampex 1966 ursprünglich für den professionellen Bereich der Aufnahmestudios entwickelt, bevor es ab 1971 auch in Amateurgeräte integriert wird,[66] lässt die Cassette mit den Jahren auch klanglich zu einer ernsthaften Konkurrenz der Langspielplatte werden. Die Einführung des Walkmans durch Sony 1979 und die relativ rasche Umstellung von der Schallplatte auf die Compact Disc verhelfen dem Cassettenformat in den 1980er Jahren zu einem überraschenden Zwischenhoch.[67]

5. Tonträger und Soundkultur – Ein Resümee

Generell zeichnen sich die Entwicklungen innerhalb der Soundkultur des 20. Jahrhunderts durch ganz widersprüchliche Tendenzen aus. Emanzipationsversuche aus der Umklammerung der Schrift und die Suche nach einem eigenen, unverwechselbaren Sound sind ebenso charakteristisch wie das Gegenteil. Was die Auswirkungen der Tonträgertechnologien angeht, ergeben sich in den verschiedenen Musiksparten Klassik, Jazz und Pop maßgebliche Unterschiede.[68]

Im Bereich der klassischen Musik, wo der Schwerpunkt auf der Interpretation des musikhistorischen Repertoires liegt, macht sich im Lauf der Tonträgergeschichte eine Tendenz zur immer notationsgetreueren Wiedergabe bemerkbar. „The music performed at the end of the century is a much more literal realization of the notes on the page"[69], resümiert Timothy Day – auf der Basis erhal-

---

65 Vgl. Peter Manuel: *Cassette Culture: Popular Music and Technology in North India*. Chicago 1993.
66 Vgl. Millard: *America on Record*, S. 318 f.
67 Vgl. Coleman: Playback, S. 156–159.
68 Vgl. dazu Michael Chanan: *Repeated Takes. A Short History of Recording and its Effects on Music*. London, New York 1995, S. 18 f.
69 Day: *A Century of Recorded Music*, S. 143.

tener Tonaufnahmen – die Entwicklung der Aufführungsstile klassischer Musik vom frühen zum späten 20. Jahrhundert. Um einiges polemischer hatte sich schon Ende der 1930er Jahre Theodor W. Adorno über die „Barbarei der Vollendung" beklagt, mit der sich im Gefolge Arturo Toscaninis ein neues „offizielle[s] Aufführungsideal" etabliert habe.[70] In seinem Beitrag *Über den Fetischcharakter in der Musik* (1938), dem musiktheoretischen Pendant zu Walter Benjamins Kunstwerk-Essay, beschreibt Adorno den Einbruch der Technologie in Performance und Vertrieb von Musik als Verdinglichungsprozess:

> Es herrscht eiserne Disziplin. Aber eben eiserne. Der neue Fetisch ist der lückenlos funktionierende, metallglänzende Apparat als solcher, in dem alle Rädchen so exakt ineinanderpassen, daß für den Sinn des ganzen nicht die kleinste Lücke mehr offen bleibt. Die im jüngsten Stil perfekte, makellose Aufführung konserviert das Werk um den Preis seiner definitiven Verdinglichung. Sie führt es als ein mit der ersten Note bereits fertiges vor: die Aufführung klingt wie ihre eigene Grammophonplatte.[71]

Prozesshafte Einzigartigkeit und ganzheitliche Lebendigkeit stehen in Adornos musikalischer Ethik an oberster Stelle. Für den auratischen Nimbus der Musik, deren Maßstab nach wie vor die Live-Performance des Konzerts ist, erweist sich der Einsatz von Tonträgertechnologien vorerst als kontraproduktiv: „Die bewahrende Fixierung des Werkes" – so Adorno – „bewirkt dessen Zerstörung: denn seine Einheit realisiert sich bloß in eben der Spontaneität, die der Fixierung zum Opfer fällt."[72] Während Adorno die analytischen Qualitäten der Schallaufzeichnung vor dem Hintergrund der mechanischen und elektro-akustischen Aufzeichnung insgesamt negativ beurteilt, kommen nachfolgende Generationen auf der Basis weiterentwickelter Technologien und neuer Hörgewohnheiten zu weitaus positiveren Einschätzungen.

Neben „Unmittelbarkeit und tatsächlich fast greifbarer Nähe" zählt fast 30 Jahre später Glenn Gould vor allem das Merkmal „analytischer Klarheit" zu jenen neuartigen Qualitätskriterien, mit denen die Hörer seiner Zeit die musikalische Aufführung in Verbindung bringen.[73] Gould äußert 1966 nicht nur die Überzeugung, dass „die Tonaufzeichnung für immer unsere Vorstellungen da-

---

70 Vgl. Theodor W. Adorno: „Über den Fetischcharakter in der Musik". In: Ders.: *Gesammelte Schriften. Bd. 14: Dissonanzen – Einführung in die Musiksoziologie.* Frankfurt/M. 1973, S. 14–50; hier: S. 31.
71 Ebd.
72 Ebd., S. 32.
73 Vgl. Glenn Gould: „Die Zukunftsaussichten der Tonaufzeichnung". In: Ders.: *Vom Konzertsaal zum Tonstudio. Schriften zur Musik 2.* München 1987, S. 129–160; hier: S. 131.

von verändern wird, was für die Aufführung von Musik angemessen ist"[74]. Als perfektionistischer und publikumsscheuer Pianist hält er angesichts der mittels Mikrophon und Tonband erreichbaren Perfektion von Studioaufnahmen auch die Praxis des Konzerts für überlebt.[75]

Und selbst Adorno, für den die auratischen Qualitäten des Konzerts in den 1930er Jahren noch den Maßstab aller Dinge abgaben, muss sein Urteil über mechanische Tonträger angesichts der Einführung der Langspielplatte revidieren. In seiner hymnischen Beschreibung der Gesamtaufnahme der Beethoven-Symphonien unter René Leibowitz, der in Sachen Texttreue sogar „kühn über das an Toscanini Bewunderte"[76] hinausgehe, vergisst Adorno für einen Augenblick sogar seine Aversion gegen die Werbung: „Hörer, welche die Beethoven-Symphonien weder als Museumsstücke noch als aufgeputzte Spitzenleistungen hören wollen, sondern als entfaltete Wahrheit, stehen" – so Adorno 1964 im O-Ton – „unter einer Art moralischer Verpflichtung, diese Platten kennenzulernen."[77] Noch ein Stück weiter geht Adorno in seiner Rehabilitierung der Tonaufzeichnung bei seiner Einschätzung der revolutionären Effekte der Langspielplatte auf das Schicksal der Oper. Als „Deus ex macchina" befreie sich die Langspielplatte „von den Zufällen falscher Opernfeste" und erlaube es, „die Musik optimal darzustellen".[78] Nicht Überredung, sondern Versenkung sind sinngemäß die Vorzüge einer Wahrnehmung, die das Hören von Opernaufnahmen auf Langspielplatten in die Nähe des Lesens bringt. Bei aller Liebe zum natürlichen Klang, unverhohlenes Ideal ist und bleibt die „Versenkung in einen Text", die Vorstellung der Musik als Partitur.[79]

Nicht ganz so schriftverliebt präsentiert sich das Verhältnis von Musik und Medien in den Bereichen der populären Musik. Für die Entwicklung eines neuen Sounds, der häufig abseits der etablierten und technisch hochgerüsteten Plattenkonzerne entsteht, ist die soziale Organisation des Technologiegebrauchs mindestens ebenso wichtig wie die zum Einsatz gebrachte Technik.[80] Dennoch sind bestimmte Tonträgertechnologien für die Entwicklung mancher Musikstile und Sounds von entscheidender Bedeutung. Die zwei großen amerikanischen Einflüsse auf die Musik des 20. Jahrhunderts, Jazz und Rock'n'Roll, sind beide afro-amerikanischen und damit im Wesentlichen oralen Ursprungs. Als Musik-

---

74 Ebd., S. 137.
75 Ebd., S. 129 f.
76 Theodor W. Adorno: „Beethoven im Geist der Moderne. Eine Gesamtaufnahme der neun Symphonien unter René Leibowitz". In: Ders.: *Gesammelte Schriften. Bd. 19: Musikalische Schriften VI.* Frankfurt/M. 1984, S. 535–538; hier: S. 536.
77 Ebd., S. 538.
78 Vgl. Theodor W. Adorno: „Oper und Langspielplatte". In: Ebd., S. 555–558; hier: S. 556.
79 Vgl. ebd., S. 557.
80 Vgl. Millard: *America on Record*, S. 290.

stile, die beide ihre Energie immer schon aus dem spontanen Ausdruck der Musiker zogen, verdankten sie ihre Entstehung und Weiterentwicklung nicht ihrer schriftlichen Fixierung, sondern ihrer Überlieferung auf Schallplatten.[81]

Die Idee, Tonträger als Instrument zu nutzen, scheint hier wohl naheliegender zu sein, ihren Ursprung hat sie aber dennoch im Bereich der klassischen Avantgarde. Noch 1934 hatte Adorno die Schallplatte in deutlicher Analogie zur Fotografie „als künstlerisches Verfallsprodukt"[82] bezeichnet und das Unding von „rundfunkeigener" oder „grammophoneigene[r] Musik" erleichtert in Abrede gestellt.[83] Nur fünf Jahre später trat John Cage mit seiner IMAGINARY LANDSCAPE NO. 1 den Gegenbeweis an und komponierte ein erstes Musikstück, dessen Besetzung aus „zwei Plattenspielern" bestand, „auf denen akustische Testplatten abgespielt wurden".[84] Lange bevor die ersten Synthesizer und Sampler den Sound der populären Musik revolutionierten, wurden die Möglichkeiten elektronischer Musik von den musikalischen Avantgarden ausgelotet. Schallplatten-, Tonband- und Studiotechnologie kamen bei den Vertretern der Music for Tape, der Musique Concrète und der elektronischen Musik aus Köln schon in den 1940er und 1950er Jahren nicht nur als Aufnahmemedien, sondern auch ganz bewusst zur Generierung eigenwilliger Sounds zum Einsatz.[85]

In der Pop-Musik machten sich die Fortschritte der Studiotechnik in den Bereichen der Nachbearbeitung und der Mehrspuraufzeichnung beziehungsweise Mischung von Sounds erst ab den 1960er Jahren zusehends bemerkbar. Der virtuosen Handhabung der zur Verfügung stehenden technischen Ressourcen verdanken wir Konzeptalben wie SGT. PEPPERS LONELY HEARTS CLUB BAND von den Beatles, DARK SIDE OF THE MOON von Pink Floyd oder TUBULAR BELLS von Mike Oldfield.[86] Die Disco-Musik der 1970er repräsentiert – so Mark Coleman – den ersten Popmusik-Stil, der auf dem Plattenteller geboren und aufgezogen wurde. Mit dem Disco-Fieber ändert sich nicht nur der Sound, sondern auch die Art der Aufnahme, die Vermarktung und der Konsum. Der Plattenspieler kehrt in die öffentliche Sphäre zurück. Die Soundproduktion wird zur Live-Performance.[87] Noch einen Schritt weiter gehen in den 1980er Jahren die Musiker des

81 Vgl. ebd., S. 248.
82 Theodor W. Adorno: „Die Form der Schallplatte". In: Ders.: *Gesammelte Schriften. Bd. 19*, S. 530–534; hier: S. 531.
83 Vgl. ebd., S. 530.
84 Peter Niklas Wilson: „Klanglandschaften, absichtsvoll und absichtslos". In: [Begleitheft zu:] John Cage: *Imaginary Landscapes*. Percussion Ensemble. Directed by Jan Williams. Therwil: Hat Hut Records 1995. (= LC 6048.) S. 7–11; hier: S. 8.
85 Vgl. dazu Ruschkowski: „Elektronische Klangerzeugung und musikalische Konzeptionen". In: Ders.: *Elektronische Klänge und musikalische Entdeckungen*, S. 184–255.
86 Vgl. Coleman: *Playback*, S. 103–107.
87 Vgl. ebd., S. 117 f.

Rap, einer schwarzen Sub-Kultur, deren Lebensgefühl sich auch in anderen Ghetto-Künsten wie Graffiti und Break-Dance austobt. Rap-Musiker machen nicht nur den Inhalt der Schallplatten zum Ausgangsmaterial ihrer Musik, sie bemächtigen sich der Schallplatte auch als Scratch-Instrument. Verbreitungsmedium des neuen Sounds aus dem Untergrund ist das Tonband.[88]

Ähnliche Zusammenhänge, wie sie sich für die sinnfälligen Kombinationen von Schallplatte und Hip Hop oder Ghettoblaster und Rap-Musik ergeben, lassen sich auch für die Assoziation von Digitalisierung und Techno unschwer erkennen, ohne die medienkulturhistorischen Zusammenhänge von Technik, Vermarktung und Gebrauch aus den Augen zu verlieren. Die spezifischen Sounds der letzten Jahrzehnte lassen sich nicht nur auf umfangreichen CD-Editionen abrufen. Man kann sie – wie Michael Harenberg das in einer Anmerkung zur „Simulation der Simulation" in puncto Sound feststellt – „zeitlich den jeweiligen analogen/elektronischen/digitalen Hardware-Instrumenten (Synthesizer, Effektgeräte, Drumcomputer, Sampler etc.) eindeutig zuordnen" und – unter Berücksichtigung der jeweiligen technischen Parameter – von jedem einschlägig informierten Sampler abrufen beziehungsweise simulieren.[89]

6. Alte Träume werden wahr: Medienkonvergenz von Schrift und Sound

Was die Einführung digitaler Techniken im Audio-Bereich auszeichnet, ist weniger die neue Klangqualität, als vielmehr die absolute Verfügbarkeit und Beherrschbarkeit von akustischem Material. Digitale High-End-Formate wie die Musik-DVDs (unterstützt von Hitachi, Toshiba, AOL Time Warner, Universal u. a.) und die Super-Audio-CDs, SACDs (von Sony und Philips), konnten sich – wegen der fehlenden einheitlichen Standards und des schmalen Angebotsspektrums – bislang nicht in größerem Stil durchsetzen.[90] Universell einsetzbare Kombi-Player, die mit dem Versprechen vermarktet werden, alle digitalen Formate lesen und wiedergeben zu können, sollen dieses Manko wettmachen. Während eingefleischte Musikenthusiasten im High-End-Bereich nach wie vor auf analoge Wiedergabetechnologien wie Plattenspieler und Röhrenverstärker setzen, machen im Mainstream-Bereich der Jugendkultur eher schlanke Digital-Formate wie MP3 (für: MPEG-1 Layer Three)[91] das Rennen,

---

88 Vgl. Millard: *America on Record*, S. 321–323.

89 Vgl. Michael Harenberg: „Virtuelle Instrumente zwischen Simulation und (De)Konstruktion". In: Kleiner, Szepanski (Hg.): *Soundcultures*, S. 69–93; hier: S. 84.

90 Vgl. Coleman: *Playback*, S. 202 f.

91 MPEG steht für „Motion Picture Experts Group", eine Reihe von Ingenieuren der Internationalen Organisation für Standardisierung in Genf, die sich mit dem 1992 entwickelten MPEG-Format vor allem die Komprimierung digitaler Videos zum Ziel gesetzt hatte. Vgl. ebd., S. 185.

die sich über das Internet (via „Streaming") in Rekordzeit anhören oder abspeichern („downloaden") lassen.

Die datenreduzierten Klangqualitäten der dazugehörigen Wiedergabegeräte, die ausgestattet mit digitalem Bedienungskomfort die Geschichte von Tonbandcassette, Walkman und Co. fortsetzen, stehen ganz im Zeichen der Mobilität. Die charakteristischen Sounds des digitalen Zeitalters liefern weniger die Aufnahme- oder Wiedergabegeräte, als die dahinter verborgenen Rechner und Softwareprogramme. Traditionelle Unterschiede wie die physikalische Differenz zwischen Klang und Geräusch oder die medientechnische Unterscheidung von Musikinstrumenten und Speichermedien werden angesichts der universellen Leistungsfähigkeit digitaler Klangsysteme endgültig hinfällig.

Die Umsetzung akustischer Schwingungen in digitale Impulse, die ursprünglich zur Vermeidung störender Nebengeräusche bei Telephonübertragungswegen in den 1930er Jahren von Alec A. Reeves entwickelt wurde, beruht auf der Abtastung eines wertkontinuierlichen Signals, seiner Zerlegung in wert- und zeitdiskrete Einzelwerte (Quantifizierung), sowie auf der Codierung der dabei erhaltenen Messergebnisse in binärer Form. Das dabei zum Vorschein kommende Ergebnis, die digitalisierte Klanginformation, die noch in den 1970er Jahren vorerst auf datenintensive Videobänder gebannt werden musste, hat mittlerweile dank Datenkompression und neuer Speichertechnologien Platz auf Medien wie CDs, Mini Discs, DVDs, MP3-Playern, Festplatten oder Speicherchips gefunden. Die Vorteile des Verfahrens liegen in der Umgehung der Eigengeräusche von Tonträgern, in der verlustfreien Bearbeitbarkeit digitalisierter Töne, der Minimierung der Tonträger- und Gerätegrößen sowie dem wachsenden Bedienungskomfort. Der Sound ist durch die Möglichkeiten der nachträglichen Soundoptimierung zu einer veränderlichen Größe geworden.

Während die universelle Verwendbarkeit der Schrift als Leitmedium „primärer Digitalität" auf der menschlichen Codierungs- und Decodierungsleistung beruht, lassen sich die nur noch maschinengenerierbaren Formen der „sekundären Digitalität" im Audio- und Videobereich, abgesehen von ihrer „lesbaren" Einbettung in multimediale PC-Anwendungen, nicht mehr unmittelbar von Menschmedien decodieren, wohl aber als Oberflächeneffekte handhaben.[92] Bilder und Töne, die zuvor nur auf analogem Wege mit Hilfe unterschiedlicher Apparaturen aufgenommen, kombiniert und bearbeitet werden konnten, erhalten durch die einheitliche Form ihrer digitalen Codierung einen neuen, bislang nur der Schrift vorbehaltenen Status. Die Konvergenz der Medien, ihre jeder-

---

92 Zur medienkulturhistorischen Differenzierung von primärer und sekundärer Digitalität vgl. Heinz Hiebler: „Von der Medienkulturgeschichte digitaler Codierungen zu einem Analysemodell ‚digitaler Literatur'". In: Harro Segeberg, Simone Winko (Hg.): *Digitalität und Literalität. Die Zukunft der Literatur*. München 2005 [im Druck].

zeitige Verfügbarkeit und Verarbeitbarkeit machen den Computer zur Plattform eines neuen polymedialen Textbegriffs. Digitale Codierungen übersetzen jedes Medienereignis in eine eigenwillige Schrift, die zwar wie die Phonographenschriften um 1900 ebenfalls nicht lesbar ist, durch ihre elektronische Verarbeitbarkeit aber dennoch Leistungsmerkmale aufweist, die für analoge Medien bislang ins Reich der Utopie gehörten. Digitale Sampler halten jeden Klang, jedes Geräusch für den musikalischen Abruf bereit.

Sogar der alte Traum von der Aufhebung der Grenzen zwischen Sprache und Schrift ist seiner medientechnischen Erfüllung ein gutes Stück näher gekommen. Digitale Spracherkennungssysteme erlauben es mittlerweile, „[j]edes gesprochene Wort [...] als Lautmuster" aufzunehmen, „die Merkmale auf notwendige Daten" zu reduzieren und solange „mit allen Referenzmustern aus" einem vorher eingegebenen „Wortschatz" zu vergleichen, „bis eine gefundene Übereinstimmung schriftlich ausgegeben" werden kann.[93] Digitalen Soundsystemen verdanken wir die elektronisch generierten Klangteppiche und die rhythmusbetonten Beats, mit denen zumindest in den begleitenden Theorien immer wieder die primitiven, kultischen Anfänge aller Musik beschworen werden.[94] Inwieweit sich das sonst meist unter dem Deckmantel der Simulation traditioneller Musikinstrumente verschüttete Potential digitaler Sounds mediengerecht ausschöpfen lässt beziehungsweise wie – mit den Worten Michael Harenbergs – die „Ästhetik einer Medienmusik im Digitalen zu denken"[95] ist, wird die Zukunft wie so oft abseits der breitgetretenen Pfade konventioneller Anwendungen zeigen.

---

93 Axel Susen: *Spracherkennung. Kosten, Nutzen, Einsatzmöglichkeiten.* Berlin, Offenbach 1999, S. 26.

94 Vgl. dazu u. a.: Frank Ilschner: „Irgendwann nach dem Urknall hat es Click gemacht. Das Universum von Mille Plateaux im Kontext der elektronischen Musik". In: Kleiner, Szepanski (Hg.): *Soundcultures*, S. 18–33; hier: S. 32. – Frank Hartmann: „Instant awareness. Eine medientheoretische Exploration mit McLuhan". In: Ebd., S. 34–51; hier: S. 44 f.

95 Harenberg: „Virtuelle Instrumente zwischen Simulation und (De)Konstruktion". In: Kleiner, Szepanski (Hg.): *Soundcultures*, S. 92.

Gerda Lechleitner

Der fixierte Schall – Gegenstand wissenschaftlicher Forschung

Zur Ideengeschichte des Phonogrammarchivs

Aus einigen Titeln wie „Deutsche Mundarten"[1], „Phonetische Untersuchungen. I. Zur Schlusskadenz im deutschen Aussagesatz"[2], „Französische Phonogrammstudien"[3], „Phonographische Untersuchungen der Konsonanten"[4],
„Untersuchungen über einen eigenartigen japanischen Sprachlaut"[5], „Magyarische Sprach- und Gesangaufnahmen"[6], „Schweizer Mundarten"[7], „Phonographierte Gesänge und Aussprachsproben des Hebräischen"[8] oder „Über den
Klang einiger Sprachen"[9], die in der Reihe *Mitteilungen des Phonogrammarchivs* zwischen 1908 und 1919 erschienen sind, lässt sich unschwer ein gemein-

---

1 Joseph Seemüller: „Deutsche Mundarten. I". In: *Sitzungsberichte der kaiserl. Akademie der
   Wissenschaften, philosophisch-historische Klasse*. Bd. 158/4 (1908), S. 1–28. (= 11. Mitteilung
   der Phonogrammarchivs-Kommission).

2 Hans Pollak: „Phonetische Untersuchungen. I. Zur Schlusskadenz im deutschen Aussagesatz". In: *Sitzungsberichte der kaiserl. Akademie der Wissenschaften, philosophisch-historische
   Klasse*. Bd. 164/5 (1911), S. 1–62. (= 19. Mitteilung der Phonogrammarchivs-Kommission).

3 Eugen Herzog: „Französische Phonogrammstudien". In: *Sitzungsberichte der kaiserl. Akademie der Wissenschaften, philosophisch-historische Klasse*. Bd. 169/6 (1912), S. 1–18. (= 25. Mitteilung der Phonogrammarchivs-Kommission).

4 Leopold Réthi: „Phonographische Untersuchungen der Konsonanten". In: *Sitzungsberichte
   der kaiserl. Akademie der Wissenschaften, mathematisch-naturwissenschaftliche Klasse*.
   Bd. 121/IIa (1912), S. 1595–1609. (= 28. Mitteilung der Phonogrammarchivs-Kommission).

5 Emil Fröschls: „Untersuchung über einen eigenartigen japanischen Sprachlaut". In: *Sitzungsberichte der kaiserl. Akademie der Wissenschaften, mathematisch-naturwissenschaftliche Klasse*. Bd. 122/III (1913), S. 263–272. (= 33. Mitteilung der Phonogrammarchivs-Kommission).

6 Ludwig A. Biró: „Magyarische Sprach- und Gesangaufnahmen". In: *Sitzungsberichte der kaiserl. Akademie der Wissenschaften, philosophisch-historische Klasse*. Bd. 173/6 (1913), S. 1–38.
   (= 31. Mitteilung der Phonogrammarchivs-Kommission).

7 Otto Groeger: „Schweizer Mundarten". In: *Sitzungsberichte der kaiserl. Akademie der Wissenschaften, philosophisch-historische Klasse*. Bd. 176/3 (1914), S. 1–94. (= 36. Mitteilung der
   Phonogrammarchivs-Kommission).

8 Abrahm Zwi Idelsohn: „ Phonographierte Gesänge und Aussprachsproben des Hebräischen
   der jemenitischen, persischen und syrischen Juden". In: *Sitzungsberichte der kaiserl. Akademie der Wissenschaften, philosophisch-historische Klasse*. Bd. 175/4 (1917), S. 1–119. (= 35. Mitteilung der Phonogrammarchivs-Kommission).

9 Sigmund Exner: „Über den Klang einiger Sprachen". In: *Sitzungsberichte der kaiserl. Akademie der Wissenschaften, mathematisch-naturwissenschaftliche Klasse*. Bd. 127–128/III (1919),
   S. 221-236. (= 51. Mitteilung der Phonogrammarchivs-Kommission).

sames Ziel herauslesen: die Erklärungen von Schallphänomenen – hier im Besonderen von Sprachklang –, wie sie ohne die Schallaufzeichnung, die Tonaufnahme, zwar wahrgenommen, aber nicht analysiert und erklärt werden können. Eine darauf aufbauende Visualisierung der Töne in Form von Transkriptionen oder Spektrogrammen ermöglicht erst die Basis für eine Kommunikation und wissenschaftliche Diskussion.

Zur Geschichte von Schallaufzeichnung und Schallarchivierung

Der Wunsch, den vergänglichen Schall festzuhalten und zu analysieren, beschäftigte die Menschen bereits im 18. Jahrhundert. Im Laufe des 19. Jahrhunderts vermehrten sich diese Aktivitäten, sodass es nicht verwundert, dass 1877 gleich zwei Apparate zum Zwecke der Schallaufzeichnung zur Begutachtung bzw. Patentierung eingereicht wurden; in Paris war dies ein Apparat von Charles Cros, in Großbritannien und USA meldete Thomas A. Edison seinen Phonographen an. Es folgte 1887 Emil Berliner mit seinem Grammophon. Somit waren nun zwei Schallaufzeichnungsverfahren vorhanden: Zylinderaufnahmen mit Tiefenschrift und Grammophonaufnahmen mit Seitenschrift.

Die Wissenschaft wollte diese Errungenschaften sofort nützen und war bestrebt, die Töne als wissenschaftliche Quellen auch für spätere Zeiten zu bewahren. Zu diesem Zwecke wurde 1899 das *Phonogrammarchiv* als erstes wissenschaftliches Schallarchiv in Wien gegründet, 1900 folgten das *Musée phonétique de la Société d'Anthropologie* in Paris und das Berliner *Phonogrammarchiv*.

Ein paar kurz gefasste Gedanken zu Beginn mögen den geistesgeschichtlichen Hintergrund erhellen, der die Voraussetzungen für die Ideen und die daraus resultierenden Vernetzungen schuf, die Ende des 19. Jahrhunderts zur Erfindung der Schallaufzeichnung und zur Gründung von Schallarchiven – vor allem in Mitteleuropa – beigetragen haben. Empirische Methoden waren zunächst vor allem in den Naturwissenschaften und der Medizin üblich, doch fanden diese über die Philosophie auch in den Kunstwissenschaften Eingang. Bernhard von Bolzano stellt eine „Einteilung der schönen Künste" (1851)[10] vor, bei der die Fachgrenzen bereits überschritten werden. Es ist dies ein Beispiel für interdisziplinäres Arbeiten deshalb, weil Bolzano die sensorisch – physiologische Wahrnehmungsebene mit der geistig – ästhetischen verbindet. Auch der berühmte Musikkritiker Eduard Hanslick hat die Erkenntnisse der Physiologie in ähnlicher Weise in seinen ästhetischen Studien verarbeitet.

Gegen Ende des 19. Jahrhunderts waren wissenschaftliche Denkprozesse einerseits von den umfassenden Arbeiten von Hermann von Helmholtz, anderer-

---

10 Bernhard Bolzano: „Über die Einteilung der schönen Künste. Eine ästhetische Abhandlung". In: *Abhandlungen der Königlichen Böhmischen Gesellschaft der Wissenschaften.* Folge 5/6, S. 133–158 (1851).

seits durch die Philosophie Franz Brentanos geprägt. Durch den Physiker Ernst Mach, der in Gedankenaustausch mit Musikern stand und Helmholtz' Lehren – v. a. *Die Lehre von den Tonempfindungen* (1863) – bekannt machte, wurden empirische Überlegungen auch für die Kulturwissenschaften wichtig. Von den Schülern Brentanos hat sich der Psychologe und Akustiker Carl Stumpf am intensivsten der Musikforschung zugewandt. Sein empiristischer Ansatz stellte das reale Klanggeschehen – und nicht nur den (Noten)text – in den Mittelpunkt der Forschung. Die Erfindung des Phonographen, dessen Anwendung Stumpf empfahl und praktizierte, war hierfür die beste Voraussetzung.[11]

Vor diesem Hintergrund überrascht es nicht, dass in einer intellektuellen Atmosphäre, in der naturwissenschaftliche Methoden nun auch in den Kunstwissenschaften angewendet wurden, Psychologen, nämlich Carl Stumpf in Berlin, und Physiologen, wie Sigmund Exner in Wien, zu Gründern interdisziplinär ausgerichteter wissenschaftlicher Schallarchive wurden. Auf diese Weise war die Initiative zur Schaffung solcher Einrichtungen von empiristischen und interdisziplinären Gedanken geleitet, die eine Brücke zwischen Natur- und Geisteswissenschaften bilden sollten, und genau diese Interdisziplinarität spiegelt sich in der formalen Struktur des *Phonogrammarchivs* als einer Kommission, die von zwei Klassen, nämlich der mathematisch-naturwissenschaftlichen und der philosophisch-historischen Klasse in der damaligen kaiserlichen Akademie der Wissenschaften in Wien, eingerichtet wurde.

Doch nochmals ein kurzer Blick auf die Erfindung der Tonaufzeichnung: Sehr rasch wurde erkannt, dass das Medium auch im Bereich der Unterhaltung – und hier äußerst gewinnbringend – eingesetzt werden konnte, was sich im starken Konkurrenzdenken der Firmen und in der daraus resultierenden wechselvollen Geschichte von Firmengründungen, Firmenfusionierungen oder Firmenschließungen widerspiegelt.[12] Die Wissenschaft ging andere Wege. Das Interesse an fremden Kulturen (Musik oder Sprache), vor allem oral tradierter, forcierte den Einsatz von Tonaufnahmegeräten ganz generell. Für die Feldforschung musste das Gerät auch tragbar sein. Dafür war zunächst nur der Edison-Phonograph geeignet und wurde auch verwendet.

Als erste Belege für eine Feldforschung gelten die Aufnahmen von Jesse Walter Fewkes von 1889 bei den Passamaquoddy (Native Americans in Maine, New Brunswick). Béla Vikar zeichnete 1892 Sprach- und Volksmusikaufnahmen in Ungarn ebenfalls mit einem Edison-Phonographen auf, vor Béla Bartók und Zoltán Kodály. Auch Carl Stumpf verwandte 1900 in Berlin für seine Aufnahme eines thailändischen Musik- und Theaterensembles einen Edison-Phono-

11 Vgl. Kurt Blaukopf: *Pioniere empiristischer Musikforschung. Österreich und Böhmen als Wiege der modernen Kunstsoziologie.* Wien 1995.
12 Kurt Riess: *Knaurs Weltgeschichte der Schallplatte.* Zürich 1966.

graphen. Die erste Aufnahme des Phonogrammarchivs aus dem Gründungsjahr 1899 ist ebenfalls eine Zylinderaufnahme, auf der der berühmte Physiker Ludwig Boltzmann die damaligen Probleme sehr anschaulich auf den Punkt bringt: „Ich glaube, dass die Originalaufnahmen ganz gut ausfallen werden, bezweifle aber sehr, ob das Kopieren wirklich gelingen wird." (Phonogrammaufnahme Ph 887, aufgenommen am 30.10.1899).

Der Wunsch, das Kopieren und die damit verbundene Möglichkeit, Schallaufnahmen zu konservieren, zu gewährleisten, führt zu den Überlegungen, Schallarchive zu gründen mit dem Ziel, Schallaufnahmen nicht nur zum Entstehungszeitpunkt für wissenschaftliche Zwecke nützen, sondern auch für spätere Wissenschaftlergenerationen als Quellen bereithalten zu können. Diese Idee konnte aber erst nach der Umsetzung weiterer technischer Anforderungen realisiert werden. Man wusste, dass bei jedem Abspielvorgang einer Wachswalze die in der Rille gespeicherte Information verringert wurde, bis letztlich nichts mehr von dem ursprünglichen Signal zu hören war. Dieses Medium war daher, solange nicht Negative hergestellt und von diesen Kopien gemacht werden konnten, für ein Archiv ungeeignet. Deshalb wurde im Phonogrammarchiv in Wien eine Technik entwickelt, bei der mit Edisonscher Tiefenschrift auf eine Platte, die matriziert werden konnte, aufgenommen wurde.[13] Für wissenschaftliche Zwecke waren ein tragbares Gerät und ein ‚ewig haltbares' Medium notwendig. Man musste zur Selbsthilfe greifen, da aus finanziellen und rechtlichen Gründen mit der kommerziellen Tonträgerindustrie keine Kooperationen möglich waren.

Das Wiener Phonogrammarchiv und seine Aufgaben

Die Gründung des Wiener Phonogrammarchivs wurde – im Gegensatz zu anderen Archiven – nicht vom Bestand bereits bestehender Tonaufnahmen angeregt; in Paris dagegen waren bereits anlässlich der Weltausstellung von 1900 70 Zylinderaufnahmen gemacht worden und auch in Berlin wurden schon um 1900 24 Edison-Phonogramme mit einem thailändischen Instrumentalensemble aufgenommen. In Wien war der theoretische Hintergrund, nämlich die Bedeutung von Schallaufnahmen an sich und deren Bewahrung für die Wissenschaft, die eigentliche Antriebsfeder. Leo Hajek, der Nachfolger S. Exners als Leiter des Archivs, würdigte dessen Verdienste, indem er feststellte, dass die Anwendung von Schallplatten zunächst dilettantisch betrieben wurde und man Aufnahmen wie Photographien oder Reiseandenken sammelte. „Das große Verdienst S. Exners war es [...], das Beispiel für eine geordnete Sammlung, vor allem aber auch für eine wissenschaftlich geordnete Verwertung der Schallplatte gegeben zu haben."[14]

---

13 Zu den Einzelheien vgl. den nachfolgenden Beitrag von Franz Lechleitner.
14 Leo Hajek: „Beiträge zu einer methodischen Verwertung von Sprechmaschine und Schallplatte". In: *Sitzungsberichte der kaiserl. Akademie der Wissenschaften, mathematisch-naturwis-*

Im Antrag zur Gründung „einer Art phonographischen Archives" durch S. Exner und seine Kollegen[15] wurden drei Aufgabenbereiche festgelegt:

Erstens wollte man sämtliche europäische Sprachen in ihrem Zustand am Ende des 19. Jahrhunderts aufnehmen. Es war daran gedacht, korrekt und typisch sprechende Menschen „bekannte Sätze, Gedichte" in den Phonographen sprechen zu lassen und man hoffte damit, Rhythmus, Betonung und bis zu einem gewissen Grade auch die Klangfarbe einer Sprache festhalten zu können. Neben den „Hochsprachen" sollten auch europäische Dialekte und des weiteren alle Sprachen der Erde aufgenommen werden. Es wurde überlegt, in verschiedenen Sprachen den gleichen Text aufzuzeichnen (aus damaliger Sicht bot sich das „Vater unser" an), um eine gute Möglichkeit für Sprachvergleiche sowie zur Erkennung von Sprachverwandtschaften zu erhalten. Man nahm an, die vergleichende Sprachforschung würde durch die Tonaufnahmen einen bedeutenden Impuls erhalten, das gleiche sollte für die Studien zur Physiologie der Sprachlaute gelten.[16]

Der zweite wichtige Aufgabenbereich liegt in der Musik, der „vergänglichsten aller Kunstleistungen". Im Gründungsantrag wird hervorgehoben, welches Interesse eine von Beethoven selbst interpretierte eigene Komposition hervorgerufen hätte. Das war, wie wir nicht erst seit heute wissen, zu Beethovens Zeit nicht möglich. Gleichwohl wurde dieser Bereich, die Aufnahme hervorragender Musiker mit ihren Interpretationen, nicht weiter verfolgt, da hier die Konkurrenz zur Schallplattenindustrie groß war und nahezu alles abdeckte. Hingegen wurde die Sammlung von außereuropäischer Musik als „besonders fruchtbar"[17] angesehen. Mit solchen Aufnahmen konnte eine vergleichende Musikkunde erst ermöglicht werden. Man unterstrich, wie unvollständig und wenig nachvollziehbar Reisebeschreibungen und schriftliche Berichte an sich in diesem Bereich seien. Erstens kenne jeder Reisende nur die Musik seiner Forschungsgegend, zweitens sei er von ‚europäischen Ohren' geleitet und drittens seien ihm deshalb Vergleiche zwischen verschiedenen Musikkulturen verwehrt.[18]

---

senschaftliche Klasse. Bd. 140/IIa (1931), S. 205–235, hier: S. 234–235. (= 64. Mitteilung der Phonogrammarchivs-Kommission).

15 Sigmund Exner (1846–1926), Physiologe und erster Leiter (Obmann) des Phonogrammarchivs, stellte gemeinsam mit den Physikern Franz Exner, Viktor von Lang, dem Chemiker Adolf Lieben und den Philologen bzw. Linguisten Wilhelm von Hartel, Richard Heinzel, Vratoslaw Jagić und Jakob Schipper den Antrag zur Gründung des Phonogrammarchivs.

16 Siehe Sigmund Exner: „Bericht über die Arbeiten der von der kaiserl. Akademie der Wissenschaften eingesetzten Commission zur Gründung eines Phonogramm-Archives". In: *Anzeiger der mathematisch-naturwissenschaftliche Klasse*. Nr. 37 (1900), Beilage, S. 1–6, hier: S. 1–2. (= 1. Mitteilung der Phonogrammarchivs-Kommission).

17 Ebd., S. 3.

18 Ebd.

Als weitere dritte, wahrscheinlich publikumswirksamste Abteilung wurde die Aufnahme sogenannter Stimmporträts gefordert. Aussprüche, Sätze oder Reden berühmter Persönlichkeiten aus Politik, Wissenschaft und Kunst sollten für die Nachwelt aufbewahrt werden. Das Interesse für solche Aufnahmen wird mit der Tatsache erklärt, dass Persönlichkeiten bis dahin nur auf Bildern (Porträts), Büsten oder durch ihre Handschriften „lebendig" blieben; wie viel lebendiger könnten sie bleiben wenn ihre Stimme, ihr Timbre und ihr Tonfall verewigt wären![19]

Diese drei Aufgabenbereiche wurden im Gründungsantrag festgeschrieben. Sobald die Aufnahmetätigkeit begonnen hatte, kamen sehr bald Aufzeichnungen von Tier- und Kinderstimmen, von unartikulierten Schreilauten, von Kastratenstimmen und von Geräuschen hinzu. Solche Aufnahmen entstanden primär aus rein akustischem, physiologischem oder psychologischem Interesse. Auf diese Weise war der Grundstein für ein interdisziplinäres Archiv gelegt, dessen Ziel es sein sollte, Schallaufnahmen als Quelle für verschiedenste Forschungsdisziplinen und ihren Aufgaben herzustellen, zu sammeln, zu bewahren, zu erschließen und bereitzustellen.

Gleichzeitig mit der Festlegung, was im Phonogrammarchiv gesammelt werden soll, mussten die technischen Anforderungen auf ihre Realisierbarkeit hin geprüft werden. Wie schon angedeutet, erfüllten die Walzenaufnahmen des Edisonphonographen nicht die Ansprüche eines Archivs, dessen Ziel das Kopieren und dauerhafte Aufbewahren von Aufnahmen ohne Qualitätsverlust (so weit als möglich) für die Zukunft ist. Man hegte Zweifel an den Kopiermöglichkeiten und monierte, dass „Methoden des Copierens, des Conservierens u. s. w. für den speciellen Zweck noch besonders geprüft, studiert und ausgearbeitet werden müssten, ehe an die Durchführung des Unternehmens [nämlich ein Schallarchiv zu betreiben] geschritten werden könne."[20] Es wurde eine „technische Sub-Kommission" eingesetzt und Herr Fritz Hauser mit den Arbeiten betraut.

Um, wie bereits erwähnt, eine „wissenschaftlich geordnete Verwertung" von Tonaufnahmen gewährleisten zu können, war neben der Aufnahme und deren technischer Verarbeitung auch die Dokumentation derselben ein wichtiges Anliegen. Die Dokumentation umfasste verschiedene Aspekte: Neben den Daten des Aufgenommenen wie Name, Alter, Geschlecht, Beruf, Geburtsort, Lebensmittelpunkt (auch der Eltern) sind auf sogenannten Protokollblättern das Aufnahmedatum und der Aufnahmeort zu vermerken, ebenso wie der Name und Beruf des Aufnehmenden, technische Daten wie Aufnahmegerät, Trichter, Umdrehungsgeschwindigkeit etc. und nicht zuletzt eine kurze Angabe über den Inhalt der Aufnahme. In einem freien Textfeld ist Platz für nähere inhaltliche Erläuterungen, Beschreibung der Aufnahmesituation, Transkriptionen etc.

19 Ebd.
20 Ebd., S. 4.

Diese Angaben ermöglichen es auch späteren Generationen, das Entstehen einer solchen Aufnahme nachzuvollziehen und ihren Inhalt zu ‚verstehen'.

Das Wiener Phonogrammarchiv als Forschungseinrichtung

Das Phonogrammarchiv sah sich aber nicht nur als ‚Archiv', das für andere Material bereitstellte, sondern auch als eigenständiges Forschungsinstitut. Wie aus den oben beschriebenen Aufgabenbereichen hervorgeht, stand zwar der Gedanke des Sammelns durchaus im Vordergrund, doch war an die Sammlung dieser neuen Quellen immer die Vorstellung geknüpft, mit ihnen zu neuen Forschungszielen zu gelangen.

Sigmund Exners Text „Über den Klang einiger Sprachen" handelt von seinem „jüngsten" Forschungsinteresse. Hierzu hieß es:

> Die Beschäftigung mit der Sammlung zahlreicher Sprach- und Dialektproben des Phonogrammarchivs legte mir immer wieder die Frage nahe, auf welchen Faktoren der oft überaus charakteristische Klang einer Sprache beruhe. Dass ein solcher charakteristischer Klang in gewissen Fällen bestehe, geht schon daraus hervor, dass man allgemein von mehr oder weniger wohlklingenden Sprachen und Dialekten spricht, dass man, auch ohne ein Wort einer Sprache zu verstehen, diese nach dem Klange erkennen, ja gelegentlich Zeuge des Kunststückes werden kann, wie jemand den Klang einer Sprache ohne irgend ein Wort derselben zu gebrauchen, ja selbst ohne sie sprechen zu können, deutlich genug nachahmt, um dem Kenner dieser Sprache aus genügender Entfernung den Eindruck zu erwecken, er höre eine Rede in derselben.[21]

Exner verwendete für diese Untersuchung Standardtexte in gebundener Sprache und Prosa und versuchte, statistisch ermittelt, an Hand der Häufigkeiten von Vokalen und Konsonanten Eigenarten und Unterschiede zwischen Sprachen herauszuarbeiten.

Welche Bedeutung das Phonogrammarchiv an sich und die Sprachaufnahmen besonders für die Forschung hatten, drückt Wilhelm von Hartel in seinem Stimmporträt[22] wie folgt aus:

> Ph 202: Ich habe es begrüßt, dass die Wiener Akademie eine Phonogrammkommission niedersetzte, indem ich meinte, es würde

---

21 Exner (1919), S. 221.
22 Wilhelm von Hartel (1839–1907), klassischer Philologe und Unterrichtsminister; Stimmporträt aufgenommen am 26.1.1906 im Phonogrammarchiv von Fritz Hauser; Ph 202–203.

das ganze Phonogrammwesen dadurch aus der Art einer Spielerei erhoben werden zu einer ernsten, wissenschaftlichen Betätigung. Und in der Tat: Was ich bis jetzt sehen konnte von den Arbeiten der Phonogrammkommission, bestärkt mich in dieser Vermutung. Das Phonogrammwesen wird noch viel mehr als die Photographie im Laufe der Zeit eine der wichtigsten der geschichtlichen Quellen eröffnen, eine geschichtliche Quelle, indem sie uns die Sprache bedeutender Persönlichkeiten lebendig erhält, Sprachen, in welcher vielleicht weit mehr noch als in der äußern Erscheinung das innere Wesen des Menschen zum Ausdruck gelangt. Aber man wird nicht bloß in diesen Phonogrammplatten in Zukunft blättern, um die Stimmen bekannter Persönlichkeiten wieder zu vergegenwärtigen, es wird uns es wird die Phonogrammplatte eine Quelle von ganz anderer Bedeutung noch werden.

Ph 203: Die Aufnahme fremder Sprachen und besonderer Dialekte wird für den Sprachforscher von außerordentlicher Bedeutung sein, wenngleich es in der Regel ihm überlassen sein wird, das phonographierte Wort zu kontrollieren, indem wenigstens einige Laute nicht mit jener Bestimmtheit und Schärfe durch das Phonogramm wiedergegeben werden, wie sie der Sprachforscher für ihre ach so wichtige phono... [sic] phonologische Absteckung notwendig braucht. Aber, was das Phonogramm bis jetzt in dieser Beziehung bietet, ist meines Erachtens von außerordentlichem Wert. Ganz abgesehen davon, dass uns gewisse Sprachen [...] aus jenen Ländern, wohin nicht leicht ein Sprachforscher gelangen kann, durch andere Reisende übermittelt werden, also zur Kenntnis des Sprachforschers gelangen können, so ist die Erfassung der Dialekte, die sich kontrollieren lassen, und die auch ein Sprachforscher kontrollieren kann, darum, wie es scheint, von besonderer Bedeutung, dass der Gelehrte jeden derartigen Dialekt, am Schreibtisch, möchte ich sagen, revidieren kann. Ich bin nicht genug Musiker, um die Bedeutung des Phonogramms für die Musik abzuschätzen, aber es scheint mir, dass eine Reihe von Feinheiten des musikalischen Vortrags ... [Aufnahme abgebrochen]

Sehr schnell war man sich bewusst, das die Tonaufnahme zwar schon an sich eine wertvolle neue Quelle darstellte, dass aber die gründliche Analyse derselben eine Verschriftlichung notwendig machte. Bereits Josef Seemüller, ein berühmter Dialektologe seiner Zeit, schrieb anlässlich der Aufnahmen der deutschen Mundarten (sie waren ein im Gründungsantrag angeführter Aufgabenbereich), dass die lesbare Form eine wünschenswerte Ergänzung des Phonogramms wäre. Denn die phonographische Aufnahme bereite

> dem Dialektfremden, aber auch dem Dialektvertrauten Schwierigkeiten des Hörens [...]. Sie werden erheblich verringert, wenn man in der Lage ist, vor dem Abhören der Platte oder während des Abhörens ihren Inhalt auch zu lesen. Die Transskriptionen ergänzen das Phonogramm auch insoferne, als sie manche Erscheinung, besonders des Konsonantismus, erkennen lassen, die wohl dem Sprechenden durch sein Muskelgefühl, nicht aber dem Anhörenden bewußt wird, oder die ein phonographischer Apparat wegen der ihm noch anhaftenden Unzulänglichkeiten überhaupt schwer zum Ausdruck bringt. Dennoch ist andererseits das Abhören der Platte Ergänzung der Transskription für den, der den lebendigen Klang der Mundart hören will: denn auch die phonetische Aufzeichnung gibt bis zu einer gewissen Grenze nur relative, nicht absolute Lautvorstellungen, und die Satzmelodie wird von der unsrigen überhaupt nicht bezeichnet, weil gerade sie vom Apparat gut zu Gehör gebracht wird.[23]

In der Folge entstanden darüber hinaus verschiedene Arbeiten, die sich mit der Visualisierung des Schalls beschäftigten. Es ging um die Sichtbarmachung von Tonhöhenbewegungen beim Sprechen und Singen. Walter Ruth, Leiter des Phonogrammarchivs in den fünfziger Jahren, stellte dazu fest, dass es

> naheliegend [war], nach einem Hilfsmittel Ausschau zu halten, das das ständige Auf- und Abwärtsgleiten der Sprachmelodie in ein sichtbares Steigen und Fallen umwandeln könnte. Damit würde auch einer in unserem technischen Zeitalter häufig geübten Gepflogenheit entsprochen werden, zu erforschende Vorgänge möglichst in eine visuelle Darstellung zu übersetzen, die einer exakten Messung leichter zugänglich ist. Auf diesem Umwege über das anschauliche Gesichtsbild müßte es auch leichter möglich sein, das Gehör zu schulen und zu schärfen [...].[24]

---

23 Seemüller (1908), S. 1–2.
24 Walter Ruth: „Untersuchung über die Sichtbarmachung der Tonhöhenbewegung beim Sprachen und Singen". In: *Sitzungsberichte der Österreichischen Akademie der Wissenschaften, philosophisch-historische Klasse.* Bd. 229/5, (1955), S. 1–32. (= 79. Mitteilung der Phonogrammarchivs-Kommission).

Auf der anderen Seite wurde versucht, mittels Transkriptionen das Gehörte in seiner Eigenart (in bereits gewohnter Schrift mit Zusatzzeichen) zu verschriftlichen und damit einem wissenschaftlichen Diskurs zuzuführen. Die Forschungsthemen reichen von der Charakterisierung einzelner Sprachlaute (z. B. ein im Japanischen zwischen L und R liegender Laut oder Konsonanten an sich) bis zu eher allgemeineren, generelleren Themen wie das Ungarische in Hochsprache und Dialekt sowie im Lied. Einen besonderen Ansatz wählte Eugen Herzog in seinen französischen Phonogrammstudien, wo er Ton- und Akzentverhältnisse darstellen wollte. Er verwandte drei verschiedene akustische Quellen, kommerzielle Grammophonplatten, Kopien von Phonogrammen sowie Phonogramme, die eigens für die Untersuchungen angefertigt wurden, dann aber nicht archiviert, d. h. nicht matriziert wurden. In diesem Fall wurde mit der Originalaufnahme gearbeitet, da hier besondere akustische Eigenarten deutlicher zu hören waren als auf Kopien. Herzog schreibt über seine Vorgangsweise:

> Die Vorteile der Methode liegen [...] darin, daß man sich jeden beliebigen Abschnitt der gesprochenen Rede beliebig oft wiederholen lassen kann [...] Dadurch kann man seine Aufmerksamkeit sukzessive auf die verschiedensten akustischen Phänomene lenken. Wollte man alle die verschiedenen, phonetisch wichtigen Momente beim Anhören des sprechenden Individuums erfassen, so müsste man sich den betreffenden Abschnitt wiederholt vorsprechen lassen. [...] Den akustischen Eindruck der Rede, wie ich sie im Phonographen wahrnehme, suche ich durch Zeichen wiederzugeben.[25]

Eduard Sievers, der sich intensiv mit vergleichender und historischer Sprachwissenschaft auf Grundlage der Phonetik beschäftigte, war ebenso ein Verfechter der Schallanalyse und betrachtete sie als nützliches Hilfsmittel. In seinem Stimmporträt[26] stellt er seine Ergebnisse vor, die als Weiterführung der Forschungen Herzogs angesehen werden können.

> Ph 9: In der modernen Schallanalyse unterscheiden wir jetzt sechs verschiedene Stimmtypen oder Klangfarben. Die erste Klangfarbe, hell und weich zugleich, symbolisiert durch das Zeichen zwei-kalt. Es folgt die dunkel-weiche Stimme zwei-warm, in dieser Weise

---

25 Herzog (1912), S. 3–4.
26 Eduard Sievers (1850–1932), Philologe; Stimmporträt aufgenommen am 14. (18., 19.?) 1921 im Phonogrammarchiv von Leo Hajek; Ph 9.

dem Klange nach von der vorausgehenden deutlich geschieden, wie ich hoffe. An das dunkel-weiche Eins schließen wir jetzt drei-kalt an, die Stimme ist dabei hart und hell. Durch eine einfache Umlegung des Zeichens bringen wir vier-warm zutage, wobei die Stimme dunkel und hart ihrem Charakter nach ist. Die letzte Klangart ist die vibrierende. Sie zerlegt sich wieder in zwei Hälften: die hell vibrierende, hier symbolisiert durch das Zeichen fünf-warm, und die dunkel vibrierende, durch sechs ausgedrückt.

Welche Bedeutung einem Tondokument an sich innewohnt, bringt der Pianist und Komponist Ignaz Brüll[27] in seiner kurzen Feststellung auf den Punkt. Diese Aufnahme ist sozusagen ein Beispiel für ‚angewandte Phonographie'[28]:

Ph 213: Vieles, was jetzt modérn ist, wird bald módern.

Auch in anderen Stimmporträts ist großes Verständnis für die neue Kulturtechnik, den Phonographen und die Technik der Tonaufzeichnung, herauszuhören. Es wird der Tonaufzeichnung höherer Wert beigemessen als der Photographie[29], denn das Wort würde dadurch „unsterblich"[30], die Bedeutung für die vergleichende Sprachwissenschaft wäre von „außerordentlichem Nutzen"[31]

---

27 Ignaz Brüll (1846–1907), Pianist und Komponist; Stimmporträt aufgenommen am 13.11.1906 im Phonogrammarchiv von Fritz Hauser; Ph 213.

28 „Brülls Aphorismus präsentiert sich zwar im Gewand eines vorwiegend akustisch realisierbaren Sprachspiels, der eigentliche Witz der Bemerkung beruht jedoch auf der im wahrsten Sinne des Wortes buchstäblichen Identität des verwendeten Minimalpaares modérn/módern, bei dessen graphischer Realisierung zu dem im Deutschen an sich ungebräuchlichen Hilfsmittel des Akzents gegriffen werden muß." (Heinz Hiebler: „Zur medienhistorischen Standortbestimmung der Stimmporträts des Wiener Phonogrammarchivs". In: Dietrich Schüller (Hg.): *Tondokumente aus dem Phonogrammarchiv der Österreichischen Akademie der Wissenschaften. Gesamtausgabe der Historischen Bestände 1899–1950. Serie 2: Stimmporträts.* Wien 1999, S. 219–233.

29 „[...] Der Phonograph bietet diesen Sukkurs der Wissenschaft in noch höherem Maße als die Photographie, wenigstens in ihren bisherigen Leistungen, denn er reproduziert das Wort mit seiner ganzen Klangfarbe, und seinem vollen Inhalte an Empfindung, er photographiert gleichsam beide in ihrer Materiellität. [...]" Ernest von Koerber (1850–1932), Ministerpräsident außer Dienst, Kuratorstellvertreter der Akademie der Wissenschaften; Stimmporträt aufgenommen am 21.11.1905 im Phonogrammarchiv von Fritz Hauser; Ph 168.

30 „Eine wahrhaft großartige Erfindung, und dem Laien erscheint sie als ein wahres Wunder. Das Wort wird auf diese Weise für alle Zeiten fixiert, dadurch unsterblich gemacht. [...]" Josef Unger (1828–1913), Präsident des Reichsgerichtes; Stimmporträt aufgenommen am 11.12.1905 im Phonogrammarchiv von Fritz Hauser; Ph 183.

31 „[...] Für das Studium der Sprachwissenschaft, nein also für das vergleichende Studium der Sprachwissenschaft, wird diese Erfindung von einem außerordentlichen Nutzen sein, denn wenn die großen Sprachforscher des vorigen Jahrhunderts diese Erfindung gekannt hätten, würde dies natürlich für die wissenschaftliche Ausbildung ihrer Werke unendlich viel beigetragen haben." Josef Unger; Ph 183.

und schließlich macht sich Böhm-Bawerk Gedanken über das Schallarchivwesen an sich, wenn er sich nachdenklich der ‚Gretchenfrage' der Schallarchivare nähert: Wir wüssten, was uns an anderen Zeiten und Kulturen interessiert, aber was von uns selbst, von unserer Zeit und Art zu leben, sollten wir für andere, für die Nachwelt bewahren?[32]

Der Phonograph und die flüchtige Zeit

Die Zeit, „ein sonderbar Ding", gehört zum Leben, sie wird subjektiv wahrgenommen und ist doch nicht fassbar. Zu diesem Thema möchte ich zwei Persönlichkeiten sprechen lassen, die sich über das Phänomen ‚Zeit' Gedanken machen. Ein Thema ist die Geschichte, die wir kreieren und deren Teil wir sind, wobei wir unsere Rolle als Protagonisten kritisch hinterfragen sollten.

> Ph 236: Wie alle Geschichte ist auch Musikgeschichte erbarmungslos. Was ist nicht alles schön gewesen! und was bleibt? Denken wir also dran, auch wenn wir unsre Kunst und unser Tun beurteilen.[33]

Das andere Thema ist das des „flüchtigen Augenblicks", der Erinnerung an ihn. Arthur Schnitzler wählte aus Anlass seines Stimmporträts sicherlich bewusst einen Text aus, in dem die Möglichkeit, ein Stück Leben, „die lebendigen Stunden" tatsächlich festzuhalten, ausgedrückt werden soll. Somit spricht er der Konservierung der Stimme, des flüchtigen Augenblicks, der meist vagen Erinnerung das Wort und setzt so dem Phonographen ein literarisch-akustisches Denkmal.[34]

> Ph 536: Lebendige Stunden? Sie leben doch nicht länger als der Letzte, der sich ihrer erinnert. Es ist nicht der schlechteste Beruf, solchen Stunden Dauer zu verleihen, über ihre Zeit hinaus.[35]

---

32 „Was künftige Zeitalter gerne von uns erfahren möchten, weiß ich nicht. Was ich gerne von künftigen Zeitaltern erfahren möchte, wüßte ich wohl. Allein leider vermittelt die Phonogrammpost, der ich meine neugierigen Fragen anvertrauen könnte, keine Rückantwort." Eugen von Böhm-Bawerk (1851–1914), Nationalökonom, Präsident der Akademie der Wissenschaften; Stimmporträt aufgenommen am 20.12.1905 im Phonogrammarchiv von Fritz Hauser; Ph 191.

33 Eusebius Mandyczewski (1857–1929), Musikwissenschaftler; Stimmporträt aufgenommen am 28.6.1906 im Phonogrammarchiv von Fritz Hauser; Ph 236.

34 Arthur Schnitzler (1862–1931); Stimmporträt aufgenommen am 19.3.1907 im Phonogrammarchiv von Fritz Hauser; Ph 536.

35 Aus Arthur Schnitzler: *Lebendige Stunden*. Einakter aus dem gleichnamigen Zyklus. Berlin 1902, S. 35.

Franz Lechleitner

Die Technik der wissenschaftlichen Schallaufnahme im Vergleich zu ihrem kommerziellen Umfeld

Das Phonogrammarchiv verdankt seine Entstehung einem Antrag des Physiologen Sigmund Exner, der von ihm gemeinsam mit Kollegen aus der Physik bzw. Sprachwissenschaft am 27. April 1899 in der Gesamtsitzung der kaiserlichen Akademie der Wissenschaften eingebracht wurde und dem stattgegeben wurde. Gleichzeitig wurde der Techniker Fritz Hauser damit betraut, die technischen Voraussetzungen zu schaffen, die für die Aufnahme, Konservierung und immerwährende Nutzung von akustischen Inhalten ohne Qualitätseinbußen für notwendig erachtet wurden.

In Mitteleuropa war zum Zeitpunkt der Gründung ausschließlich der Edison-Phonograph als Aufnahmegerät bekannt und eingeführt. Aber gerade dieses Gerät musste trotz seiner unbestrittenen Vorteile für den Feldeinsatz, wie geringes Gewicht, Bedienerfreundlichkeit und allgemein verfügbare Wachszylinder für die Aufnahme (Blanks), für Archivzwecke deswegen ausgeschieden werden, weil die immerwährende Verfügbarkeit der Aufnahmen in derselben Audioqualität nicht garantiert war. Aufnahmen auf Wachszylindern konnten damals nur mechanisch vervielfältigt werden. Der Kopierprozess war aber mit einem Qualitätsverlust beim Original und bei der Kopie verbunden, der umso größer wurde, je öfter er vollzogen wurde. Eine Parallelaufnahme auf mehreren Aufnahmegeräten schied von vornherein als unpraktikabel aus.

In dieser scheinbar ausweglosen Situation kam das Grammophon zu Hilfe. Emil Berliner, der Erfinder der Schallplatte, hatte 1898 die *Gramophone Company* gegründet, um den europäischen Markt für dieses Produkt zu erschließen. Auf der ersten kontinentalen Aufnahmetour 1899 trafen die Experten Fred Gaisberg und William Sinkler Darby von Budapest anreisend im Juni in Wien ein, um hier für drei Wochen Aufnahmen, noch im Wachs-Zink-Verfahren, für den Katalog von Emil Berliners *Gramophone Company* herzustellen.[1] Dieses Ereignis sollte die Entscheidungsfindung hinsichtlich der Suche nach dem Aufnahmeformat und der Technologie der Konservierung der Aufnahmen wesent-

---

1 Alan Kelly/John F. Perkins/John Ward: „Vienna – the first Gramophone recordings". In: *Journal of the British Institute of Recorded Sound.* Nr. 69 (1978), S. 758.

Abb. 1: Archiv-Phonograph Type I

lich beeinflussen. Dazu schrieb mit Exner einer der Mitbegründer des Phonogrammarchivs:

> Nach Anschaffung der nöthigen Apparate stellte sich bald heraus, dass keine der bisher verwendeten Arten von Vervielfältigung der Phonogramme oder der Grammophonaufnahmen für den speciellen Zweck geeignet ist. Gute Erfolge ließen sich nur erhoffen, wenn es gelang, Phonogrammaufnahmen in Metall zu fixieren, als solche zu conservieren und von diesen Metallmatrizen dann beliebig viele Copien zu gewinnen.[2]

Von Oktober 1899 bis Juli 1900 war der Techniker Fritz Hauser damit beschäftigt, eine solche Methode auszuarbeiten. Anfangs war der Physiker Ludwig Boltzmann noch skeptisch, ob sich der erwünschte Erfolg wohl einstellen würde. Am 22. Juni 1900 konnte Hauser aber der Phonogrammarchivkommission einen Bericht vorlegen, in dem der einzuschlagende Weg ausführlich erklärt wird.

Der Aufnahmeapparat ist dem der *Gramophone Company* nachempfunden. Auf den aus Edisonscher Masse gegossenen Platten schreibt der Phonographenrecorder das Signal in Tiefschrift in einer Spirale mit ¼ mm Vorschub pro Umdrehung. Von diesen Platten, den *Phonogrammen*, wird auf galvanoplastischem Weg ein Kupfernegativ hergestellt, das noch vernickelt wird. Für dauernde Aufbewahrung ist daran gedacht, das Negativ in Harz einzugießen und erst zur Herstellung von Kopien wieder herauszulösen. Kopien werden durch Abguss mit modifizierter Edisonscher Wachsmasse gewonnen.[3] Die praktische Vorführung überzeugte, und es wurde beschlossen, diesen Weg einzuschlagen.

Damit gelang es dem Phonogrammarchiv, das Wachs-Verfahren zeitgleich, aber unabhängig von der *Gramophone Company* für die Schallaufnahme zu nutzen. Das nach diesem Verfahren arbeitende Aufnahmegerät, der *Archiv-Phonograph* (Abb. 1), konnte erstmalig im Frühjahr 1901 im Felde erprobt werden. Es wurden drei Expeditionen damit ausgerüstet. Die Forscher beklagten unisono vor allem das enorme Gewicht der gesamten Ausrüstung (120 kg, das Aufnahmegerät allein wog 35 kg), weil sie damit von den lokalen Verkehrsmitteln abhängig waren.

---

2 Sigmund Exner: „Bericht über die Arbeiten der von der kaiserl. Akademie der Wissenschaften eingesetzten Commission zur Gründung eines Phonogramm-Archives". In: *Anzeiger der mathematisch-naturwissenschaftliche Klasse.* Nr. 37 (1900), Beilage, S. 1–6, hier: S. 5. (= 1. Mitteilung der Phonogrammarchivs-Kommission).

3 Sigmund Exner: „II. Bericht über den Stand der Arbeiten der Phonogramm-Archivs-Commission." In: *Anzeiger der mathematisch-naturwissenschaftlichen Klasse.* Nr. 39 (1902), Beilage, S. 1–31, hier: S. 2–15. (= 2. Mitteilung der Phonogrammarchivs-Kommission).

Abb. 2: Archiv-Phonograph Type IV

Infolge dieser allgemeinen Klage wurde auf der Basis dieses Gerätes ein leichterer Reisephonograph konstruiert. Vereinfachungen im Konstruktionskonzept sowie die Verwendung von Magnalium an Stelle von Gusseisen für gewisse Teile brachten 20 kg Gewichtsersparnis. Das neue Gerät war auch einfacher zu bedienen;[4] trotzdem erfuhr dieser *Archiv-Phonograph (Type II)* bald einige einschneidende Veränderungen, die ihn noch bequemer und leistungsfähiger machten. Als *Archiv-Phonograph (Type III)* leistete dieses Gerät dem Arzt und Anthropologen Rudolf Pöch in seinem zweiten Forschungsjahr (1905) in Neuguinea wertvolle Dienste.[5]

Auch die *Type III* wurde von Fritz Hauser sehr bald grundlegend umkonstruiert. Der gesamte Antrieb wurde in den Korpus des Gerätes verlegt. Es wurde, wo es vertretbar war, an Gewicht gespart. Dieser Apparat, die *Type IV* (Abb. 2), war noch leichter und kleiner als das Vorgängermodell und bewährte sich auf vielen, auch überseeischen Expeditionen; mit ihm wurden auch Archive im Ausland, mit denen das Wiener Phonogrammarchiv einen regen wissenschaftlichen Kontakt pflegte, ausgestattet.[6] Erst 1927 wurde das Gerät durch die *Type V* (Abb. 3), eine Neukonstruktion von Leo Hajek, ersetzt.[7] Die letzten Feldaufnahmen mit einem solchen Gerät wurden im Februar 1931 in Innsbruck gemacht, dann wurde dieses Format aufgegeben.

---

4   Fritz Hauser: „Über einige Verbesserungen am Archivphonographen". In: *Sitzungsbericht der mathematisch-naturwissenschaftlichen Klasse* IIa. Nr. 112 (1903), S. 1397–1406). (= 3. Mitteilung der Phonogrammarchivs-Kommission).

5   Fritz Hauser: „Gebrauchsanweisung für die Type III des Archivphonographen". In: *Sitzungsbericht der mathematisch-naturwissenschaftlichen Klasse* IIa. Nr. 114 (1905), S. 909–915). (= 7. Mitteilung der Phonogrammarchivs-Kommission).

6   Rudolf Pöch: „Beschreibung und Gebrauchsanweisung zur Type IV des Archivphonographen". In: *Sitzungsbericht der mathematisch-naturwissenschaftlichen Klasse* IIa. Nr. 121 (1912), S. 1875–1882). (= 29. Mitteilung der Phonogrammarchivs-Kommission).

7   Leo Hajek: „Die neuen Aufnahmeapparate des Wiener Phonogrammarchivs". In: *Sitzungsbericht der mathematisch-naturwissenschaftlichen Klasse* IIa. Nr. 137 (1928), S. 529–538). (= 59. Mitteilung der Phonogrammarchivs-Kommission).

Die gleiche Sorg-
falt wie bei der Weiter-
entwicklung des *Ar-
chiv-Phonographen*
ließ das Phono-
grammarchiv in Wien
auch bei der Verbesse-
rung der Wiedergabe-
qualität der abgegos-
senen Wachsplatten
walten. Schon früh
wurde festgestellt,
dass trotz größter Be-
mühungen keine
Gussmasse gefunden

Abb. 3: Archiv-Phonograph Type V

werden konnte, die weniger Nebengeräusche lieferte als die Edisonmasse. Weil es
aber Aufnahmen gab, die sehr oft benutzt bzw. angefordert wurden, kam man auf
die Idee, vom Metallnegativ unter Verwendung von Kakaobutter als Trennmittel
ein Metallpositiv abzunehmen, das anschließend vernickelt wurde. Damit hatte
man ein unverwüstliches und beinahe abnutzungsfreies Wiedergabemedium, das
allerdings aufwendig in der Herstellung war.[8] Aus diesem Grund nahm auch der
Nachfolger von Fritz Hauser, Leo Hajek, 1914 Kontakt mit der Wiener Filiale der
Grünbaum & Thomas AG auf, um die Tauglichkeit von Schellackpressungen an
Stelle der Wachsabgüsse auszutesten. Die Ergebnisse dürften die Erwartungen
nicht erfüllt haben, da keine Umstellung auf ein neues Wiedergabemedium erfolgte.

Warum hielt das Phonogrammarchiv so lange an seinem technischen Format
fest, obwohl bereits um 1910 auch archivintern festgestellt wurde, dass die
Klangqualität der Aufnahmen des Archivs nicht an die der kommerziellen Platte
der damaligen Zeit heranreichte? Das Phonogrammarchiv in Wien arbeitete
nicht abgeschottet vom Rest der Welt. Schon sehr früh wurde die *Phonographische Zeitschrift*, das Fachblatt auf dem Gebiete der Tonträgerindustrie, abon-
niert, und man konnte alle Entwicklungen und Innovationen auf diesem Sektor
verfolgen. So wurden zum Beispiel für Aufnahmezwecke das *Telegraphon* von
Valdemar Poulsen ebenso diskutiert[9] wie der *Photophonograph* von Cervenka
aus Prag.[10] Das Phonogrammarchiv in Wien arbeitete auch mit dem Berliner

---

8   Fritz Hauser: „Die Anfertigung der Metall-‚Archivplatte'". In: *Sitzungsbericht der mathema-
     tisch-naturwissenschaftlichen Klasse* IIa. Nr. 114 (1905), S. 905–908). (= 6. Mitteilung der Pho-
     nogrammarchivs-Kommission).

9   Sigmund Exner: „II. Bericht über den Stand der Arbeiten der Phonogramm-Archivs-Commis-
     sion". In: *Anzeiger der mathematisch-naturwissenschaftliche Klasse*. Nr. 39 (1902), Beilage,
     S. 1–31, hier: S. 14. (= 2. Mitteilung der Phonogrammarchivs-Kommission).

Phonogrammarchiv, das den *Edison-Phonographen* benutzte, zeitweise eng zusammen. Es bestand sogar ein gegenseitiger Kopienaustausch mittels speziell entwickelter Geräte.[11]

Der Grund für die Beibehaltung dieses Formates ist einzig und allein mit der Tatsache zu erklären, dass auf dem freien Markt, sieht man von dem *Edison-Phonographen* ab, keine Alternative in Sicht war. Aufnahmegeräte, die nach dem Berliner-Prinzip arbeiteten, waren wegen des Schwerkraftantriebes sehr groß und unhandlich; außerdem konnte man die Grammophon-Aufnahmedosen am freien Markt nicht kaufen. Da für das Phonogrammarchiv die Feldaufnahme aber schon damals hinsichtlich der Sammlungsstrategie Vorrang hatte, schied die Aufnahme in Grammophontechnologie für diesen Zweck aus. Als anfangs 1930 die ersten mobilen, elektrischen Folienschneidgeräte auf den Markt kamen, hoffte man, mit der Grammophon-Technik nahtlos an die Ära des *Archiv-Phonographen* anschließen zu können. Der erwünschte Erfolg stellte sich aber nicht ein, da die Abhängigkeit von der Netzversorgung ein wesentliches Hindernis darstellte. Bis zur Markteinführung der transistorisierten, tragbaren Tonbandgeräte mit Batterie- oder Akkubetrieb wurden keine Feldaufnahmen gemacht.

Anders verlief die Entwicklung im Aufnahmestudio in Wien. Die Tatsache, dass andere Institute, wie das *Phonetische Institut* in Hamburg oder das *Lautarchiv* in Berlin – zu beiden Institutionen bestand ein intensiver wissenschaftlicher Kontakt –, seit geraumer Zeit die Grammophontechnik zur Tonaufnahme verwendeten, bewog das Phonogrammarchiv in Wien 1926 für Archivaufnahmen auf diese noch akustische Technik umzusteigen,[12] wobei der Umstand, dass diese Methode die Verwertbarkeit der Aufnahmen erleichtert, mitentscheidend war. Mit der Umstellung verbunden war auch die Auslagerung der Galvanik und der Plattenproduktion an die Firma Lindström in Wien. 1930 erfolgte dann schrittweise die Einführung der elektrischen Tonaufzeichnung.

Wenn man die Tonqualität der *Phonogramme* von den ersten Aufnahmen des Jahres 1901 an bis zu den letzten im Jahre 1931 auditiv verfolgt, so kann man unschwer zwei Qualitätsklassen feststellen: Die Aufnahmen, die bis zum Ende des 1. Weltkrieges hergestellt wurden, und solche, die nach Friedensschluss bis 1931 entstanden ist. Erstere sind laut und klingen im Allgemeinen, von Ausrei-

---

10   „Zeichen und Wunder" und „Die Cervenka'schen Erfindungen". In: *Phonographische Zeitschrift* 4/6 (1903), S. 76–77, 80–81.

11   Fritz Hauser: „Ein Apparat zur Kopierung phonographischer Schrift von Edison-Walzen auf die Platten des Archivphonographen". *Sitzungsbericht der mathematisch-naturwissenschaftlichen Klasse* IIa. Nr. 115 (1906), S. 779–784). (= 8. Mitteilung der Phonogrammarchivs-Kommission).

12   Leo Hajek: „Die neuen Aufnahmeapparate des Wiener Phonogrammarchivs". In: *Sitzungsbericht der mathematisch-naturwissenschaftlichen Klasse* IIa. Nr. 137 (1928), S. 529–538). (= 59. Mitteilung der Phonogrammarchivs-Kommission).

ßern abgesehen, sehr gut; sie wurden aus handelsüblichem braunen Walzen-
bruch gegossen. Diese Wachsmischung war weich und gut schneidfähig. Für die
Aufnahmen in den zwanziger Jahren stand nur mehr inferiores Ausgangsmaterial zur Verfügung, das vergleichsweise hart war. Da die Recorder aber nicht an
dieses Material angepasst wurden, konnten nicht annähernd so laute Aufnahmen geschnitten werden wie früher. Kann man die *Phonogramme* aus der frühen Phase klanglich durchaus mit guten, nicht kommerziellen Walzenaufnahmen vergleichen, so trifft das auf die späteren nicht mehr zu.

Mit der Einführung der Grammophontechnik für Archivaufnahmen war
auch eine merkbare Verbesserung der Tonqualität verbunden. Das Qualitätsni-
veau der kommerziellen Schellackplatte konnte aber nicht ganz erreicht werden.

Die Beurteilung der Aufnahmetechnik im Phonogrammarchiv in Wien soll
an Hand von einigen Tonbeispielen erläutert werden. Um eine einigermaßen
vergleichbare Ausgangsbasis für die in verschieden Formaten vorliegenden Ver-
gleichsaufnahmen zu schaffen, wurde aus verschiedenen Aufnahmen desselben
Stückes immer der gleiche Ausschnitt ausgewählt und anschließend mittels *Wa-
velab* und *Audio Precision* analysiert. Es standen vier verschiedene Aufnahmen
zur Verfügung:

- Zwei Aufnahmen des Phonogrammarchivs – ein *Phonogramm* (Wachs-
  -Original), akustisch aufgenommen auf einem *Archiv-Phonographen
  (Type V)* und eine elektrisch über Mikrophon aufgenommene Direkt-
  schnitt-Aufnahme (auf *Decelith*) auf dem Stand der Technik von 1936
- sowie zwei kommerzielle Aufnahmen – eine akustisch, mit einem Trichter aufgenommene aus dem Jahre 1919 und eine elektrische Aufnahme
  aus dem Jahre 1925.

Wenn man die beiden akustischen Aufnahmen (*Phonogramm* und Trichter-
Aufnahme) miteinander vergleicht, so fällt auf, dass das Hintergrundgeräusch
beim *Phonogramm* um ca. 3 dB höher ist als bei der kommerziellen Einspielung
(bei 6 dB wäre das Hintergrundrauschen doppelt so stark). Bei genauerer Analyse sieht man, dass dies hauptsächlich durch sehr starke Rumpelanteile im Frequenzbereich um und unter 200 Hz verursacht wird. Dieses Rumpeln wird
durch den Antrieb verursacht, überträgt sich über das Chassis auf den Recorder
und beeinflusst die Aufnahme. Im Bereich um 2 kHz sind starke Resonanzen
zu beobachten, hingegen ist das Rauschen über 3 kHz wesentlich schwächer als
bei der kommerziellen Vergleichsaufnahme auf Schellack. Das Signal auf der
Schellackplatte ist um eben diese 3 dB höher und der Frequenzgang der Auf-
nahmeapparatur ist ausgewogener. Die Tonaufnahme in Grammophontechnik
(Seitenschrift) ist der Plattenaufnahme in Edisonschrift auch deshalb überlegen,
weil auf Grund der Arbeitsweise des Grammophon-Recorders die Schwerkraft

keinen direkten Einfluss auf die Aufzeichnung ausübt. Zudem sind diese Recorder auch sehr resonanzarm gebaut.

Betrachtet man vergleichsweise die beiden elektrisch aufgenommenen Ausschnitte, so sind die Unterschiede zwischen beiden nicht mehr so groß. Das Rumpeln im Frequenzbereich unter 200 Hz ist in beiden Beispielen gleich groß und ähnlich strukturiert. Das Hintergrundrauschen nimmt bei der Phonogrammarchivsaufnahme auf *Decelith-Folie* ab 3 kHz zufolge der feineren Masse stärker ab als bei der Schellackpressung. Der Signalpegel der beiden Aufnahmen ist insofern nicht direkt vergleichbar, weil die Folien-Aufnahme aus sehr naher Mikrofonposition entstanden ist, die kommerzielle Aufnahme mit Orchesterbegleitung aus weiterer Distanz.

Vergleicht man die akustische Methode der Tonaufzeichnung mit der elektrischen, so fällt ganz generell der mit der elektrischen Technik ermöglichte, erweiterte Dynamikbereich auf. War bei der akustischen Aufnahme die Dynamik im Mittel auf 20 dB beschränkt, so waren in der elektrischen Ära bereits vor dem 2. Weltkrieg schon 35 dB erreichbar, beinahe das Zehnfache; das heißt, dass auch leise Signale durchaus hörbar aufgenommen werden konnten. Im Rahmen der Schallarchive waren Tonaufnahmen, die im Feld oder Studio gemacht wurden, nur dann von ansprechender Qualität möglich und somit konkurrenzfähig, wenn eine professionelle Technik verwendet werden konnte, ein Umstand, der sich erst mit der Tonaufzeichnung auf Magnetband realisieren ließ.

Die wissenschaftliche Schallaufnahme (Feldaufnahmen mittels eines tragbaren, handlichen und leicht bedienbaren Gerätes) folgte anderen Bedürfnissen als die kommerzielle. Für die Industrie schien es aus kommerziellen Erwägungen nie lohnenswert, diesen Wunsch aktiv zu unterstützen. Hinsichtlich der wissenschaftlichen Tonaufnahme war man daher stets gezwungen Kompromisse einzugehen. Die Tonqualität wurde aber immer am kommerziellen Produkt gemessen.

Daniel Gethmann

Technologie der Vereinzelung

Das Sprechen am Mikrophon im frühen Rundfunk[1]

Wilhelm Hoffmann[2], einziger Heidegger-Schüler unter den Radiodramaturgen der Weimarer Zeit, differenziert im Jahre 1932 folgende drei Schwerpunkte einer Auseinandersetzung mit der radiophonen Kommunikationsform: „Der Sprechende, der Hörende, das Sprechen am Mikrophon."[3] Während ,der Sprechende' und ,der Hörende' an damals bereits bekannte Sender-Empfänger-Kommunikationsmodelle anschließen, etabliert der dritte Teil dieser Differenzierung die Kategorie eines rundfunkspezifischen Sprechens in bewusster Abgrenzung von anderen überkommenen Sprechformen auf der Bühne oder im privaten Kreis.

Das Problem einer über den individuellen stimmlichen Ausdruck ,des Sprechenden' hinausgehenden normierten Sprechweise, die das ,Sprechen am Mikrophon' in wachsendem Maße charakterisieren sollte, bildet im Radio-Diskurs der Weimarer Republik zunächst eine Leerstelle, die durchaus als Mangel empfunden wird. Eine Standardisierung des Sprechens am Mikrophon erscheint als Problemlösung angezeigt, als sich in der Radiopraxis der ersten Jahre immer deutlicher herausstellte, wie unzureichend die überkommenen Sprechweisen in der Lage sind, im neuen Medium Rundfunk zu bestehen. Die den daraus resultierenden Überlegungen zum Rundfunk zugrunde liegende Erkenntnis, dass das Radio und insbesondere die Aufnahmesituation im Studio besondere Sprechweisen produziere, die in der Erfindung einer spezifischen Radiostimme kulminieren werden, verlangt von der Medienwissenschaft ein Nachdenken darüber, ob eine Erforschung des Phänomens Rundfunk nicht auch differenziertere Analysemethoden fordere, als sie in den damaligen schematischen Modellen einer Kommunikation zwischen Sendern und Empfängern aufgezeigt wurden.

---

1 Dieser Beitrag ist in einer anderen Version bereits erschienen in: Daniel Gethmann/Markus Stauff: *Politiken der Medien.* Berlin/Zürich 2005, S. 305–318.

2 Wilhelm Hoffmann promovierte im Jahre 1931 bei Heidegger mit einer Arbeit über Augustinus (vgl. Wilhelm Hoffmann: *Philosophische Interpretation der Augustinusschrift De arte musica*, Diss. Freiburg 1931) und war ab dem 1. Juni 1931 bei der Berliner „Funk-Stunde" als Assistent der literarischen Abteilung und Regisseur beschäftigt, wo er am 31. März 1935 ausschied.

3 Wilhelm Hoffmann: „Das Mikrophon als akustisches Fernglas." In: *Rufer und Hörer*, Jg. 2 (1932/33), Stuttgart, S. 453–457, hier S. 454.

Dem trägt bereits Wilhelm Hoffmann Rechnung, indem er als dritten Faktor ‚das Sprechen am Mikrophon' zwecks Analyse einer spezifisch radiophonen Kommunikation einführt; ihre Entstehung und Formierung soll im Folgenden untersucht werden.

Sprechen ‚zwischen' den Räumen

Um die Unsicherheit einer fehlenden radioeigenen Sprechweise zugunsten einer Anpassung der Stimme an das Medium zu überwinden, gerieten zunächst die spezifischen Eigenschaften des Mikrophons und der gesamten Aufnahmetechnik in den Blick. Sie schienen mit der Technik des Radios als Frequenzmodulation eines Senders und der Abstrahlung elektromagnetischer Wellen in alle Richtungen nur wenig gemein zu haben. Insofern bildete sich die Vorstellung von zwei Räumen aus, die anscheinend nichts miteinander zu tun hatten: auf der einen Seite war da der Raum des Radios als Raum der Ausbreitung elektromagnetischer Wellen und ihrer Signale und auf der anderen Seite existierte gewissermaßen als die andere Welt der Raum des leeren und anfänglich mit Wolldecken behangenen Studios, in dem der Sprecher[4] aufgrund der dort herrschenden Atmosphäre zu allerletzt auf den Gedanken kommen konnte, ein potentieller Sender zu sein. Die Aufgabe, diese zwei Welten miteinander zu verbinden, kam in der Anfangszeit ausschließlich der zwischen den Räumen vermittelnden Stimme und ihrem Sprechen am Mikrophon zu.

> Wir sahen, dass im gesamten Rundfunk das Mikrophon unerbittlicher Herrscher ist, der die von ihm diktierten Gesetze unnachsichtlich durchdrückt, sich nicht bestechen noch betrügen lässt, und dem alle Menschen im Betriebe untertan sind. Verborgen im Allerheiligsten des Senderaumes, nur den wenigen zuverlässigen Eingeweihten zugänglich, thront das Mikrophon unantastbar, unheimlich still und sachlich, unnahbar in seiner Macht hinter einer harmlos glatten Maske sich versteckend. Freilich ist diese ganze Machtfülle von einem kleinen Schalter abhängig, den die obersten Götter beherrschen, die Konstrukteure dieser Wunderwelt, die

---

4   Die Radiostimme ist „paradigmatisch maskulin" (vgl. Francis Dyson: „The Genealogy of the Radio Voice." In: Diana Augaitis, Dan Lander: *Radio Rethink*. Banff, Alberta 1994, S. 167-186, hier S. 181), Sprechen im deutschen Rundfunk zunächst eine Angelegenheit ausschließlich männlicher Stimmen. Frauen werden normalerweise in den Anfangsjahren des deutschen Rundfunks nicht zugelassen, sie gelangen erst über Kinderprogramme und eine sich entwickelnde Hörspielkultur mit auch weiblichen Sprechrollen vor das Mikrophon der Sender. Eine Ausnahme bildet die erste Sprecherin Edith Scholz in Hamburg bei der NORAG. Vgl. zur Rezeption: Kate Lacey: *Feminine Frequencies. Gender, German Radio and the Public Sphere, 1923–1945*. Ann Arbor 1996.

eine unsichtbare Brücke schlägt zwischen dem einsamen Darsteller im Senderraum und dem einsamen Hörer im stillen Heim.[5]

Noch aus einem weiteren Grund ist das Sprechen am Mikrophon als entscheidend für das frühe Radio anzusehen, schließlich steht die akustische Welt des
Rundfunks anfangs unter verbalen Vorzeichen, denn der Einsatz der Stimme
im Radio definiert nicht eindeutig erkennbare Klänge und rangiert so noch vor
Musik und Geräuschen.[6] Diese Hierarchisierung wieder aufzubrechen, kann
als das wichtigste Ziel der radiophonen akustischen Kunst gelten. Im Folgenden wird vor allem auf die Zeit zwischen 1923 und 1929 Bezug genommen, da
in dieser Zeit die Formen des Sprechens experimentell festgelegt wurden. Entscheidend hierfür waren die verbesserten Möglichkeiten zur Tonspeicherung,
die es in der mit ihr beginnenden Zeit der Rundfunkarchive erlaubten, Formen
des Sprechens sowohl besser zu dokumentieren als auch unter veränderten Bedingungen stetig weiter zu entwickeln. Auf diese Weise unterwarf sich das
Sprechen fortan seiner standardisierten Ausbildung durch Abhören der eigenen Stimme, was dazu führte, dass viele experimentelle Entdeckungen radio-
phoner Sprechformen zu Beginn der dreißiger Jahre bereits abgeschlossen waren.[7]

Da sich von diesen von einer verbesserten Technik ermöglichten akustischen
Neuerungen gleichwohl nur wenige Dokumente erhalten haben, ist es für die
Erforschung dieser Entwicklung unter der Perspektive ihrer medienhistorischen Konstitutionsbedingungen wichtig, auch auf schriftliche Aussagen solcher Personen zurückzugreifen, die zwischen 1923 und 1929 regelmäßig im
Rundfunk gesprochen haben. Dann lässt sich genauer erkennen, wie mit dem
Sprechen am Mikrophon experimentiert, wie sehr aber auch Experimente verhindert wurden; weiter zeigt sich, wie das Radio sein Sprechen lernte, wie also
die Stimme auf das Medium Rundfunk und zunächst auf das Mikrophon reagierte, bis einzelne dieser funkischen Sprechformen in eine allgemeine Radio-
sprechausbildung integriert wurden. Einen Zugang zu dieser ersten, klanglich
nur spärlich dokumentierten Rundfunkzeit bieten insbesondere die Diskurse,
mit denen man sich des Sprechens im Radio versicherte, die Ratschläge, die eine
„Verbesserung" des Sprechens erreichen wollten und dazu führten, dass das
Sprechen im Radio mit seinen Stimmgebern die bis dato rigoroseste Medienan-
passung überhaupt durchführte.

---

5   Ernst Jolowicz: *Der Rundfunk*. Berlin 1932, S. 92 f.
6   Vgl. Andrew Crisell: *Understanding Radio*. London/New York 1986, S. 56–66.
7   Zur Entwicklung des Sprechens im Radio vgl. Daniel Gethmann: *Die Übertragung der Stim-
    me. Vor- und Frühgeschichte des Sprechens im Radio*. Berlin/Zürich 2005.

Der ‚einsame' Sprecher

„Die unheimliche Ruhe des Raumes beginnt zu wirken. Der Zauber des Beginns legt sich auf alle,"[8] sagte der erste Sprecher und Ansager bei der Berliner „Funk-Stunde" ab November 1923, später bei der „Süddeutschen Rundfunk AG" in Stuttgart, Max Heye, über die Sprechsituation im Studio; sie unterlag einem besonderen Initiationsritual, um die ungeheure Kluft zwischen der ‚unheimlichen Ruhe' des Studios und dem allgegenwärtigen dreidimensionalen Radioraum mittels der Stimme ausfüllen zu können: „‚Achtung, hier ist die Rundfunkstation …' Der Ruf für die Hörer, der den Bann bricht und den Hörer mit der Station in Kontakt bringt."[9]

Es wurde tatsächlich als ein weiterer magischer Vorgang auf dem Feld des Akustischen empfunden, Stimmen nicht nur von ihren Körpern abgelöst auf Tonaufzeichnungen zu hören, sondern sie auch noch aus dem Äther drahtlos empfangen zu können. Schon die Möglichkeit, Schall mit Hilfe eines Phonographen zu speichern, hatte das Zeitverständnis, in dem wir uns bewegen, von Grund auf verändert; aber diese aufgenommenen Stimmen auch noch über Rundfunk zu senden, etablierte jetzt eine neue Dimension des Raums, der sich zuvor auf der klanglichen Ebene auch über die natürliche Stimme des Sprechenden definierte, der ihn schuf. Der Kommunikationswissenschaftler John Durham Peters nennt in diesem technischen Zusammenhang die Entwicklung unserer auditiven Kultur und die Wahrnehmungslenkung unserer Sinnesorgane zu Recht die „radikalste aller sensorischen Reorganisationen der vergangenen zwei Jahrhunderte";[10] immerhin galt die scheinbare Ablösung der Stimme vom Körper zuvor als ein Privileg der Bauchredner, während das Vernehmen körperloser Stimmen den inneren Monologen der Dichter vorbehalten blieb. In den magischen Radioraum hineinzusprechen, führte anfangs wegen der eigentümlichen Sprechsituation im Studio zu Anpassungsproblemen, von denen der Schauspieler Paul Bildt sehr anschaulich berichtet:

> Mein erster Eindruck vor dem Mikrophon: Weißer Schrecken überfiel mich. Kein gewohntes Premierengeräusch, kein Stuhlknacken, kein Tuscheln, kein feindliches Sichräuspern, kein Vollhusten ringsum. Die unheimliche Stille kam über mich. Als säße ich verantwortungsvoll in einer gläsernen Mitte – einsam – allein –

---

8   Max Heye: *Lustiges aus dem Reiche der Unsichtbaren. Erlebnisse eines Rundfunksprechers.* Berlin 1924, S. 66.

9   Ebd. S. 67.

10 Vgl. John Durham Peters: „Helmholtz und Edison. Zur Endlichkeit der Stimme." In: Friedrich Kittler, Thomas Macho, Sigrid Weigel: *Zwischen Rauschen und Offenbarung. Zur Kultur- und Mediengeschichte der Stimme.* Berlin 2002, S. 291–312, hier S. 292.

ohne Partner; der große Monolog hebt an und die ganze Welt hört gespenstisch unsichtbar mit.[11]

Der ‚weiße Schrecken' von Paul Bildt mag gefärbt worden sein vom weißen Rauschen, das in der Frühzeit des Radios aus den Kopfhörern kam, wenn die Hörer beständig versuchten, die Sendefrequenz nachzustellen. Jedoch verdeutlicht die Paradoxie der ‚unheimlichen Stille' im Herzen des Krach- und Geräuschproduzenten ‚Hörfunk' die radikalen Änderungen, die mit der Einführung des Radios auch das Sprechen betrafen. So bedurfte es, um überhaupt auf den abwegigen Gedanken zu kommen, Kommunikation als die Handlung einer einzelnen Person zu konzipieren, der vollkommen veränderten Kommunikationsbedingungen der technischen Medien.

Als deren wesentliches Charakteristikum auf mehreren Ebenen, das auf eine Änderung der Formen von sozialer Machtausübung und Kontrolle hinweist, lässt sich in diesem Zusammenhang ein Effekt der Vereinzelung festhalten. Denn sowohl das Hören per Kopfhörer wie auch das Sprechen im Aufnahmeraum waren zunächst eine Angelegenheit ‚zwischen dem einsamen Darsteller im Senderraum und dem einsamen Hörer'. Es befand sich in der Anfangszeit nur der jeweilige Sprecher im Studio; sollten anlässlich einer Diskussion doch mehrere zugegen sein, verlangte ein bald entdecktes Grundgesetz des Rundfunks danach, dass dennoch nur eine Stimme redete. Das Radio bietet nämlich nur Raum für eine einzelne Stimme; sobald zwei gleichzeitig sprechen, ist das Ohr nicht mehr in der Lage, eine herauszufiltern, und Stimmen reduzieren sich auf ihren Geräuschfaktor.

Auf diese dreifache Vereinzelung ‚des Sprechenden, des Hörenden und des Sprechens am Mikrophon' als Bedingung der Radiostimme ästhetisch zu reagieren, fiel zunächst deshalb schwer, weil zur Anfangszeit die nach experimentellen Erkundungen verlangende neue Situation des Sprechens im Radio in eine Frühphase der Programmentwicklung fiel, deren Effekt auf eine Verhinderung jeden Experiments hinauslief: die wenigen kontinuierlich im Radio sprechenden Ansager besaßen nur die Aufgabe, zwischen den einzelnen Programmteilen anfänglich auch frei zu moderieren. Hinzu kam: Ihr Sprechen entstammte den Bühnen, von denen sie engagiert worden waren, die Ausprägung eigener Formen war nicht geplant. Bei einer rasch entstehenden Vortragskultur des Rundfunks mit einem Programmanteil von fast 25 % im Jahre 1925 zählte ansonsten die Aussage des Textes, der vorab eingereicht werden musste; der Stimme wurde keine größere Bedeutung beigemessen. Dies begriffen jedoch die Hörer auch nicht unbedingt als Mangel: „Es ging überhaupt nicht um Kommunikation im

---

11 Paul Bildt: *Ein Schauspieler in seinen Verwandlungen*, hg. von Karl Voss. Starnberg 1963, S. 109.

Sinne einer Mitteilung einer Nachricht, sondern ganz einfach darum, dass etwas zu hören war."[12]

Im technischen und sozialen Experiment „Öffentlicher Rundfunk" spielte bereits zu Anfang die Hörerreaktion eine entscheidende Rolle; diese wurden immer wieder aufgefordert, dem Sender mitzuteilen, ob und was sie gehört hatten. Denn „die Darbietungen waren ebenso primitiv wie der Empfang."[13] Insofern hatten die meisten Hörer der Frühzeit genug damit zu tun, ihren Empfänger auf Sendung zu halten, es überwog zunächst die Freude darüber, überhaupt etwas zu hören. Hierbei entstand eine starke Hörerbindung als innige Beziehung zur Rundfunkstation. So konnte es sich die Ansagerin des gerade ein Jahr alten Frankfurter Senders, Margarete Wolf, im Jahre 1925 leisten, anlässlich eines Radio-Live-Konzerts, bei dem die Noten fehlten, „mit einer direkten Anfrage über das Mikrophon um Zusendung der Noten zu bitten. [...] Ein richtiger Ansturm notenbewehrter Enthusiasten über Treppen und Gänge begann."[14]

Die Entdeckung des Hörers

Wenn Sprechen im Radio anfänglich – was von den Sprechern aus ihrer Sprechsituation heraus häufig bedauert wurde – als das Gegenteil des Dialogs galt und doch zugleich allgegenwärtig und öffentlich verbreitet wurde, so mussten, wenn dieser Gegensatz überwunden werden sollte, neue Formen gefunden werden, um mit den Hörern direkt zu kommunizieren, statt nur zu ihnen zu reden. Zu Beginn überwog noch das monologische Sprechen, das im Radio gezwungen war, mit der reinen Abwesenheit zu kommunizieren. Verschiedene überkommene Formen des Sprechens scheiterten, da nach dem Trägheitsgesetz der Stimme[15] in neuen Sprechsituationen zunächst nur überkommene Sprechformen aufgeführt wurden: Der Vortrag, die Predigt und die damalige politische Rede sprachen nämlich bereits zu einer Zuhörerschaft, die als Masse vorausgesetzt wurde.[16]

Der wesentliche Anstoß für eine Änderung des Sprechens im Radio war jedoch, dass die erste Sensation des Empfangs allmählich verblasste – das Lauschen in den Äther, die Feinabstimmung der Sender – und das Prinzip Rund-

---

12 Lorenz Engell: „Radio als Welt. Über das Vernehmen." In: *Neue Rundschau*, Jg. 122 (2001), Heft 4, S. 55–64, hier S. 57.

13 Kurt Pinthus: „Die Dichtung". In: *Drei Jahre Berliner Rundfunkdarbietungen: ein Rückblick; 1923–1926*, hg. von Funk-Stunde-AG. Berlin 1926, S. 34–64, hier S. 35.

14 Paul Laven: „Aus dem Erinnerungsbrevier eines Rundfunkpioniers." In: *Literatur und Rundfunk*, hrsg. von Gerhard Hay. Hildesheim 1975, S. 5–39, hier S. 13.

15 Vgl. Jean-Loup Rivière: „Das Vage der Luft." In: Dietmar Kamper/Christoph Wulf: *Das Schwinden der Sinne*. Frankfurt 1984, S. 99–111, hier S. 107.

16 Vgl. Dominik Schrage: „‚Anonymus Publikum'. Massenkonstruktion und die Politiken des Radios." In: Daniel Gethmann/Markus Stauff: *Politiken der Medien*. Berlin/Zürich 2005, S. 173–194.

funk statt dessen nahe legte, Teil einer unsichtbaren, zunehmenden Hörerschaft zu sein, die ebenfalls an ihren Geräten saß. Die Strategie bestand nun darin, zahlende „Rundfunkteilnehmer" dadurch zu schaffen, dass den Hörern die Illusion einer Partizipation am Programm vermittelt wurde. Damit erst trat das Sprechen im Radio und die Konstruktion eines spezifischen Radioraums in den Vordergrund, in dem dann auch der Hörer unter der Bedingung vorkam, dass aus ihm und seinesgleichen eine Masse von „Rundfunkteilnehmern" zu bilden und zu lenken war.

Das Interessante an dieser Massenbildungsstrategie ist nun, dass sie im Kern eine Subjektivierungsstrategie ist, denn sie funktioniert nur, wenn sie den Einzelnen anspricht.[17] Sie muss, wie Hadley Cantrill und Gordon Allport in ihrer grundlegenden *Psychology of Radio* im Jahr 1935 schrieben, dem Einzelnen das Gefühl geben, dass „andere wie er denken und seine Gefühle teilen."[18] Im NS-Rundfunk wurde diese virtuelle Sozialbeziehung als Trägerin der „Gleichschaltung" noch weiter zugespitzt: „Ein Ansager darf niemals unpersönlich sein. Der Rundfunksprecher muss der beste Freund des Hörers sein."[19] Karl Graef, der die Eignungsprüfungen für Ansager und Nachrichtensprecher ab 1938 bei einer „Rundfunkoberprüfstelle" in Berlin zentralisierte, sah „die Eigentümlichkeiten des Sprechens vor dem Mikrophon" dementsprechend darin,

A) dass [...] das Mikrophon stets das Ohr des Hörers ist,
B) dass er den Hörer durchaus persönlich ansprechen muss und
C) dass bei aller Gepflegtheit die Natürlichkeit des Sprechablaufes die erste Forderung ist.[20]

Die sich in solchen Versuchen andeutende Ausprägung einer so genannten Radiostimme markiert einen vorläufigen Endpunkt der frühen Experimente zum Sprechen im Radio. Dies setzt voraus, dass die Formen radiophonen Sprechens weitgehend ausgebildet waren, weiter dass der Hörer und sein Aufmerksamkeitsdefizit dem Radio gegenüber deshalb kein Problem mehr darstellten, weil „dieses schauerliche Schweigen jenseits des Mikrofons",[21] von dem Alfred Dö-

---

17 Vgl. Paddy Scannell: *Broadcast Talk*. London 1991, S. 3.
18 Hadley Cantrill/Gordon W. Allport: *The Psychology of Radio*. New York 1935, S. 8.
19 Mitteilungen der Reichs-Rundfunk-Gesellschaft vom 12. Juli 1934.
20 Karl Graef: „Sendeplanansager und Nachrichtensprecher im Rundfunk." In: *Bericht über die Arbeitstagung des deutschen Fachbeirats in Wien vom 3. und 4. April 1940*, hg. vom Internationalen Rat für Sing- und Sprechkultur Sitz Deutschland. (Schriften zur Sing- und Sprechkultur Bd. 1) München/Berlin 1940, S. 91–98, hier S. 95 f.
21 Alfred Döblin: „Auszug aus einem Interview zur Frage nach dem Publikumsverhältnis." In: Paul Herzog: „Das Mikrophongesicht." In: *Die Sendung*, (1929) H. 52. Zitiert nach: *Radio-Kultur in der Weimarer Republik*, hg. von Irmela Schneider. Tübingen 1984, S. 98–100, hier S. 100.

blin aufgrund seiner Rundfunkerfahrungen sprach, mit Hilfe der Tonaufzeichnung gebannt worden war. In dieser neuen Phase der Radioentwicklung ging das Experiment des Sprechens im Geräusch des Diskurses auf, und es begann das unaufhörliche, einförmige, sich dem Vergessen kaum widersetzende Sprechen des modernen Rundfunks.

Vom ‚Sprechen‘ zur ‚Stimme‘

Die bei der ersten deutschen Rundfunkordnung im Jahre 1926 eingeführten politischen Programm-Überwachungsausschüsse und Kulturbeiräte hingen eng mit der gleichzeitigen Entdeckung und Formierung der stetig zunehmenden Hörerzahl als „Rundfunkteilnehmer" zusammen. Diese Entdeckung markiert einerseits das Ende der ersten Phase der Rundfunkentwicklung bis zum Jahre 1926, die sich durch die Verhinderung jeden Experiments kennzeichnete, und bedeutet andererseits in ihrer deutschen Ausprägung paradoxerweise eine allmähliche Abkehr vom Prinzip der Bevorzugung des Wortes vor der Stimme, wenngleich sich die Arbeit der Überwachungsgremien vornehmlich auf die Kontrolle der Wortbedeutung richtete.

Es ist nämlich die Stimme, die aus einem Befehlsmedium ein Unterhaltungsmedium macht. Ohne die Stimme wäre der Rundfunk „drahtlose Telegraphie mit Telephoniezusatz" geblieben und würde uns nur im Kontext der Einbindung dieses Mediums in die militärtechnologische Entwicklung interessieren.[22] Sobald jedoch Stimmen diese Nachrichtentechnik ‚modulieren‘, wie es zu Beginn der technischen Entwicklung so schön hieß, entsteht neben der inhaltlichen Ebene der Nachrichten auch ihre klangliche Seite. Von diesem Moment an sagt auch im Rundfunk der Klang der Stimme mindestens ebensoviel wie die Worte, die die Stimme formt. Erste Versuche zu einer nicht länger starr festgelegten Programmaufteilung in Unterhaltungsmusik am Nachmittag, danach Vortrag und später am Abend Klassik schienen eine noch genauere Überwachung der Sendungen notwendig zu machen, bei denen nicht nur das Wort, sondern auch die Stimme als Trägerin der Bedeutung und Glaubwürdigkeit einer Aussage oder Nachricht erkannt wurden.

In Pionierarbeit suchte man erstmals im *BBC Talks Department* seit 1927 nach angemessenen Sprechformen, die zu der Hörsituation am Radiogerät passten.[23] Bekanntlich nahm die *BBC* zu Beginn den Begriff des Massenkommunikationsmittels Radio so ernst, dass sie sich weigerte, die Namen ihrer Sprecher zu veröffentlichen. Eine persönliche Kommunikation mit der Masse schien un-

---

22 Vgl. Stefan Kaufmann: *Kommunikationstechnik und Kriegführung 1815–1945. Stufen telemedialer Rüstung.* München 1996, S. 262–319.

23 Vgl. Paddy Scannell/David Cardiff: *A Social History of British Broadcasting.* Bd. 1: *Serving the Nation, 1922–1939.* Oxford 1991, S. 153–179.

kalkulierbare Gefahren zu bergen, daher begegnete man den anonymen Radio-
zuhörern mit anonymen Sprechern. Regulierungsbedarf bestand bereits seit
1924 bei der Einheitlichkeit der Aussprache des Englischen, deren Einhaltung
der *BBC* ein besonderes Anliegen war, wobei ihr ab 1926 das *Advisory Committee on Spoken English* behilflich war. „Since the earliest days of broadcasting, the
BBC has recognized a great responsibility towards the problem of spoken English".[24] Allerdings beschränkte sich diese große Verantwortung und damit die
erste Standardisierung einer Radiosprache auf ausgewählte Programme, nämlich auf die Nachrichten, die Ansagen und auf den Kinderfunk. Die Regulierung
der Aussprache betraf insofern ausschließlich verlesene Programme, deren
mangelhafte Simulation der Mündlichkeit offensichtlich Regulierungsbedarf
offen legte.

Innerhalb der BBC begann mit Hilda Matheson, die 1928 Chefin der Sprech-
abteilung wurde, ein fundamentaler Wandel in der Sprechweise und damit auch
im Verhältnis zu den Hörern. Dieser wurde eingeleitet durch Mathesons erste
Experimente in der Radio-Hörerforschung, die nach der Befragung das eindeutige Ergebnis erbrachten, dass die Hörer vom Radiosprecher erwarteten, sie
„persönlich, einfach, fast familiär"[25] anzusprechen. Seit dieser Entdeckung des
Hörers ist das Sprechen im Radio gehalten, zu simulieren, dass es zu jedem konkreten Hörer spreche, unter denen es ja dem Grad ihrer Unbekanntheit nach
keine Abstufungen gibt. Es benötigt die Ausprägung einer persönlichen Ge-
sprächssituation in einer in ihrer Unpersönlichkeit kaum steigerbaren Atmosphäre. Aber wie sollte man sich authentifizieren, wie eine persönliche Hörerbindung herstellen, wenn Hörer physisch einfach nicht präsent waren? Diesem
Problem begegnete Alfred Döblin dadurch, dass er einzelne Zuhörer ins Studio
holte; er sah „keine andere Rettung als: Hörer, sichtbare, mitfühlende, im Sen-
deraum, – und unsichtbare Rundfunkabonnenten, an die ich nicht denken
mag."[26]

Eine erste darüber hinausführende Lösung der Frage der Authentifizierung
und persönlichen Hörerbindung bestand in Experimenten zur Ausprägung einer neuen Form der öffentlichen Konversation als vertraulicher Moderation,[27]
die sich durch einen persönlichen Ton der Stimme kennzeichnen sollte. Die
Ausdifferenzierung des öffentlichen Rundfunksystems verlief insofern über die

---

24 John C. W. Reith: „Foreword." In: *Advisory Committee on Spoken English: Broadcast English
    I. Words of Doubtful Pronunciation.* London 1929, o. S.

25 Hilda Matheson: *Broadcasting.* London 1933, S. 76.

26 Alfred Döblin 1929/1984, S. 99.

27 Der Ansager Max Heye, der vor seiner Radiokarriere beim Varieté gearbeitet hatte und Spre-
    cher bei der Schallplattenfabrik „Odeon" gewesen war, scheiterte noch ebenso wie andere vom
    Varieté gekommene Conferenciers im Rundfunk mit seinem an einem Saalpublikum orientier-
    ten Moderationsstil.

Auflösung früherer Grenzen der Privatheit, was diese dann überhaupt erst als Diskursformel und zu schützendes Gut hervorbrachte; dies bezeichnet seitdem in der juristischen Terminologie bekanntlich die Grenze einer Expansion des Mediensystems (Unverletzlichkeit der Privatsphäre).[28] Insofern hat das Radio nicht so sehr die Privatsphäre kolonisiert, sondern diese durch die häusliche Rezeption, die Vertraulichkeiten der Moderation sowie die öffentliche Inszenierung des Privaten den Gesetzen seines unendlichen Raums unterworfen und damit in gewisser Weise ‚entgrenzt‘.[29] Denn sobald sich ein mündlicher Konversationsstil im Radio etablierte, konnte dieses Verfahren auch erfolgreich auf politische Reden oder die radiophonen Kamingespräche des amerikanischen Präsidenten Roosevelt übertragen werden, der damit bekanntlich den Stil der Politikvermittlung mit Wirkung bis heute privatisierte; seine für einen Politiker unerhört ruhige und gelassene Stimme sprach die Zuhörer so an, als säße er mit ihnen gemeinsam in deren Wohnzimmer.[30] Das Sprechen im Radio schafft insofern auch Nuancen virtueller sozialer Distanz,[31] von denen Theo van Leeuwen zumindest fünf Abstufungen zwischen Vertraulichkeit und öffentlicher Distanz an ihren Sprechweisen unterscheidet.[32]

Wenn ein gewöhnlicher mündlicher Konversationsstil sich als angemessen im Radio herausstellt, bedeutet das weiterhin, dass die Etablierung des Mediums Rundfunk mittels Sprechen im Radio sich nur gegen seine eigenen spezifischen Charakteristika entwickeln konnte. Cantrill und Allport haben sie bereits im Jahre 1935 wie folgt benannt: körperliche Abwesenheit der Zuhörers, Anonymität, Unmöglichkeit des Dialogs, keine direkte Hörer-Rückkopplung,[33] und die Durchsetzung des Rundfunks hing so gesehen davon ab, dass diese Charakteristika mittels Sprecherschulung ausgeblendet wurden. Innerhalb dieses Nor-

---

28 Vgl. Samuel D. Warren/Louis D. Brandeis: „The Right to Privacy." In: *Harvard Law Review*, (1890) Bd. 4, S. 193–220.

29 Vgl. Carsten Lenk: „Medium der Privatheit? Über Rundfunk, Freizeit und Konsum in der Weimarer Republik." In: Inge Marßolek/Adelheid von Saldern (Hg.): *Radiozeiten. Herrschaft, Alltag, Gesellschaft (1924–1960)*. Potsdam 1999, S. 206–217.

30 Vgl. Erik Barnouw: *The Golden Web. A History of Broadcasting in the United States. Vol. II - 1933 to 1953*. New York 1968, S. 7–9.

31 Das Kriterium der Herstellung einer virtuellen sozialen Verbindung expandiert in einigen medienwissenschaftlichen Arbeiten als Reaktion auf die Ausdifferenzierung der Mediensysteme in eine reale Sozialbeziehung: „The relationship between broadcasters and audiences is a purely social one, that lacks any specific content, aim or purpose." (Paddy Scannell: *Radio, Television & Modern Life*. Oxford 1996, S. 23) Dieses Argument stammt ursprünglich von Donald Horton und Richard Wohl, die eine spezifisch mediale, parasoziale Interaktion bereits im Jahre 1956 konstatieren. Vgl. Donald Horton/Richard Wohl: „Massenkommunikation und parasoziale Interaktion" (1956). In: Ralf Adelmann u. a.: *Grundlagentexte zur Fernsehwissenschaft. Theorie – Geschichte – Analyse*. Konstanz 2001, S. 74–104.

32 Vgl. Theo van Leeuwen: *Speech, Music, Sound*. London 1999, S. 27 f.

33 Vgl. Hadley Cantrill/Gordon W. Allport 1935, S. 9–14; vgl. auch John Durham Peters: *Speaking into the Air. A History of the Idea of Communication*. Chicago 1999, S. 214.

mierungsverfahrens gilt als erste Regel, dass das Sprechen auf keinen Fall wissen darf, was es tut; denn sobald die Sprechsituation zu den von Walter Benjamin in einem Rundfunkvortrag am 15. August 1929 noch so freundlich als „Verehrte Unsichtbare"[34] angesprochenen Hörern bedacht wird, geraten die Sprecher in die oft beschriebene Situation ‚Blut und Wasser zu schwitzen',[35] es setzt das in zeitgenössischen Diagnosen beschriebene „Mikrophon-Fieber"[36] ein. Die zahlreichen Klagen über die Mikrophonerfahrungen in den Anfangsjahren sind sich in einem Punkt einig, der kalte seelenlose Marmorblock des Mikrophons verwandelt die anfängliche Euphorie des Vortrags in ein Gespräch mit anscheinend Toten.

Dieser vollkommenen Abwesenheit steht im Studio einzig und allein die Radiostimme gegenüber, deren wesentliche Leistung insofern darin besteht, Präsenz zu schaffen, sogar die Toten sind dann präsent, wenn man nach der Erfindung der Tonspeicherung ihre Stimme hört.[37] Insofern umgibt uns vornehmlich die Stimme mit der virtuellen Umgebung des Radios, für die ausschließlich Klang und nicht das ‚Leben' zählt.[38] Innerhalb dieser genuinen Medienrealität wehrte sich der erste deutsche Radiostar Max Heye in einem autobiographischen Werk über seine Tätigkeit als Ansager aus dem Jahre 1924 gegen die Zuschreibung einer rein immateriellen Existenz. Obwohl Gerüchte, wie er schrieb, „die Behauptung verbreitet haben, ich existiere gar nicht, ich sei gar kein Lebewesen, sondern nur ein Atom des Tons aus dem All, der zwar sehr deutlich zu hören und auch absolut nicht unsympathisch dem Ohre des Radiohörers vernehmlich sei, aber sonst wie alle Wesen aus der vierten Dimension durchaus unsichtbar bliebe, möchte ich hier an Eidesstatt versichern, dass ich sogar recht kräftig existiere."[39]

---

34 Walter Benjamin: „Kinderliteratur" (1929). In: Ders.: *Gesammelte Schriften*, Bd. VII.1 (Nachträge), Frankfurt/M. 1989, S. 250–257, hier S. 250.

35 „Ich habe große Sänger schwitzen, ja zittern sehn. Sänger, denen die Bühne ihr liebgewordenes Arbeitsfeld ist, wo sie die Ruhe selbst sind, haben vor dem Mikrophon mit den Knien geschlottert. Ein sehr bekannter Kammersänger rief einmal über das andere aus: ‚Ich schwitze Blut vor dem Teufelsding.' Eine Sängerin spuckte vor jedem Auftreten dreimal aus: ‚toi, toi, toi', bekreuzigte sich ebenfalls dreimal und trat dann erst in den Raum ein. [...] Man vergesse nicht, dass unsere Sänger und Rezitatoren vom Blatt singen, aus dem Buch lesen können. Dass ihnen eigentlich nichts passieren kann und doch – es ist der eigenartige Zauber, der in dem Raum liegt." Max Heye 1924, S. 50 f.

36 Vgl. Ludwig Kapeller: „Sprecher am Mikrophon. Eindrücke und Betrachtungen." In: *Funk*, (1926) H. 21, S. 161 f.; vgl. auch Hadley Cantrill/Gordon W. Allport 1935, S. 214.

37 „Sound, bound to the present time by the fact that it exists only at the instant when it is going out of existence, advertises presentness. [...] It envelops us. Even the voice of the dead, played from a recording, envelops us with his presence as no picture can." Walter Ong: *The Presence of the Word*. Minneapolis 1981, S. 101.

38 „Liveness in radio was the effort to break the connection between death and distance." John Durham Peters 1999, S. 218.

39 Max Heye 1924, S. 7.

Normierungsversuche

Sprechen im Radio erscheint wegen seiner komplexen Aufgaben zur Herstellung einer virtuellen Umgebung als der bevorzugte Bereich für Experimente zum Normalismus; es gibt bis heute zahlreiche feuilletonistische Anleitungen zur Produktion einer Radiostimme und eine obligatorische Sprecherschulung, deren paradoxes Ziel seit 1928 darin besteht, die größtmögliche ‚Natürlichkeit‘ der alltäglichen konversierenden Stimme zu erhalten. Wegen der unmöglichen Rückkopplung des Sprechens im Radio setzt dies eine hohe Bereitschaft der Schulungsteilnehmer voraus, sich auch regulieren zu lassen. Die eigene Stimme an das Medium anzupassen und eine radiospezifische Simulation der Mündlichkeit zu erreichen, die doch nichts weiter als eine Konformität des Sprechens und speziell des Ausdrucks erzielt, führt zu einer situativen Entäußerung der persönlichen Sprechweise und genießt dennoch eine hohe Akzeptanz. In einem Handbuch für die US-Radios aus dem Jahre 1944 verlegen die Autoren wegen des großen Zulaufs sich berufen fühlender Radiomoderatoren die ersten Schulungen der Rundfunkstimme ins eigene Heim, wo in einer weiteren Entgrenzung des privaten Lebens mittels der eigenen Familie und einer von dieser zu überprüfenden Liste von geforderten Fähigkeiten sowohl die Stimme als auch die Eignung des Kandidaten, fürs Radio zu schreiben, ausgebildet werden sollten.[40]

Eine weitere Ebene der Vereinzelung neben der Sprechsituation allein vor dem Mikrophon (‚der Sprechende‘) und der unmöglichen Unterscheidung mehrerer Stimmen gleichzeitig (‚das Sprechen am Mikrophon‘) betrifft die Adressaten des Sprechens (‚der Hörende‘). Das Radio selbst ermöglicht zum ersten Mal eine „technisch generierte Simultaneität in gesellschaftlicher Reichweite",[41] es bleibt jedoch an die Aufgabe einer Sicherstellung der Partizipation gebunden, weshalb der Hörer zum Problem wurde. Eine Erforschung des stimmlichen Ausdrucksvermögens der Sprecher und Sprecherinnen setzt diese Entdeckung des Hörers voraus, denn „der Rundfunk hat einen völlig neuen Typus geschaffen: den ‚Hörer‘. Bislang hat es den Menschen nicht als ‚Hörer‘ gegeben, sondern als Zuhörer."[42] Stimmliche Kriterien werden erst erarbeitet, nach-

---

40 Folgende Kriterien enthält der umfangreiche Fragebogen: 1. Voice – Is your tone cheerful, bright, alert? Do you sound as though you were talking with your audience and not just reading a paper? 2. Diction – Do you speak clearly and without effort? 3. News – Does your script play up the most interesting item in your subject? 4. You-attitude – Have you considered why anyone should listen to you talk on this subjevt? 5. Self-reliance – Does the script sound like you? 6. Vitality – Do you reflect a natural enthusiasm? 7. Drama (Showmanship) – Does your first sentence deliberately strike at the attention of your audience? 8. Style – Did you make a plan or outline before writing the manuscript? Vgl. William G. Hoffman/Ralph L. Rogers: *Effective Radio Speaking*. New York/London 1944, S. 8–11.

41 Dominik Schrage: *Psychotechnik und Radiophonie. Subjektkonstruktionen in artifiziellen Wirklichkeiten 1918–1932.* München 2001, S. 10.

dem der „Hörer" entdeckt wurde, nachdem also dessen Aufmerksamkeit von der Attraktion des reinen Empfangens ferner Sender auf die Ebene des „Rundfunks als Hörkunst" (Rudolf Arnheim) übergegangen war.

Nachdem das Sprechen am Mikrophon rasch verschriftet und normiert wurde – konnten zu Beginn die Ansager noch frei improvisieren, so verloren sie bis 1926 die Möglichkeit der freien Rede und verlasen nur mehr vorbereitete Texte – trat die Entwicklung einer Radiostimme unter dem Vorzeichen der Aufmerksamkeitslenkung der Hörer in das Zentrum der Versuche. Denn es gibt nach Walter Benjamin ja „Sprecher, denen man sogar bei den Wettermeldungen zuhört."[43] Die Radio-Stimme trennt allerdings entlarvend zwischen Klang und Inhalt; in dieser Erkenntnis ist eine weitere Notwendigkeit der Sprecherschulung begründet. Wilhelm Hoffmann erkannte dies bereits 1932:

> Im Durchgang durch das Mikrophon wird die Sprache verschärft unter gleichzeitiger Abschwächung der lebendigen Unmittelbarkeit. [...] Mit diesem Vorgang ist zugleich bei dem Mikrophon eine Entlarvung verbunden, die das Verhältnis des Klangbildes zu dem ausgesprochenen Inhalt zeigt. Jedes Zuviel an Leben, also das Pathos, wird schonungslos aufgedeckt. Der Schwätzer, der den mangelnden Inhalt durch den Klang seines Ausdrucks übermalen will, wird in der Verlogenheit und Unechtheit seiner Sprache vor allen Hörern enthüllt.[44]

Daher verglich man das Mikrophon gerne in optischer Metaphorik mit einem Mikroskop,[45] nach dem es ja benannt worden war; man sprach dann von einem akustischen Fernglas[46] oder einer akustischen Großaufnahme.[47] Dies wirkt auf den ersten Blick deshalb paradox, weil dem Mikrophon im zeitgenössischen Diskurs ganz im Gegenteil seine besondere Wirkung aus seiner Funktion als „Filter für das Sichtbare"[48] sowie eines breiten Frequenzspektrums der Stimme zugeschrieben wurde. Die nicht gegebene Visualisierung ermöglicht in Verbin-

---

42 Vgl. Kurt Seeberger: „Der Rundfunk. Entwicklung und Eigenart." In: *Deutsche Philologie im Aufriss*. Hg. von Wolfgang Stammler. Bd. III, Berlin ²1962, S. 1354–1382, hier S. 1364.

43 Walter Benjamin: „Reflexionen zum Rundfunk." In: *Gesammelte Schriften*, Bd. II.3, S. 1506 f.

44 Wilhelm Hoffmann 1932/33, S. 456.

45 „Im öffentlichen Verkehr der Menschheit gibt es nichts Unerbittlicheres, nichts Sachlicheres als das Mikrophon. Es wirkt wie ein Mikroskop." Carl Hagemann: "Die Kunst des Rundfunksprechens." In: *Rufer und Hörer*, (1932/33) Nr. 2, S. 211–217, hier S. 214.

46 Vgl. Wilhelm Hoffmann 1932/33, S. 453.

47 Vgl. Reinhart Meyer-Kalkus: *Stimme und Sprechkünste im 20. Jahrhundert*. Berlin 2001, S. 367.

48 Richard Kolb: *Horoskop des Hörspiels*. Berlin 1932, S. 22.

dung mit der Trennung zwischen Klang und Inhalt des Sprechens im Radio zwei Optionen des Hörens: Die eine verweist, gekoppelt mit einem ständigen Aufmerksamkeitsappell, auf die Bedeutung des Gesagten, die andere vernimmt den Klang der Stimme als Index für eine nicht in ihrer Individualität, sondern in ihrer Typologie markierte Person des Sprechers.

Das Sprechen im Radio vermittelte so bereits in seinen Anfängen den Eindruck, nicht nur Charaktere an ihrer Stimmlage und Sprechweise im Zuge einer allgemeinen Typenlehre erkennen zu können;[49] man schlug auch vor, Sprechrollen des Hörspiels nach Stimmlagen zu besetzen.[50] Dies geschah anfänglich aus dem technischen Grund einer noch gegebenen Einschränkung des Frequenzspektrums der Stimme und „aus der Verlegenheit, dass man die Stimmen gut voneinander unterscheiden musste."[51] Vor allem jedoch führten die Sender erstmalig Hörerforschung im großen Stil durch, die sich mit der Frage nach der Verbindung von Charaktereigenschaften und Sprechweisen beschäftigte. Am 14. Januar 1927 wurden die Hörer der *BBC* in der *Radio Times* aufgefordert, einen beigelegten Fragebogen zu neun Sprechern/-innen, drei Frauen und sechs Männern, zu beantworten, die in der gleichen Woche jeweils fünf Minuten im Radio aus den *Pickwick Papers* von Charles Dickens vorlasen. Gefragt wurde nach Geschlecht, Alter, Beruf, Führungsqualitäten, Geburtsort oder Gegend und regionaler Sprachfärbung.[52] Die Antworten wichen stark voneinander ab, sie zeigten keinen Zusammenhang zwischen Stimme und Charakter, sondern führten die willkürliche indexikalische Qualität des stimmlichen Ausdrucks für die der Stimme zugeschriebenen Persönlichkeitsmerkmale vor.

Empirische Sprecher- und Hörerforschung

Im Zuge der sprachwissenschaftlichen Forschungen von Karl Bühler und seinem Wiener Kreis wurde der Zusammenhang zwischen Medienstimmen und Persönlichkeitszuschreibung in der Folge der Untersuchungen von Tom Hatherly Pear für den deutschsprachigen Rundfunk erstmals gründlich untersucht. Bühler nannte diese Forschungen sein „Radio-Experiment. Die Stimmen unbekannter Sprecher wurden von rund 3000 Hörern des Senders Radio Wien physiognomisch gedeutet."[53] Die Bühler-Schülerin Herta Herzog veröffent-

---

49 Vgl. bspw. die „Dialekte der Uraffekte" in: Richard Müller-Freienfels: *Die Seele des Alltags.* Berlin 1925, S. 220–224.

50 Vgl. Hans Oeser: „Das Hörspiel." In: Hans Roselieb/Hans Oeser: *SOS Achtung! Hören Sie?* Berlin 1927, S. 40 f.

51 Alfred Braun: „Das erste Jahrzehnt im Berliner Voxhaus." In: *Rundfunk und Fernsehen,* Jg. 7 (1963), Heft 1/2, S. 61–71, hier S. 65.

52 Vgl. Tom Hatherly Pear: *Voice and Personality.* London 1931, S. 178–242.

53 Karl Bühler: *Ausdruckstheorie. Das System an der Geschichte aufgezeigt.* Stuttgart 1968 (1933), S. 192.

lichte die Untersuchungsergebnisse des Massenexperiments vom Mai 1931 über Radio Wien detailliert im Jahre 1933 und stellte sich die Ausgangsfrage: „Inwieweit ist die Stimme eines Sprechers für den Hörer Ausdruck seiner Persönlichkeit?"[54] Erneut lasen neun Sprecher vor, diesmal die Vermisstenmeldung eines Spürhundes,[55] der sich verlaufen haben sollte (!), wonach ein junger Mitarbeiter von Bühler, Paul Lazarsfeld, den Hörern einen Fragenkatalog diktierte, den diese zu beantworten hatten. Gefragt wurde erneut nach Geschlecht, Alter, Beruf, Führungsqualität (‚Ist der Sprecher gewohnt, Befehle zu geben?'), Aussehen (‚Größe, Dicke') und Stimmwirkung (‚Ist die Stimme angenehm?').[56] Bühler stellte eine höhere Übereinstimmung zwischen den Angaben zum Aussehen und der realen Physiognomie der Sprecher fest, „als es dem Werte einer plausiblen Wahrscheinlichkeitsüberlegung entspricht."[57] Außer einer vollständigen Erkennung des Geschlechts der volljährigen Sprecher und Sprecherinnen zeigten sich allerdings nur wenig weitere signifikante Übereinstimmungen; die Größe wurde überraschend häufig richtig angegeben, bei dem Gewicht schwankten die Angaben stark, auch „ist das Alter aus der Stimme nicht ohne weiteres richtig entnehmbar."[58] Zum Charakter der Sprecher meinte die Forschergruppe, eine Bestätigung der Temperamentenlehre des Psychiaters Ernst Kretschmer feststellen zu können.[59]

Die Typenlehre des Menschen war seinerzeit der Hörerschaft derartig gegenwärtig, dass sie Zutreffendes von der Stimme immer dann ableitete, solange „Typisches im Sinne der Kretschmer'schen Typen herausgehoben wurde."[60] Aus diesem Grund bedauerten die Versuchsleiter, „keine reinen Typen"[61] verwendet zu haben. Bühler nimmt zur Erklärung dafür, dass eine höhere Übereinstimmung erreicht wurde, als statistisch zu erwarten gewesen sei, eine Analogiebildung mit der Persönlichkeit und visuellen Erscheinung von dem Hörer bereits bekannten Sprechern an und hegt die Hoffnung, „es könnte zuguterletzt schon eine gewisse positive Korrelation zwischen Augenfarbe und Stimmcharakteren herauskommen."[62] Dass Bühler die dem einzelnen Hörer bereits be-

---

54 Herta Herzog: „Stimme und Persönlichkeit." In: *Zeitschrift für Psychologie*, (1933) Bd. 130, S. 300–369, hier S. 301; vgl. auch Reinhart Meyer-Kalkus: *Stimme und Sprechkünste im 20. Jahrhundert*. Berlin 2001, S. 143–173.
55 Text abgedruckt in: Herta Herzog 1933, S. 306.
56 Fragebogen abgedruckt in: Herta Herzog 1933, S. 311.
57 Karl Bühler 1933/1968, S. 192.
58 Herta Herzog 1933, S. 315.
59 Vgl. Ernst Kretschmer: *Körperbau und Charakter*. Berlin 1921; ders.: *Medizinische Psychologie*. Leipzig 1922.
60 Herta Herzog 1933, S. 321.
61 Ebd.
62 Karl Bühler 1933/1968, S. 193.

kannten Sprecher als „Mittelsmann oder Medius"[63] für diese Supposition bezeichnet, macht auf einen fundamentalen Wandel innerhalb dieser Zuschreibungen aufmerksam, denn es bleibt während und auch nach der Zeit der audiovisuellen Verbreitungsmedien kein individueller Vorgang mehr, zu bestimmen, welche körperlichen Eigenschaften einer bestimmten Stimme zukommen, sondern dies wird von den Medien selbst vorgeschrieben. Nicht so sehr diese Zuschreibungen festzulegen, sondern sich ihnen vielmehr durch Erkenntnis ihrer Standardisierung und Normierung wieder zu entziehen, erscheint in der medialen Realität als Messlatte des Individuellen.

Der Beginn der empirisch-soziologischen Hörer- und Rezeptionsforschung jedoch, die nach der Wiener RAVAG-Studie zur Hörerbefragung[64] aus dem Jahre 1931/32 und nach der Emigration Paul Lazarsfelds in die USA über das von ihm geleitete *Radio Research Program* zu einer großen Verbreitung gelangte, wobei es ihr zeitweilig gelang, über ihren publizistischen und kommunikationswissenschaftlichen Ansatz das Feld der Medien als ein soziologisches zu definieren, diese außerordentlich wirkungsreiche empirische Hörer- und Radioforschung beginnt also mit der Frage nach einem Zusammenhang von Sprecherstimme und ihr zugeschriebener Persönlichkeit. Dies ist für die Geschichte der Medienwissenschaft nicht ganz unbedeutsam, denn dieser Befund verdeutlicht, dass die Verwendung sozialwissenschaftlich-empirischer Methoden zur Hörerforschung aus einer spezifischen wissenschaftlichen Fragestellung während der Untersuchung technischer Medien stammt, die nach einem empirischen Beweis für die stimmphysiognomischen Forschungen, also für die mittelalterliche „Ausspähungskunst des Inneren"[65] fragt.

Die Physiognomik stellt ein bereits im Mittelalter umstrittenes und „heute wenig geschätztes, ja verrufenes Wissensgebiet"[66] dar, das dennoch eine breite Wirkung entfalten konnte. Bei dieser stimmphysiognomischen Rundfunkforschung nun ist unter methodischen Gesichtspunkten durchaus kein epistemologischer Bruch zu älteren Verfahren zu verzeichnen, denn auch die Physiogno-

---

63 Ebd. S. 192.

64 Paul Lazarsfeld gründete im Jahre 1927 eine „Wirtschaftspsychologische Forschungsstelle" in Wien unter der Präsidentschaft von Karl Bühler, die Industrieaufträge in der Marktforschung akquirieren sollte und im Oktober 1931 von der „Radio-Verkehrs-AG" (RAVAG) in Wien den Auftrag erhielt, eine Untersuchung über Programmwünsche der Hörer durchzuführen. Als die Befragung ab November 1931 durchgeführt wurde, schickten 110.312 Hörer insgesamt 36.000 Fragebögen zurück. Frühere, methodisch wesentlich weniger ausgearbeitete Hörerbefragungen zum Rundfunkprogramm führten die Zeitschriften *Radiowelt*, Heft 41/1924, S. 7 (Ergebnisse in *Radiowelt*, Heft 19/1925) und die *Radio-Woche* in Heft 4/1928 durch (Ergebnisse in Heft 8/1928). Vgl. Desmond Mark: *Paul Lazarsfelds Wiener RAVAG-Studie 1932. Der Beginn der modernen Rundfunkforschung.* Wien, Mülheim/Ruhr 1996, S. 27–70.

65 Immanuel Kant: *Anthropologie in pragmatischer Hinsicht abgefaßt.* Königsberg 1798, S. 275

66 Reinhart Meyer-Kalkus 2001, S. 2.

mielehre arbeitete bereits „empirisch", sie etablierte zunächst einen abfragbaren Merkmalskatalog visueller Zeichen, die in einer klaren Zuordnung einem zweiten Merkmalskatalog charakterlicher oder ‚moralischer' Eigenschaften zugeordnet wurden. Vor dem Hintergrund, dieses stagnierende Wissen als normative Regelpoetik in die Sprecherauswahl und Schulung innerhalb der technischen Medien einführen zu können, erhalten die frühen Radio-Experimente von Pear, Bühler und Lazarsfeld ihre grundlegende Bedeutung.

Paul Lazarsfeld selbst revidierte den Bezug der empirischen Rezeptionsforschung auf die lange Geschichte physiognomischer Lehre mit seiner im amerikanischen Exil im Jahre 1941 vorgenommenen grundsätzlichen Trennung der medienwissenschaftlichen Fragestellungen in eine kritische und eine administrative Forschung, wobei er die letztere für sich und seine Untersuchungen reklamierte.[67] Administrative Forschung halte sich innerhalb der Parameter etablierter Medien auf und stelle nützliches Material für diese Institutionen bereit.[68] Der in Auseinandersetzung mit Theodor W. Adorno entwickelte Theorierahmen einer administrativen Rundfunkforschung, deren Methodik bis auf die frühen Wiener ‚Radio-Experimente' zurückgeht, stellt insofern keine Sinnfragen zu Medieninstitutionen mehr, leitet seine Entstehung jedoch von stimmphysiognomischen Sinngebungsverfahren als Assoziation von Stimme und Charakter ab.

67 Vgl. Paul Lazarsfeld: „Administrative and Critical Communications Research." In: *Studies in Philosophy and Social Science*, Bd. IX (1941), Nr. 1, S. 2–16, hier S. 8 f.

68 „To someone who uses a medium for something, it is the task of research to make the tool better known, and thus to facilitate its use." Paul Lazarsfeld 1941, S. 2 f.

Hans-Ulrich Wagner

Sounds like the Fifties

Zur Klangarchäologie der Stimme im westdeutschen Rundfunk
der Nachkriegszeit

1. Die akustische Textur einer Epoche

„Können die Tonlandschaften unserer Vorfahren rekonstruiert werden?" frag-
te David Lowenthal, als die UNESCO 1976 ihr groß angelegtes Projekt der
„tönenden Umwelt" auf den Weg brachte.[1] Dahinter steht die Frage, was eigentlich mit den Tönen, mit den „Sounds" geschehen ist, nachdem diese artikuliert worden sind und sich durch Schallwellen ausgebreitet haben? Die Übertragung der Schwingungen von einem schwingungsfähigen Körper zum anderen
ist aufgrund der physikalischen Gegebenheiten endlich; der Sprechakt als Teil
menschlichen Handelns ist zeit- und ortsgebunden. Die Sprechschallübertra-
gung vollzieht sich in einem raum-zeitlich gebundenen Schallfeld.

Diese Bedingungen des Schallvorgangs beflügelten gerade die Autoren der
phantastischen Literatur. In einer ganzen Reihe von Erzählungen schildern sie,
wie immer wieder versucht wird, Töne zu konservieren und sie dann wiederzu-
erwecken. Beispielsweise in der Geschichte des Barons Münchhausen, in der die
Töne aus dem Horn eines Jägers mit dem Beginn des Winters einfrieren und erst
im darauf folgenden Frühjahr zu vernehmen sind. Eine andere, für alle Goe-
the-Freunde sehr amüsante Erzählung ist die Groteske *Goethe spricht in den
Phonographen* von Salomo Friedlaender/Mynona. In der 1916 erschienenen Erzählung berichtet der Autor, wie Professor Abnossah Pschorr versucht, Goethes Stimme mittels einer Apparatur und des in Weimar befindlichen Schädels
zu rekonstruieren.[2]

Solche Erzählungen nahmen nicht selten die neuen medialen Aufzeich-
nungsmöglichkeiten vorweg oder begleiteten diese ebenso fasziniert wie kritisch. Denn erst seit der zweiten Hälfte des 19. Jahrhunderts bestand die Möglichkeit, Töne aufzuzeichnen und auch zu speichern. Aber ebenso wenig wie
eine Photographie eine optisch vermittelte bzw. gespeicherte Realität von da-

---

1   David Lowenthal: „Auf der Suche nach verlorenen Tönen. Können die Tonlandschaften unse-
     rer Vorfahren rekonstruiert werden?" In: *Unesco Kurier*. 17. Jg. (1976); Nr. 11, S. 15–21.
2   Mynona: „Goethe spricht in den Phonographen. Eine Liebesgeschichte". In: Ders.: *Schwarz-
     Weiss-Rot. Grotesken*. Leipzig 1916, S. 9–24.

mals darstellt, sondern lediglich ein Abbild ist, ebenso wenig sind die aufgezeichneten Töne die akustische Realität von damals. Die Töne, die mittels eines Phonographen aufgenommen, von einer Schelllackplatte auf einem Grammophon abgespielt werden oder die als Tonkonserven in einem Rundfunkarchiv liegen, sind genauso „Abbild" – ein entsprechendes Wort aus der Hörwelt gibt es interessanterweise nicht –, also sekundäre Produkte einer spezifischen Medienakustik.

Doch diese Medienakustik rückt vergleichsweise selten in den Blickpunkt der wissenschaftlichen Betrachtung. Auch wenn Linguisten und Schallanalytiker bereits um die Jahrhundertwende erste „schallanalytische Versuche" durchführten sowie Phonetiker und Rhetoriker sich der Sprechkunde und Sprecherziehung widmeten – eine kulturwissenschaftlich und technikgeschichtlich umfassende „Semiotik des Radios" steckt noch in den Anfängen. Dabei ist die Faszination, jenseits der schriftlichen, visuellen und haptischen Zeugnisse auch die akustische Physiognomie eines bestimmten Zeitabschnitts bzw. die „Klanggestalt" einer Epoche aufzuspüren, ungebrochen. Ein kleines heuristisches Modell soll im Folgenden die Arbeit des Klangarchäologen auf den Spuren von Tonaufnahmen der deutschen Rundfunkgeschichte verdeutlichen.

2. Klangarchäologie des Rundfunks – ein Modell

Ausgangspunkt der Überlegungen ist das raum-zeitlich gebundene Schallereignis, also der originale „Sound", der Ton, die Stimme, das Geräusch, die Musik.[3] Von diesem zwischen einem Produzenten und einem Rezipienten stattfindenden Ereignis wissen alle, die nicht unmittelbar zugegen waren, nichts, es sei denn, mediale Möglichkeiten kommen hinzu. Der Produzent des „Sounds" kommt also in diesem Fall mit dem Rundfunk und dessen apparativen Möglichkeiten in Kontakt: Er wird interviewt, er geht ins Studio oder seine Darbietung wird übertragen. In diesem Moment spielt der gesamte Bereich der Aufnahmetechnik eine große Rolle, so dass beispielsweise zu fragen ist: Welche Mikrophone gibt es, welche akustischen Bedingungen werden geschaffen und welche technischen Möglichkeiten wie Filter, Regler, Verstärker finden Verwendung?

Auch an dieser Stelle existiert noch die Möglichkeit, dass das mediale Ereignis übertragen und gesendet wird, also nur auf eine unmittelbare Hörerschaft und auf einen zeitgenössischen Gebrauchskontext trifft. In diesem Fall spielen die entsprechenden Übertragungs- und Empfangstechniken eine Rolle: Welche sendetechnischen Standards stehen zur Verfügung und über welche Empfangstechnik verfügt der Rezipient: Man denke nur an den Antennenbau oder an die Entwicklung von Empfangsgeräten. Interessant wird es, wenn dieses bislang

---

3   Zu den verschiedenen „Sound"-Definitionen vgl. Frank Schätzlein: „Sound-Variationen: Vom ‚typischen Klang' zum ‚Sound-Design'". In: *Medienwissenschaft*. Nr. 1, 2003, S. 4–11.

immer noch raum-zeitlich gebundene Schallereignis aufgezeichnet wird, wenn also beispielsweise das vom Reporter geführte Interview mit einem tragbaren Magnetophonbandgerät aufgenommen wird, eine Konzertveranstaltung in einem Ü-Wagen mitgeschnitten oder eine Hörspielproduktion im Studio aufgezeichnet und gespeichert wird. In diesen Fällen kommt es zu Tonkonserven, die losgelöst vom Gebrauchskontext durch die Speichertechnik auf einen neuen Gedächtniskontext treffen können.

Denn wie in den von der klassischen Archäologie erforschten historischen Epochen bleibt von diesen bald massenhaft produzierten Zeugnissen nur ein Bruchteil erhalten. Redakteure, Archivare und Rundfunkverantwortliche entscheiden laufend darüber, welche Aufnahmen „archivwürdig" sind und welche im Zuge der Zeit gelöscht werden. Das Spektrum ihrer Begründungen reicht von Platzmangel in den Archivräumen bis zu mehr oder weniger expliziten Rekursen auf die Bildung eines Kanons. Aber auch in technischer Hinsicht erfahren die Überlieferungsträger Veränderungen: sei es durch den Lagerungsprozess, der die Qualität entscheidend beeinflussen kann (z. B. Kopiereffekte beim Aufspulen von Magnetophonbändern); sei es durch die mehrfachen Überspielungsmaßnahmen, das so genannte „Recording", im Zuge von technischen Innovationen (z. B. Wandel der Bandgeschwindigkeiten bei der Magnetophontechnik; Übergang von analogen zu digitalen Datenträgern). Der bis heute erhalten gebliebene Ton ist also nicht mit dem aufgezeichneten historischen Ton gleichzusetzen. Wo dies mit geeigneten Quellen und Informationen möglich ist, gilt es, die jeweils stattfindenden Veränderungen über den historischen Abstand hinweg nachzuzeichnen.

Mit diesem Modell wird also zunächst das gesamte Setting an möglichen Fragestellungen deutlich, denen sich eine Klangarchäologie auf mehr oder weniger technischem Gebiet gegenübergestellt sieht. Es sind dies medientechnische Bereiche, die die Grundlage für den Aufnahme-, Sende-, Speicher- und Empfangsprozess liefern. Doch die Skizze soll gleichzeitig verdeutlichen, dass darüber hinaus ein kulturgeschichtlicher Bereich berührt wird. Denn die gesellschaftlich geprägte Codierung von Artikulation und Perzeption, von Sprechen und Hören, unterliegt kulturellen Standards und Normen. Das Modell übersteigt also den klinisch-kalten Analyse-Blick auf die Apparate der akustischen Produktion, Speicherung, Übertragung und Wahrnehmung, wie sie Wolfgang Ernst mit seinem „medienarchäologischen Blick" einfordert,[4] sowie die „zügellose", nicht zielgerichtete „anarchäologische" Suche nach einer Geschichte des technischen Hörens und Sehens, wie sie Siegfried Zielinski vorschlägt.[5]

---

4   Wolfgang Ernst: „Der medienarchäologische Blick". In: Harro Segeberg (Hg.): *Die Medien und ihre Technik. Theorien – Modelle – Geschichte*. Marburg 2004 (= Schriftenreihe der GfM, Bd. 11), S. 28–42.

Das vorliegende Modell zielt demgegenüber auf die analytische Beschreibung eines historischen Kommunikationsprozesses, der ohne Zweifel technisch-apparativ gebunden ist, dessen interne Beziehungen aber zugleich hochgradig von der kulturellen Aneignung und Verwendung dieser technischen Mittel bestimmt sind. Dies kulturell geprägte sozio-technische Dispositiv lässt sich wie folgt veranschaulichen:

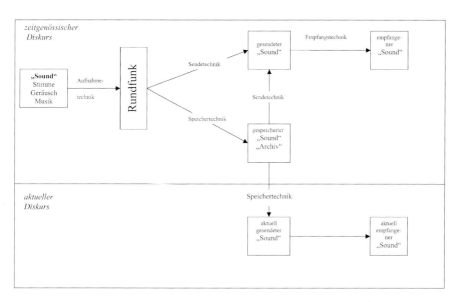

Das Spektrum an konkreten Fragen, das sich vor diesem Hintergrund an den „Sound der fünfziger Jahre" ergibt, ist breit. Im Folgenden kann es daher in einem ersten Schritt lediglich darum gehen, einige „Sondierungen" für das akustische Erscheinungsbild von Wortsendungen in den ersten beiden eineinhalb Nachkriegsjahrzehnten vorzunehmen. Mit Hilfe der beiden thematischen Zugänge „über das Sprechen" und „über das Hören" sollen dabei vor allem die kulturell prägenden diskursiven Kontexte für den „Sound" der westdeutschen „Fifties" in den Vordergrund rücken.

3. Tonfall – Rundfunkstimmen der Nachkriegszeit

Als Ausgangspunkt für die Beurteilung des Sprechens im Rundfunk nach dem Ende des Zweiten Weltkriegs bietet sich die Frage nach der Kontinuität oder dem Bruch mit dem ‚Sound' des Hitler-Reichs an. In mehreren Untersuchungen setzte

---

5   Siegfried Zielinski: „Geglücktes Finden. Eine Miniatur, zugleich Korrektur, Zur AnArchäologie des technischen Hörens und Sehens". In: Lorenz Engell/Joseph Vogl (Hg.): *Mediale Historiographien*. Weimar 2001, S. 151–160.

man sich in den letzten Jahren eingehend mit dem medial-akustischen Erscheinungsbild des nationalsozialistischen Regimes auseinander und spürte vor allem dem Phänomen ‚Hitlers Stimme' nach.[6] Für die Jahre des politischen Neubeginns in den Westzonen stellt sich vor diesem Hintergrund die Frage, ob es einen neuen, einen demokratischen Ton in den Medien nach 1945 gab.

Personell fällt zunächst einmal auf, dass mehrere namhafte Sprecherpersönlichkeiten nahtlos ihre Karriere beim Rundfunk fortsetzen konnten. Reporterstimmen wie die von Bernhard Ernst und Alfred Braun bestimmten von den zwanziger Jahren an bis in die fünfziger Jahre hinein das radiophone Erscheinungs-‚Bild'. Ein Schauspieler wie Mathias Wiemann prägte das „Schatzkästlein" des Dritten Reichs ebenso wie nach 1945 viele der Hörspielaufnahmen und Literaturlesungen. Von nicht wenigen Sprechern im Nachkriegsrundfunk weiß man, dass sie ihr Handwerk in den PKs, den Propagandakompanien des Dritten Reichs, erlernt haben. Wenn es Karriereknicks gab, wie beispielsweise im Fall des berühmten Reporters Paul Laven, so lagen die Schwierigkeiten einer Weiterbeschäftigung in den konkreten politischen Haltungen sowie in der Taktik des persönlichen Auftretens.

Für eine kleine akustische Vergleichsreihe wurde im Rahmen des Tagungsvortrags Bernhard Ernst ausgewählt, eine markante Reporter-Persönlichkeit, die sowohl in der Weimarer Republik als auch im Dritten Reich und schließlich nach 1945 für den Kölner Rundfunk tätig gewesen war. Hintereinander kamen Ausschnitte aus Reportagen von ihm von 1930, von 1940 und ein Bericht von 1956 zu Gehör.[7] In der ersten Aufnahme, einer hochpolitischen Reportage von den Feierlichkeiten in Trier, nachdem die französische Besatzung abgezogen war, dominiert der Bericht, die teichoskopische Schilderung. Der Rhythmus ist episch schildernd, mit ganz klaren Akzentuierungen. Die Sprachmelodie ist sehr stark modulierend. Auffallend sind die Zäsuren und Pausen. Sie heben hervor, sie betonen, sie werden zu Sinnpausen, freilich ohne wirklich pathetisch zu sein. Dieser Aufnahme folgte eine Reportage aus dem Dritten Reich, die vom Waffenstillstandswagen von Com-

---

6   Vgl. Claudia Schmölders: „Die Stimme des Bösen. Zur Klanggestalt des Dritten Reiches". In: *Merkur.* 51. Jg. (1997), H. 7, S. 681–693; Claudia Schmölders: „Stimmen von Führern. Auditorische Szenen 1900–1945". In: Friedrich Kittler u. a. (Hg.): *Zwischen Rauschen und Offenbarung. Zur Kultur- und Mediengeschichte der Stimme.* Berlin 2002, S. 175–195; Cornelia Epping-Jäger: „Laut/Sprecher Hitler. Über ein Dispositiv der Massenkommunikation in der Zeit des Nationalsozialismus". In: Josef Kopperschmidt (Hg.): *Hitler der Redner.* München 2003, S. 143–158.

7   Reportage von den Feierlichkeiten in Trier anlässlich der Befreiung des Rheinlands von der französischen Besatzung. RRG. Aufnahme vom 30.6.1930. DRA Wiesbaden. Veröffentlicht auf der CD: „Stimmen des 20. Jahrhunderts. Weimar – Das Scheitern einer Demokratie". Deutsches Historisches Museum, Deutsches Rundfunkarchiv 2000; Reportage von der Abfahrt des Waffenstillstandswagens von Compiègne nach Berlin. RRG. Aufnahme vom 23.6. 1940. DRA Wiesbaden; Bernhard Ernst im Gespräch mit Brigitte Obendorfer über den Beruf des Rundfunkreporters. WDR 18.5.1956. WDR Schallarchiv. DOK 588.

piègne handelte, der nach Berlin gebracht wird. Ernst lieferte eine mustergültige Reportage unter dem Gesichtspunkt, den Hörer ein Ereignis miterleben zu lassen. Der Reporter begleitet das Ereignis, er berichtet und setzt ganz auf die Atmosphäre. Nur wenige Stellen sind politisch besetzt, aber auch sie nur durch die Modulation der Stimme, wenn beispielsweise bei dem kurzen Syntagma „zwei Mal" die Stimme nach oben geht und eine Pause gesetzt wird. In der letzten Aufnahme, einem Studiogespräch, äußert sich Bernhard Ernst zum Beruf des Reporters. Die Moderatorin ist eine reine Stichwortgeberin. Direkt an die Öffentlichkeit gewandt, spricht Ernst wie ein Reporter über den Beruf des Reporters. Überdeutlich moduliert er seine Sprache, etwa wenn er „plastisch schildern" sagt und dieses Syntagma gleichsam in den Raum setzt. Wenn Ernst von Dynamik spricht, demonstriert er, wie stark er sein Sprechtempo variieren kann.

Der diachrone Vergleich zwischen den Aufnahmen ein und derselben Person erbrachte nicht so eindeutige Unterschiede, wie die Zuhörer es vielleicht erwartet hatten. Allenfalls kleine Differenzen waren bemerkbar, ansonsten waren die Aufnahmen von einem gleich bleibenden „Sound" geprägt. Durchgängig dominierte Ernsts kräftige, mächtige, souverän klingende Stimme. Charakteristisch war sein kontinuierlich gepflegter Hang zur Dramatik, der durch die starken Tempi-Wechsel entsteht, seine charakteristische Betonung auf einzelne Worte, indem er mit der Stimme nach oben geht und diese Worte dann als sinntragend mit einer Pause stehen lässt. Diese Kontinuität einer Sprecherstimme hatten die Programmverantwortlichen im Kölner Funkhaus „vor Ohren", als Deutsche und Briten sich Gedanken über das stimmliche Aushängeschild des Senders machten. In einer Korrespondenz zwischen zwei Kontrolloffizieren schreibt Edward Rothe aus Köln über sein „Sorgenkind" Bernhard Ernst an Alexander Maass nach Hamburg: „[Er] wird es nach meinem Gefühl nie verstehen, daß der Nationalsozialismus abgewirtschaftet hat, daß das pompöse Trara des Nazi-Ansagers (auch wenn es ‚seit 21 Jahren' und vor 33 von ihm so gemacht wurde) unerträglich ist. [Der Intendant] Burghardt versucht, in langen, freundschaftlichen Gesprächen ihm diese Dinge beizubringen; wollen wir mal abwarten."[8]

Eine zweite Reporterstimme zu nennen, ist für die Frage nach dem „Sound" der fünfziger Jahre insofern unerlässlich, als diese zur Ikone der Wiederaufbau- und Wirtschaftswunder-Epoche geworden ist und immer wieder beschrieben wird als ein im kulturellen Gedächtnis fest verankertes Radio-Erlebnis: Die Rede ist von Herbert Zimmermann und seiner legendären Reportage des WM-Endspiels 1954.[9] Friedrich Christian Delius schilderte sein Hörerlebnis litera-

---

8 Edward Rothe (BCU Cologne) an Alexander Maass (BCU Hamburg), 29.5.1946. WDR HA. Nr. 10016.

9 Ausschnitte aus der WM-Reportage sind auf mehreren CD-Samplern über die fünfziger Jahre zu finden, z. B. „Wir sind wieder wer". Deutsches Historisches Museum, Deutsches Rund-

risch so: „Ich vertraute mich der fremden Stimme an, die geschmeidig und erregt die Begeisterung von Silbe zu Silbe trug und sich schnell steigerte zu Wortmelodien wie Riesensensation und Fußballwunder. Ich war sofort gefangen von diesem Ton: [...] ich sog die Stimme ein, ließ mich von ihr führen, heben und abwärts schaukeln".[10]

Der Sportreporter dieses „Wunder von Bern" ist der 37 Jahre alte Herbert Zimmermann. 1942/43 war der junge Mann zum ersten Mal mit dem Rundfunk in Kontakt gekommen, als er für einige Zeit bei dem Rundfunk- und „Wochenschau"-Sprecher Rolf Wernicke arbeitete und von dessen Stimme, an der er sich schon seit langem schulte, lernen konnte.[11] Der in den letzten Kriegsmonaten hoch dekorierte Panzeroffizier Herbert Zimmermann kam nach dem Ende des Krieges zum NWDR und war seit Mai 1946 Sportredakteur. Der ehrgeizige Reporter sicherte sich schon bald eine unangefochtene Position auf dem Gebiet der westdeutschen Sportberichterstattung. In einem kurzen Text aus dem Jahr 1948 verrät er etwas über sein Leitbild von einem guten Sportreporter:

> Der Sportberichter muß [...] aus der Wirklichkeit her das Ereignis völlig miterleben, daß er in jeder Phase das Spiel plastisch schildern kann. Bei aller Konzentration auf seine Reportage muß er sich der akustischen Möglichkeiten des Mikrofons bewußt sein. Seine Sprache soll meiner Ansicht nach dem Spielverlauf entsprechen. Sachlich und ruhig bei allen Szenen im Mittelfeld, spannungsreich am und im Strafraum, mitreißend beim Torschuß.[12]

Das Selbstverständnis des Sportreporters, hier mehrere Jahre vor der WM-Reportage formuliert, wird deutlich: „Plastisch schildern", heißt die Aufgabe, aus einem regelrechten „Mit-Erleben" heraus, die Spannung genau dosierend, um am Schluss das Packende zu erreichen, die emotionale Steigerung bis zum Überschlagen. Der Hörer wird in das Erleben eingebunden, er wird „mitgerissen". Noch gilt auf dem Gebiet der Sportreportage nahezu unangefochten das Credo eines emotionalen Mitvollziehens, die Auffassung vom Rundfunk als einem Erlebnis schaffenden Medium.

---

funkarchiv 1995. – Zum 50. Jubiläum des WM-Spiels wurde 2004 eine CD der gesamten Reportage veröffentlicht: Hamburg: Hoffmann und Campe 2004.

10 Friedrich Christian Delius: „Der Sonntag, an dem ich Weltmeister wurde. Erzählung". Reinbek bei Hamburg 1994.

11 Vgl. hierzu die 2004 erschienene Biographie Herbert Zimmermanns von Erik Eggers: „Die Stimme von Bern. Das Leben von Herbert Zimmermann. Reporterlegende bei der WM 1954". Augsburg 2004.

12 Herbert Zimmermann: „Der Sportsprecher des Rundfunks". Einladungskarte für ein Gastreferat an der Volkshochschule Marl am 11. Oktober 1948. StaA Hamburg. NDR-Depositum. Nr. 929.

Doch in den Nachkriegsjahren arbeitete man in den Sendern nicht nur intensiv mit und an den „Alten", deren journalistisches Know-how man in den Anfangsjahren so dringend benötigte. Gezielt wurden neue Talente gesucht. Viele Männer und Frauen drängten in diesen Beruf. Die Messlatte war hoch; gerade einmal „zwei von 4500" wurden beim Sprecherwettbewerb des Berliner Rundfunks 1947 ausgewählt.[13] Hunderte würden sich Monat für Monat in den Funkhäusern melden, berichtete der NWDR 1950 und warnte in einer Pressemeldung die Anwärterinnen und Anwärtern vor allzu großen Hoffnungen; man habe bereits viele neue Sprecherinnen und Sprecher engagiert.[14] Leider erweist es sich als schwierig, Unterlagen über Mikrophonprüfungen aus dieser Zeit zu finden und die Kriterien zu eruieren, die in der Stimmausbildung und in den Prüfungen zugrunde gelegt worden sind.

Umso interessanter ist ein Dokument, das festhält, was 1950 von einem Nachrichtensprecher gefordert wurde. „Allgemeinbildung und Fremdsprachenkenntnisse" werden vorausgesetzt, dann heißt es weiter: „Mit diesem selbstverständlichen Rüstzeug muss sich die Gabe vereinen, sachlich, unparteiisch, aber nicht desinteressiert sprechen zu können. Eine Gabe, die recht selten ist."[15] Die hier mitformulierten neuen Akzente treten hervor, wenn man sie in Vergleich setzt. So hieß es beispielsweise 1936 in den „Richtlinien für Rundfunksprecher" der Reichssendeleitung: „Die Stimme des Rundfunksprechers muß *klangvoll, ausdrucksreich und sehr biegsam* sein. Vor allem muß in ihr eine ‚*Persönlichkeit*' zum Ausdruck kommen, damit der Hörer immer wieder berührt und gefesselt wird."[16] Das heißt: „Sachlich", „unparteiisch" und vor allem das mit einer doppelten Verneinung verklausulierte „nicht desinteressiert" stehen einem Ausdruck von vor 1945 gegenüber, der „berühren" will, der in Bann schlagen soll und der schließlich die „Volksgemeinschaft" gefangen nehmen soll.

Leider sind auf diesem Gebiet keine geeigneten „Töne" überliefert, um gleichsam prosodisch die Qualität von Sprechern, Nachrichtensprechern und Ansagern zu überprüfen. Aber die Trennung von Nachrichten und Kommentar – eine journalistische Tradition, die speziell über die BBC in das deutsche Rundfunkprogramm übernommen wurde – hat insgesamt auch akustisch zu einer Versachlichung beigetragen.

Ein anderes Dokument korrigiert freilich allzu große Erwartungen an einen daran anknüpfenden neuen „Sound". 1948 hatte man die Sprechgeschwindig-

13 H. D.: „Zwei von 4500". In: *Der Rundfunk* (Berlin). 2. Jg. (1947), H. 44, 23.11.–27.11.1947, S. 2.

14 „Ich möchte zum Rundfunk!' Das ‚Vorsprechen' – Prüfstein der Mikrofon-Eignung". In: *Die Ansage*, Nr. 41, 13.10.1950.

15 „Berufe im Rundfunk: Der Nachrichtensprecher". In: *Die Ansage*, Nr. 27, 7.7.1950.

16 Reichssendeleitung A I b Sprachpflege: Eignungsprüfung. Berlin, 8.4.1936. WDR HA. Nr. 9922 – Hervorhebung im Original.

keiten bei den Nachrichten von der BBC und vom NWDR verglichen. Die Messung zeigte, dass in Hamburg durchschnittlich einige Silben pro Minute weniger gesprochen wurden als in London – 250–260 in Deutschland gegenüber 260–270 in England. Interessant für die vorliegende Frage aber ist, dass sich die Zwischenpausen deutlich unterscheiden. Deutsche Nachrichtensprecher machten insgesamt zwischen 3,6 und 6 Sekunden Pause, während ihre britischen Kollegen nur 1,5 bis 3 Sekunden Pausen einlegten. Hieraus lässt sich schließen, dass die deutschen Sätze mit ihrem komplizierten Satzbau, mit ihren Genitiv- und Präpositional-Syntagmen sowie den langen Komposita insgesamt eher langsam, betont und offensichtlich mit viel Raum für gewichtige Pausen gelesen wurden.

Im Übrigen war der Bereich des Nachrichtensprechers lange Zeit eine reine Männerdomäne. Unter den fünf Nachrichtensprechern des NWDR 1950 befand sich keine einzige Frau. In einer Untersuchung aus dem Jahr 1953 bekannten zwei Drittel der Befragten, dass Nachrichten von Männern gesprochen werden sollten. Mit der gängigen Frauenrolle war die Vermittlung politischer Information noch unvereinbar.[17]

Nach den Programmformen Reportage und Nachrichten ein Blick auf zwei Präsentationsformen der Rundfunkprogramme. Vor allem im Zusammenhang mit dem neuen Format des Magazins änderte sich auch die akustische Erscheinungsform. Als im November 1947 der Erkennungs-‚Jingle‘ aus Robert Schumanns *Rheinischer Sinfonie* das erste Regionalmagazin AUS DEM WESTDEUTSCHEN TAGEBUCH ankündigte, musste sich das Publikum erst daran gewöhnen, dass ein im Studio sitzender Redakteur regelrecht das Gespräch mit den Hörern suchte. Der moderierende Journalist bot auf eine unterhaltsame Weise eine Mischung von Meldungen und Schlagzeilen, kleinen und größeren Berichten, vorher aufgezeichneten Interviews und live stattfindenden Gesprächen am Telefon. Kein ernster Verlautbarungsstil sollte gepflegt, sondern eine unterhaltsame Vermittlung von interessanten Ereignissen eingeübt werden. Werner Höfer, ein versierter Journalist, etablierte mit seinem Gespür für neue Sendeformate wenig später auch ein weiteres Flaggschiff des *NWDR*-Köln: ZWISCHEN RHEIN UND WESER. Über die Präsentationsform des am 30. April 1950 gestarteten Regionalmagazins schrieb Höfer: „Da kommt einer, der sich den Zuhörern bekannt macht und versucht, ein Publikum [...] über die sehr unterschiedlichen Ereignisse eines Tages zu informieren; unlangweilig, aber nicht manipulatorisch, und improvisatorisch, mit leichter Hand und lockerem, losem Mundwerk".[18]

17 „Sprecher oder Sprecherinnen?" In: Fritz Eberhard: *Der Rundfunkhörer und sein Programm. Ein Beitrag zur empirischen Sozialforschung.* Berlin 1962, S. 111.
18 Werner Höfer: „Auf neuen Wellen zu neuen Wegen". In: *Jahrbuch 1950–1953.* Hrsg. vom Nordwestdeutschen Rundfunk. Hamburg und Köln 1953, S. 27–29; Zitat, S. 29.

Dass dieser Wunsch nach einer auflockernden und lockeren Moderation noch sehr viel weiter gehen konnte, kann ebenfalls ein Beispiel aus der *NWDR*-Geschichte verdeutlichen. Leider gibt es keine Aufnahmen davon, denn 1952 hatte niemand in Hamburg daran gedacht, dass das fehlerhafte Deutsch des englischen „Schallplatten-Jockei" mit dem Namen Chris Howland einmal rundfunkgeschichtlich bedeutsam werden könne. Allerdings sorgte sein – wie er es später nannte – „Funk in Jeans und Pulli" beim jüngeren Publikum rasch für Furore.[19] Natürlich war es in erster Linie die Musikfarbe, also die neue Platten-Musik, die die Jugendlichen sonst nur bei den Soldatensendern *AFN* und *BFN* zu hören bekamen; sie sorgte vor allem für den Erfolg der Schallplattensendung. Aber dieses Interesse verband sich mit dem „unerhörten", ja „ungehörigen", unverkrampften, flapsigen, in jeder Hinsicht unkorrekten Ton. Über 1.500 begeisterte Zuschriften wöchentlich sollen den Sender und seinen von *BFN* an den deutschen Rundfunksender abgeworbenen „DJ" erreicht haben. Die *Braunschweiger Zeitung* berichtete damals über den „Charme in gebrochenem Deutsch" und brachte ihn mit einer Generationserfahrung in Verbindung: „An Chris Howland läßt sich studieren, daß die Schlaksigkeit dieser Generation ohne Bügelfalte alles andere ist als ungezogenes Betragen [...]. Sich so locker, unkonventionell und dabei charmant menschlich zu benehmen, ist schon wieder eine Kunst und kann ein Stil werden."[20] Was es auch wurde.

Vielleicht muss man von den heutigen Hörgewohnheiten ausgehend, die von den An-, Zwischen- und Abmoderationen der Pop-Wellen geprägt sind, an den Kontrast erinnern. Howland opponierte 1952 mit seinem „Hello meinar Freundar, boooiiing" gegen einen von ihm so apostrophierten „Funk im Smoking". Was man sich darunter vorzustellen hat, zeigt ein Blick in die zeitgenössische Rundfunkliteratur. Nicht nur einmal wurde lebhaft diskutiert, welche hohe Aufgabe dem Rundfunk als „sprachlichem Erziehungsmittel" zukomme. Der Rundfunk müsse – so etwa Franz Thierfelder in der Zeitschrift *Rufer und Hörer* 1951/52 – „das ganze Volk auf eine geläutertere [sic] Sprachebene" erheben. Der Autor sah den Beitrag des Rundfunks mit seiner Forderung nach richtigem Deutsch nicht allein auf die „sprachliche[...] Gesundheit" beschränkt, sondern geißelte unter dem Stichwort „Auflockerung" das „form- und geistlose Gestammel, bei man sich immer wieder fragt, ob es denn wirklich nennenswerte Hörerkreise gibt, die sich an ihm erfreuen können".[21]

---

19 Vgl. Chris Howland im Gespräch mit Peter von Rüden, 24.1.2002. Forschungsstelle zur Geschichte des Rundfunks in Norddeutschland, Hamburg; sowie Chris Howland: „Happy Days? Erzählungen". Frankfurt am Main 1997.

20 Emanuel Tick: „Mit Charme in gebrochenem Deutsch". In: *Braunschweiger Zeitung*, 28.5.1953.

21 Franz Thierfelder: „Rundfunk, Sprach- und Sprechkultur". In: *RuH*. 6. Jg. (1951/52), H. 8, Mai 1952, S. 132–136; Zitate, S. 133–135.

Solche Forderungen kamen nicht von ungefähr. Seit den dreißiger Jahren gab es eine breite Strömung in Deutschland, die sprachpflegerische Ziele formulierte und hierbei dem Rundfunk eine große erzieherische Aufgabe zuschrieb. Franz Thierfelder war seit 1926 einflussreicher sprachpolitischer Wortführer der „Deutschen Akademie zur wissenschaftlichen Erforschung und zur Pflege des Deutschtums" und bis 1945 sprachpolitischer Berater des Auswärtigen Amtes und der SS gewesen. Seine Vorstellung von einer sprachpropagandistisch durchzusetzenden Kulturhegemonie des Deutschen als Weltsprache baute er auch in den fünfziger Jahren als Generalsekretär des von Konsul Wanner gegründeten *Instituts für Auslandsbeziehungen* aus. Hierbei knüpfte er mehrfach an seine 1941 publizierte Schrift *Sprachpolitik und Rundfunk* an, die als erster Band des *Instituts für Rundfunkwissenschaft* an der Universität Freiburg erschienen war.[22] Dessen Leiter, Friedrichkarl Roedemeyer, hatte bereits zu Beginn der dreißiger Jahre die Hoffnung formuliert, der Rundfunk möge eine „Hochschule der redenden Künste" werden und hatte damit den sprecherzieherischen Aufgaben am Rundfunk den Weg gebahnt.[23]

In diese Diskussion um normative Aufgaben des Rundfunks gehört auch die Aussprecheregelung. Dem Rundfunk kam schon sehr bald eine entscheidende Rolle bei der sich im 20. Jahrhundert entwickelnden Aussprachenorm zu. 1898 legten Hochschulgermanisten unter Leitung von Theodor Siebs erstmals eine Aussprachenorm für das Deutsche fest, die „Deutsche Bühnenaussprache". 1931 erarbeitete derselbe Germanist darauf aufbauend im Auftrag der Reichs-Rundfunk-Gesellschaft eine Ergänzung, die „Rundfunkaussprache". In ihr wurden vor allem Fremdwortaussprache, Regelungen für Laute und Betonungen festgelegt. Siebs schrieb dem Rundfunksprecher ins Stammbuch, dass er sein Bestes geben müsse, weil der Rundfunk „für die Allgemeinheit, für die gesamte völkische Gemeinschaft" da sei: „Nie darf man vergessen, daß der Rundfunk eine gewaltige Wirkung auf die Hörer üben kann und schon durch die Art seiner Sprache eine bedeutsame Kulturmacht ist."[24] Kanonische Bedeutung er-

---

22 Zu Franz Thierfelder vgl. Matthias Krell: „Franz Thierfelder: ‚Deutsch als Weltsprache' oder ein Leben für die Völkerverständigung?". In: Georg Bollenbeck/Clemens Knobloch (Hg.): *Semantischer Umbau der Geisteswissenschaften nach 1933 und 1945*. Heidelberg 2001, S. 182–202. – Die wichtigsten Veröffentlichungen Thierfelders im Zusammenhang mit dem Rundfunk sind: „Sprachpolitik und Rundfunk". Berlin: Decker 1941 (= Schriften des Instituts für Rundfunkwissenschaft an der Universität Freiburg i.Br., Bd. 1); „Von Rundfunk, Moral und tüchtigem Durchschnitt". In: *RuH*. 5. Jg. (1950/51), H. 2, November 1950, S. 49–52; „Rundfunkaussprache". In: *RuH*. 5. Jg. (1950/51), H. 4, Januar 1951, S. 149–153; „Kunstsprache und Rundfunk". In: *RuH*. 6. Jg. (1951/52), H. 6, März 1952, S. 316–325; „Akademie und Sprachpflege". In: *RuH*. 7. Jg. (1952/53), H. 7, April 1953, S. 386–391.

23 Zu Friedrichkarl Roedemeyer vgl. Arnulf Kutsch: *Rundfunkwissenschaft im Dritten Reich. Geschichte des Instituts für Rundfunkwissenschaft der Universität Freiburg*. München 1985.

24 „Rundfunkaussprache". Im Auftrage der Reichs-Rundfunk-Gesellschaft bearbeitet von Theodor Siebs. Als Handschrift gedruckt. Berlin 1931, S. 2.

reichte diese Normierungsarbeit dann im Dritten Reich, die die „Rundfunkaussprache" zur verbindlichen Grundlage erklärte. In den Nachkriegsjahren setzte sich diese normative Arbeit fort. In der *NWDR*-Rundfunkschule beispielsweise waren Sprechlehrer engagiert. Eine von ihnen, Elsbeth Günther, wollte 1949/50 sogar eine regelrechte „Sprechlehre" für den *NWDR* ausarbeiten, doch aufgrund von Zerwürfnissen blieb es lediglich bei einigen Probeheften der *Blätter für die Aussprache von Fremdwörtern*.[25] Bis heute prägen die Ausspracheregelungen des Rundfunks - nicht nur für Fremdwörter und Eigennamen - die sprecherische Alltagsverwendung.

Das wird gerade auch im Zusammenhang mit Mundart und regionalem Idiom deutlich. Wenn diese im Rundfunkprogramm der fünfziger Jahre vorkommen, wurden sie entweder auf einem eigens ausgewiesenen Programmplatz angesiedelt, z. B. als *Niederdeutsches Hörspiel* oder *Guten Morgen auf Westfälisch*; oder sie gelangten als so genannter O-Ton ins Programm. Das asymmetrische Kommunikationsverhältnis zwischen dem professionellen Rundfunksprecher (Reporter, Interviewer, Moderator und dem zu Wort kommenden Bürger wurde dabei unterstrichen. Denn die lautliche Artikulation als regional oder landsmannschaftlich identifizierbarer Sprecher geschah häufig im Zusammenhang mit der Frage, woher der Interviewte komme, oder sie diente der Untermauerung einer regionalen Authentizität des Sprechers. Im Gegensatz zu späteren Entwicklungen bei den Hörerbeteiligungssendungen im deutschen Rundfunk dominierte bei Sendungen in den fünfziger Jahren die schriftliche Kontaktaufnahme des Publikums. Eine Sendung mit dem Titel *Der Hörer hat das Wort* arbeitete nicht mit der Stimme des Publikums, sondern die Redakteure erbaten sich Zuschriften, die sie arrangierten und die von professionellen Sprechern im Studio gelesen wurden.

Noch lange Zeit beherrschte der vorgelesene Text das Rundfunkprogramm. Das Freisprechen bildete eher die Ausnahme. Das 1929 von Alfred Döblin auf der Kasseler Arbeitstagung *Dichtung und Rundfunk* entworfene Szenario einer neuen Ära der Oralität und die Verlagerung des Selbstverständnis weg vom *Schrift*steller hin zu einem *Sprach*steller blieb uneingelöst. Die Versuche des *NWDR* in der Nachkriegszeit, zum Beispiel Stegreifgeschichten gezielt zu fördern, blieben eine Episode. Lediglich ein Erzähltalent wie das von Gregor von Rezzori konnte für Aufmerksamkeit sorgen.[26] Publikum und Rundfunkmacher waren skeptisch gegenüber einem „Abenteuer der freien Rede". Als man etwa

---

25 Vgl. StaA Hamburg. NDR-Depositum. Nr. 1459.

26 Flucks These von einer „Tendenz zur Mündlichkeit" bei der Entwicklung der Rundfunksprache setzt in den sechziger Jahren an; vgl. Hans-R. Fluck: „Zur Entwicklung von Rundfunk und Rundfunksprache in der Bundesrepublik Deutschland nach 1945". In: Bernd Ulrich Biere/ Helmut Henne (Hg.): *Sprache in den Medien nach 1945*. Tübingen 1993, S. 87–107; hier: S. 102.

bei der Einführung der UKW-Wellen damit experimentierte, Ansagen frei formulieren zu lassen, spottete man in der Zeitschrift *Rundfunk und Fernsehen*: „[...] was dabei herauskommt, ist wirklich allerhand. Sprechen wir nicht vom falschen Deutsch, nicht vom Stottern und Ver-sprechen, nicht von der Hilflosigkeit [...]; sprechen wir nur vom verunglückten Charme."[27]

4. Ganz Ohr? – Rundfunkhören in den fünfziger Jahren

Bereits in den dreißiger und vierziger, dann jedoch vor allem in den fünfziger Jahren gab es eine Reihe von Untersuchungen, die sich dem „Hören" widmeten und die Perzeption des neuen Mediums Rundfunks analysierten. Zahlreich sind die Aufsätze, Untersuchungen und Dissertationen in der frühen Bundesrepublik, die fragen „Hörer, wer bist Du?", eine „Typologie des Hörers" entwerfen und dem „Rundfunk in der Erlebniswelt des heutigen Menschen" nachspüren.

Von psychologischer Seite näherte sich Gerhard Maletzke dem „Rundfunk als akustischem Phänomen". Im März 1950 promovierte er an der Universität Hamburg mit einer Arbeit über den *Rundfunk in der Erlebniswelt des heutigen Menschen*, in der er empirisch untermauerte *Untersuchungen zur psychologischen Wesenseigenart des Rundfunkhörens* vorlegte. Seine theoretische und praktische Frage zielte darauf, wie sich die Wahrnehmungswelt des Menschen gestaltet. Maletzke, kurze Zeit später wissenschaftlicher Referent am Hans-Bredow-Institut, widmete sich den momentanen und habituellen „Einstellungen" der Hörer, die er als „Ausrichtung des gesamten Seelenlebens" definierte.[28]

Von einer allgemeinen Theorie des Rundfunks ausgehend argumentierte der langjährige Rundfunkmitarbeiter Eugen Kurt Fischer. Sein 1949 erschienener schmaler Band zum Thema *Wesen und Wirkung* des Rundfunks liest sich wie ein Gegenentwurf zu Gerhard Eckerts acht Jahre zuvor publizierter Schrift *Der Rundfunk als Führungsmittel*.[29] Eckert sah in seiner im Dritten Reich erschienenen wissenschaftlichen Abhandlung den „Hörer" als ein passives, rezeptives „Objekt der Führung". Jegliche Aktivität der Hörer in Hinblick auf die Programmgestaltung durch die Rundfunkverantwortlichen sei im Nationalsozialismus überflüssig geworden, da zwischen dem Rundfunk und dem Hörer ein „persönliches Führungsverhältnis" bestehe und die Rundfunkführung sich sowohl ihrer notwendigen Führungsaufgabe bewusst als auch um die Erfüllung von Hörerwünschen bemüht sei. Laut Fischer erreicht hingegen der Rundfunk

27 Paul Hühnerfeld: „Vom Abenteuer der freien Rede". In: *RuF*. 3. Jg. (1953), S. 58–59; hier: S. 59.

28 Gerhard Maletzke: *Der Rundfunk in der Erlebniswelt des heutigen Menschen. Untersuchungen zur psychologischen Wesenseigenart des Rundfunkhörens*. Diss. Phil. Hamburg 1950; hier: S. 6.

29 Gerhard Eckert: *Der Rundfunk als Führungsmittel*. Heidelberg 1941 (= Studien zum Weltrundfunk und Fernsehrundfunk, Bd. 1); Eugen Kurt Fischer: *Der Rundfunk. Wesen und Wirkung*. Stuttgart 1949.

zwar ebenfalls ein Millionenpublikum, aber die Verantwortlichen wollen nunmehr – wenngleich im „Bewußtsein einer unsichtbaren Gemeinschaft von Millionen gleichzeitig Hörenden" – keine „Erlebnisgemeinschaft" stiften und kein „Kollektivbewußtsein" erzeugen. Der Rundfunk ist nach dem Ende des Zweiten Weltkrieges kein „Instrument der Massenlenkung" mehr, sondern der „einzelne Hörer" soll sich „persönlich angesprochen fühlen".

Hier wird eine neue, eine demokratische Form des Hörens entworfen. Viele Rundfunkverantwortliche in den Nachkriegsjahren heben in ihren theoretischen Überlegungen auf die individuelle Hörleistung ab, sie gehen vom einzelnen Hörer aus und zielen auf dessen aktive Mitarbeit beim Prozess des Hörens. Unvorstellbar ist das Hören als Massenerlebnis geworden, wie es die Nationalsozialisten wenige Jahre zuvor auf dem Plakat „Ganz Deutschland hört den Führer/mit dem Volksempfänger" propagierten. Dieses zeigte eine graue, unscharf gezeichnete, amorphe Masse, die um den Apparat gruppiert ist, aus dem die Stimme des „Führers" erschallt; die „Volksgemeinschaft" – semantisch „ganz Deutschland" – ist auf ein radiophones Ereignis ausgerichtet.[30] Hingegen zeigen die Bilder vom Hören und von Hörern aus den fünfziger Jahren Einzelpersonen oder Familien, die in ihrer häuslichen Umgebung konzentriert lauschen bzw. Menschen, die das Radiogerät voller Spaß in ihrer Freizeit nutzen. Radiohören wird zu einem Ritual im Alltag, die Radioprogramme strukturieren maßgeblich den Tagesrhythmus.[31]

Wie es um den Hörer und um sein Verhalten im Einzelnen bestellt ist, versuchte die seit 1947/48 einsetzende systematische Hörerforschung genauer herauszufinden. Vor allem an der finanzkräftigen Rundfunkanstalt im Norden, am *Nordwestdeutschen Rundfunk*, ging ein immer größer werdendes Team von Mitarbeitern einer Vielzahl von Fragen nach. Hermann H. Wolff, Leiter der *NWDR*-Hörerforschung, unterschied 1952 eine Hörersituations-, Hörerfunktions-, Hörermeinungs- und Rundfunkwirkungsforschung.[32] Vor allem die Hörerfunktionsforschung, die allgemeine und spezielle Gewohnheiten der Hörer untersuchte, und die Rundfunkwirkungsforschung, die das Hörerlebnis, die Wirkung der Darbietungen und rundfunkpsychologische Probleme analysierte, bieten Material, um einige Konstanten des zeitgenössischen Diskurses über das Rundfunkhören in der Nachkriegsjahren in den Blick zu nehmen.

---

30 Vgl. die Abbildung des Plakats z. B. bei Peter Dahl: *Sozialgeschichte des Rundfunks für Sender und Empfänger*. Reinbek bei Hamburg 1983, S. 159.

31 Vgl. hierzu den Beitrag von Karin Falkenberg: „Rituale des Radiohörens". In: *Der Ton. Das Bild. Die Bayern und ihr Rundfunk. 1924-1949-1999*. Hg. von Margot Hamm u. a. München 1999, S. 274–279.

32 *Nordwestdeutscher Rundfunk. Erforschung der Hörermeinung: Struktur und Verhalten der Hörer im Sendegebiet des NWDR. Berichtszeit: Sommer 1951. Winter 1951/52*. Hermann H. Wolff, Hamburg, 30.9.1952 [hektographierter Bericht]. Forschungsstelle zur Geschichte des Rundfunks in Norddeutschland, Hamburg.

So geriet in den fünfziger Jahren der „Dauerhörer" und „Wellenbummler" ins Kreuzfeuer der Kritik. Obwohl man hätte annehmen dürfen, dass ein Ringen um die Gunst des Publikums seitens der Rundfunkmacher selbstverständlich sei, spielten die heute so maßgeblichen Begriffe wie Einschaltquote und Verweildauer keine Rolle. Im Gegenteil – man brandmarkte die „Unsitte des Dauerhörens", die „den Rundfunk in der Tat zu einer Dauerberieselungsanstalt herabwürdigt und beim Hörer seelische, geistige und moralische Verheerungen anrichtet".[33] In dieser Diskussion ging es nicht um empirische Zahlen. Die durchschnittliche Hördauer war zwar insgesamt recht hoch – im April 1950 konstatierte Gerhard Eckert beispielsweise, dass 36 % bzw. 45 % der von ihm Befragten bis zu vier Stunden bzw. mehr als vier Stunden Radio hören[34] –, doch Gegenstand der publizistisch ausgefochtenen Debatte war die Frage nach der Hörintensität. Mit dem Thema der momentanen und habituellen Einstellungen des Hörers wurde ein Leitbild verbunden, das man vom Hörer entwarf. Dem negativ besetzten „Dauerhörer" wurde das Ideal eines aktiven Hörers gegenübergestellt – eines Mediennutzers, der bewusst eine Programmauswahl trifft und der sich dann intensiv diesem Programmangebot widmet.

Kurt Magnus, der ehemalige Rundfunkpionier in der Weimarer Republik und in der ersten Hälfte der fünfziger Jahre Verwaltungsratsvorsitzender des *Hessischen Rundfunks*, stellte 1955 sein Verständnis von „Programm" deshalb folgendermaßen vor: Das Programm eines Sender sei

> die Darbietungsfolge eines ganzen Tages oder sogar einer ganzen Woche. Diese Folge ist so reichhaltig und [...] uneinheitlich, daß sie besser mit einer Speisekarte verglichen werden könnte, aus der sich der einzelne das ihm Genehme auswählen soll, also etwa mit einem Menü, das ein Gastwirt zusammengestellt hat. Mit anderen Worten: das, was wir gemeinhin Rundfunkprogramm nennen, ist niemals als eine Erlebniseinheit gedacht und kann auch nie dazu werden, weil kein Mensch imstande wäre, ein ganzes Tagesprogramm von 18 bis 20 Stunden Dauer über sich ergehen zu lassen.[35]

Magnus nimmt hier eine sehr moderne Vorstellung des Mediennutzers vorweg, wobei sich sein demokratisch geprägtes Verständnis von der Wahlfreiheit ge-

---

33 Ebd.
34 Gerhard Eckert: „Was wissen wir vom Hörer?" In: *RuH.* 4. Jg. (1950), H. 4, April 1950, S. 196–204; hier: S. 204.
35 Kurt Magnus: „Das Rundfunkprogramm". In: *Der Rundfunk in der Bundesrepublik und West-Berlin. Entwicklung, Organisation, Aufgaben, Leistungen. Eine Materialsammlung.* Hg. von Kurt Magnus. Frankfurt am Main 1955, S. 72–107; hier: S. 72.

gen die Erfahrungen im Dritten Reich abgrenzt, die in dem charakteristischen Stichwort „Erlebniseinheit" aufblitzen.

Sehr viel weniger modern klingt eine nur einige Jahre zuvor formulierte Passage des *NWDR*-Generaldirektors Adolf Grimme. In seiner damals viel beachteten Rede vom „Ethos des Rundfunks" führte der ehemalige Kultusminister seine Vorstellung vom Rundfunk als einem volkspädagogischen Instrument aus:

> Was früher der Kamin war, wie einst die Petroleumlampe den Familienkreis vereinte, das muß im deutschen Haus der Rundfunk werden: der Mittelpunkt der inneren Sammlung [...]. Wer sich von einer Sendung zur anderen jagen läßt, mißbraucht den Rundfunk [...]. Der Rundfunk kann seinen Sinn deshalb nur dann erfüllen, wenn er statt Hörer Zuhörer anspricht.[36]

Um diesen „Zuhörer" ging es in den fünfziger Jahren – auch bei einer ganz konkreten Frage der Hörerforscher, nämlich der: „Was taten Sie während der Sendung?" Penibel registrierte eine ganze Reihe von Untersuchungen, welche Nebenbeschäftigungen vom Publikum ausgeführt werden, während das Radioprogramm eingeschaltet ist. Das empirisch ermittelte Bild zeichnete eine Hörerschaft, die in einem hohen Maße gleichzeitig Haus- und Handarbeiten erledigte, sich unterhielt und in der Zeitung las.[37] Das sprach der normativen Setzung vom „Zuhörer" Hohn, zeigte es doch vielmehr eine Mediennutzung der fünfziger Jahre, die die erst später einsetzende Rede vom Radio als einem „Begleitmedium" vorwegnahm.

Die Konsequenz aus dieser Diskrepanz zwischen normativer Setzung und empirisch ermittelter Realität war jedoch nicht die Anpassung des Programms an die von den Hörerforschern ermittelten Bilder der Radioaneignung. In den fünfziger Jahren schlugen die Rundfunkverantwortlichen und -wissenschaftler einen anderen Weg ein: Das Publikum sollte zum richtigen Hören erzogen werden. So forderte beispielsweise Gerhard Eckert 1950 Untersuchungen über die Hörgewohnheiten sowie über die äußere und innere Disposition des Hörers mit dem Ziel herauszufinden, warum eine Sendung so fesselt, dass die eigentlich geplante Nebenbeschäftigung unterbleibt.[38] Gerhard Maletzke differenzierte in seiner wissenschaftlichen Arbeit unterschiedliche „Beziehungen zwischen Mensch und Rundfunk", indem er das Kriterium der „Bedeutsamkeit" einführte, definiert als die „Intensität der (positiven wie negativen) Stellungnahme dem

---

36 Adolf Grimme: „Das Ethos des Rundfunks". In: *Jahrbuch 1949–1950*. Hg. vom Nordwestdeutschen Rundfunk. Hamburg und Köln 1950, S. 19.
37 Vgl. u. a. Wolff, 1952 (Anm. 32); Maletzke, 1950 (Anm. 28).
38 Eckert, 1950 (Anm. 34).

Rundfunk als Ganzem gegenüber". Daraus leitete er fünf Hörertypen nach deren Grad der „Einstellung" ab:

1. Der Hörer ist auf Unterhaltung, Zerstreuung, Entspannung eingestellt;
2. Der Hörer sucht Information und Unterrichtung über irgendwie für ihn bedeutsame Ereignisse, Geschehnisse, Daten;
3. Der Hörer stellt sich auf die Aufnahme von Wissensgütern, von Belehrendem ein;
4. Der Hörer sucht stimmungsmäßige Erbauung, er will sich gemütsmäßig ansprechen lassen;
5. Der Hörer erwartet musikalischen Musikgenuß, ist also ‚ästhetisch eingestellt'.[39]

Daraus leitete er Forderungen ab, die er in einem Beitrag für eine der ersten Nummern der Zeitschrift „Rundfunk und Fernsehen" auf die griffige Formel einer „Hörschulung beim Rundfunkhören" brachte und die Parole von der „Erziehung zur Hörkultur" ausgab.[40]

In welch spielerischer Form so etwas geschehen und wie unmittelbar eine solche Vorstellung im Programm verankert sein konnte, vermag ein Beispiel zu zeigen. Die „Funklotterie" bildete als Sendung, in der akustische Rätsel zu lösen waren, vor diesem Hintergrund eine geradezu mustergültige Umsetzung dieser Konzeption. Direkt spricht der Quizmaster Just Scheu seine Hörerinnen und Hörer an, fordert sein Publikum ständig dazu auf, genau zu lauschen, leise zu sein, währenddessen nicht zu sprechen oder andere Dinge zu tun sowie vor und während der Sendung für ein störungsfreies Umfeld beim Radiohören zu sorgen.[41] Am Sonntagnachmittag, an dem die „Funklotterie" ihren Programmplatz gefunden hatte, war somit nicht nur ein explizit familien-affines Integrationsformat zu hören, sondern eine prototypische Sendung für die Hörfunk-Unterhaltung der Nachkriegsjahre. In der Begleitbroschüre zur „Funklotterie" versprach man „zehn Tips für alle, die gewinnen wollen". Darin heißt es u. a.:

> Licht aus! würden wir sagen, wenn es nicht am Nachmittag wäre, sondern am Abend. Wer sich an der Funklotterie beteiligen will, muß sich ganz auf seine Aufgabe konzentrieren können. Er darf sich durch nichts ablenken lassen. Jeder soll in diesen Minuten

---

39 Gerhard Maletzke: „Der Rundfunk in der Hörwelt des Menschen". In: *RuF*, Jg. 1949, Folge 3/4, S. 10–25; hier: S. 25.
40 Vgl. Maletzke, 1950 (Anm. 28), S. 27 f.
41 Ausgewertet wurden die „Funklotterie"-Sendungen vom 12.9.1948, 20.3.1949, 14.8.1949 und 14.6.1953. NDR Schallarchiv.

‚ganz für sich auf der Welt sein', sich seine Notizen machen und sich nicht durch andere beeinflussen lassen [...].[42]

5. Sounds like the Fifties

Die Aufgaben des Rundfunks, Vorbild zu sein, reichten in den fünfziger Jahren weit. Bereits unmittelbar mit der Etablierung des Radios hatte man auf die besonderen Bedingungen dieses technisch-akustischen Mediums reflektiert: Hatte man es doch mit Stimmen zu tun, die ihrer Körperlichkeit entledigt sind, bei denen also alle visuell wahrnehmbaren Bestandteile des Sprechaktes wie Gestik, Mimik und Körperhaltung wegfallen. Die Rundfunkmacher und -theoretiker beschäftigten sich daher intensiv mit dieser zunächst einmal als Manko anzusehenden Tatsache.

Von den dreißiger Jahren an setzten Mediendiskurse ein, die bis weit in die fünfziger Jahre reichten und das Defizit der „disembodied voices" zu erklären versuchten bzw. es in eine Chance und Herausforderung umzuwandeln bemüht waren. Dabei wurde bis in die fünfziger Jahre hinein eine regelrechte Apotheose der Stimme im Radio maßgeblich. Die Rede von der Ehrlichkeit der Stimme und der entlarvenden Funktion des Mikrophons wurden zu Topoi. Im *Sprechlexikon* fasste Maximilian Weller 1957 unter dem Lemma „Rundfunksprechen" im Abschnitt „Das Mikrofon und das ‚Funkische'" zusammen:

> In der gesamten Rundfunkliteratur wird die Eigenart der funkischen Wortgestaltung übereinstimmend nachdrücklich und scharf betont. Das Mikrofon, jenes Gerät, das als Symbol und Verkörperung des Rundfunks gilt, rufe einen ganz bestimmten Rundfunkstil hervor, wirke als Prägestempel für Stimmführung und Sprechweise. Es ist, so heißt es weiter, unbestechlich und übergenau [...]. Es enthüllt die oft verborgenen Wesenheiten der Stimme, verinnerlicht sie gleichzeitig und prägt ihr einen ‚Kammerspielton' auf [...]. Daraus ergeben sich Intimität und Verdichtung des Ansprechens gegenüber dem Empfänger, wobei auch die ‚Einsinnigkeit' des akustischen Erlebens die Hörfähigkeit steigert, ähnlich wie bei einem Blinden die anderen Sinne geschärft werden.[43]

Mit dieser Vorstellung korrespondierte in der jungen Demokratie der Bundesrepublik eine Vorstellung vom Hörer, der die Ehrlichkeit der Stimme erkennen und jegliche falsche Töne entlarven würde. Das Leitbild des „*Zu*hörers" wurde ausge-

---

42 „Wer hört, gewinnt. Just Scheu plaudert über die Funklotterie". Hamburg 1949, S. 76.
43 Maximilian Weller: *Das Sprechlexikon. Lehrbuch für Sprechkunde und Sprecherziehung.* Düsseldorf 1957, S. 183.

geben, die Forderung nach einer „absolute[n] und konzentrierte[n] Aufmerksamkeit" erhoben.[44] Pädagogische Strategien sollten helfen, auf das Verhalten des Publikums einzuwirken und eine Annäherung an das Ideal zu erreichen. Es dauerte nur ein Jahrzehnt, bis eine neue Generation von Künstlern und Wissenschaftlern exakt auf dieses Bild kritisch reagierte. Einer ihrer Wortführer war der Medienwissenschaftler Friedrich Knilli in Berlin, der 1961 in einer Streitschrift über das *totale Schallspiel* die bisherige Haltung der „Vergeistigung" beim Radiopublikum anprangerte. Im Verlauf der sechziger Jahre sezierte er in einer Reihe von Rundfunkessays eine regelrechte „Ohrenzeugenideologie".[45]

Doch anders als diese mit polemischer Stoßrichtung formulierten Publikationen zeigten die beiden hier vorgenommenen „klangarchäologischen" Sondierungen für die ersten Nachkriegsjahre prozessuale Vorgänge. Innerhalb der beschriebenen kulturell geprägten Diskurse veränderten sich das Auftreten und die Aneignung des technischen Massenmediums Radio in den „Fifties". So lässt sich auch anhand des Dispositivs Rundfunk bestätigen, wie sehr dieser Zeitabschnitt in der Geschichte der Bundesrepublik Deutschland eine Übergangsperiode bildet, die von vielerlei Kontinuitäten und von grundlegenden Wandlungen geprägt ist. Janusköpfig, „zwischen Restauration und Moderne", präsentieren sich die „Fifties";[46] alte und neue „Töne" stehen nebeneinander; phasenversetzt spielen sich Entwicklungen in den verschiedenen Sparten und Formaten ab, sei es bei den Reportagen und Nachrichten oder in den Moderationen und Conférencen. Die Dispositionen des Hörers zum Apparat und zu dem ihm Dargebotenen unterlagen weit reichenden Veränderungen.

Mit Hilfe des eingangs skizzierten Modells der Klangarchäologie konnten Ausschnitte aus den historischen Kommunikationsprozessen auch auf einer semiotischen Ebene analytisch erfasst und genauer beschrieben werden. Als fruchtbar würde sich im Anschluss daran das Ineinander von technikgeschichtlichen Fragestellungen und kulturwissenschaftlichen Verständnishorizonten erweisen.

---

44 Gerhard Prager: „Vorwort". In: Süddeutscher Rundfunk (Hg.): *Hörspielbuch I*. Hamburg 1950, S. 5–9; hier: S. 6.

45 Vgl. Friedrich Knilli: *Das Hörspiel. Mittel und Möglichkeiten eines totalen Schallspiels*. Stuttgart 1961 sowie den Sammelband: *Deutsche Lautsprecher. Versuche zu einer Semiotik des Radios*. Stuttgart 1970.

46 Vgl. Axel Schildt: *Moderne Zeiten. Freizeit, Massenmedien und ‚Zeitgeist' in der Bundesrepublik der 50er Jahre*. Hamburg 1995.

Elke Huwiler

Sound erzählt[1]

Ansätze einer Narratologie der akustischen Kunst

Während sich die Erzähltheorie als Analyseansatz schon längst in den unterschiedlichsten nicht-literarischen Bereichen wie Filmforschung oder Psychologie etabliert hat, tut sich die Hörspielforschung immer noch schwer mit narratologischen Annäherungen an den Gegenstand. In einer 2002 erschienenen Zusammenstellung zu neuen intermedialen narratologischen Ansätzen fehlt ein Beitrag zur Erzähltheorie auditiver Kunsterzeugnisse,[2] und es wird auch explizit auf diese Forschungslücke hingewiesen, wenn einleitend erwähnt wird, dass die narratologische Erforschung von „kulturell einflußreichen Medien wie narrativen Hörspielen und Hyperfiktionen" noch „ziemlich am Anfang" stehe.[3] Doch während die Forschung in Bezug auf Hyperfiktionen zumindest im angelsächsischen Raum eine immerhin beachtliche Anzahl an Ansätzen zu einer narratologischen Aufarbeitung der neuen Kunstform vorzuweisen hat,[4] ist in der Audio-Forschung tatsächlich nach wie vor eine auffällige Abwesenheit erzähltheoretischer Ansätze zu verzeichnen, sowohl im deutschsprachigen als auch im angelsächsischen Raum.[5] Dies hängt

---

1   „Sound" bezeichnet hier „die Gesamtheit aller Schallereignisse" im akustischen Kunsterzeugnis. Vgl. Frank Schätzlein: „Sound-Variationen: Vom ‚typischen Klang' zum ‚Sound-Design'". In: *Medienwissenschaft. Mitteilungen der Gesellschaft für Medienwissenschaft* (2003), H. 1, S. 4–11, hier: S. 5.

2   Vera und Ansgar Nünning (Hg.): *Erzähltheorie transgenerisch, intermedial, interdisziplinär.* Trier 2002 (= WVT-Handbücher zum literaturwissenschaftlichen Studium, Bd. 5).

3   Vera und Ansgar Nünning: „Produktive Grenzüberschreitungen: Transgenerische, intermediale und interdisziplinäre Ansätze in der Erzähltheorie". In: Dies. (Hg.): *Erzähltheorie*, S. 1–22, hier: S. 18.

4   Vgl. z. B. Janet E. Murray: *Hamlet on the Holodeck: The Future of Narrative in Cyberspace.* New York 1997; Espen Aarseth: *Cybertext Perspectives on Ergodic Literature.* Baltimore 1997; J. Yellowlees Douglas: *The End of Books – or Books without End?* Ann Arbor 2000; Marie-Laure Ryan: *Narrative as Virtual Reality. Immersion and Interactivity in Literature and Electronic Media.* Baltimore 2001. Diese Arbeiten können natürlich im Hinblick auf die rasende Geschwindigkeit der Entwicklung des Mediums nicht als abgeschlossene Narratologien, sondern eher als Bestandesaufnahmen und momentane Einschätzungen des narrativen Potentials der neuen Kunstform gelten. Die Unabgeschlossenheit der Erzähltheorie in Bezug auf das neue Medium widerspiegelt auch der Titel einer der wenigen größeren Arbeiten zur Hypertext-Narratologie im deutschsprachigen Raum: Beat Suter: *Hyperfiktion und interaktive Narration im frühen Entwicklungsstadium zu einem Genre.* Zürich 2000.

5   Im angelsächsischen Raum legt die Bezeichnung „radio drama" diese Kunstform darüber hinaus in zweierlei Richtungen fest: auf der einen Seite als institutionalisierte, vom Radio abhängi-

zweifelsohne auch damit zusammen, dass der kulturelle Einfluss des Radios bzw. der auditiven Kunst zur Zeit tatsächlich geringer eingestuft werden kann als derjenige des Computers. Doch hinzu kommt ein weiteres, eher grundsätzliches Argument: die Gründe für das Fehlen narratologischer Analyseansätze zum Hörspiel sind meiner Meinung nach – zumindest im deutschsprachigen Raum – vor allem in der Entwicklungsgeschichte dieser Kunstform zu finden. Besonders zwei Entwicklungslinien sind diesbezüglich relevant.

Einerseits ist ein Teil der deutschsprachigen Hörspielforschung von dem Missverständnis geprägt, dass ein Hörspiel, in welchem eine Geschichte erzählt wird, zur Kunstform Literatur zu zählen sei. Die Anwendung traditioneller literarischer Analysekriterien bei der Untersuchung von Hörspielen, die „eine Geschichte erzählen oder den Hörer in die Innenwelt von Figuren führen", wird als „legitim und zweckmäßig" erachtet.[6] Es wird somit unterschieden zwischen Hörspielen, die eine Geschichte erzählen, und solchen, die dies nicht tun – letztere werden dann „radiophon" oder „audiophon" genannt, was als Gegenbegriff zu „literarisch" zu verstehen ist.[7] Wenn in diesen Untersuchungen überhaupt Narratologie mit einbezogen wird, dann immer nur in der klassischen, auf die Literatur beschränkten Form, wie Gérard Genette sie geprägt hat.[8]

Andererseits jedoch will sich die Hörspielforschung seit dem Aufkommen des so genannten Neuen Hörspiels in den späten 1960er Jahren bewusst vom literarischen Gattungsbegriff abgrenzen.[9] In diesem Forschungszweig werden

---

ge Form, und andererseits als vom literarischen Drama abgeleitet. Der britische Hörspielforscher Tim Crook hat denn auch wiederholt vorgeschlagen, den Begriff „radio drama" durch „audio drama" oder „sound play" zu ersetzen und thematisiert die Ablösung der Medienkünstler im Internet-Zeitalter von der vormals die Hörspielszene beherrschenden BBC: „Young writers who have experienced the brunt of exclusion and denial of opportunity in BBC licence-funded radio drama since the late 1980s have been given an opportunity to send and receive communication on a level not seen since the introduction of the telephone." Tim Crook: *Radio Drama. Theory and Practice.* London–New York 1999, S. 41 et passim.

6 Annette Vielhauer: *Welt aus Stimmen. Analyse und Typologie des Hörspieldialogs.* Neuried 1999 (= Deutsche Hochschuledition, Bd. 78), S. 29.

7 So unterscheidet Wibke Weber zwischen „literarischen" und „radiophonen" Hörspielen und erachtet im Fall von literarischen Hörspielen „aufgrund ihrer engen Anbindung an die Literatur eine Untersuchung nach den herkömmlichen literarischen Kriterien [als] gerechtfertigt". Wibke Weber: *Strukturtypen des Hörspiels – erläutert am Kinderhörspiel des öffentlich-rechtlichen Rundfunks seit 1970.* Frankfurt a. M. 1997 (= Europäische Hochschulschriften. Reihe 1. Deutsche Sprache und Literatur, Bd. 1608), S. 65.

8 Gérard Genette: *Die Erzählung.* München ²1998.

9 Irmela Schneider nennt als wichtigste Charakterisierungsmerkmale des Neuen Hörspiels die Sprachkritik bzw. die Tendenz, das Sprachsystem aufzulösen. Das wichtigste Gestaltungselement sei dabei die Collage. Weiter nennt sie als zentrale Stichworte die „Bemühungen, den Hörer nicht in eine illusionistische Handlung einzubinden, sondern ihn zu aktivieren", eine „antiliterarische Tendenz" und die „medienkritische Thematik". Irmela Schneider: „Zwischen den Fronten des oft Gehörten und nicht zu Entziffernden: Das deutsche Hörspiel". In: Christian

die Unabhängigkeit des Hörspiels von herkömmlichen literarischen Gattungs-
kriterien betont und die genuin auditiven Mittel in den Mittelpunkt gestellt.[10]
Hörspiele, die Geschichten erzählen mit Hilfe von Dialogen oder Monologen,
oder gar mit Hilfe von realitätsabbildenden Geräuschen, werden hier weitgehend abgelehnt. Die Anwendung von Analysekategorien aus der Erzähltheorie
muss dieser Forschungsrichtung solange suspekt erscheinen, wie jene als Instrumentarium für die Analyse von literarischen Erzeugnissen angesehen wird.[11]

Meines Erachtens sind in beiden dieser eng miteinander verknüpften Entwicklungslinien der Hörspielforschung entscheidende Missverständnisse und
Fehlinterpretationen festzustellen: Erstens in Bezug darauf, was ein Hörspiel
ist, und zweitens hinsichtlich der Ausrichtung narratologischer Forschung.

Hörspiel und Literatur

Zu definieren, was ein Hörspiel denn nun eigentlich sein soll, ist umso schwieriger, als die Formenvielfalt in der akustischen Kunst sich in den letzten Jahrzehnten enorm erweitert hat. Die Palette dessen, was unter dem Begriff 'Hörspiel' subsumiert wird, reicht

> von der fünfminütigen Kurzszene zur zweieinhalbstündigen Hör-
> spielsoirée, vom Science-fiction- zum Mundarthörspiel, von der
> Hörspielfassung eines Romans, Schauspiels oder Gedichts zum
> reinen Klangspiel eines Vertreters der Neuen Musik, vom journa-
> listisch-dokumentarisch ausgerichteten Originalton-Stück zum
> produktionsaufwendigen, vielszenigen phantastischen Hörfilm,
> vom Spiel mit konventionellem Handlungsgerüst zur sprachkriti-
> schen Zitatcollage, die jeglicher Handlung im herkömmlichen
> Sinn entbehrt.[12]

W. Thomsen und Irmela Schneider (Hg.): *Grundzüge der Geschichte des europäischen Hörspiels.* Darmstadt 1985, S. 175–206, hier: S. 200 f.; vgl. dazu auch: Klaus Schöning (Hg.): *Neues
Hörspiel. Essays, Analysen, Gespräche.* Frankfurt a. M. 1970.

10 Vgl. beispielsweise Friedrich Knilli: *Das Hörspiel. Mittel und Möglichkeiten eines totalen
Schallspiels.* Stuttgart 1961; Marc Ensign Cory: „Das Hervortreten einer akustischen Kunstform. Zusammenfassung und Ausblick". In: Klaus Schöning (Hg.): *Spuren des Neuen Hörspiels.* Frankfurt a. M. 1982, S. 191–200.

11 V. a. an deutschsprachigen Universitäten wird die Erzähltheorie noch vorwiegend „unter der
Kategorie Romantheorie" subsumiert. Walter Grünzweig und Andreas Solbach: „Einführung:
Narratologie und interdisziplinäre Forschung". In: Dies. (Hg.): *Grenzüberschreitungen: Nar-
ratologie im Kontext = Transcending boundaries: narratology in context.* Tübingen 1999,
S. 1–15, hier: S. 3.

12 Rainer Hannes: *Erzählen und Erzähler im Hörspiel. Ein linguistischer Beschreibungsansatz.*
Marburg 1990 (= Marburger Studien zur Germanistik. Hg. von Wolfgang Brandt und Rudolf
Freudenberg, Bd. 15), S. 11.

Das Hörspiel, wenn man es denn noch so nennen will, muss daher sehr offen definiert werden; eine solche Definition könnte, anlehnend an Stefan Bodo Würffel, lauten: *Elektroakustisch erzeugte und an das Medium Rundfunk bzw. an Tonträger gebundene Kunstform.*[13] Entscheidend dabei ist, dass das Hörspiel, die Audio-Kunst, die Soundcollage, oder wie immer man das akustische Erzeugnis auch nennen will, eine *eigenständige Kunstform* ist, die sich im Zuge neuer technischer Erfindungen des ausklingenden 19. und des ganzen 20. Jahrhunderts (sowie mit Blick auf die digitale Technik auch des 21. Jahrhunderts) herausgebildet und weiterentwickelt hat, ebenso wie die Kunstform Film. Vom Beginn der Hörspielgeschichte an stand die enge Anbindung an die Literatur jedoch der Entwicklung dieser Eigenständigkeit der auditiven Kunstform im Wege. Dabei wurde diese Anbindung vor allem von Funkhäusern und Intendanten gefördert, denn von „Anfang an versuchte der Rundfunk, Schriftsteller zur Mitarbeit zu gewinnen, etwa als Hörspiel-Autoren".[14] Vereinzelte Stimmen, welche bereits sehr früh vor dieser Anbindung warnten, vermochten sich nicht durchzusetzen. So schrieb Hans Siebert von Heister, der Redakteur der Programmzeitschrift *Der Deutsche Rundfunk*, beispielsweise 1927 anlässlich eines Hörspiel-Preisausschreibens: „Man übersieht, daß man es mit einer völlig neuen Kunstart und mit völlig neuen Ausdrucksmitteln zu tun hat. Es ist bezeichnend, daß schon in der Erklärung über den Zweck überhaupt nur von Schriftstellern die Rede ist."[15]

Auch und vor allem nach dem Zweiten Weltkrieg wurde die Festlegung des Hörspiels auf die literarische Form kaum hinterfragt, und ein einflussreicher Hörspielleiter wie Heinz Schwitzke vermochte seine Forderungen bezüglich der inhaltlichen und formalen Ausrichtung des Hörspiels – anlehnend an Richard Kolbs 1932 erschienenes *Horoskop des Hörspiels*[16] – weitgehend durchzusetzen; die von Schwitzke „explizit und implizit formulierte Ästhetik bestimmt die Gattung bis in die zweite Hälfte der sechziger Jahre".[17] Als wichtigstes Ele-

---

13 Vgl. Stefan Bodo Würffel: „Hörspiel". In: *Reallexikon der deutschen Literaturwissenschaft.* Bd. 2. Hg. von Harald Fricke in Zusammenarbeit mit Georg Braungart, Klaus Grubmüller, Jan-Dirk Müller, Friedrich Vollhardt und Klaus Weimar. Berlin–New York 2000, S. 77–81. Würffel definiert das Hörspiel als „[e]lektroakustisch erzeugtes und an das Medium Rundfunk bzw. an Tonträger gebundenes Genre" (ebd., S. 77), wobei ich den Begriff „Kunstform" vorziehe, da der Begriff „Genre" bei Würffel immer noch zu sehr mit dem Literaturbegriff verknüpft wird.

14 Irmela Schneider: „Radio-Kultur in der Weimarer Republik. Einige Überlegungen". In: *Sprache im technischen Zeitalter* 85 (1983), S. 72–88, hier: S. 72.

15 Hans Siebert von Heister: „Um ein Hörspiel". In: *Der Deutsche Rundfunk* 7 (1927), S. 437.

16 Richard Kolb: *Das Horoskop des Hörspiels.* Berlin 1932.

17 Olf Dziadek: „Konstituierung und Destruktion. Eine Geschichte der Gattung Hörspiel". In: *Sprache im technischen Zeitalter* 117 (1991), S. 11–25, hier: S. 12. Heinz Schwitzkes ästhetischen Grundsätze in Bezug auf das Hörspiel sind nachzulesen in: Heinz Schwitzke: *Das Hörspiel. Dramaturgie und Geschichte.* Köln–Berlin 1963.

ment des Hörspiels galt somit die gesprochene Sprache, und die Anbindung der Kunstform an die Literatur drängte sich durch diese Hervorhebung der sprachlichen Komponente automatisch auf. Auch hier wurden vor allem Schriftstellerinnen und Schriftsteller durch die Rundfunkanstalten aufgefordert, Hörspiele zu produzieren: „Anstrengungen, Autoren zu gewinnen und das Hörspiel zu fördern, unternahmen fast alle Rundfunkanstalten".[18]

Erste Forderungen nach einer neuen Hörspiel-Ästhetik kamen bekanntlich bereits zu Beginn der 1960er Jahre mit Friedrich Knillis Aufforderung zum totalen Schallspiel auf und vermochten sich Ende der 1960er Jahre vorerst durchzusetzen: Das so genannte Neue Hörspiel forderte eine radikale Konzentration auf das Element der Sprache als klangliches Material, wobei Sprache nach musikalischen Strukturmustern organisiert oder Sprachmuster aufgedeckt werden sollten. Auch hier fällt somit, trotz der Anlehnung an die Musik, die Konzentration auf die Sprache auf, und als Vorläufer bzw. Inspirationsquellen dieser Hörspielentwicklung sind denn auch vor allem in der Literatur bereits vorhandene Techniken zu nennen:

> Die Möglichkeit des Experimentierens und die neuen Möglichkeiten des materialen Umgangs mit Sprache macht das [Neue] Hörspiel besonders für Künstler interessant, die längst an den Vermittlungsfunktionen des Zeichensystems Sprache zweifeln und sich daher bereits zuvor mit ähnlichen Verfahren in anderen Künsten, zum Beispiel Lautpoesie oder Buchstabengedichten, beschäftigt haben.[19]

Die Nähe zur Literatur ist somit auch hier – trotz vehementer Ablehnung des traditionellen, der Literatur nahestehenden Hörspiels – nicht zu leugnen.[20]

Heute ist die grob vereinfachende Einteilung der akustischen Kunsterzeugnisse in ‚traditionelles Hörspiel' und ‚Neues Hörspiel' für die Hörspielpraxis

---

18 Martin Zeyn: „Alles war möglich. Das Hörspiel im Bayerischen Rundfunk von 1949–1973". In: Herbert Kapfer (Hg.): *Vom Sendespiel zur Medienkunst. Die Geschichte des Hörspiels im Bayerischen Rundfunk. Das Gesamtverzeichnis der Hörspielproduktion des Bayerischen Rundfunks 1949–1999*. München 1999, S. 31–74, hier: S. 43.

19 Antje Vowinckel: *Collagen im Hörspiel. Die Entwicklung einer radiophonen Kunst*. Würzburg 1995 (= Epistemata. Würzburger Wissenschaftliche Schriften. Reihe Literaturwissenschaft, Bd. 146/1995), S. 151.

20 Vgl. dazu auch Mathias Knappe: „Doch schon während seines Booms und auch nach dem Ende der Epoche erntet das Neue Hörspiel Kritik, insbesondere an der tendenziösen Bezeichnung. Der Tenor lautet, nichts an ihm sei neu, es mache vielmehr Anleihen beim Lettrismus und der Musique concrète und knüpfe an tradierte literarische Schreibweisen an. Genannt werden Dada und generell Avantgarde." Mathias Knappe: „Von Mozart und der Hitparade lernen. Das Hörspiel im Bayerischen Rundfunk von 1974–1999". In: Kapfer (Hg.): *Vom Sendespiel zur Medienkunst*, S. 75–130, hier: S. 82.

nicht mehr relevant; normative Gattungsdefinitionen sind einer offenen Dramaturgie gewichen:

> Heute stehen den Hörspielmachern eine Vielzahl von entwickelten und erprobten Verfahrensweisen zur Verfügung. Sie können nach Bedarf benutzt werden. [...] Die Geschichte gewordenen Verfahrensweisen können [...] in aktuellen Produktionen erinnert werden, ohne daß diese sich in Wiederholung ergehen. Sie können aus dem Normenzusammenhang, in den sie eingebunden waren, befreit werden und so neue Formulierungsmöglichkeiten eröffnen.[21]

Die Einteilung in einerseits „literarische" und andererseits „radio-" oder „audiophone" Hörspiele geht jedoch immer noch genau von dieser – selbst historisch fragwürdigen[22] – Unterscheidung aus und schafft damit unnötige Barrieren innerhalb der Hörspielforschung, da je nach Analysefokus eine der beiden Richtungen ausgeschlossen wird.

Hörspiel und Geschichten

Die bereits einleitend erwähnte Ablehnung jeglicher realitätsabbildender Vorführung von Geschichten und Handlungen durch die Vertreterinnen und Vertreter des Neuen Hörspiels kann ebenfalls als wichtiger Grund dafür gesehen werden, dass sich die Hörspielforschung bisher kaum mit narratologisch fundiertem Analyseinstrumentarium dem Gegenstand genähert hat. Nach einer ersten Entwicklungsphase Ende der 1960er und anfangs der 1970er Jahre, in der, wie erwähnt, im Grunde genommen immer noch das *Sprach*material dominierte, verlor dieses seine Vorrangsstellung und machte einer Dramaturgie Platz, in welcher Wort, Geräusche und Musik gleichberechtigt als Elemente des Hörstückes fungierten. Solchen Klangexperimenten verdankt die Hörspielentwicklung wichtige Impulse:

> Charakteristisch für die Akustische Kunst ist die Orientierung am Klang. Musikalische und rhythmische Klangstrukturen sind die

---

21 Dziadek: *Konstituierung und Destruktion*, S. 19f.

22 Vgl. dazu Knut Hickethier: „[D]er Richtungsstreit zwischen dem am Wort orientierten Hörspiel und dem auf ein akustisches Ereignis ausgerichteten Schallspiel [war] letztlich ein Streit zwischen Theoretikern [...]. Dabei war auch das Hörspiel der fünfziger Jahre nicht einheitlich auf Schwitzkes Konzept ausgerichtet, kannte bereits den Einsatz von O-Tönen, so wie umgekehrt auch das Hörspiel der siebziger und achtziger Jahre nicht einheitlich nur der Geräuschinszenierung verpflichtet war." Knut Hickethier: „Junges Hörspiel in den neunziger Jahren. Audioart und Medienkunst versus Formatradio". In: *Zeitschrift für Literaturwissenschaft und Linguistik* 111 (1998), S. 126–144, hier: S. 129.

künstlerischen Mittel von Musik-Geräusch-Kompositionen, und die Klänge der privaten und öffentlichen Umwelt gehen in so genannten Soundscapes oder Klangskulpturen auf.[23]

Diese so genannte Akustische Kunst als solche ist kaum definitorisch einzugrenzen, und „ihre Vertreter würden sich wohl auch dagegen wehren, in irgendein Raster eingefasst zu werden."[24]

Seit diesen Entwicklungen herrscht nun jedoch in dieser Richtung der Gestaltung akustischer künstlerischer Erzeugnisse die diffuse, weil nicht wirklich zu begründende Meinung vor, in genuinen auditiven Kunstwerken dürften nicht wie etwa im Theater Handlungen mit agierenden Personen nachgebildet oder Geschichten erzählt werden, da damit die immanenten Gestaltungsmöglichkeiten der auditiven Kunst nicht adäquat eingesetzt würden. So schreibt Klaus Schöning, die „ästhetische Konzeption" der Klangkunst beruhe „nicht wie im Radio-Drama auf der Dominanz von Dialog, Monolog und erzählenden Elementen, sondern vor allem auf Collage- und Montageverfahren, in denen sämtliche akustische Erscheinungsformen kompositorisch gleichwertig eingesetzt werden können".[25] Forderungen nach neuen Bezeichnungen für die auditive Kunstform kamen auf, und das ‚Hörspiel' wird heute längst nicht mehr einheitlich so genannt, vielmehr dominieren Begriffe wie ‚Soundcollage', ‚Audio Art' oder ‚Klangskulpturen' diesen Entwicklungszweig der auditiven Kunst, die sich vom ‚traditionellen' Hörspiel abzusetzen versucht.

Die vermeintliche Abgrenzung vom Hörspiel widerspiegelt beispielweise die folgende Formulierung in einem Zeitungsartikel, der dieses neue Genre – das „weite Feld zwischen Hörbuch und Musik-CD" – zu beschreiben versucht und dabei die Arbeiten Heiner Goebbels vom traditionellen Hörspiel-Begriff absetzt mit der Erklärung: „Goebbels hat seine ‚Hörstücke' von Anfang an vom Hörspiel abgesetzt, indem er sie von der Ausstrahlung unabhängig machte und sie auf Tonträgern verfügbar hielt."[26] Hier wird impliziert, dass ein das Hörspiel definierendes Merkmal offensichtlich in dessen Anbindung an den Hörfunk be-

---

23 Götz Schmedes: *Medientext Hörspiel. Ansätze einer Hörspielsemiotik am Beispiel der Radioarbeiten von Alfred Behrens.* Münster 2002, S. 42.

24 Ebd., S. 43.

25 Klaus Schöning: „Zur Archäologie der Akustischen Kunst im Radio". In: WDR (Hg.): *Klangreise. Studio Akustische Kunst: 155 Werke 1968–1997.* Köln 1997, S. 1–11, hier: S. 7.

26 Ulrich Stock: „Audiofilm, Soundcollage, Hörstück, Oper… Zwischen Hörbuch und Musik-CD finden ideenreiche Künstler abenteuerlustige Hörer". In: *Die Zeit. Literaturbeilage* 12/2003, S. 70. Dieser Versuch eines Überblicks des bisher noch nicht umfassend beschriebenen Genres ist ansonsten eine ausgezeichnete Aufarbeitung der wichtigsten diesbezüglichen Entwicklungen, wobei insbesondere die im Internet abrufbare kommentierte Diskographie wertvolle Informationen liefert. URL: www.zeit.de/2003/51/ohrenkunst (eingesehen am 1.3.2005).

steht, eine Auffassung, die nicht weiter begründet wird. Die historische Anbindung der Kunstform an den Hörfunk ist unbestritten, doch seit längerem ist diese nicht mehr gegeben und werden Hörspiele jeglicher Art auch von Künstlerinnen und Künstlern „am heimischen Computer produziert"[27] und auf dem Tonträgermarkt vertrieben: „Digitalisierung und Eigenproduktion bestimmen die Arbeit vieler, vor allem jüngerer [Hörspiel-]Autoren".[28]

Die vermeintliche Anbindung des Hörspiels an das Medium Radio ist nur eines von verschiedenen Zuweisungskriterien, die wiederholt herangezogen werden, um aus dem ‚Hörspiel' insgesamt – überspitzt ausgedrückt – eine traditionelle, an das Radio gebundene, literarisierte und mit Geschichten und Handlungen verbundene Gattung zu machen. Aus solchen Zuschreibungen resultiert denn auch die bereits beschriebene Differenzierungsdefinition von vermeintlich literarischen Hörspielen einerseits und audiophonen Hörstücken andererseits, bzw. diejenige von Hörspielen, in denen Geschichten erzählt werden und solchen, in denen Klangmaterial vorgeführt wird – Abgrenzungen, die meines Erachtens nicht nötig und eher kontraproduktiv sind, da damit viele interessante Hörspiele von der Forschung der einen oder der anderen Richtung vernachlässigt werden, obwohl viel mehr Gemeinsamkeiten als Unterschiede zwischen diesen ‚Stilrichtungen' zu erkennen sind.[29]

So lässt sich bei der oben zitierten, sich vom traditionellen Hörspiel absetzenden Definition der Klangkunst von Schöning fragen: Was genau sind „erzählende Elemente"? Laut Schöning sind diese offensichtlich mit Sprache in Verbindung zu bringen – eine Erzähltheorie jedoch, die nicht nur der Sprache, sondern auch anderen Elementen das Potential zur Generierung narrativer Zusammenhänge zuerkennt, vermag diese von Schöning gezogene Abgrenzung aufzuheben. Es kann in diesem Sinne danach gefragt werden, ob erzählende Elemente nicht auch in ‚reinen' (nicht-sprachlichen) Klang-Hörspielen vorkommen können, also ob nicht vielleicht auch die von Schöning in Abgrenzung zu den „erzählenden Elementen" herangezogenen „Collage- und Montageverfahren" narrative Zusammenhänge generieren können, und ob in einem narrativen Hörspiel nicht auch „sämtliche akustische Erscheinungsformen kompositorisch eingesetzt werden können".[30]

---

27 Götz Naleppa: „Hörspiel und Öffentlichkeit. Oder: Totgeschwiegen aber nicht totzukriegen". In: *Augen-Blick. Marburger Hefte zur Medienwissenschaft* 26 (1997), S. 62–66, hier: S. 65.

28 Hickethier: *Junges Hörspiel*, S. 143.

29 Vgl. dazu auch Götz Schmedes: „Nur scheinbar haben diese Strömungen mit den Begriffen Literarisches Hörspiel, Neues Hörspiel und Akustische Kunst zu eindeutigen Kategorien gefunden. Mit Blick auf die historische Entwicklung des Hörspiels seit den späten sechziger Jahren wäre eine rigorose Trennung zwischen ihnen eine unangemessene Verkürzung, da gegenseitige ästhetische Inspirationen ignoriert würden." Schmedes: *Medientext Hörspiel*, S. 20.

30 Schöning: *Zur Archäologie der Akustischen Kunst*, S. 7.

Im vorliegenden Beitrag soll somit der Frage nachgegangen werden, ob und wie eine narratologische Annäherungsweise die auf den ersten Blick äußerst unterschiedlich ausgeprägten Hörspielstile zu verbinden vermag.

Hörspiel-Narratologie

Dass auch in modernen Hörspielen vorwiegend Geschichten erzählt werden, und zwar mit Hilfe aller dem Medium verfügbaren Mittel, ist in der Hörspiel*praxis* unbestritten und wird durch zahlreiche Aussagen belegt. So sieht Eva-Maria Lenz in der Hörspielentwicklung die Tendenz, „dass diskursiv erzählt wird, freilich mit raffinierter Kombination verschiedenen Materials".[31] Und Andreas Ammer meinte in seiner Rede anlässlich der Verleihung des 44. Hörspielpreises der Kriegsblinden 1995 sogar, das Hörspiel sei „der einzige zeitgemäße Platz, an dem sich heute noch große Geschichten erzählen lassen".[32] Die Regisseurin Barbara Plensat antwortet auf die Frage, ob die Musik im Hörspiel Erzählfunktion übernehmen könne: „Na klar! Sie kann Dinge erzählen, die z. B. eine der Figuren verschweigen möchte. Sie kann Dialogpartner sein, Gegner, mein zweites Ich [...]"[33], und Herbert Kapfer nennt das Hörspiel DER MANN IM FAHRSTUHL von Heiner Goebbels nach einem Text von Heiner Müller ein „narratives Konzert".[34]

Umso erstaunlicher – und lediglich durch die oben beschriebenen Entwicklungslinien zu erklären – ist die Abwesenheit von Forschungsansätzen in der Hörspieltheorie, die sich mit diesem offensichtlichen Potential narrativer Bedeutungsgenerierung in Hörspielen auseinandersetzen. Im Folgenden soll deshalb ein solcher Ansatz in groben Zügen skizziert werden.[35]

Die moderne, so genannte postklassische Narratologie hat sich längst vom literarischen Bezugsfeld gelöst und wird, wie einleitend erwähnt, in vielerlei Forschungsgebieten erfolgreich angewandt[36]: „Das Spektrum reicht von kontext-

---

31 Eva-Maria Lenz: „Mehr Ruhmesblätter als Schattenseiten. Stichproben zur Geschichte des Hörspielpreises". In: Bund der Kriegsblinden Deutschlands/Filmstiftung Nordrhein-Westfalen (Hg.): *HörWelten. 50 Jahre Hörspielpreis der Kriegsblinden 1952-2001*. Berlin 2001, S. 25–36, hier: S. 36.

32 Andreas Ammer: „Trojanisches Pferd. Das Hörspiel auf der Höhe von Zeit und Technik". In: Bund der Kriegsblinden Deutschlands/Filmstiftung Nordrhein-Westfalen (Hg.): *HörWelten*, S. 291–297, hier: S. 295. Ammer fügt dabei an, dass hier auch noch der Film genannt werden müsste, dass dieser jedoch „wegen seiner Gigantomanie zum Unkünstlerischen" neige. Ebd.

33 Gaby Hartel/Barbara Plensat: „Sechzehn Grundfabeln. Das Brett bohren, wo es wirklich dick ist". Gespräch. In: Bund der Kriegsblinden Deutschlands/Filmstiftung Nordrhein-Westfalen (Hg.): *HörWelten*, S. 254–260, hier: S. 258.

34 Herbert Kapfer: „Harte Schnitte, ungezähmte Worte, Stimmen hört jeder. Pop im Hörspiel. Ein Essay". In: *Augen-Blick. Marburger Hefte zur Medienwissenschaft* 26 (1997), S. 44–61, hier: S. 60. Vgl. Heiner Goebbels: *Der Mann im Fahrstuhl/The Man in the Elevator*. Uraufführung: Art Rock Festival Frankfurt 1987. Tonträger: ECM 1369.

35 Vgl. für eine ausführliche Beschreibung dieses Ansatzes: Elke Huwiler: *Erzähl-Ströme im Hörspiel. Zur Narratologie der elektroakustischen Kunst*. Paderborn [erscheint 2005].

und themenbezogenen Ansätzen wie der feministischen Narratologie und der postkolonialen Erzähltheorie über die pragmatische Narratologie und die *possible-worlds theory* bis zu rezeptionsorientierten (Meta-)Narratologien".[37] Aufgrund dieser weiten Ausdehnung des Forschungsfeldes ist eine eindeutige Definitions- und Begriffsbestimmung *eines* narratologischen Ansatzes nicht mehr möglich; vielmehr kann man „über Erzähltheorie bzw. Narratologie heute eigentlich nur noch im Plural sprechen".[38] Es ist somit bei einer Analyse immer zunächst zu definieren, welcher narratologische Ansatz angewandt wird.

Bei der Untersuchung der Narrativität von Hörspielen ist von einer intermedial ausgerichteten Erzähltheorie auszugehen.[39] Diese „resultiert aus der Einsicht, daß es sich beim Erzählen um ein intermediales Problem handelt, das weit über verbale Textsorten und über das Medium der Literatur hinausgeht".[40] Beim Hörspiel handelt es sich um eine Kunstform, die über einen akustischen Vermittlungskanal die Rezipierenden erreicht. Durch Wortbildungen mit semantischem Gehalt in Dialogen und Monologen wird auch hier verbal Bedeutung generiert, doch daneben kommt eine Vielzahl von nicht-sprachlichen Elementen zum Einsatz, und es wird hier davon ausgegangen, dass diese ebenfalls bedeutungsgenerierende Funktionen übernehmen können.

Für die Annahme, dass nicht nur Sprache, sondern auch die anderen Zeichensysteme des auditiven Mediums Bedeutungen erzeugen können, ist es sinnvoll, von einem semiotischen Modell auszugehen, das nicht nur auf Sprache, sondern „auf alle Bereiche von Wirklichkeitserfahrung ausgerichtet"[41] ist. Ausgehend von den semiotischen Modellen Charles Sanders Peirces und William

---

36 David Herman, der den Begriff der „postklassischen" Narratologie prägte, beschreibt diese Entwicklung in der Erzählforschung: „[N]arratology has moved from its classical, structuralist phase – a Saussurean phase relatively isolated from energyzing developments in contemporary literary and language theory – to its postclassical phase. Postclassical narratology (which should not be conflated with poststructuralist theories of narrative) contains classical narratology as one of its ‚moments‘ but is marked by a profusion of new methodologies and research hypotheses; the result is a host of new perspectives on the forms and functions of narrative itself." David Herman: „Introduction: Narratologies". In: Ders. (Hg.): *Narratologies. New Perspectives on Narrative Analysis.* Columbus 1999, S. 1–30, hier: S. 2 f. Für eine tabellarische Auflistung der Hauptunterschiede zwischen der so genannten klassischen und postklassischen Narratologie vgl. Ansgar und Vera Nünning: „Von der strukturalistischen zur ‚postklassischen‘ Erzähltheorie: Ein Überblick über neue Ansätze und Entwicklungstendenzen". In: Dies. (Hg.): *Neue Ansätze in der Erzähltheorie.* Trier 2002 (= WVT-Handbücher zum literaturwissenschaftlichen Studium, Bd. 4), S. 1–33, hier: S. 24.

37 Ebd., S. 2.

38 Ebd., S. 13.

39 Zum Begriff des Narrativen im Zusammenhang mit einer intermedialen Erzähltheorie vgl. insbesondere Werner Wolf: „Das Problem der Narrativität in Literatur, bildender Kunst und Musik: Ein Beitrag zu einer intermedialen Erzähltheorie". In: Nünning/Nünning: *Erzähltheorie,* S. 23–104.

40 Nünning/Nünning: *Produktive Grenzüberschreitungen,* S. 12.

41 Schmedes: *Medientext Hörspiel,* S. 11.

Morris' hat Götz Schmedes eine umfassende Aufarbeitung des semiotischen Repertoires von Hörspielen vorgelegt.[42] Dabei wird betont, dass allen Zeichen der verschiedenen Zeichensysteme des Hörspiels potentiell bedeutungsgenerierende Funktion zukommt: Eine spezifische Intonation (Zeichensystem *Stimme*) oder eine musikalische Sequenz (Zeichensystem *Musik*) können also ebenso Bedeutung erzeugen wie eine verbale Aussage – eine Auffassung, die korrespondiert mit der beschriebenen Forderung der Hörspielschaffenden seit dem Aufkommen des Neuen Hörspiels, alle Elemente seien gleichberechtigt als mögliche Bedeutungsträger im Hörspiel einzusetzen.

Konkret beschreibt Schmedes die folgenden Zeichensysteme im Hörspiel: Neben *Sprache*, *Stimme*, *Geräusch* und *Musik* stellt er die Zeichensysteme der *Stille* sowie des *Originaltons* und nennt diese *allgemeine* (da auch außerhalb des Hörspiels vorkommende) Zeichensysteme als Abgrenzung zu den *audiophonen* (d. h. für das Hörspiel spezifischen) Zeichensystemen *Blende, Schnitt und Mischung, Stereophonie* und *Elektroakustische Manipulation*.

Zu untersuchen ist nun, inwiefern durch die Ausdrucksmittel dieser Zeichensysteme *narrative* Zusammenhänge aufgezeigt werden können. Dass und wie durch *Sprache* narrative Bedeutungen erzeugt werden können, ist durch die auf literarische Erzeugnisse ausgerichtete klassische Erzähltheorie ausgiebig aufgearbeitet worden. Allgemein werden narrative Zusammenhänge in Hörspielen oft durch eine Kombination von sprachlichen und nicht-sprachlichen Elementen erzeugt. Dabei können die Bedeutungen, die in den nicht-sprachlichen Zeichensystemen eingeschrieben sind, den Aussagegehalt der Sprache unterstützend begleiten oder aber ihm widersprechen, wodurch im Zusammenspiel mit dem sprachlichen Zeichensystem neue narrative Bedeutungen entstehen können.[43] Nicht-sprachliche Zeichen können aber auch unabhängig von der Sprache Bedeutungen erzeugen. Es ist dabei nicht möglich, klassifizierend festzulegen, durch welche Geräusche, Musikpassagen etc. sowie durch welche Kombinationen dieser Elemente mit dem sprachlichen Zeichensystem welche spezifischen, narrativen Zusammenhänge aufgezeigt werden, vielmehr müssen diese Bedeutungszuschreibungen je nach Kontext in jedem einzelnen Hörspiel neu festgelegt werden.

Da im Rahmen des vorliegenden Beitrages nicht die gesamten sprachlichen und nicht-sprachlichen Zeichensysteme und ihre möglichen Zusammenhänge in Bezug auf die narrative Bedeutungsgenerierung erarbeitet werden können,

42 Schmedes: *Medientext Hörspiel*. Vgl. Charles Sanders Peirce: *Collected Papers*. Bd. I–VI. Hg. von Charles Hartshorne und Paul Weiss. Cambridge 1931 ff.; Charles William Morris: *Grundlagen der Zeichentheorie*. München 1972.

43 So kann z. B. eine unheilvoll klingende musikalische Passage im Hintergrund verraten, dass eine zur Beruhigung gedachte verbale Aussage einer Hörspielfigur nicht wirklich so gemeint ist.

und da zudem vor allem die nicht-sprachlichen narrativen Bedeutungspotentiale der Hörspielelemente in der bisherigen Forschung vernachlässigt wurden, soll im Folgenden anhand einiger Beispiele demonstriert werden, wie narrative Bedeutungen durch *nicht-sprachliche* Elemente im Hörspiel erzeugt werden können.

Ausgegangen wird dabei, wie gesagt, von einer postklassischen Auffassung von Erzähltheorie, die besagt, dass jegliche Textsorten bzw. Kunstwerke als narrativ zu bezeichnen sind, in denen eine *erzählte Handlung* vermittelt wird.[44] Dass eine erzählte Handlung vermittelt wird, heißt dabei, dass narrative Komponenten wie Figuren, Raum oder Handlung vorhanden sind und dass im weitesten Sinne ein Ablauf eines Geschehens strukturiert, präsentiert oder fokalisiert wird, d. h., eine Geschichte wird *gestaltet*, durch welche Ausdrucksmittel auch immer.[45] Somit wird davon ausgegangen, dass auch in einem Hörspiel, in dem nur ein minimaler Einsatz von Sprache vorkommt, eine Geschichte erzählt werden kann, z. B. durch Musik oder durch Geräusche.

Komponenten Raum und Zeit

Wie bei den meisten narrativen Werken kann auch beim Hörspiel davon ausgegangen werden, dass die Elemente *Raum* und *Zeit* konstituierend sind für die Etablierung eines narrativen Rahmens.[46] Die Komponente der Zeit ist für das Hörspiel zentral, da sich die Bedeutung von Klangereignissen nicht in stillstehenden Momentaufnahmen, sondern nur im zeitlichen Kontinuum erschließen lässt:

> Im Gegensatz zur visuellen Bedeutungserzeugung, wo das Einzelbild des Zelluloid-Streifens eines Kinofilms, das Video-Standbild eines Fernsehfilms oder die eingefrorene Szene einer Bühnenaufführung selbst bereits bedeutsam sein kann, ist es nicht denkbar, einen akustischen Informationsfluss zeitlich zu fixieren.[47]

Ebenso wie die zeitliche ist auch die räumliche Komponente für Hörspiele wesentlich: „[D]ie Gestaltung von Räumen ist nicht nur eine wichtige, sondern eine grundsätzliche Voraussetzung für jede Hörspielproduktion."[48]

---

44 Nünning/Nünning: *Produktive Grenzüberschreitungen*, S. 7.

45 Vgl. die diesbezügliche Aussage Hickethiers im Zusammenhang mit dem „Erzählen" im Film: „Erzählen bedeutet, einen eigenen, gestalteten (d. h. ästhetisch strukturierten) Kosmos zu schaffen, etwas durch Anfang und Ende als in sich Geschlossenes zu begrenzen und zu strukturieren." Knut Hickethier: *Film- und Fernsehanalyse*. Stuttgart–Weimar ³2001, S. 111.

46 Vgl. die „basic conditions of narrativity" bei Marie-Laure Ryan, in welchen die „temporal dimension" und die „narrative world" (der narrative Raum) an zentraler Stelle genannt werden. Marie-Laure Ryan: „The Modes of Narrativity and Their Visual Metaphors". In: *Style* 3 (1992), S. 368–387, hier: S. 371.

47 Schmedes: *Medientext Hörspiel*, S. 60.

Im Zusammenhang mit diesen beiden Begriffen kann aufgezeigt werden, wie eine narratologisch ausgerichtete Hörspielforschung gewissen Missverständnissen entgegentreten kann. Vor allem mit dem Aufkommen der Stereophonie, d. h. als Ende der 1960er Jahre die Möglichkeit der stereophonen Aufnahme auch tatsächlich genutzt wurde, und der damit eng verbundenen Entwicklung des Neuen Hörspiels,[49] wurde die Frage danach, was der *Raum* im Hörspiel sei, heftig diskutiert. Der stereophone Raum, d. h. die akustische Seite des Einsatzes der Stereophonie, das Entstehen eines akustisch tatsächlich hörbaren Raums, der sich durch die Positionierung der Schallquellen vor den Hörenden auftut, ist dabei zu unterscheiden vom narrativen Raum, also vom Raum, in dem sich die dargestellte Geschichte abspielt. Bekanntlich wurde seit dem Aufkommen des Neuen Hörspiels gefordert, nicht mehr eine Geschichte im imaginären Raum akustisch nachzubilden, sondern mit den akustischen Komponenten an sich zu arbeiten und diese als solche vorzuführen. Es wurde vor allem darauf hingewiesen, dass der akustische Raum mit dem narrativen Raum nicht zu vereinbaren sei, da die fehlende Visualisierung der deutlich im realen Raum der Zuhörenden lokalisierbaren Schallquellen eine solche Visualisierung umso mehr vermissen lassen würde:

> [Die Stereophonie] richtet das Wahrnehmungsinteresse des Hörers auf örtliche Verteilung und Simultaneität von akustischen Signalen, sie projiziert das Schallereignis immer in die Blickrichtung vor den Hörer, und sie liefert ihm eine Abbildung, die notwendig ausschnitthaft und deren Format durch die Lautsprecheraufstellung vorgegeben ist. Damit führt sie, obwohl ihre Entwicklung vom Ortungsmechanismus des Gehörs ausging, zu einem Wahrnehmungsvorgang, der überwiegend auf den Funktionsweisen des Auges gründet. Sie verführt dazu, Wirklichkeit vorzutäuschen, wie sie sich normalerweise nur beim Zusammenwirken aller Sinnesorgane wahrnehmen läßt. Deshalb muß die Täuschung mißlingen. Obwohl die sichtbare Wirklichkeit akustisch greifbar nahe rückt, herrscht totaler Bildausfall.[50]

---

48 Ebd., S. 100.

49 Die Möglichkeit zur stereophonen Technik gab es schon vor dem Aufkommen des Neuen Hörspiels. Vgl. Christiane Timper: *Hörspielmusik in der deutschen Rundfunkgeschichte. Originalkompositionen im deutschen Hörspiel 1923–1986.* Berlin 1990 (= Hochschul-Skripten: Medien 30), S. 117 ff.

50 Johann M. Kamps.: „Beschreibung, Kritik und Chancen der Stereophonie im Hörspiel". In: *Akzente* 1 (1969), S. 66–76, hier: S. 68 f.

Folglich wurde die Möglichkeit, durch das Hörspiel Geschichten zu erzählen, pauschal verworfen. Es wurde dabei jedoch übersehen, dass die Stereophonie in einem narrativen Hörspiel eben nicht nur imaginäre Räume abbilden, sondern auch andere narrative Funktionen übernehmen kann, was anhand eines Beispiels erläutert werden soll: Das Hörspiel DAS LULLISCHE SPIEL von Dieter Kühn, das 1975 vom Norddeutschen, Bayerischen und Süddeutschen Rundfunk im Modus der Kunstkopfstereophonie unter der Regie von Heinz Hostnig produziert und am 13. Dezember 1975 beim Norddeutschen Rundfunk zum ersten Mal ausgestrahlt wurde,[51] erzählt die Lebensgeschichte des Erfinders der kombinatorischen Kunst, Raimundus Lullus bzw. Ramon Lull – wie er hier genannt wird –, des Theologen und Gelehrten aus Mallorca, der im 13. Jahrhundert als Philosoph und Mathematiker verschiedene Werke verfasste. Zu Beginn des Hörspiels hören die Rezipierenden den etwa achtzigjährigen Lull, der sich an seine Jugend erinnert, als er noch als Seneschall am Hof des Königs von Mallorca gearbeitet hat. Die Stimme Lulls befindet sich im akustischen Schallraum in der Mitte-Position. Während er von seiner Jugend erzählt, wird die Stimme des jungen Ramon Lull eingeblendet; diese Stimme erklingt aus einer anderen Stereo-Position. Nachdem die beiden Stimmen ein paar Sätze gemeinsam sprechen, wobei sich nur jeweils die Zeitform der Verben unterscheidet (der alte Ramon erzählt im Präteritum, der junge im Präsens), wird die Stimme des alten Ramon langsam ausgeblendet und erklingt nur noch diejenige des jungen Mannes. Neben der Stimme des ganz jungen Ramon Lull kommen im Hörspiel noch zwei weitere Stimmen vor, die ebenfalls aus deutlich voneinander unterscheidbaren stereophonen Positionen im Schallraum erklingen und die den Gelehrten im Alter von etwa vierzig und von etwa sechzig Jahren verkörpern.

In diesem Hörspiel wird die Aufteilung der stereophonen Positionen der Schallquellen im akustischen Raum somit nicht dazu eingesetzt, einen imaginären Raum abzubilden, in dem die unterschiedlichen Positionen und ihre Abstände untereinander etwa die Größe des narrativen Raumes definieren; vielmehr werden die Stereopositionen hier dazu eingesetzt, ein anderes narratives Strukturmerkmal medial zu manifestieren, nämlich die *Zeitstruktur*. Somit wird das hörspielspezifische Zeichensystem der *Stereophonie* – zusammen mit dem Zeichensystem *Stimme* – dazu eingesetzt, die Schnittstellen zwischen zurückliegenden und gegenwärtigen Ereignissen innerhalb der narrativen Zeitstruktur zu gestalten. Das Erklingen der Schallquelle aus einer anderen Position im akustischen Schallraum signalisiert, zusammen mit der unterschiedlichen Stimmqualität, dass die jeweils erzählten Beobachtungen je aus einer anderen Zeit innerhalb des narrativen Geschehensablaufs aus dem Lebens eines Mannes stammen.

---

51 Archiviert beim Norddeutschen Rundfunk, Hamburg.

Auch die folgende Aussage Knillis in seiner immer wieder als definitive Absage an das traditionelle Hörspiel herangezogenen Aufforderung an die Hörspielschaffenden zum totalen Schallspiel kann somit einer Neubewertung unterzogen werden: „Der Raum entpuppt sich als ein Resonanzkörper mit unbegrenzten Klangmöglichkeiten. Man könnte sich kämpfende Raumklänge als Hörspiele denken."[52] Kämpfende Raumklänge sind nichts anderes als eigentliche Aktanten; anthropomorphisierte Elemente, die eine Handlung ausführen, die einen Anfang (Beginn des Kampfes), eine Entwicklung (das Kampfgeschehen) und ein Ende (wenn ein Raumklang den anderen ‚besiegt‘) aufweisen. Entscheidend ist hier, dass die Realisierung eines narrativen Geschehens nicht unbedingt nur durch die ‚traditionellen‘ Mittel Dialoge, Erzählerpassagen und in realitätsimitierenden Räumen agierende Personen geschieht, sondern dass das narrative Schema in sehr viel variantenreicheren Konstellationen und akustischen Manifestationen zum Ausdruck gebracht werden kann.

Verschiedenste auditive Gestaltungsmittel können eingesetzt werden, um die Geschichte des Kampfes zu erzählen, und der Phantasie sind dabei kaum Grenzen gesetzt: Wenn der eine Raumklang beispielsweise leiser wird, so kann dies zum Ausdruck bringen, dass dieser sich erschöpft zurückzieht und der andere, lauter werdende Raumklang im Kampfgeschehen Oberhand gewinnt. Das Zeichensystem der *Mischung*, welches das Lautstärkenverhältnis zwischen den verschiedenen Schallquellen regelt, würde hier somit dazu eingesetzt, eine spezifische Handlungssequenz zu *erzählen*. ‚Erzählen‘ bedeutet dabei nicht mehr, durch eine Erzählerstimme verbal zu vermitteln, vielmehr wird eine *erzählte Handlung* dadurch charakterisiert, dass das Geschehen auf irgendeine Weise *gestaltet* die Rezipierenden erreicht. In der spezifischen Gestaltung des Materials – beispielsweise durch Selektion, Fokalisation oder Strukturierung – wird eine Funktion erkennbar, die eine *mediale* Erzählinstanz genannt werden kann, eine „anonymous and impersonal narrative function in charge of selection, arrangement, and focalization"[53], die durch den Einsatz verschiedenster akustischer Mittel das Geschehen gestaltend vermittelt.[54] In der oben beschriebenen Hörszene kämpfender Klänge muss dann das Element der Mischung als ein von der medialen Erzählinstanz eingesetztes akustisches Mittel gedacht werden, durch das eine bestimmte Ereignisfolge im Kampfgeschehen gestaltet und damit erzählt wird.

---

52 Knilli: *Das Hörspiel*, S. 46 f.

53 Manfred Jahn: „Narrative Voice and Agency in Drama: Aspects of a Narratology of Drama". In: *New Literary History* 32 (2001), S. 659–679, hier: S. 674.

54 Vgl. dazu auch Rainer Hannes, der dieser medialen Erzählinstanz die Funktion der räumlichen und zeitlichen Strukturierung sowie der „Perspektivierung bei der Wiedergabe einer Handlung" zuordnet. Hannes: *Erzählen und Erzähler im Hörspiel*, S. 52.

Dass eine Erzählung wie die Geschichte kämpfender Raumklänge in der Regel durch die Hörerinnen und Hörer als narrative Konstruktion rezipiert wird, resultiert aus einer der Grundannahmen der kognitiven Erzähltheorie. Hier wird, laut Werner Wolf, das „Narrative (und damit auch de[r] Akt seiner Realisierung, das Erzählen) [als] kulturell erworbenes und mental gespeichertes kognitives Schema" aufgefasst, „also als stereotypes verstehens-, kommunikations- und erwartungssteuerndes Konzeptensemble, das als solches medienunabhängig ist und gerade deshalb in verschiedenen Medien und Einzelmedien realisiert, aber auch auf lebensweltliche Erfahrung angewandt werden kann".[55] Grundsätzlich wird davon ausgegangen, dass die Rezipierenden zunächst Reize aus der Umwelt aufnehmen und darauf eine „interne Verarbeitung, also die Bedeutungsstiftung durch Verknüpfung mit bestehenden kognitiven Strukturen [...] folgt".[56] Eine solche bestehende kognitive Struktur stellt das Schema des Narrativen dar, durch das die Rezipierenden solche – im Fall von Hörspielen – akustischen Reize in ein sinnhaftes Ganzes mit Anfang, Ereignisabfolge und Ende umwandeln, auch wenn keine Erzählerstimme die narrativen Zusammenhänge verbal vermittelt.[57]

Bei der Betrachtung von möglichen narrativen Funktionen, die nichtsprachliche Elemente des Hörspiels übernehmen können, ist immer zu berücksichtigen, dass es „graduelle Unterschiede bei der Bildung von Bedeutungsprozessen" gibt, d. h., es ist davon auszugehen, dass eine sprachlich fixierte Aussage eine eindeutigere Bedeutungszuweisung seitens der Rezipierenden erfährt als eine Musikpassage.[58] Andererseits kann gerade eine Musikpassage eine derart evokative Wirkung hervorrufen, dass eine spezifische Atmosphäre unmittelbar von den Hörerinnen und Hörern erfahren werden kann, ebenso wie beispielsweise eine schnelle Abfolge von harten Schnitten sinnlich wahrnehmbar eine spezifische hektische oder temporeiche Atmosphäre in einem Hörspiel wiederzugeben vermag. Bei solchen weniger präzisen oder fassbaren Vermittlungen von narrativen Zusammenhängen ist zur Erkennung ebendieser Zusammenhänge die „Mitarbeit des Betrachters" nötig.[59]

---

55 Wolf: *Das Problem der Narrativität*, S. 29.

56 Gerald Echterhoff: „Geschichten in der Psychologie: Die Erforschung narrativ geleiteter Informationsverarbeitung". In: Nünning/Nünning: *Erzähltheorie*, S. 265–290, hier: S. 269.

57 Vgl. für eine ausführliche Erläuterung des kognitiven narrativen Konzepts von menschlicher Wahrnehmung und Sinnstiftung Echterhoff: *Geschichten in der Psychologie*.

58 Vgl. Schmedes: *Medientext Hörspiel*, S. 30. Auch Werner Wolf weist darauf hin, dass gewisse Arten medialer Vermittlung „bei der Steuerung der Vorstellungsbildung [...] wesentlich präziser sein" können als andere. Bei Vermittlungsformen, die weniger genau sind als die verbale, die „in Lexikon und Grammatik eine Reihe von Möglichkeiten der Vereindeutigung besitzt", bleibt „vieles implizit und damit in relativer Unbestimmtheit". Wolf: *Das Problem der Narrativität*, S. 65.

59 Ebd., S. 70. Dass ganz offensichtlich eine „massive Tendenz" von Seiten der Rezipienten besteht, narrative Zusammenhänge, die nur angedeutet werden, als solche aktiv zu vervollständigen, scheint deutlich, wobei jedoch der Grund für diese Tendenz ungeklärt ist. Vgl. ebd., S. 73.

Komponenten Fokalisation und Figurencharakterisierung

Neben der oben beschriebenen narrativen Zeitstrukturierung und der Raumgestaltung sind für eine narratologische Analyse die Komponenten der Figurencharakterisierung, erzählenden Instanz, Fokalisation sowie die Elemente der erzählten Geschichte (Handlung, Handlungstragende und Handlungsort) zu nennen.[60] Im Folgenden werden paradigmatisch einige besonders markante hörspielspezifische Möglichkeiten der narrativen Gestaltung beschrieben, wobei augenfällig werden sollte, welches Potential in einer solchen Analysemethode steckt.

Eine narrative Komponente, die gerade im Hörspiel sehr vielfältig spezifisch medial manifestiert werden kann, ist die *Fokalisation*. An einem einfachen Beispiel kann gezeigt werden, wie durch die Fokalisation auch gerade in einem Hörspiel, das ausschließlich aus Dialogen besteht, eine narrative Kommunikationssituation etabliert wird, d. h., durch den Einsatz von Fokalisation wird deutlich, dass eine narrative Erzählinstanz das Geschehen strukturiert und präsentiert. Es handelt sich bei dem Beispiel um ein Kurzhörspiel von Wolfdietrich Schnurre mit dem Titel TREFFPUNKT TRAUERWEIDE, das 1976 vom Sender Freies Berlin unter der Regie von Hans Bernd Müller produziert und dort am 28. Februar 1976 zum ersten Mal gesendet wurde.[61]

Frau Kusanke und Herr Schlenz, beide seit längerem verwitwet, treffen sich in diesem Hörspiel regelmäßig auf dem Friedhof, wo sie beide die nebeneinanderliegenden Gräber ihrer verstorbenen Ehepartner versorgen und dabei über Gott und die Welt sprechen. Das Hörspiel besteht fast ausschließlich aus den Dialogpassagen der zwei Personen. An einer Stelle jedoch ist im Hintergrund ein Glockengeläute zu hören, das durch die spezifische Art der Einblendung und Lautstärkenmischung eine Fokalisation des Geschehens erkennen lässt: In eine kurze Sprechpause im Dialog der beiden Leute wird, zunächst relativ laut, das einsetzende Geräusch der läutenden Glocke eingeblendet und ist für ein paar kurze Momente als einzige Schallquelle hörbar. Daraufhin wird die Lautstärke des Geläutes zurückgenommen und die Stimmen der beiden Personen sind wieder hörbar; sie haben nun realisiert, dass es bereits Mittag ist. Das Glockengeläute ist in der Folge im Hintergrund weiterhin zu hören, jedoch nun durchgehend in zurückgenommener Lautstärke.

Durch das Einblenden des Geräusches der Glocke wird die Geschichte einen Moment lang auf diese Glocke fokalisiert, während die akustische Fokalisation gleich darauf wieder auf die sprechenden Leute gerichtet und das Glockengeläu-

---

60 Ich orientiere mich hierbei an der Narratologie Mieke Bals, die sich wegen ihrer Anwendbarkeit auf verschiedene semiotische Zeichensysteme als Analyserahmen anbietet: Mieke Bal: *Narratology. Introduction to the Theory of Narrative.* Toronto [2]1997.

61 Archiviert beim Sender Freies Berlin, Berlin.

te leiser wird. Analog dazu würde in einem Film die Kamera in diesem Moment auf einen Kirchenturm hin und dann wieder zurück zu den sprechenden Personen schwenken. Es handelt sich hier also um eine Fokalisation auf der Ebene der Erzählinstanz, d. h., es ist eine Erzählinstanz erkennbar, die das dargestellte Geschehen gestaltet: sie fokalisiert die Objekte der Geschichte.

Nun kann auch die Fokalisation einer diegetischen Figur im Hörspiel medial manifestiert werden, d. h., es wird die spezifisch personifizierte Sicht oder die subjektive Wahrnehmung einer Figur auf das ablaufende Geschehen wiedergegeben, beispielsweise wenn ausgedrückt wird, wie eine Figur die Umwelt wahrnimmt.[62] Auch dies kann anhand eines Beispiels erläutert werden: Das Hörspiel DAS ATELIERFEST von Wolfgang Hildesheimer aus dem Jahre 1955 wurde unter der Regie von Fritz Schröder-Jahn beim Nordwestdeutschen Rundfunk in Hamburg produziert und dort am 25. Mai 1955 zum ersten Mal ausgestrahlt.[63]

Die Geschichte handelt vom Maler Robert, der in seinem Atelier gerne malen möchte, jedoch immer wieder von hereinkommenden Leuten daran gehindert wird, was er als sehr störend empfindet. Dieses subjektive Empfinden, also die perspektivisch gebrochene figurengebundene Fokalisation, wird im Hörspiel akustisch umgesetzt, indem den hereinkommenden Leuten nicht nur Sprechpassagen, sondern auch diese Sprechpassagen begleitende Musikpassagen zugeordnet werden. Wenn z. B. der im Atelier des Malers ein Fenster reparierende Glaser, der Robert durch seine naiv-besserwisserische Art irritiert, spricht, so wird anschließend an jede seiner Aussagen eine schleppendes, Blasinstrument-artiges Musikmotiv eingeblendet, das den Sprechduktus des Glasers imitiert. Ebenso werden die Aussagen der hereinkommenden Mäzenin des Malers, die sich als Kunstbanausin entpuppt, durch ein Zupfinstrument-artiges Musikmotiv begleitet, das durch eine relative Schrillheit und vor allem Schnelligkeit gekennzeichnet ist.

Diese Merkmale verdeutlichen für die Rezipierenden, wie Robert diese hereinstürzende Frau wahrnimmt: als zu laut und unablässig schnell dahinplappernde Person. Und als im Verlaufe des Hörspiels die Worte dieser Mäzenin gar nicht mehr zu verstehen sind, sondern nur noch das Zupfgeräusch indiziert, dass sie gerade spricht, wird deutlich, dass für Robert die Aussagen der Frau leeres Geschwätz und Redehülsen sind. Das gleiche gilt für alle Leute, die sich im Ver-

---

62 Zur auf Mieke Bal zurückgehenden Unterscheidung zwischen Fokalisation aus Erzählinstanz- und aus figuraler Perspektive vgl. Ansgar Nünning: „‚Point of view' oder ‚focalization'? Über einige Grundlagen und Kategorien konkurrierender Modelle der erzählerischen Vermittlung". In: *Literatur in Wissenschaft und Unterricht* 3 (1990), S. 249–268.

63 Archiviert beim Norddeutschen Rundfunk, Hamburg. Vgl. auch die Druckfassung dieses Hörspiels: Wolfgang Hildesheimer: *Das Atelierfest*. Hörspiel. In: Ders.: *Gesammelte Werke in sieben Bänden*. Hg. von Christiaan Lucas Hart Nibbrig und Volker Jehle. Bd. V: Hörspiele. Stuttgart 1991, S. 143–169. Die Druckfassung gibt allerdings nicht durchgehend den genauen Ablauf des realisierten akustischen Hörspiels wieder.

laufe des dargestellten Abends zum Atelierfest versammeln: Die ihre Aussagen jeweils begleitenden Musikpassagen nehmen zeitweise vollständig Überhand und signalisieren dadurch die subjektive Wahrnehmung Roberts: Die Gästeschar ist für ihn eine laute Masse, die ihn bei seiner Arbeit stört und ihn schließlich beinahe zur Weißglut treibt. Letzteres wird akustisch umgesetzt, indem die verschiedenen Stimmen und musikalischen Klänge sich wiederholt immer mehr vermischen, zu einem unverständlichen Brei zusammenfließen und schließlich einen undurchdringlichen Klangteppich ergeben, der in seiner Lautstärke und Schrillheit die Unerträglichkeit der Anwesenheit dieser Eindringlinge aus der Sicht Roberts wiederzugeben vermag. Die narrative Komponente der Fokalisation aus Figurenperspektive wird somit auch hier durch nicht-sprachliche Komponenten des Hörspiels manifestiert: Eingesetzt werden dafür vor allem die Zeichensysteme *Musik* sowie *elektroakustische Manipulation.* Aus den soeben beschriebenen Szenen und Höreindrücken des Hörspiels DAS ATELIERFEST wird deutlich, dass hier noch eine weitere narrative Komponente medial manifestiert wird, nämlich die Figurencharakterisierung. Die Aussagen der Gäste erweisen sich schon sehr bald als prätentiöse Phrasen und „Kunstgeschwätz", welche die Beziehung der Gäste zur Kunst „mit den Mitteln der Ironie oder Parodie als vordergründig, leer, unsachlich oder widersinnig" entlarven.[64] Die jeweilige Nachahmung des Tonfalls und des Sprechduktus nach jeder Aussage einer Figur durch das musikalische Motiv, welches das Gesagte treffsicher zu imitieren vermag, verdeutlicht die Inhaltslosigkeit der Aussagen, wodurch die Figuren als Banausen und Angeber charakterisiert werden. Ebenso charakterisiert die Wahl des jeweiligen Instruments (beziehungsweise dessen Art der elektroakustischen Verfremdung) die Figuren: Beispielsweise werden die Aussagen des Herrn Eckart, eines ‚Lebemannes', der kurz nach Eintritt in das Atelier ein Fest zu organisieren beginnt, von einem sehr tiefen Bass begleitet, der assoziativ die Gutmütigkeit und kumpelhafte Herzlichkeit, aber auch Schwerfälligkeit dieses Mannes akustisch darzustellen vermag. Das musikalische Motiv, das den Glaser begleitet (ein sich in die Länge ziehender, schleppender Ton), kann dagegen als eher träge und langsam, auf jeden Fall vollkommen variationslos bezeichnet werden. Verstärkt wird der Eindruck der Einfältigkeit des Glasers durch dialektale Merkmale, welche ihn von der dialektfrei sprechenden Künstlergesellschaft unterscheiden und ihn gerade durch diesen Kontrast als einfältig kennzeichnen sollen. Auch hier werden demnach nicht-sprachliche

---

64 Werner Zimmermann: „Wolfgang Hildesheimer, Das Atelierfest (1952/1962)". In: *Deutsche Prosadichtungen unseres Jahrhunderts. Interpretationen für Lehrende und Lernende.* Bd. 2. Düsseldorf 1969, S. 106–117, hier: S. 114. Zimmermann geht hier von der Prosafassung dieser Geschichte aus, auf der das Hörspiel basiert. In Bezug auf die Charakterisierung der Gästeschar können die beiden Textfassungen in ihrem Aussagegehalt als analog angesehen werden, weshalb diese Aussage Zimmermanns auch auf das Hörspiel zutrifft.

Elemente des akustischen Ausdrucks eingesetzt, um diese narrative Komponente der Figurencharakterisierung zu manifestieren: *Musik* (teilweise verfremdet durch *elektroakustische Manipulation*) und *Stimme*.[65]

Perspektiven einer Narratologie der akustischen Kunst

Natürlich sind nicht alle Hörspiele als *narrative* Hörspiele zu bezeichnen. So genannte Klangskulpturen oder Soundscapes, die beispielsweise die Geräusche einer Stadt einfangen und dabei durch eine spezifische Montage- und Collagetechnik ein ‚akustisches Stadt-Bild' festhalten, geben vor allem ein Porträt dieser Stadt wieder und scheinen daher zunächst eher Gemälde-Charakter zu haben, so dass hier nicht der Präsentationsmodus der Narration, sondern derjenige der Deskription überwiegt.[66] Doch da in einem Hörspiel, wie gesagt, die zeitliche Abfolge der Töne a priori gegeben ist, kommen auch in diesen Soundscapes narrative Elemente zum Tragen. Einzelne Teile dieser Klangskulpturen werden von den Rezipierenden zweifelsohne als narrativ interpretiert, indem sie sinnstiftend zu kleinen Geschichten zusammengesetzt werden.

In Walter Ruttmanns Hörstück WOCHENENDE beispielsweise – 1930 vom Berliner Rundfunk produziert und dort am 13. Juni 1930 zum ersten Mal ausgestrahlt –, das „ein akustisches Bild einer Berliner Wochenend-Stadtlandschaft"[67] bietet, ist das Anlassen eines Fahrzeugmotors zu hören, und kurz darauf ertönt ein fahrendes Auto, worauf eine Trillerpfeife erklingt – damit wird die Minimal-Geschichte eines wegfahrenden und daraufhin von einem Verkehrspolizisten gestoppten Autos angedeutet. Ebenso kann bereits die Aussage eines Mannes in demselben Hörstück, „Aber Fräulein, Sie haben mir ja eine falsche Nummer gegeben", als Versatzstück einer Geschichte fungieren und in Zusammenhang gebracht werden mit dem mehrmals erklingenden „Hallo?"[68]

Es geht hier nicht darum, zu behaupten, dass *alle* Hörspiele narrativ seien, sondern es soll vielmehr darauf hingewiesen werden, dass narrative Elemente in fast allen Hörspielen zu finden sind. Ob diese Narrativität für die Grundaussage

---

65   Das Zeichensystem der Stimme umfasst dabei „klangliche oder ideolektale Merkmale [...] sowie intonatorische Besonderheiten wie Betonungsstruktur, Sprechpausen oder Satzmelodien" und ist vom Zeichensystem der Sprache abgegrenzt zu betrachten, auch wenn es hier ständig zu gegenseitigen Überlagerungen kommt: „Grundsätzlich ist zu unterscheiden zwischen Stimm- und Sprachmaterial, denn während das Sprachmaterial auch dann eine semantische Substanz aufweist, wenn Sprache in ihre Bestandteile aufgelöst wird, kann das Stimmenmaterial auch rein klanglich und ohne semantische Verweisfunktion zur Geltung kommen." Schmedes: *Medientext Hörspiel*, S. 74.

66   Vgl. dazu Wolf: *Das Problem der Narrativität*, S. 40.

67   Barbara Schäfer in: Booklet zu: Walter Ruttmann: *Weekend Remix*. Intermedium records 2000 (= intermedium rec. 003, Indigo CD 93172).

68   Diese Hörcollage Ruttmanns galt lange als verschollen und wurde erst 1978 wiederentdeckt. Vgl. Booklet zu: Ruttmann: *Weekend Remix*.

des Hörspiels konstitutiv ist, hängt nicht nur von der Intention der Hörspiel-produktion, sondern auch von derjenigen der Rezeption ab – die erwähnte verstärkte Hinwendung der allgemeinen Hörspielproduktion zum „Geschichten erzählen" unterstützt jedoch die Annahme einer Dominanz des Narrativen. Es ist zudem, wie gesagt, davon auszugehen, dass Rezipierende durch das mental gespeicherte kognitive Schema des Narrativen „allgemein zu erzähltypischen sinnstiftenden Syntheseleistungen" angeregt werden und diese narrativen Zusammenhänge herstellen.[69]

Die Anwendung einer differenzierten Analysemethode zur Untersuchung spezifisch auditiver Mittel für die narrative Bedeutungsgenerierung bei der Produktion und Rezeption von Hörspielen führt somit zweifelsohne zu interessanten Erkenntnissen. Eine solche Methode kann innerhalb der Disparität der Stilrichtungen im Hörspiel-Spektrum breit angewandt werden, womit einer der möglichen Schritte in die Richtung einer einheitlichen Hörspielforschung, die nicht von vornherein von nicht miteinander vereinbaren Stilrichtungen ausgeht, aufgezeigt werden sollte.

---

69 Wolf: *Das Problem der Narrativität*, S. 30.

Sektion IV:
Multimedia und neue Medien

Rolf Großmann

Collage, Montage, Sampling

Ein Streifzug durch (medien-)materialbezogene ästhetische Strategien

Mit der Phonographie werden erstmals Klänge selbst und nicht nur Anweisungen zu ihrer Erzeugung speicherbar. Komposition und Instrumentalspiel erhalten durch diese ‚klingende Notation' neue Möglichkeiten der Gestaltung, es bilden sich ästhetische Strategien, die mit der technischen Verfasstheit der gespeicherten Klänge in direkter Wechselbeziehung stehen. Der Code der digitalen Medien schlägt hier ein neues Kapitel auf, in dem sich – u. a. mit Sampling-Technologien – eine umfassende Verfügbarkeit aller mit präformiertem Material denkbaren Operationen abzeichnet. Wird mit bestehendem Audiomaterial gearbeitet, so sind Begriffe wie Zitat, Collage, Montage, Recycling etc. schnell bei der Hand, bleiben jedoch oft vage Etiketten für einen ‚irgendwie' materialbezogenen Gestaltungsvorgang.

In welcher ästhetischen Tradition steht das Spiel mit Medienmaterial? Wie verändert sich der Materialbegriff in diesem Prozess? Von den ersten (Bild-)Collagen über die Montage des Films und die DJ-Culture bis zu aktuellen Transformationsverfahren des Sampling werden im folgenden – auch anhand konkreter Beispiele – Strategien der materialorientierten Gestaltung betrachtet.

(Vor-)Urteile

Die Meinungen über Wert und Bedeutung musikalischer Produktion mit den Mitteln der Reproduktion sind geteilt. Vorwürfen wie Plagiat, Diebstahl etc. auf der einen Seite stehen Visionen einer neuen Kulturtechnik auf der anderen Seite entgegen. Das ungebrochene Festhalten an der vertrauten Form ästhetischer Kategorien wie Originalität, Neuheit und Autorschaft erweist sich als der neuen Praxis wenig angemessen und verführt manchen sonst durchaus sachkundigen und sensiblen Akteur und Beobachter zur pauschalen Kritik.

„Technologie zur Reproduktion von Reproduktionen ist letztlich nichts anderes als ein zu Kunstwert mit neuer Aura hochphilosophierter prätentiöser Amateurismus."[1]

---

1   Konrad Boehmer, *Collage – Decollage*. Teil 1; Hörfunk-Feature des SWR 2, Reihe „Vom Innen und Außen der Klänge", 3.7.2000, zit. n. Sendemanuskript.

Was Konrad Boehmers Kritik eigentlich treffen will, das einfallslos immer wiederkehrende Gleiche ständig umarrangierten Medienmaterials, wird durch die Vorverurteilung des gesamten und in allen Bereichen der Musikkultur längst etablierten Verfahrens verfehlt. Im Gegenteil, eine Kritik aus dem Geiste des 19. Jahrhunderts gerät in den Verdacht, die Prämissen zeitgenössischer Praxis zu vernachlässigen. Dieser Haltung hat eine selbstverständliche Akzeptanz des verbreiteten „Amateurismus" einiges voraus, um dann vor dem Hintergrund einer aktualisierten Ästhetik begründete Urteile abzugeben.

> Es ist schon lange klar, dass Plattenspieler nicht bloß Abspielgeräte sind, sondern Maschinen, die der Rekombination von Klängen dienen. [...] Jeder kann Musik aus Musik machen. Jeder in den neunziger Jahren versteht die Prinzipien der Collage und der Assemblage. Es ist etwas, das zum Grundverständnis des späten 20. Jahrhunderts gehört.[2]

Recht hat er wohl, der britische Musikjournalist und Szene-Autor[3] Kodwo Eshun, zumindest im Prinzip. Kids üben auf ihren Medieninstrumenten, *old school* auf DJ-Sets mit zwei Plattenspielern oder *new school* mit CD-Decks oder gar virtuellen Software DJ-Tools, um für ihren Partyauftritt oder auch für die World Championship (siehe Abb. 1)[4] zu trainieren. Es ist der Normalfall, dass in den Studios geschnitten, geklebt, gesampelt, editiert und transformiert wird. Selbst in der dem Mythos der handwerklichen Klänge verhafteten Rockszene gehört es – etwa bei Linkin Park, Limp Bizkit oder Incubus – inzwischen zum guten Ton, DJ-Set und Sampler als Beilage nach Gusto einzusetzen und so Nicht-Selbstgespieltes zu spielen.

Dass allerdings jeder die Prinzipien der Collage versteht, muss bezweifelt werden. Es ist sogar zunächst einmal zu fragen, ob und wo der Collagebegriff überhaupt

Abb. 1: DJ A-Track bei der „DMC World Championship1 1997"; Video-Screenshot.

---

2   Interview mit Kodwo Eshun: „Halb Mensch, halb Plattenspieler. Die Zukunft der Musik (II): Der britische Autor Kodwo Eshun über DJ-Culture in den Neunzigern, elektronische Musik und Kunst." In: *Süddeutsche Zeitung* Nr. 193, 23.8.1999, S. 10..

3   Kodwo Eshun: *Heller als die Sonne. Abenteuer in der Sonic Fiction.* Berlin 1999.

4   „DJ A-Track", ein 15-jähriger Jugendlicher, gewinnt 1997 in Montreal (Canada) die „DMC World Championship 1997". Die Virtuosität dieses DJ-Wunderkinds erinnert an die bei traditionellen Instrumental-Wettbewerben zur Schau gestellte Fingerfertigkeit und beseitigt letzte Zweifel bei der Frage, ob das DJ-Set als Musikinstrument aufgefasst werden kann.

sinnvoll auf aktuelle Mediengestaltung anzuwenden ist. Begriffe wie Collage, Assemblage, Montage, Zitat sind schnell bei der Hand, wenn mittels Medienmaterial neue ästhetische Artefakte geschaffen werden. Doch jeder dieser ‚irgendwie' passenden Begriffe hat seine eigene Tradition als ästhetisches Verfahren in seinem jeweiligen Kontext. Unmittelbar mit den Reproduktionsmedien ist nur die Montage verbunden.

Geklebte Papiere

Auch allgemeinere Theorieansätze wie Systemtheorie und Konstruktivismus haben längst entdeckt, dass das Abspielen von Medienkonserven nicht die ohnehin unmögliche Rekonstruktion einer vergangenen Wirklichkeit, sondern ein selbständiger Akt ästhetischen Handelns mit seinen eigenen Randbedingungen ist. Die generative Seite der Reproduktions- bzw. Speichermedien ist damit ins Blickfeld gerückt und etabliert sich – spätestens in den neunziger Jahren – als fester Bestandteil des medienwissenschaftlichen Diskurses. Die damit verbundenen Verfahren ästhetischer (Medien-)Gestaltung und ihr Bezug zu den bereits eingeführten und theoretisch reflektierten Begriffen künstlerischer Praxis bleiben jedoch unklar. So bedürfen, um auf Eshuns Zitat zurückzukommen, die „Prinzipien der Collage" bei genauerem Hinsehen doch noch einiger Klärung, sollen sie auf Medienkomposition bezogen werden. Selbst Kenner der Materie (und der Szene) wie „Pop-Adorno"[5] Diedrich Diederichsen geraten in den Bereich der Halbwahrheiten, wenn sie über Collage sprechen:

> Die Collage hat ja immer damit gearbeitet, daß sie aus dem Zusammenhang gerissen hat und dann einen neuen Zusammenhang hergestellt hat, der entweder den Originalzusammenhang kritisierte oder überhaupt Zusammenhänge schlechthin kritisierte.[6]

Die Tradition der Collage ist nur in Spezialfällen – wie etwa in der politischen Collage der dreißiger Jahre (so in den Arbeiten John Heartfields, die handwerklich gesehen Fotomontagen sind) – eine der kritischen Referentialität. Die *Papiers collés*, die geklebten Papiere in den Frühformen der Collage bei Georges Braque und Pablo Picasso kritisieren nichts. Sie ersetzen, wie Herta Wescher in ihrer „Geschichte der Collage"[7] präzise beschreibt, Farbe durch Materialstrukturen, Illusionsräume durch flächige Strukturen. An den ersten Experimenten

---

5 Siehe *Süddeutsche Zeitung* Nr. 94, 24.4.2003, S. 13.

6 Diedrich Diederichsen im Videofeature über Sampling, TV-Sendung *Crossover*, Reihe „lost in music", R. Pape 1995/arte 1996, zit. n. Transkription: URL: http://www.werkleitz.de/~pape/d/04projects/1995sampling/sampling.html (Zugriffsdatum: 4.3.2004).

7 Herta Wescher: *Die Geschichte der Collage*. Köln 1987.

Abb. 2-4: Drei „Fruchtschalen" von Georges Braque; drei Techniken: Öl (links, 1908/1909), geklebte Papiere und Kohle (unten links, 1912), Öl und Sand (unten rechts, 1912).

mit Collagetechniken von Georges Braque, bei denen sich Abstraktionstendenzen des Kubismus und konkrete Bildbestandteile verbinden, lässt sich der Materialcharakter der eingesetzten Mittel verfolgen. Materialien wie Sand dienen zur Transformation der vorher mit Öl gemalten Flächen. Nach Versuchen mit gemalten Tapetenmustern klebt Braque die Tapete selbst ins Bild, eines der ‚Urbilder' der Collagetechniken, das *Stilleben mit Fruchtschale und Glas* von 1912 ist eine Kohlezeichnung mit eingeklebten Tapetenstücken einer imitierten Holzmaserung. Die Abbildungen 2 bis 4 geben einen Eindruck vom Einfluss der kubistischen Formensprache auf die ersten Collagen. Von der neuen Qualität der Materialtechniken (Sand, geklebte Papiere) verraten sie dagegen wenig mehr als eine gewisse Heterogenität der Bildelemente, gerade weil ihre Materialität in der Abbildung nicht reproduzierbar ist.

Die entscheidende Differenz zu herkömmlichen Techniken und damit das Definitionskriterium der Collage ist ihr neuer Umgang mit der Relation von Abbildung und Realem.

> Die Einfügung von Realitätsfragmenten in das Kunstwerk verändert dieses grundlegend. Nicht nur verzichtet der Künstler auf die Gestaltung des Bildganzen; das Bild erhält auch einen anderen Status, denn Teile des Bildes stehen zur Wirklichkeit nicht mehr in dem für das organische Kunstwerk charakteristischen Verhältnis: Sie verweisen nicht mehr als Zeichen auf die Wirklichkeit, sie *sind* Wirklichkeit.[8]

Statt der handwerklich medialen Abbildung im Tafelbild wird ein bereits vorhandener Gegenstand selbst Teil des künstlerischen Artefakts. Dass dieser in den ästhetischen Raum transferierte Gegenstand die verschiedensten Referentialitäten, sowohl im Hinblick auf die Struktur des Artefakts selbst als auch auf seinen ursprünglichen Zusammenhang bezogen, annehmen kann, versteht sich von selbst. Hier liegt auch der entscheidende Unterschied zwischen zitierenden und collagierenden Verfahren: Der Zitatcharakter des eingeklebten Bruchstücks ist für die Collage eine Option, keine Notwendigkeit. Einen Zitatcharakter besitzt es dann, wenn es einen externen Bedeutungszusammenhang repräsentiert, der für die Rezeption der Collage verständlich und bedeutsam ist. Die ersten, vom Kubismus abgeleiteten Collagen ab 1912 bei Braque und Picasso zitieren nicht, im Gegenteil: Sie stellen die Eigenschaften der eingeklebten Materialien aus. Dagegen fallen in der Spezialform der ‚Zitatcollage‘ zitierendes (verweisendes) und collagierendes (mit präformierten Materialien arbeitendes) Verfahren zusammen. Die Collage als Materialverfahren setzt jedoch immer voraus, dass der zu klebende Gegenstand überhaupt eine in diesem Sinne handhabbare Materialität besitzt.

Von diesem Differenzkriterium macht Brunhilde Sonntag in ihrem musikwissenschaftlichen Standardwerk zur Collage[9] keinen Gebrauch. Stattdessen kommt sie nach einer präzisen Bestandsaufnahme und Analyse der Collage-Verfahren in der Bildenden Kunst zu einer überraschenden Gleichsetzung von Collagieren und Zitieren in der Musik: „Die Position des präfabrizierten Materials im Bild nimmt in der musikalischen Struktur das Zitat ein."[10]

---

8   Peter Bürger: *Theorie der Avantgarde*. Frankfurt a. M. 1974, S. 105 (Kursivierung im Original, R. G.).

9   Brunhilde Sonntag: *Untersuchungen zur Collagetechnik in der Musik des 20. Jahrhunderts*. Regensburg 1977.

10 Ebd., S. 13.

Die einfache und aus heutiger Sicht naheliegende Idee, dass die Collage auch in der Musik primär als eine spezifische Erweiterung der Mittel musikalischer Gestaltung aufgefasst werden könne, nämlich als Einbeziehung zunächst vorgefundener realer Klänge und Geräusche (wie beim Einsatz von Sirenenklängen bei Edgard Varèse) und später des gesamten Klang- und Musik-Archivs der mittels der Phonographie ,materialisierten' Sounds, lag noch in weiter Ferne. Meines Erachtens aus zweierlei Gründen: Zum einen war Medienkomposition mittels mechanischer oder gar elektronischer Medienmaterialien noch ein exotisches Randthema. Zwar hatte John Cage seine Reihe der *Imaginary Landscapes*, die vorfabriziertes Medienmaterial aus Plattenspielern und Radios einbezog, bereits 1939 begonnen, 1977 mixten Grandmaster Flash und DJ Herc jedoch noch von der restlichen Welt unbemerkt auf den Blockpartys der New Yorker Bronx. Zum anderen war der Begriff des musikalischen Materials für konservative Musikwissenschaftler vom kompositorischen Stand der ,westeuropäischen Kunstmusik' des 19. Jahrhunderts bestimmt. Unter Material verstand man die zur Verfügung stehenden Themen, Phrasen, Melodien wie auch die zugehörigen Satztechniken, Harmoniken etc., also die musikalischen Strukturen und etablierten Techniken ihrer Formung, die sich mit der Notenschrift entwickelt hatten und im Konzertsaal aufgeführt wurden.[11]

Geistfähige Materialien

Diesen Materialbegriff der in Notenschrift fixierbaren Formen beschreibt das berühmte Diktum Eduard Hanslicks vom Komponieren als „Arbeiten des Geistes in geistfähigem Material"[12]. Hinter dieser Vorstellung steht ein durchaus handwerkliches, auf die optimale Formwerdung der im kompositorischen „Geist" vorhandenen Strukturvorstellungen gerichtetes Verständnis von Material. Hieran orientiert sich auch der unter Theodor W. Adornos „Hörtypen" herausragende „Expertenhörer", dessen inneres Ohr den Notentext bereits beim Betrachten der Partitur klanglich aufnimmt.[13] Die Essenz des Werks liegt dabei in der im Notentext repräsentierten und kommunizierbaren Struktur. Der konkrete Klang der Aufführung, oder besser im Musikerjargon der ,Ausführung', bleibt für das Werk selbst akzidentiell.

---

11 Ganz in diesem Sinne und noch restriktiver als Sonntag fasst Elmar Budde das „Prinzip Collage" in der Musik: „Die Musik holt sich, pointiert gesagt, ihr zwar durchweg verbrauchtes aber nie vergessenes Material aus dem Konzertsaal, die bildende Kunst dagegen findet ihre Objekte in der Gosse und auf dem Müllplatz." Elmar Budde: „Zitat, Collage, Montage." In: Rudolf Stephan (Hg.), *Die Musik der sechziger Jahre*. Mainz 1986, S. 26–38, hier: S. 36.
12 Eduard Hanslick: *Vom Musikalisch-Schönen. Ein Beitrag zur Revision der Ästhetik der Tonkunst*. Wiesbaden [20]1980 (OA Leipzig 1854), S. 35.
13 Theodor W. Adorno: *Einleitung in die Musiksoziologie*. Frankfurt a. M. 1973. S. 18 f.

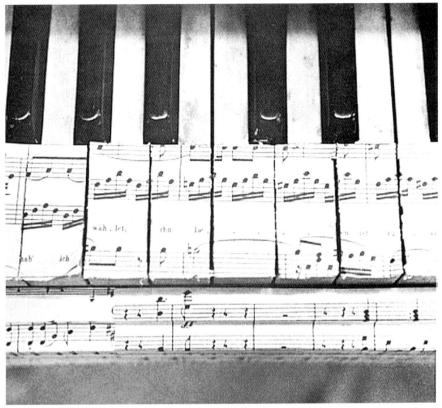

Abb. 5: Mauricio Kagel: Ludwig van; *Titelblatt der Partitur (Ausschnitt)*

Als „Vergegenständlichung der musikalischen Collage" hat Mauricio Kagel in seinem Multimedienwerk *Ludwig van* (1969) das Kleben von Noten wörtlich genommen:[14] Auf das Mobiliar eines erfundenen Beethovenzimmers werden Notentexte Beethovens geklebt, diese abgefilmt, filmisch montiert und schließlich von Instrumentalisten gespielt (auch eine einfache Partiturversion mit Großaufnahmen des Raums bzw. der beklebten Gegenstände ist vorhanden).

Selbst in dieser einfachsten Version ist diese musikalische Collage eine Mediencollage, mit den Mitteln der Printmedien: *Papiers collés* gedruckter Notation. Nicht nur als Anspielung auf den Gehörverlust des späten Beethoven, auch als adäquate „vergegenständlichte" Konfrontation von Partiturästhetik und

---

14 Siehe Mauricio Kagels Vorwort in der Partitur *ludwig van. hommage von beethoven.* Wien: Universal Edition 1969 (UE 14931).

neuen prozessualen Gestaltungsverfahren trifft sie den Kern einer im 20. Jahrhundert problematisch gewordenen traditionellen Musikauffassung.

Die musikwissenschaftliche Diskussion um die Collage bezieht sich entsprechend auf eine zeitgenössische erweiterte Kompositionspraxis mit diesem „geistfähigen Material". Mit Beispielen von Charles Ives und Erik Satie untersucht Sonntag dann auch und gerade ästhetische Strategien, die sich nicht mit den klassischen Grundprinzipien der Entwicklung und Variation vertragen. Sie beruhen auf Wiederholungen, Schichtungen, Stilzitaten, einem Neben- und Miteinander von Elementen, die dem an Entwicklungsformen geschulten Ohr als bruchstückhaft und zitatartig auffallen müssen. Diese Andersartigkeit der Reihung disparater Elemente wird als collagehaft empfunden. Medienästhetisch interessant wird es hier erst, wenn die musikimmanente Perspektive verlassen wird: Beschrieben werden die musikalischen Ergebnisse einer auch durch den technischen und medientechnischen Wandel wie Musikautomaten und Phonographie veränderten Sicht der genannten Komponisten auf ihre akustische Welt.

Medienmaterialien

Wenn also Ives seine Blaskapelle durchs musikalische Bild des *Putnam's Camp*[15] spazieren lässt, ist das Bemerkenswerte daran, dass dieses überhaupt als künstlerisches Artefakt denk- bzw. hörbar ist. Es ist kein Zufall, dass hier vom Bild die Rede ist. Das Zeitmedium Musik wie ein Bild zusammenzukleben, war in der ästhetischen Wahrnehmung einiger Weniger bereits möglich, jedoch nicht in der konkreten Materialität technischer Medien.

Das Zusammenkleben gefrorener Zeit als ästhetisches Regelverfahren beginnt nicht mit der Phonographie, sondern mit dem Film. Die Überlegungen Eisensteins, Arnheims und anderer zur Filmmontage sind in diesem Sinne die ersten ästhetischen Theorien der Komposition von Medienmaterial. Diese Formen von Montage, von Peter Bürger als ästhetisches Verfahren der Avantgarde nicht ernstgenommen, weil sie ja gewissermaßen ästhetisch unselbständig mit dem Produktionsverfahren des Filmmediums notwendig verbunden seien,[16] sind universeller und ästhetisch ergiebiger als mit dem ersten auf den Film gerichteten Blick erkennbar war. Spätestens bei Walter Benjamin wird der Verdacht offenbar, dass das Skalpell des plastischen Medienchirurgen nicht nur den Film, sondern alle der technischen Reproduktion ausgesetzten Künste bearbeitet. Und so ist der geschichtliche Markstein der ersten ausgearbeiteten Audiomontage nicht ein Werk der Komponisten Ives oder Satie oder von frühen Schallplatten-Experimentatoren wie Ernst Toch, Paul Hindemith oder László Moho-

---

15 Charles Ives *Three Places in New England* (2. Satz „Putnam's Camp. Redding, Connecticut", 1912).
16 Bürger, a.a.O., S. 104.

ly-Nagy, sondern der Hörfilm *Weekend* (1930) von Walter Ruttmann, geschnitten und geklebt aus dem Zelluloid der Lichttonspur des Films.

Musik im engeren Sinne sind die aneinander gereihten akustischen Fundstücke eines Wochenendausflugs allerdings noch nicht. Zu Musik erklärt werden solche *Objets sonore* wenig später bei Pierre Schaeffer, der seiner *Musique concrète* die Aufgabe zuweist, diese kompositorisch in *Objets musicale* zu transformieren. Deutlich hörbar werden Bemühungen einer Musikalisierung der aufgezeichneten Klangobjekte schon in den ersten Etüden einer ‚phonographischen Musik‘, etwa in den gefundenen Rhythmen der *Étude aux Chemins de Fer* (Pierre Schaeffer, 1948). Nach ersten Experimenten mit Schallplatten etabliert sich das Standardverfahren der *Musique concrète*: Zusammengeklebte Bandstücke, bespielt mit konkreten vorgefundenen Klängen. Die Entsprechung zur (Film-) Montage, aber – durch die Art der aufgezeichneten Klangobjekte – auch zu den frühen Collagen ist hier evident.

Es liegt nahe, den Begriff ‚Montage‘ für Materialoperationen innerhalb eines technischen Mediums zu reservieren. Auch wenn dort z. T. wörtlich genommen geklebt wird, ein Collagieren aus unterschiedlichen Materialien ist aus technischen Gründen unmöglich, in ein Tonband kann nur ein Tonbandstück eingesetzt werden, in einen Film ein Filmstreifen etc. Damit bezeichnet die Montage das übergreifende Verfahren des Zusammensetzens von gleichartigem Medienmaterial (Film, Tonband, Photographie etc.), während das Klebeverfahren der Collage zur Metapher für die Einbeziehung externer Kontexte und Texturen wird. Zu ähnlichen Ergebnissen kommt die Dissertation Christoph Reineckes, der dort einen neuen und gegenüber den schon genannten Ansätzen passenderen Gegenstandsbereich für Collagen und Montagen in der Musik umreißt:

> Streng genommen sind, bei Berücksichtigung der Verwandtschaft industrieller Produktionstechniken mit der Technologie der Tonbandkomposition, Montage- und Collageverfahren in der Musik erst mit der vollkommenen Technisierung des kompositorischen Aktes realisiert.[17]

Auch wenn hier der kompositorische Akt ein wenig eindimensional beschrieben wird, es geht in der Tat um den Zusammenhang von Produktionstechniken und Gestaltungsverfahren. So bietet Reineckes Arbeit den einzigen deutschsprachigen Ansatz, der sich bis in die aktuelle Sampling-Diskussion fortsetzen lässt und für eine ausgearbeitete Theorie medien-materialbezogener Verfahren hilfreich wäre. Seine begriffliche Matrix ergänzt die Collage und Montage mit

---

17 Christoph Reinecke: *Montage und Collage in der Tonbandmusik bei besonderer Berücksichtigung des Hörspiels. Eine typologische Betrachtung.* Hamburg 1986, S. 4 f.

Michel Chion um die Kriterien *visible* und *invisible* und versucht damit einen neuen Zugang zu Werken der klassischen Avantgarde zu finden.

Medienarchive

Zurück zu Schaeffer und einen Schritt weiter: Ist das Material der gefundenen Objekte selbst aus dem Medienpool, so entsteht eine Montage aus bereits in kulturellen Archiven präfabrizierten, aber medientechnisch gleichartigen Materialien. Ob solche Montagen auch – nun im metaphorischen Sinn – collagieren, hängt von den dort medial ‚abgebildeten' Audioereignissen ab: Der Spezialfall einer aus Medienmaterial montierten Collage setzt disparate Strukturen – man spricht heute gern von ‚Texturen' – und Kontexte der verwendeten Klänge voraus. Hinzu kommen nun als weitere Gestaltungsmittel Momente der Transformation, im folgenden Beispiel mit den Mitteln der analogen Phonographie und ihren Zeitachsenmanipulationen.

John Oswalds *Plunderphonics*, die ein eigenes Genre der Reproduktionsmusik bilden, gehen konsequent den Weg der aktiven Um-Gestaltung von Klassikern aus dem Medienpool der populären U- und E-Musik im Sinne einer eigenen Lesart der Vorlage. Wie analytisch, sowohl in medienreflexiver, aber auch in musikalischer Hinsicht mit Skalpell, Lupe und Pitch-Regler die ‚Vergrößerung' der elementaren Bestandteile eines Hits betrieben wird, zeigen auf höchst unterschiedliche Weise seine Versionen bekannter Hits. Die Plunderphonics-Version des *Great Pretender* mit Dolly Parton parodiert beispielsweise nicht nur auf musikalische Weise die medienwirksame Selbstinszenierung der Interpretin, sondern führt nebenbei auch die Mehrspurtechnik der Produktionsstudios medienkritisch vor, wenn in der Schlusssequenz die zum Tenor mutierte Sängerin im Duett mit sich selbst singt.

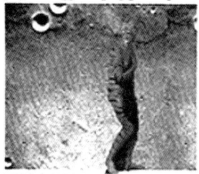

Abb. 6/7: Cover der Plunderphonics EP (1988) und der CD (1989)

Mit analoger Technik erzeugt Oswald hier durch Variation der Abspielge-schwindigkeit tonale Modulationen und damit zugleich Accelerandi und Ritar-dandi. Diese sonst musikalisch etablierten Zeichen höchster Emotionalität wer-den einfach als Medien-Beschleunigung oder -Verzögerung durchgeführt, die entstehenden Modulationen ironisieren die musikalische Substanz der Vorlage. Die mit unterschiedlichen Verfahren (s. u.) arbeitenden *Plunderphonics* insge-samt distanzieren den Hörer und bereiten zugleich das Vergnügen einer gelun-genen ästhetischen Transformation abgenutzter Vorlagen.

> This decelerando reveals, complete with suggestive lyrics, an unal-tered transition between the ‚Dolly Parton‘ the public usually he-ars and the normally hidden voice, pitched a fourth lower. To many ears this supposed trick effect reveals the mellifluous male voice to be the more natural sounding of the two. Astute star ga-zers have perceived the physical transformation, via plastic surge-ry, hair transplants and such, that make many of today's media figures into narrow/bosomy, blemish-free caricatures and super-real ideals.[18]

Der Titel *Plunderphonics* verweist außerdem auf ein Problem, das sich für jegli-che Arbeiten mit Material aus den Medienarchiven ergibt: Die veränderte Ein-schätzung der Verhältnisse von Autorschaft, Besitz und Komposition im öf-fentlichen Raum.

> All popular music (and all folk music, by definition), essentially, if not legally, exists in a public domain. Listening to pop music isn't a matter of choice. [...] Although people in general are making more noise than ever before, fewer people are making more of the total noise; specifically, in music, those with megawatt PA's, triple pla-tinum sales, and heavy rotation. Difficult to ignore, pointlessly re-dundant to imitate, how does one not become a passive recipient?[19]

Das Oswaldsche Verfahren zur Wiederaneignung des öffentlichen Audiome-dienraums konnte von einer ausschließlich kommerziell ausgerichteten Distri-butionspraxis kaum toleriert werden, die zum Selbstkostenpreis erhältlichen

---

18 Begleittext zu *Pretender*, siehe URL: http://www.plunderphonics.com/xhtml/xnotes. Html# plunderphonic (Zugriffsdatum: 1.3.2004).
19 John Oswald: „Plunderphonics, or Audio Piracy as a Compositional Prerogative". In: *Music-works. The journal of sound exploration*, Iss. 34, 1985. Zit. n. URL: http://www.plunderpho-nics.com/xhtml/xplunder.html (Zugriffsdatum: 1.3.2004).

Plunderphonics-Tonträger mussten auf Anordnung der Rechteinhaber vernichtet werden. Das Internet, das die Praxis der Kontrolle bei der Distribution auch in anderer Hinsicht untergräbt, spielt hier eine bedeutende Rolle, indem es diese Zensur faktisch aufhebt und eine neue Öffentlichkeit für die *Plunderphonics* und ähnliche Produktionen herstellt.

Den wohl populärsten Zugang zur auditiven Medienmontage eröffnen in den siebziger Jahren *Rap* und *Hip-Hop*. Diese mit dem Stichwort *DJ-Culture* etikettierte eigenständige ästhetische Praxis[20] verbindet die gestalterische Aneignung des in den Medienarchiven gespeicherten Materials mit den bisher hinter Studiotüren versteckten technischen Produktionsverfahren wie Mix, Klangmanipulation und Drummachines in einem Live-Dispositiv (s. o.). Breakbeat und Loop sind hier die bestimmenden Elemente, das Medienarchiv wird zum elementaren strukturellen Baustein. Zitieren ist eine Option, keine Notwendigkeit, obwohl Plattenauswahl und das im Subcode der Raptexte verborgene *Signifying* Verweise und Bedeutungen transportieren. „Rap music is, in many ways, a hidden transkript.“[21] Außerhalb der engeren subkulturellen Praxis verwischen allerdings diese Bedeutungskontexte, der Verweischarakter tritt ambivalent in den Hintergrund.

Zugleich wird Medienmaterial hier performativer denn je zuvor eingesetzt. Als magische Plattenkiste des DJs, deren Transport manchmal dem treusten Fan vorbehalten bleibt, nimmt es gar die Form eines greifbaren und zugleich auratisch aufgeladenen persönlichen Archivs an, aus dem künftige Musik generiert wird. Wie komplex indessen die Verhältnisse sind, sobald diese performativ angelegte ästhetische Form wiederum auf Tonträger aufgezeichnet wird, zeigt bereits die erste kommerziell verbreitete Rap-Schallplatte und ihr Umfeld. Die 1979 von der kurzfristig zusammengestellten Band Sugarhill Gang veröffentlichte Single *Rapper's Delight* führte die DJ- und Rap-Praxis schlagartig aus den Blockpartys der Bronx heraus und steht damit am Anfang der weltweiten Verbreitung dieser Musikform. Dennoch enthält sie als Basistrack gerade nicht die für die Blockpartys typischen Breakbeat-Montagen, sondern ‚ganz normal' nachgespielte Bass- und Schlagzeugphrasen aus dem damals aktuellen Disco-Hit *Good Times* (Chic, 1979). Erst die *Amazing Adventures Of Grandmaster Flash On The Wheels Of Steel* (Grandmaster Flash and the Furious Five, 1981) sind ‚echte' Montageabenteuer mit dem Medienmaterial von *Good Times* und anderen Quellen. Schließlich ist noch Queens *Another One Bites The Dust* (1980) zu nennen, das aus der leicht abgewandelten *Good Times*-Bassphrase ei-

---

20   Siehe dazu Ulf Poschardt: *DJ Culture*. Hamburg 1995.
21   Tricia Rose: *Black Noise. Rap Music and Black Culture in Contemporary America*. Hanover, NH 1994, S. 100. Rose betont dabei, dass etwa sozialkritische Elemente des Rap im kommerziellen Mainstream der Massenmedien teilweise mitkommuniziert werden (S. 100 ff.).

Abb. 8: Fairlight II CMI (Computer Music Instrument)

nen neuen eigenständigen Hit konstruiert, der sich aber im Mittelteil mit Sprechgesang über einem freistehenden Drumpart – implizit und für Queen wohl eher unbewusst – wiederum auf die Breakbeat-Tradition bezieht.

Dreimal Materialverwertung also, und dreimal auf verschiedene Weise. Was ,materialbezogen' heißt, lässt sich an diesen Beispielen – auch hörend – gut nachvollziehen. Queen arbeiten mit Material im herkömmlichen Sinne. Hier wird weder montiert noch collagiert, das neue Stück nutzt die bereits vorhandene musikalische Idee des Bassriffs, dieses (mehr oder weniger geistfähige) Material wird auf kompositorische Weise bearbeitet und zum Element eines neuen Ganzen, das mit dem ursprünglichen musikalischen Kontext wenig zu tun hat. Grandmaster Flash montiert – *cut & mix* sind deutlich hörbar – Medienmaterial, während die Sugarhill Gang eine Rap-Situation nachstellt.

Digitale Materialien

Anfang der achtziger Jahre ist auch der historische Ort, an dem eine neue Technologie zur Nutzung ,präformierten' Medienmaterials die Bühne betritt: das Sampling. Mit integrierten digitalen Aufzeichnungs- und Samplingsystemen im Hoch-Preis-Bereich wie *Fairlight* und *Synclavier* hatte 1979 die Sampling-Ära begonnen, der *Emulator* (E-mu Systems, 1980) war bereits für eine fünfstellige Summe erhältlich, Mitte der Achtziger waren Sampler wie der Ensoniq *Mirage* oder der ,Polaroid-Sampler' Akai *S-612* auch für Bands erschwinglich.

Der Charakter solcher Instrumente war auf eine neue Weise offen. Sampler konnten zum Spiel mit selbstaufgenommenen Klängen wie der eigenen Stimme oder Geräuschen genutzt werden, aber auch den Klang anderer Musikinstrumente im Studio und auf der Bühne simulieren. Klassische Instrumente wie Streicher und Bläser, wie auch Synthesizerklänge wurden als mediales Material spielbar. Gleichzeitig konnten die synthetischen Sounds elektronisch gesteuerter Drummachines durch gesamplete ,echte' Schlagzeugklänge ergänzt oder ganz ersetzt werden, die direkt oder mit einer automatisch generierten Rhythmik und Metrik abgerufen werden konnten. Das Faszinierende des Sampling war gerade seine universelle Verwendbarkeit, bevor sich in Wechselbeziehung mit dem Gerätedesign ästhetische Standardverfahren etablierten.

> Mit dem digitalen Medium entsteht das Neue zwangsläufig aus einer anderen Ausgangslage: Sein Ursprung ist nicht eine neue, schulbildende Idee oder eine neue Praxis des Umgangs mit Material, sondern das Aufkommen eines neuen Materials, das eigene Ideen und Maßstäbe erfordert.[22]

Dieses Material, von dem Roberto Simanowski hier – von den „Interfictions" literarischer Netzkunst leicht auf alle Kunstrichtungen übertragbar – spricht, ist gekennzeichnet durch seinen speziellen Code und seine programmgesteuerte Verarbeitung. Mehr noch als für die ohnehin schon mit dem digitalen Code des gedruckten Alphabets operierende wortsprachliche Schriftkultur ist für die Medienmusik der Sprung von der phonographischen Klangschrift zum digitalen maschinenlesbaren Code ein Wechsel in eine neue Welt der Gestaltung. Sampling als ästhetisches Verfahren betrifft die Gestaltung von Samples und nicht von aufgezeichneter Musik. Dieser oft übersehene Unterschied hat weitreichende Folgen. Samples sind im Mikrobereich der Digital/Analog -Wandlung von Audiosignalen adressierbare Messwerte aus einer Liste, aus denen Sig-

---

22 Roberto Simanowski: *Interfictions – Vom Schreiben im Netz*. Frankfurt 2002, S. 142.

nalverläufe (re-) konstruiert werden können. Im Makrobereich der klanglichen und musikalischen Gestalt (als musikalischer Sample-Begriff) sind sie Daten-cluster zur Rekonstruktion einer kohärenten Figur der auditiven Wahrneh-mung. Das technische Samplingmodell enthält Gesichtspunkte der psychophy-sischen Wahrnehmung bereits in der Auswahl der relevanten Messwerte, und umgekehrt, das zugrunde liegende Wahrnehmungsmodell bestimmt den ge-samten Samplingprozess. Die einfache Folgerung aus dem neuen Materialcha-rakter adressierbarer und modellgeleitet erhobener numerischer Signale betrifft entsprechend zwei Bereiche der bisher noch durch physische Grenzen behin-derten Gestaltung von Medienmaterial: Montage und Transformation werden durch automatisch ablaufende Programme steuerbar. So wie Sampling bereits als digitale ‚Aufzeichnung' mit den Funktionsprinzipien der Rasterung, Auflö-sung und sinnesgemäßen Verdichtung die Wahrnehmung unterläuft, können auch weitere Funktionen wie Montagen und Transformationen unterhalb der Wahrnehmungsschwellen stattfinden.

Solche Unterschiede können, aber müssen nicht immer Wirkung zeigen. Die Grenze einer Ästhetik des Sampling zu einer Ästhetik des DJ-ing oder der ana-logen Phase der *Musique concrète* ist deshalb nur so schwer zu erkennen, weil Sampling die Elemente vorheriger Strategien mitenthält. DJ-Techniken wie Cutten, Pitchen, Loopen und Mixen sind im Sampler jedoch Simulationen. Sie sind vom handgreiflichen Spiel mit dem Reproduktionsinstrumenten zum Teil des User-Interface geworden. In einer weiteren Stufe verschwindet selbst der Sampler mit seinem festen im RAM-Speicher und in der Hardwareoberfläche ausgeprägten Profil, es bleibt die Software, welche die technischen Optionen der Gestaltung der Ausgangswerteliste in neue und jeweils andere Oberflächen und Wahrnehmungsangebote gießt.

Sampling – Montagen und Transformationen

Die Gestaltungsstrategien des Sampling lassen sich grob in drei Bereiche eintei-len. Die Möglichkeit des Samplers zur *Simulation anderer Instrumente* (ein-schließlich der menschlichen Stimme) begründet eines der wichtigsten Anwen-dungsfelder. Mittels einer oder mehrerer digitalisierter *Materialproben* eines Instrumentenklangs lässt sich eine Art Medienklon des Instruments erzeugen, sein Sound wird spielbar, als wäre es selbst die Klangquelle. Diese Herange-hensweise an Sampling steht teilweise in der Tradition des Synthesizers. Der Sampler hat aus dieser Sicht eine der Visionen elektronischer Klangerzeugung, die ‚naturgetreue' Imitation von Instrumentalklängen, Realität werden lassen. Die gesamte funktionale Ausstattung der ersten Samplerinstrumente basiert auf dem Simulationsparadigma und hat sich als Standard etabliert: Schnitt, Trans-position, Loop, Multisampling, Crossfading und Hüllkurvensteuerung bilden bis heute die Grundfunktionen der meisten Sampler. Sie sind damit auch die

Abb. 9: Sampling Workstation MPC 60 der Fa. Akai 1988 (nebem dem Akai-Schriftzug befindet sich die Signatur Roger Linns, des Entwicklers der Linn-Drums).

elementaren funktionalen Optionen möglicher Montagen und Transformationen anderer, nicht-simulativer Gestaltungsstrategien.

Wie Simulation als ästhetisches Paradigma des Samplers gemeint war, lässt sich kaum deutlicher machen als durch Demotapes der Firmen aus den achtziger Jahren, welche die Leistungsfähigkeit ihres Geräts und ihrer *Sample Library* unter Beweis stellen wollen.[23] Das Angebot gebrauchsfertig gesampleter Instrumentenklänge für die jeweiligen firmeneigenen Datenformate war ein wichtiger Baustein zum Erfolg der gesamten Produktlinie. So erklärt sich etwa der Erfolg der Firma Akai im Samplermarkt durch ihre umfassende und qualitativ hochwertige Sample-Bibliothek; konkurrierende Firmen bemühten sich schließlich

---

23 Z. B. Demos der *Synclavier Sampler Library*, Fa. NED (New England Digital).

um ein kompatibles Datenformat, um das für Akai-Sampler gewachsene Archiv nutzen zu können.

Der zweite umfassende Bereich des Sampling ist die nun auf digitalisiertes Material bezogene Gestaltungspraxis der *DJ-Culture*, eine „Wiederaneignung und Neubestimmung"[24] des Medienpools mit anderen Mitteln. Wie oben schon umrissen, wird eine erweiterte DJ-Praxis Teil des Interfaces, zunächst als Hardware, später als Software-Oberfläche. Aus den aus Samples gespeisten Drummachines des Simulationsparadigmas wie dem *Drumulator* (E-mu Systems 1983) und den *Linn-Drums* (Linn Electronics 1982) entwickeln sich die Montagemaschinen der DJs wie E-mus *SP 1200* (SP = Sampling Percussion) oder Akais *MPC 60* (MPC = MIDI Production Center; s. Abb. 9). Diese von Computern und Eingabekeyboards unabhängigen „Workstations" kombinieren die Samplerfunktionen mit Drummachine-Features wie einer integrierten Programmsteuerung und Eingabetastern bzw. -pads. Gerade Old-School-DJs, die es gewöhnt sind, mit DJ-Set und Mehrspur-Tonbandmaschinen zu arbeiten und denen Computer gleichermaßen fremd sind wie konventionelle Klaviaturen, setzen ihre Strategien mit solchen Workstations in einer digitalen Umgebung fort. In den Datenspeichern finden sich nun komplette Breakbeat-Loops, die kombiniert, bearbeitet, transponiert, überlagert und manuell wie programmgesteuert abgerufen werden. Daneben entsteht durch die neuen Optionen eine neue ‚Kleinteiligkeit' des Materials, indem im Sinne einer erweiterten Montage Einzelklänge aus vorhandenen Musikstücken wie Drumbeats, Akkorde, Melodiephrasen etc. isoliert, transponiert und rekombiniert werden. Ein herausragendes Beispiel hierfür ist DJ Shadow, der sich – etwa in seinem Album *Endtroducing* (MoWax 1996) – bewusst auf die Gestaltungspraxis der Vinyl-Tradition bezieht, aber die erweiterten Montage-Möglichkeiten des digitalen Materials nutzt.

Gleichzeitig werden Geräusche aller Art einbezogen, sowohl als musikstrukturell transformiertes wie auch als zitathaft verweisendes Material, von Kampfgeräuschen aus Kung-Fu Filmklassikern (Wu-Tang Clan) bis zur Sirene bei der politisch ambitionierten Rapgruppe Public Enemy. Wie Public Enemys Produzent Hank Shocklee beschreibt, verändert sich mit Samplingtechnologie ganz allgemein der Zugang zu vorhandenen Klängen. „Music is nothing but organized noise. You can take anything – street sounds, us talking, whatever you want – and make it music by organizing it."[25] Hier wiederholt sich die am Anfang des 20. Jahrhunderts stattfindende ‚Emanzipation des Geräuschs', allerdings auf einer anderen Materialebene und mit einem anderen Ziel. Das nun als

---

24 Vgl. Otto Kolleritsch (Hg.): *Wiederaneignung und Neubestimmung. Der Fall ‚Postmoderne'
    in der Musik*. Graz 1993.
25 Hank Shocklee, zit. nach Tricia Rose: *Black Noise*, S. 82.

digitales Medienmaterial formbare Geräusch ist zum *Sound* geworden, es braucht nicht als ‚roher‘ Klang in eine elaborierte und etablierte Klangwelt einzubrechen, sondern ist Teil der beherrschbaren Klänge eines neuen Medieninstruments. Das Ziel solcher DJ-Strategien ist denn auch weniger das ästhetische Experiment als der ins Beatraster eingepasste ‚unverbrauchte‘ Sound.

Während Zitat und Collage für medial ge*pastete* Polizeisirenen durchaus noch brauchbare ästhetische Beschreibungsbegriffe sind, überschreitet Sampling mit der musikalischen Zurichtung von Breakbeats oder gefundenen Klangobjekten den Gültigkeitsbereich vertrauter Begrifflichkeiten. Sobald das durch Montage und Transformation zugerichtete Material seine alte Identität verliert und in der neuen musikalischen Struktur aufgeht, hat es eine neue Funktion und Qualität. Es ist nicht das ausgestellte präformierte Material der Collage und kein zusammengefügtes Medienbruchstück wie bei der Montage, sondern ein speziell aus der Probensammlung des digitalen Codes für die neue Umgebung konstruiertes Material.

Mit fortschreitender Technik und Funktionen des Pitchshifting und Timestretching bis hin zum *liquid audio* des in Zeit und Tonhöhe frei formbaren Audiomaterials nimmt die Linie der Transformation einen immer größeren Raum bei der Weiterentwicklung ästhetischer Verfahren sowohl innerhalb als auch außerhalb der DJ-Culture ein. Die Veränderungen betreffen dabei sowohl Makro- als auch Mikrostrukturen. Längere Loops und Melodiephrasen oder sogar komplette Passagen werden in jedes Metrum und jede Tonalität überführt, während aus elementaren granularen Klangbausteinen neue Sounds gewonnen werden. Vormals klare Grenzlinien wie etwa die der „ernsten" elektronischen Musik, der populären Electronica und der DJ-Tradition beginnen zu verschwimmen.

Eine ausgedehnte Nutzung der neuen Optionen zur Erprobung einer eigenständigen Ästhetik zeichnet den dritten Bereich des Sampling aus, den ich – in Ermangelung eines treffenderen Begriffs – mit dem vorläufigen Etikett der *experimentellen Strategien* kennzeichnen möchte. Dieser Bereich ist heterogen in seinen ästhetischen Mitteln und Zielen, erkundet jedoch vorrangig die eigenen Ideen und Maßstäbe des neuen digitalen Materials, die teilweise nicht nur musikimmanent entwickelt, sondern auch plakativ inszeniert werden.

Eine Sparte dieser künstlerischen Forschung ist die mit den verschiedensten Mitteln durchgeführte ‚Reise ins Innere der Klänge‘, wie sie etwa der Brite Jonty Harrison in *... et ainsi de suite ...* (1992) durchführt. Ein oft genutztes Verfahren ist es, obertonreiche Klänge – bei Harrison ein zum Klingen gebrachtes Glas – zu dekonstruieren und zu transformieren und so zu bisher ungehörten Mikro- und Makrostrukturen zu kommen. Sampling ist hier nicht das Spiel des Musikinstruments Sampler, sondern eine komplexe Mixtur aus Harddisc-Recording, Sample- Editing und Sound-Design. Klangsynthese, Computermusik und Sam-

pling laufen dabei zu einem kaum mehr zu trennenden Gemisch elektronisch-digitaler Klangproduktion zusammen. Die vormals unterscheidbaren Verfahren der Bearbeitung vorhandenen Materials (Samplingaspekt) und des Generierens und Transformierens von Wellenformen (Syntheseaspekt) verschmelzen.

Abb. 10: Matthew Herbert zerreißt bei der inszenierten Sampleproduktion für Gap Boxershorts live im Hamburger „Grünspan"; Screenshot aus der TV-Reihe musicplanet2nite, arte 2002.

Mit den *Aesthetics of Failure* der *Clicks & Cuts*[26], der um Mikroverfahren und Transformationen erweiterten *Musique concrète*, der äs-

thetischen Verselbständigung der *Plug-ins* und *Tools* und dem *Microsampling* schließen neuere Tendenzen sowohl beim Klangexperiment wie bei der medienpool- und beatorientierten DJ- und Club-Culture an. Andere Medien wie das Radio oder das Internet werden als Samplingquelle neu erschlossen.

> ‚I basically wake up in the morning, sit in my studio and record two to three hours of radio airwaves', explains Leclair, who attempts to craft an ordered – and kinetic – form for the seemingly raw material. ‚Then I splice seconds of data. Whatever it is, advertising, talk shows, top 40's [...] everything to me is a valuable source.'[27]

Der Kanadier Marc Leclair (aka Akufen, *My Way* 2002) führt hier im Radio- und Dancekontext eine Microsampling-Praxis fort, die John Oswald (*Plexure* 1993) und andere als experimentelles Verfahren begonnen hatten: Auf was verweisen kurze Sampleschnipsel aus dem globalen elektronischen Medienpool, die oft nur Sekundenbruchteile lang sind und deren individueller Ursprung nicht mehr zu identifizieren ist? Was wird hier zitiert? Es bleibt in der Rezeption eine assoziative Medien-‚Farbe' des Repertoires, aus dem gesamplet wurde. Dieser Prozess einer verallgemeinerten Gestaltkonstruktion aus Miniproben

---

26 Kim Cascone: „The Aesthetics of Failure. ‚Post-Digital' Tendencies in Contemporary Computer Music". In: *Computer Music Journal* 24:4 (Winter 2000), S. 12–18.

27 Interview mit Marc Leclair. In: *BBC – Global Top Tens*, URL: http://www.bbc.co.uk/about-music/toptens/akufen.htm (Zugriffsdatum: 3.9.2003).

ist dem Samplingverfahren selbst ähnlich und zeigt wiederum die Problematik der Anwendung eines herkömmlichen Zitatbegriffs.

Die z. T. außermusikalische Inszenierung des speziellen Verweischarakters des Sampling ist eine weitere Sparte der experimentellen Strategien. Ein Pionier dieses Bereichs ist Bob Ostertag, der in seinen experimentellen Kompositionen (etwa *Sooner or later*, 1991; *Burns like Fire*, 1992) persönliche Betroffenheit, weltanschauliche und politische Kontexte durch das Samplen entsprechenden Materials kommunizieren will.

> I generally only sample things that are somehow close to me: musicians who are close collaborators, riots in which I was a participant, events from political struggles in which I was deeply involved. [...] I try to be very judicious and choose things that have real meaning for me.[28]

Dass Samplen hier nicht mehr einfach ‚Musik machen‘ ist, sondern eine performative Inszenierung, zeigt auch Ostertags Bühnen-Setup, das die Palette konventioneller Instrumente um teilweise exotische Klangerzeuger bis hin zur Installation interaktiver Sensorik erweitert. Der Verweis auf persönliche Situationen und politische Zusammenhänge entsteht dabei durch performative und kommunikative Elemente, während die oftmals in ihrer klanglichen Transformation kaum noch zu identifizierenden Samples eher als deklaratorische Vehikel zu außermusikalischen Inhalten dienen.

Einen ähnlichen Zugang zum Sampling – allerdings im populäreren Club-Music-Kontext – nutzt Matthew Herbert (aka Radio Boy). Seine kostenlos über das Internet[29] und als CD unter dem Titel *Mechanics of Destruction* verbreiteten Tracks wie *McDonalds*, *Gap*, *Coca Cola*, *Starbucks*, *Nike* prangern u. a. die im Zuge der Globalisierung verbreiteten Praktiken des Missbrauchs billiger Arbeitskräfte an. Musikstrukturelle Regeln und gesampletes Material, das hier durch Geräusche bei der Zerstörung der Konzernprodukte gewonnen wird, dienen als plakatives Bindeglied zwischen politischen Inhalten und popkultureller Musikpraxis.

> Nike. *Sole sound source: Japanese edition Nike 98 Air Max and Adidas box.*
> Whilst at the forefront of the west`s consciousness when thinking of Asian sweatshops, Nike has apparently made an effort to clean

---

28 Interview mit Bob Ostertag. In: *From the Czech music quarterly TICHO*. URL: http://www.detritus.net/ostertag/news.html (Zugriffsdatum: 27.11.2000).

29 URL: http://www.themechanicsofdestruction.org (Zugriffsdatum: 1.3.2004).

up its act. The feeble attempt to woo back the public is undermined by its failure as a company to employ any domestic manufacturing staff. Its use of countries with human rights abuses should be of some worry to those who already think the battle is over. The track is a lament to Nike workers in Indonesia that are paid $37 a month (source: IMF) and as such is 37 seconds.[30]

Es versteht sich, dass hier lediglich einige Beispiele stellvertretend für die umfassende Praxis des Sampling erwähnt werden konnten. Aus Platzgründen weitgehend ausgeklammert werden mussten außerdem die ästhetischen Konsequenzen, die neue Formen der Verfügbarkeit und Distribution von digitalem Material im Internet nach sich ziehen (z. B. *Mash-ups*). Dies gilt auch für das *Xtendend Sampling*[31]: Die Ausdehnung des Sampling auf Programm-Software wie *Plug-ins* und *Sound Tools*, die nun selbst als digitales Material ‚montiert' und transformiert werden. Das Phänomen, das nun nicht nur die Klänge, sondern auch ihre Gestaltungswerkzeuge als rekombinierbares Material auftreten, ist bereits in der Produzentenszene der Electronica als gängige Praxis zu beobachten und wird in den künftigen Gestaltungsverfahren der digitalen Medienwelt eine wesentliche Rolle spielen.

Dass ähnliche Gestaltungsverfahren auch in anderen Medientypen auf digitales Material angewendet werden, ist kaum verwunderlich. Erstaunlich ist der Grad der Annäherung: Es musste so kommen, nach den Loops der Electronica begibt sich auch das bewegte Bild in die programmgesteuerte Variation des geloopten Medienmaterials. Dazu möchte ich für ein letztes Beispiel den audiobezogen Blick erweitern und noch einmal auf das Montagemedium schlechthin, den Film zurückkommen. Parallel zur Audiowelt entdeckt auch das bewegte Bild den Loop, hier als variierte Wiederholung einer Folge bewegter Bilder auf digitaler Materialbasis, neu. Wie sich ein materialbezogenes Verfahren der analogen Medien, die Konstruktion von Loops, im digitalen Medium grundlegend verändert, zeigt das von der Ars Electronica 2003 ausgezeichnete Netzkunst-Projekt *Stop Motion Studies* von David Crawford.[32] Die *Stop Motion Studies* sind Serien von Alltagssituationen aus U-Bahnen oder anderen großstädtischen Verkehrsystemen. Eine aus einer digital fotografierten Bildsequenz ausgewählte kleine Zahl von Einzelbildern wird dort so reanimiert, dass der Eindruck einer ruckelnden Videoschleife entsteht. Die Besonderheit dieser Schleife ist, dass

30 Track details zu *Nike* (Hervorhebungen im Original, R. G.), URL: http://www.themechanicsofdestruction.org (Zugriffsdatum: 1.3.2004).
31 Rolf Großmann: „Xtended Sampling." In: Hans-Ulrich Reck/Mathias Fuchs (Hg.): *Sampling*. Wien 1995 (Arbeitsberichte der Lehrkanzel für Kommunikationstheorie. H. 4), S. 38–43.
32 URL: http://www.stopmotionstudies.net/ (Zugriffsdatum: 1.3.2004).

Bildauswahl und Wiedergabezeiten variabel sind und programmgesteuert immer neu generiert werden. Innerhalb definierter Grenzen werden das jeweilige Bild und der Zeitpunkt seines Aufrufs per Zufallsfunktion bestimmt. Die Material-‚Samples‘ werden also ständig neu zusammengesetzt, die in Einzelbilder dekonstruierte Szene ständig anders rekonstruiert. Crawford nennt dies „algorithmische Montage“. Für das Auge des Betrachters, selbst wenn es an experimentellen Film und Video gewöhnt ist, ergibt sich eine spezifische Form von Irritation und Konzentration, eine fast analytische Schärfung des Blicks. Sie erinnert an die Rezeption der Bewegungsstudien aus den Anfängen des Films, dient allerdings nicht der wissenschaftlichen Analyse sondern der ästhetischen Erkenntnis in Wortsinn.

Collage, Montage, Sampling

Als kleines Fazit seien hier einige Thesen formuliert, welche eine erweiterte und aktualisierte Sicht der beschriebenen Strategien und Begrifflichkeiten kennzeichnen:

1. Alle drei ästhetischen Strategien können und sollten als materialbezogen verstanden werden. Die Voraussetzungen, Klangmaterial wörtlich zu nehmen, sind nach der Phase der Dominanz der graphisch traditionellen Notation durch die elektronische Phonographie gegeben.
2. Alle drei Strategien sind in diesem Sinne medienästhetische Verfahren, die direkt mit den jeweiligen Medien verkoppelt sind. Es herrscht die Gestaltung mit Vorgefertigtem vor, ergänzt durch Kombination, De- und Rekonstruktion sowie Transformation nach den Möglichkeiten der jeweils genutzten Medien. Die Funktion des Zitierens spielt dabei eine untergeordnete Rolle. Eher evoziert das jeweilige Bruchstück bestimmte Kontexte, falls solche von Rezipienten überhaupt generiert werden können. Jochen Bonz spricht mit Lacan hier von einer spezifischen, zwischen imaginärer und symbolischer Signifikanz angelegten Identifikationsbasis des Samples, das aus seinem ursprünglichen Signifikationskontext gelöst und als Grundlage für neue Bedeutungsprozesse fungiert.[33] Eine Redeweise, die auch für Nicht-Lacanianer Sinn machen kann, wenn sie den Öffnungsprozess der Signifikate im Wandel der auf ihre eigenen Artefakte bezogenen Medienpraxis beschreibt.
3. Die Differenzen zwischen den drei Begriffen lassen sich direkt aus den Medienverfahren ableiten:
   Die Collage klebt fremdes Material in einen neuen Medienkontext. Im auf

---

33 Jochen Bonz: „Einleitung“. In: ders. (Hg.): *Der Welt-Automat von Malcom McLaren: Essays zu Pop, Skateboardfahren und Rainald Goetz.* Wien 2002, S. 9–16, hier S. 14.

die elektronischen Medien übertragenen Sinne könnte sie für die Einbeziehung kontextfremder, ,gefundener' Inhalte stehen (*Musique concrète*).

Die Montage arbeitet als Standardverfahren der Kombination und Rekombination mit gleichartigen Medienmaterialien. In einen erweiterten Montagebegriff könnten auf analoges Material bezogene Gestaltungsverfahren eingehen (Beschleunigung, Verlangsamung, Mix, Schichtung, DJ-Techniken).

Beim Sampling (in den Traditionen der Simulation, der DJ-Culture und der experimentellen digitalen Bearbeitung) steht durch die adressierbaren Einzelsamples und durch digitales Echtzeit-Processing die veränderte Performanz, die Transformation und interaktive Medienhandlung in programmgesteuerten Umgebungen im Vordergrund (Mikroverfahren, Loops, flüssiges Audio).

(Vor-)Urteile II

Um eine Schlussbemerkung an die eingangs behandelten (Vor-)Urteile anzuschließen: In diesem Streifzug durch Phänomene und Strategien sollte deutlich geworden sein, dass mit Bezug auf die aktuelle Praxis Kategorien wie Zitat, Plagiat und geistiger Diebstahl einer Weiterentwicklung bzw. einer grundsätzlichen Überprüfung bedürfen. Materialbezogene Gestaltungstechniken und Medienarchive stehen in einer direkten Wechselbeziehung. Angesichts der urheberrechtlichen Diskussion um die rechtliche Situation solcher Verfahren erscheint mir eine Bemerkung angebracht: Medienästhetische Verfahren, die sich auf Archive beziehen, sollen entfaltet werden können.[34] Sie stellen eine elementare Form des selbstbestimmten Umgangs mit Medien im öffentlichen Raum dar. (Oswald vergleicht das Drücken der Pausentaste bei Tonband oder CD-Spieler mit einer Urheberrechtsverletzung.) Urheberrecht und die ökonomischen Spielregeln der Distribution müssen neu definiert und aufgestellt werden. Mit dem Sampling steht ein hochfunktionelles technisches Verfahren zur Verfügung, der Hard- oder Software-Sampler ist heute *das* Medieninstrument der Rekombination und Transformation medialer Artefakte. Die Nutzung und die Optionen des Sampling ermöglichen eine Reihe von medienästhetischen Techniken, die hier nur angerissen werden konnten. Diese inzwischen längst etablierte gestalterische Praxis gehört allerdings zu den wichtigsten medienästhetischen Entwicklungen des letzten Jahrhunderts. Sie ist Ausdruck eines Paradigmenwechsels vom abbildend-reproduzierenden zum generativ-produkti-

---

34 Natürlich gilt dies auch für die wissenschaftliche Praxis: Die Beilage des hier erwähnten Audiomaterials, anhand dessen die Argumentation auch – in guter musikwissenschaftlicher Tradition – am klingenden Gegenstand nachvollzogen werden könnte, ist in der aktuellen urheberrechtlichen Situation mit verhältnismäßigem Aufwand nicht zu realisieren.

ven Verständnis der elektronischen Medien, der sich nun bis in den Referenzrahmen der Rezeption erstreckt. Es ist zu hoffen, dass für diese Praxis der Wiederaneignung kultureller Archive auch ein entsprechender gesellschaftlicher, rechtlicher und ökonomischer Rahmen gefunden wird.

Sören Ingwersen

Sonifikation
Zwischen Information und Rauschen

Einleitung

Klänge sind ein wesentlicher Bestandteil unserer alltäglichen Wahrnehmung. Nur sehr selten erlebt man Situationen, in denen absolute Stille herrscht. Neben der visuellen Wahrnehmung ist die auditive der wichtigste Orientierungssinn. Auch wenn wir uns dessen nicht immer bewusst sind. Fahrende Autos verursachen Geräusche, ebenso Türen, die zuschlagen, Klapperschlangen, Wind oder Haushaltsgeräte. Warum knistert ein Elektrorasierer beim Rasieren? Das Knistern ist Bestandteil des Produktdesigns. Es genügt nicht zu sehen, dass der Bart ab ist, man möchte es auch hören. Also entwickelt die Industrie ein akustisches Feedback, eine Sonifikation im weitesten Sinne. So kann man sich bei schlechtem Licht ohne Spiegel oder Brille rasieren und bekommt dennoch eine Rückmeldung über den Erfolg seiner Tätigkeit. Und – was man nicht unterschätzen sollte – man hat zusätzlich das *Gefühl*, dass die eigene Tätigkeit Sinn macht. Klänge sprechen uns viel stärker als visuelle Eindrücke immer auch auf einer emotionalen Ebene an. Diese Eigenschaft von Klängen, intuitiv erfassbare Informationen und zugleich ein positives emotionales Feedback zu vermitteln, lässt sich auch für das Graphical User Interface (GUI) nutzen.

Multitasking multimodal

Bei der zunehmenden, immer komplexer werdenden Datenmenge, die in der Informationsgesellschaft anfällt, müssen Bewältigungsstrategien entwickelt werden. Die Konvergenz der ‚alten‘ Medien (Fernsehen, Radio, Buch, Brief, Telefon) im Metamedium Computer erzeugt eine Unübersichtlichkeit, die nur bedingt durch größere Bildschirme und bessere grafische Displays ausgeglichen werden kann. Wer mit seinem Rechner ein Dokument bearbeitet, zeitgleich seine E-Mail-Eingänge und Messenger-Mitteilungen überwachen, dabei noch Musik abspielen, über den Status des im Hintergrund stattfindenden Downloads, des DVD-Schreibvorgangs und Systemfehler informiert sein möchte, braucht neben einem leistungsstarken Rechner auch ein leistungsstarkes Interface.

Dieses Beispiel mag extrem erscheinen. Dabei erleben wir ein vergleichbares ‚Multitasking‘ fast jeden Tag. Man liest, hört Musik, hat nebenbei die Waschmaschine laufen, reagiert auf die Türklingel, nimmt Telefonanrufe entgegen, zeitgleich eine Sendung aus dem Fernsehen auf, hört, dass die Katzen sich im Nebenzimmer streiten und der Eiermann draußen vorfährt. Viele entscheidende Informationen über unsere Umwelt sind uns nur durch die auditive Wahrnehmung zugänglich. Ohne dass wir unsere Aufmerksamkeit bewusst auf etwas fokussieren, sind wir eingetaucht in ein Alltagsrauschen, aus dem heraus sich jeden Augenblick für uns relevante Informationen ergeben können: Die Wäsche ist fertig, der Rekorder ,frisst' gerade das Video-Band, der Eiermann schmeißt seinen Motor schon wieder an.

Die Informationen des Computer-Interfaces hingegen werden vornehmlich visuell oder textuell dargeboten. Die ,Multimedia-Maschine' ist noch weit davon entfernt, alle Sinne anzusprechen, zu einer ,Multimodal-Maschine' zu werden. Während eine differenzierte Stimulierung von Tast- und Geruchssinn für Interface-Entwickler noch lange eine technische Herausforderung bleiben wird, ist ein aufwendiges Audio-Design heutzutage technisch realisierbar, wie jeder weiß, der sich einmal in die virtuellen Welten der Computerspiele begeben hat. In ,seriösen' Anwendungsbereichen wird die auditive Modalität jedoch nur wenig in Anspruch genommen, und meist nur als ein zusätzliches ,Goodie' betrachtet, das zur Benutzerfreundlichkeit des Programms wenig beiträgt. So lässt sich die Funktion ,Feedback mit Sound' im Office-Paket von Microsoft erst einschalten, wenn der User zuvor ein nicht mit zum Lieferumfang des Pakets gehörendes Sound-Add-On installiert hat.

Was ist Sonifikation?

Die Informationsvermittlung durch akustische Signale ist kein neuartiges Phänomen, wenngleich der Begriff ,Sonification' im Zusammenhang mit rechnergestützten Systemen erstmals in einer 1991 gegründeten Electronic Mailbox verwendet wurde. Wissenschaftler unterschiedlicher Disziplinen diskutierten über eine angemessene allgemeine Bezeichnung für die komplexen Möglichkeiten der auditiven Vermittlung von Information. Eine Einigung wurde nicht erzielt, aber der Begriff ,Sonification', der auf den im Englischen adjektivisch verwendeten Begriff für ,Schall' (sonic) rekurriert, schien große Akzeptanz hervorzurufen. Dennoch sorgt eine begriffliche Uneinigkeit auch heute noch für Verwirrung. Einige Autoren sprechen in unterschiedlicher inhaltlicher Akzentuierung alternativ von ,Audifikation' oder ,Auralisation'.

Allgemein gesprochen bezeichnet Sonifikation die Umwandlung numerischer Daten in ein wahrnehmbares akustisches Signal, mit dem Ziel, die numerischen Daten besser verstehen, interpretieren oder kommunizieren zu können. Sonifikationen verwenden nichtsprachliche Klänge zur Vermittlung von Information. Wer sich also mit der Sonifikation von Daten beschäftigt, muss sich überlegen, mit welchen Klängen in welchen Bereichen Informationen sinnvoll vermittelt werden können, wie – mit anderen Worten – eine nonverbale auditive Spur in eine ,Sprache' überführt werden kann, die der User versteht.

Daten und Informationen sind in diesem Zusammenhang nicht dasselbe. Auf einer Festplatte sind Daten, aber keine Informationen gespeichert. Erst in dem Moment, in dem Daten aufgerufen werden, d. h. ein Dokument geöffnet oder ein Programm gestartet wird, entsteht Information. Der Gegenstand dieser Untersuchung kann demnach in folgende Frage gefasst werden: Wie kann Sound Daten in Informationen transformieren?

Wo es piept und knackt

Viele Formen der auditiven Informationsvermittlung haben sich bereits bewährt. Navigationssysteme für Flugzeugpiloten arbeiten mit Audiosignalen, desgleichen Alarmanlagen (etwa in Atomkraftwerken) oder Sonar-Systeme für die Ortung von Gegenständen unter Wasser. Geigerzähler verwandeln radioaktive Strahlung in Knack-Töne, und im Krankenhaus wird die Herzmuskeltätigkeit des Patienten durch eine Reihe von Sinustönen überwacht. Auch Seismografen bereiten die Messdaten der Bodenerschütterung mit Hilfe eines sonifizierten Displays auf. Die niederfrequenten, für das menschliche Ohr nicht wahrnehmbaren Schwingungen werden aufwärts transponiert und zeitlich verdichtet, so dass der Seismiker schnell jene Zeitabschnitte ausfindig machen kann, an denen signifikante Veränderungen der seismischen Aktivität stattgefunden haben.

Für sehbehinderte Menschen liegt der Nutzen sonifizierter Schnittstellen auf der Hand. Mit Erfolg wurden bereits tragbare sensorische Systeme getestet, die spektrale Daten in Klänge umwandeln. Solche Systeme bestehen aus einer Kamera, die die fokussierten Gegenstände visuell aufzeichnet und dem Blinden über Kopfhörer in Form eines kontinuierlichen Soundstreams zur Verfügung stellt. Dabei tastet das System die einzelnen Bildpunkte in horizontalen Reihen von oben links nach unten rechts ab und verwandelt helle Farbwerte in höher frequente, dunkle Farbwerte in niedriger frequente Töne.

In der Medizin beschäftigt man sich schon längere Zeit mit der Sonifikation dreidimensionaler Körpermodelle, um etwa einen Gesamteindruck der Hirnaktivität zu erhalten. Hier ist eine komplexe Form der Soundgenerierung, die Spatialisierung von Soundereignissen, notwendig, die dem Mediziner die räumliche Zuordnung von Klängen ermöglicht.

Auch im sportlichen Bereich – etwa beim Delphinschwimmen oder Rudern – gibt es Erfolg versprechende Versuche, den Ablauf von Körperbewegungen über Sonifikation leichter erlernbar zu machen. Man zeichnet einen besonders gelungenen Bewegungsablauf auf Video auf. Im Nachhinein werden die Videodaten sonifiziert und dem Sportler zusammen mit der Tonspur als modellhafte Anleitung mehrmals vorgeführt. Dieselbe Tonspur wird dem Sportler dann zur Orientierung während des Trainings zugespielt. Besonders wirkungsvoll sind hier interaktive Systeme, die während der Bewegung in Real-Time ein Sound-Feedback erzeugen, das der Sportler dann mit der erinnerten idealen Soundsequenz vergleichen kann, um seinen Bewegungsablauf entsprechend zu optimieren. Alfred Effenberg beschreibt eine mögliche Zuordnungssemantik von Bewegung und Klang bei der Rhythmusschulung von Werfern folgendermaßen:

> Übergänge in der Bewegung werden durch eine Ton/Pausengestaltung und ein An- und Abschwellen des Tons abgebildet. Charakteristische Körperpositionen können ebenso in der Ton/Pausengestaltung berücksichtigt werden. Ausgewählte Punkte der Bewegung werden durch ansteigende bzw. absinkende Töne hervorgehoben. Beschleunigungsphasen sind durch ein kontinuierliches Erhöhen der Tonfrequenz darzustellen.[1]

Effenberg gelangt in seiner Untersuchung zu dem Ergebnis, dass es Strukturäquivalenzen zwischen der auditiven und der kinästhetischen Wahrnehmung gibt und dass Klänge Empfindungen provozieren können, die sich assoziativ auf die innere Bewegungsvorstellung übertragen lassen. In dieser Hinsicht habe der Sportler auch ohne ein bewusstes rationales bzw. semantisches Verständnis für die wahrgenommene Information einen Motivations- und Leistungsanstieg zu verzeichnen.[2]

Der immersive, also einbeziehende Effekt von Klängen hat Vor- aber auch Nachteile. Klänge oder Geräusche, die für unsere Handlungsorientierung irrelevant sind oder uns ästhetisch nicht ansprechen, können einerseits leicht als störend empfunden werden. Andererseits ist zur Wahrnehmung von Klängen und Geräuschen weniger aktive Aufmerksamkeit erforderlich als zur Wahrnehmung von Bildern oder Text.

Ein intuitiver Zugang zu sonifizierten Systemen lässt sich auch für das Human-Computer-Interface nachweisen. Sehr deutlich zeigt sich dies im Computerspiel, ein Bereich, in dem die Relevanz von Sound nie ernsthaft in Frage gestellt wurde. Spieler erzielen ohne Sound schlechtere Spielergebnisse. Die amerikanische IT-Forscherin Brenda Laurel fordert in ihrem Buch *Computers as Theatre* stärkere Integrationsmechanismen für die Mensch-Maschine-Interaktion nach dem Vorbild des Theaters. Das Interface soll eine Dramaturgie zur Verfügung stellen, die den User in eine motivierende Quasi-Theaterhandlung verstrickt. Dazu gehört ihrer Meinung nach eine „sensory immersion and the tight coupling of kinesthetic input and visual response."[3] Dass die Immersionswirkung von Klängen in der Regel höher ist als bei visuellen Eindrücken, wird von Laurel jedoch nicht berücksichtigt. Bilder nehmen wir aus der Distanz

---

1 Alfred O. Effenberg: *Sonification – Ein akustisches Informationskonzept zur menschlichen Bewegung*. Schorndorf 1996, S. 67.
2 Ebd., S. 52.
3 Brenda Laurel: *Computers as Theatre*. Reading MA 1991, S. 21.

wahr, in Klänge sind wir immer schon *eingetaucht.* Sie sind der Hintergrund, das alltägliche Rauschen, das uns mit Informationen versorgt.

Information und Rauschen

Was bedeutet die Forderung, dass Sound informativ sein soll? Claude Shannon, der Begründer der Informationstheorie, verwendet den Informationsbegriff für eine mathematische Beschreibung von Kommunikationsprozessen mittels eines Telegraphen. In einem derart geschlossenen System mit einer vereinbarten Menge und Systematik von Zeichen (dem Alphabet) kann der Wert der Information über die Auftretenswahrscheinlichkeit von Elementarereignissen (den Buchstaben) definiert werden. Dieses Prinzip kann vereinfacht am Wurf einer Münze dargestellt werden. Die Wahrscheinlichkeit, Kopf oder Zahl zu erhalten, ist gleich groß. Der Wurf ergibt einen Informationswert von 1 Bit (Null oder Eins), die Ungewissheit vor dem Wurf hat den Entropiewert 1. Der Entropiewert gibt an, mit welcher Gewissheit sich der Zustand der Elemente eines Systems vorherbestimmen lässt. Bei einem Würfel erhöht sich der Grad der Ungewissheit und damit auch der Wert der Information, da wir jetzt eine von sechs möglichen Nachrichten erhalten, auf den Entropiewert 2,58 bzw. 2,58 Bit pro Wurf. Das ist der Logarithmus aus 6. Den höchsten Entropie- und Informationswert haben Ereignisse, die sehr unwahrscheinlich sind.

Shannons Informationsbegriff sagt nichts über den Inhalt oder die Bedeutung einer Nachricht aus, sondern nur über deren mathematisch bestimmbaren ,Umfang'. Auch ist er lediglich auf geschlossene Informationssysteme anwendbar und nicht auf selbstorganisierende psychische Systeme (wie Menschen), die in ihrer strukturellen Offenheit nicht auf Elementarereignisse rekurrieren.

Wenn Menschen ihre Umwelt beobachten, werden Wahrscheinlichkeiten in Erwartungen transformiert. Mit Gregory Bateson können wir sagen: Information is a difference which makes a difference. Bezogen auf unser Thema sind Klänge genau dann informativ, wenn sie sich erstens von der momentanen Erwartung des Users *unterscheiden* und dadurch zweitens eine *Veränderung* seines Wissens bzw. Verhaltens bewirken. Wenn sie das nicht tun, werden sie als Rauschen wahrgenommen oder als störend empfunden.

Bei Shannon tritt der Lärm oder das Rauschen unter dem Begriff ,noise' lediglich als *Störung des Informationskanals* auf, so dass man bei einer 50 %-Rate von Rauschen den Kanal genauso gut weglassen und am Ort des Empfängers eine Münze werfen könnte.[4] Diese ausschließliche Negativwertung des Rauschens kann in unserem Kontext schon deshalb nicht greifen, weil Information

---

4   Claude E. Shannon: „Die mathematische Theorie der Kommunikation". In: Shannon, Claude E./Weaver, W. (Hg.): *Mathematische Grundlagen der Informationstheorie.* München 1976, S. 79.

nicht als Übertragung von Signalen, sondern als Irritation systeminterner Strukturen betrachtet werden soll. In diesem Sinne besteht das Rauschen in Reizen, die keinem Code zugeordnet werden oder werden können, also auch keinen Informationsgehalt aufweisen.

Dieses Rauschen kann stören bzw. irritieren und somit den Code erweitern bzw. einen neuen Code generieren. Heinz von Foerster spricht in diesem Zusammenhang von einem „order from noise principle", das eine im Rauschen bereits angelegte Struktur manifest werden lässt. Niklas Luhmann formuliert noch pointierter: „Ohne ‚noise' kein System".[5] Die Umwelt des Systems muss in Unordnung rauschen, damit das System durch Selektion seine Struktur, seinen Code ausbilden und erhalten kann. Codierte Ereignisse werden dann als Information, nichtcodierte Ereignisse als Rauschen wahrgenommen.[6] In sozialen Systemen findet so eine Selbstkonditionierung durch den Sprachcode statt, der seinerseits den Grad der Redundanz innerhalb eines Systems festlegt. Redundanzen sind unerlässlich für die Wahrnehmung von Information, die vom Neuigkeitswert (Varietät), aber auch von der Wiedererkennbarkeit (Redundanz) eines beobachteten Musters abhängt.

Auf unseren Bereich übertragen, heißt das: Von einem auditiven Interface, also einer Schnittstelle, die wesentliche Informationen über die auditive Modalität zur Verfügung stellt, kann erst dann die Rede sein, wenn die Vielfalt unterschiedlicher Sounds groß genug ist, um über eine große Varietät wahrnehmbarer Klangredundanzen und die ihnen zugeordneten Ereignisse oder Objekte komplexe Sinnzusammenhänge herzustellen. Mit der Größe des Klangspektrums steigt zugleich die Wahrscheinlichkeit von Information *und* Rauschen.

Im alltäglichen Leben sind wir permanent von Rauschen umgeben. Dazu gehören Geräusche, die abhängig von unserer emotionalen und innerweltlichen Situation in jedem Moment zu Informationen werden können. Ein einfaches Beispiel: das Rauschen der Hardware. Gehäuse-, Prozessor- und neuerdings auch Grafikkartenlüfter produzieren Lärm. Ebenso Festplatten und andere Laufwerke. Ärgerlich, aber manchmal eben auch informativ. Einige Prozessorlüfter zum Beispiel richten ihre Kühlleistung an der Hitzeentwicklung des Prozessors aus. Je lauter das Lüftergeräusch, umso stärker die Auslastung der CPU. Der User kann entsprechend reagieren, zum Beispiel Anwendungen schließen oder das eventuell anormale Verhalten der Hardware mit Hilfe von Software-Tools korrigieren. Einem lautlosen Rechner würden zuverlässige Komponenten der auditiven Hard- und Software-Analyse fehlen. Dies ist kein Plädoyer für dauerhafte Geräuschbelastungen, sondern ein Hinweis darauf, dass

---

5 Niklas Luhmann: *Soziale Systeme*. Frankfurt am Main 1986, S. 166.
6 Luhmann: *Soziale Systeme*, S. 197.

ein Rauschen unter bestimmten Bedingungen redundante Strukturen ausbilden und informativen Charakter annehmen kann. Hat man den Zusammenhang zwischen Lüftergeräusch und Systemverhalten erkannt, wird das Rauschen zur Information, zu einem Unterschied, der einen Unterschied macht.

Information durch Sound

Im wirklichen Leben können Sounds unterschiedliche Informationen vermitteln, zum Beispiel über physikalische Ereignisse (ob ein zu Boden gefallenes Glas zerbrochen ist), über unsichtbare Strukturen (durch Klopfen an die Wand herausfinden, ob sich dahinter ein Hohlraum befindet), dynamische Prozesse (hören, wann ein mit Flüssigkeit zu füllendes Glas voll ist), anormale Strukturen (eine defekte Maschine klingt anders als eine heile) oder Ereignisse im Raum (das Geräusch von Schritten signalisiert, dass jemand kommt).[7] Zu jedem dieser Punkte lassen sich mögliche Analogien im Human-Computer-Interface finden. Desktopobjekte können bei Aktivierung ein Soundfeedback geben (‚physikalisches' Ereignis). Hyperlinks könnten bei einem Mouseover akustisch über die Qualität der Zielseite informieren: Umfang, Dead Link etc. (unsichtbare Strukturen). Der Fortschritt eines Datentransfers könnte über einen Soundstream mit ansteigender Tonhöhe hörbar gemacht werden (dynamischer Prozess). Fehler oder Gefahren im System können durch entsprechende Soundereignisse oder -streams Aufmerksamkeit erregen (anormale Strukturen). Objekte auf dem Desktop oder in Dokumenten könnten Klänge produzieren, um ihre Position anzuzeigen (Ereignisse im Raum).

James A. Ballas beschreibt in diesem Zusammenhang fünf Funktionen von Sound in Analogie zu den linguistischen Begriffen Exklamation, Deixis, Ähnlichkeit, Metapher, Onomatopoeia.[8] Sounds erregen unsere Aufmerksamkeit, auch wenn wir gerade mit anderen Dingen beschäftigt sind. Diese exklamatorische Funktion wird in der Regel durch eine deiktische ergänzt: Der Sound gibt uns einen Hinweis darauf, was sich an einem (vielleicht gerade unsichtbaren) ‚Ort' des Desktops ereignet. Nur im Kontext bestimmter Anwendungen ist dieser Sound verständlich. Zusätzlich kann über Sound ein Ähnlichkeitsbezug zwischen der auditiven und der visuellen Ebene hergestellt werden. Psychophysische Experimente haben ergeben, dass es assoziative Verknüpfungen gibt zwischen Frequenz (Tonhöhe) und vertikaler Anordnung, Wellenform (Klangei-

---

7 Vgl. S. Joy Mountford/William W. Gaver: „Talking and listening to computers". In: Brenda Laurel (Hg.): *The art of human-computer interface design*. Reading, Massachusetts 1990, S. 319–334.

8 Vgl. James A. Ballas: „Delivery of Information Through Sound". In: Gregory Kramer (Hg.): *Auditory Displays. Sonification, Audification, and Auditory Interfaces*. Reading/MA 1994, S. 79–89.

genschaft) und Muster, Amplitude (Lautstärke) und Größe, Dauer und horizontaler Länge.[9]

Eine noch festere Verknüpfung zwischen Sound und Bedeutung leistet die Metapher, insofern sie eine Identität von beiden suggeriert. Der Begrüßungssound des Betriebssystems ist eine Metapher für den erfolgreichen Systemstart. Der häufige Gebrauch von sprachlichen Metaphern führt zu so genannten toten Metaphern (z. B. ‚Briefkopf‘, ‚Redefluss‘, ‚eine Flasche köpfen‘). Hier hat eine Konventionalisierung oder Lexikalisierung der Metapher stattgefunden, so dass ihre Bedeutung schnell und eindeutig vermittelt werden kann. Ballas gelangt zu dem Schluss: „A goal of sonification should be to move similes into metaphors and ultimately produce dead metaphors".[10] Beispiele für tote auditive Metaphern sind das Sonar-Echo, das Geräusch eines Geigerzählers, Telefonklingeln, Türglocken oder Sirenen.

Neben Ähnlichkeits- und metaphorischen Beziehungen kann das sonifizierte Interface auch onomatopoetische Beziehungen zwischen Sound und den ihn typischer Weise verursachenden Ereignissen nutzen. Erwartungen bezüglich der Ursache des Sounds bestimmen hier den Grad kausaler Ungewissheit, den ein Sound hervorruft. Um die kausale Ungewissheit von Soundzuordnungen, also deren Entropie zu minimieren, sollte der Sound in möglichst kurzer Zeit möglichst akkurat identifizierbar sein. Dazu muss der Sound entweder von vornherein den mentalen Konzepten entsprechen, die der User von ihm hat, oder seine Bedeutung muss erlernt werden.

Die Quantifizierung kausaler Ungewissheit, die Ballas anhand alltäglicher Geräusche und Klänge wie Telefonklingeln, Toilettenspülung oder Pistolenschuss vornimmt, liefert nützliche Hinweise für das Sounddesign. Allerdings vernachlässigt er die emotionale Komponente von Sounds aus der natürlichen Umwelt. Seine Dateien vom Geräusch einer Klospülung begleitet im virtuellen ‚Lokus‘ verschwinden zu lassen, mag bezüglich der Bedeutung des Sounds wenig Ungewissheit, innerhalb einer Rechtsanwaltskanzlei hingegen viel Ungewissheit hinsichtlich deren Seriosität aufkommen lassen.

Repräsentationsformen der Sonifikation

Grundsätzlich lassen sich zwei Arten der Repräsentation von Daten in Sound unterscheiden, die in der Sonifikation allerdings nie in Reinform auftreten: die analoge und die symbolische.[11] Die *analoge Repräsentation* stellt einen unmit-

---

9   Vgl. R. Walker: „The Effects of Culture, Environment, Age, and Musical Training on Choices of Visual Metaphors for Sound". In: *Perception & Psychophysics*. 42 (1987), S. 491–502.

10 James A. Ballas: „Delivery of Information Through Sound". In: Kramer (Hg.): *Auditory Display*, S. 79–94, hier: S. 85.

11 Vgl. Gregory Kramer: „An Introduction to Auditory Display". In: Ders. (Hg.): *Auditory Display*, S. 1–77, hier: S. 21 ff.

telbaren Bezug zwischen der zu repräsentierenden Struktur und den Klängen her. Die gemeinsame Bezugsebene der Wahrnehmungsinhalte beider Modalitäten (der visuellen und der auditiven) sind die physikalischen Dimensionen des zu untersuchenden Gegenstands. Der Seismograph nutzt eine vorwiegend analoge Repräsentationsform, indem er die Schallwellen der Erderschütterungen lediglich in einer für das menschliche Ohr wahrnehmbaren Frequenz und im Zeitraffer wiedergibt.

Die *symbolische Repräsentation* hingegen denotiert die zu repräsentierenden Daten durch allgemeine Bedeutungen, die kultur- und sozialisationsabhängig sind und gegbenenfalls erst erlernt werden müssen. Im wirklichen Leben wären am analogen Ende der Skala Geräusche angesiedelt, die durch Materialinteraktion entstehen, am symbolischen Ende finden wir die gesprochene Sprache.

Beim GUI haben wir es in der Regel mit symbolischer Repräsentation durch so genannte Earcons oder auditive Icons (Onomatopoetik) zu tun. Earcons sind eine Methode, um mit abstrakten, synthetisch erzeugten Klängen Informationen zu vermitteln. Der Begrüßungssound des Betriebssystems ist ein Earcon. Auditive Icons hingegen bestehen aus natürlichen Klängen und haben eine intuitive Verbindung zu dem, was sie repräsentieren.

> When the same analogy underlies both auditory and visual icons, the increased redundancy of the Interface can help users to learn and remember the system. In addition, making the model world of the computer consistent in its visual and auditory aspects increases users' feelings of direct engagement or mimesis with that world. The concepts of direct engagement and mimesis refer to the feeling of working in the world of the task, not the computer. By making the model world of the computer more real, one makes the existence of an interface to that world less noticeable.[12]

Viele Objekte und Ereignisse der Benutzeroberfläche sind jedoch so abstrakt, dass sie keinen Bezug zur natürlichen Umwelt haben. Zudem sind natürliche Geräusche schwer zu parametrisieren, also etwa in Tonhöhe oder Dynamik zu verändern, ohne dass ihre wiedererkennbaren Klangeigenschaften verloren gehen. Daher ist die sinnvolle Einsatzmöglichkeit auditiver Icons begrenzt. Das Geräusch eines zerknitternden Papierbogens beim Entleeren des Papierkorbs ist ein auditives Icon.

---

12 William W. Gaver: „Using and Creating Auditory Icons". In: Kramer (Hg.): *Auditory Display*, S. 417–446, hier: S. 421.

Möglichkeiten der Sonifikation im GUI

Schon Ende der achtziger Jahre entwickelt William Gaver den ‚SonicFinder‘[13] für den Apple Macintosh. Beim Anklicken von Datei- oder Ordner-Icons hört man einen hölzernen Klang, Anwendungs-Icons geben ein metallenes Geräusch von sich und Icons von Dokumenten klingen wie raschelndes Papier. Außerdem variiert die Tonhöhe des jeweiligen Klangs mit der Größe des Objekts. Beim Kopieren hört man eine Flüssigkeit in einen Behälter laufen. Das Verschieben von Objekten in den Papierkorb klingt wie zerbrechendes Geschirr.

Mit seinem ‚Shared Alternative Reality Kit‘[14] entwickelt Gaver so genannte ‚soundholder‘, auditive Landmarken, die dem User das Navigieren auf Systemebene erleichtern sollen. Sie können an jedem Ort auf dem Desktop, auch außerhalb des sichtbaren Desktopbereichs, platziert werden und geben konstant Klänge von sich, die lauter werden, wenn man sich ihnen nähert.

Stephen Brewster veröffentlicht 1994 eine umfangreiche Studie zum sinnvollen Einsatz von Earcons im Human-Computer-Interface[15] und gelangt zu dem Ergebnis, dass parallel zusammengesetzte Earcons eine optimale Möglichkeit der effektiven, effizienten und für den Anwender zufrieden stellenden Vermittlung von Informationen durch Klänge darstellen. Dabei müssen die einzelnen Earcons durch musikalische Attribute wie Tonhöhe, Lautstärke, Dynamik, Klangfarbe, Klangdauer, Register, Rhythmik, Harmonik, Hall, räumliche Anordnung etc. auch im Zusammenspiel deutlich voneinander unterscheidbar bleiben. So können Earcons, die bestimmte Objekte (z. B. Dokumente) symbolisieren, durch ein rhythmisches Muster, und Earcons, die bestimmte Ereignisse (z. B. ‚Löschen‘) symbolisieren, durch ein melodisches Muster dargestellt werden. Wird die Melodie ‚Löschen‘ mit dem Rhythmus ‚Dokument‘ kombiniert, bedeutet das, das Dokument wurde gelöscht. Auf diese Weise können komplexe oder auch parallel laufende Anwendungen zeitsparend wahrgenommen bzw. überwacht werden.

Auch die Arbeitsgruppe Neuroinformatik der Universität Bielefeld möchte mit ihrem sonifizierten Wetterbericht, der mit 12 Sekunden nur etwa halb solange dauert, wie sein verbal vorgetragenes Pendant, Zeit sparen und dem Zuhörer einen ‚intuitiven‘ Eindruck der Wetterlage vermitteln. Die Sonifikation arbeitet mit folgendem Code:

13 William W. Gaver: „The SonicFinder: An interface that uses auditory icons“. In: *Human Computer Interaction*, 4 (1). 1989, S. 67–94.

14 William W. Gaver/R. Smith: „Auditory icons in large-scale collaborative environments“. In: Dan Diaper/David J. Gilmore/Gilbert Cockton/Brian Shackel (Hg.): *Human Computer Interaction: Interact'90*, Cambridge, UK: Elsevier Science Publishers B. V. (North Holland). 1990, S. 735–740.

15 Stephen A. Brewster: *Providing a Structured Method for Integrating Non-Speech Audio into Human-Computer Interfaces*. New York 1994.

Weckergeräusch und Gong setzen drei Zeitmarken: Erster Wecker – sechs Uhr morgens, Gong – zwölf Uhr mittags, zweiter Wecker – sechs Uhr abends. Dazwischen ist ein gleichmäßig angeschlagenes Vibraphon zu hören, dessen einzelne Schläge den Zeitablauf symbolisieren. Das ‚Mapping‘ der Lufttemperatur erfolgt über die Tonfrequenz, also die Tonhöhe. Außerdem verändert sich beim Übergang von Plus- zu Minusgraden die Klangfarbe: Das Vibraphon wird gegen ein Xylophon ausgetauscht. Der Grad der Luftfeuchtigkeit wird durch einen mehr oder weniger starken Halleffekt symbolisiert. Regen wird durch ein Prasselgeräusch hörbar gemacht. Wind erzeugt ein heulendes Geräusch, das mit zunehmender Windstärke sowohl lauter, als auch höher wird. Bewölkung wird mit einem mehr oder weniger stark dröhnenden Basston dargestellt. Zusätzlich zur Sonifikation dieser objektiven Daten wurden so genannte ‚Emomarker‘ entwickelt, die das passende Gefühl zur Wetterlage vermitteln sollen: Ein regnerischer Novembertag wird mit Niesgeräuschen oder Husten kommentiert, ein schöner Sommertag mit Vogelgezwitscher.

Das Beispiel zeigt eine Kombination von analoger und symbolischer Repräsentation. Der zeitliche Ablauf des Wetters wird analog sonifiziert, allerdings von vierundzwanzig Stunden auf zwölf Sekunden komprimiert. Die verwendeten Sounds sind eher dem Bereich der symbolischen Repräsentation zuzuordnen, obwohl sie größtenteils natürliche Klänge und Geräusche wiedergeben. Wer den Code allerdings nicht kennt, wird nur ‚Rauschen‘ wahrnehmen. Erst wenn die einzelnen Sounds wiedererkannt werden, also redundante Strukturen erzeugen, können sie auch einen Neuigkeitsgehalt haben, d. h. informativ sein. Dann kann die Information sehr viel schneller und intuitiver verarbeitet werden, als es der verbal vorgetragene Wetterbericht erlaubt. Man muss sich keine Gradzahl und Windstärke merken, um den Eindruck eines warmen, windstillen Tages im Gedächtnis zu behalten.

Vorteile der Sonifikation

In Anlehnung an Kramer möchte ich einige weitere Vorteile des sonifizierten Displays/Interfaces gegenüber dem rein grafik- oder textbasierten Display/Interface anführen:[16]

1. Beim Einsatz von Klängen wird der visuelle Sinn nicht beansprucht. Das visuelle Display kann zeitgleich im Blickfeld bleiben. Ein besonderer Vorteil bei komplexen und sich schnell ändernden Visualisierungen.
2. Klänge erzwingen Aufmerksamkeit. Sie werden in dem Moment wahrgenommen, in dem sie entstehen, was bei Visualisierungen nicht der Fall ist, wenn der Blick gerade auf eine andere Stelle gerichtet ist.

---

16 Vgl. Gregory Kramer: „An Introduction to Auditory Display“. In: Ders. (Hg.): *Auditory Display*, S. 1–77, hier: S. 6 ff.

3. Klänge erleichtern die Orientierung. Sie zeigen dem User an, wohin er seinen Blick richten soll und machen bei der Auswertung großer Datenmengen relevante, also von der Norm abweichende Bereiche, leichter auffindbar.
4. Soundstreams können im Hintergrund ablaufen und gestatten somit die Überwachung oder Auswertung eines kontinuierlichen Datenstroms.
5. Mehrere Klänge oder Soundstreams können parallel wahrgenommen werden. Dadurch ist es möglich, verschiedene Prozesse in Real-Time aufeinander zu beziehen bzw. miteinander zu vergleichen.
6. Soundstreams können eine sehr hohe temporale Auflösung haben und somit Messwerte in höchster Auflösung darstellen. Das menschliche Ohr reagiert bereits auf rhythmische Verschiebungen von wenigen Millisekunden.
7. Klänge sprechen uns emotional an. Sie erleichtern das Lernen, erhöhen das Engagement und vermitteln intuitiv erfassbare Informationen.
8. Klänge erleichtern das Auffinden von übergreifenden Beziehungen oder Trends in großen Datenmengen. Sie fördern die Bildung von *Gestalten* im Sinne der Gestaltpsychologie.

Auditive Gestalten

Die Forschung im Bereich der Sonifikation bezieht sich explizit auf die Erkenntnisse der Gestaltpsychologie, wenngleich diese sich vornehmlich mit der visuellen Wahrnehmung auseinandersetzt. Zwei Prinzipien möchte ich hier kurz anführen:

1. Das Prinzip der Übersummativität. Das wahrgenommene Ganze ist mehr als seine Teile. Dieses Prinzip ist besonders stark in der Musik wirksam. Der einzelne Ton erhält seinen Wert erst im Zusammenhang mit den ihn umgebenden Tönen. Der Zuhörer integriert bzw. synthetisiert die einzelnen Klänge einer Symphonie zu einer Gestalt. Diese intuitive Gestaltbildung ist auch bei der Sonifikation wirksam.
2. Das Prinzip von Gestalt und Hintergrund. Gestalten werden immer vor einem Hintergrund wahrgenommen, müssen sich also erkennbar von diesem unterscheiden. Was Gestalt und was Hintergrund ist, ist aber nicht immer eindeutig entscheidbar, wie das Beispiel der Vexierbilder zeigt. Der Zustand des psychischen Systems bestimmt, was im Augenblick als Gestalt und was als Hintergrund wahrgenommen wird. Den Hintergrund nenne ich das Rauschen, vor dem sich mögliche Informationen abheben und das aufgrund einer augenblicklich nicht beobachtbaren Struktur seinerseits neue Unterscheidungen, also Informationen ermöglicht. Eine Gestaltlosigkeit, die jeden Augenblick Gestalt annehmen kann.

Auch Brewsters parallel zusammengesetzte Earcons profitieren von der gestaltbildenden Kraft der Kognition. Klänge mit gleichen Attributen werden automatisch aufeinander bezogen. So können parallel ablaufende Ereignisse oder Prozesse für sich, aber auch in Beziehung zueinander wahrgenommen werden anhand der ‚Musik', die sie gemeinsam komponieren. Dennoch sollte bei der Gestaltung von Earcons innerhalb einer auditiven Textur eine gewisse Klangökonomie eingehalten werden. Earcons, die zu viele Töne enthalten bzw. deren Dauer zu lang ist, kann man sich schlecht merken. Sie sind für kurz aufeinander folgende Ereignisse nicht einsetzbar und werden leicht in Gestalt einer Melodie wahrgenommen, was bei häufigem Einsatz als belastend oder ermüdend empfunden werden kann.

Emotionale Komponente

Mensch und Computer bilden in der Interaktion zwar kein soziales System. Es liegt jedoch auf der Hand, dass beide auf einen gemeinsamen Code referieren müssen, um interagieren zu können.

> In the most optimistic scenario, sonification will be nothing less than a new form of language. We may all be participating in the definition of a new communications path, one that could not have been possible before the technology was in place to make the connections.[17]

Im Unterschied zum text- oder grafikbasierten Interface kann beim auditiven Interface nur in sehr begrenztem Maße auf bestehende Codes zurückgegriffen werden, weil die meisten rechnergesteuerten Anwendungsbereiche in ihrer Abstraktheit kein realweltliches Geräusch-Pendant haben. Das heißt, der Code muss hier erst entwickelt und erlernt werden. Vermutlich liegt hierin ein wesentlicher Grund, weshalb das auditive Interface bis heute ein sehr kümmerliches Dasein fristet. Der Sound-Code wird in Anwenderhandbüchern fast nie behandelt. Ihm wird in der Regel keine signifikante Bedeutung zugesprochen. Zudem lassen sich Klangeigenschaften oft nur schwer in Worte fassen. Das auditive Interface, wie wir es heute kennen (Windows XP, Mac OS 10, das Office Packet etc.) setzt Sound fast ausschließlich in redundanter Weise als mehr oder weniger sinnvolle Ergänzung zu visuellen Ereignissen ein. Bei einer Fehlermeldung zum Beispiel hören wir beim Erscheinen einer entsprechenden Dialogbox *zusätzlich* einen Warnton. Ein weiterer Grund für den bis heute sehr rudimen-

---

17 Carla Scarletti: „Sound Synthesis Algorythms for Auditory Data Representations". In: Kramer (Hg.): *Auditory Displays*, S. 223–251, hier: S. 247.

tären Einsatz von Sound in der grafischen Computerschnittstelle besteht darin, dass Sound von den Usern oft als störend empfunden wird.

Das subjektive Empfinden, das bei Geräuschen und Klängen – mehr als bei visuellen Eindrücken – eine entscheidende Rolle spielt, stellt Sounddesigner bei der Entwicklung von informativen Sounds auch noch vor andere Probleme. Gestattet man dem User die Zuordnung von Klängen nach seinem Geschmack, entsteht die Gefahr der Beliebigkeit: Klänge und die zugrunde liegenden Ereignisse oder Daten sind dann einander nicht mehr eindeutig zugeordnet, was die Herausbildung eines Codes erschwert. Legt man die Klangzuordnungen fest, kann es sein, dass sie dem ästhetischen Empfinden des Users zuwider laufen. Dennoch scheint dieser Weg der sinnvollere zu sein, wenn Sounds nicht nur launemachendes Beiwerk sein sollen. Wird außerdem die Amplitude der Klänge bei der Sonifikation berücksichtigt, darf der User seinerseits die Lautstärke nicht manipulieren können. Lautstärke und Frequenz sind jedoch im Wesentlichen verantwortlich für die unangenehme Empfindung, die Klänge verursachen können. Prinzipiell sollten bei der Soundgestaltung folgende Punkte beachtet werden:

1. Soundereignisse sollten eine kurze Dauer haben.
2. Kontinuierliche, lang anhaltende Soundstreams sollten sehr leise sein.
3. Soundereignisse sollten deutlich voneinander unterscheidbar, signifikante Veränderungen eines Klangkontinuums deutlich wahrnehmbar sein.
4. Sound sollte informativ sein und nicht bloß ein ‚Gimmick‘.
5. Klänge sollten ästhetisch ansprechend sein und nicht zu hohe Frequenzen enthalten, da diese als lästig empfunden werden können.

Manchmal schlägt das subjektive Empfinden des Benutzers auch eine unerwartete Richtung ein. 1984 kommt die erste Thermoschreibmaschine IBM 6750 auf den Markt, die völlig geräuschlos arbeitet. Die Verwirrung bei den Kunden über das ausbleibende akustische Feedback beim Tippen ist so groß, dass IBM seine Nachfolgemodelle wieder mit einem ‚künstlichen‘ Anschlaggeräusch ausstattet.[18] Auch hat die amerikanische Firma erst spät die Notwendigkeit erkannt, sich mit der Geräuschreduzierung ihrer Computer-Hardware zu befassen. Der Grund: In amerikanischen Büroetagen konnte man das Rauschen der Hardware nicht hören, weil das der Klimaanlagen noch lauter war.

---

18 Vgl. Erwin Staudt: „Erträglicher Büroalltag“. In: Arnica-Verena Langenmaier (Hg.): *Der Klang der Dinge*. München 1993, S. 58–61.

Zukunftsmusik

Abschließend sollen schlagwortartig einige informative Soundereignisse im Human-Computer-Interface eingefordert werden:

1. Machen Sie Tauchübungen auf dem Desktop. Orten und manipulieren Sie verdeckte Aktivitäten und Objekte durch Sound.
2. Überwachen Sie das Beben Ihrer Hardware. Seismische Aktivitäten in ungewöhnlichen Kontexten können Verwüstungen verursachen.
3. Hören Sie auf den Pulsschlag ihres Datentransfers. Unternehmen Sie gegebenenfalls Wiederbelebungsversuche.
4. Halten Sie sich fit im Cyberspace. Richten Sie Ihre Bewegungen in virtuellen Landschaften an spatialisierten Soundereignissen aus.
5. Wandern Sie entlang der Landmarken. Hören Sie auf den Klang von Markierungen beim Scrollen durch große Dokumente.
6. Klopfen Sie ruhig mal an. So manche Tür klingt ziemlich hohl. Hyperlinks im Internet führen oft in eine Sackgasse oder auf hoffnungslos veraltete Seiten. Sound könnte hier vorab Aufschluss geben.
7. Lauschen Sie den Leerfeldern. Unausgefüllte Felder einer Datenbank brauchen Zuwendung.

Fazit

Ein sonifiziertes Interface ermöglicht den auditiven Zugang zu im Hintergrund verborgenen Daten und die Orientierung in großen, komplexen, mehrdimensionalen Datenmengen. Es lenkt die Aufmerksamkeit auf relevante Ereignisse (z. B. Fehler) und macht Aussagen über den Zustand des Systems (z. B. Groß- und Kleinschreibmodus oder Überlastung). Es fördert die oft unbewusste Wahrnehmung von Zusammenhängen oder Gestalten und kann bei sinnvollem Einsatz gewöhnlich als disparat empfundene Anwendungsschritte oder -gebiete zu einer einheitlichen Erfahrung integrieren. Die Folgen sind eine gesteigerte Motivation, ein schnelleres Erreichen des Arbeitsziels und eine geringere Fehlerquote.

Welcher Sound in welchen Bereichen oder Situationen als hilfreich oder informativ wahrgenommen wird, kann nicht allein der Entwickler entscheiden. Seine Aufgabe ist es, ein sinnvoll vorstrukturiertes Rauschen zu implementieren, das genügend große Varietät und Redundanz erzeugt, um die auditive Modalität für immer komplexer werdende Anwendungsbereiche nutzbar zu machen. Es liegt an uns, das Rauschangebot künftiger Computerschnittstellen sinnvoll zu nutzen.

Steffen Lepa / Christian Floto

Audio-Vision als Konstruktion

Grundzüge einer funktionalistischen Audioanalyse
von Film und Multimedia

Der vorliegende Beitrag versteht sich als ein Schritt, die wissenschaftliche Beschäftigung mit Klang und Geräusch aus ihrer Nischenposition[1] herauszuholen
und endlich als wichtigen, leider oft sträflich vernachlässigten Teil der Medienwissenschaften zu begreifen.

Innerhalb des Braunschweiger Forschungsansatzes CRIMP[2], der sich mit
der Evaluation von multimedialer Lernsoftware beschäftigt, versucht man in
diesem Sinne neben der empirischen Forschungsarbeit zu Multimedia einerseits
festzustellen, welchen Beitrag ganz unterschiedliche ‚Fremddisziplinen' wie die
Pädagogik, Neurokognitionsforschung, Marketingpsychologie, Design- aber
auch „Audiowissenschaft" zu medienwissenschaftlichen Modellen von Multi-
mediawirkungen liefern können. Andererseits soll aber auch herausgearbeitet
werden, inwiefern die Medienwissenschaften als interdisziplinäres Feld eine alternative Sichtweise für den mediendidaktischen Kontext auf die Herausforderung ‚Multimedia' in Zukunft wird liefern können. Die Untersuchung von Audio nimmt hierbei, wie festzustellen sein wird, aufgrund der ihr eigenen typischen Fallstricke eine prominente Rolle ein.

Weiter soll deutlich werden, dass die Analyse von Audiowirkungen ein entscheidend neues Licht auf die Analyse von multimedialen Wirkungen im Ganzen werfen kann. Kronzeugen für die Verifikation dieser Behauptung sollen im
Folgenden Ergebnisse der neurokognitiven Grundlagenforschung und die Ausführungen des französischen Film- und Klangtheoretikers Michel Chion in seinem vielbeachteten Werk *Audio-Vision. Sound On Screen*[3] sein.

---

1 Wenn nicht sogar ihrer „splendid isolation".
2 Projektgruppe VASE IV: „Criteria for Audiovisuals in Multimedia Production (CRIMP)" im
  Rahmen des Forschungs- und Kompetenzverbundes „Learning Lab Lower Saxony", nähere
  Informationen dazu finden sich unter: http://www.learinglab.de/vase4/.
3 Michel Chion: *Audio-Vision. Sound on Screen*. New York 1994.

Der „Audiovisuelle Kontrakt": Film, Fernsehen und Multimedia als „Bauchredner-Effekt"

> I use the phrase ‚audiovisual contract' as a reminder that the audio-visual relationship is not natural, but a kind of symbolic contract that the audio-viewer enters into, agreeing to think of sound and image as forming a single entity.[4] *(Chion)*

Wir sind es bisher gewohnt, bei der Analyse von Film oder multimedialen Produkten die verschiedenen Modalitäten getrennt voneinander zu analysieren. So untersucht man einerseits zum Beispiel Bildästhetik, Kameraeinstellungen und visuelle Narration und wendet sich getrennt davon dann der Tonspur zu, um diese in Hinblick auf Musik-, Sprach- und Geräuscheinsatz zu untersuchen. Am Schluss steht schließlich eine Betrachtung der Dramaturgie und Gesamtwirkung der filmischen Narration. Dies geschieht, je nach Untersuchungsparadigma und Intention der Analyse, entweder nach psychoanalytischen, semiotischen, kognitiven oder pädagogischen Aspekten. Bis Anfang der neunziger Jahre schien dieses Vorgehen auch durchaus seine Berechtigung zu haben, ging man doch auch innerhalb der Kognitionsforschung lange davon aus, das die unterschiedlichen sensorischen Einspeisungen unserer Sinnesorgane im Gehirn zwar durchaus konvergieren, dies aber erst relativ spät und nur auf semantischer Ebene, im Sinne referentieller Verknüpfungen zwischen beispielsweise visuell identifizierten Objekten und gleichzeitig gehörter Sprache.[5]

Das in dieser Hinsicht bekannteste multimodale Phänomen ist der „Ventriloquismus", also der sogenannte „Bauchrednereffekt"[6], der bis heute die Wahrnehmung von Fernsehen beherrscht.[7] Es wurde und wird anscheinend wie selbstverständlich davon ausgegangen, dass die mehrheitlich faktisch ‚falsche' räumliche Positionierung des Klanges vom Gehirn des Rezipienten auf semantischer Ebene ‚richtiggestellt' wird, und somit unser erlerntes kulturelles Wissen dazu führt, dass wir den Klang der Sprache des Fernsehmoderators kausal auf dessen Bild bzw. Mund beziehen oder Geräusche von z. B. Füssen auf Treppenstufen mit dessen visuellem Pendant verknüpfen. Chion spricht hier, im Gegensatz dazu, von einer mental konstruierten „räumlichen Magnetisierung" („spatial magnetization") des Klanges durch das Bild.[8]

---

4 Ebd. S. 216.

5 A. Paivio: *Mental representations: A dual coding approach.* Oxford 1986.

6 Vgl. P. Bertelson/M. Radeau: „Cross-modal bias and perceptual fusion with auditory-visual spatial discordance". In: *Perception & Psychophysics* (1981), Nr. 29 (6), S. 578–584.

7 Für 99% der Rezipienten natürlich auch beim Surround-Klang.

8 Chion: *Audio-Vision. Sound on Screen.* S. 70.

Neuronale Mechanismen multimodaler Integration

Aktuelle Untersuchungen aus dem Bereich der Neurokognition legen ebenfalls nahe, dass die Auffassung über das Zusammenspiel der Sinne als rein „semantisch" und „kulturell erlernt" in ihrer Allgemeinheit etwas zu kurz gegriffen war: Multimodale Integration findet offenbar bereits auf sehr frühen Stufen der Wahrnehmung, teils noch vor der Objekterkennung statt.

In einer Pionierstudie wiesen Stein und Meredith durch Ableitung der elektrischen Potentiale einzelner Nervenzellen erstmals die Existenz von „multimodalen" Neuronen im Superior Colliculus der Katze nach.[9] Ihre Untersuchungen zeigten, dass sensorische Erregungen aus unterschiedlichen Sinnesorganen zu überadditiven, gleichsam „multiplikativen" Erregungen in den von den Forschern gefundenen „intersensorischen" bzw. heteromodalen Arealen des Gehirns führen können. Die jeweiligen rezeptiven Felder[10] der hier einspeisenden modalitätsspezifischen sensorischen Hirnareale weisen dabei starke, wenn auch nicht exakte, räumliche Überlappungen auf. Ergebnis dieser Untersuchungen[11] war die empirische Bestätigung zweier bestimmender, bis dato nur theoretisch postulierter Prinzipien bei der multimodalen Integration auf neuronaler Ebene: Erstens die sogenannte „Raumregel", nach der räumliche Nähe, und zweitens die „Zeitregel", nach der gemeinsames zeitliches Auftreten von Reizen unterschiedlicher Modalitäten zur Wahrnehmung eines integrierten multimodalen Objektes führt. Wohlgemerkt: Eine stark „unscharfe" Erfüllung beider Bedingungen ist prinzipiell hinreichend. Dies macht auch Sinn, da Schall sich durch vielfache, unterschiedliche Reflektionen nicht wie Visuelles linear durch den euklidischen Raum bewegt, sondern, bildlich formuliert, sich eher wie Gas diffus im Raum ausbreitet.

Außerdem schließen die unterschiedlich langen Signalwege der verschiedenen Sinnesempfindungen ohnehin eine echte ‚Gleichzeitigkeit' in der Wahrnehmung aus. Dies lässt sich auch empirisch zeigen, z. B. anhand des von Sekuler et al. gefundenen „Bouncing"-Paradigmas.[12] Bei diesem Versuch werden zwei Lichtreihen kreuzweise aufeinander zugeführt. Versuchspersonen interpretieren diese basale Form der Animation normalerweise als ein Überkreuzen. Bietet man jedoch im Moment der Überschneidung gleichzeitig einen auditiven oder

9   Barry E. Stein/M. Alex Meredith: *The Merging of the Senses*. Cambridge, Massachusetts (USA) 1993.

10 Durch die jeweiligen Neuronen sensorisch abgedeckte Bereiche der „Außenwelt".

11 Calvert et al. (G. A. Calvert/R. Campbell/M. J. Brammer: „Evidence from functional magnetic resonance imaging of crossmodal binding in the human heteromodal cortex". In: *Current Biology* (2000), Nr. 10, S. 649–657) wiesen in Folge nach, dass analoge Integrationsprinzipien auch bei Primaten und im menschlichen Kortex stattfinden.

12 Vgl. R. Sekuler/A. B. Sekuler/R. Lau: „Sound alters visual motion perception". In: *Nature* (1997), Nr. 385, S. 308.

taktilen Kurzreiz wie einen Piepton dar, ändert sich die Interpretation der meisten Versuchspersonen dergestalt, dass plötzlich eine Kollision wahrgenommen wird. Variiert man nun Intensität und Zeitpunkt des Pieptons oder taktilen Reizes, finden sich die Geschwindigkeitsunterschiede in der Verarbeitung der verschiedenen Modalitäten und die Unschärfe der Gleichzeitigkeitsempfindung in den psychophysischen Kurven ihrer Perzeption wieder.[13]

Zu den zwei bereits zuvor theoretisch bekannten ‚Raum- und Zeitregeln' kam durch die Untersuchungen von Stein und Meredith die sogenannte „Effektivitätsregel" hinzu, womit gemeint ist, dass gerade bei relativ schwachen, aber koinzidenten bimodalen Reizen besonders starke übersummative Effekte auftreten. Inzwischen zeichnet sich bereits ein viertes Prinzip ab, das allerdings hier erst später erläutert werden wird. Entscheidend für die weitere Betrachtung ist, dass der Zeitpunkt der von ihnen und anderen Forschern gemessenen multimodalen Effekte teilweise so früh ist, dass man den Einfluss tieferer, semantischer Verarbeitung ausschließen kann.[14] Multimodale Integration findet also bereits auf Ebene der Perzeption statt.

„Added Value" durch Crossmodale Interaktionseffekte – Konvergenz oder Feedback?

> Added value works reciprocally. Sound show us the image differently than what the image shows alone, and the image likewise makes us hear sound differently than if the sound were ringing out in the dark.[15] (Chion)

Wir haben also gesehen, dass multimodale Wahrnehmung zu „überadditiven" neuronalen Reaktionen führt. Aber inwiefern ist bei der multimodalen Wahrnehmung das Ganze nun auch qualitativ mehr als die Summe seiner Teile? Inzwischen mehren sich durch EEG-Untersuchungen diesbezüglich die Hinweise, dass das bisher angenommene Modell einer konvergenten Verschaltung der Informationsströme von den sensorischen zu den heteromodalen Arealen (Abb. 1) des Cortex nicht ausreicht, um die beobachtbaren *crossmodalen* Rückprojektions-Phänomene zu erklären.[16] Damit sind solche Situationen gemeint, in denen die experimentell dargebotenen Reize einer Modalität bereits nach

---

13 S. Shimojo/L. Shams: „Sensory modalities are not seperate modalities: plasticity and interactions". In: *Current Opinion in Neurobiology* (2001), Nr. 11, S. 505–509.

14 Ebd.

15 Chion: *Audio-Vision. Sound on Screen.* S. 21

16 Jon Driver/Charles J. Spence: „Multisensory Perception. Beyond modularity and convergence". In: *Current Biology* (2000), Nr. 10, S. R731–R735.

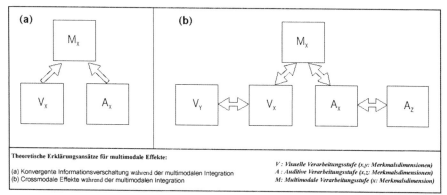

Abb. 1: *Multimodale Integration – Konvergenz oder Feedback?*

sehr kurzer Zeit die kognitive Verarbeitung bei der Wahrnehmung einer anderen Modalität qualitativ oder quantitativ verändern.[17]

Offenbar dienen heteromodale Areale des Gehirns als eine Art „Brücke", die intersensorische Bindungsprobleme löst.[18] Auf das Beispiel des TV-Moderators bezogen lautet die Frage also: Handelt es sich beim Bauchrednereffekt um eine semantisch glaubwürdige Illusion oder nehme ich auf Ebene der frühen Wahrnehmung die Szene tatsächlich so war, als spräche er? Es mehren sich inzwischen die Nachweise, dass in vielen Situationen tatsächlich letzteres eintritt. Auszugsweise seien hier einige Befunde genannt: Visuell dargestellte stumme Lippenbewegungen aktivieren frühe auditive Verarbeitungsstufen,[19] taktile und auditive Zielreize sind in der Lage, den primären visuellen Kortex in Erwartung visueller Reize vorzuaktivieren[20] und insgesamt die Reizverarbeitung zu modulieren.

Der semantische Gehalt einer der zwei jeweils beteiligten Modalitäten ist dabei für die crossmodalen Effekte auf Ebene der Wahrnehmung und Aufmerksamkeit offenbar kaum entscheidend, dürfte aber später im Zeitverlauf der kognitiven Verarbeitung natürlich durchaus eine Rolle spielen, speziell bei der Sprachwahrnehmung, wie Experimente der britischen Neurokognitionsforscherin Gemma Calvert und Kollegen nahe legen.[21] Sie identifizierten per fMRI[22]

17 Vgl. z. B. E. Macaluso/C. D. Frith/J. Driver: „Modulation of human visual cortex by crossmodal spatial attention". In: *Science* (2000), Nr. 289, S. 1206–1208.

18 Gemma A. Calvert/Michael J. Brammer/Susan D. Iversen: „Crossmodal identification". In: *Trends in Cognitve Sciences* (1998), Nr. 2 (7), S. 247–253.

19 G. A. Calvert et al.: „Activation of auditory cortex during silent lipreading". In: *Science* (1997), Nr. 276, S. 593–596.

20 Shimojo/Shams: „Sensory modalities are not seperate modalities: plasticity and interactions".

21 Calvert/Campbell/Brammer: „Evidence from functional magnetic resonance imaging of crossmodal binding in the human heteromodal cortex".

inzwischen eine Region im linken superior temporalen Sulcus, in welcher die Kongruenz dargebotener Sprache mit gleichzeitig visuell dargestellten Lippen-bewegungen die intersensorischen Effekte modulierte. Dafür war hier die raum-zeitliche Überlappung weniger kritisch. Es wird deutlich: Multimodale Wahrnehmung ist durch ein interaktives Zusammenspiel von kulturell erlern-tem „Weltwissen" *und* frühen perzeptuellen Integrationsprinzipien geprägt, wie auch Chion bereits dargelegt hat: „A music cue ore voiceover that is cultu-rally perceived as not „in" the setting will not set the image to vibrating. And yet, the phenomenon still has a noncultural basis."[23]

Festzuhalten bleibt in diesem Zusammenhang, dass in vielen experimentel-len Versuchsanordnungen auch sogenannte orthogonale/akzessorische, also nicht-informative und vom Zielreiz arbiträre Reize in einer anderen Modalität, per EEG messbare Aufmerksamkeitsverlagerungen, Erhöhungen der Reak-tionszeit, optische Illusionen und Pop-Out-Effekte hervorriefen.[24] Interessan-terweise kann dabei auch illusionär die Wahrnehmungsschwelle einer Modalität unterschritten werden, wie im Double-Flash-Phänomen, wo vor und nach ei-nem Doppelblitz platzierte Pieptöne diese überhaupt erst als solche wahrnehm-bar machen, da der Zeitunterschied eigentlich zu gering wäre, um ein wahr-nehmbares Blitzen zu erzeugen.[25]

Ganz ähnliche „faster-than-eye"-Phänomene[26] kennen wir auch aus dem Spielfilm, Chion nennt dafür in *Audio-Vision* einige konkrete Beispiele: So wür-den die komplizierten Bewegungsabläufe der Samurai und Kung-Fu-Kämpfer erst durch kookkurrente auditive Unterstützung nachvollziehbar und würden Bewegungsillusionen wie das Öffnen der Türen im ersten Star Wars-Spielfilm rein über Klang erzeugt.

Gibt es eine „Dominanzregel" der audiovisuellen Wahrnehmung?

So, overall, in a first contact with an audiovisual message, the eye is
more spatially adept, and the ear more temporally adept.[27] (Chion)

Betrachtet man die verschiedenen neuropsychologischen Experimente genau-er, so fällt auf, dass häufig jeweils eine Modalität die andere dominiert, in dem Sinne, das die erstere ‚authentischere' bzw. exaktere Ergebnisse bezüglich

---

22 D.i.: Functional magnetic resonance imaging (dt: funktionale Kernspintomographie).

23 Chion: *Audio-Vision. Sound on Screen*. S. 20.

24 Vgl. z. B. Shinsuke Shimojo et al.: „Beyond perceptual modality: Auditory effects on visual perception". In: *Acoustical Science and Technology* (2001), Nr. 22 (2), S. 61–67.

25 L. Shams/Y. Kamitani/S. Shimojo: „What you see is what you hear". In: *Nature* (2000), Nr. 408, S. 788.

26 Chion: *Audio-Vision. Sound on Screen*. S. 12 ff.

27 Ebd. S. 11.

handlungsrelevanter Details liefert und damit die zeitliche oder räumliche Wahrnehmung der anderen verzerrt bzw. verändert. Dies scheint je nach experimentellem Paradigma und teilweise auch zwischen Versuchspersonen unterschiedlich zu sein. Man versucht dementsprechend nun experimentell zu ermitteln, welche Antezedenten dazu führen, dass bestimmte Modalitäten bei der Objekterkennung, Handlungsplanung und Interpretation ‚multimodaler Objekte' situativ eine Führungsrolle spielen, mit anderen Worten, wann Audio die visuelle Wahrnehmung ‚manipuliert', wie bei der „Double-Flash Illusion", und wann umgekehrt.

Nach den aktuellen Befunden ist dies offenbar abhängig von a) dem antizipierten Informationsgehalt der jeweiligen Modalität betreffs des aktuellen Handlungskontextes[28], b) der perzeptuellen Salienz[29] der jeweiligen Stimuli[30] und c) dem situativen kognitiven Stil im Zusammenspiel mit den persönlichen kognitiven Fähigkeiten der Versuchspersonen[31]. Das bedeutet, wie bereits von Hans-Christian Schmidt[32] im Kontext von Aufmerksamkeit und Filmmusik theoretisch formuliert: Wenn mir bei der medialen Wahrnehmung und Bedeutungskonstruktion in Bezug auf die aktuelle Handlung semantische Informationen fehlen, ziehe ich, um entstehende informationelle Unentschiedenheit zu kompensieren, diejenige Modalität zur Hilfe hinzu, die ich (vielleicht wegen meines situativen kognitiven Stils) bisher nur im Hintergrund und als arbiträr wahrgenommen hatte, welche sich jetzt aber am effektivsten erweist, die vorhandene Unsicherheit zu reduzieren.

Generell scheinen die von Chion diesbezüglich bereits theoretisch postulierten Grundprinzipien für Film[33] aber auch bei Multimedia wirksam zu sein, solange ‚typisch' filmische Narrationsverhältnisse herrschen: Visuelles dominiert also in der Raum- und Objektwahrnehmung, Auditives in der Zeitwahrnehmung und der emotionalen Prägung der Szene, beides wird allerdings grundsätzlich durch Sprachwahrnehmung, egal in welcher Modalität, dominiert. Insofern scheint nicht nur der Film[34], sondern auch Multimedia, soweit es narrative Strukturen in den meisten kommerziellen Lernprodukten betrifft, ein der Tendenz nach „verbozentrisches"[35] Medium zu sein. Dies spiegelt sich dann auch in einem Großteil der em-

28 Shimojo et al.: „Beyond perceptual modality: Auditory effects on visual perception".

29 Kognitionspsychologischer Terminus für „hervorstechende", prägnante Reizeigenschaften.

30 Shimojo/Shams: „Sensory modalities are not seperate modalities: plasticity and interactions".

31 Alexandra Fort et al.: „Early auditory-visual interactions in human cortex during nonredundant target identification". In: *Cognitive Brain Research* (2002), Nr. 14, S. 20–30.

32 Hans-Christian Schmidt: „Spiel mir das Lied... Entwicklungslinien der Filmmusik". In: *Universitas* (1988), Nr. 43 (502), S. 407–421.

33 Chion: *Audio-Vision. Sound on Screen*. S. 11 ff.

34 Ebd. S. 6.

35 Vgl. ebd. S. 5 f.

pirischen Arbeiten und Modellvorstellungen zu Multimedia als Lernwerkzeug wider, der Thematik, mit der sich die CRIMP-Gruppe im Kern befasst[36]; sie wird auch die folgenden Ausführungen bestimmen.

Einige medienpädagogische Autoren weisen aber zu recht daraufhin, dass Multimedia als Instrument der Wissensvermittlung noch in den Kinderschuhen steckt und hier noch Änderungen eintreten könnten und sollten,[37] gerade weil dadurch bisher wegen ihres kognitiven Stiles benachteiligte Lerner davon profitieren dürften. So existieren schließlich unterschiedliche Lernertypen, wie Visualisierer, Prozessorienterte Typen, Domänenspezifische Lerner etc. mit einem unterschiedlichen Bedarf an modalitätsspezifischen Repräsentationsstrategien. Eines der erklärten Ziele der Forschungsgruppe CRIMP war und ist es deshalb, den Einfluss dieser Variablen im Zusammenspiel mit den geschilderten crossmodalen und Dominanzprinzipien während der Wahrnehmung multimedialer Narration zu untersuchen.[38] Diesen Ansatz in Bezug auf Audio werden wir im Folgenden darstellen.

Auf der Suche nach fundierten Evaluationskriterien für Audioeinsatz in Multimedia

Stellen sie sich vor, Sie seien mit der Erstellung eines Konzeptes für eine Lernsoftware-Produktion beschäftigt. Sämtliche einzusetzenden Gestaltungsmittel wollen mit Bedacht auf die zu erwartenden Kosten sorgfältig ausgewählt sein. Als Produzent sind Sie gleichzeitig eingebettet in einen Kontext von Sachzwängen der Produktion und Erwartungshaltungen von Seiten des Marktes. Welchen Stellenwert nimmt in Ihrer Konzeption die Audio-Ebene ein und nach welchen Kriterien entscheiden Sie über die Verwendung von Atmo, Musik, Speech und Spezialeffekten? Sicher, Sie könnten einen Profi engagieren, der ihnen hochästhetische, zeit- und zielgruppengemäße Musik komponiert und eine stimmungsvolle Klangatmosphäre schafft. Letztlich ist der mögliche Erfolg dann evtl. vom möglichst breiten Treffen (oder bei Misserfolg: vom Verfehlen) des Geschmacks des Ziel-Publikums abhängig. Ob die Audio-Ebene der Darbietung deswegen im Sinne der neben der Vermarktung zweiten Zielsetzung ‚Lernen' erfolgreich ist, sei hiermit mal dahingestellt. Auf der anderen Seite

---

36 Thomas Huk/Matthias Steinke/Christian Floto: „Helping Teachers Developing Computer Animations for Improving Learning in Science Education". *SITE (Society for information technology & teacher education) Annual Conference*, Albuquerque, New Mexico (USA) 2003.

37 Michael D. Sankey: „Multiple Representation in Multimedia Material. An Issue of Literacy". In: Mishra/Sharma (Hg.): *Interactive Multimedia in Education and Training*. London (UK) 2003.

38 Matthias Steinke/Thomas Huk/Christian Floto: „The process of learning with hypermedia systems: Linking learner characteristics, software design and log files". *ED-Media Conference 2003*, Honolulu, Hawaii (USA) 2003.

könnten Sie auch pädagogisch an die Sache herangehen und nach ergono-
misch-psychologischen Gesichtspunkten eine didaktisch sinnvolle Audio-
Ebene herstellen, die zu einer optimalen Lernsituation beiträgt – dann aber von
einem Großteil des Publikums als langweilig und fade empfunden wird.

Auf eine dieser beiden Arten werden offenbar aktuelle didaktisch inspirierte
Softwareprodukte mit Digital Audio ausgestattet, die Nachteile sind mehr als
offensichtlich. Unser Ansinnen ist es, in Bezug auf multimediale Narrationen
als einem neben Hypertext, Simulation und Spiel bedeutenden Bestandteil multimedialer Wissensvermittlung mit diesen Dualismen aufzuräumen und eine
sachliche, an funktionalen Prinzipien orientierte Diskussion über Audiowirkungen anzustrengen, die sich auch ästhetischen und unterhaltenden Produkten, wie sie mehr und mehr den Lernsoftware-Markt bestimmen, nicht aus falschen Vorbehalten heraus verschließt. Durch die Untersuchung der empirischen und theoretischen Arbeiten auf diesem Gebiet wurde hierbei deutlich:
Viele medienpädagogische Modelle haben sich überhaupt noch nicht ernsthaft
mit der Vielfalt *auditiver* Wirkungen auseinandergesetzt.

Existieren überhaupt adäquate Wirkmodelle für das Lernen mit Multimedia?

> Visual and auditory perception are much more disparate natures
> than one might think. The reason we are only dimly aware of this is
> that these two perceptions mutually influence each other in the au-
> diovisual contract, lending each other their respective properties
> by contamination and projection.[39] (Chion)

Innerhalb der großen Anzahl von empirischen Arbeiten und Theorien zur Evaluation multimedialer Bildungsprodukte geht es dementsprechend mehrheitlich um Visualisierungsstrategien und das Verhältnis von Bild und Sprache, nur
wenige Arbeiten befassen sich aber bisher mit nicht-sprachlichen auditiven Gestaltungsmitteln. Wenn überhaupt, so werden meist einfach die Prinzipien visueller Gestaltung auf den auditiven Bereich übertragen, was unserer Auffassung nach einfach zu kurz gefasst ist, da ein Großteil auditiver Narrationsstra-
tegien im Gegensatz zum Visuellen nicht-referentieller Natur ist.

Für das richtige Verständnis und damit den Aufbau von Wissensstrukturen
während eines multimedialen Lehrfilmes bedarf es laut Modellen der empirischen Medienpädagogik einer kohärenten Handlungsstruktur, einer nicht zu
starken Auslastung des Arbeitsgedächtnisses und möglichst weniger Ablenkungseffekte. Eine Anzahl einflussreicher instruktionspsychologischer Theo-

---

39 Chion: *Audio-Vision. Sound on Screen.* S. 9.

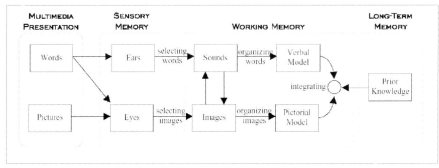

Abb. 2: Modell der Dualen Codierung (Mayer, 2001)

rien beschäftigt sich nun schon seit geraumer Zeit mit der Frage, wann und unter welchen Aspekten multimodale Darbietungen in diesem Sinne förderlich und wann ‚schädlich' für den Lernprozess mit multimedialen Filmen und Animationen sein können. Die wichtigsten sind die „Cognitive Theory of Multimedia Learning"[40] und die „Cognitive-Load-Theory"[41]. Beide Theorien gehen (u. a.) von der Grundannahme aus, dass ein semantischer Bezug, genauer die Kongruenz zwischen „Objekten" zweier unterschiedlicher Modalitäten, ein entscheidender Faktor im Hinblick auf gut optimiertes multimediales Lernmaterial sei (vgl. z. B. Mayers Modell der dualen Codierung für Multimedia, Abb. 2).

Diese Überlegung[42] erscheint sinnvoll, da bereits miteinander zu multimedialen Gestalten und Handlungen integrierte Bedeutungsträger logischerweise nicht zu einer Aufmerksamkeitsablenkung und/oder Überladung des Arbeitsgedächtnisses führen können, da sie vom Gehirn eben als identische Schemata (also als ein einziges Meta-Objekt) interpretiert werden.[43] Unimodale Teilaspekte einer auf diese Art erzeugten multimedialen narrativen ‚Gestalt' werden also zu bloßer Textur und sind damit keine potentiellen Störquellen bei der Kohärenzbildung mehr. Gleichzeitig werden durch diese Art der Wissensrepräsentation natürlich eine größere Anzahl verwertbarer „Cues"[44] für den Informationsabruf generiert und den individuellen kognitiven Stilen unterschiedlicher Lerner wird entgegengekommen.

40 Richard E. Mayer: *Multimedia Learning*. Cambridge 2001.
41 P. Chandler/J. Sweller: „Cognitive Load Theory and the format of instruction". In: *Cognition and Instruction* (1991), Nr. 8 (4), S. 293–332.
42 Theoretischer Vorläufer ist das Modell der „Dualen Codierung" von Paivio (Paivio: *Mental representations: A dual coding approach*).
43 E. Pollock/P. Chandler/J. Sweller: „Assimilating complex information". In: *Learning and Instruction* (2002), Nr. 12 (1), S. 61–86.
44 Perzeptuelle „Anker", die beim Wissensabruf helfen.

Die Audioebene bietet hier in Bezug auf Sprachdarbietung den besonderen Vorteil, dass sich der Rezipient visuell ganz auf die Bildinhalte konzentrieren kann, nicht zwischen visuellem Text und Animation oder Abbildungen hin und her springen muss und dadurch ein sogenannter „Split-Attention-Effect"[45] vermieden wird.

In dieser Hinsicht werden von einigen Autoren als multicodal „redundant"[46] bzw. „kohärent" bezeichnete Darstellungsweisen desselben Sachverhaltes (z. B. Bild + auditiver Erklärungstext) daher als positiv und lernförderlich betrachtet, was auch bereits in einigen Fällen empirisch bestätigt werden konnte.[47] Oberflächlich betrachtete nondiegetische auditive Gestaltungselemente wie Musik oder Geräuschkulissen (Atmo) werden dagegen eher als „irrelevant" abgelehnt.[48]

Offensichtlich sind also diese Lernmodelle nicht für das Lernen mit Multimedia bzw. multimodalen Narrationen, sondern für das Lernen mit Bildern und Texten konzipiert.

Audiovisuelle Projektion und Synchrèse – Klang und Musik als Bedeutungsträger

> Ich verstehe unter Sprache die im Vers zusammengefügten Wörter und unter Melodik das, was seine Wirkung ganz im sinnlichen entfaltet.[49] (Aristoteles: *Poetik*)

So scheint das Herstellen von multimodalen „Redundanzen"[50] *der* entscheidende didaktische Faktor bei Multimedia zu sein. Oder etwa doch nicht? Aktuelle Ergebnisse der Forschung der CRIMP-Gruppe[51] legen nahe, dass, ähnlich wie bereits von Jeung, Chandler und Sweller 1997 gefunden,[52] die vielbeschwore-

---

45 Vgl. Nitzan Ben-Shaul: „Split attention problems in interactive moving audiovisual texts". *MelbourneDAC, 5th International Digital Arts and Culture Conference*, Melbourne (AUS) 2003.

46 Der Genauigkeit wegen sollte hier lieber der Ausdruck „kongruent" verwendet werden.

47 Vgl. z. B. Richard E. Mayer/Roxana Moreno: „A Split-Attention Effect in Multimedia Learning: Evidence for Dual Processing System in Working Memory". In: *Journal of Educational Psychology* (1998), Nr. 90 (2), S. 312–320.

48 Roxana Moreno/Richard E. Mayer: „A Coherence Effect in Multimedia Learning: The Case for Minimizing Irrelevant Sounds in the Design of Multimedia Instructional Messages". In: *Journal of Educational Psychology* (2000), Nr. 92 (1), S. 117–125.

49 Aristoteles: Poetik. Griechisch/Deutsch. Stuttgart 1982, S. 19.

50 M. J. Bishop/Ward Mitchell Cates: „Theoretical foundations for sound´s use in multimedia instruction to enhance learning". In: *Educational technology research and development* (2001), Nr. 49 (3), S. 5–22.

51 Thomas Huk/Matthias Steinke/Christian Floto: „The educational value of cues in computer animations and its dependence on individual learner abilities." *Ed-Media Conference 2003*, Honolulu, Hawaii (USA) 2003.

nen didaktischen Vorteile bimodaler Darstellung bei hoher Komplexität der visuellen Darstellung wieder verschwinden können, speziell, wenn die Lerner (z. B. aufgrund mangelnden räumlichen Vorstellungsvermögens oder Vorwissens) nicht in der Lage sind, den auditorisch dargebotenen Text auf komplexe dreidimensionale, realitätsnahe Abbildungen zu beziehen. In solchen Fällen können deiktische Elemente wie Pfeile,[53] aber auch optisches/akustisches „Highlighting"[54] oder auditorische Signale eine wertvolle Hilfe sein. Diese „kohärenzbildenden Maßnahmen" sind in der Lage, das offensichtlich innerhalb der Narrationsstruktur aufgrund mangelnder semantischer Integrationsfähigkeiten der Lerner entstandene Bindungsproblem zwischen sprachlicher Erklärung und visueller Simulation zu lösen; der angestrebte „überadditive" Effekt multimodaler Darstellung wird dadurch restauriert.

Dies ist nur *ein* Beispiel für Fälle, in denen offenbar doch in Bezug auf die sprachliche und visuelle Narration semantisch nicht-redundante Cues in der Lage sind, durch zeitliche (auditorisch) und/oder räumliche (visuell) Koinzidenz, Bindungsprobleme zu lösen und damit der Narration zur Kohärenzbildung und dem Rezipienten zum Verständnis zu verhelfen. Es liegt daher nahe vorzuschlagen, die Cognitive Load Theory und die Cognitive Multimedia Learning Theory um Ansätze zu erweitern, die sich mit der Optimierung nicht-repräsentationaler, impliziter Aspekte der multimedialen Narration und Wissensgenerierung beschäftigen. Die Forderung einiger Autoren, ‚irrelevantes' auditorisches Material wie Musik und Klang[55] möglichst bei multimodalen Darstellungen grundsätzlich zu vermeiden, da es Ablenkung oder Überforderung erzeugen würde,[56] ist zwar in einigen Fällen sicherlich richtig, in der Allgemeinheit und Schärfe der Formulierung allerdings zurückzuweisen, da mit nachrichtentechnischer bzw. logozentrischer Interpretation der Wirkungsweise der semiotischen Maschine Computer und ihrer inzwischen filmrealistischen Ausdrucksfähigkeit unserer Auffassung nach nicht beizukommen ist.

---

52 H. J. Jeung/P. Chandler/J. Sweller.: „The role of visual indicators in dual sensory mode instruction". In: *Educational Psychology* (1997), Nr. 17 (3), S. 329–343.

53 Huk/Steinke/Floto: „The educational value of cues in computer animations and its dependence on individual learner abilities."

54 Vgl. Douglas G. Olsen: „Creating the Contrast: The Influence of Silence and Background Music on Recall and Attribute Importance". In: *Journal of Advertising* (1995), Nr. 24 (4), S. 29–44.

55 Gemeint sind wohl „akusmatische" Klänge im Sinne von Pierre Schaeffer (vgl. Chion: *Audio-Vision. Sound on Screen*).

56 Vgl. Moreno/Mayer: „A Coherence Effect in Multimedia Learning: The Case for Minimizing Irrelevant Sounds in the Design of Multimedia Instructional Messages".

Audio als Metapher: Die vielfältigen Relationen zwischen Klang und Bild

> In short, we classify sounds in relation to what we see in the image, and this classification is constantly subject to revision, depending on changes in what we see. Thus, we can define most cinema ‚as a place of images plus sounds‘, with sound ‚being that which seeks its place.‘[57]

Offensichtlich ist die gegenseitige Beziehung zwischen Bild und Ton, der ‚audiovisuelle Kontrakt‘, bei der narrativen Kohärenzbildung nicht so einfach mit informationstheoretischen Begrifflichkeiten zu fassen, wie es uns Begriffsverwendungen wie ‚redundant‘ und ‚irrelevant‘ glauben machen wollen. Es lohnt deshalb, ähnlich wie Aristoteles in Bezug auf die Metaphernlehre der Sprache in seiner *Poetik* (s.o.!) , einen allgemeinen Blick auf die unterschiedlichen möglichen, sinnvollen semiotischen Beziehungen zwischen Klang und Bild zu werfen und dabei unter Zuhilfenahme der eingangs zitierten neurokognitiven Befunde und Chions Axiomen zur Audio-Vision festzustellen, auf welchen unterschiedlichen Wegen dabei bimodal Bedeutung erzeugt wird.

Die vielfältig in multimedialen Lernprodukten implementierten Beziehungen zwischen Ton und Bild lassen sich grob in drei Gruppen von Bindungsstrategien unterteilen; Chion spricht hier im kinematographischen Zusammenhang von drei Arten des Hörens, die wiederum von allen drei unterschiedlichen auditiven Ausdrucksmitteln Sprache, Geräusch und Musik, selbst-

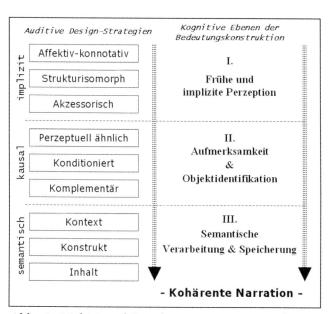

Abb. 3: Multi-Level-Forschungsansatz zur Evaluation von Audio in multimedialen Lernprodukten.

---

57 Chion: *Audio-Vision. Sound on Screen.* S. 68.

verständlich auch in Doppel- oder Mehrfachrollen bestritten werden können (Abb. 3, im Folgenden erläutert).

Eine erste Klasse von audiovisuellen Relationen sind die semantischen. Ihr Beitrag zum Instruktionsdesign wurde bereits ausführlich in einem Modell von Bishop und Cates gewürdigt und analysiert.[58] Die beiden Medienpädagogen unterscheiden bei ihrer Betrachtung semantischer audiovisueller Verknüpfungen zwischen Inhalts-, Konstrukt- und Kontextredundanzen. Erstere wären die informationell tatsächlich redundanten sprachlichen Bindungen, die durch die Kombination identischer geschriebener und gesprochener Sprache entstehen. Sogenannte Konstruktredundanzen meinen wiederum eher kongruent-komplementäre bzw. polyseme Verhältnisse zwischen Klang und Bild, so wie zum Beispiel zwischen einer Abbildung und deren sprachlicher Erklärung. Kontextredundanter Audioeinsatz erfüllt schließlich Situierungsfunktionen, indem er einen kongruenten auditiven Hintergrund für die dargestellte Szene liefert und kontextbezogene Abruf-Cues herstellt. Hierzu gehören primär Atmo-Sounds, die einen authentischen klanglichen Hintergrund liefern, und im selben Sinne natürlich auch kulturell-musikalische Codes, die verständniserleichternde Schemata evozieren.[59]

Eine zweite Klasse von Relationen wurde vor allem von Chion beschrieben.[60] Sogenannte kausale Verknüpfungen erwachsen aus kulturell erlernten Zuschreibungsverhältnissen zwischen Ton und Bild, aber auch auf perzeptueller Ebene durch Gleichzeitigkeit und sind deswegen entlang eines Kontinuums von komplementärer Objektdarstellung, über konditionierte Relationen bis hin zu purer perzeptueller Ähnlichkeit angesiedelt. Besonders letztere Bindungen ‚funktionieren‘ lediglich aufgrund von zeitlicher Koinzidenz, aber eben nicht aufgrund von semantischer Logik.

Die dritte Klasse von Relationen unterscheidet sich grundsätzlich von den anderen beiden, da die hierbei eingesetzten auditiven Gestaltungselemente eben nicht auf sprachlich explizierbare Elemente der Narrationshandlung verweisen, sondern in einem impliziten, non-repräsentationalen Verhältnis zur dargestellten Handlung stehen. Dazu gehören handlungsstrukturierende Gestaltungsmittel, die Bewegungen strukturisomorph illustrieren, klangliche Interpunktionen und das musikalische oder klangliche Generieren von gespannten Erwartungshaltungen. Dabei nimmt gerade Musik eine zentrale Rolle ein. Aber auch punktuelle Geräusche, auditive ‚Signals‘, haben sich dabei in der multimedialen Instruktion als wertvoll erwiesen. Solche deiktischen Elemente sind, eingedenk der eingangs dargestellten multimodalen Integrationsprinzipien, hochgradig

---

58 Bishop/Cates: „Theoretical foundations for sound's use in multimedia instruction to enhance learning".

59 Claudia Bullerjahn: *Grundlagen der Wirkung von Filmmusik*. Augsburg 2001. S. 218.

60 Chion: *Audio-Vision. Sound on Screen*.

zeitkritisch. Im Gegensatz dazu können kulturunabhängige affektiv-konnotative Färbungen der Narration über Audio auch zeitlich etwas ungenauer positioniert werden, da Stimmungseffekte, wie durch das Excitation-Transfer-Paradigma bekannt, eher diffus und großflächig Wirkung zeigen.

Im Ganzen (Abb. 3) sollte , auch im Abgleich mit den eingangs vorgestellten neurokognitiven Befunden, deutlich geworden sein, dass Audiotheoretiker wie Chion offenbar schon länger auf der richtigen Spur waren, als sie prinzipiell in Zweifel zogen., dass ein rein semantisches Verhältnis zwischen Audio und Vision das einzig sinnvoll ‚bedeutungsbildende' Verhältnis sein sollte. Mehr noch: An der Betrachtung von Audioeinsatz wird so offensichtlich, was für nonreferentielle visuelle Darstellungselemente natürlich ebenfalls schon immer galt. Es existieren einfach auf verschieden kognitiven Verarbeitungsstufen unterschiedliche Bindungsstrategien für multimodale Reize und damit auch unterschiedliche Arten, instruktiv Bedeutung zu erzeugen. Diese Tatsache sollte nach Einschätzung unserer Arbeitsgruppe von einschlägigen Design- und Evaluations-Modellen endlich angemessen gewürdigt werden.

Ein Multi-Level-Forschungs- und Analysemodell für die Audio-Evaluation

Egal, ob es nun um Redundanz, Koinzidenz, oder Kookkurrenz geht: Multimediale Bedeutung wird, darauf haben schon Bishop und Cates in ihrem Modell für Audio in der Instruktion[61] und auch Timo Saari hingewiesen,[62] nicht nur auf unterschiedliche Arten, sondern, nach allem was wir wissen, offenbar im menschlichen Gehirn auf mindestens drei Ebenen konstituiert (Abb. 3): Auf der Ebene der frühen, präattentiven Perzeption, auf der Ebene der Aufmerksamkeit und Objektidentifikation und auf der Ebene der semantischen Verarbeitung und Speicherung.

Auf der ersten Ebene spielen Mechanismen der Kookkurrenz in Zeit und Raum die entscheidende Rolle, also besonders die Prinzipien der kausalen Bedeutungserzeugung über Audio. Auf der zweiten Ebene üben die Salienz[63] der dargebotenen Reize, also noch genauer zu untersuchende multimodale Figur-Grund-Trennungsmechanismen[64], aber auch kognitiver Stil und kognitive

---

61 Bishop/Cates: „Theoretical foundations for sound´s use in multimedia instruction to enhance learning".

62 Timo Saari: *Mind-Based Media and Communication Technologies. How the Form of Symbolical Information Influences Felt Meaning.* University of Tampere, Tampere (SU/FIN) 2001. Dissertation.

63 Salienz = Hervorstechen, Prägnanz.

64 Der Auffassung einiger medienpädagogischer Autoren, das Aufmerksamkeitsablenkung durch den „Verbrauch" von unimodalen, sensorischen Aufmerksamkeits-„Ressourcen" entsteht, setzen wir die Auffassung von Neumann (Odmar Neumann: „Die Hypothese begrenzter Kapazität und die Funktionen der Aufmerksamkeit". In: Neumann (Hg.):*Perspektiven der Kognitionspsychologie.* Berlin 1985, S. 185–229), Pashler (Harold E. Pashler: *The Psychology of*

Fähigkeiten eine bestimmende Funktion aus. Erst auf der dritten Ebene kommen die bereits bekannten Prinzipien der semantischen Kohärenz ins Spiel, für die didaktische Modelle existieren, welche, wie wir gesehen haben, vor allem auf Kongruenz als sinnstiftendem Prinzip abheben.

Im Sinne der gezielten Aufmerksamkeitssteuerung stellt funktional adäquates Lernmaterial nun, unserem Ansatz nach, die globale Kohärenz der Narration auf allen drei beschriebenen Systemebenen lokal her. Folglich sind daher Kohärenz und lernmaterialbezogene Ablenkungseffekte („Serependity") nur zwei Seiten derselben Medaille. Eine kohärente multimodale Wahrnehmung entsteht[65] durch eine kohärente Verwendung multimodaler Gestaltungsmittel in Bezug auf die Narration, jedoch auf allen drei beschriebenen Systemebenen. Dabei verstehen wir globale mediale Text-Kohärenz als möglichst große Überlappung zwischen intendierter Bedeutung des Designers und konstruierter Bedeutung des Rezipienten, nicht wie in strukturalistischen Ansätzen als objektiv ‚richtiges' Textverständnis.

Für die theoretische Analyse multimedialer und filmischer Produkte bedeutet dies, gezielter als bisher nach „Added-Value"-Phänomenen multimodalen Zusammenspiels zu forschen; dies sollte natürlich auch anhand der Kombination bildbezogener und audiobezogener, und vor allem dabei zeitlich exakter Sequenzgrafiken geschehen. Der empirische Forschungsansatz besteht parallel dazu darin, innerhalb des beschriebenen Multi-Level-Modells Audioeinsatz szenariobasiert experimentell daraufhin zu überprüfen, ob er seine ‚Funktion', der Bereitstellung eines somit effektiven ‚multimodalen Konstruktionsangebotes' durch seine ‚Form' in einem ausreichenden Maße erfüllt oder ihr zuwiderläuft. Zweitens, um die reine Audioebene zu verlassen, ist in Anlehnung an die Ausführungen zu neurokognitiven crossmodalen Studien zu ermitteln, in welchem Zusammenhang kognitive Fähigkeiten bzw. situativ ermittelbare Kognitionsstile der Rezipienten mit unterschiedlich gewichteten multimedialen Darstellungsformen in Bezug auf Qualität, Prägnanz und Quantität Effekte zeigen.

Attention. Cambridge 1998) und anderen Kognitionsforschern entgegen, dass Aufmerksamkeit nach aktuellen neurokognitiven Studien vor allem ein *objektbezogenes, supramodales* Prinzip der volitionalen Handlungssteuerung sein dürfte. Solange also „akzessorische" Reize nicht perzeptuell oder semantisch salienter als die aktuell dominierende Handlung und Modalität werden, dürfte dies keine Ablenkungseffekte bewirken. Damit sollte auch klar sein, dass im intentionalen kognitiven Stil „Lesen und Betrachten" die Aufmerksamkeit keinesfalls unwillkürlich durch zurückhaltende, leise „empathische" Hintergrundmusik oder „Atmo" abgelenkt werden kann, was die Auffassung von z. B. Klaus-Ernst Behne (Klaus-Ernst Behne: „Musik-Erleben: Abnutzung durch Überangebot". In: *Media Perspektiven* (2001), Nr. 3, S. 142–148.) einer „Nichtwirksamkeit von Hintergrundmusik" (im Sinne direkt messbarer nachteiliger oder positiver Effekte) indirekt zu bestätigen scheint.

65 Siehe auch: Mayer: *Multimedia Learning.*

Dabei steht die multimediale Narration als Mittel der Wissensrepräsentation ausdrücklich im Mittelpunkt. Viele Lernforscher sind analog dazu inzwischen der Auffassung, dass fast alles Lernen über Erzählungen funktioniert,[66] da Menschen gewohnt sind, in solchen ihre Umwelt und ihr Selbstbild zu konstruieren.[67] Das Deuten der Welt über Kausalität und Teleologien scheint ein Grundbedürfnis der menschlichen Weltinterpretation zu sein. Klang linearisiert und vektorisiert, wie wir wissen, Erfahrung, bringt überhaupt erst Zeitlichkeit in filmische Erzählung hinein, wie Chion schreibt. Insofern ist Audio also ein wichtiges, vielleicht *das* bedeutende Werkzeug bei der Erzeugung narrativer Wissensstrukturen und damit gesamtgesellschaftlicher Wissensteilhabe über Medien.

Resultierender methodischer Ansatz für empirische Forschungsarbeit

In der methodischen Praxis bedeuten diese Überlegungen, determinierende Faktoren bei der multimedialen Kohärenzbildung an typischen Szenarien im Experiment und gleichzeitig zur Erhöhung der externen Validität natürlich auch in Feldstudien und zwar auf allen drei im Modell dargestellten Ebenen zu untersuchen (Abb. 3). Das besagt methodisch, die Wirkungen impliziten Audioeinsatzes vor allem mit Hilfe der qualitativen Inhaltsanalyse und Rezipientenaussagen nach dem Free-Recall-Paradigma zu erfassen. Die Untersuchungen von Claudia Bullerjahn im Hinblick auf die Wirkung von Filmmusik scheinen hier wegweisend.[68]

Im Zentrum stehen des Weiteren bei einem solchen Ansatz, neben der quantitativen und qualitativen Untersuchung und Manipulation des Lehrmaterials in Bezug auf das multimodale Zusammenspiel zwischen Audio und Vision, besonders Fragestellungen nach dem Einfluss von Lernerdispositionen, wie kognitivem Stil, dem räumlichen Vorstellungsvermögen, musikalischer Vorbildung und Mediennutzungsfrequenz.

Auch die Untersuchung von unmittelbaren Perzeptionswirkungen anhand ereigniskorrelierter Potentiale[69] an ausgewählten, typischen Szenarien kann hier sicherlich einen entscheidenden Beitrag für das Verständnis der Prozesse auf der ersten System-Ebene darstellen. Einen zusätzlich wichtigen Stellenwert in Bezug auf den Einfluss von ästhetischen Qualitäten und Unterhaltungsqualitäten im Zusammenspiel mit multimedialem Lernen sollten dabei auch weiterhin Un-

---

66 Vgl. hierzu z. B. Gary A. Berg: „Cognitive development through narrative: Computer interface design for educational purposes". In: *Journal of Educational Multimedia and Hypermedia* (2000), Nr. 9 (1), S. 3–17.

67 Kay Young/Jeffrey L. Saver: „The Neurology of Narrative". In: *SubStance* (2001), Nr. 94/95, S. 72–84.

68 Claudia Bullerjahn: „Film music and cinematic narration: a report on an empirical investigation into the effects of film music". *3rd International Conference for Music Perception and Cognition*, Lüttich 1994.

69 EEG-Messungen lokaler Spannungsveränderungen an der Schädeloberfläche, bezogen auf den Zeitpunkt der Reizdarbietung.

tersuchungen der Nutzer-Akzeptanz, aber auch der Stabilität und Konsolidierung von Wissensformationen anhand unterschiedlicher Messzeitpunkte und wiederholter Messungen einnehmen. Dies gilt ebenfalls im Rahmen von daran unmittelbar anschließenden quantitativen Feldstudien, wie die CRIMP-Gruppe sie bereits in Bezug auf den Nutzen dreidimensionaler Animationen an Schulklassen durchgeführt hat,[70] welche dann anhand anwendungsbezogener Szenarien den Nutzen der im Experiment ermittelten heuristischen Prinzipien zahlenmäßig und im realen Anwendungsfall belegen können.

Fazit: Multimediale Erzählung als multimodales Gestaltproblem

Soweit zu dem von unserer Arbeitsgruppe vertretenen Forschungsrahmenmodell zur Analyse von Audioeinsatz im Kontext multimedialer instruktiver Narrationen. Es liegt auf der Hand, dass auf ganz ähnliche Art Audio auch im nicht-pädagogischen, unterhaltenden oder künstlerischen Kontext z. B. im Medium Film betrachtet werden kann, wie ja auch die Ähnlichkeit des Ansatzes zu den Theorien von Chion nahe legt. In einem solchen Zusammenhang wäre es sicherlich auch hochinteressant, ähnlich wie bei CRIMP, experimentelle Manipulationen an der auditiven Oberflächenstruktur der filmischen Narration vorzunehmen, wie schon in einigen Experimenten zur Filmmusikwirkung geschehen.[71]

Lydia Plowman hat bereits daraufhin gewiesen, dass die aktuell beobachtbaren medienpädagogischen Diskurse über die Ausdrucksfähigkeiten von Multimedia Debatten in der historischen Phase des frühen Films stark ähneln.[72] Es gibt aber noch weitere Berührungspunkte zur Filmwissenschaft: Im Grundansatz entspricht die hier geforderte Herangehensweise sehr stark der bereits von einigen Autoren[73] eingeforderten Fusion kognitiver Lernmodelle mit kognitiven Ansätzen zur narrativen Filmanalyse (z. B. Bordwell/Branigan/Carroll/Ohler), versucht allerdings dabei, diese intensiv in Bezug auf nicht-repräsentationale Narrationselemente, speziell Audio, auszubauen.[74] Gleichzeitig werden im Gegensatz zur Analyse populärkultureller oder künstlerischer Filme in unserem Modell ‚Verständlichkeit' und ‚Kohärenz' als funktionale Primärziele definiert. In der Umkehrung kann dieser Ansatz deshalb natürlich auch

---

70 Thomas Huk/Christian Floto: „Criteria of Evaluation of Audiovisuals in Multimedia Production (CRIMP)". *EDEN Second Research Workshop*, Hildesheim 2002.

71 Vgl. z. B. Bullerjahn: *Grundlagen der Wirkung von Filmmusik*.

72 Lydia Plowman: „The ‚primitive mode of representation' and the evolution of interactive multimedia". In: *Journal of Educational Multimedia and Hypermedia* (1994), Nr. 3 (3/4), S. 275–293.

73 Vgl. z. B. Ben-Shaul: „Split attention problems in interactive moving audiovisual texts".

74 Vgl. bezüglich der Aktualität dieses Ansatzes: Iris van Rooij/Raoul M. Bongers/W. Pim F. G. Haselager: „A non-representational approach to imagined action". In: *Cognitive Science* (2002), Nr. 26, S. 345–375.

dazu dienen, innerhalb künstlerischer Produktionen Ambiguisierungs- oder ,Verschlüsselungsstrategien' bzw. das Erzeugen von intrinsischer Motivation, Unterhaltung und Suspense zu beschreiben.

Im Kern wendet sich das Modell damit, wie schon bei einigen anderen Autoren innerhalb der multimedialen Instruktionstheorie geschehen,[75] vom logozentrischen, strukturalistischen Ansatz der propositionalen Repräsentation als adäquater Beschreibung mentaler Modelle bei der multimedialen Bedeutungserzeugung ab, der Narration als Prinzip der Wissensvermittlung zu und nimmt damit eine funktionalistische Perspektive in der Evaluation medialer Lernprodukte ein. Multimediale Narration als spezifisch ästhetisch-didaktische Ausdrucksform und die Design-Techniken, welche zu ihrem adäquaten Verständnis durch den Rezipienten beitragen, stehen dabei im Mittelpunkt der Analyse.

Damit folgt unser Ansatz nicht nur Forderungen nach tatsächlich konstruktivistischen Lernmodellen, sondern lehnt sich auch argumentativ an die Prager Schule des linguistischen Funktionalismus an: Diese geht, wie schon Aristoteles in seiner *Poetik* (s.o.), von der *Funktion* der Äußerung aus, um ihre *Form* zu beschreiben. Ganz analog spekuliert das Modell nicht wahllos, wie bisherige Multimedia-Theorieansätze, über quantitativ beschränkte Gehirnfunktionen als Ursache für den Misserfolg didaktischer Interventionen, sondern betrachtet diejenigen lokalen auditiven Gestaltungsmittel als situationsadäquat und individuell angemessen, die mit Hilfe ihrer semantischen Bedeutung *und* ihrer Form beim richtigen Verständnis der Gesamtnarration im Sinne der intendierten globalen Funktion des medialen Textes nachweisbar helfen; das Modell hat also vom Ansatz her auch eine Verwandtschaft mit der Gestalttheorie. Die Analyse der Effekte des frühen perzeptuellen crossmodalen Zusammenspiels von Audio und Vision im interaktiven Zusammenspiel – und eben nicht getrennt auf zwei Ebenen – kann hierbei eine wertvolle Bereicherung bieten, zeigt sie doch basale konstruktivistische Prinzipien erfolgreicher filmischer und multimedialer Narrationen auf.

---

75 Vgl. Berg: „Cognitive development through narrative: Computer interface design for educational purposes".

Joan Kristin Bleicher

Zur Rolle von Musik, Ton und Sound im Internet

In der bisherigen wissenschaftlichen Beschäftigung mit dem Internet dominiert neben Untersuchungen zur historischen Entwicklung, zum Angebotsspektrum und zu Veränderungen der technischen Funktionsweisen vor allem die kritische Auseinandersetzung mit Fragen nach der Wirkung des Mediums auf die Gesellschaft und die einzelnen Nutzer(innen). Die eher angebotsorientierte medienwissenschaftliche Forschung stieß bei der Beschäftigung mit dem Internet auf neue Herausforderungen, denn es galt, tragfähige Kategoriensysteme für den komplexen Gegenstandsbereich zu finden. Ergebnisse der bisherigen Forschung zeigen, dass die komplexe technische Vernetzung des Internets ihre strukturelle Entsprechung in der Vernetzung unterschiedlicher Angebotsformen, Dienste und Kommunikationsformen findet. Die Komplexität dieser Angebotsstruktur erhöht sich zusätzlich durch die Möglichkeit, das World Wide Web sowohl als Plattform für bisherige Medienangebote als auch als Anbieter von Formen der Individualkommunikation und netzspezifischer Angebote zu nutzen.

Die medienästhetische Forschung legte ihre Schwerpunkte bislang vor allem auf spezifische Angebotsformen des World Wide Webs und visuelle Charakteristika des Netzdesigns, vernachlässigte dabei aber die Soundforschung.[1] Dabei beeinflusst die durch technische Innovationen und Software-Entwicklungen immer weiter steigende Ausdifferenzierung verschiedener Angebots- und Kommunikationsformen neben der visuellen Präsentation auch die Ebene der Soundgestaltung. Für beide Bereiche stellt sich die Frage, inwieweit das WWW eine eigene spezifische Medienästhetik ausbildet oder auf welche Weise es bestehende Medienästhetiken seinen Erfordernissen anpasst. Entsprechend kann für die Soundforschung eine spezielle Fragestellung lauten: Gibt es einen spezifischen Netzsound oder fungiert das WWW als Archiv und neue Verbreitungsform bisheriger akustischer Signale der Medien und der Kommunikation?

Dieser Beitrag untersucht die Bedeutung akustischer Darstellungsmittel im WWW. Er gibt einen kurzen Einblick in die historische Entwicklung des Sounds im Internet und die Bedeutung des Sounds in unterschiedlichen Teilbe-

---

1 ‚Sound‘ wird in diesem Beitrag definiert als Gesamtheit von Stimmen, Tönen und Geräuschen.

reichen des WWW. Ein Schwerpunkt liegt neben Ausführungen zur Bedeutung der Musik im Internet auch auf verschiedenen Projekten der Netzkunst. Im Bereich der Netzkunst werden medienspezifische Formen der Soundgestaltung entwickelt und erprobt, aber auch dekonstruiert. Angesichts der Schnelligkeit aktueller Veränderungen und der immer weiter wachsenden Angebotskomplexität hat sich dieser im November 2004 abgeschlossene Beitrag sicherlich bereits bei Erscheinen des vorliegenden Sammelbandes zu einem historischen Dokument aus der andauernden Entwicklungsgeschichte des Internets verwandelt.

Die Ausdifferenzierung der Rolle des Sounds in der bisherigen Medienentwicklung

In der wissenschaftlichen Forschung zur Medienästhetik fungiert ‚Sound' als Oberbegriff für verschiedene akustische Informationsträger wie Sprache, Musik, Ton mit unterschiedlichen Funktionen in der Gestaltung. So beschrieb der Radiotheoretiker Rudolf Arnheim bereits in den dreißiger Jahren, wie der Sound etwa bei Hörspielen als akustisches Hilfsmittel der Orientierung im Raum fungiert. Sound erweist sich als ein zentraler Faktor des sinnlichen Gesamteindrucks der Rundfunkvermittlung: Er ist Träger von Inhalten, zentraler Faktor der Emotionalisierung ebenso wie ein selbstreferentielles Signal für den Wechsel von Beiträgen innerhalb des Programmflusses.

Internetangebote können akustische Signale, die sich bereits in anderen Medien etabliert haben, für unterschiedliche Vermittlungs- und Gestaltungsformen nutzen. Beispielsweise fungieren bereits aus dem Hörfunk bekannte Jingles und Soundelemente als Aufmerksamkeitssignale im Bereich der Bannerwerbung. Der Telekom-Jingle kommt mittlerweile schon ohne die entsprechende visuelle Bannerwerbung aus und begleitet 2004 den Seitenwechsel etwa bei der Online-Lektüre des *Hamburger Abendblattes*. Der Transfer etablierter Aufmerksamkeitssignale in das WWW erleichtert durch die Bekanntheit der Tonkombinationen die Orientierung der Nutzer(innen). Diese Integration von Soundelementen geht einher mit der Integration von anderen Medienangeboten wie dem Internetradio oder der aus anderen Medien bekannten Jingles von Werbespots.

Die Soundgestaltung von Webseiten orientiert sich an etablierten Medienästhetiken und ihren Funktionen. So entspricht der beim Webseitenwechsel eingespielte Ton seiner Funktion als ein wichtiges Element der Programmorganisation von Radio und Fernsehen. Innerhalb ihrer Programmabläufe markieren Soundelemente den Beginn von Sendungsangeboten und beziehen sich u. a. durch das Einspielen von Vorspannmelodien auf bestehende Mediennutzungsrituale. Dieses Strukturprinzip findet sein Äquivalent in den Sendungen, aber auch innerhalb der Webseiten. Jingles bilden Segmente der Binnenstrukturierung nicht nur des Programmflusses, sondern auch innerhalb von Kurzbeiträgen oder Handlungssequenzen.

In der bisherigen Mediengeschichte etablierten sich verschiedene Formen des Sounds als Informations-, aber auch als Unterhaltungs- und Werbeträger: Sound informiert, untermalt, illustriert und kommentiert. Gesprochene Sprache ist ein zentraler Faktor medialer Weltvermittlung und -konstruktion, etwa in den Hörfunk- und Fernsehnachrichten, musikalischer Sound hingegen ist ein zentraler Faktor der Erlebnisvermittlung und des Stimmungsmanagements der Rezipienten. Die Werbung verknüpft akustische Aufmerksamkeitssignale mit dem Erlebniswert und dem Design des präsentierten Produktes. Unterschiedliche mediale Angebote wie Fernseh- oder Onlinefilme binden Sound ihren Genrekonventionen entsprechend in ihre Dramaturgie ein: Er ist Teil der Konstruktion von Stimmungen, ein zentraler Faktor der Spannungssteuerung.

Über die Verwendung innerhalb einzelner Genres hinausgehend ist der Sound auch ein zentrales Element für die Selbstthematisierung der Medien. Die Selbstthematisierung ist nicht nur ein Element der Eigenwerbung des Mediums, sie dient auch der Steuerung des Rezipientenverhaltens. Im Rahmen des Computerdesigns fungieren akustische Signale als Warnungen bei technischen Fehlern ebenso wie als akustische Begleitkulisse für laufende Tätigkeiten. Auch im Unterhaltungsbereich, zum Beispiel bei Computerspielen, illustriert und begleitet der Sound Spielabläufe und vermittelt die für den Spielablauf erforderlichen Informationen und emotionalen Erlebnisangebote.

Da alle diese bisherigen Einsatzgebiete des Sounds auch in das WWW integriert sind, wird der medienspezifische Klang des Internets nur schwer fassbar. Vergleichbar der Komplexität der Angebotsfläche des Internets scheint die Spezifik der Soundgestaltung in der Kombination verschiedener medialer Anwendungsformen zu bestehen.

Die Entwicklung des Sounds im Internet

Im WWW zeigen sich im Umgang mit dem Sound verschiedene Verfahren der Integration bestehender Soundelemente und der innovativen Soundgestaltung. Im frühen Entwicklungsstadium vermittelte das Internet unterschiedliche Formen der Text- und Bild-Ausrichtung. Trotz dieser vielfältigen multimedialen Versprechen blieb das Internet ein vergleichsweise stummes Medium. Der unendliche Raum des Cyberspace war zunächst ein Raum der Stille, der auf diese Weise – wir erinnern uns an die Wahrnehmung von Büchners Lenz – natürlich noch unendlicher erschien. Es erscheint aus der Perspektive des Rückblicks, als ob mit der noch fehlenden Räumlichkeit der Webgestaltung auch die Stummheit des Webdesigns einherging, da dem Sound die Anbindung an die visuelle Vermittlungsebene fehlte. Bis heute sieht Sean Cubitt das Verhältnis von Bild und Ton als Kernproblem des Netzsounds an.

Sound was always placed because it was always physical. It burbled up from the wet viscera of the body, the tumbling of water, the impact of bronze on wood, to fill the space of the ear, the valley, the battlefield. This material of sound articulated the body to the world in their communion, their shared existence. Recorded Sounds, however, doubles the sound of place with an art of dissemination. This is the source of that sense we sometimes get of music as insubstantial, not because it cannot be preserved, but because it is not anchored in things, in the way any representational forms are.[2]

Auch das Dispositiv des Bildschirmempfangs am Rechner stand der Vorherrschaft akustischer Vermittlungsformen entgegen. Nur langsam bildeten sich in der bisherigen Entwicklung des Internets die unterschiedlichen ästhetischen Formen der Webvermittlung heraus. 1993 experimentierte der Student Kevin Hughes mit der Online-Version einer virtuellen Museumstour. Dabei nahm er den Kommentar eines Ausstellungskurators auf Tonband auf und transferierte diese Aufnahmen gemeinsam mit den jeweiligen Bildern der Ausstellungsstücke ins Internet.[3]

Schrittweise übernahm der Sound im Internet seine Rolle als paratextuelles Gestaltungselement der Netzästhetik.[4] Noch in den neunziger Jahren begrüßten zunächst recht eigenwillige Klangformen die Nutzer(innen) bei ihrem Eintritt in den Cyberspace. Das Modem mit seinem faxähnlichen Kreischen signalisierte den besonderen Moment, ein Portal in den virtuellen Raum zu durchschreiten und nun an einer medialen Kommunikation teilhaben zu können. In späteren Phasen der Entwicklung fungierten Jingles oder Musikstücke als Begrüßung der Portale und Webseiten. Sound war Teil der Push-Kommunikation und wurde als Designelement dem Nutzer angeboten. Bedingt durch technische Begrenzungen war ein interaktiver Umgang mit Soundelementen jedoch lange Zeit nicht möglich. Auf Musikseiten, beispielsweise der Webpage von Madonna, konnten Nutzer(innen) sich aber immerhin auf der Basis bestehender Musikelemente eigene Titel und Clips zusammenstellen.

Die Einführung der RealAudio-Technik 1995 ermöglicht die Live-Übertragung von Medienangeboten wie etwa Radiosendungen. Damit erweitern sich die Nutzungsformen des Internets. Radio steht als Hintergrundmedi-

2   Sean Cubitt: *Digital aesthetics*. London 1998 (= Theory, culture & society). S. 102.
3   James Gillies/Robert Cailliau: *Die Wiege des Web. Die spannende Geschichte des WWW*. Heidelberg 2002. S. 283.
4   Gérard Genette untersuchte im Bereich der Literatur mit dem Begriff ‚Paratexte‘ verschiedene Elemente innerhalb von Büchern, die der Steuerung des Nutzerverhaltens dienen.

um für sonstige Netzaktivitäten zur Verfügung. Als erstes Online-Radio nahm noch im gleichen Jahr Radio HK seinen 24-stündigen Programmbetrieb auf.

Symbiosen von Mediensounds im Netz

In seinem aktuellen Entwicklungsstand schafft das Netz neue Formen von Mediensymbiosen. Pit Schultz und Geert Lovink beschreiben die Bedeutung dieser vielfältigen Soundfusionen im Netz:

> Die Datenstroeme von Fernsehen, Film, Video und DatenNetzen werden gemischt mit Platten, Funktelefonverkehr, Hoerspielen, alten Zeitungsberichten, Studiogaesten, Poetry und Drummachines. Multimedia, Vernetzung und interaktives Fernsehen finden ausserhalb der Apparate statt und bringen Bastardmedien hervor. Der einmalige, fluechtige und anonyme Live-mix im brummenden Medienverbund, nicht die zielgruppenzentrierte verkaufsorientierte Informationsware ist das Produkt von Netz-Radio-Club-TV. Alle Kanaele *koennen* mit allen Kanaelen verschaltet werden.[5]

Online abrufbare gesprochene Kommentare oder von Sprechern gelesene Artikel von Printausgaben führen die in der bisherigen Medienentwicklung getrennten Vermittlungsformen von Hörfunk und Printjournalismus wieder zusammen. Beispielsweise bietet die Wochenzeitung *Die Zeit* im Internet Lesungen ausgewählter Artikel und Kommentare an. Der Inhalt eines Mediums geht in die Präsentationsform eines anderen Mediums über und wird vom Verbreitungsmedium Internet zum Abruf bereitgestellt.

Das Internet steht auf unterschiedliche Weise in Wechselwirkung mit bisherigen Formen des Mediensounds. Die allgemeine Archivfunktion des Internets umfasst auch die bisher den Archiven der Rundfunkanstalten und Musikproduzenten vorbehaltene Speicherung von Soundelementen. Verschiedene Webseiten bieten unterschiedliche Sammlungen von Naturlauten oder Stadtgeräuschen an. Diese Soundarchive werden auch im Bereich der Radio-, Fernseh- und Filmpostproduktion eingesetzt. Das Internet wird zum Soundlieferanten der klassischen Medien.

Durch Cross-Media-Verweise des Sounddesigns passen sich Nutzungsrituale des Internets beispielsweise den Nutzungsritualen des Fernsehens an. Die Besucher der Webseite von *Ich bin ein Star, holt mich hier raus* (RTL) wurden

---

5 Pit Schultz/Geert Lovink: ‚*The future sound of cyberspace'. Techno als Medium*. O. J. URL: http://kriegste.vh.guad.de/theorie/techno.htm (Zugriff am 6.11.2004). Schreibweise und Hervorhebung im Orignal.

2004 mit der gleichen Titelmelodie begrüßt wie die Fernsehzuschauer. Auf diese Weise überträgt das Netzangebot die bereits erzielte Aufmerksamkeit für ein Medienprodukt des Fernsehens auf seine eigenen Angebote.

Nicht immer stieß der Transfer bisheriger Kommunikationsangebote in das Netz auf Gegenliebe bei den etablierten Institutionen. So versuchten Telefonunternehmen 1996, das Verbot von Online-Telefondiensten zu erreichen.

Vom Verlust der Stimme: Gesprochene Schrift in Chats

Der weitgehende Verlust der Stimme in verschiedenen schriftbasierten Kommunikationsformen im Internet trug zunächst zum ästhetischen Gesamteindruck der Stummheit bei. Die sprachliche Kommunikation im Netz war durch ihre Verwendung von Schrift in den neunziger Jahren visuell orientiert. Im Internet bot sich „die Möglichkeit, mit schriftlicher Kommunikation Formen und Funktionen mündlicher Kommunikation (wie klönen, klatschen, plauschen, flirten u. a.) zu ermöglichen, die bislang ohne Face-to-face-setting oder Telefonkontakt nicht denkbar erschienen."[6]

Die Abwesenheit von Sound führte zur Abwesenheit des akustisch vernehmbaren Gesprächs und bildete die Grundlage der Entwicklung unterschiedlicher Formen der bereits genannten „schriftlichen Mündlichkeit" also der schriftsprachlichen Kommunikation etwa in den E-Mails. Aus Sicht des amerikanischen Autors Tom Wolfe ist das neue Medium Internet deshalb vor allem eine Kombination der beiden Medien PC und Telefon.[7]

Die weltweiten Gespräche der unterschiedlichen Chats funktionieren auf schriftsprachlicher Basis und lösen so die klassische Trennung zwischen Schrift und Sprache auf. Gleichzeitig erweitert sich die direkte Kommunikation zwischen zwei Gesprächspartnern zu unterschiedlichen Kommunikationsformen, in denen Einzelne sich an Gruppen richten.

Die Mehrfachadressierung der Talkshows, deren Gäste gleichermaßen ihre Gesprächspartner und das Publikum im Studio, aber auch die Zuschauer zu Hause adressieren, lässt sich auf die wechselnden Teilnehmer der Chat-Gruppen übertragen. Sie richten sich an ihre Gesprächspartner ebenso wie an die reinen Leser der Chats, die sich selbst nicht an der schriftsprachlichen Kommunikation beteiligen. Auch thematisch schlossen sich viele Chats an die mediale Traditionslinie des Austauschs über zwischenmenschliche Beziehungen und abweichendes Sozialverhalten der Daily Talkshows an, doch die Umsetzung der Kommunikationsaktiven in identifizierbare Stimmen blieb im Internet bislang aus.

---

6   Caja Thimm (Hg.): *Soziales im Netz. Sprache, Beziehungen und Kommunikationskulturen im Internet*. Opladen 2000. S. 10.
7   Tom Wolfe: *Hooking up*. New York 2000. S. 69.

Stattdessen tritt die gesprochene Sprache ab 2000 im Bereich der Vermittlung aktueller Information in Erscheinung. Die Fotos im *Photographer's Journal* der *New York Times* werden von akustischen Kommentaren begleitet, die der Nutzer nicht eigens aufrufen muss, jedoch jederzeit abschalten kann.[8] Auf diese Weise verknüpfen sich verschiedene Medienästhetiken: Die Fotoreportage geht eine Symbiose mit dem Rundfunkkommentar ein. Es gibt weitere Verknüpfungen von Text und Videoeinspielungen, die von den Nutzerinnen abgerufen werden können. Mit diesen Entwicklungen verstärkt sich der multimediale Charakter des Netzes, der Sound als Basiselement neben Schrift und Bild verwendet.

Musik im WWW zwischen Kunst, Marktfaktor und Anarchie

Die zunehmende Immaterialisierung von Musik in der Digitalisierungstechnik[9] bildete den Ausgangspunkt für die Entwicklung neuer Verbreitungs- und Nutzungsformen von Musik im Internet, beispielsweise durch die Möglichkeit des Tauschens und Herunterladens von Musiktiteln.

> Für den Künstler bedeutet das einen potenziellen Freiraum, da er weniger auf die Kanäle der Musikindustrie angewiesen ist. Der Rezipient dagegen kann sich Musik aus dem Internet downloaden, wann und wo er will. Durch die zahlreichen Eingriffsmöglichkeiten, die sich hierdurch ergeben, wird das Werk zum Material. Die Musik verliert den fixierten Charakter der Aufnahme und verwandelt sich in die Verfügungsmasse des Rezipienten.[10]

Diese neuen Formen der Verbreitung und Nutzung verändern bisherige Formen der Vermarktung von Musik durch Unternehmen. Mit der Vernetzung unterschiedlicher Rechner und den so möglich gewordenen Verbreitungsformen begannen sich traditionelle Wege der Musikverbreitung durch ökonomische Vermarktung aufzulösen. Viele Nutzer wurden nicht nur zu den bereits von Hans Magnus Enzensberger gelobten Anbietern eigener Inhalte, sondern zu Produzenten und Anbietern ihrer selbst favorisierten Musiktitel. Felix Denk konstatiert als wesentliche Folge der Digitalisierung, „dass die Felder der Produktion, Rezeption und Distribution von Musik zu noch dichterer Vernetzung und Konvergenz zusammentreten."[11]

---

8 Melanie Wieland/Matthias Spielkamp: *Schreiben fürs Web. Konzeption – Text – Nutzung.* Konstanz 2003 (= Praktischer Journalismus. Bd. 52). S. 203.

9 Vgl. hierzu: Felix Denk: „Digitalisierung und elektronische Musik". In: Sascha Spoun/Werner Wunderlich (Hg.): *Medienkultur im digitalen Wandel. Prozesse, Potenziale, Perspektiven.* Bern 2002 (= Facetten der Medienkultur. Bd.2). S. 249–266.

10 Ebd. S. 260.

In der Musikvermittlung des WWW treffen die ursprünglich kontrastiven Utopiebereiche der Anarchie und der optimalen Verwertungsmöglichkeiten aufeinander. Das WWW hat sich als Forum des globalisierten Musiktausches etabliert. Ein Konzept der Musikpiraterie besteht darin, etablierte Marktbereiche der Popindustrie durch kostenlose Nutzung zu ersetzen. Der Versuch der Umgehung tradierter ökonomischer Nutzung erfolgte zunächst durch die File-Sharing-Plattformen *Napster* und *Gnutella*. Bei dem Anbieter *KaZaA* funktioniert der Datenaustausch serverunabhängig zwischen den einzelnen Nutzern.

Mit entsprechenden Kompressionsverfahren ist es inzwischen möglich, Kinofilme zum Tausch anzubieten – so sehen sich auch andere Bereiche der Unterhaltungskultur mit dem Problem des individuellen Tauschs von Medienprodukten konfrontiert.

Einbindung des Sounds in die Entwicklung der Stream-Technik

Mit der technischen Weiterentwicklung und der Ausdifferenzierung der Angebote wuchsen auch die akustischen Darstellungs- und Vermittlungsmöglichkeiten. Das Internet fungiert nicht nur als Plattform akustischer oder visueller Medien, sondern es ist gleichzeitig Medium mit eigenständigen Inhalten, ein Forum für diverse Kommunikationsformen und -möglichkeiten.

Mit der durch die Stream-Verfahren möglichen zunehmenden Animation der Bilder im WWW wuchs auch die Bedeutung der akustischen Illustrierung, Kommentierung und Narration. Online-Spiele werden durch Sounddesign in ihrer Erlebnisdimension, aber auch in ihrer narrativen Bedeutung unterstützt. Auf Spielplattformen versucht die musikalische Untermalung, die Verweildauer der Nutzer zu steigern.

Gleichzeitig kommt es zum Cross-Media-Transfer von Medienprodukten, der das Internet zur Plattform der bislang getrennt vermittelten Angebote verschiedener Massenmedien werden lässt. Kinofilme sind mittlerweile im Web ebenso zu sehen wie Werbespots. Für das Web produzierte Animationsfilme werden auch auf eigenen Festivals präsentiert. Die etablierten Medien wiederum reagieren mit einer zunehmenden Integration von Netzangeboten. So präsentiert die Showreihe *Quatsch Comedy Club* (Pro Sieben) Soundfiles des WWW.

Der digitale Sound greift das traditionelle Flusskonzept des Fernsehens auf und entwickelt es zu einem Simultaneitätsmodell weiter. Cubitt verweist darauf, dass die Digitalisierungstechnik im Zusammenspiel mit der individuellen Cursornutzung die Linearität bisheriger Soundflüsse aufhebe.

---

11 Ebd. S. 250.

As John Potts (1995) writes, digital sound recording alters the metaphorical capacities of sound. On the one hand, digital sampling running at around 44,000 samples per second , seizes a tiny fragment of sound to place in memory, on the other, the sampling rate is higher than the cycles of human hearing, so that we perceive them as flow. The graphical interface of most sound editors provides a synchronous score, like an orchestral score, in which the cursor can act as a plastic, roving present, unconfined to linearity.[12]

Der Cursor ist zentrales Steuerungsinstrument im virtuellen Klangraum.

Das Netz als Soundarchiv

Die vielbeschworene Archivfunktion des Internets ist auch ein zentraler Faktor für die akustische Vermittlungsebene des Mediums. Verschiedenste Geräusche (Tierstimmen, Alltagsgeräusche) oder Atmo-Aufnahmen (Blätterrauschen, Straßenverkehr) sind auf unterschiedlichen Webseiten archiviert. Das Internet wird zum Speicher akustischer Wahrnehmungen, die sich in vielfältige Gestaltungsmöglichkeiten einbinden lassen.

Mittlerweile gibt es auch Sound-Archive unterschiedlicher, ursprünglich audiovisueller Medienangebote. So lassen sich Harald Schmidts beste Gags am nächsten Tag auf seiner Webseite noch einmal hören. Die Wiederholungsstruktur der Vermittlung setzt sich in der visuellen Präsentation fort. Auf der Oberfläche erscheint die Nutzungssymbolik eines Kassettendecks, dessen Bedienung nun allerdings virtuell per Mausklick erfolgt. Die Rahmenbildung unterschiedlicher medialer Angebote macht innerhalb einer Webseite die Integration des Fernsehens als Kassettenrecorder oder Bildschirm deutlich, unterschiedliche Medienangebote werden ineinander verschachtelt. Den Nutzern stehen Archive verschiedener Medien gleichzeitig zur Verfügung – das Archiv wird multimedial.

Netzkunst als Kreativpool der ästhetischen Soundgestaltung

Medienkunst übernimmt traditionell eine Katalysatorfunktion in der Entwicklung der medialen Formsprache. Experimente mit den Möglichkeiten der akustischen Vermittlung des WWW sind Teil der Netzkunst. Künstler wie Mark Henson und Ben Rubin heben die bisherigen Begrenzungen der Netzkommunikation auf, indem sie etwa Chats oder E-Mails in ihren Werken akustisch hörbar machen.

12 Sean Cubitt: *Digital aesthetics*. S. 103.

Es gibt unterschiedliche Versuche, bisherige Formen der Radiokunst mit der Netzkunst in Beziehung zu setzen. Eine Plattform für diese Experimente stellt der ORF bereit und formuliert gleichzeitig eine Poetik der Audiokunst, die eng mit medientheoretischen Reflexionen verknüpft ist. Aus Sicht der Programmverantwortlichen ist der theoretische Ausgangspunkt vieler Projekte das von Marshall McLuhan bereits in den sechziger Jahren beschriebene Phänomen der Integration alter in die jeweils neuen Medien. Erst nach dieser Phase werde das eigentliche Wesen der neuen Technologie erkannt und genutzt. In ihrem ORF-Projekt *Netz/Sprache – Internet-Klänge und Theorie* verkehrten die beiden Künstler Curd Duca und Armin Medosch McLuhans Beobachtung in ihr Gegenteil, die beiden Audiokünstler rekonstruieren das neue Medium im alten.

> Stellen Sie sich also einfach vor, sie werfen Ihren Computer an, loggen sich ins Internet ein und plötzlich beginnt es aus den billigen Aktivboxen unvermittelt zu klingen: document, mailinglist, network, system, dis-information, infowar – sich in Endlosschleifen verlierende Schlagwörter aus der Nettheory-Terminologie mischen sich in elektronisches Geklapper und Gesurre. Streckenweise klingt der Datenfluss deutlich und klar, beinahe so als befände sich die vermeintliche Informationsquelle direkt auf Ihrer lokalen Festplatte (oder in Ihrem Radiogerät ...), dann wieder wird die Wortkette von weißem Rauschen überlagert, das mal lauter, dann wieder leiser wird – beinahe meint man den Druck zu spüren, mit der [!] sich die Daten nun plötzlich eine offenbar völlig überlastete Leitung entlang quälen.[13]

In Anlehnung an bisherige Positionen der Medienkunst betrachten Duca und Medosch das Internet vor allem als Materialquelle: „Vom mittlerweile klassischen Modem-Rauschen über die Geräusche von Festplatten, Mausklicks, Tastaturklappern bis hin zu den System-Sounds von verschiedenen Hardware-Software-Plattformen [...] als klanglicher Ausgangsbasis.“[14] Ein weiterer Teil des Stücks präsentiert Interviews und Mitschnitte von Konferenzen, die verschiedene Aspekte aktueller Theorien des Internets thematisieren.

> Dabei wurden gezielt die sogenannten „Buzzwords“ herausgefiltert und aneinandergereiht und durch verschiedene Effektprozesse dekonstruiert. [...] Zwischen klarer Verständlichkeit und völlig

---

13 So die Selbstdarstellung der Künstler auf der Webseite des ORF-Kunstradios (Oktober 1999), URL: http://www.kunstradio.at/1999B/17_10_99.html (Zugriff am 6.11.2004).
14 Ebd.

unverständlichem Gebrabbel schwingt die Sprache in verschiedenen Zwischenreichen der Mehrdeutigkeit. Last not Least wurde die rohe Substanz des Internet hörbar gemacht. [...] Mittels des Macintosh-Text-to-Speech-Moduls wurden Textzitate verschiedener Email-Quellen vorgelesen.[15]

Die Künstler verknüpften darüber hinaus den Bereich der Radiokunst mit anderen Formen der Audiokunst:

Bei all dem war es unser Bemühen, auf die feine Grenzlinie zu achten, die zwischen experimenteller elektronisch-digitaler Musik und Radio Art besteht. Anders gesagt: Wir möchten uns ungern bei einem fehlgeleiteten Versuch ertappen lassen, „Musik" zu machen, zugleich aber sollte das Stück „hörbar" sein – Radio im Sinne eines akustischen Environments, das zwar immer da ist, aber nur manchmal in den Vordergrund rückt, das kurze narrative Elemente enthält ebenso wie längere Spannungsbögen der übergreifenden Programmstruktur. In diesem Sinn ist das Stück auch ein Modell: Mit etwas Vorbereitung kann Radio dieser Art jederzeit auch „live" produziert werden, Zweikanal-Stereo und potentiell endlos ...[16]

Am Anfang der in diesem Projekt zusammengeführten unterschiedlichen Entwicklungslinien von Netzkunst dominierten noch der Umgang mit bekannten Medienästhetiken und das Experiment mit der Archivfunktion des WWW. Bereits 1996 wurden Experimente mit dem Transfer etablierter Popmusik in die Netzakustik durchgeführt. *Anonymous Muttering* experimentiert mit dem „Prinzip des Konnektiven", indem das Projekt bestehende akustische Kunst für Netznutzer online verfügbar macht:

Die Musik von DJ-Ereignissen wurde übertragen, digitalisiert, von einem Computer in granulare Einheiten zerhackt und nach Wahrscheinlichkeitsparametern wieder zu einer ‚verfilzten' Klangfläche zusammengesetzt. In seiner Installation mit zwei Kreisen aus Stroboskoplichtern und einer Lautsprecherschleife konnte durch Verbiegen, Drehen und Falten einer Silikon-Membran der Datendurchfluss und damit der Klangfilz moduliert werden. Ein ähnliches, netzartiges JAVA-Interface befand sich auf dem [!] Website des Projektes, so dass auch Internetbenutzer in

15 Ebd.
16 Ebd.

Echtzeit an der Bearbeitung desselben Klangereignisses teilnehmen konnten.[17]

Mit diesem Live-Erleben des Nutzers schließt die Netzkunst wieder an klassische Aufführungspraktiken der etablierten Veranstaltungskultur sowohl der E-Musik als auch der DJ-Kultur an.

Das Duo *Berliner Theorie* (Sam Auinger und Rupert Huber) experimentiert mit den spezifischen Verbreitungswegen des Internets. Ausgangspunkt ihrer Arbeiten ist die Prognose, dass zwar aufgrund der Streaming-Technik eine Konvergenz unterschiedlicher Medienangebote zu erwarten sei, dass sich dennoch nichts an der bisherigen Nutzung der einzelnen Medien verändern werde. In der Dekonstruktion der Vermittlungsformen aktueller Medienangebote suchen sie die Grundlage für eine befreite Nutzung des Internets.

> Prognose eins: über kurz wird alles ein stream sein – kabel, da is fernsehen, internet, radio, telephon, fax, alles drin. Aber es wird sich bald wieder aufteilen in verschiedene Abspielgeräte, und über lang wird alles wieder so genutzt werden, wie es schon immer war. Wir wollen das Internet in dieser Weise sehen: wir entwickeln Netcasting, NetTV, ArchivDienste, etc. etc. Also eigentlich eine Plastik-Gulaschvariante unserer bisherigen Medienwelt. Wir trennen und trennen und trennen und letztendlich trennen wir uns von der Aufgabe, mit einem neuen Medium zu arbeiten und unbefangen damit umzugehen. Wir versuchen krampfhaft, unsere Geschichte und Tradition in ein stromgespeistes Plastikgerät mit Fernseher und schlechten Lautsprechern hineinzustopfen; auch wenn dies meistens durch Negation geschieht und daher in der allgemeinen Schnelle nicht so auffällt.[18]

Medienkunst versucht die künftige Medienentwicklung in der Gegenwart zu erproben und bildet so ein zentrales Innovationspotenzial für die Medienentwicklung.

---

17 Andreas Broeckmann: „Konnektive entwerfen! Minoritäre Medien und vernetzte Kunstpraxis." In: Stefan Münker/Alexander Roesler (Hg.): *Praxis Internet. Kulturtechniken der vernetzten Welt.* Frankfurt am Main 2002. S. 232–248, hier: S. 242.
18 Berliner Theorie: „Musik und Internet" (5.7.1997). URL: http://www.berlinertheorie.de/theorie.html (Zugriff am 6.11.2004).

Experimente im Bereich des Netzradios

Künstlerische Soundexperimente finden auch im Bereich der Neudefinitionen der medialen Vermittlung statt, die sich u. a. an Prognosen künftiger Medienkonvergenz orientiert. Dabei steht das Internet-Radio im Zentrum der akustischen Experimente, die wiederum vom ORF durchgeführt wurden.

> Als Antwort auf die gesellschaftlichen Herausforderungen der neuen Kulturtechniken entstehen Genreformen in der akustischen Kunst wie *Horizontal Radio*, die als Plattform für die kreative, kommunikative Erarbeitung von ästhetischen Kriterien im Medienverbund Internet und Radio dienen. *Horizontal Radio* ist dadurch bestimmt, dass „Sound in Radio und Internet große Aufmerksamkeit gewidmet werden (soll) – Sound nicht als Einzelmedium verstanden, sondern als ein (vermutlich bedeutender) Aspekt eines sich abzeichnenden Hypermediums. Durch die Netze, durch Konzepte wie Cyberspace, Infobahn und was sonst noch an gleichermaßen angreifbaren Metaphern durch Gazetten und Fachbücher schwirrt, beginnen wir das Telefon, das Radio, die Live-Übertragung, das TV, die Zeitung, den Anrufbeantworter usw. anders zu verstehen, zu betrachten, zu begreifen. Und entdecken, daß die bisher als eigenständig empfundenen Übertragungs-, Kommunikations-, Massen- und Distributionsmedien Radio, TV, Zeitung, Telefon als unterschiedliche Aspekte eines Megamediums betrachtet werden können, in dem der Computer zum ‚Primary Medium‘ wird, durch den alle anderen Aspekte interaktiv angesteuert werden können.[19]

Horizontal Radio versuchte, das Radio als Inhalt neuerer Medien zu nutzen. Die verschiedenen aus *Horizontal Radio* hervorgegangenen Projekte experimentieren aber auch mit ästhetischen Formen, die von den gewohnten Strukturen der Radiovermittlung abweichen, und mit den ihnen zugrunde liegenden Produktions-, Distributions- und Interaktionsmethoden. Mit diesen Experimenten steigerten sie eine zunächst rein ästhetische Kunstform in eine, ihre gesellschaftlichen Abhängigkeiten einbeziehende, Form der Kommunikationskunst.

Horizontal Radio selbst operierte innerhalb bestehender Sende- und Leitungsnetze des internationalen öffentlich-rechtlichen Rundfunks, unabhängi-

---

19 Matthias Drees: „Internet-Radio. Plattform für kulturpädagogische Experimente". In: *Medien praktisch* (1998), H. 1. S. 27–31, hier zitiert nach der Online-Fassung, URL: http://www.medienpraktisch.de/amedienp/mp1-98/1-98dree.htm (Zugriff am 6.11.2004).

ger Radios, des Telefons und des Internets. In Anlehnung an die spezifische Angebotsstruktur des WWW werden Formen der Massen- mit Formen der Individualkommunikation kombiniert. Auf diese Weise passt sich das alte Medium Radio den spezifischen Vermittlungskonventionen des neuen Mediums Internet an.

Experimente mit Formen des Netzradios verfolgten auch politische Zielsetzungen. Am 14.4.2004 erfolgten per Stream-Technik Live-Übertragungen von Bürgerdiskussionen aus dem Kriegsgebiet von Bagdad.[20] Auf diese Weise konnte die dortige Bevölkerung selbst die Berichterstattung über sich mitbestimmen.

Sound-Nutzung im WWW

Über diesen Umgang mit dem Radio hinaus integriert das WWW auch bestehende Nutzungsformen des Mediums. Der Kombination mehrerer Kommunikationsformen (neben der traditionellen One-to-Many- auch die neue Many-to-Many- und Few-to-Few-Kommunikation) entsprechen Online-Radios durch ihre Individualisierung bereits bestehender Ausdifferenzierungen der Formatradios nach Zielpublika. Selbst für die seltensten Musikrichtungen stehen irgendwo auf der Welt Online-Radioangebote zur Verfügung. Die individuelle Nutzung passt sich den bisherigen Nutzungsformen des Radios als Sekundärmedium an. Online-Radio wird zum Begleitmedium der Bildschirmarbeit und fungiert als Geräuschkulisse des Büro- und Haushaltsalltags.

Sound und Netzliteratur

Im Bereich der Netzliteratur finden sich vielfältige Verbindungen von Schrift und Sound. Autoren versuchen sich von der Dominanz der Schrift als Bedeutungsträger zu lösen, indem sie Schrift, grafische Elemente und Sound auf verschiedene Weise in die Texte einbinden. Jim Andrews experimenteller Text

> NIO ist eine Sammlung von Soundschleifen, die vom User beliebig zusammengestellt werden können. Die 16 Soundschleifen werden durch 16 im Kreis angeordnete Buchstaben bzw. Icons repräsentiert. Klickt man auf diese, aktiviert man den zugehörigen Sound, wobei zur Musik in der Mitte des Kreises eine Animation bzw. Komposition der beteiligten Icons zu sehen ist.[21]

---

20 URL: http://kriegste.vh.guad.de/theorie/wetradio.htm (Zugriff am 6.11.2004).
21 Roberto Simanowski: *Kampf/Tanz der Wörter. Jim Andrews' kinetisch-konkrete audio-visuelle Poesie*. URL: www.dichtung-digital.com/2002/01-10-Simanowski (Zugriff am 6.11.2004).

Aus diesen grundlegenden Gestaltungselementen Schrift, grafische Gestaltung und Ton/Musik entsteht erst in der Kombination mit der interaktiven Nutzung ein mediales Gesamtkunstwerk.

Fazit

Dieser Beitrag zeigte an exemplarischen Beispielen, auf welche Weise mit den bisherigen Entwicklungen von Produktions-, Gestaltungs-, Vermittlungs- und Empfangstechniken des Internets eine Ausdifferenzierung der ästhetischen Gestaltungsmittel einherging. Gleichzeitig war im Bereich der Vermittlung massenmedialer Inhalte sowohl eine deutliche Orientierung an bestehenden Darstellungsformen als auch an der klassischen Push-Kommunikation erkennbar.

Sound, so zeigen es die in diesem Beitrag vorgestellten Gestaltungsformen und -funktionen, steht im WWW im Spannungsfeld zwischen unterschiedlichen Interessen von Produzent(inn)en und Nutzer(inne)n. So sind beispielsweise Netzkünstler(innen) darum bemüht, eigenständige Klangkonstellationen herauszubilden, die sich konkreten Nutzungsinteressen entziehen und neue mediale Vermittlungsmöglichkeiten bieten.

Ich überlasse nun den Sound den unendlichen Klangräumen des Cyberspace und folge John Cage, der sagte: „one may give up the desire to control sound, clear his mind of music, and set about discovering means to let sound(s) be themselves, rather than vehicles for man-made theories or expressions of human sentiments."[22]

---

22 John Cage 1994, S. 8–9. Zit. n. Sean Cubitt: *Digital aesthetics.* S. 96.

Autorinnen und Autoren

Joan Kristin Bleicher, geb. 1960, Studium der Germanistik, Amerikanistik und Allgemeinen Literaturwissenschaft in Gießen, Bloomington/USA und Siegen. Dr. phil., Professur für Medienwissenschaft Universität Hamburg/ Hans-Bredow-Institut.

Publikationen: *Literatur und Religiosität,* 1993; *Chronik zur Programmgeschichte des Deutschen Fernsehens,* 1993; *Fernseh-Programme in Deutschland. Konzepte – Diskussionen – Kritik. Reader zur historischen Entwicklung der Programmdiskussion,* 1996; *Programmprofile kommerzieller Anbieter. Tendenzen der Fernsehentwicklung seit 1984,* 1997; (Mithrsg.) *Trailer, Teaser, Appetizer. Formen und Funktionen der Programmverbindungen im Fernsehen,* 1997; *Fernsehen als Mythos. Poetik eines narrativen Erkenntnissystems,* 1999; (Mithrsg.) *Aufmerksamkeit, Medien und Ökonomie,* 2002; (Mithrsg.) *Grenzgänger. Formen des New Journalism,* 2004. Div. Aufsätze zu Fernsehen und Internet.

Corinna Dästner studierte Germanistik, Medienkultur und Politische Wissenschaft an der Universität Hamburg und zwei Semester ,Film Studies' an der Indiana University Bloomington. Seit 2001 arbeitet sie als Junior Producerin bei der Josefine Filmproduktion. Ihr wissenschaftliches Interesse gilt der Musik in der Repräsentation von Gewalt im Film.

Christian Floto, Prof. Dr., geb. 1956, studierte und promovierte in Humanmedizin. Er war von 1992–2001 Leiter der Redaktion „Gesundheit und Natur" beim ZDF und hat seit 2001 den „Lehrstuhl für Medieneinsatz in der Wissenschaft" an der TU Braunschweig inne. Gleichzeitig ist er seit 2001 Direktor der IWF Wissen & Medien gGmbH, Göttingen (ehemals Institut für den Wissenschaftlichen Film). Seit Sommersemester 2004 ist er Studiendekan Medienwissenschaften an der TU Braunschweig, seit Oktober 2004 ist er Direktor des „Learning Lab Lower Saxony".

Barbara Flückiger, Dr. phil., Studium der Germanistik, Filmwissenschaft, Philosophie und Publizistik; 1980–1992 freischaffende Filmtonmeisterin, Konzeption der Tonspuren für mehr als 30 internationale Spielfilmproduktionen. Workshops, Lehraufträge und Vorträge zum Thema Sound Design; 1999 Promotion; 2000–2002 wissenschaftliche Mitarbeiterin im Forschungsprojekt „Digitales Kino" (Hochschule für Gestaltung und Kunst Zürich u. a.); 2002–2004 Oberassistentin am Institut für Medienwissenschaften der Universität Basel;

seit Oktober 2004: Forschungsprojekt „Visual Effects" zu technischen, ästhetischen und narrativen Aspekten von Computer generierten Bildern im filmischen Kontext. Buchpublikation: *Sound Design. Die virtuelle Klangwelt des Films*. Marburg: Schüren. 2001.

Joseph Garncarz, Dr. phil., geb. 1957, ist Privatdozent für Theater-, Film- und Fernsehwissenschaft an der Universität zu Köln und wissenschaftlicher Mitarbeiter am Sonderforschungsbereich / Kulturwissenschaftlichen Forschungskolleg „Medienumbrüche" der Universität Siegen. Er ist Autor des Buches *Filmfassungen* (1992) und hat zahlreiche Artikel zur deutschen Film- und Fernsehgeschichte in Fachzeitschriften bzw. Jahrbüchern wie *Film History, Cinema & Cie, Hitchcock Annual, KINtop, Rundfunk und Geschichte* sowie internationalen Sammelbänden veröffentlicht.

Daniel Gethmann, Dr. phil., arbeitet am Institut für Kunst- und Kulturwissenschaften der Technischen Universität Graz als Universitätsassistent. Arbeitsschwerpunkte: Auditive Kultur, Vor- und Frühgeschichte der Bewegtbildmedien, Bildwissenschaft. Letzte Veröffentlichung: *Politiken der Medien*. Hrsg. von Daniel Gethmann und Markus Stauff, Berlin/Zürich 2005: Diaphanes Verlag.

Karl-Heinz Göttert ist Professor für ältere deutsche Sprache und Literatur an der Universität Köln. In seinen Lehrveranstaltungen und Forschungen nimmt die Rhetorik (*Geschichte der Stimme*, München 1988) und die Kulturgeschichte (*Magie*, München 2001) eine wichtige Rolle ein. Daneben sind (zusammen mit Eckhart Isenberg) Bücher über die Orgel entstanden, darunter: *Orgelführer Deutschland* (Kassel u. a. 1998) und *Orgelführer Europa* (Kassel u. a. 2000). Der *Orgelführer Europa* enthält auch ein Kapitel über die Kinoorgel.

Rolf Großmann, Dr. phil., geb. 1955, leitet zur Zeit die Kompetenzzentren „Digitale Kommunikations- und Publikationstechniken (.dok)" und „Ästhetische Strategien in Multimedia und digitalen Netzen (Schwerpunkt Audio)" an der Universität Lüneburg. Studium der Musikwissenschaft, Germanistik, Philosophie, Physik an den Universitäten Bonn, Siegen und Gießen; Promotion über „Musik als Kommunikation"; von 1990–1997 Mitarbeit im Sonderforschungsbereich 240 „Bildschirmmedien" an der Universität-GH-Siegen; Lehraufträge zur digitalen Musikproduktion, -ästhetik und Medienkunst seit 1992 an der Kunsthochschule für Medien Köln, der Universität Siegen, der Universität Hamburg und der Universität Lüneburg. Arbeitsschwerpunkte: Ästhetik der digitalen Medien; Neue Medien als Kulturtechnik; Sampling. Publikationen zur Ästhetik und Technikkultur der digitalen Medien, http://kulturinformatik.uni-lueneburg.de/grossmann/grossmann.php.

Heinz Hiebler, geb. 1967, Wiss. Mitarbeiter an der Univ. Lüneburg, Fachbereich Kulturwissenschaften (Sprache und Kommunikation). 1985–1991 Studium der Deutschen Philologie, Kunstgeschichte und Philosophie in Graz; 1994–2001 Wiss. Mitarbeiter am FWF-Projekt „Literatur und Medien"; 2001 Promotion in Neuerer Deutscher Literatur und Medienwissenschaft; Lehrtätigkeit an den Universitäten in Graz und Hamburg.

Publikationen zur Medientechnikgeschichte (*Kleine Medienchronik*, 1997; *Die Medien*, 1998; *Große Medienchronik*, 1999 [jeweils zus. m. H. H. Hiebel, K. Kogler u. H. Walitsch]), zur Medienkultur der literarischen Moderne (u. a.: *Hugo von Hofmannsthal und die Medienkultur der Moderne*, 2003) sowie zu Theorie und Geschichte der medienorientierten Literaturwissenschaft.

Peter Hoff, Dr. phil, 1942–2003, Medien- und Theaterwissenschaftler, Journalist und Publizist; Studium der Theaterwissenschaft, Kunstgeschichte und Ästhetik; 1972–1993 an der Hochschule für Film und Fernsehen „Konrad Wolf", Babelsberg, Lehrgebietsleiter für Theorie, Geschichte und Dramaturgie des Fernsehens; 1984 Promotion an der Humboldt-Universität Berlin (*Fernsehen als Kunst. Zur Gattungsspezifik sozialistischer Fernsehkunst*); 1985–1988 Leiter der Fachrichtung Regie der HFF; 1989–1993 Chefredakteur und Co-Herausgeber der HFF-Schriftenreihe *Beiträge zur Film- und Fernsehwissenschaft*; ab 1993 freier Journalist und Medienwissenschaftler und Lehraufträge an verschiedenen Universitäten; 1995–2000 wissenschaftlicher Mitarbeiter am Institut für Neuere Deutsche Literatur und Medien der Philipps-Universität Marburg im Rahmen des DFG-Sonderforschungsbereiches 240 „Ästhetik, Pragmatik und Geschichte der Bildschirmmedien in Deutschland" (Teilprojekt B 12: „Integrierte Geschichte des deutschen Fernsehspiels"); Gründung und Leitung von iminform – Institut für Medieninformation (zus. mit Dirk Schneider); zuletzt Mitarbeiter im DFG-Projekt „Programmgeschichte des DDR-Fernsehens komparativ, Teilprojekt 4: Unterhaltungssendungen im DDR-Fernsehen – kleine und große Show".

Publikationen u. a.: *Protokoll eines Laborversuchs. Kommentar zur ersten Programmschrift des DDR-Fernsehens 1955*. Leipzig 2002. *Polizeiruf 110. Filme, Fälle, Fakten*. Berlin 2001. Mitarbeit bei Knut Hickethier: *Geschichte des deutschen Fernsehens*. Stuttgart 1998. Publikationsliste unter http://www.iminform.de/iminform/MitarbeiterInnen/Peter_Hoff_Publikationen.html.

Elke Huwiler, Dr. des., geb. 1972, Dozentin an der *Universiteit van Amsterdam*, Niederlande. Lehre in den Fächern Deutsche Sprache und Kultur, Allgemeine Literaturwissenschaft sowie Medien und Kultur. Forschung an der *Amsterdam School for Cultural Analysis*. Studium der Germanistik, Hispanistik und Allgemeinen Literaturwissenschaft in Freiburg (CH) und Berlin. Promotion 2004 zur Narratologie von Hörspielen. Forschungsschwerpunkte: Narratologie, Hörspieltheorie, deutsche und britische Hörspielgeschichte, Literatur und Medien, Performativität.

Publikationen u.a.: *Integrationen des Widerläufigen. Ein Streifzug durch geistes- und kulturwissenschaftliche Forschungsfelder* (Hg. zus. m. N. Wachter), 2004; *Erzähl-Ströme im Hörspiel. Zur Narratologie der elektroakustischen Kunst* (Diss.), erscheint 2005; „80 Jahre Hörspiel. Die Entwicklung des Genres zu einer eigenständigen Kunstform." In: *Neophilologus 1*, 2005; „Storytelling by Sound. A Theoretical Frame for Radio Drama Analysis." Erscheint in: *Radio Journal*, 2005.

Sören Ingwersen, geb. 1970 in Hamburg, Studium der Germanistik und Philosophie in Hamburg. Arbeitet zurzeit als freier Autor, Journalist und Universitätsdozent in Hamburg. Themenschwerpunkte: Neue Medien und Musik.

Veröffentlichungen: „Elektrowahn. Von Sodoms-Äfflingen und Avataren." In: *Ästhetik & Kommunikation*. Heft 115. 32. Jg. Berlin 2001. *Sonnenkind und Cha Cha Baby. Die mystischen Quellen digitaler Lebensformen*. Ludwig Verlag. Kiel 2002.

Werner Klüppelholz, geb. 1946, Studium der Komposition, Schulmusik (Musikhochschule Köln), Musikwissenschaft, Soziologie und Phonetik (Universität Köln). Seit 1979 Professor für Musikpädagogik an der Universität Siegen. Arbeitsschwerpunkte Musik des 20. Jahrhunderts und Musik in den Medien.

Franz Lechleitner, geb. 1939 in Innsbruck, Humanistisches Gymnasium. Studium der Nachrichtentechnik an der Technischen Universität Wien mit Abschluß Dipl. Ing. 1973. Seit 1973 Chef der Technischen Abteilung des Phonogrammarchivs der Österreichischen Akademie der Wissenschaften. Im Rahmen dieser Tätigkeit starkes Engagement auf dem Gebiet der Sicherung und Übertragung historischer mechanischer Tonträger. Entwicklung einer modernen Walzenabspielmaschine. Eingebunden in Re-recording Projekte in den Niederlanden, Israel, Deutschland, Slovakei, Lettland und Rußland. Seit 1. 1. 2005 im Ruhestand und als Consultant tätig.

Gerda Lechleitner, seit 1996 Editor der CD-Reihe „Gesamtausgabe der Historischen Bestände 1899–1950" und Kustos im Phonogrammarchiv der Österreichischen Akademie der Wissenschaften.

Publikationen: „Zukunftsvisionen retrospektiv betrachtet. Die Frühzeit des Phonogrammarchivs." In: *Das audiovisuelle Archiv* 45, (1999), S. 7–15; „Much more than sound and fury: Early relations between the Phonogram Archives of Berlin and Vienna." In: Gabriele Berlin & Artur Simon (Hg.): *Music Archiving in the World*. Berlin 2002, S. 173–180; „Early Phonographic Research and Minority Studies." In: Ursula Hemetek, Gerda Lechleitner, Inna Naroditskaya & Anna Czekanowska (Hg.): *Manifold Identities: Studies on Music and Minorities*. London 2004, S. 32–41.

Steffen Lepa, M. A., geb. 1978, studierte Medienwissenschaften, Psychologie, Medientechnik & Medienmanagement. Im Rahmen seiner Magisterarbeit zum „Audioeinsatz in Infotainmentprodukten" wirkte er im BmBF/MWK-Projekt „Criteria for Evaluation of Audiovisuals in Multimedia Production" des „Learning Lab Lower Saxony" mit, als Masterarbeit entwickelte er ein eigenes empirisches Verfahren zur Evaluation kommerzieller Sound Logos. Seit 2003 ist er Leiter des digitalen Tonstudios der Hochschule für Bildende Künste Braunschweig, seit 2005 wissenschaftlicher Mitarbeiter im DFG-Forschungsprojekt „Todesdarstellungen im Film" an der Freien Universität Berlin.

Christian Maintz, geb. 1958, Wissenschaftlicher Mitarbeiter am Institut für Germanistik II - Neuere deutsche Literatur und Medienkultur der Universität Hamburg. Diverse wissenschaftliche und literarische Publikationen, vorwiegend in Sammelbänden und Anthologien. Regelmäßig Beiträge für die „Wahrheit"-Seite der *Tageszeitung* sowie *Häuptling Eigener Herd*. Wilhelm-Busch-Preis 2002.

Buchveröffentlichungen: „Lieber Gott, du bist der Boß, Amen! Dein Rhinozeros." Komische deutschsprachige Gedichte des 20. Jahrhunderts, Zürich 2000 (Hrsg.); *Theater und Film – Geschichte und Intermedialität*, Hamburg 2002 (Mithrsg. neben Oliver Möbert und Matthias Schumann).

Frank Schätzlein, M. A., geb. 1973, seit 2002 wissenschaftlicher Mitarbeiter im Studiengang Medienkultur/Institut für Germanistik II der Universität Hamburg; Studium der Medienwissenschaft, Germanistik, Musikwissenschaft und Hochschuldidaktik; zus. mit Knut Hickethier Konzeption der Reihe ‚Radioforschung/Audioforschung'; Redaktion medienwissenschaftlicher Zeitschriften und Websites. Online: www.akustische-medien.de.

Publikationen u. a.: *Hörspielproduktion und Hörspielanalyse*. Münster 2005 (im Druck); *Radioforschung/Audioforschung. Bestandsaufnahmen, Konzepte, Perspektiven* (Hg. zus. mit Knut Hickethier). Münster 2005 (im Druck); *Tonträger und akustische Speichermedien* (Hg. zus. mit Knut Hickethier). Münster 2005 (in Vorbereitung).

Michael Schaudig, Dr. phil., M.A., geb. 1956, Studium der Germanistik und Theaterwissenschaft. Medienpraxis als Kameramann und Verleger. Lehrbeauftragter am Institut für Deutsche Philologie der Universität München und an der

Hochschule für Fernsehen und Film München. Forschungsschwerpunkte: deutsche Filmgeschichte und Medienkomparatistik.

Veröff. u. a.: *Literatur im Medienwechsel. Gerhart Hauptmanns Tragikomödie* Die Ratten *und ihre Adaptionen für Kino, Hörfunk, Fernsehen* (1992); *Positionen deutscher Filmgeschichte. 100 Jahre Kinematographie: Strukturen, Diskurse, Kontexte* (Hg. 1996).

Harro Segeberg, Promotion 1973; Habilitation 1984. Seit 1983 Professor für neuere deutsche Literatur und Medien an der Universität Hamburg; Gastprofessuren an der Universität Michel de Montaigne Bordeaux III (1989/90); Karl Franzens Universität Graz (2000); Gastdozent am Northern Institute of Technology (TU Hamburg-Harburg, seit 1998).

Arbeitsschwerpunkte: neben zahlreichen Veröffentlichungen zur Literatur des 18. bis 21. Jahrhunderts Bücher über *Soziale Maschinen* (1978, zusammen mit B. Clausen), *Literarische Technik-Bilder* (1987), *Technik in der Literatur* (Hrsg. 1987), *Vom Wert der Arbeit* (Hrsg. 1991), *Ernst Jünger im 20. Jahrhundert* (Hrsg. zus. mit H.-H. Müller 1994), *Literatur im technischen Zeitalter* (1997); *Literatur im Medienzeitalter* (2003). Hrsg. u. Mitautor einer *Mediengeschichte des Films,* Bd. I-III (1996-2000); *Die Medien und ihre Technik* (Hrsg. 2004). *Mediale Mobilmachung, Teil I: Das Dritte Reich und der Film* (Hrsg. 2004); In Vorbereitung: *Mediale Mobilmachung, Teil II: Hollywood, Exil und Nachkrieg* (Hrsg. 2005). *Digitalität und Literalität* (Hrsg. zus. mit S. Winko 2005); *Kino-Öffentlichkeit. Entstehung, Etablierung, Differenzierung 1895-1920* (Hrsg. zus. mit C. Müller 2005).

Hans-Ulrich Wagner, Dr. phil., geb. 1962, ist wissenschaftlicher Mitarbeiter am Hans-Bredow-Institut Hamburg und Lehrbeauftragter der Universität Hamburg, an der er ein Forschungsprojekt zur Geschichte des Rundfunks in Norddeutschland (www.nwdr-geschichte.de) bearbeitet.

Zahlreiche Veröffentlichungen zur Literatur- und Mediengeschichte der Nachkriegszeit, u. a.: *Rückkehr in die Fremde? Remigranten und Rundfunk in Deutschland 1945-1955,* Berlin 2000; in Vorbereitung: *Die Geschichte des Nordwestdeutschen Rundfunks* (Hrsg. zus. mit P. von Rüden 2005).

Register (Werke)

Theater, Film und Fernsehen:

Rundfunk, Oper und Musik

(Register erstellt von Stefan Winterfeldt)

Michael Haneke

Wessely/Grabner/Larcher (Hg.)
Michael Haneke und seine Filme
Eine Pathologie der
Konsumgesellschaft
240 S., Pb., viele Abb.
€ 24,90/SFR 44,50
ISBN 3-89472-402-1

Selten wird in so konsequenter
Präzision gnadenlose – und daher
schwer erträgliche – Gesell-
schaftskritik geübt wie von Michael
Haneke, dem vielfach ausge-
zeichneten, international hoch
geachteten „Pathologen der
Konsumgesellschaft". Dieses Buch
würdigt Hanekes Filmwerk bis hin
zum neuesten Filme Caché.

Universitätsstr. 55 · D-35037 Marburg
Fon 06421/63084 · Fax 06421/681190
www.schueren-verlag.de

Das Oscar-Buch

Hans-Jürgen Kubiak
Die „Oscar"-Filme
Die besten Filme der Jahre
1927-2004
392 S., Klappb., 200 Abb.,
€ 16,90/SFr 30,80
ISBN 3-89472-386-6

Wer sich über die besten Filme
aller Zeiten informieren möchte,
braucht „Die Oscar-Filme": Ein
Stück Filmgeschichte von Wings
(1927) bis Million Dollar Baby
(2004). Die unterhaltsamen
Inhaltsangaben von Hans-Jürgen
Kubiak wecken die Lust auf Filme
aller Jahrzehnte. Ein unver-
zichtbares Nachschlagewerk!

Universitätsstr. 55 · D-35037 Marburg
Fon 06421/63084 · Fax 06421/681190
www.schueren-verlag.de

Werbung

Hediger/Vonderau (Hrsg.)
Demnächst in ihrem Kino.
Grundlagen der Filmwerbung und
Filmvermarktung
432 S., Pb., zahlr. Abb.
€ 24,90/SFr 44,50
ISBN 3-89472-389-0

Kaufen Sie „Demnächst in Ihrem
Kino!" - Dieser sehr lesbare
Reader, kompiliert aus Origi-
nalaufsätzen und Erstüber-
setzungen, dürfte zu einem
deutschsprachigen Standardwerk
avancieren (...). Dieses Buch kann
sich die Werbung nicht leisten, die
es verdient.
NZZ online

Universitätsstr. 55 · D-35037 Marburg
Fon 06421/63084 · Fax 06421/681190
www.schueren-verlag.de

Emotionen

Brütsch/Hediger/Schneider/
Tröhler/v. Keitz (Hrsg.)
Kinogefühle:
Emotionalität und Film
464 S., Pb., zahlr. Abb.
€ 24,90/SFr 44,50
ISBN 3-89472-512-5

Verhandelt werden Themen wie
die Gefühlsbindung an Filmfiguren, die emotionale Wirkung
von Filmmusik, der Zusammenhang von Gefühlserleben und
Moral, die Kodierung von Emotionen im Bollywood-Kino oder
der Zusammenhang von Emotion
und Dokumentarfilm, aber auch
kulturhistorische Aspekte wie die
Wurzeln des Film-Melodrams im
Theater der Empfindsamkeit.

Universitätsstr. 55 · D-35037 Marburg
Fon 06421/63084 · Fax 06421/681190
www.schueren-verlag.de